D1718375

KINDLERS KULTURGESCHICHTE DES ABENDLANDES

in 22 Bänden

Herausgegeben von
Friedrich Heer

KINDLERS KULTURGESCHICHTE DES ABENDLANDES

Band XI

S. HARRISON THOMSON

Das Zeitalter der Renaissance

Von Petrarca bis Erasmus

verlegt bei Kindler

Aus dem Amerikanischen übertragen von Dr. Grete und Dr. Karl-Eberhardt Felten
Die Originalausgabe erschien im Verlag Harcourt, Brace & World, Inc., New York, unter dem Titel EUROPE IN RENAISSANCE AND REFORMATION

Gesamtherstellung May & Co, Darmstadt
Printed in Germany
ISBN 3-463-13711-9

Inhalt

Meinen Studenten

Aus dem Vorwort zur Originalausgabe

Jede Generation sieht die Geschichte in ihren vielerlei Aspekten anders als die vorangegangene. Das vorliegende Buch ist ein Versuch, die Übergangsphase vom Ende der Hohenstauferzeit bis zum Ausgang des 16. Jahrhunderts aufgrund anerkannter neuerer Studien- und Forschungsergebnisse darzustellen. Es erhebt nicht den Anspruch, überraschende neue Schlußfolgerungen vorzulegen. Gute Geschichtswerke von gewissenhaften und sachverständigen Gelehrten gibt es seit langem und in großer Zahl. Eine Reihe von Gesichtspunkten, die hier vorgetragen werden, mögen deshalb durchaus konventionell erscheinen. Andere hingegen sind nach Betonung oder in ihrem Bezugssystem vielleicht neu oder gar ungewohnt.

Die Grundvoraussetzung, von der ich ausgegangen bin, ist die Tatsache, daß dieser Zeitabschnitt vom Frühhumanismus bis zum beginnenden Barock für nahezu jeden Lebensbereich Europas – für Gesellschaft, Wirtschaft, Religion, Kunst, Erziehung und Literatur – in besonderer Weise eine Zeit des Abschließens und des Neubeginnens war. Ich habe mich deshalb bemüht, das Bild so umfassend wie möglich zu gestalten. Deshalb ist dieses Buch keine Geschichte der Renaissance im üblichen Sinne und auch keine Geschichte der Reformation und der Gegenreformation. Diese großen Bewegungen nehmen zwar einen wichtigen Platz in der Darstellung ein, aber zur selben Zeit ereigneten sich andere Dinge von großer Bedeutung auf dem Schauplatz Europas, deren Geschichte erzählt werden muß. Ein Buch kann immer nur ausgewählte Aspekte der Summe menschlichen Lebens bringen, und man hätte leicht auch eine andere Auswahl als die hier vorliegende treffen können.

Jeder Verfasser eines wissenschaftlichen Geschichtswerks schuldet der entsagungsvollen Arbeit anderer Gelehrter tiefen Dank. Die Dokumentensammlungen, Monographien und zusammenfassenden Werke, aus denen wir alle schöpfen, sind uns zugleich Mahnung und Ermutigung. Sie mahnen uns daran, daß wir den Arbeiten derer, die uns vorangingen, verpflichtet sind, und sie ermutigen uns zu der Hoffnung, daß diejenigen, die nach uns kommen, uns dankbar sein werden für unsere bescheidenen Bemühungen. Das vorliegende Buch verdankt seine Entstehung der Überzeugung, daß diese Übergangsphase der europäischen Geschichte in ihrem rastlosen Streben nach Erkenntnis unsere heutige Welt unmittelbar angeht und anregen kann. Viel verdanke ich der großen Zahl von Studenten aller Semester an einer Reihe von Colleges und Universitäten, die durch ihr Interesse und ihre Fragen mir dieselbe Freude und die nämliche Bereicherung zuteil werden ließen, die sie selbst dadurch erfuhren, indem sie Geist und Wert ihres kulturellen Erbes erfaßten. Meinen Dank für ihren Anteil an diesem gemeinsamen Unternehmen kann ich mit meiner Widmung nur unvollkommen ausdrücken.

Mein ganz besonderer Dank gilt den Kollegen, auf deren Ansichten ich mich in verschiedenen Teilen dieses Buches stütze. Professor Roland H. Bainton hat das gesamte Manuskript durchgesehen, viele wertvolle Anregungen gegeben und mich vor vielen Irrtümern bewahrt. Der verstorbene Professor Sidney Painter hat mit großem Gewinn für das Buch eine Anzahl der Anfangskapitel durchgesehen. Professor Ernest Hatch Wilkins hat mir großzügig seine reichen Kenntnisse der frühhumanistischen Renaissance zur Verfügung gestellt, und Professor Berthold L. Ullman hat die Kapitel über den frühen und den späten Humanismus gelesen und viele unangemessene Formulierungen wie auch regelrechte Irrtümer verhütet. Ich bin mir klar darüber, daß sich auch jetzt noch Ungenauigkeiten finden mögen; sie gehen ganz allein auf mein Konto. Den Professoren Allen D. Breck, Walter G. Simon und Robert Hawkins bin ich zu Dank verpflichtet, weil ich mit Einzelfragen ihre Zeit in Anspruch nehmen durfte. Was ich meiner Frau Zome an Dank schulde, läßt sich schwer in Worte fassen. Sie hat mich unerbittlich zur Klarheit und Folgerichtigkeit angehalten, wenn ich in Gefahr stand, von Dantes *diritta via* abzuweichen. Ferner sind dem Buch zahlreiche Anregungen meines Sohnes Williell zugute gekommen. Mrs. Aline B. Stone hat sich mit großer Geduld der langwierigen Aufgabe unterzogen, ein umfangreiches Manuskript immer wieder umzuschreiben.

Boulder, Colorado, im Januar 1963

S. Harrison Thomson

1

Der Frühhumanismus

MAN HAT DEN BEGRIFF *Renaissance* auf verschiedene Perioden der europäischen Geschichte angewendet. Unter der »Karolingischen Renaissance« versteht man das erstaunliche Aufflammen geistiger Aktivität vor allem in Frankreich und im westlichen Deutschland zur Zeit Karls des Großen und seiner unmittelbaren Nachkommen. »Ottonische Renaissance«, ein wohl noch mehr verbreiteter Begriff, bezeichnet die literarische und künstlerische Bewegung östlich des Rheins, die unter der kraftvollen Herrschaft Ottos des Großen (gest. 973) einsetzte. *Renaissance* umschreibt weiter den gesamten Komplex des wiederauflebenden Interesses an der Antike und das Emporkommen der Universitäten im 12. Jahrhundert, wiederum vorwiegend auf französischem Boden. Die Namen Bernhard Silvester, Johannes von Salisbury und Petrus Abälard kennzeichnen den unverwechselbaren Geist dieser Bewegung.

Doch die Geschichtsschreiber der westlichen Kultur betrachten das folgende Jahrhundert nicht als eine Fortsetzung der Renaissance des 12. Jahrhunderts. Im 13. Jahrhundert, das allgemein das Jahrhundert des Glaubens genannt wird, verhallte der Hinweis, z. B. Abälards, auf die Maßstäbe der menschlichen Vernunft und die Überlieferung der antiken Literatur ungehört, oder er ging in den leidenschaftlichen Bestrebungen der Scholastiker unter, alles menschliche Denken in theologische Schemata zu pressen. Die neugegründeten Universitäten in Paris und Oxford beherrschten in diesen Jahren Denken und gelehrtes Wissen, und ihre Lehrpläne beruhten auf der philosophischen und theologischen Disputation und der Spekulation im Rahmen des christlichen Dogmas. Nach dem Tod des Thomas von Aquin (1225–1274) begannen Methode und Thematik der Schulen – d. h. die Scholastik – an Kraft abzunehmen und ihre Beziehung zu den Anliegen der Zeit zu verlieren. Eine neue, allgemein als humanistische oder als italienische bezeichnete Renaissance folgte nach. Man setzt den Beginn dieser Periode gewöhnlich mit Petrarca (1304–1374) an, ihr Ende mit Erasmus (1466?–1536) oder, zumindest auf dem Kontinent, mit Montaigne (1533–1592).

Alle diese Renaissanceströmungen sind Gegenstand ausgiebiger Erörterung und immer neuer Untersuchungen im Lichte neuer oder vergessener Tatsachen und Betrachtungsweisen gewesen. Uns geht es hier um die letzte Periode, die humanistische Renaissance, die mit dem 14. Jahrhundert einsetzt. Doch zuvor sollte man sich klarmachen, daß jede scharfe Abgrenzung einer geistigen Bewegung oder kulturellen Strömung eine Geschichtsfälschung ist. Der sogenannte Geist einer Zeit ist niemals genau der Geist eines jeden Menschen, der in ihr lebt. Die Vorstellung von einem solchen »Geist« mag sich aufdrängen, weil er in sich schlüssig oder verhältnismäßig volkstümlich ist oder auch weil einige, vielleicht nur wenige, seiner Vertreter beredt, überzeugend und faszinierend sind oder auch bloß Glück mit ihren Biographen hatten. Während Bernhard Silvester, Abälard und Johann von Salisbury, alles gute Theologen, als Beispiele für diese Möglichkeiten im 12. Jahrhundert gelten dürfen, teilten viele ihrer Zeitgenossen weder Abälards Vertrauen in die menschliche Vernunft noch Bernhards oder Johanns Liebe zu den lateinischen Klassikern. Ebenso gab es im 13. Jahrhundert viele, die die Einstellung Thomas von Aquins zum *summum bonum* nicht überzeugte, und viele, die die lateinischen Klassiker hochhielten. Hunderte, wenn nicht Tausende von Handschriften der Werke des Ovid, Statius, Horaz, Seneca, Lukan, Donatus, Priscian, Vergil, Cicero, Suetonius, des älteren Plinius, des Valerius Maximus, Quintus Curtius und vieler anderer römischer Schriftsteller wurden im Verlauf des 13. Jahrhunderts entweder angefertigt oder benutzt und mit Anmerkungen versehen. Diese Handschriften bezeugen, daß das Interesse an antiker Literatur in der Zeit der Scholastik nicht völlig ausgestorben war. Der Ruhm Roms geriet nie völlig in Vergessenheit, wo römische Legionen marschiert waren. Diese Tradition tauchte von Zeit zu Zeit dank dem Anstoß eines glänzenden und mitreißenden Verfechters auf, oder auch dann, wenn, wie im Falle der niedergehenden Scholastik, eine gegenläufige Tenden an Gewicht verlor oder in ihrer Führerstellung zu schwanken begann. Es sollte kaum nötig sein, darauf hinzuweisen, daß die immer wieder auftauchende Behauptung, im Mittelalter habe der Mensch »in eine Kutte gehüllt« gelebt, irreführend ist. Menschliche Werte, menschliche Interessen, menschliche Leidenschaften sind selten einer so gedankenreichen Prüfung unterworfen worden als im 13. Jahrhundert, auf der Höhe des Zeitalters des Glaubens. Man sollte darum den Bruch zwischen der Mentalität des Scholastikers im 13. Jahrhundert und der des Freundes der klassischen Literatur im 12. oder 14. Jahrhundert nicht allzusehr betonen. Gewiß gab es Wandel und Entwicklung, aber die Richtungsänderung im kulturellen Bereich war nicht so ungestüm, wie man es oft wahrhaben wollte.

Petrarca

Francesco Petrarca (1304–1374) ist häufig der erste moderne Mensch genannt worden. Das ist eine Bezeichnung, die zu weit geht. Doch obwohl er nicht hätte sein können, was er war, wären nicht Dante und die Humanisten ihm vorangegangen, so ragt er doch an Bedeutung, an Vollendung, an unmittelbarer Wirkung und nach Ausmaß seines Einflusses auf die Nachwelt weit über seine humanistischen Vorläufer und Zeitgenossen heraus. Mit vollem Recht hat er den Ehrenplatz in der langen Reihe der Pioniere des modernen Geistes inne. Petrarcas Vater, Ser Petracco, der einer alten und geachteten Florentiner Familie entstammte, hatte sich als Notar der Republik der Partei der Weißen (Guelfen) angeschlossen – ihr gehörte als prominentes Mitglied auch Dante an – und war durch denselben Erlaß aus der Stadt verbannt worden, der den Dichter auf seine lange Irrfahrt entsandte. Die Anstrengungen der Partei, sich die Macht in Florenz von den Schwarzen (einer anderen guelfischen Partei) zurückzuerobern, führten zu einer regelrechten Schlacht vor den Mauern der Stadt am 20. Juli 1304. Die Weißen waren die Verlierer, und Petracco mußte das Gebiet der Florentiner Republik verlassen. Am Tag der Schlacht gebar bei Sonnenuntergang Petraccos Frau einen Sohn in ihrem Haus in Arezzo, das etwa 75 Kilometer arnoaufwärts lag. Petracco floh, aber seine Frau Eletta blieb noch sieben Jahre, ohne daß man sie belästigt hätte. 1311 holte der Vater seine Familie nach Pisa; im darauffolgenden Jahr gingen sie nach Avignon, wo sich erst vor kurzem der päpstliche Hof niedergelassen hatte und wo erfahrene Notare gebraucht wurden. In der überfüllten Stadt der Kurie war es nicht möglich oder auch gar nicht wünschenswert, eine Familie unterzubringen, deshalb wurde Eletta mit den Kindern, Francesco und seinem jüngeren Bruder Gherardo, in die anmutige, gut 20 Kilometer nordöstlich von Avignon gelegene Stadt Carpentras gebracht. Hier erhielt Francesco seinen ersten Unterricht in Grammatik und Rhetorik von einem dortigen Lehrer, Convenevole da Prato, der zwar ein Sonderling war, aber den Jungen gründlich unterrichtete. 1316, als Francesco erst zwölf Jahre alt war, schickte ihn sein Vater auf die benachbarte Universität von Montpellier, die eine angesehene juristische Fakultät hatte. Francesco studierte mit einigem Erfolg, obwohl er zum Ärger seines Vaters damals schon Cicero und Vergil den schweren juristischen Kompendien vorzog.

1320 leitete Petracco für beide Söhne den Übergang nach Bologna in die Wege, das damals als das Mekka derjenigen galt, die das zivile oder das kanonische Recht studieren wollten. Francesco verbrachte wahrscheinlich in Bologna die sorglosesten Jahre seines Lebens, freilich nicht immer beim Studium. Später sagte er von sich selbst, daß er große Fortschritte in seinen Studien hätte machen können, wenn er Ausdauer gezeigt hätte. Aber nach einigen Jahren gab es für ihn kaum mehr einen Zweifel daran, daß das Recht ihn viel weniger anzog als die klassische Literatur. Er war anderen begegnet, die seine Begeisterung teilten, und viel Zeit und wahrscheinlich auch ein großer Teil der beschränkten Mittel der jungen Leute, die sich in dieser Gruppe zusammengefunden hatten, wurde auf den Erwerb, das Kopieren, Lesen und Erörtern der großen lateinischen Schriftsteller verwendet.

Im April 1326 rief der Tod des Vaters Francesco und Gherardo nach Avignon zurück. Das väterliche Erbteil war nicht so groß, daß sich Francesco damit beruflich hätte auf eigene Füße stellen können, und er scheint eine Zeitlang unschlüssig dahingelebt zu haben, bis er am 6. April 1327 Laura de Sade begegnete. Erst mit seinem Tode sollte die Wirkung enden, die seine Liebe zu ihr auf sein Leben und Denken ausübte. Dank seinem stattlichen Äußeren und seinem liebenswürdigen Wesen ein idealer Hofmann, wurde er bald in den Kreis des mächtigen Stephan Colonna aufgenommen, des Hauptes der bedeutenden römischen Senatorenfamilie, die gegen Bonifatius VIII. aufgetreten war und sich deshalb unter französischen Schutz nach Avignon begeben hatte. Stephans jüngster Sohn, Giacomo, kannte Petrarca von Bologna her; als sie sich in Avignon wiederbegegneten, wurden sie enge Freunde. Petrarca hatte nun also keine materiellen Sorgen mehr und konnte sich ungestört seinen gelehrten und literarischen Neigungen widmen. 1333 reiste er auf Kosten der Colonna durch Nordeuropa, Flandern und Westdeutschland, fand auch dort wieder Freunde und interessierte sie an seiner Suche nach Handschriften antiker römischer Autoren. Gegen Ende des Jahres 1336 brach er zu einer Reise nach Rom auf, das zu sehen er sich schon seit frühester Kindheit erträumt hatte. Er durchstreifte die Stadt voller Eifer kreuz und quer, und zu seiner Enttäuschung mußte er feststellen, daß die Römer nichts von der Geschichte ihrer eigenen Stadt wußten. Doch er schrieb an Kardinal Giovanni Colonna, er sei hochbefriedigt von seinen Eindrücken: »Rom war tatsächlich imponierender und seine Überreste sind großartiger, als ich mir vorgestellt hatte.« Sein Interesse galt aber ebenso den Zeugnissen der christlichen Geschichte Roms und den Stätten der Martyrien wie der ruhmvollen heidnischen Antike. Im August 1337 kehrte er nach Avignon zurück und ging bald darauf nach Vaucluse, einem idyllischen Fleckchen am Ufer der Sorgue knapp 20 Kilometer östlich von Avignon. In Vaucluse lebte er mit seinen kostbaren Büchern, einer treuen Dienerin und deren Mann mit einigen Unterbrechungen von 1337 bis 1353. Dort hatte er seine bedeutendsten Inspirationen, schrieb seine beredtesten Liebesgedichte an Laura und durchlebte die reinste und stärkste Phase seiner Leidenschaft für sie. Der Ruhm Petrarcas und seiner Gelehrsamkeit verbreitete sich über den ganzen Kontinent. Avignon war das Zentrum der Kultur und Kunst Europas, und da Petrarca der Familie Colonna eng verbunden war, lernte er alle berühmten Besucher kennen. Er hatte ein so gewinnendes Wesen, ein solches Talent zur Freundschaft, daß jeder ihm ganz unwillkürlich wohlwollte. Von seinen Bekannten erbat er sich nichts anderes, als daß sie ihm eine Handschrift der römischen Klassiker senden möchten, wenn sie nach ihrer Rückkehr in die Heimat eine ausfindig machen könnten. Im September 1340 boten ihm – merkwürdigerweise am gleichen Tage – die Universität von Paris und der Senat von Rom den Dichterlorbeer an. Die Einladung bezeichnete sein episches Gedicht über das Leben des Scipio Africanus, *Africa,* als krönungswürdig. In beiden Städten hatte er sich die Unterstützung von Freunden gewonnen, um seiner Wahl sicher zu sein. Er entschloß sich, den römischen Lorbeer anzunehmen und besuchte, wie es heißt, auf dem Wege nach Rom König Robert in Neapel, der hochgebildet und an der neuen Gelehrsamkeit interessiert war. Bei dieser Gelegenheit sah und hörte Boccaccio, damals ein junger Kavalier an König Roberts Hof, Petrarca zum erstenmal. Die Krönung, die dem Dichter gleichzeitig das römische Bürgerrecht verlieh, fand am 8. April 1341 auf dem Kapitol statt. Zweifellos war das der Höhepunkt im öffentlichen Leben Petrarcas. Auf dem Rückweg nach Avignon blieb er ungefähr ein Jahr lang als Gast der Herren von Correggio in Parma und setzte während dieses Aufenthalts seine Arbeit an *Africa* fort.

Nachdem er im Frühjahr 1342 nach Avignon zurückgekehrt war, beschäftigte er sich mit seinen Studien, seinem Briefwechsel und seiner dichterischen Arbeit, die er nur durch gelegentliche Gesandtschaften für den Papst unterbrach. Im selben Jahr begann er mit Barlaam von Kalabrien Griechisch zu lernen. Da Barlaams Lateinkenntnisse höchst unzulänglich waren, zog Petrarca wenig Nutzen aus diesem Unterricht, aber er verschaffte dem Studium des Griechischen allein schon dadurch starken Auftrieb, daß er die kulturelle Überlegenheit der griechischen über die lateinische Sprache erkannte. 1354 schickte ihm ein Freund, Nicollò Sigero, aus Konstantinopel eine schöne Homerhandschrift. Petrarca wurde beim Anblick der Seiten des göttlichen griechischen Lehrmeisters seines geliebten Vergil zu Tränen gerührt, bekannte jedoch, daß er nicht eine Zeile der Dichtung lesen könne.

1343 traf unter der Führung des wortgewandten jungen Cola di Rienzo eine Gesandtschaft in Avignon ein mit dem Ziel, die Rückkehr der Kurie in die Stadt der Cäsaren zu betreiben. Rienzos Temperament und klassische Bildung machten großen Eindruck auf Petrarca, so daß er die Bitte des Römers an den Papst mit all seiner Überredungskunst unterstützte. Der Aufstand Rienzos in Rom vier Jahre später erschien Petrarca als löbliches Unternehmen, das ein Wiederaufleben des Geistes und der Idee Roms erhoffen ließ. Doch da sich Rienzos Angriff in erster Linie gegen den römischen Adel richtete, stand die Familie Colonna, eines der beiden führenden Adelsgeschlechter

Roms, dem Tribunen von eigenen Gnaden ablehnend gegenüber. So wurde die alte Freundschaft zwischen Petrarca und seinem großmütigen Gönner auf schmerzliche Weise belastet, und der Dichter zog sich fast völlig vom Hof zurück.

Im nächsten Jahr, 1348, schlug der Schwarze Tod zu. Avignon wurde besonders schwer heimgesucht, und Laura, die lebenslange Liebe Petrarcas, fiel ihr zum Opfer und starb am 6. April, am selben Tag, an dem sie 1327 einander zum erstenmal begegnet waren. Seitdem hatten Avignon und Vaucluse ihren Reiz für Petrarca verloren. 1353 luden ihn die Visconti von Mailand an ihren Hof ein und zeigten sich dabei ebenso großzügig wie rücksichtsvoll. Petrarca hatte keine Bedenken, die Gaben eines Fürsten anzunehmen, denn er besaß alle Freiheit, seinen Studien und dichterischen Arbeiten nachzugehen; man verlangte von ihm nur, daß er gelegentlich bei Hof erschien, ein paar Reden entwarf und ausgefeilte Grabinschriften für Mitglieder der Familie Visconti und ihres Gefolges verfaßte. Sein Freund Boccaccio warf ihm vor, daß er alle seine Ideale von Freiheit und Menschenwürde verleugne, wenn er die Gastfreundschaft eines Tyrannen annehme, aber Petrarca blieb acht Jahre lang, bis 1361, ein zufriedener Gast des Herrschers von Mailand.

Da Rienzos Unternehmen, die römische Republik wiederaufzurichten, sowohl 1347 wie auch beim zweiten Versuch 1354, den der Papst unterstützte, fehlschlug, mußte sich Petrarca andernorts nach einer bewegenden Kraft umsehen, die dem Namen Roms seinen alten Glanz wiedergeben konnte. Kaiser Karl IV. hatte seit seiner Wahl im Jahr 1346 Avignon mehrere Besuche abgestattet. Petrarca wußte sicherlich, daß Karl ein vielseitig interessierter und gebildeter Mann war, und bewunderte seinen unbestechlichen Verstand und sein diplomatisches Geschick. 1351 schrieb ihm der Dichter zum erstenmal und hatte im Dezember 1354 ein langes und befriedigendes Gespräch mit ihm in Mantua, als Karl auf dem Wege zu seiner Krönung nach Rom war. Bei dieser Begegnung gab Petrarca seiner innigen Hoffnung auf eine Erneuerung von Roms Ruhm Ausdruck, und der Kaiser lieh ihm freundlich Gehör. 1356 besuchte Petrarca auf Einladung des Kaisers den kaiserlichen Hof in Prag, dessen hohe Kultur ihn tief beeindruckte. In einem Brief bemerkte er später: »Ich habe nie etwas weniger Barbarisches, nie etwas Humaneres gesehen als den Kaiser und eine Anzahl der hervorragendsten Männer um ihn – Namen will ich nicht nennen –, doch ich wiederhole, führende Männer und Männer von hohem Rang, die noch größerer Ehren würdig waren und die sich in der Tat so verständnisvoll und urban gaben, als wären sie in Athen geboren und erzogen.« Es versteht sich, daß Karl als praktisch denkender Politiker höflich zu Petrarca war und ihm aufmerksam zuhörte, wenn er ihm seine Träume über Sinn und Aufgabe des Heiligen Römischen Reiches im 14. Jahrhundert entwickelte. Doch Dichter sind in der Politik nur selten erfolgreich gewesen, und auch Petrarca machte keine Ausnahme.

1361 verließ er den gastlichen Hof der Visconti und ging nach Padua und Venedig, um seiner Tochter Francesca nahe zu sein, die kurz zuvor geheiratet hatte. Seine letzten Jahre brachten ihm viele Ehrungen, aber auch nicht wenig Streit. Fünfmal wurde ihm der Posten eines päpstlichen Sekretärs angeboten, der Sicherheit und Einfluß versprach, und fünfmal lehnte er ihn ab. Die Signoria von Florenz bat ihn, in die Stadt zurückzukehren und sowohl den konfiszierten Besitz seines Vaters wie auch einen einträglichen Posten an der Universität anzunehmen. Das Angebot wurde ihm 1351 durch Boccaccio persönlich überbracht; die Ablehnung erfolgte unverzüglich und ganz besonders höflich. Während er in Venedig lebte, traf er dort ein Abkommen, daß seine reichhaltige Bibliothek an die Stadt fallen sollte, die ihm dafür einen Wohnsitz auf venezianischem Gebiet zur Verfügung stellte. 1370 wählte er den Ort Arquà in den anmutigen Euganeen. Doch seine Gesundheit ließ ihn im Stich; dazu sollte er nicht einmal am Ende seines Lebens völlige Ruhe vor Angriffen und Kontroversen finden.

Manche seiner politischen Spekulationen hatten ihm Feinde gemacht, und außerdem gab es Gegner, die seinen lateinischen Stil und seine Gelehrsamkeit anfochten. Seine Feder hatte nichts von ihrer Gewandtheit verloren, und von seiner Seite wurde diese Polemik mit altgewohnter Schärfe und Durchschlagskraft geführt. Von einem Herzanfall im Jahr 1370 konnte er sich nie wieder ganz erholen; er verbrachte die folgenden Jahre damit, seine Arbeiten und seine Bibliothek in Ordnung zu bringen. Als er sein Ende herannahen fühlte, schrieb er an Boccaccio, er hoffe, der Tod werde ihn überraschen, wenn er »lese oder schreibe, oder noch lieber, so Gott will, bete und weine«. Am frühen Morgen des 19. Juli 1374 fanden ihn seine Bedienten tot in seinem Arbeitszimmer, das Haupt über seinen geliebten Augustinus gebeugt.
Man darf von Petrarca sagen, daß er infolge seines langen Lebens, seiner weiten Reisen, seiner unwandelbaren Liebe zur Gelehrsamkeit und seiner vorteilhaften Verbindungen mit Fürsten und Prälaten, Gelehrten und Staatsmännern einen stärkeren Einfluß auf den Geist seiner Zeit gehabt hat als sonst ein Zeitgenosse. Dieser erstaunliche Einfluß wirkte in viele Richtungen. Petrarca war eine komplexe und vielseitige Persönlichkeit, seine Interessen waren weitgespannt und vielfältig und boten sich den Zeitgenossen und der Nachwelt überzeugend dar. Sein Rang innerhalb unseres kulturellen Erbes ist wohl im Zusammenhang mit den treibenden Kräften in seinem Leben und Werk zu sehen: seiner Bewunderung Ciceros und der gesamten klassischen Literatur, seiner Liebe zu Laura, seinem glühenden italienischen Patriotismus, seiner Überzeugung, daß er selbst und Italien an Roms altem Ruhm Anteil hätten und seine rechtsmäßigen Hüter seien, seiner Verehrung für Augustinus, seinem Haß gegen Trug und Pfuscherei jeder Art und nicht zuletzt seinem ganz persönlichen Verlangen nach Ruhm. Jedes einzelne dieser Motive hat in seinem literarischen Schaffen vielfachen Ausdruck gefunden. Cicero war seine älteste Liebe. Als Jüngling kannte er kein größeres Vergnügen,

als Cicero zu lesen. Er bildete seinen Stil und sein Denken an Cicero und ermunterte seine Freunde und Bekannten, den Geist an dieser reinen Quelle zu erfrischen. Er war nahezu überzeugt, daß Cicero, hätte er später gelebt, Christ geworden wäre, und seine Verehrung Augustins wurde noch verstärkt durch das Wissen, daß der große Bischof von Hippo in ciceronianischer Rhetorik ausgebildet war. Eine so beherrschende Leidenschaft mußte ansteckend wirken.

Petrarcas Liebe zu Laura fordert den Vergleich mit Dantes Liebe zu Beatrice heraus. Vielleicht war die Liebe Petrarcas weniger edel. Diese nicht nur geistige, sondern auch physische Liebe beflügelte ihn zu lyrischen Gedichten, die weder an Schönheit noch in der Unbeirrbarkeit, mit der sie eine einzige Frau besingen, in einer anderen Volkssprache ihresgleichen finden. Es besteht kein Zweifel, daß der Einfluß der provençalischen höfischen Dichtung auf seine empfindsame Phantasie stark war – sicherlich eine Folge der Jahre, die er als Knabe und junger Mann im Herzen der Provence verbracht hatte. Aber seine Liebesdichtung überragt die Kunst der Troubadours nicht nur an geistiger Tiefe, sondern auch an technischer Brillanz und formaler Vielfalt. Er ließ sich von den geliebten klassischen Modellen leiten, die er so sehr bewunderte, und verletzte auf diese Weise niemals wissentlich die Gesetze der Rhetorik und des vernünftigen Denkens. Die große, unter dem Namen *Canzoniere* bekannte Sammlung seiner italienischen Gedichte enthält in zwei Teilen alle seine Gedichte an Laura – *Auf Monna Lauras Leben* und *Auf Monna Lauras Tod* – und dazu noch viele Balladen politischen, patriotischen und persönlichen Inhalts. Der Teil *Auf Monna Lauras Leben* schildert den Verlauf seiner Liebe zu Laura, ihre Begegnungen und deren Wirkungen auf ihn in manchmal fast täglichen Berichten. Merkwürdigerweise sind die beiden bekanntesten Gedichte in dieser Sammlung nicht an Laura gerichtet. *Italia mia*, an das Land seiner Geburt gerichtet, und *Spirto gentil* an Cola di Rienzo, spiegeln zwei andere Aspekte der komplexen Persönlichkeit Petrarcas. In *Italia mia* gibt er gewissermaßen einem renaissancehaften Nationalismus Ausdruck. Er bittet Gott um Frieden und fordert die Herrscher Italiens auf, sich der hohen Mission Italiens bewußt zu sein und an das Leben ihrer Untertanen zu denken. *Spirto gentil,* die 1347 Rienzo gewidmete Kanzone in acht Stanzen, spricht Petrarcas heißeste Hoffnungen aus, daß Rom seine Führerstellung in Italien und in der Welt wiedererlangen möge, sowie seine Bewunderung für Rienzos Bemühungen, die Größe der Stadt aus Verzweiflung und Verfall wieder neu erstehen zu lassen. Die erste Stanze gibt den Ton an und läßt erkennen, wie leidenschaftlich Petrarca ein einiges Italien herbeisehnte.

Zahlreiche Sonette, Balladen und Kanzonen Petrarcas sind voll von Anspielungen auf Bibelstellen und übernehmen vieles unmittelbar aus Vergil, Seneca, Ovid und Horaz. Er hat seine Neigung zur Antike und seine geniale Ausdruckskraft mit der Heimatsprache in einem Grade verschmolzen, wie es keinem anderen Humanisten gelang.

In einer späteren Lebensphase hat Petrarca diese Sammlung durch die *Trionfi* ergänzt, ein langes Gedicht in sechs Abteilungen: Triumph der Liebe, der Keuschheit, des Todes, des Ruhmes, der Zeit, der Ewigkeit. Obwohl er es bei seinem Tode unvollendet hinterlassen hat, eröffnet das Gedicht doch einen weiten Horizont römischer und christlicher Ideale, in denen sich seine eigene Erfahrung, seine Liebe zu Laura und seine Hoffnung auf eine edle Kultur spiegeln. Seiner Qualität nach ist das Gedicht sehr unterschiedlich, enthält aber trotz mancher Monotonie und Schwülstigkeit viele Stellen von erstaunlicher Schönheit und visionärer Größe.

Petrarcas Werk war von größter Bedeutung für die Entwicklung der italienischen Nationalliteratur. Im 15. und 16. Jahrhundert werden wir von Petrarkismus hören, worunter eine unmittelbare Nachahmung seiner lyrischen und sogar auch seiner epischen Technik und Manier zu verstehen ist. Größer jedoch war seine Bedeutung für die Wiederbelebung der Antike. Seine Begeisterung für Cicero, Seneca und Vergil wie auch für einige weniger bedeutende Leuchten der klassischen lateinischen Literatur, seine Suche nach Handschriften, die zur Wiedererweckung von verlorenen oder vergessenen Werken führte, seine Würdigung der ruhmvollen Vergangenheit Roms und seine Vorstellung von einem Italien, das Hüter und Bewahrer der alten Herrlichkeiten sei: alle diese begeisterten Bestrebungen bezeichneten – in einem einzigen entschlossenen und genialen Menschen vereint – einen Wendepunkt in der Kulturgeschichte Europas.

Petrarcas lateinische Werke, die viel umfangreicher sind als seine italienischen Dichtungen, umfassen ein anspruchsvolles episches Gedicht, *Africa*, einen riesigen Briefwechsel, der bis in die entferntesten Winkel des Kontinents reicht, historische Biographien, Dialoge, Streitschriften gegen Einzelpersonen und Gruppen sowie Werke religiösen und spekulativen Charakters. *Africa*, 1339 in Vaucluse begonnen und nie beendet, sollte die Geschichte von Roms großem Sieg über Carthago wiedergeben – mit Scipio Africanus als Hauptfigur. Nach Petrarcas Wunsch sollte dieses Gedicht sein Meisterwerk werden, und eben dieses ehrgeizige Unternehmen trug ihm auch den Dichterlorbeer ein. Doch die Ironie des Schicksals wollte, daß es infolge seiner Manieriertheit nahezu völlig in Vergessenheit geriet: Epische Dichtungen müssen mit dem Herzblut eines kraftvollen Volkes geschrieben sein.

Petrarcas Briefwechsel in lateinischer Sprache war vielleicht das wichtigste Medium, mit dem er seine Begeisterung für das antike Schrifttum dorthin weitergab, wo dieses Feuer voraussichtlich seine stärkste Wirkung haben würde. Er schrieb Briefe an vertraute Freunde, an Könige und Päpste, an den Kaiser und verschiedene Fürsten, ja, er beschränkte sich nicht auf die Lebenden. Er unterhielt einen ernsthaften, wenn auch einseitigen Briefwechsel mit Cicero, der sein Abgott, aber doch auch nicht über alle Kritik erhaben war, ferner mit Homer, Livius,

Vergil, Horaz und Seneca – eigentlich mit jedem klassischen Autor, dessen Stil oder Gedankengut er für bedeutend hielt. Er ging gewissermaßen von der Annahme aus, daß sie ihm mit ihren Schriften Antwort gäben, und ließ ihnen durch die seinen unbefangen Kritik und Ratschläge zukommen. Bis ans Ende seiner Tage hörte er nicht auf, seine Briefe zu revidieren und auszufeilen; er teilte sie ein in *Epistolae de rebus familiaribus*, *Epistolae seniles*, *Epistolae variae* und *Epistolae sine titulo*. Etwa 550 Briefe Petrarcas sind erhalten, aber wahrscheinlich ist das noch nicht einmal die Hälfte von denen, die er geschrieben hat. 1353 beschloß er, den »Plunder« zu beseitigen, der sich die Jahre hindurch in Vaucluse angesammelt hatte, und so ist fast keiner von den vor diesem Zeitpunkt datierten Briefen erhalten. Danach bewahrte er sorglich Abschriften seiner Briefe auf, und die Sammlung von 1353 bis zum Ende seines Lebens ist nahezu vollständig.

Wer dazu neigt, die Vergangenheit zu glorifizieren, kann nicht umhin, sich der Geschichte zuzuwenden. So auch Petrarca. *Africa* war ein Versuch, römischen Mut und römische Geschichte zu verewigen. Da der Horizont seiner Geschichtskenntnisse sich ständig erweiterte, ging er auch daran, für seine Zeitgenossen ein angemessenes Nachschlagewerk über berühmte Männer der Antike zu schaffen. In *De viris illustribus* stützte er sich auf die Werke von Julius Caesar, Plinius und Livius, auf die *Caesarenleben* des Suetonius, die Kurzfassung des *Pompeius Trogus* von Justinus und andere, weniger zuverlässige römische Geschichtsschreiber. An dieser Abhandlung arbeitete Petrarca gerade, als er 1354 in Mantua Kaiser Karl IV. begegnete. Auf die Bitte Karls, Petrarca möge ihm das Werk widmen, antwortete er, das werde er tun, wenn der Kaiser sich einer solchen Ehre als würdig erweise. Im Grunde wollte Petrarca eine Geschichte Roms in Biographien seiner führenden Männer schreiben. Gewiß kompilierte er, aber seine Absicht war dabei, Tatsachenmaterial zu geben, ja sogar wissenschaftlichen Maßstäben standzuhalten und ein Gegengewicht

zu *Africa* zu schaffen, das die poetische Darstellung einer bedeutenden Krise in der römischen Geschichte war.
Petrarca war auch als Disputant und Polemiker nicht zu verachten. Mindestens drei seiner späteren Schriften sind Schmähschriften: *Apologia contra Gallum*, vielleicht 1355 entstanden; *Invectiva contra medicum*, 1355; *De sui ipsius et multorum aliorum ignorantia*, 1367 geschrieben und 1370 überarbeitet. Die *Apologia* war offenbar eine Antwort an einen nicht identifizierbaren Franzosen, der Petrarca angegriffen hatte, weil er alles Römische preise und auf die Rückkehr des Papsttums in die Ewige Stadt dringe. Petrarca antwortete einigermaßen ausführlich, er ziehe, nachdem er Frankreich mit seinem Lärm, seiner Kulturlosigkeit und seinem Schmutz gesehen habe, Rom und Italien bei weitem vor. In der *Invectiva contra medicum* sprach er sich abfällig über Ärzte ganz allgemein aus – »jene schädliche und unnütze Menschenbrut« –, gegen deren Pfuschereien er seit 1353 einen erbitterten Kampf führte. In dieser Fehde warnte er Papst Innozenz VI., er möge sich vor den Ärzten hüten, die alle Schwindler seien. *De sui ipsius et multorum aliorum ignorantia* war eine Antwort an vier junge Venetianer, die in seinen letzten Lebensjahren seine Gastfreundschaft in Venedig genossen hatten, um sich dann zu Richtern über seine Bildung und allgemeine Gelehrsamkeit aufzuwerfen und ihn arrogant und herablassend als »einen ganz guten Kerl« zu bezeichnen, »dem freilich jede Bildung abgehe«. Die jungen Leute gehörten zur naturalistischen Schule des Averroës, die damals in Mode war, und machten sich über Petrarcas Religiosität lustig. Einen Angriff auf seine Bildung hätte der Dichter vielleicht mit einem Lächeln hingenommen, aber wenn man die Aufrichtigkeit seiner religiösen Gefühle in Frage stellte, so war das etwas anderes. In der letzten Fassung von *De sui ipsius et multorum aliorum ignorantia*, die 1370 veröffentlicht wurde, blickt er auf sein langes, mit Studien ausgefülltes Leben zurück, zeigt sich dabei völlig vertraut mit den Studienplänen der Universitäten und bezeichnet die Hinwen-

dung zur Lehre des Averroës als einen Irrweg, der menschliche Werte zerstöre. Wirkliche Erleuchtung und seelischen Gewinn finde man, so behauptete er, im christlichen Glauben und bei jenen Leuchten der Antike, deren Leben und Philosophie der christlichen Tradition nahestünden. Diese Streitschrift ist vielleicht die schärfste und vernichtendste Arbeit, die der im Grunde maßvolle und duldsame Humanist je verfaßt hat.

Der Hang zum Religiösen war ein wichtiger Wesenszug Petrarcas. Er selber sieht das Jahr 1342 als entscheidend für seine innere Entwicklung und als das Jahr seiner Bekehrung an. Daß Augustinus schon vorher eine starke Anziehungskraft auf ihn ausübte, bezeugt seine ergreifende Schilderung der Besteigung des Mont Ventoux mit seinem Bruder Gherardo am 26. April 1336 in einem Brief an seinen Freund Dionigi di San Sepolcro in Paris.

Einige Zeit nach Petrarcas Rückkehr aus Italien, wo er den Lorbeer in Empfang genommen hatte, trat bei ihm ein Wandel ein in der Art, wie er sich selbst und wie er den Wert allen Ruhmes einschätzte, eine Wandlung zur Demut hin, zu der Erkenntnis, daß er Gottes bedürftig sei. Viele seiner italienischen Gedichte, insbesondere die *Trionfi*, sind reich an religiösem Empfinden. Aber in mehreren umfangreicheren Werken, die er in späteren Jahren schrieb, herrscht diese religiöse Haltung stärker vor. Das gilt besonders für *Secretum* (auch unter dem Titel *De contemptu mundi* bekannt), das 1342 begonnen und einige Jahre später beendet wurde, und in *De vita solitaria*, 1346 begonnen und vielleicht erst 1366 beendet. *Secretum*, vermutlich aus der seelischen Krise entstanden, die er 1342 durchmachte, hat die Form eines dreitägigen Dialogs des Dichters mit Augustinus, bei dem die Wahrheit als Schiedsrichter fungiert. Es ist ein Dokument der vollkommenen Selbstenthüllung, dessen Vorbild sicher die *Confessiones* von Augustinus sind. Am dritten Tag spricht Augustinus ganz offen aus, wo Petrarcas Schwierigkeiten liegen: »Dich fesseln zwei unzerreißbare Ketten, die Liebe und der Ruhm.« Der

Andrea del Castagno: »Petrarca«,
Fresko aus der Reihe »Berühmte Persönlichkeiten«; Florenz, S. Apollonia.

Dichter kann die Wahrheit dieser Erkenntnis nicht bestreiten, er kann nur den Versuch machen zu begreifen, wie fest jede dieser beiden Ketten tatsächlich ist: seine jetzt zunehmend vergeistigte Liebe zu Laura und sein unersättlicher Hunger nach Ruhm zu Lebzeiten und bei der Nachwelt. Dagegen ist *De vita solitaria* vielleicht weniger religiös, dafür aber stärker humanistisch; Petrarca scheint hier die Einsamkeit des Gelehrten zu suchen, nicht um sich in die Betrachtung der Güte und des Wesens Gottes zu versenken, sondern um sich dem Lärm der Menge und den Pflichten der Gesellschaft zu entziehen. Doch auch hier lassen sich spirituelle und insbesondere christliche Einschläge leicht erkennen.

Wenn auch, wie wir sahen, Petrarca nicht zu Recht als der erste Humanist bezeichnet werden kann, so müssen wir in ihm doch den Vater des Humanismus als einer aktiven Bewegung sehen. Er war ein so umfassender Geist und wirkte so vielfältig und mit so anregendem Elan auf das Leben seiner Zeit ein, daß das geistige Leben Westeuropas nach ihm nie wieder dasselbe sein konnte wie vorher. Als Kenner des antiken Schrifttums und als Handschriftensammler setzte er neue Maßstäbe. Als Freund gewann er eine Anzahl von begeisterungsfähigen, einflußreichen Männern für die von ihm so geliebte Beschäftigung mit klassischer Literatur. Als italienischer Patriot leitete er eine Strömung ein, der andere sich anschließen sollten. War er auch kein originaler Denker, so war er doch ein mutiger Streiter gegen den Materialismus der Averroës-Anhänger an den italienischen Universitäten und gegen die Dürre der damaligen Scholastik. Als politische Figur war er in seinem leidenschaftlichen Streben, die Größe Roms wiederzuerwecken, zu einseitig, als daß er vollen Erfolg hätte haben können. Als Christ war er glühender Anhänger Augustins und gar nicht mittelalterlich. Im Bereich der Geschichtsschreibung übte er durch sein Studium der römischen Historiker und die Neubewertung ihrer Bedeutung auf seine Zeit einen großen Einfluß aus. Sein Humanismus konzentrierte sich auf das größte Ereignis in der

Geistesgeschichte des Abendlands, die Leistung Roms; ohne Geschichte gab es keinen Humanismus. Petrarcas ganzes Bemühen richtete sich darauf, Geschichte wiederzubeleben. Als Dichter in seiner Heimatsprache hatte Petrarca, was Stil, Erfindungsgabe, künstlerische Vollendung und Echtheit des Gefühls betrifft, in seinem Jahrhundert nicht seinesgleichen – und vielleicht nach Dante in der gesamten italienischen Literatur nicht.

Boccaccio

Obwohl Petrarca nie in Florenz lebte, ist er als der zweite Mann in jenem großen florentinischen Trio bekannt, in dem Dante der erste war. Der Grund dafür ist, daß seine Vorfahren aus Florenz stammten und daß seine bemerkenswertesten Nachfolger dort wirkten. Florenz war aus schwer faßbaren Gründen gegenüber den Geistesströmungen, die Petrarca in sich vereinigte und vorantrieb, aufgeschlossener als jede andere Stadt Italiens. Petrarcas bekanntester Nachfolger und bis zu einem gewissen Grade sein Erbe war der Dritte in dem florentinischen Trio, sein vertrauter Freund und großer Bewunderer: Giovanni Boccaccio.

Boccaccio wurde 1313 wahrscheinlich in Paris als Sohn des Boccaccio de Chellino geboren, eines reisenden Florentiner Kaufmanns, der mit der mächtigen Familie der Bardi verwandt war. Seine Mutter war eine Französin von vornehmer Abkunft. 1315 oder 1316 kehrte der Vater mit seinem Kind auf seinen kleinen Besitz in der Stadt Certaldo im Val d'Elsa zurück, die etwa 30 Kilometer von Florenz entfernt liegt. Giovanni hat sich stets als Florentiner oder Certaldese gefühlt. Als er etwa zwölf Jahre alt war, wurde er zu einem Geschäftsfreund seines Vaters nach Neapel in die Lehre gegeben. Nachdem Boccaccio sechs Jahre dort verbracht hatte, die er später als vollkommen nutzlos und verloren ansah, erlaubte ihm sein

Vater, enttäuscht über die mangelnde Begeisterung des Knaben für den Handel, an der Universität Neapel die Rechte zu studieren, und stellte sogar einen Privatlehrer für ihn an. Sowohl für Giovanni als auch für den Lehrer war es verlorene Zeit. 1333 ließ der erboste Vater seinen Sohn nach Florenz zurückkommen, wo er im väterlichen Geschäft arbeiten sollte. Doch Giovanni hatte sich inzwischen in der Neapler Zeit genügend umgetan, um zu wissen, wonach ihm der Sinn stand. Er hatte zu den Hofkreisen des aufgeklärten Königs Robert Zugang gefunden. Der königliche Kanzler Barbato, der in den Klassikern wohl bewandert war, wurde sein Freund, und der Hofbibliothekar, Paul von Perugia, fühlte sich zu dem jungen Florentiner hingezogen und verschaffte ihm Zugang zu den reichen Schätzen der königlichen Bibliothek. Boccaccio nützte diese Gelegenheit nach Kräften aus. Schon seit seinen Kindertagen war ihm bewußt, daß er eine Neigung zum Geschichtenerzählen und Gedichteschreiben hatte, und dieser natürliche Hang verstärkte sich, als er Gelegenheit fand, die Dichtungen der alten Meister unter so angenehmen Umständen kennenzulernen. Er war tief beeindruckt von einem Besuch des efeubedeckten Grabes Vergils auf dem Gipfel des Posilipo, von dem aus sich ihm ein herrlicher Blick auf den Golf von Neapel mit Sorrent und der blauen Insel Capri in der Ferne eröffnete. Dieses Erlebnis schien ihm später ein Wendepunkt in seinem Leben zu sein.

Den größten Teil der ersten vierzig Jahre seines Lebens schrieb Boccaccio italienisch; doch Handlung und Thematik, ja sogar die Namen seiner Figuren stammten weitgehend aus der antiken Mythologie. Sein Denken und Trachten kreiste ständig um die antike Kultur.

Im Alter von 20 Jahren oder wenig später verliebte sich Boccaccio in Maria d'Aquino, vermutlich eine natürliche Tochter König Roberts und Gattin eines Edelmannes am königlichen Hof. Das war keine hohe und erhabene Liebe wie die Dantes zu Beatrice oder auch die Petrarcas zu Laura, sondern ein ganz alltägliches, sehr irdisches Liebesverhältnis. Immerhin erkannte Maria Boccaccios Begabung und drängte ihn zum Schreiben. In den Jahren von 1336 bis etwa 1350 schrieb er eine große Zahl von Geschichten, Dichtungen und phantasievollen Romanen, sämtlich in italienischer Sprache. Sie stellen ein Œuvre dar, das an Kraft, dichterischer Erfindung und Gestaltung in der Geschichte der italienischen Literatur kaum seinesgleichen hat. Der *Filicolo* (1337–1339) ist eine Prosafassung der Geschichte von Floris und Blancheflor, eines ursprünglich französischen Versromans, der im vorangegangenen Jahrhundert in einer italienischen Fassung sehr bekannt gewesen war. Boccaccio verflocht in die Geschichte allerlei geographisches und astronomisches Wissen der Antike und des Mittelalters wie auch Geschichten aus der Bibel. Seine Geliebte selbst erscheint in der Erzählung als Fiammetta, die Königin des Turniers der Geschichtenerzähler. In diesem Roman kündigen sich gelegentlich schon die Mittel an, die er später im *Decamerone* entwickelte.

Boccaccios nächstes Werk war der *Filostrato* (1339–1340), ein italienischer Roman in Ottaverime, in dem er faktisch den mittelalterlichen *Roman de Troie* zur Geschichte von Troilus und Criseida umformte, die von Pandaro, einem kupplerischen Freund beider, zusammengeführt werden. Unter Benutzung eines klassischen Stoffes, in dem drei verschiedene Charaktertypen auftreten – der zaudernde Liebhaber, die Dame und der hilfreiche Freund – erzählt Boccaccio hier eine Geschichte, die dem *Filicolo* nach Inhalt und Dramatik überlegen ist. Das Versmaß der Ottaverime gilt als eine Erfindung Boccaccios.

Auf den *Filostrato* folgte die *Teseida* (1340–1342), ein ebenfalls in Ottaverime geschriebenes Epos. Kein Italiener hatte vorher ein Epos in seiner Muttersprache zu schreiben versucht, und die *Äneis* Vergils und die *Thebais* des Statius verlockten zur Nachahmung. Liebe und Krieg bilden die Szenerie für die Geschichte von Arcite und Palemon, zwei Freunden aus Theben, die beide Emilia, eine athenische Prinzessin, lieben. Dann folgten der *Ameto* (1341–1342), ein Schäferroman; die *Amorosa visione* (um 1342), eine nicht sehr geglückte Allegorie in Terzinen, die Dante in der *Divina Comedia* so wirkungsvoll verwendet hatte; *Fiammetta* (1344–1346), in der Boccaccio berichtet, wie sehr seine *inamorata* ihn vermißte, als er Neapel verließ, um nach Florenz zurückzukehren; *Ninfale fiesolano* (1346–1349), eine Hirtenidylle in Ottaverime und wohl das zarteste, klarste und empfindsamste von allen seinen Werken in italienischer Sprache.

Das alles zeugte von beträchtlicher dichterischer Schöpferkraft und war zu einem großen Teil original und bahnbrechend. Dennoch wäre es heute nur noch von antiquarischem Interesse, wenn es nicht das *Dekameron* gäbe. In diesem Werk, das zwischen 1348 und 1353 geschrieben wurde, ist Boccaccios Genie zur Meisterschaft gereift. Der Schauplatz ist Florenz während der Heimsuchung durch die Pest im Jahr 1348. Sieben junge Frauen und drei junge Männer entschließen sich, die verseuchte Stadt mit dem Land zu vertauschen, wo die Luft reiner ist. Um sich die Zeit zu vertreiben, vereinbaren sie, daß jeder von ihnen zwei Wochen lang täglich eine Geschichte erzählen wird. Da die Sonnabende und Sonntage der Ruhe und dem Gottesdienst geweiht sind, werden hundert Geschichten zusammenkommen.

Die Geschichten eines jeden Tages stehen unter einem bestimmten Thema, das tags zuvor von der Königin oder dem König dieses Tages bestimmt wird. Dieses Schema wird nicht konsequent durchgeführt, dient aber als Ausgangspunkt. Der seltene Wert dieser berühmtesten Sammlung von Kurzgeschichten der Weltliteratur liegt in der Gelassenheit, der ruhigen Bewegung, der unfehlbaren, bisweilen mit Ironie durchsetzten Kenntnis der menschlichen Seele – d. h. der menschlichen Schwäche – und in den tiefen Einblicken, die sie in die Kultur der Zeit nach allen Seiten hin gewährt. Es gibt keine europäische Literatur, in der nicht Geschichten aus Boccaccios *Dekameron* aufgetaucht wären, und insbesondere in der englischen Literatur lassen sich seine Spuren von Chaucer bis ins 20. Jahrhundert verfolgen.

Das *Dekameron* ist durchaus ein Kind seiner Zeit: Es ist Italien und ganz besonders Florenz um die Mitte des 14. Jahrhunderts. Dennoch zeigt sich in jeder Charakterisierung, in der Anlage und Darbietung jeder einzelnen Geschichte und in jeder Situation, wie vertraut Boccaccio mit klassischen Vorbildern war. Die Würde, die Objektivität und die Humanität des ciceronianischen Ideals, sie alle treten im *Dekameron* klar zutage. Es ist humanistisch im wahrsten Sinne des Wortes.

Etwa um 1353 beschloß Boccaccio, vielleicht in der Folge von Gesprächen mit Petrarca, der sich im Sommer 1350 auf dem Weg nach Rom zu seiner Dichterkrönung eine Weile in Florenz aufhielt, sich der lateinischen Literatur zu widmen. Anscheinend empfand er jetzt alles, was er vorher in italienischer Sprache geschrieben hatte, nur mehr als unnützes und leeres Gewäsch zur bloßen Unterhaltung. Er glaubte allmählich, das *Dekameron* bedürfe einer Rechtfertigung, und bedauerte, daß es ihm nicht möglich war, das Buch zurückzuziehen. Seine Leidenschaft für Handschriften der lateinischen Klassiker wurde fast zu einer Manie. Er darbte, nur um Handschriften des Terenz, Livius, Tacitus, Cicero, Varro, Boethius und anderer kaufen, abschreiben lassen oder selbst abschreiben zu können. Auf der Suche nach Klassikerhandschriften unternahm er weite Reisen und hätte sie ohne weiteres auch gestohlen, wenn alle anderen Mittel, sie zu erwerben, versagt hätten. Und in der Tat hat er seine Bibliothek wirklich um einige Handschriften bereichert, die er nicht bezahlt hatte. Seine Begeisterung für die Antike veranlaßte ihn dazu, Griechisch zu lernen und eine Homerübersetzung ins Lateinische anzuregen. Durch Petrarca hörte er von einem gewissen Leonzio Pilato aus Kalabrien, der behauptete, des Griechischen mächtig zu sein. Diesen ließ er 1359 durch die Stadtväter nach Florenz berufen, und verpflichtete sich selbst, ihn bei sich aufzunehmen. Leonzios Griechisch war zweifelhaft, sein Latein schlecht, sein Benehmen

noch schlechter und sein Temperament das eines mißlaunigen Bären. Doch Boccaccio ertrug ihn drei Jahre lang und holte aus ihm heraus, was einer Übersetzung der *Ilias* und der *Odyssee* ins Lateinische einigermaßen ähnlich sah.
In den letzten zwanzig Jahren seines Lebens verfaßte Boccaccio einige gelehrte Handbücher in lateinischer Sprache, darunter *De casibus virorum illustrium, De claris mulieribus, De genealogiis deorum gentilium* und *De montibus, sylvis, fontibus, lacubus etc.* Obwohl es seine Absicht war, eine geschichtliche Darstellung berühmter Männer und Frauen vor allem der Antike in lateinischer Sprache zu geben, konnte er nicht verhindern, daß unterhaltsame Geschichten daraus wurden. *De genealogiis* ist das gelehrteste Werk Boccaccios. Hier erntet er die Früchte jener Jahre, in denen er die großen lateinischen Meister gelesen hatte, während er nebenher leichte Literatur in italienischer Sprache schrieb. Es ist eine Art Enzyklopädie der klassischen Mythologie, die mit einer Verteidigung der Dichtkunst als eines gottgegebenen Spiegels der wertvollsten Gedanken und Bestrebungen der Menschen abschließt. Die Abhandlung *De montibus* war ein Versuch, dem Studierenden das Verständnis der Geographie der antiken Welt zu erleichtern, die infolge der veränderten Bezeichnungen oder auch aus Mangel an Interesse dem mittelalterlichen Menschen weitgehend fremd geworden war. Dieses Nachschlagewerk ist das Ergebnis ernsthafter und sorgfältiger Arbeit und hat sich späteren Lesern der Klassiker als außerordentlich nützlich erwiesen.
In den Jahren nach 1360 wurde Boccaccio von der Republik Florenz mit mehreren wichtigen diplomatischen Missionen betraut. Seine Einkünfte aus dem Besitz in Certaldo reichten kaum für seinen Unterhalt aus, und so brachten ihm diese offiziellen Aufträge eine wesentliche Zubuße ein. 1362 ging er auf Einladung eines Florentiner Freundes nach Neapel. Dort stellte er bald fest, daß man ihm falsche Versprechungen gemacht hatte; so kehrte er zornig und verbittert nach Certaldo zurück und ging von dort nach Venedig, wo er im Frühjahr

1363 mit Petrarca zusammentraf. Den größten Teil dieser zehn Jahre jedoch verbrachte er auf seinem bescheidenen Besitz in Certaldo. 1373 wurde er von der Signoria von Florenz gebeten, Vorlesungen über Dantes *Divina Comedia* zu halten, und er ging daran, einen Kommentar über dieses Werk zu schreiben. Seine Vorlesungen haben auch heute noch geschichtlichen Wert, denn Boccaccio hatte viele Menschen gesprochen, die Dante gekannt hatten, und war deshalb in der Lage, seiner Interpretation der *Divina Comedia* Fülle und Unmittelbarkeit zu verleihen. Leider konnte er den Kommentar nur bis zum 17. Gesang des *Inferno* vollenden. Die Nachricht vom Tode Petrarcas im Jahr 1374 war ein schwerer Schlag für ihn; obwohl er neun Jahre jünger war als sein Freund und Meister, erlöste ihn am 21. Dezember 1375 der Tod aus seinem hinfälligen Zustand.

Die Tatsache, daß Boccaccio Laie war und in keinerlei Verbindung zur Kirche stand, darf nicht außer acht gelassen werden, wenn von ihm und seinem Platz in der breiten Bewegung, die wir als Renaissance bezeichnen, die Rede ist. Die völlig weltliche Ausrichtung seiner Gelehrtentätigkeit ist bezeichnend für die Richtung, die die humanistische Bildung hinfort einschlagen sollte.

Boccaccio beurteilte seinen Standort in der Literatur und Kulturgeschichte ganz anders als die Nachwelt. Wir verehren heute in ihm den Schrittmacher der italienischen Prosadichtung, den bedeutendsten Erzähler der Neuzeit, den Vorläufer eines Chaucer, Rabelais und La Fontaine. Dieser Ruhm sollte allen Ansprüchen genügen. Aber Boccaccio selbst schätzte seine Werke in italienischer Sprache gering und war vielmehr stolz darauf, das Griechische in Italien eingeführt zu haben, was er in *De genealogiis* mit allem Nachdruck ausspricht. Seine größte Leistung sah er darin, daß die Gesänge Homers in Italien öffentlich vorgetragen werden konnten.

Florenz schien für die Ideale, die Boccaccio so energisch und erfolgreich gefördert hatte, besonders empfänglich zu sein.

Petrarca hatte die Einladung, in seine Geburtsstadt zurückzukehren, abgelehnt, aber seine Weigerung hatte persönliche Gründe und ging nicht etwa auf mangelndes Interesse der Florentiner am Humanismus zurück. Unter Petrarcas vertrautesten Freunden befanden sich zu Beginn der dreißiger Jahre des 14. Jahrhunderts Florentiner, die sein Interesse an der klassischen Literatur voll und ganz teilten. Viele dieser Männer – unter ihnen Lapo da Castiglionchio, Giovanni da Strada und sein Sohn Zanobi sowie Francesco Nelli – waren Lehrer oder Leiter von Klosterschulen und hatten deshalb ideale Möglichkeiten, dieses Interesse weiterzugeben. Einige Generationen von Schülern, die in den Klassikern unterrichtet worden waren, stellten die beste Voraussetzung für die Förderung des Humanismus von seiten der Stadt dar und schufen eine Atmosphäre der Aufgeschlossenheit und der Sympathie, wie sie in Italien fast einzig dastand. Im letzten Viertel des Jahrhunderts gab es tatsächlich schon einen ganzen Kreis tüchtiger Gelehrter, von denen manche mit der Universität in Verbindung standen, manche Mönchsorden angehörten, andere wieder nur belesene und bildungsbeflissene Laien waren. Wenn auch einige von ihnen sich aus beruflichen oder sonstigen Gründen vorübergehend oder auch für dauernd an anderen Orten Italiens niederließen, war und blieb Florenz der natürliche Mittelpunkt dieses Kreises.

Da war zum Beispiel Giovanni Malpaghini – auch Giovanni da Ravenna genannt –, der als Schreiber und Sekretär für Petrarca gearbeitet und, mit einem erstaunlichen Gedächtnis begabt, sich hervorragende Kenntnisse in der klassischen Literatur angeeignet hatte. Nach einigen Jahren dieser Hilfstätigkeit (1364–1368) verließ er Petrarca, um anderswo selbst sein Glück zu versuchen, kehrte jedoch zurück, um dann noch einmal wegzugehen. Seine Reisen führten ihn – als Sekretär oder selbständigen Professor der lateinischen Rhetorik – nach Rom, Florenz, Avignon und Ragusa. In Florenz, wo er die letzten Jahre seines Lebens verbrachte, trug sein begeistertes Wirken zur Förderung der humanistischen Literatur bei. Obwohl er selbst fast nichts schrieb, zählten zu seinen Schülern viele Gelehrte, die später führende Humanisten wurden. Darunter waren in den verschiedenen Städten Roberto Rossi, Francesco Barbaro, Leonardo Bruni, Poggio Bracciolini und Jacopo d'Angelo da Scarparia – lauter bedeutende Köpfe im weiteren Verlauf des Humanismus. In Florenz verstärkte sich weitgehend, wenn auch nicht ausschließlich unter dem Eindruck der begeisterten Hingabe Boccaccios, das Interesse des Humanismus spürbar seit dem Jahr 1350. Schon Anfang des 14. Jahrhunderts war man bestrebt gewesen, eine Universität *(studium)* zu gründen, hatte jedoch keine rechten Erfolge erzielt. 1349 erteilte Papst Clemens VI. in einer Bulle die Erlaubnis zur Errichtung einer Universität mit sämtlichen Fakultäten. Man kam nur langsam voran; es war weder leicht, fähige Professoren zu finden, noch in Konkurrenz mit den *studia* in Pisa, Bologna und Siena Studenten anzulocken. Die Universität florierte in der Folgezeit nur mäßig, teils, weil sie zu spät errichtet worden war, teils auch wegen des Reichtums in Florenz, der den armen Studenten – und Studenten waren immer arm – das Leben fast unerschwinglich machte. Nichtsdestoweniger war die Stadt selbst sehr an der Universität interessiert.

Erziehung und Bildung hatten im Mittelalter stets in der Hand der Kirche gelegen. Es gab keine andere Gruppe oder Institution in der europäischen Gesellschaft, die diesen Auftrag hätte übernehmen können. Doch im Florenz des 14. Jahrhunderts zeigte sich deutlich, daß das Patronat über die Bildung von der Kirche auf die Laien überging. Um die Mitte des Jahrhunderts entstand in Florenz eine Art kultureller Zirkel, der bei den Zeitgenossen als das *Paradiso* des Alberti bekannt war. Antonio degli Alberti war ein reicher Kaufmann, der seine geräumige Villa, *Paradiso,* Gästen zugänglich machte – Männern und Frauen, Edelleuten und Bürgerlichen, Geistlichen und Laien –, die an geistiger Anregung und anspruchsvollen Gesprächen interessiert waren. Seine Küche war wegen ihrer

Leckerbissen berühmt, er öffnete seine anmutigen Gärten, zog Musiker heran und veranstaltete zwanglose Vorträge oder Dichterlesungen durch das eine oder andere Mitglied des Kreises. Das einzige, was er sich ausbat, war, daß seine Gäste sich mit der Erörterung von Themen nichtweltlichen Interesses vergnügen sollten. Augustinus, Platon, Dante und Friedrich II., die römischen Dichter und Historiker, die Propheten und die Seher der Vergangenheit – das waren die Gegenstände ihrer Gespräche. Während die Erwachsenen sich auf diese Weise geistig betätigten, ermunterte man die Kinder, sich zu Sport und Spiel auf einer Wiese unmittelbar vor den Gärten zusammenzufinden.

Das war nur eine Gruppe dieser Art. Es gab noch eine andere, weniger auffällige, die aber ebensoviel Anhang hatte und sich um Luigi de'Marsigli, einem Mönch vom Orden der Augustiner-Eremiten sammelte. Marsigli machte seine Kirche – *Santo Spirito* – zum Mittelpunkt einer Gruppe von Freunden der neuen Bildung. Viele von ihnen waren eng mit Boccaccio befreundet, der den Zusammenschluß dieses Kreises von Enthusiasten förderte. Boccaccio wollte sogar im Friedhof dieser Kirche begraben sein und vermachte seine kostbaren Bücher der Klosterbibliothek.

Marsigli war weithin als sprachgewandter Prediger bekannt und vermischte in seinen Predigten Zitate aus der Bibel und den Kirchenvätern mit solchen aus Cicero, Seneca und Vergil, wobei er sich auf das göttliche Wesen der Wahrheit und Gesittung berief, gleichviel wo sie sich finde. Er teilte Petrarcas geringe Meinung von der Kurie zu Avignon und schmähte dieses sittenlose »Babylon« in vielen seiner Predigten und Schriften. Seine Spitzenstellung innerhalb der Gruppe bestimmte den Tenor der Diskussionen, die starken religiösen Einschlag und ein hohes Bildungsniveau hatten. Über die Hälfte der Mitglieder dieses Kreises von *Santo Spirito* waren Laien, ein Umstand, der deutlich die Richtung der neuen Bildung anzeigt. Geistliche nahmen als Liebhaber der Klassiker teil, nicht als Hüter kirchlicher Überlieferung. Ganz allgemein bewegten sich die Gespräche in einer ernsteren Atmosphäre als im *Paradiso* des Alberti, doch waren manche Mitglieder der Marsigligruppe, ja sogar Marsigli selbst, auch häufige oder regelmäßige Gäste bei Alberti.

Der Kreis von *Santo Spirito* ähnelt, wenn man vom Namen absieht, in jeder Beziehung der bekannteren Platonischen Akademie des späten 15. Jahrhunderts. Häufig wird er auch als Akademie von *Santo Spirito* bezeichnet. Diese Gruppe blieb bis zum Tode Marsiglis im Jahr 1394 eine treibende Kraft innerhalb der humanistischen Bewegung in Florenz. Inzwischen hatte die neue Bildung in der Republik gewaltige Schwungkraft gewonnen, obgleich sie sich weder auf die Kirche noch auf die Universität stützte, wo sie gleichwohl viele Freunde besaß. Sie war nun schon eine überwiegend nichtkirchliche Bewegung, untrennbar verbunden mit dem Bürgergeist und dem kulturellen Antrieb, den eine Wirtschaftsblüte naturgemäß im Gefolge hat.

Salutati

Einer der regelmässigen Teilnehmer sowohl der *Paradiso*-Gruppe wie auch des Kreises von *Santo Spirito,* ein großer Bewunderer und Briefpartner Petrarcas und vertrauter Freund Boccaccios wurde der führende Mann bei der weiteren Verbreitung des Humanismus in Florenz: Coluccio de' Salutati (1330–1406). Er war dreißig Jahre hindurch Sekretär der Republik Florenz, von 1375 bis zu seinem Tod; wichtiger ist er jedoch in diesem Zusammenhang als Verbindungsglied zwischen der ersten Phase des Humanismus – dem Zeitalter Petrarcas und Boccaccios, in dem man die lateinischen Klassiker entdeckte – und der großartigen zweiten Phase, in der man das Griechische, Lateinische und sogar das Hebräische pflegte und in der die Mode der klassischen Bildung auch auf Länder außer-

halb Italiens übergriff und deren Sprachen und Literaturen stark beeinflußte.
Salutati wurde in Stignano, einer kleinen Stadt zwischen Florenz und Lucca, geboren. Sein Vater, ein Guelfe, wurde 1334 von den siegreichen Ghibellinen aus seiner Stadt vertrieben und ließ sich auf Einladung Pepolis, des damaligen *podestà*, in Bologna nieder. Der junge Coluccio wuchs in der Atmosphäre der berühmten Universität auf, an der er die Rechte studierte. 1351 wurde er im Alter von zwanzig Jahren Notar der Gemeinde Pescia in der Toskana. Seine berufliche Laufbahn von 1351 bis 1375 war die eines mäßig erfolgreichen Beamten. 1367 wurde er Kanzler von Todi, einer kleinen Stadt in Umbrien. 1368 war er mit dem päpstlichen Hof während des vorübergehenden Aufenthalts des Papstes Urban V. in Rom. Er gewann einen ungünstigen Eindruck von dem – wie er sich ziemlich aufgebracht ausdrückte – »französisierten« Papsttum. 1370 war er Kanzler der *anziani* in Lucca, wurde aber im darauffolgenden Jahr durch einen politischen Aufstand aus dem Amt vertrieben. 1370 hatte er sich in Florenz als Notar eintragen lassen und übernahm wahrscheinlich zeitlich begrenzte Aufträge, um sich mit den Verhältnissen in dieser Stadt vertraut zu machen.
Salutati hatte sich eine Bildung auf klassischer Basis selbst angeeignet, fühlte sich aber in Stil und Eleganz seiner literarischen Erzeugnisse keinem bestimmten Lehrmeister verpflichtet. Wir wissen, daß er seit den sechziger Jahren mit Gelehrten in ganz Italien im Briefwechsel stand und daß er, ohne Petrarca je begegnet zu sein, zu dessen begeistertsten und treuesten Bewunderern zählte. Zum erstenmal schrieb er dem Dichter nach Arquà im Jahr 1368 und erhielt einen zwar kurzen, aber huldvollen Antwortbrief, in dem Petrarca ihn zu seinem eleganten lateinischen Stil beglückwünschte. Boccaccio muß er schon frühzeitig begegnet sein, denn 1369 scheinen sie bereits seit geraumer Zeit auf vertrautem Fuße zu stehen.
1374 war Salutati offizieller Notar in der Kanzlei der Signo-

ria, dem Kollegium der Prioren in Florenz, und als der Kanzler Niccolò Monaci wegen Betrugs abgesetzt wurde, rückte Salutati für ein Jahr in dieses Amt auf. Die folgenden dreißig Jahre hindurch wurde er ebenfalls jeweils nur für ein Jahr bestätigt. Das Amt des Kanzlers der Signoria war außerordentlich wichtig. Alle Erlässe und Beschlüsse der Signoria, alle Dokumente, die die Außenpolitik der Republik betrafen, gingen durch seine Hände. Er war Angestellter und Beamter der Signoria, gleichzeitig aber auch ihr Führer und Berater.

In diesen Jahrzehnten war Florenz von schweren Unruhen, Bürgerkriegen und Wirren erschüttert, wie sie soziale Angleichungsprozesse und die sich daraus ergebenden Spannungen mit sich bringen. 1378 vertrieb ein Aufstand der *ciompi* (Lumpensäcke) die Bürger und Adligen aus dem Amt und setzte an ihrer Stelle Vertreter des Proletariats ein, die bald zwei neue Gilden bildeten und sich damit den bisherigen vierzehn *arti minori* anschlossen, die aus den Handwerkern der Stadt bestanden. Salutatis Integrität genoß so hohe Achtung, daß die neuen Herren von Florenz, die in der Verwaltung gänzlich unerfahren waren, ihn als Kanzler beibehielten und sich in ihrer Politik seinen Ratschlägen fügten. Mit Mut und Würde mäßigte er die Bilderstürmerei der Radikalen, so daß die Staatsgeschäfte unter den Unruhen nicht zu leiden hatten. Als sich 1382 eine konservativere Richtung durchsetzte, wurde Salutati im Amt belassen, und man erkannte seine Dienste bei der Einhaltung eines sicheren Kurses öffentlich an. Der Humanist besaß jetzt politischen Einfluß. Das Ansehen, das er sich in einer kritischen Phase der florentinischen Geschichte erworben hatte, kam der Bewegung zugute, zu deren führenden Vertretern er gehörte. Die klassische Bildung hatte sich in den Augen des Volkes bewährt, und in den folgenden Jahren gab es in Florenz so gut wie keinen Widerstand gegen die Förderung dieser Bildung durch die Republik.

Salutatis persönliches Ansehen und die lange Dauer seiner Amtsführung spiegelten sich in der zunehmenden Beachtung, die man der Formulierung diplomatischer Schriftstücke widmete. In einer Zeit, in der alle Kanzleien Europas, weltliche wie kirchliche, ihre Urkunden in lateinischer Sprache abfaßten, verstand es sich von selbst, daß man Wert auf einen gefeilten Stil legte. Je besser das Latein, desto wirkungsvoller war das Schriftstück. Man wird sich erinnern, daß Petrarca von mehreren Fürsten und Gewaltherrschern mit diplomatischen Missionen betraut wurde, weil sie seine Beredsamkeit als erfolgreiche diplomatische Waffe schätzten. Salutati, der als erster führender Humanist eine öffentliche Schlüsselstellung innehatte, trug zu dem Ansehen bei, das die neue Bildung sich erwarb. Es konnte also im Grunde nicht überraschen, wenn ein so kluger Kenner der politischen Realitäten wie Giangaleazzo Visconti von Mailand in richtiger Einschätzung des Wertes der klassisch geschulten Beredsamkeit für die Diplomatie oft sagte, daß die Schriften des Salutati ihm mehr Schaden zugefügt hätten als tausend florentinische Reiter. Gerade weil Salutatis amtliche Schriftstücke Achtung heischten und deshalb auch erfolgreich waren – sie fanden in ganz Italien Verbreitung und wurden von anderen Kanzleien häufig kopiert – spürten andere Städte und Staaten, Gewaltherrscher, Fürsten und Republiken Verlangen nach ähnlich geschulten und literarisch gebildeten Staatsmännern. Es kam gewissermaßen zu einer gesteigerten Nachfrage nach Humanisten. Bald gab es mehr Stellen für klassisch geschulte Männer, als Bewerber mit den notwendigen Voraussetzungen da waren. Kein italienischer Hof konnte es mit seinem Ansehen vereinbaren, nicht mindestens einen Humanisten zu haben. Daß es dahin kam, war weitgehend das Verdienst Salutatis und seiner Erfolge.

Doch Salutatis Wirken reichte über diese bedeutsame Neuerung hinaus. Er schrieb Biographien Dantes, Petrarcas und Boccaccios, unterhielt einen ausgiebigen Briefwechsel, spornte jüngere Gelehrte in ihren Bemühungen an und sammelte Handschriften klassischer Autoren, die bisher der Aufmerksamkeit entgangen waren; er verglich sie sorgfältig mit anderen und bisweilen besseren Abschriften und lieferte dadurch einen bemerkenswerten Beitrag zur wissenschaftlichen Textkritik. Er selbst verfaßte eine Anzahl wichtiger Abhandlungen über klassische Themen, unter anderem *De laboribus Herculis* (1400). Diese Arbeit offenbart, obwohl sie keine eigenständige Leistung ist, eine gründliche Beherrschung weiter Bereiche klassischer Bildung, insbesondere der Welt Vergils, und bezeichnet das Ende einer Phase der Einverleibung lateinischen Geistesguts durch den Humanismus, die einen Höhepunkt vor dem Auftreten des Griechischen in Italien darstellt. Das war das Äußerste, was das Abendland ohne das Griechische leisten konnte. Salutati selbst war des Griechischen nicht mächtig, aber er erkannte, daß das Griechische für eine vollkommene Wiederbelebung der Antike unerläßlich war, und er spornte junge und ehrgeizige Gelehrte dazu an, die Sprache zu erlernen, damit sie die großen griechischen Werke ins Lateinische übersetzen konnten. Unter anderen förderte er selbstlos junge Leute wie Poggio Bracciolini und Leonardo Bruni, die später zu den hervorragendsten Vertretern der humanistischen Bewegung gehören sollten.

Unter den wenigen theoretischen Schriften Salutatis, die sich nicht mit klassischer Gelehrsamkeit befaßten, findet sich eine kurze Abhandlung *De tyranno* in Form eines Briefes an einen Freund in Padua. Darin befürwortet er den Tyrannenmord: Jedem, der eine Tyrannenherrschaft errichtet, darf rechtmäßig Widerstand geleistet werden, nicht nur von seiten einer Volkspartei, sondern auch von Einzelnen, und bei der Beseitigung eines solchen Ungeheuers darf auch Gewalt angewendet werden, sogar bis hin zum Mord.

Für einen Beamten der Republik Florenz mag es gefahrlos gewesen sein, solche Ansichten zu vertreten, wie es ja auch Tatsache war, daß ein Gewaltherrscher in Italien ständig in Gefahr schwebte. Trotzdem gehörte wohl ein gewisser Wagemut dazu, den Tyrannenmord als wohlbegründete Doktrin zu verkünden.

Der Höhepunkt in der Laufbahn Salutatis war sicherlich die Ankunft Manuel Chrysoloras, des führenden Gelehrten des

Franz Winzinger: Formengerüst zu Dürers »Selbstbildnis im Pelzrock« aus dem Jahre 1500 in München, Alte Pinakothek.

Albrecht Dürer: »Die große Hure Babylon«;
Holzschnitt aus der »Apokalypse«, Nürnberg 1495.

byzantinischen Reichs, in Florenz. Chrysoloras, der schon in vorgeschrittenem Alter stand, war das erstemal mit einem Kollegen, Demetrius Kydonios, nach Italien gesandt worden, um das Abendland für die Verteidigung Konstantinopels gegen die Türken zu gewinnen. Die beiden Griechen landeten 1394 in Venedig. Die Nachricht von der Ankunft zweier so hervorragender griechischer Gelehrter verbreitete sich in Italien wie ein Lauffeuer, und zwei junge Florentiner Adlige, Roberto Rossi und Jacopo d'Angelo da Scarparia, beide Schützlinge Salutatis, eilten auf seinen Vorschlag nach Venedig, um die Berühmtheiten kennenzulernen. In ihren Hoffnungen auf militärische Unterstützung durch das Abendland enttäuscht, kehrten die Griechen im folgenden Jahr nach Konstantinopel zurück. Die jungen Florentiner Adligen hatten offenbar einen vorteilhaften Eindruck gemacht, denn jene nahmen d'Angelo mit. Rossi schilderte in Florenz mit glühenden Worten die profunde Gelehrsamkeit der griechischen Weisen. In der Folge dieser Berichte überredete Salutati mit Unterstützung einiger wohlhabender und einflußreicher Bürger die Signoria, Chrysoloras einzuladen, Griechischunterricht für alle Lernbegierigen zu erteilen. Die mit dem Angebot verbundenen Bedingungen waren großzügig: fünf Jahre lang ein Haus und jährlich 150 Florin, eine Summe, die später auf 250 Florin erhöht werden sollte. Chrysoloras nahm die Einladung an und traf 1397 in Florenz ein. Sein Unterricht war glänzend, die Aufnahme enthusiastisch. Jetzt besaß das Abendland den Schlüssel zur anderen Hälfte der Schätze der Antike, und eine neue Epoche in der europäischen Geistesgeschichte war angebrochen.

2

Das Heilige Römische Reich bis 1437

Mit der Regierung Karls IV. (1346–1378), des Königs von Böhmen und Kaisers aus dem Hause Luxemburg, trat das Reich in eine neue Phase seiner Geschichte ein, deren Wurzeln sich deutlich bis in die Zeit des Interregnums und Rudolfs von Habsburg zurückverfolgen lassen. Es wurde fast zur Gänze ein deutsches Königreich, das neben weniger bedeutenden Anhängseln in Burgund und den Niederlanden auch das slawische Königreich Böhmen, Karls Lieblingsland, einschloß. Karl regierte zweiunddreißig höchst ereignisreiche Jahre lang. In der Innen- wie in der Außenpolitik ergaben sich so viele Krisen und Probleme, daß seine Handlungen und Entschlüsse notwendigerweise umstritten sind. Das Urteil der Nachwelt schwankt zwischen absoluter Ablehnung und höchster Anerkennung.

Ehe er Kaiser wurde, hatte sich Karl Erfahrung in Regierungsgeschäften angeeignet, und zwar in Italien als Herr einer Anzahl von lombardischen Städten und in Böhmen als Markgraf von Mähren und Statthalter seines Vaters, König Johanns. Kaum mehr als zwanzig Jahre alt, hatte er sich schon als fähig und tüchtig erwiesen. Während seiner ersten Jahre als Kaiser und König von Böhmen war er damit beschäftigt, im Reich und seinen Erblanden bis zu einem gewissen Grad Frieden und Ordnung zu schaffen. Natürlich wollte er in Rom gekrönt werden, denn diese Zeremonie würde deutlich machen, daß zwischen Kirche und Reich ein gewisser Zusammenhalt bestand, der viele Jahrzehnte hindurch gefehlt hatte. Die dreißig Jahre der Feindschaft zwischen Papst und Reich unter Ludwig IV. hatten keiner von beiden Parteien etwas eingebracht und auch Recht und Ordnung nicht gefördert. Clemens VI. jedoch, der Karl sonst freundlich gesinnt war, befürchtete, Karls Anwesenheit werde seine Pläne für eine Neuordnung der Politik in Italien erschweren. Allzu leicht konnten alte ghibellinische Gefühle wiederaufleben. Infolgedessen ließ sich Karls Plan einer Krönung in Rom erst verwirklichen, als Clemens 1352 gestorben war und in Innozenz VI. (1352–1362) einen weniger eigenwilligen Nachfolger gefunden hatte.

Mit dem Segen Innozenz' verließ Karl im September 1354 Prag in Begleitung von nur dreihundert Rittern. Am 10. November traf er in Mantua ein, wo er wenige Wochen später Petrarca aufmerksam zuhörte, als der ihn drängte, den Ruhm der Cäsaren zu erneuern. Dann zog er weiter nach Mailand, wo er von den Visconti begeistert aufgenommen wurde und die Eiserne Krone der Langobarden in Empfang nahm. Die Visconti drängten sich geradezu danach, ihm für das kaiserliche Vikariat in Mailand eine beträchtliche Summe (200 000 Gulden) zu zahlen. Im weiteren Verlauf der Reise bestätigte er dann der Stadt Florenz ihre Unabhängigkeit, was ihm ebenfalls bereitwillig honoriert wurde. Am 2. April erreichte er die Tore Roms. Die feierliche Krönung durch den päpstlichen Legaten, den Kardinal von Ostia, fand am Ostersonntag statt. Karl hielt das dem Papst gegebene Versprechen und verließ die Stadt bei Sonnenuntergang, um am nächsten Tag die Heimreise anzutreten. In Pisa unterdrückte er mit fester Hand einen Aufstand und zog dann so schnell wie möglich nach Norden weiter. Am 3. Juli erreichte er Augsburg, und am 15. August zog er wieder in sein geliebtes Prag ein.

Was Karl beim Verlassen Italiens, das das Grab so mancher deutschen Hoffnung war, im Hinblick auf die Probleme des Reiches bewegte, schlug sich in einer Reihe kaiserlicher Verordnungen nieder, die auf dem Reichstag von Nürnberg 1356

verkündet und auf dem Reichstag zu Metz im Dezember desselben Jahres mit Zusatzklauseln veröffentlicht wurden; es handelte sich um eine Art Reichsverfassung, die später unter dem Namen Goldene Bulle von 1356 bekannt wurde. In der Absicht, strittige Wahlen zu verhindern, bestimmte diese Bulle die Unteilbarkeit der sieben Kurfürstentümer und legte die Prozedur der Kaiserwahl fest. Sie gab den Kurfürsten mehr Macht im Gefüge des Reiches, ferner das Münzrecht und die Gerichtshoheit über ihre Untertanen. Alljährlich war eine Zusammenkunft aller Kurfürsten vorgesehen, bei der sie sich mit dem Kaiser beraten sollten. Im wesentlichen baute die Urkunde auf dem herrschenden Grad der Selbständigkeit der Landesfürsten auf, und das bedeutete, daß die Zeit eines stark zentralisierten Reiches vorüber war. Das Reich stellte damit faktisch eine Art Fürstenbund dar mit einem Kaiser an der Spitze, der trotz seiner hohen Würde seine Autorität nach dem Willen dieser Fürsten ausübte. In einer Hinsicht war die Bulle konservativ, insofern nämlich, als sie die Kurfürstentümer als unteilbar erklärte, beendete sie die Zerstückelung von Erbländern, die in beunruhigendem Tempo zunahm. Dadurch, daß die Bulle die Erklärung des Kurvereins von Rense und das *Licet iuris* von 1338 bestätigte, schaltete sie das Papsttum für alle Zeiten aus der Reichspolitik aus und befestigte die tiefe Kluft zwischen Deutschland, wo der Papst keinerlei Machtbefugnis besaß, und Italien, wo sein Einfluß und seine Autorität zumindest potentiell alles andere überragte.
Die Bulle war in keiner Weise als Mittel zur Einigung Deutschlands gedacht. Dadurch indessen, daß sie Städtebünde untersagte, sofern sie nicht unmittelbar unter dem Patronat des Kaisers standen, suchte sie doch die Anlässe zum Streit zwischen dem aufstrebenden Bürgertum und den Fürsten zu verringern. Die Städte empfanden dieses Verbot natürlich als eine Einschränkung ihrer Selbständigkeit, und so machte sich von dieser Seite her in den Jahren nach der Verkündung der Bulle einiger Widerstand bemerkbar. Es ist durchaus möglich, daß unter den

bestehenden Verhältnissen jeder Versuch Karls einer Beseitigung jenes Separatismus, der sich seit der Zeit Karls des Großen durch die deutsche Geschichte zieht, die von alters her zerspaltenen Teile Deutschlands noch weiter auseinandergetrieben hätte.

Wie die Dinge lagen, war die Goldene Bulle wahrscheinlich damals die bestmögliche Lösung des Problems der deutschen Uneinigkeit. Karl hatte verschiedentlich Schwierigkeiten mit den Habsburgern und den Wittelsbachern, den Erben Ludwigs IV. Es war seine Politik, solche Krisen durch Überredungskunst, Geduld, Diplomatie (Bestechung oder »Geschenke«) oder, wenn sonst nichts half, mit Gewalt zu lösen. Im Notfall ein fähiger Heerführer, gab er doch immer den weniger kostspieligen und einschneidenden Maßnahmen den Vorrang. Der Wohlstand Deutschlands unter seiner Regierung zeigte, wie gut diese Politik dem Lande bekam.

Manche Zeitgenossen und viele spätere Historiker warfen Karl vor, er sei dem Papsttum gegenüber zu nachsichtig gewesen. Es stimmt, daß er seine Wahl zumindest teilweise der Gunst seines Freundes und früheren Lehrers Clemens VI. verdankte. Aber eine eingehende Prüfung seiner Beziehungen zu den verschiedenen Päpsten, die während der zweiunddreißig Jahre seines Kaisertums auf dem Heiligen Stuhl saßen, zeigt ganz deutlich, daß er sein eigener Herr war. Er lehnte viele Bitten und Vorschläge aus Avignon ab; in Fragen, die Deutschland betrafen, nahm er in keinem Punkte Weisungen der Päpste hin. Er war gleichmäßig höflich zu den Päpsten, aber es war die Höflichkeit eines Mannes, der sich seines Rechtes bewußt und seiner aufgeklärten Ziele sicher war. Von diesem Standpunkt aus gesehen war diese Zeit also eine Periode, in der die deutsche Kirche und der deutsche Kaiser in erster Linie als Deutsche dachten und handelten. Der kriegerische Nationalismus des 16. Jahrhunderts war in der Politik und in dem Verhalten Karls dem Papsttum gegenüber bereits angelegt.

Der Mark Brandenburg war es unter den Wittelsbacher Erben

Ludwigs IV. nicht gut gegangen. Seit den späten fünfziger Jahren hatte Karls Augenmerk diesem Land immer stärker gegolten. Dem Wohlstand seines Königreichs Böhmen und den Expansionswünschen seines Hauses bot es wirtschaftlich wie politisch günstige Möglichkeiten. 1365 wurde Brandenburg Karl auf sechs Jahre zur Verwaltung übergeben. Der einheimische Adel erhob sich gegen Karls Beamten, und so mußte der Kaiser die Sache in die Hand nehmen. Die Folge davon war, daß Brandenburg 1373 im Frieden von Fürstenwalde an das Haus Luxemburg fiel.

Karls Interesse im Gebiet des Reichs nördlich seines Königreichs Böhmen beschränkte sich keineswegs auf die Mark Brandenburg. Die Beziehungen des Kaisers zu jenem mächtigen Bund norddeutscher Städte, der Hanse, waren vielleicht nicht so unmittelbar, aber darum nicht weniger realistisch. Vor seiner Thronbesteigung hatte dieser Bund an Macht und Reichtum zunehmen dürfen, ohne daß sich das Reich je eingemischt hätte. Seit Barbarossa hatte kein Kaiser seinen Fuß in eine norddeutsche Stadt gesetzt, ja überhaupt irgendwo die Ostseeküste betreten. 1369 nahm Karl die Stadt Hamburg in seine persönliche Obhut. Er sah in der Hanse ein Element der Stärke des Reichs und sprach von ihr als einer »Gesellschaft von Kaufleuten«. Er unternahm nichts, um eine Auflösung zu erzwingen, obwohl er das in Übereinstimmung mit der Goldenen Bulle hätte tun können. Im Gegenteil unterhielt er freundschaftliche Beziehungen zur Hanse, die sich auch ihrerseits nicht in die inneren Angelegenheiten des Reiches einmengte. Nachdem Brandenburg 1373 ein Land der böhmischen Krone geworden war, stattete Karl Lübeck, dem Vorort der Hanse, einen offiziellen Staatsbesuch ab. Obwohl dieser Besuch mit dem Wunsch Karls zusammenhing, Einfluß auf die dänische Thronfolge zu nehmen, war doch der Umstand, daß er die Lübecker fast wie unabhängige Verbündete und Freunde behandelte, ein Beweis für seine Politik berechneten Wohlwollens dem nördlichen Deutschland gegenüber.

Eine der ersten Regierungshandlungen Karls war die Gründung der Universität Prag im Jahr 1348 gewesen, teils nach dem Muster der Universität Paris, die er als junger Mann kennengelernt hatte, teils aber auch nach dem Vorbild der Universität Bologna. Es war die erste Universität östlich des Rheins. Die Professoren der Prager Universität waren Tschechen und Deutsche; die Studenten kamen sowohl aus dem gesamten Reich als auch aus den slawischen Ländern Böhmen und Polen. Der erste Kanzler war der gelehrte und einflußreiche Erzbischof von Prag, Ernst von Pardubitz, in dem man vielleicht den Mitbegründer der Universität sehen sollte. 1372 trennte sich die juristische Fakultät von den drei Fakultäten der Geisteswissenschaften, der Medizin und der Theologie, indem sie sich – sachlich bedingt – an die Organisation der Universität Bologna anlehnte.

Karl hatte sich vorgenommen, sein geliebtes Prag zu einer würdigen Hauptstadt des Reiches zu machen. Er baute die schöne steinerne Brücke über die Moldau, die noch heute seinen Namen trägt, führte den unter seinem Vater begonnenen Bau des St.-Veits-Doms auf dem Hradschin fort, errichtete ein Kloster für die aus Dalmatien geflüchteten slawonischen Benediktiner, und förderte die Ausdehnung der Stadt östlich des Flusses, indem er den königlichen Weinberg zur Besiedlung freigab. Am geistigen Leben des Königreichs war er brennend interessiert und förderte tatkräftig geistliche und weltliche Reformen innerhalb der böhmischen Kirche. Er versammelte aus seinem Kronland wie aus dem Reich tschechische und deutsche Gelehrte als Hofbeamte um sich, die den Hof zu einem Mittelpunkte lebhafter kultureller Impulse machten. In seiner Kanzlei bildete sich eine Kanzleisprache heraus, die als geschmeidiger und kraftvoller oberdeutscher Dialekt später zur deutschen Literatursprache der Neuzeit werden sollte.

Die letzte wichtige Handlung Karls in seinem tatenreichen Leben bestand darin, daß er 1376 die Wahl seines ältesten Sohnes Wenzel zum römischen König und damit auch zu seinem Nachfolger auf dem Kaiserthron sicherte. Bekanntlich hatten die Kurfürsten es in der Vergangenheit vermieden, die Kaiserwürde durch mehrere Generationen in ein und derselben Familie zu belassen. Mit seinen üblichen Methoden gewann Karl jedoch die erforderlichen kurfürstlichen Stimmen und später auch die volle Anerkennung durch Papst Gregor XI. Während er so die Wahl seines Sohnes vorbereitete, hatte Karl den Reichsstädten schwere Abgaben auferlegt und mehrere von ihnen an die Landesfürsten zum Dank für deren Beistand verpfändet. Die Städte nahmen diese Mißachtung ihrer überlieferten Rechte unwillig auf; 1376 boten sie dem Kaiser Trotz und erneuerten in offener Mißachtung der Goldenen Bulle den schwäbischen Städtebund. In der kriegerischen Auseinandersetzung, die darauf folgte, war Karl erfolglos, und Ulrich von Württemberg, der die Truppen des Kaisers und des Adels gegen die Städte ins Feld führte, wurde 1377 in der Schlacht bei Reutlingen geschlagen. Karl war gezwungen, den Bund anzuerkennen und seinen Mitgliedern ihre überlieferten Rechte zu bestätigen: Sie durften weder verkauft noch verpfändet werden, und es stand ihnen frei, sich zu einem Bund zusammenzuschließen. Vor seinem Tod im November 1378 vermachte Karl seinem zweiten Sohn Sigismund Brandenburg und einen Teil der Lausitz, seinem dritten Sohn Johann die Neumark. Er trennte auch Teile des Hausbesitzes für seinen Bruder Johann Heinrich und seinen Neffen Jobst ab. Karl erkannte nur zu gut, wie tief der Separatismus im Aufbau Deutschlands angelegt war. Nichtsdestoweniger hatte er die Richtung gewiesen, die Deutschland einschlagen konnte und mußte, wenn je eine praktikable Einheit erreicht werden sollte. Wie die Dinge um die Mitte des 14. Jahrhunderts lagen, hätte kein Herrscher die Tendenz zur Zerstückelung vollständig umkehren können, die schon vor fünfhundert Jahren unter den Nachfolgern Karls des Großen eingesetzt hatte. Dadurch jedoch, daß Karl Deutschland vor der Bevormundung durch den Papst und von der Last kostspieliger Verpflichtungen in Italien befreite, erlöste er tatsächlich das Land von Bürden, die sich als untragbar erwiesen hatten, und begünstigte damit das Werden einer nationalen Einheit. Karl, der französisch erzogen war und sich in erster Linie als Böhme fühlte, war einer der Förderer des nationalen Gedankens in Deutschland.

Der Sohn und Nachfolger Karls IV., Wenzel (Václav IV.) von Böhmen (1378–1400), genießt einen schlechten Ruf bei den Historikern. Vielleicht konnte er sich wirklich in mancher Hinsicht mit seinem Vater nicht messen, aber zumindest in einigen Fällen darf man ihm Mißerfolge nicht anlasten. Durch Aufspaltung des Hausbesitzes hatte Karl sicherlich Wenzels Aufgabe erschwert. Der schwäbische Städtebund, dem bald Bündnisse rheinischer und elsässischer Städte folgten, erstarkte und wurde immer anmaßender, und Wenzel war nicht in der Lage, seine Auflösung zu erzwingen. Er konnte sich auch nicht die Streitigkeiten zwischen den Zünften und dem Patriziat in diesen Städten zunutze machen, um der Reichsgewalt Geltung zu verschaffen, wie sein Vater es vielleicht getan hätte. Das große Schisma der Kirche, das im Frühjahr 1378, bald nach der Rückkehr des Papstes nach Rom, entstand, war eine Quelle erheblicher Schwierigkeiten für Wenzel. Karl hatte sich entschlossen, den römischen Papst, Urban VI., gegen Clemens VII., einen Franzosen der avignonesischen Obedienz, zu unterstützen. Wenzels Entschluß, die väterliche Politik fortzusetzen, beeinträchtigte sein Verhältnis zu Karl V. und Karl VI. von Frankreich, die begreiflicherweise für Clemens waren. Durch seine Parteinahme bot er jedem Landesfürsten, der einen Vorwand suchte, unabhängig vom Kaiser vorzugehen, willkommene Angriffsflächen. Vielleicht war sein Vater allzu erfolgreich gewesen, und die Fürsten hatten nur darauf gewartet, sich der Herrschaft eines starken Kaisers entledigen zu können. Man kann sich unschwer vorstellen, wie sie dem jungen Nachfolger gegenüber eingestellt waren. Ferner darf man auch nicht vergessen, daß die Macht eines Kaisers im direkten Verhältnis zu seinem persönlichen Besitz stand, da ja die Kaiser-

würde von Wahlen abhing und die feudalen Vorrechte der Krone unter schwachen oder nicht in Deutschland sitzenden Herrschern mit Sicherheit verloren gehen mußten. Karl hatte von Anfang an schon eine feste Position innegehabt: Vor dem Tode seines Vaters und ehe er selbst Kaiser wurde, hatte er schon über zehn Jahre lang das reiche Böhmen regiert, dessen Wohlstand und Ordnung weitgehend sein Werk waren. Innerhalb von zweiunddreißig Regierungsjahren hatte er es zuwege gebracht, seine Erblande stark zu mehren und seinem Haus durch Heirat, diplomatisches Geschick und Landerwerb die führende Stellung im ganzen Reich zu verschaffen. Doch an diesem Punkt beging Karl einen Fehler, den seine Nachfolger büßen mußten. Nachdem er soviel Besitz angehäuft hatte, teilte er ihn unter verschiedene Mitglieder seines Hauses auf. Wenzel, dem nur der kleinere Teil des Luxemburgischen Familienerbes gehörte, befand sich dadurch als Kaiser in einer schwachen Position, aus der er nie herausfinden sollte.
Doch es lag weitgehend auch an Wenzel selbst, wenn er letztlich versagte. Er folgte dem Beispiel seines Vaters insofern nicht, als er sich keineswegs stetig und konsequent mit den Angelegenheiten des Reiches befaßte. Vielmehr setzte er von 1387 bis 1395 keinen Fuß in das Reich. Er blieb in Prag und lehnte es auch ab, einen Reichsvikar zu ernennen, der sich um Deutschland gekümmert hätte, obwohl man ihm das schon 1380 geraten hatte. Er verfeindete sich mit den Städten, weil er sich in einem Krieg mit dem Schwäbischen Städtebund, der jetzt vierzig Städte umfaßte, und dem Hause Wittelsbach samt seinen fürstlichen Verbündeten auf die Seite des Adels stellte (1388/89). Deutschland entfremdete er sich, als er sich zu angelegentlich darum bemühte, seinem Bruder Sigismund den ungarischen Thron zu sichern. Seine fortgesetzten Streitigkeiten mit dem böhmischen Adel und der feudalen Geistlichkeit beeinträchtigten seine Bemühungen, die deutschen Angelegenheiten zu ordnen, ganz entscheidend. In den neunziger Jahren standen seine beiden Brüder Sigismund und Johann, die er

stets großzügig behandelt hatte, an führender Stelle in Verschwörungen gegen ihn. Dadurch, daß er die Päpste römischer Obedienz unterstützte, beraubte sich Wenzel selbst der Möglichkeit, als Schiedsrichter aufzutreten und das Schisma zu beenden, das für jeden Christen ein Ärgernis war und eine Last für alle diejenigen, die die Kosten zweier päpstlicher Körperschaften tragen mußten. Da sein Verhalten in der Papstfrage ihn in Gegensatz zu Frankreich brachte, ließ er sich zu einem Heiratsbündnis mit England verleiten, indem er seine Schwester Anna 1382 dem jungen Richard II. zur Frau gab. Die wenigen Gelegenheiten, bei denen Wenzel als deutscher Herrscher auftrat, wurden nicht ernst genommen und mißachtet.

So festigte sich unter den Fürsten die Überzeugung, daß Wenzel abgesetzt werden müsse. Offiziell wurde dieser Vorschlag zum erstenmal bei einem Treffen in Forchheim 1399 gemacht, dann auf einer Zusammenkunft von fünf Kurfürsten, an der auch viele andere Fürsten teilnahmen, in Frankfurt im Jahr 1400 angenommen. Die Wahl eines Nachfolgers war nicht schwierig. Ruprecht von der Pfalz, der einzige weltliche Fürst, der an der Wahl teilnahm, wurde zum Kaiser gewählt. Wenzel weigerte sich, das Recht der Kurfürsten zu seiner Absetzung anzuerkennen, fand aber bei seinen früheren Freunden nur wenig Unterstützung. Das Absetzungsdekret vom 20. August 1400 zählte Wenzels Versäumnisse auf: seine Trägheit, die Verluste an Reichsgebiet, die er verschuldet hatte, die Verstümmelung des Reiches durch die Errichtung des Herzogtums Mailand, seine mangelnde Tatkraft bei der Beendigung des Schismas. Aufgrund solcher Beschuldigungen hätten im Lauf der Geschichte viele Kaiser abgesetzt werden müssen. Die Unterzeichner des Dekrets müssen sich ihrer Unredlichkeit bewußt gewesen sein, als sie ihre Namen unter dies Dokument setzten, denn sie alle hatten aus den »Missetaten« Wenzels persönlichen Nutzen gezogen und waren darauf bedacht, einen Nachfolger zu wählen, der noch weniger als Wenzel geeignet war, dem Heiligen Römischen Reich Ansehen und Geltung zu verschaffen. In der Überlieferung des Reichs gab es für ein solches Vorgehen der Kurfürsten kein Beispiel, und es war zweifelhaft, ob es überhaupt als legal angesehen werden konnte. Wenzel jedoch unternahm, von prahlerischen Drohungen abgesehen, nichts, um ihre Entscheidung rückgängig zu machen, und Deutschland nahm die Lage nahezu stillschweigend hin.

Unter Ruprecht (1400–1410) fiel dann das Reich in den gewohnten Zustand eines chaotischen Separatismus und beständiger Kriege der Fürsten untereinander sowie zwischen Fürsten und Städten zurück. Ruprecht machte sich zum Gespött, indem er 1401 ohne ausreichende Mittel nach Mailand und Rom aufbrach. In der Lombardei mußte er seine Krone verpfänden, um seine Rückreise nach Deutschland bezahlen zu können. 1408/09 ergriff Ruprecht in einem Streit über die Anerkennung der Autorität des Konzils von Pisa die Partei des römischen Papstes Gregors XII., während Wenzel, der zwar als Kaiser abgesetzt, aber noch immer König von Böhmen war, das Konzil anerkannte, das diese Ehrenbezeugung dankbar erwiderte. Wenzels Kurs war in Deutschland populärer, und Ruprecht verlor die Unterstützung vieler, die vorher auf seiner Seite gestanden hatten. Ein Bürgerkrieg zwischen ihm und Wenzel wurde nur dadurch vermieden, daß Ruprecht im Mai 1410 starb.

Nach einigen Monaten des Haders und politischer Schachzüge – zeitweise behaupteten drei Fürsten, Wenzel, Sigismund und Markgraf Jobst von Mähren, sie seien zum Kaiser gewählt – entschieden sich 1411 fünf Kurfürsten einschließlich Wenzels für dessen jüngeren Bruder Sigismund, der seit 1387 König von Ungarn war. Wenzel erhob weiterhin Anspruch auf den Titel des römischen Königs, fand jedoch kaum Beachtung. Sigismunds Regierungszeit währte siebenundzwanzig Jahre, sie fiel in einen ereignisreichen Abschnitt der Geschichte Europas. Stattlich und hochgewachsen, liebenswürdig, geistreich und in sieben Sprachen bewandert trat er seine Herrschaft unter günstigen Umständen an, sah sich aber zeit seiner Regierung einer Reihe ausnehmend schwieriger Probleme gegenüber: der Unordnung, die unter Wenzel und Ruprecht nur noch größer geworden war, dem Schisma der Kirche, das nach einer Lösung schrie, der Ketzerei eines Johann Hus und seiner Anhänger in Böhmen, der Auseinandersetzung zwischen dem Deutschen Orden und dem Königreich Polen, den Hussitenkriegen und den Angriffen der Türkei auf sein Königreich Ungarn. Sigismund mußte sich unaufhörlich von einem Problem zum anderen wenden, wobei gelegentlich gute Absichten nie zu echten Erfolgen führten. Wo er versagte, lag es zum guten Teil an seinem eigenen Wesen. Zwar besaß er zweifellos gute Eigenschaften, er war aber auch wankelmütig, eitel, grausam, ausschweifend, launenhaft, unfähig, eine politische Taktik konsequent durchzuhalten, und absolut unbedacht. 1411 hatte Sigismund sein Erbe, die Mark Brandenburg, an Friedrich von Hohenzollern, den damaligen Burggrafen von Nürnberg, für 100 000 Gulden verpfändet. Friedrich war ein entschlossener und fähiger Verweser, der unter den unruhigen Brandenburgern Ordnung schaffte, wo Sigismund versagt hatte. Als letzterer 1415 nicht in der Lage war, die Pfandsumme zurückzuzahlen, traf er ein neues Abkommen; zwei Jahre danach bekleidete er Friedrich mit der Kurfürstenwürde auf alle Zeiten. So war Sigismund verantwortlich dafür, daß ein neues und mächtiges Herrschergeschlecht in die deutsche Geschichte eintrat.

Einige Zeit bevor Sigismund Kaiser wurde, begann sich unter Gelehrten und Fürsten die Meinung durchzusetzen, ein allgemeines Konzil gelte mehr als der Papst, könne vom König einberufen werden und dürfe auch über einen Papst Recht sprechen. Sigismund als Haupt des Reiches und als zeitweiliger Vorsitzender des Konzils von Konstanz stand der konziliaren Bewegung nahe, einem Versuch, mit Hilfe dieser Theorien das Schisma zu beenden. Während dieses Konzils hielt er zwei

Reichstage ab – 1415 und 1417 – und machte Konstanz praktisch zur Hauptstadt des Reiches.

Die Rolle, die Sigismund auf dem Konstanzer Konzil spielte, machte auf ihn selbst großen Eindruck und verführte ihn zu dem Glauben, die Beendigung des Schismas sei sein Werk. So ließ er sich leicht davon überzeugen, daß er auch zwischen England und Frankreich Frieden stiften könne, und geriet dadurch in eine harte und schwierige Phase des Hundertjährigen Krieges. Im März 1416 zog er nach Paris, doch am französischen Hof fand sich niemand, der zum Frieden bereit gewesen wäre. So ging Sigismund nach England, wo er ein Verteidigungs- und Angriffsbündnis mit Heinrich V. schloß. Ein solches Bündnis war nichts Neues; zu Beginn der kriegerischen Auseinandersetzungen mit Frankreich hatte Eduard III. von England ein Bündnis mit Ludwig dem Bayern geschlossen. 1416 jedoch schien diese Verbindung die Umkehrung der traditionellen luxemburgisch-französischen Allianz zu sein, die bei Crécy durch das Blut Johanns von Böhmen ihre Weihe erhalten hatte. In Wirklichkeit hatte sie wie die meisten opportunistischen Unternehmungen Sigismunds keinen spürbaren Einfluß auf die europäische Politik. 1422 machte der Kaiser selbst eine Kehrtwendung, als er in der Person des neuen Königs, Karls VII., wieder die französische Seite begünstigte. Von Sigismunds Verhältnis zu Johann Hus und dessen Anhängern wird noch ausführlich im Zusammenhang mit den religiösen Entwicklungen und der konziliaren Bewegung die Rede sein. Das böhmische Volk verzieh es dem Kaiser nie, daß er sich weigerte, das freie Geleit, das er dem Reformator für das Konzil von Konstanz zugesichert hatte, zu respektieren. Als er zuließ, daß Hus am 6. Juli 1415 verbrannt wurde, hatte Sigismund nicht erkannt, daß es sich hier nicht um ein rein theologisches Problem handelte und daß Hus vielmehr als das Gewissen eines ganzen Volkes anzusehen war. Aus seiner Ruhe aufgestört, erwies sich dieses Gewissen stärker als Sigismunds »Kreuzritter«.

Nach dem Tod Wenzels im Jahr 1419 nahm Sigismund den böhmischen Königstitel an; er wurde von einer Rumpfversammlung der Stände anerkannt, ja sogar von den katholischen Adligen im St.-Veits-Dom gekrönt. Doch da er alle Warnungen in den Wind schlug, die ihm Mäßigung anrieten, blieb ihm 17 Jahre hindurch der Zutritt zu seiner Hauptstadt verwehrt. Er war fest entschlossen gewesen, die hussitische Ketzerei mit Stumpf und Stiel auszurotten. Fünfzehn Jahre lang, von 1419 bis 1434, trotzten die hussitischen »Streiter Gottes« den kaiserlichen Truppen und besiegten sie, obwohl diese von fremden »Kreuzfahrern« aus Deutschland, England, Frankreich, Italien, Ungarn und den Niederlanden Zuzug erhielten. Nach Sigismunds ersten kriegerischen Maßnahmen gegen Böhmen und einer ruhmlosen Belagerung Prags im Jahre 1420 folgten drei Hauptzüge gegen die Hussiten, 1421, 1427 und 1431, und mehrere kleinere Angriffe. Es waren sämtlich Fehlschläge. Die tschechische Führung – Jan Žižka bis zu seinem Tod im Jahre 1424, danach Prokop der Große – war der deutschen überlegen; ihre Organisation und ihr Kampfgeist waren besser, und ihre militärische Improvisationsgabe setzte das zusammengewürfelte Heer Sigismunds in Schrecken. Die hohen Kosten der Feldzüge gegen die Hussiten zwangen die Kurfürsten und Sigismund, neue Geldquellen zu erschließen. Sigismund war in Finanzfragen kein Genie. Der englische Kardinal Beaufort jedoch, der als päpstlicher Legat in Deutschland fungierte, ließ im Dezember 1427 einen Reichstag einberufen und überredete ihn zur Annahme eines Reichskriegssteuergesetzes. Für die damalige Zeit war das ein ausgezeichneter Plan, und die Höhe der Steuer war erträglich. Die Schwierigkeit war nur, daß kaum einer der von den Steuern Betroffenen sie auch entrichten wollte. Die Städte waren es gewohnt, Geld zu verdienen, nicht aber Geld herzugeben, der Adel pochte auf seine Abgabefreiheit, und die Bauern hatten kein Geld. Als es Sigismund endlich erlaubt wurde, 1436 Prag zu betreten, hatte er vorher alle Privilegien der böhmischen

Stände bestätigen und die *compactata* anerkennen müssen, die die Hussiten im Konzil von Basel erlangt hatten.

Als Schiedsrichter im Streit zwischen dem Deutschen Orden und dem Königreich Polen entschied Sigismund im Jahr 1419 zugunsten des Ordens und entfremdete sich dadurch den polnischen König Jagiełło und dessen mächtigen Vetter und Verbündeten, den Großfürsten Witold von Litauen.

Als König von Ungarn hatte Sigismund einen von den beiden Päpsten in Rom und in Avignon weithin verkündeten und geförderten Kreuzzug gegen die Türken unter Murad II. angeführt. An der Spitze eines aus Deutschen, Ungarn, Franzosen, Burgundern und einigen englischen Rittern bestehenden Heeres entriß Sigismund 1395 den Türken die Festung Nicopolis Minor. Doch im darauffolgenden Jahr wurden seine Truppen bei Nicopolis Major entscheidend geschlagen, und er rettete mit Mühe sein Leben aus der Schlacht. 1428 befand er sich wiederum im Krieg gegen die Türken an der ungarischen Grenze, doch hatte er kaum mehr Erfolg als zuvor. Der türkische Druck sollte noch mehrere Jahrhunderte hindurch anhalten.

In der Verteidigung seiner Besitzungen im Südwesten war Sigismund auch nicht glücklicher. Die Venezianer hatten die dalmatinische Küste für 100 000 Dukaten von Ladislaus von Neapel gekauft, der kurz zuvor Sigismunds Truppen aus dem Gebiet vertrieben hatte, nachdem es fast dreihundert Jahre lang zu Ungarn gehört hatte. Sigismunds Feldzüge in den Jahren 1412 und 1413, mit denen er dieses Land von Venedig zurückerobern wollte, waren reine Fehlschläge. 1431 und 1432 unternahm er einen weiteren Feldzug, um Dalmatien zurückzuerobern – wiederum ohne Erfolg. Um diese beiden Expeditionen zu finanzieren, hatte er sechzehn nordungarische Städte an Jagiełło von Polen verpfändet. Verständlicherweise verübelten ihm die Ungarn dies sehr und machten auch kein Hehl daraus. Es ist schwer, in Sigismunds Leben irgendeine Handlung zu finden, in der sich Integrität entweder mit Klugheit

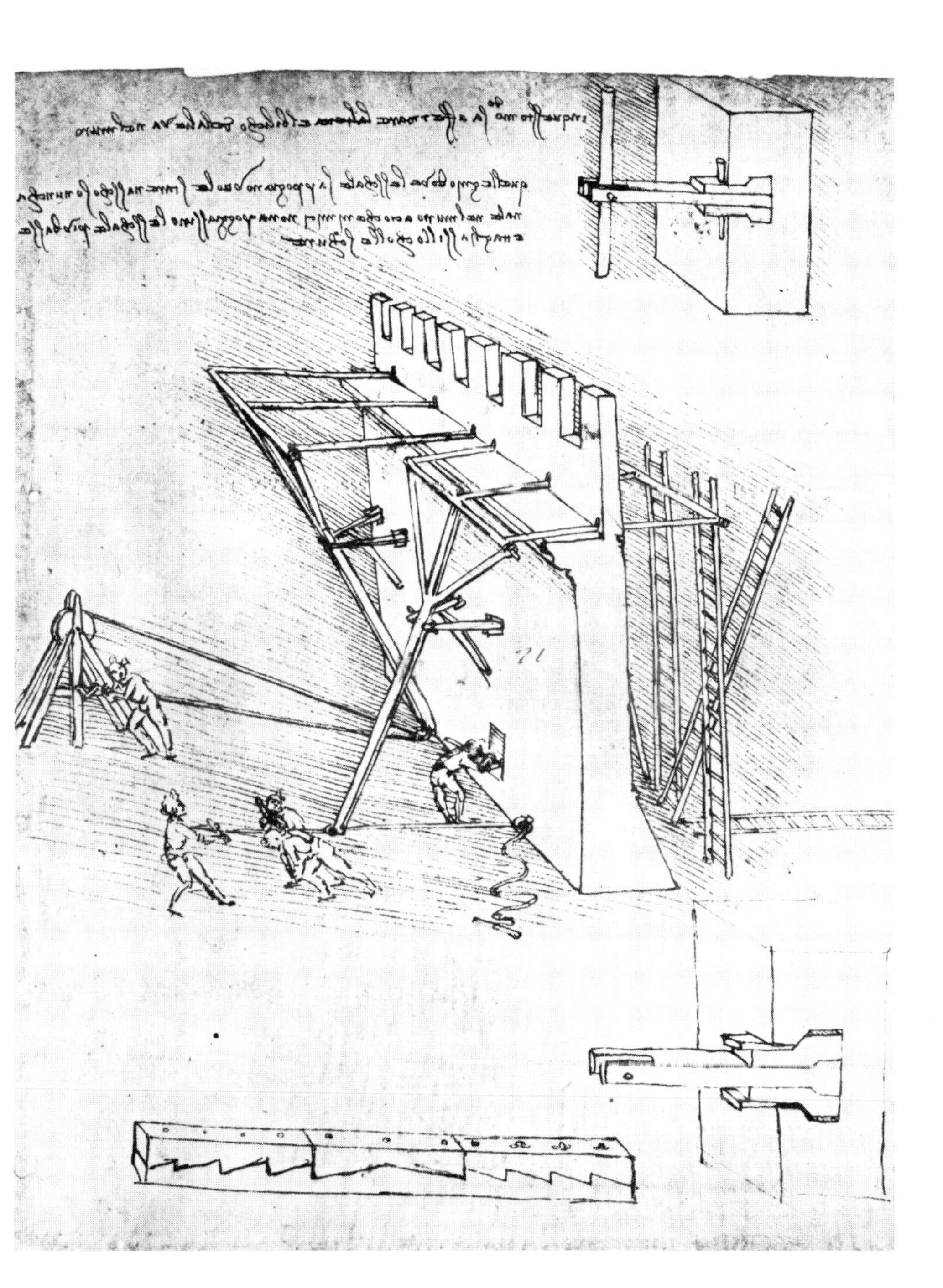

Leonardo da Vinci. Entwurf eines Hebelwerks zur Abwehr von Angriffen durch Umwerfen der Sturmleitern. Aus dem »Codex Atlanticus«.

Nikolaus Kopernikus. Holzschnitt von Tobias Stimmer (1539-1584).

oder mit Ausdauer gepaart hätte und die von Ehre oder Erfolg gekrönt gewesen wäre.
Was seine Nachfolge betraf, so hatte Sigismund ganz bestimmte Vorstellungen. Da er ohne männlichen Erben war, hatte er seine einzige Tochter Elisabeth mit Albrecht von Habsburg vermählt und 1437 auf seinem Totenbett die böhmischen und ungarischen Stände überredet, Albrecht zum König zu machen. Die Kurfürsten folgten dem Beispiel der Stände und wählten Albrecht am 18. März 1438 zum Kaiser. Seine Regierungszeit war kurz und ohne besondere Ereignisse; er starb schon ein Jahr später, und die nächsten fünfhundert Jahre waren die Habsburger fast ununterbrochen im Besitz der Kaiserkrone.

3

Philosophen, Mystiker und Häretiker

PARIS blieb im 14. Jahrhundert ein geistiger Mittelpunkt, und in den vielen neuen Universitäten überall in Europa wurden mit großer Begeisterung philosophische, theologische und politische Theorien diskutiert. Doch die am stärksten provozierende und originalste Denkarbeit wurde in diesem Jahrhundert von Engländern geleistet. Neben Duns Scotus und Ockham leisteten vor allem Walter Burley (gest. 1346), Thomas Bradwardine (gest. 1349), Richard FitzRalph (gest. 1360) und John Wyclif (gest. 1384) einen bemerkenswerten Beitrag zum Geistesleben der Zeit, und jeder von ihnen spielte bei der Lösung des europäischen Denkens aus der Starre der Scholastik zu einer freieren Synthese hin eine Rolle. Diese Beiträge reichen von neuen Einsichten oder der Wiederaufnahme alter Erkenntnisse im Bereich der Metaphysik und der Politik bis zur Neuorientierung auf dem Gebiet der Mathematik und der Mechanik.

Walter Burley lehrte in Oxford, war dann bis 1324 an der Sorbonne in Paris und wurde später Erzieher des jungen Eduard III. Seine vielen Kommentare zu Aristoteles wurden in ganz Europa bekannt; an den italienischen Universitäten waren sie bis ins späte 15. Jahrhundert eine begehrte Lektüre. In seinen übrigen Werken verteidigte er die Stellung der Realisten – »daß die Universalien eine objektive Existenz außerhalb des Geistes haben« – in unmittelbarem Gegensatz zur These der Nominalisten. Burley machte mehrere Reisen nach Avignon und Italien, wo er antike Handschriften einsah, die ihm in England nicht zur Verfügung standen. Dort gewann er die Überzeugung, daß man vom Leben und Denken der Antike zu wenig wisse. Gestützt auf klassische Autoren, etwa Seneca und Diogenes Laertius, und einige mittelalterliche Sammelwerke, stellte er eine Art Enzyklopädie mit dem Titel *De vita et moribus philosophorum* zusammen. In diesem Werk legte er biblio-biographische Daten über etwa 150 Gestalten des klassischen Altertums vor, zu denen neben Philosophen auch Astronomen und Staatsmänner gehörten. Die Arbeit hat anekdotischen Einschlag, war jedoch im 14. Jahrhundert die beste und praktisch die einzige zugängliche Quelle für derartige biographische Informationen. Sie wurde über ganz Europa hin vielfach abgeschrieben und war zu Beginn des nächsten Jahrhunderts bereits ins Deutsche, Italienische, Spanische, Tschechische und teilweise auch ins Französische übersetzt. Die besondere Bedeutung dieser Arbeit Burleys liegt darin, daß sie beweist, wie jene Wißbegierde in bezug auf die Kultur der Römer und Griechen zunahm, die den Hintergrund für die differenzierteren Phänomene der Renaissance bildete. Thomas Bradwardine (etwa 1290–1349), der nur ein paar Monate, bevor ihn die Pest dahinraffte, zum Erzbischof von Canterbury geweiht wurde, ist unter verschiedenen Gesichtspunkten interessant. In seinen zahlreichen Arbeiten über mathematische Themen – *De arithmetica practica, De arithmetica speculativa, De proportionibus velocitatis motuum, De geometria speculativa, De continuo* – und in seinen astronomischen Tabellen ging Bradwardine nicht über die Kenntnisse der Araber hinaus; aber auch dieses Wissen bedeutete schon einen Fortschritt gegenüber seinen Zeitgenossen. In anderen Arbeiten jedoch versuchte er mit Hilfe von Regeln der mathematischen Deduktion theologische Probleme zu lösen. Als Befürworter der augustinischen Oxfordrichtung beunruhigten ihn die Auswirkungen der Lehren des Scotus, die sich auf den allumfassenden Willen Gottes bezogen. Die Anhängerschaft Ockhams, die recht ansehnlich war, hatte neuerdings die Behauptung aufgestellt, daß Gott für das Böse ebenso verantwortlich sei wie für das Gute. Bradwardine ging daran, diese Lehre zu bekämpfen. 1344 veröffentlichte er *De causa dei contra Pelagium,* worin er die absolute Souveränität Gottes verteidigt und die Notwendigkeit, zufolge deren der von der Gnade geleitete Mensch bewogen wird zu tun, was Gottes Wille ist. Er lehnte den Lehrsatz der Ockhamisten von der Freiheit des menschlichen Willens ab – einen Satz, zu dem jene von ihrer Voraussetzung her gekommen waren, daß eine scharfe Trennung zwischen dem absoluten, unerkennbaren Gott und der Erfahrung des menschlichen Geistes bestehe. Er stellt das Paradox auf, Gott verfüge, daß der Mensch frei sei, gleichzeitig aber verfüge er auch, daß der Mensch handle, und determiniere infolgedessen sowohl die menschliche Freiheit als auch das menschliche Handeln. Das verfügte Handeln und die Freiheit stammen aus einer Quelle. Zufall und Notwendigkeit sind also vereinbar. Obwohl Bradwardines Abhandlung nicht sofort weithin Aufmerksamkeit erregte oder Angriffe hervorrief, erlangte sie im späteren Verlauf des Jahrhunderts großen Einfluß. Seine Lehre wurde von FitzRalph und Wyclif aufgenommen und vertreten und erreichte über sie viel weitere Kreise. Wieder einmal wurde das alte Thema der augustinischen Prädestination und der pelagianischen Freiheit zum Gegenstand von Auseinandersetzungen – und das sollte noch nicht das letzte Mal sein.

Richard FitzRalph (gest. 1360), Erzbischof von Armagh in Irland, tat sich im Angriff auf die Privilegien der Bettelorden hervor und verbrachte einen großen Teil seiner Zeit in Avignon als Haupt der Weltpriester – im Gegensatz zu den Ordenspriestern –, die der ordensfreien Priesterschaft die Seelsorge zurückgewinnen wollten. Er verfaßte eine Anzahl rein philosophischer Schriften in der augustinischen Tradition, sein wichtigstes Werk jedoch, *De pauperie Salvatoris,* stellt eine kunstvolle Beweisführung gegen die Bettelorden dar in der

Form einer theologischen und philosophischen Abhandlung über Herrschaft und Gnade nach rein augustinischen Prinzipien. Wieviel er Bradwardine verdankt, zeigt sich allerorten. Seine These ist, daß Herrschaft *(dominium)* – d. h. Besitz von Eigentum oder Amt – auf Gnade beruht und daß Gnade durchaus jenseits der Kirche und jeder menschlichen Lenkung allein bei Gott liegt. Wird das kirchliche Amt und der Genuß von Eigentum der Kontrolle der Kirche entzogen und nur von der Gnade Gottes abhängig gemacht, so leuchtet ein, daß die Kirche bald ihre Macht verlieren muß. FitzRalphs Kritik galt nur den Bettelorden, deren Herrschaftsausübung er mangelhaft fand. In den Händen eines John Wyclif weitete sich seine Lehre später auf das gesamte Kirchenwesen aus – mit welchen Folgen, wird noch zu zeigen sein.

John Wyclif (etwa 1320–1384) ist durch seine politischen Theorien und seine Bibelübersetzung ins Englische bekannter geworden als durch seine philosophischen Arbeiten. Seine wahre Bedeutung als philosophischer Denker ist jedoch noch nicht in ihrem vollen Wert erkannt. In seiner Oxforder Zeit mag er Vorlesungen von Bradwardine oder FitzRalph gehört haben. Jedenfalls hat er beiden große Achtung entgegengebracht und viel von ihnen übernommen. Er war von Anfang an ein Realist der platonisch-augustinischen Richtung. Universale Ideen sind seiner Meinung nach wirklich, vom Geiste Gottes, schöpferische Archetypen anderer Wesenheiten. Das war in der Tat eine extreme Form des Realismus – »wer universale Ideen leugnet, ist ungläubig« –, und er stand damit in unmittelbarem Gegensatz zu den *moderni doctores* der Ockhamrichtung, über die er sich lustig machte. Er folgte Bradwardines Theorie der Gnade und Prädestination – was leicht war für einen Realisten, der die Einheit der Schöpfung als Emanation aus Gottes Geist proklamierte – und der damit in gewisser Beziehung stehenden Theorie FitzRalphs von der Herrschaft der Gnade. In seinen Gedankengängen über die natürliche Welt entwickelte er Vorstellungen von der Übertragung des Lichtes, die der modernen Quantentheorie sehr ähneln. Er schrieb zwei umfangreiche Kompendien, die rein philosophische und metaphysische *Summa de ente* und die *Summa theologiae*. Letztere behandelt nicht etwa systematisch das ganze Gebiet der Theologie, sondern konzentriert sich auf jene Lehren, aufgrund deren Wyclif die Position der Kirche in Frage stellte. Wir werden Wyclif noch als Häretiker begegnen, aber hier kann gesagt werden, daß sein gesamtes Denksystem, insoweit es in die verwandten Gebiete der Philosophie, Theologie, Kosmologie, Ethik und politischen Theorie hineinreichte, folgerichtiger und einheitlicher war als fast alle anderen Systeme des 14. Jahrhunderts.

Auf dem Kontinent gab es in diesen Jahren keinen Geist, der sich an Originalität und Kraft mit dem englischen Denken hätte messen können. Am fähigsten waren zwei Franzosen, Nicholas von Autrecourt (gest. nach 1350) und Johannes Buridan (gest. etwa 1366). Beide führten als Anhänger Ockhams dessen Methode und Thesen weiter in dem Versuch, durchaus unabhängig von Aristoteles eine philosophische Grundlage für die Naturwissenschaften auszuarbeiten.

Gegen Ende dieses und zu Anfang des nächsten Jahrhunderts gelangten zwei französische Gelehrte zu Ansehen und Einfluß, deren Namen und Geschicke eng miteinander verknüpft sind. Peter d'Ailly (1350–1420) und Johannes Gerson (1363–1429) waren beide nacheinander Kanzler der Universität von Paris, beide Kardinäle avignonesischer Obedienz, beide Führer in der konziliaren Bewegung und beide Fürsprecher der *via moderna* in der Philosophie. Gerson und d'Ailly sahen in den nominalistischen Lehren Ockhams das beste Gerüst der Theologie und legten großen Nachdruck auf den Mystizismus als die natürlichste und echteste Ausprägung der Theologie. Ihre Ausdruckskraft, ihre überragende Gelehrsamkeit und ihre Zusammenarbeit in einer strategisch so wichtigen Stellung an der Universität Paris verschaffte diesen beiden Geistlichen ein außerordentliches Ansehen im gesamten Abendland und trug dazu bei, daß der Nominalismus zur herrschenden Philosophie an den meisten Universitäten des 15. Jahrhunderts wurde. Gerson, der seit 1383 d'Aillys Schüler war, neigte etwas stärker dem Mystizismus zu, und seine Arbeiten auf diesem Gebiet waren zahlreich und vielgelesen. Er war als mystischer Denker so bekannt, daß ihm oft die *Nachfolge Christi* des Thomas a Kempis zugeschrieben wurde. D'Ailly interessierte sich auch für Astronomie und Geographie. Seine umfangreiche Abhandlung *Imago mundi* hatte bekanntermaßen Einfluß auf Kolumbus, und von einem Kommentar zu Aristoteles' *Meteora* weiß man, daß Amerigo Vespucci ihn genau gelesen und auch zitiert hat.

Diese beiden Kardinäle waren kraftvolle Denker und fruchtbare Schriftsteller, aber eigentlich keine schöpferischen Geister. Das frühe 15. Jahrhundert war in den üblichen Disziplinen der Philosophie keine besonders schöpferische Zeit. Suchen wir Originalität, so müssen wir uns in diesem Jahrhundert an die Mystik halten, die im Leben und Denken des Nikolaus von Kues ihren Höhepunkt erreichte. Um Nikolaus und seine Bedeutung zu verstehen, müssen wir uns zum Ende des 13. Jahrhunderts zurückwenden, denn damals begann die mystische Bewegung sich klar und erkennbar auszuprägen.

Die Tradition der christlichen Mystik – der Sehnsucht der Einzelseele nach der unmittelbaren Vereinigung mit Gott – ist so alt, daß der christliche Glaube ohne sie gar nicht denkbar scheint. Seit der Zeit des Neuen Testamentes hat es der mystischen Betrachtungsweise nie an hingebungsvollen Anhängern gefehlt. Sie spielte jedoch im christlichen Denken und Tun keine führende Rolle, bis Bernhard von Clairvaux ihr seine uneingeschränkte Unterstützung angedeihen ließ und die augustinische Schule der Victoriner im Paris des 12. Jahrhunderts sie in ein System brachte. Im gleichen Jahrhundert gab es über ganz Europa hin eine Reihe von Bewegungen, die dem Mystizismus verwandte Wesenszüge aufwiesen. Die Albigenser und Waldenser – letztere bisweilen die »armen Männer«

genannt – begannen im späten 12. und frühen 13. Jahrhundert die bestehende Kirche in Frage zu stellen. Diese Laien lehnten den Anspruch der Kirche auf das alleinige Verfügungsrecht über die lateinisch geschriebene Bibel und die Gnadenmittel der Sakramente sowie die Beschränkung des Rechts zu predigen auf die ordinierte Priesterschaft ab. Sie beriefen sich, kurz gesagt, auf das Recht des Individuums zu einem unmittelbaren Zugang zu Gott – einem Zugang ohne die Vermittlung durch die Organisation. Es war klar, daß die Kirche diese Unabhängigkeit nicht dulden konnte. Wenn der Einzelne ein volles religiöses Leben entfalten konnte, ohne sich der Hilfe der Kirche zu bedienen, dann mochte die Kirche bald überflüssig sein. So wurden diese und ähnliche Gruppen von der Kirche mit Entschlossenheit und teilweise auch mit Erfolg bekämpft. Im 13. Jahrhundert kam es zum Aufstieg der Bettelorden der Franziskaner und der Dominikaner. Insbesondere der erste Orden stellte eine Art orthodoxer Revolte gegen den Institutionalismus und sein Wirken dar. Er setzte an die Stelle der Theologie der Bücher die Theologie der persönlichen Religion, der unmittelbaren Erfahrung, des schlichten und empfänglichen Herzens, das nach seinem Schöpfer schreit. Die Liebe Gottes, die der heilige Franziskus in seinem innersten Wesen spürte, war ihm teurer als die Welt, ja selbst als die Kirche, sofern es sich nicht um eine Kirche handelte, die dazu diente, die Menschen auf den Empfang dieser Liebe vorzubereiten. Seine wahren Nachfolger unter den Franziskanern waren die Spiritualen. Die konservativen Konventualen zogen den Weg der Organisation und Ordnung vor. Das 13. Jahrhundert war das Jahrhundert der Systematik und der Ordnung, von Innozenz III. im Bereich der Kirche bis zu Thomas von Aquin in der Philosophie. Von den Albigensern bis zu den Spiritualen fast hundert Jahre später hatten die individualistischen Tendenzen, zu denen auch die Mystik gehörte, einen schweren Stand. Doch die Unterdrückung führte wie fast stets in solchen Fällen zum Ausweichen in den Untergrund. Im 14. Jahrhundert kam es dann zu so gewaltsamen Ausbrüchen, daß die Kirche völlig außerstande war, die daraus entstehenden Bewegungen einzudämmen, sondern sich ihnen vielmehr anpassen und versuchen mußte, sie in ihr Gefüge aufzunehmen. Ohne sich auf selbständige religiöse Erfahrungen und Theorien stützen zu können, bildeten sich Gruppen heraus, die weit über den orthodoxen Glauben hinausgingen. Manche von ihnen griffen sogar pantheistische Lehren auf und gingen in ihren Vorstellungen von der mystischen Vereinigung so weit, daß sie glaubten, Gott und sein Geschöpf seien eines und der Mensch sei infolge seines göttlichen Wesens keinem Gesetz unterworfen.

Nicht alle Zeugnisse des tiefwurzelnden Dranges nach Freiheit bewegten sich im Bereich individuellen religiösen Fühlens und Erlebens. Priesterfeindliche Laiensekten in Italien, Frankreich und Deutschland verkörperten das soziale Bewußtsein, das von dem Mönchstum gänzlich vernachlässigt worden war. In Italien, vor allem in Umbrien, zerstreuten sich die wenigen noch verbliebenen Vertrauten des heiligen Franziskus, weil sie es ablehnten, sich der Regel zu unterwerfen, die die Kirche ihrer einfachen Spiritualität auferlegte; sie zogen sich in die Einsamkeit der Berge zurück und bildeten neue kontemplative und mystische Gruppen. Der Glaube dieser verstreuten Gruppen konnte sehr verschieden aussehen, es gab Orthodoxe und Radikale mit allen Zwischenstufen. Ihre Angehörigen konnten Laien oder Geistliche sein, gemeinsam war allen nur die Abkehr von der organisierten Kirche. Allein schon die Verbreitung der Bewegung bewies, daß im Volk die Empfindung herrschte, die institutionalisierte Religion werde seinen Bedürfnissen nicht mehr gerecht.

Eine Mystik ganz anderer Art trat in der zweiten Hälfte des 14. Jahrhunderts in Italien in Erscheinung. Die heilige Birgitta von Schweden (1303–1373) war mit dem Entschluß nach Italien gekommen, die Kirche zu reinigen und die Heimkehr des Papstes aus Avignon ins Werk zu setzen. Urban V. kehrte auch wirklich zum Teil aufgrund ihrer Vorstellungen nach

Rom zurück. Doch vor ihrem Tod sah er seine Hoffnungen getäuscht und ging wieder nach Avignon. Die heilige Katharina von Siena, die beim Tod Birgittas erst 26 Jahre alt war, übernahm die Aufgabe, an der die schwedische Heilige gescheitert zu sein schien. In ihren häufigen ekstatischen Visionen empfing Katharina den Auftrag, was sie an Einfluß und Überredungskraft besaß, zu benutzen, um das Papsttum zur Rückkehr nach Rom zu bewegen und eine Reform des gesamten Lebens und Strebens der Kirche zuwege zu bringen. Sie war also gewissermaßen eine politische und aktivistische Mystikerin. Ihre ernsthaften Anstrengungen und ihre instinktive Einsicht in menschliche Bedürfnisse sei es der Bauern, des Papstes oder des Königs, blieben nicht ohne Wirkung, denn der Papst kehrte tatsächlich im Jahr 1378 nach Rom zurück. Doch das Schisma ging über ihre Kraft. Schließlich bereute sie es, mit dazu beigetragen zu haben, daß der Papst aus Avignon zurückgekehrt war. Urban VI., dem ihre Hilfe galt, hatte ihre Erwartungen enttäuscht. Sie starb an ihrem dreiunddreißigsten Geburtstag voller Verzweiflung über die Situation der Kirche. Obwohl sie Nachfolger hatte, gab es kaum eine Bewegung, die ihr Werk hätte weiterführen können.

Auch Spanien entging dem Ansturm der religiösen Laienbewegung nicht. Der Katalane Arnold von Villanova (etwa 1240–1311), ein Mann mit bemerkenswerten medizinischen und naturwissenschaftlichen Kenntnissen, begann sich etwa 1290 für die mystischen und apokalyptischen Vorstellungen Joachims von Floris zu interessieren. Arnold verschlimmerte sein Vergehen dadurch, daß er als Laie die Moral der Geistlichen angriff, deren einige, wie er behauptete, dem Antichrist anhingen. Die Geistlichkeit reagierte prompt. Arnold machte eine Art Widerruf vor der Universität Paris und ging dann nach Rom, um sich an Bonifatius VIII. zu wenden. Der Papst maß dem theologischen Aspekt des Falles nur geringe Bedeutung bei; offiziell bestätigte er das gegnerische Gutachten von Paris, machte Arnold jedoch zu seinem Leibarzt. »Bleibe bei deiner Medizin und denke nicht mehr an die Theologie, dann wollen wir dir unsere Gunst zuwenden.« Doch Arnold ließ das Schreiben nicht, und seine Schriften müssen auch gelesen worden sein, denn im November 1316 wurden auf Betreiben mehrerer Dominikaner von Aragonien 14 seiner Abhandlungen und zahlreiche Traktate durch einen Inquisitor in Tarragona verdammt.

Die Akten der katalanischen Inquisition zeigen, daß es im Spanien des 14. Jahrhunderts genau wie im übrigen Europa Begarden, Waldenser und Fraticelli sowie weitere Häretikergruppen gab. In Nordeuropa, insbesondere in Nordfrankreich und den Niederlanden, waren die Begarden und Beginen vom späten 12. bis ins 15. Jahrhundert unter diesen Laiengruppen die bekanntesten. Von Lambert de Bégue aus Lüttich um etwa 1180 gegründet, hatten sich diese Gruppen frommer Männer und Frauen zusammengeschlossen, um Christus nachzufolgen, die Kranken und Bedürftigen zu pflegen, zu beten und Gott zu dienen, zu arbeiten und, wenn es nötig war, miteinander in gebotener Demut zu betteln. Die Kirche war bestrebt, sie unter die Aufsicht der Franziskaner oder Dominikaner zu stellen, deren Popularität sie beträchtlich untergraben hatten. Im 14. Jahrhundert wurden mehrere Edikte gegen sie erlassen, die ihre Tätigkeit insbesondere auch als Prediger einschränkten, woraus sich tragische Episoden ergaben. Die Inquisition richtete ihr Augenmerk auf Ketzerei, und als pantheistische Lehren – wie sie in Zeiten religiöser Unzufriedenheit häufig in der Luft liegen – bei den Beginen und Begarden Eingang fanden, war es nicht schwer, etwas zu finden, was begründetermaßen als Ketzerei bezeichnet werden konnte. Dazu kommt, daß sich ohne Zweifel gewisse, vielleicht sogar beträchtliche Zügellosigkeiten und Ausschweifungen feststellen ließen. Die Begarden taten sich nicht selten mit den Fraticelli zusammen, einem Ableger der Spiritualen von zweifelhafter Rechtgläubigkeit, und die Beginen standen gelegentlich in enger Verbindung mit den Brüdern vom Freien Geist.

In England gab es im späten Mittelalter wohl einzelne Mystiker, aber nie eine Mystikerbewegung wie in Deutschland und den Niederlanden. Die *Ancrene Riwle,* eine allgemeine Anleitung zum frommen Leben, die um 1200 für drei Damen der Oberschicht geschrieben worden war, wurde im folgenden Jahrhundert viel gelesen, führte aber nicht zur Bildung einer Schule. Mit Richard Rolle von Hampole (um 1290–1349) gewann die mystische Gedankenströmung an Gewicht. Er schrieb sowohl in englischer als auch lateinischer Sprache, pries das kontemplative Leben und prangerte Laster und Üppigkeit des Weltlebens an. *Incendium amoris* und *De emendatione vitae* wurden häufig nachgeahmt. Hundert Jahre nach Rolles Tod (1434/35) wurden sie von Rich Misyn ins Englische übertragen. Einige Jahre später schrieb Walter Hilton (gest. 1396), ein Augustinerchorherr aus Nottingham, die *Scale of Perfection.* Hilton war wie Rolle nicht in erster Linie an den ekstatischen Manifestationen der Mystik interessiert und ist ein gutes Beispiel für die englische Tendenz zur Nüchternheit in der persönlichen Frömmigkeit. Andere Anhänger der Kontemplation, etwa Juliana von Norwich (gest. um 1420) und Margery Kempe (1373– um 1430) wirkten im England Wyclifs und Chaucers, sind jedoch Einzelerscheinungen und kein Beweis für ein allgemeines Verlangen, sich der bedrückenden Einförmigkeit der kirchlichen Organisation zu entziehen. Ihr Einfluß war nicht so groß, daß er eine Bewegung hätte auslösen können, und es bestand auch nie die Gefahr, daß sie zu Ketzern geworden wären.

Während diese Mystikergruppen und mystischen Strömungen verschiedenster Art sich in ganz Europa sowohl mit ihren eigenen religiösen Anliegen als auch mit der Inquisition auseinandersetzten, kam es zu einer bemerkenswerten Konzentration des Geistes der Mystik längs des Rheins, insbesondere in Köln. Die Mystik war im frühen Mittelalter in Deutschland nicht unbekannt, ihren Höhepunkt aber erreichte sie im 14. Jahrhundert in der religiösen Inspiration von Männern wie Meister Eckhart (um 1260–1327), Johann Tauler von Straßburg (um 1300–1361), Heinrich Seuse (um 1295–1366), Johann von Ruysbroeck (1292–1381), Gerard Groote (1340–1384) und anderen Mitgliedern der Gruppe, die unter dem Namen Gottesfreunde bekanntgeworden ist.

Meister Eckhart war ein Dominikaner in Köln aus jener Schule, deren größte Leuchten Albertus Magnus und Thomas von Aquin waren. 1302 und 1311 studierte er auch in Paris und stieg zum Provinzial seines Ordens für Sachsen, zum Generalvikar von Böhmen (1307) und schließlich zum Provinzial für Deutschland auf (1310). Er wirkte in Straßburg, Frankfurt und während der letzten sechs Jahre seines Lebens in Köln und war als Prediger und Lehrer, der sich der lateinischen wie der deutschen Sprache bediente, außerordentlich erfolgreich und beliebt. Die Schriften des Pseudo-Dionysius und des Johannes Scotus Eriugena hatten ihn neben dem Neuplatonismus seiner Zeit stark beeinflußt. Obwohl er durchaus die Absicht hatte, ganz und gar am rechten Glauben festzuhalten, ließ sich sein spekulativer Geist doch auf Wege verleiten, die ihn dem Pantheismus gefährlich nahe brachten. Er war in der scholastischen Methode geschult, suchte es aber zu vermeiden, allein den Verstand anzusprechen, und zog es vor, sich an Seele und Willen zu wenden. Indem er von einer Vorstellung Gottes unter zwei Aspekten ausging – einer »ungenaturten Natur« oder dem »Grund und Wesen« der Gottheit und der »genaturten Natur« oder Gott im Bewußtsein seiner selbst – fand Eckhart eine Parallele zu dieser Dualität des göttlichen Wesens in der Natur des Menschen. »In der Seele gibt es«, schrieb er, »etwas über der Seele, etwas Göttliches, Einfaches, das eher unbenannt ist als benannt.« Diese »Überseele« nannte er *scintilla*, Fünklein, das ebenso wie Gottes »Grund« oder »Wesen« eine Kommunikation zwischen Mensch und Gott in einer Art Einheit zuläßt. »Gott mit seiner eigenen Natur, seinem Wesen, seiner Göttlichkeit, ist in der Seele, und dennoch ist er nicht die Seele. Die Seele gibt Gott ein göttliches Spiegelbild zurück, so daß sie beide dasselbe Licht sind.« Eckhart achtete zumindest in seinen späteren Jahren sorgsam darauf, die Verschiedenheit zwischen Gott und Mensch zu betonen und so die Fallstricke des Pantheismus zu umgehen. Gott bleibt Gott, und der Mensch bleibt Mensch. Ihre »Einheit« ist eine Einheit der Kommunikation, nicht des Wesens.

Doch Eckharts erhabene Worte wurden nicht immer richtig verstanden. 1325 wurde er von Heinrich von Virneburg, dem Erzbischof von Köln, der 1322 und 1325 eine Anzahl Begarden der Ketzerei beschuldigt und verbrannt hatte, ebenfalls der Ketzerei angeklagt. Nikolaus von Straßburg, der Inquisitor in Deutschland, Dominikanerbruder und Freund Eckharts, unterdrückte diese Anklage. Doch der Erzbischof ließ nicht locker. 1327 erneuerte er seinen Angriff, den er dieses Mal auch gegen den Inquisitor richtete. Beide Parteien wandten sich an Johannes XXII. Im Februar 1327 erklärte Eckhart öffentlich, er habe der Ketzerei stets Widerstand geleistet und sei bereit, alle Irrtümer zu widerrufen, die sich etwa in seinen Schriften fänden. Er starb noch im gleichen Jahr. Zwei Jahre später erklärte Johannes XXII. in der Bulle *In agro dominico*, daß von den 28 Artikeln, derentwegen Eckhart beschuldigt worden war, 17 ketzerisch und die übrigen 11 verdächtig seien. Das Urteil des Papstes in Sachen der Lehre erwies sich in anderen Fällen als einigermaßen zweifelhaft, und sein Verständnis in geistigen Fragen jeder Art war sehr gering. Aber von einem anderen Gesichtspunkt her hatte Johannes ganz recht. Der Nachdruck, den Eckhart auf die enge und unmittelbare Verbindung der Einzelseele mit ihrem Schöpfer legte, hätte die Mittlerschaft der Kirche vermöge der Sakramente, insbesondere der Buße, überflüssig gemacht. In Eckhart war nicht wenig vom Geist des Evangeliums lebendig. Seine Autorität war die Bibel, und seine Spekulation war stets an der Bibel und seiner persönlichen Erfahrung geprüft. Er predigte eine praktische Frömmigkeit, die ihre Kraft aus der Wärme der Kontemplation gewann. Er befürwortete nicht etwa den Rückzug aus der Welt,

sondern vielmehr aktive Teilnahme an der menschlichen Gesellschaft.
Unter Eckharts Freunden und Bewunderern befanden sich zwei Männer, die dazu bestimmt waren, die Fackel der Mystik weiter durch das Jahrhundert zu tragen: Johann Tauler und Heinrich Seuse. Tauler war um 1300 in Straßburg geboren, wurde um 1315 Dominikaner und ging wenig später zum Studium nach Köln und danach wohl nach Paris. Basel, Bayern, Köln und wiederum Straßburg sollten ihn noch erleben, ehe er 1361 in seiner Vaterstadt starb. Sein Ruhm beruht in erster Linie auf seinen Predigten; seine schlichten, unmittelbaren und am Evangelium ausgerichteten Predigten haben sich ihre Volkstümlichkeit bis in unsere Zeit bewahrt. Tauler legte besonderen Nachdruck auf die Einkehr des Menschen, das Werk des Heiligen Geistes, und auf das göttliche Licht, das den Menschen erleuchtet und ihn zur Vereinigung mit Gott führt. Jeden Pantheismus vermied Tauler durch die häufig wiederholte, unmißverständliche Feststellung, daß »Gott die Seele als Geschöpf betrachtet«; ein Geschöpf jedoch kann sich niemals zur Gleichheit oder zur wirklichen Vereinigung mit seinem Schöpfer erheben.
In vielen seiner Predigten stellte Tauler bestimmte »göttliche Menschen« als Beispiele hin, die dem »ewigen Licht« begegnet waren und ein »erleuchtetes Verständnis« erreicht hatten. Das waren die Gottesfreunde. Tauler kam mit dieser Laienbewegung zum erstenmal in Berührung, als er 1324 nach Basel ging. Die Geistes- und Gedankenwelt dieses Kreises machte einen so starken Eindruck auf ihn, daß man ihn als dem Kreis zugehörig und als dessen führenden Prediger betrachtete. Die Gruppe, die sich von der Schweiz her rheinabwärts ausbreitete, bezog ihre Gedanken aus verschiedenen Quellen: aus der apokalyptisch-prophetischen Literatur der frühen deutschen Mystiker, etwa einer Hildegard von Bingen und Elisabeth von Schönau, aus dem mehr verstandesmäßigen Mystizismus Eckharts und seiner Schüler und aus den Nachklängen der Spiritualen, von

deren hervorragendsten Vertretern – unter ihnen Wilhelm von Ockham und Bonagrazia von Bergamo – in dieser Zeit einige am Hof Kaiser Ludwigs IV. in München weilten. Sie betrachteten sich selbst als eine Kirche in der Kirche, verehrten die Sakramente und achteten die Institution, die sie durch ihr eigenes frommes Leben und mit Hilfe eines erneuerten Glaubens hofften reinigen zu können.

Aus dieser Gruppe stammten die großen deutschen Mystiker des späteren 14. und des 15. Jahrhunderts wie auch der anonyme Autor der *Theologia Teutsch*, jener einzigen deutschen theologischen Schrift von stärkstem Einfluß vor Martin Luther. Wir wissen von dem Verfasser nur, daß er einst dem Deutschritterorden in Frankfurt angehört hatte. Seine von Eckhart und Tauler beeinflußte Lehre wirkte sehr stark auf Luther: »Nächst der Bibel und dem heiligen Augustin ist nie ein Buch in meine Hand gekommen, aus dem ich mehr darüber gelernt habe, was Gott und Christus und der Mensch und alle Dinge sind.«

Heinrich Seuse unterschied sich im Temperament von Eckhart wie auch von Tauler, wenn er auch ein Schüler des ersteren und ein Gefährte des letzteren war. Als Sohn eines Adligen in der Nähe des Bodensees geboren, wurde er mit 13 Jahren Dominikaner und begann, noch bevor er 20 war, ein Leben der Strenge und Einfachheit zu führen, wie es selbst in diesem schwärmerischen Jahrhundert selten vorkam. In seiner Autobiographie schildert er seine harte Selbstkasteiung. Sie zu rechtfertigen oder auch nur zu verstehen, fällt uns heute schwer. Dennoch entsprangen dieser Härte Schriften, die von einem innigen Glauben, einer starken und uneigennützigen Liebe sprechen und von der glühenden Überzeugung, daß der Heilige Geist in seinem Herzen gegenwärtig sei. In seinem Buch *Die ewige Weisheit* betonte Seuse die Würde und den ewigen Wert des Leidens. Doch wie eindringlich und beredt er auch die mystische Bewegung vertreten mag, Seuse steht dennoch dem Mittelalter und dem mönchischen und asketischen Ideal näher als sein Lehrer Eckhart oder die Gottesfreunde, mit denen er gewöhnlich zusammen genannt wird.

Johann von Ruysbroeck, ein Freund Taulers und Seuses wie auch Gerard Grootes, 1293 bei Brüssel geboren, wurde Weltpriester und mit fast 60 Jahren Augustinermönch und Prior der Abtei Groenendael bei Waterloo. Sein langes Leben – er starb im Alter von 88 Jahren – brachte ihn mit mehreren Generationen von Mystikern in Berührung. Er war kein Philosoph wie Eckhart, den er vielleicht in Köln predigen hörte, noch ein leidenschaftlicher Asket wie Seuse oder gar ein großer Prediger wie Tauler. Sein Leben und sein Denken war schlicht, fast passiv. Fern aller Ketzerei und vor allem fern von jedem Pantheismus, für den Mystiker so anfällig sind, erarbeitete er eine Skala der mystischen Erfahrung. In seiner *Geistlichen Hochzeit* schilderte er die drei Stadien des Suchens der Seele nach Gott: das aktive, das nach innen gerichtete und das kontemplative. Im ersten, aktiven Stadium übt die Seele die christlichen Tugenden und macht ihren Glauben der Welt offenbar. Im zweiten Stadium schaut die Seele nach innen, um über die Liebe Gottes nachzusinnen. Weiter kommen die meisten Menschen nicht. Das dritte Stadium, die Kontemplation, verlangt tiefe Versenkung in das Dunkel danach, das dem gewöhnlichen Geschöpf unbekannt ist. Hier findet die Seele Vereinigung mit Gott, ohne jedoch ihre individuelle Identität zu verlieren. Manche Ausdrücke Ruysbroecks gehen über die orthodoxen Formeln hinaus, aber seine Zustände wachsender Ekstase waren nicht für die allgemeine Übung gedacht; es wäre sonst zu einem Ausbruch emotioneller Ausschreitungen gekommen, denen auf seiten des Glaubens der Zuwachs nicht entsprochen hätte.

Von den Freunden Ruysbroecks war Gerard Groote derjenige, der den weitesten und am längsten anhaltenden Einfluß ausüben sollte. Groote verbrachte seine Jugend als fahrender Scholar in Paris, Köln und Prag, wobei er von zwei reichen Pfründen lebte. 1358 erwarb er in Paris den Grad eines *magister artium* und studierte danach mehrere Jahre hindurch die Rechte, wobei er insgesamt acht Jahre in Paris verbrachte. Während einer Krankheit in seinem 34. Lebensjahr erfuhr er eine plötzliche und tiefwirkende Bekehrung. Noch immer Laie, begann er umherzuziehen und zu predigen. Der Kern seiner Botschaft war der Aufruf zur Bußfertigkeit. Nachdem er sich dann drei Jahre zur Besinnung in ein Kloster zurückgezogen hatte, tauchte er in vielen großen und kleinen Städten der Niederlande als missionierender Prediger auf. Die Leute strömten meilenweit herbei, um zu hören, wie er – um mit Thomas a Kempis zu sprechen – »die Axt an die Wurzel des Baumes« der Unmoral und Trägheit legte. Er predigte für die Geistlichkeit lateinisch und für das gemeine Volk in der Landessprache. Die Franziskaner, die das Hauptziel seiner Angriffe waren, erreichten ein Verbot seiner Predigten mit der Begründung, daß er die Weihen nicht empfangen habe. Der Bischof von Utrecht dekretierte, obwohl er persönlich Groote gewogen war, daß Diakone – d. h. Kleriker, die noch nicht zum Priester geweiht waren – in seiner Diözese nicht predigen durften. 1384 starb Groote an der Pest, ohne vom Papst eine Antwort auf seine Berufung gegen diesen Erlaß erhalten zu haben.

Seine bedeutsamste Leistung vollbrachte Groote in den letzten Monaten seines Lebens, als er mit Hilfe von Florentius Radewijns (1350–1400), einem Pfarrer in Deventer, die »Brüder vom Gemeinsamen Leben« gründete. Es handelte sich dabei um eine halbklösterliche Organisation, die größtenteils aus Laien bestand, Männern und Frauen, die miteinander lebten und tätig waren, Schulen leiteten, Handschriften kopierten und sich durch ihrer Hände Arbeit selbst erhielten. Zuerst hatte die Bewegung keine feste Form. Mit der Zeit und mit wachsendem Zulauf erhielt sie dann eine straffere Organisation. Im nächsten Jahrhundert stieg ihr Einfluß, sie breitete sich über viele niederländische Städte und längs des Rheins aus und nahm schließlich einen höchst bedeutsamen Platz in der Geschichte der christlich-humanistischen Bildung ein. Die Mitglieder lehrten nach den Schriften der antiken Klassiker und förderten so die Gelehrsamkeit im gesamten Rheingebiet und in Deutschland. Erasmus war der berühmteste, wenn auch nicht der einzige bedeutende Name aus der Schule der Brüder. Ihre Absolventen waren als Lehrer stets begehrt, wo man jungen Leuten einen soliden Unterricht erteilen wollte. Doch das Unterrichtswesen war nur ein Zweig der Tätigkeit der »Brüder vom Gemeinsamen Leben«, deren Ziele in den Statuten, die das Leben in ihren Häusern regelten, genau angegeben waren.

Die Hauptniederlassungen der Brüder befanden sich in Deventer, Zwolle (Mutterhaus), Hoorn und Amersfoort, Delft, Gouda, s'Hertogenbosch, Utrecht und Nijmegen. Doch gab es viele weitere Zentren in den Niederlanden und in Deutschland, wo Mitglieder der Gruppe oder deren Schüler ihr Leben den Idealen Grootes geweiht hatten. Das Haus in Köln führte seine Tätigkeit fort, bis es 1802 von den Franzosen unter Napoleon säkularisiert wurde. Zugrunde lag dem Leben der Brüder die *devotio moderna*, das Streben nach Demut, der Vereinigung mit Gott, der Abkehr von weltlichen Dingen und der Bewahrung der Fortschritte, die sie durch ihre Lebensweise in frommer und demütiger Unterwerfung unter den Willen Gottes erreicht hatten.

Nächst Groote, dem Begründer der Bewegung, war die bedeutendste Persönlichkeit dieser mystischen Richtung Thomas a Kempis, der Verfasser der *Imitatio Christi.* Abgesehen von der Bibel ist dieses Werk häufiger gedruckt und übersetzt worden als jedes andere Zeugnis der europäischen Geistesgeschichte. Es existieren davon fast 2500 Ausgaben in vielen Sprachen. Jahrhunderte hindurch war die Verfasserschaft der *Imitatio* umstritten; als ernstzunehmende Anwärter für diese Ehre galten neben Thomas der Kardinal Johannes Gerson und Gerard Zerbolt von Zutphen, ein Mitglied der Brüderschaft in Deventer. Heute scheint jedoch festzustehen, daß Thomas der Autor war.

Thomas wurde 1380 in Kempen bei Köln geboren. Er erhielt seine Erziehung vom zwölften Lebensjahr an in der Schule der Brüder zu Deventer unter der persönlichen Leitung Radewijns', den er »meinen guten Vater und lieben Meister« nennt. 1400 trat Thomas der Gemeinschaft der Brüder auf dem Agnetenberg bei Zwolle bei, wo er die folgenden 70 Jahre verbrachte und im Alter von 91 Jahren starb. Sein Leben war der Kontemplation, der Verachtung der Dinge dieser Welt und dem Streben nach der Vollendung in der Vereinigung mit Gott geweiht. In seiner Gedankenwelt liegt vieles, was wir als negativ ansehen würden – ihre Passivität, ihre Mißachtung der Werte dieser Welt. Der Nachdruck, den er auf die Bedürftigkeit der menschlichen Seele nach Stärkung und Neubelebung durch Einswerden mit dem Göttlichen sowie nach der Rückkehr zur schlichten Güte nach dem Vorbild Christi und Selbstverleugnung legt, muß vor dem Hintergrund der Weltfreude und der Scheinfrömmigkeit des 15. Jahrhunderts gesehen werden.

Als die originalste und bezeichnendste Synthese des 15. Jahrhunderts hat man das Werk eines jüngeren Zeitgenossen des Thomas a Kempis erkannt, das lange Zeit unbeachtet geblieben war, nämlich das des Nikolaus von Kues (1401–1464). Er wurde bei Trier an der Mosel geboren, besuchte die Schule der Brüder in Deventer und studierte dann in Padua Griechisch, Hebräisch, Jura, Mathematik und Astronomie. An dem Konzil von Basel nahm er 1432 als Repräsentant des Erzbischofs von Trier teil, der der papstfeindlichen Partei angehörte; im Jahr 1437 trat er dann auf die andere Seite über und verteidigte die Stellung des Papstes. Infolge seiner Gelehrsamkeit und seiner Sprachenkenntnisse wurde er von Päpsten mit heiklen diplomatischen Missionen betraut, 1448 zum Kardinal und 1450 zum Bischof von Brixen ernannt. Einige Jahre lang hielt er, der praktisch Superior der Kirche in Deutschland war, Synoden ab und bemühte sich um Reform der Geistlichkeit. In seiner eigenen Diözese Brixen stieß diese Reformtätigkeit auf Widerstand, ja der habsburgische Erzherzog, der als Graf von Tirol fungierte, ließ ihn sogar gefangensetzen. Seine letzten vier Lebensjahre verbrachte er schreibend und studierend in Italien. Er schrieb ausgiebig sowohl über mathematische als auch über philosophische Fragen, sein bekanntestes Werk jedoch ist *De docta ignorantia,* in dem er versuchte, das Endliche und das Unendliche in das richtige Verhältnis zueinander zu bringen. Ältere philosophische Systeme hatten beides als Gegensätze verstanden, doch Nikolaus begriff das Unendliche als das absolute Maximum, das, da es in sich eins ist, auch das Minimum ist. Die Gegensätze fallen so im Unendlichen zusammen, und das Unendliche ist Gott allein. Da der Mensch das Unendliche nicht kennen kann, läßt sich für ihn Wahrheit nur durch gelehrtes Nichtwissen, d. h. durch Verständnis jenseits der Vernunft erfassen. Diese Vorstellung bedeutete eine kategorische Ablehnung des aristotelischen Versuchs, Verschiedenheit im Sinne der Spannung zwischen Gegensätzen zu verstehen, und erforderte eine Rückkehr zu den neuplatonischen Lehrsätzen des Pseudo-Dionysius und der platonischen Tradition, die sowohl Thomas von Aquin als auch Ockham verworfen hatten. Nikolaus' Abhängigkeit von der intuitiven Methode Eckharts ist allenthalben zu erkennen; in seinen Schriften tauchen viele Ausdrücke und Fragestellungen Eckharts auf. In der Tat wurde er auch wie Eckhart und dessen Anhänger pantheistischer Neigungen beschuldigt, insofern er nicht weit davon entfernt sei, das Endliche mit dem Unendlichen zu identifizieren. Er hielt dem entgegen, daß die Koinzidenz des Endlichen mit dem Unendlichen nicht Identität, sondern Teilhabe bedeute.

In Nikolaus begegneten sich Philosoph und Mystiker. Humanistische Freiheit und Intuition schienen fast zu gleichen Teilen den ganzen Menschen auszuzeichnen und zu formen. In Nikolaus von Kues vereinigte sich die neuplatonische Tradition, die eher in den Schulen des 12. Jahrhunderts zuhause war als an den Universitäten des 13. und 14. Jahrhunderts, mit der mystischen Betrachtungsweise eines Eckhart und Seuse; man war dem Augustinismus der Reformer um einen Schritt näher gekommen.

Die meisten bisher genannten Laienbewegungen entsprangen dem gemeinen Volk. Selten waren ihre Führer Menschen von Bildung oder von Stand, und die Behörden konnten gewöhnlich die Disziplin unschwer wiederherstellen, indem sie einfach einige Führer verbrannten und weitere Verdächtige einsperrten. In zwei Ländern jedoch, in England und in Böhmen, ließ sich der Aufstand gegen die Kirche nicht unter Kontrolle halten. Die von John Wyclif (etwa 1320–1384) und Johann Hus (1370–1415) aus Prag angeführten Bewegungen hatten vieles miteinander gemein und standen in einem gewissen Zusammenhang, wenn auch die letztere kaum – wie oft behauptet worden ist – eine Übertragung der ersteren war.

John Wyclif war der älteste Sohn des Herrn von Wyclif-on-Tees in Nordengland. Er studierte zur Zeit Burleys, Bradwardines und FitzRalphs in Oxford und war von 1361 bis 1362 Master am Balliol College. In den sechziger Jahren hielt er geisteswissenschaftliche Vorlesungen, erlangte einige Bedeutung als Philosoph und erwarb 1372 den Doktorgrad. Er hatte sich der augustinischen Richtung in der Tradition von Grosseteste und Kilwardby angeschlossen und wurde in Oxford als der führende Vertreter der realistischen (platonischen) Philosophie schon anerkannt, ehe er seinen akademischen Grad erworben hatte.

England war damals in kriegerische Auseinandersetzungen mit Frankreich verwickelt, und als 1365 die Kurie in Avignon die Zahlung des Peterspfennigs verlangte – eine dem Königreich England auferlegte Kirchensteuer, die jährlich 200 Pfund betrug und damals mehrere Jahre rückständig war –, war in England die öffentliche Meinung einhellig auf seiten des Königs und des Parlaments, als diese die Zahlung verweigerten. Wyclif ging offenbar damals oder kurze Zeit danach noch über die einfache Zustimmung zu der offiziellen Weigerung hinaus und äußerte öffentlich Zweifel hinsichtlich der Berechtigung des päpstlichen Anspruchs. Da er ein führender Gelehrter in Oxford war, blieb, was er sagte, nicht unbemerkt, und er wurde als ausgesprochener Nationalist bekannt, der sich päpstlichen Übergriffen widersetzte.

1374 wurde er in eine kleine Kommission berufen, die nach Brügge gesandt wurde, um mit Vertretern der Kurie über eine Reihe strittiger Fragen zu verhandeln. Die Unterhändler trafen im Sommer des gleichen Jahres zusammen; die Ergebnisse waren kümmerlich. Der späteren Kommission, die die Verhandlungen mit den päpstlichen Bevollmächtigten fortsetzte, gehörte Wyclif nicht an. Seit der Zeit seiner Rückkehr aus Brügge im September 1374 war Wyclifs Opposition gegen das Papsttum offenkundig. Daß er unmittelbarer Zeuge der päpstlichen Diplomatie geworden war, muß sich auf seine Einstellung ausgewirkt haben: Die päpstlichen Bevollmächtigten hatten ihr Interesse an Bestechungsgeldern zum Ausdruck gebracht, die sie zu einer Meinungsänderung hätten bewegen können. Ob auch die anderen Vertreter des englischen Königs mehr Skrupel hatten als die päpstlichen Gesandten, sei dahingestellt. Jedenfalls wandte Wyclif von diesem Zeitpunkt an sein Denken und Trachten auf eine gründliche Überprüfung der Grundlagen geistlicher und weltlicher Autorität. In dieser Phase entstanden *De dominio divino, De civili dominio* und *De officio regis,* worin er FitzRalphs Behauptung aufnahm, daß Herrschaft unauflöslich mit Gnade verbunden sei. Dem rechtschaffenen Mann gibt Gott alles; dem unredlichen nicht einen Pfennig. Ging man von dieser augustinischen Vorstellung aus, so war der nächste logische Schritt die Frage an die Geistlichkeit, wie es denn um den ungeheuren Besitz stehe, der ihr gehörte, und um die Macht, die sie kraft ihres Amtes ausübte. Wenn die hohe – oder auch die niedere – Geistlichkeit ein unmoralisches Leben führe und infolgedessen nicht in der Gnade sei, habe sie auch kein Recht auf ihren Besitz und ihre Macht. Der König habe die Pflicht, über die Moral der Geistlichkeit zu richten, wenn deren Lebenswandel eine solche Maßnahme erfordere. Wyclif entwickelte diese Schlußfolgerungen erst nach und nach, aber seine endgültige Lehre von der Herrschaft hätte die Geistlichkeit vollständig vom Monarchen abhängig gemacht.

Zufällig kam Wyclifs Lehre den Plänen John of Gaunts, des ehrgeizigen jüngeren Sohnes des leidenden Königs Eduard III., entgegen. Gaunt war antiklerikal eingestellt, nicht zuletzt deswegen, weil er einen Teil der Kosten des Krieges in Frankreich auf die reiche und von Steuern befreite Kirche abzuwälzen wünschte. So begann ein Bündnis zwischen dem Theologen und dem Fürsten, das für die Sache der Geistlichkeit nichts Gutes verhieß. Der neue Bischof von London, William Courtenay, wandte sich gegen Gaunt, indem er Wyclif in London im Februar 1377 zu sich zitierte. Es kam zu keinem Prozeß, nicht einmal zu einem Verhör, dagegen brach John of Gaunt einen Streit vom Zaun. Wyclif hatte kein Wort gesprochen. Papst Gregor XI. jedoch erließ auf Drängen von Courtenay im Mai desselben Jahres eine Reihe von Bullen gegen Wyclifs Lehren, wie sie in *De civili dominio* zum Ausdruck kamen. Diese Bullen wurden in England erst Mitte Dezember veröffentlicht. Anfang des Jahres 1378 kam es noch einmal zu einer Art Prozeß im Lambeth Palace vor den Bischöfen, aber die Mutter des jungen Richard II. untersagte jede Entschließung gegen Wyclif, der bei John of Gaunt immer noch in Gnade stand.

Im September desselben Jahres nahm das große Schisma seinen Anfang. Wyclif unterstützte – wie die meisten Engländer – zunächst Urban VI. in Rom; im weiteren Verlauf des Schismas begann er jedoch, beide Parteien in dieser abstoßenden Auseinandersetzung zu verachten. In diesem und dem folgenden Jahr schrieb er seine umfangreiche Abhandlung *De ecclesia.* In der Folge seiner Kontroversen und aufgrund seiner Beschäftigung mit den Ursprüngen und Geboten der kirchlichen Lehre hatte er begonnen, die offizielle Abendmahlslehre in

Frage zu stellen, nach der das Wunder der substantiellen Verwandlung von Brot und Wein in den Leib und das Blut Christi in dem Augenblick erfolgte, in dem der Priester die Weihe vornahm. Als Philosoph der realistischen Richtung stellte Wyclif fest, daß das Dogma von der Transsubstantiation, wie es im Vierten Laterankonzil von 1215 niedergelegt war, offensichtlich bedeutete, die Substanz des Brotes und des Weines werde zunichte, damit die Substanz des Leibes und Blutes Christi an ihre Stelle treten könne. Er vertrat den Standpunkt, daß das Zunichtewerden unmöglich sei. Die Substanz von Brot und Wein ist Gottes Schöpfung; Gottes Schöpfung ist die Fortführung einer universalen Idee im Geiste Gottes; das Zunichtewerden einer Substanz bedeutet deshalb, daß Gott einen Teil seiner selbst zunichte macht – ein schrecklicher Gedanke und ganz offensichtlich eine Unmöglichkeit. Auf dieser Basis folgerte Wyclif 1379 oder 1380, daß die Transsubstantiationslehre nicht mit der Heiligen Schrift oder der christlichen Lehre übereinstimme. Anfang 1381 wurden Wyclifs Lehren über das Abendmahl durch eine vom Kanzler der Universität eingesetzte Kommission untersucht und mit knapper Mehrheit verworfen. John of Gaunt, der keine Neigung verspürte, in einer so wichtigen Sache eine ketzerische Meinung zu verteidigen, drängte Wyclif, die Entscheidung der Kommission anzunehmen, aber Wyclif fühlte sich außerstande, die Logik seiner Behauptung zu verleugnen und verließ bald darauf Oxford, um sich an seine Kirche in Lutterworth zurückzuziehen. Dort setzte er seine literarische Tätigkeit fort und blieb in Verbindung mit ehemaligen Studenten und Kollegen, die die Reformbewegung weiterführten. Im Mai 1382 berief Courtenay, zu dieser Zeit Erzbischof von Canterbury, eine Klerikerversammlung in Blackfriars Hall zu Oxford ein, die 24 Sätze aus Wyclifs Schriften verdammten (10 als ketzerisch und 14 als irrig), ohne Wyclifs Namen zu nennen. Einige wenige Theologen, die den Versuch machten, ihn zu verteidigen, wurden rasch gezwungen, sich zu unterwerfen. Die Sitzung fand ihr Ende durch ein Erdbeben, das von Wyclif und dem Erzbischof verschieden ausgelegt wurde.

Nachdem Wyclif so von seinem fürstlichen Beschützer im Stich gelassen worden war und man seine Oxforder Gesinnungsfreunde zum Schweigen gebracht hatte, waren die Erfolgsaussichten für seine Bewegung dahin. Am 28. Dezember 1384 erlitt er einen Schlaganfall und starb drei Tage danach. Da er nicht exkommuniziert worden war, konnte er in geweihtem Boden bestattet werden. 1415 erklärte ihn das Konstanzer Konzil zum Ketzer. 1428 wurden auf Befehl Papst Martins V. Wyclifs Gebeine ausgegraben, verbrannt und in das Flüßchen geworfen, das am Kirchhof von Lutterworth vorüberfließt.

In seinen letzten Jahren – wahrscheinlich schon von 1379 an – hatte Wyclif begonnen, sich an das gemeine Volk in England zu wenden. Sein Plan war einfach. Er organisierte kleine Predigermissionen aus Oxforder Studenten, die er paarweise über das Land hin in die kleinen Städte schickte. Diese begeisterten jungen Menschen müssen eine nachhaltige Wirkung ausgeübt haben. Ein Chronist, der eindeutig gegen Wyclif eingestellt war, berichtet, jeder Zweite, der ihm auf der Landstraße begegnete, sei ein Anhänger Wyclifs gewesen. Diese *pore prestis* predigten englisch und benutzten, wie wir aus der weiten Verbreitung der Handschriften schließen müssen, englische Übersetzungen der Traktate und Predigten Wyclifs oder auch die von Wyclif selbst stammenden englischen Fassungen seiner kernigen Ansprachen und Angriffe auf die Laster der Mönche und der Weltpriesterschaft. Diese Erscheinung führte dazu, daß Wyclifs Anhänger die Bezeichnung Lollarden erhielten, die dann ganz allgemein für umherziehende Sektierer und Bußprediger verwendet wurde. Zusammen mit den Begarden und Fraticelli galten die Lollarden im besten Falle als unerwünschte Bürger und schlimmstenfalls als aufrührerische Ketzer.

Neben der Leitung der Arbeit dieser *pore prestis* sah Wyclif seine Aufgabe darin, das Volk mit der Bibel vertraut zu machen. Seine Forderung nach Reform gründete sich auf die Bibel, und in seiner großen 1379/80 entstandenen Abhandlung *De veritate sacrae scripturae* schlug sich diese Überzeugung nieder. Wahrscheinlich im Jahr 1382 begann er selbst die Bibel ins Englische zu übersetzen. Es ist nicht sicher, ob er das Neue Testament vor seinem Tode noch vollendete, aber die Arbeit wurde von seinen jüngeren Kollegen revidiert und 1388 vollendet, insbesondere von John Purvey und Nicholas Hereford. Sie war weit über die eigentlichen Lollardenkreise hinaus in Gebrauch. Etwa 200 Abschriften sind noch erhalten.

Wyclifs hauptsächliche häretische Lehren kann man in vier Gruppen gliedern:

1. Er lehnte die Autorität und sogar die Gültigkeit der Tradition ab. Der Titel *Doctor Evangelicus*, den ihm seine englischen Anhänger beilegten und der später von seinen böhmischen Verehrern übernommen wurde, drückte seinen Glauben daran aus, daß der einzelne Christ und die gesamte *ecclesia*, die Gemeinde der Gläubigen, einzig und letztlich von der Heiligen Schrift geleitet werden solle. Die römische Kirche, die sich selbst als Hüterin der geheiligten Überlieferung ansah, wie sie von Christus an Petrus und von Petrus an alle seine Nachfolger weitergegeben worden war und die dieser Überlieferung das gleiche Gewicht beimaß wie der Heiligen Schrift, konnte diese Verneinung ihres Auftrags nicht hinnehmen. Mit der Verkündigung Wyclifs, daß die Heilige Schrift genüge, trat zum erstenmal in der Dogmengeschichte das formale Prinzip der protestantischen Reformation in Erscheinung, das Luther 150 Jahre später, ohne von seinem Vorgänger zu wissen, zu einem so wichtigen Bestandteil seiner Lehre machen sollte.

2. Wyclif betrachtete es als unmoralisch, daß die kirchliche Hierarchie gegenüber jeder Kontrolle und Zurechtweisung seitens der weltlichen Obrigkeit immun war, wobei er seine Beweisführung auf die Lehre von der Herrschaft durch Gnade gründete. Die Autorität und die Einkünfte, die die Geistlich-

keit genießt, müssen der Überprüfung durch den König oder dessen Vertreter unterliegen, die von Gott für dieses Amt eingesetzt sind. Einem solchen Programm konnte sich die römische Kirche nicht unterwerfen, denn das hätte die Errichtung von Nationalkirchen und den absoluten Verzicht auf die Oberhoheit des Stuhles Petri bedeutet.

3. In seinen Schriften *De ecclesia* und *De potestate Papae* vertrat Wyclif den Standpunkt, die christliche Kirche sei die Gemeinde der Auserwählten und die hierarchische Organisation – der Papst, die Kardinäle und die Prälatenschaft – hätte keinen rechtmäßigen Anspruch auf die Führung in dieser Kirche. Weiter behauptete er, daß Glieder der Hierarchie nicht nur in ihrer Lehre irren, sondern selbst möglicherweise gar nicht zu den Auserwählten gehören könnten. Sollte eine solche Lehre Geltung gewinnen, so würde die römische Kirche aufhören zu bestehen.

4. Wyclif lehnte die kirchliche Lehre von der Transsubstantiation aus philosophischen Gründen ab. Die Messe, deren Hauptbestandteil die Eucharistie ist, war das wichtigste Sakrament der mittelalterlichen Kirche; eine Leugnung des Wunders der Transsubstantiation, das in der Macht des zelebrierenden Priesters lag, würde bedeuten, daß die Herrschaft der Kirche über den einzelnen Gläubigen für immer geschwächt wäre.

Wyclif hatte alle diese Glaubenssätze Schritt für Schritt herausgebildet, indem er sich durch den Irrgarten von historischen und philosophischen Entwicklungsprozessen bis zu den fixierten Dogmen hindurchkämpfte, die er schließlich in Frage stellte oder ablehnte. Das ergibt sich aus einer genauen chronologischen Überprüfung seiner Schriften ebenso deutlich wie die Tatsache, daß ihn zwei Impulse dabei antrieben: die Logik seiner realistischen Philosophie, die ihn zu leugnen zwang, was seiner Ansicht nach nur ein ungerechtfertigter Anspruch der Hierarchie war, und seine Überzeugung, daß das englische Volk von eben dieser Hierarchie darin gehindert wurde, die wahre Botschaft des Evangeliums kennenzulernen. Beide Voraussetzungen führten unausweichlich in eine Opposition gegen die Kirche. Wyclifs Anhänger wurden erbarmungslos verfolgt und so gut wie ausgerottet. Manche blieben nach seinem Tod noch eine Zeitlang in Oxford, wurden aber schließlich gezwungen zu widerrufen oder mußten in den nächsten Jahren fliehen. Viele wurden abtrünnig. Gelegentlich heißt es, Wyclif oder Wyclifs Lehren seien bis zu einem gewissen Grade für den Bauernaufstand von 1381 verantwortlich. Einer der Führer des Aufstands, John Ball, soll zugegeben haben, daß er Wyclifs Predigten besucht habe, aber nicht einmal das ist bewiesen, und es gibt auch kein Beweismaterial dafür, daß Wyclif irgendwie mit der Erhebung in Verbindung gestanden hätte. Das Lollardentum freilich verschwand nicht gänzlich. Nach Wyclifs Tod bestand es, nach gelegentlichen Ketzerprozessen in den mittleren und unteren Schichten Westenglands zu schließen, noch jahrzehntelang weiter. Ein Lollardenmanifest, das in London an die Türen von St. Paul und Westminster Hall angeschlagen worden war, wurde von der hohen Geistlichkeit sehr ernst genommen. 1401 verabschiedete das Parlament ein Gesetz *De heretico comburendo*, das speziell auf Lollarden zugeschnitten war, und England verfuhr jetzt nicht mehr anders als der Kontinent mit denjenigen, die es wagten, den offiziellen Glauben in Frage zu stellen.

Die Gestalt Wyclifs überschattet sein Zeitalter und seine Kollegen in Oxford. Die Universität verlor an Bedeutung, nachdem er ihre Hallen verlassen hatte. Natürlich war sein Weggang nicht der einzige Grund für diesen Wandel, doch bleibt die Tatsache bestehen, daß ihm in England ein ganzes Jahrhundert lang kein originaler und herausfordernder Denker folgte, bis der Humanismus wiederauflebte und das goldene Zeitalter der Oxforder Reformer Colet, Erasmus und Thomas Morus anbrach.

Über 1000 Kilometer von England entfernt hatte sich an den Ufern der Moldau, schon Jahrzehnte bevor der Name Wyclifs in den Schulen Oxfords erklang, ein Sturm zusammengebraut.

Karl IV., König von Böhmen und Kaiser des Heiligen Römischen Reiches seit 1346, nahm lebhaftes Interesse am religiösen Leben seines Landes und versäumte keine Gelegenheit, die Sache der Reform zu fördern. Wie überall in Europa während der Jahre des Exils in Avignon wies die Kirche auch in Böhmen viele Übel auf: Simonie, weitverbreitetes Konkubinat, Pfründenhäufung, Absentismus, einen trägen Klerus und laxe Klosterregeln. 1363 lud der Kaiser Conrad Waldhauser (gest. 1369) nach Prag ein, einen Augustinermönch von glühender Frömmigkeit, der erfolgreich in Österreich im Sinne der Reform gepredigt hatte. Karl bedrängte Conrad, sich in Prag niederzulassen, und unterstützte einige Jahre später den sprachgewaltigen asketischen Tschechen Milíč aus Kremsier (Kroměřiže; gest. 1374), der in Conrads Fußstapfen trat. Milíč predigte gegen Laster und Laxheit der Geistlichkeit und zog so den Zorn der Prager Kirchenbehörden auf sich. Die riesigen Menschenmengen, die zusammenkamen, um ihn gegen geistliche Mißbräuche wettern zu hören, ließen Schlüsse darüber zu, wie die Öffentlichkeit dem Klerus gegenüber eingestellt war. Er mußte zweimal zum Heiligen Stuhl reisen, um sich gegen die Beschuldigung der Ketzerei zu verteidigen, die von der Prager Geistlichkeit gegen ihn erhoben worden war.

In den achtziger und neunziger Jahren des 13. Jahrhunderts verstummte der Ruf nach Hebung der Moral unter den Geistlichen und Mönchen zwar nicht, er stellte aber nicht mehr den einzigen Streitpunkt in Prag dar. Die von Karl 1348 gegründete Universität war zum Schauplatz heftiger Auseinandersetzungen zwischen deutschen und tschechischen Professoren und Studenten geworden. Nachdem der Zwiespalt eine Zeitlang unter der Oberfläche geschwelt hatte, brach er 1384 und 1385 in lauten Zänkereien aus, um dann nach mehrjähriger Pause im frühen 15. Jahrhundert mit erhöhter Schärfe wieder aufzuflammen. Diese tiefverwurzelte Feindschaft muß man bei der Betrachtung jener Jahrzehnte stets im Auge behalten, da sie für den Anschluß an bestimmte theologische und philosophische Richtungen von entscheidender Bedeutung ist. Das Zusammenwirken der Reformbestrebungen zur Hebung der Moral der Geistlichkeit mit der nationalen Spannung zwischen Tschechen und Deutschen verkörperte sich in Johann Hus und fand in der Reformbewegung der Hussiten seine Fortsetzung. Hus, um 1370 in der südböhmischen Stadt Husinec geboren, studierte an der Universität Prag zu einer Zeit, in der die Reformbestrebungen und die deutschfeindliche Einstellung lebhaft im Wachsen waren. 1393 erwarb er den Grad des *magister artium* und begann 1398 Vorlesungen in Philosophie zu halten. Damals herrschte offener und erbitterter Streit über die zwei philosophischen Strömungen des Realismus und des Nominalismus. Die Angehörigen der deutschen »Nationen« waren fast ausschließlich Nominalisten, die Tschechen ebenso ausschließlich Realisten. Als überzeugter Realist spielte Hus in dieser Auseinandersetzung eine führende Rolle. Er verband seine Tätigkeit als Universitätslehrer mit häufigen Predigten und wurde 1402 zum Prediger an der Bethlehemkapelle bestellt, die 1391 von zwei reichen Prager Laien für Predigten in tschechischer Sprache gestiftet worden war. Seine Predigten waren populär. Die Königin Sophia kam oft von der Burg jenseits des Flusses, um ihn zu hören.

1403 kam es in Prag zum ersten heftigen Streit über die Verbreitung der Lehren Wyclifs. 45 Artikel und Sätze aus den Werken des englischen Reformers wurden von der Universität, die damals unter dem Einfluß deutscher Professoren stand, gegen die Stimmen der tschechischen Mitglieder der Fakultät verdammt. Im Laufe der Jahre verschärfte sich der Konflikt, bei dem es um die Antipathie zwischen Deutschen und Tschechen, um Wyclifs realistische Philosophie und um seine Kirchenfeindlichkeit zugleich ging, immer mehr. Im Januar 1409 ergriff König Wenzel schließlich die Partei der tschechischen Opposition gegen die Deutschen und erließ das Kuttenberger Dekret, das der böhmischen »Nation« an der Universität drei Stimmen auf eine deutsche Stimme zubilligte, was eine

Umkehrung des bis dahin herrschenden Zustands bedeutete. Mehrere tausend Deutsche, Professoren und Studenten, verließen daraufhin Prag und gingen nach Leipzig, wo sie eine Universität gründeten. Hus, der ganz allgemein als Führer nicht nur der Reformbewegung, sondern auch des nationalen Kampfes galt, wurde daraufhin am 17. Oktober 1409 zum Rektor der Universität Prag gewählt.

Damit war das deutsch-tschechische Problem vorläufig behoben, nicht aber der Streit zwischen den Konservativen und der Reformpartei. Erzbischof Zbyněk stellte sich schließlich auf die Seite der Konservativen, ließ 1410 Wyclifs Bücher verbrennen und exkommunizierte Hus. Prag wurde 1411 mit einem Interdikt belegt, das jede Religionsausübung unterband. Auf den Rat des Königs verließ Hus 1412, nachdem er einen Anruf an Christus wider das Interdikt veröffentlicht hatte, die Stadt, um die Bürger von Prag von den Auswirkungen des Bannes zu befreien. Die nächsten zwei Jahre verbrachte er in Südböhmen, schreibend und unter freiem Himmel predigend, während in Prag seine Gegner einen heftigen Feldzug gegen ihn und seine Anhänger führten. Schließlich zogen sie es vor, ihn am päpstlichen Hof der Ketzerei und des Ungehorsams zu beschuldigen. Hus legte bei einem allgemeinen Konzil Berufung gegen die von ihm als falsch hingestellten Behauptungen ein, und als ein solches Konzil tatsächlich gegen Ende des Jahres 1414 nach Konstanz einberufen wurde, machte er sich dorthin auf, um seine Sache zu vertreten. Kaiser Sigismund schickte ihm einen Geleitbrief, verweigerte aber als Vorsitzender des Konzils später den Schutz, den er selbst zugesagt hatte.

Wie der Prozeß gegen Hus ausgehen würde, war von vornherein klar. Hus wurde verurteilt, und zwar fast ausschließlich aufgrund von Behauptungen, die er angeblich in seinem Werk *De ecclesia* aufgestellt hatte. Die Hauptvertreter der Anklage auf dem Konzil waren außer den tschechischen und deutschen Klerikern aus Prag die beiden berühmten französischen Kardinäle Peter d'Ailly und Johannes Gerson, die wir als leidenschaftliche und vielgelesene Philosophen und Mystiker kennengelernt haben. Was immer die rechtliche Basis für seine Verurteilung und »Übergabe an den weltlichen Arm« gewesen sein mag, den Ausschlag gab, daß die Geistlichkeit seine Konzeption einer Kirche als der Versammlung der Gläubigen, derjenigen also, die von Gott zur Rettung auserwählt waren, nicht dulden konnte. Auf dieser Basis waren der Papst und die Kardinäle nicht nur überflüssig, sondern sogar ein Hindernis auf dem Weg zum Evangelium. Von der auf dem Konzil versammelten Geistlichkeit konnte man schwerlich erwarten, daß sie derartige Gedankengänge zuließ. Hus wurde in Konstanz am Morgen des 6. Juli 1415 auf dem Scheiterhaufen verbrannt. Daß Ketzer so bestraft wurden, war keineswegs ungewöhnlich. Doch dieser Fall lag anders und zog, wie sich zeigen sollte, schlimme Folgen für die römische Kirche nach sich, denn hier unterdrückte man nicht die Denkweise eines einzelnen Mannes, sondern das Rechtsgefühl eines ganzen Volkes. Die unmittelbare Antwort auf die Verbrennung bestand in einem zornigen Protest an das Konzil vom 2. September 1415, den 452 böhmische Adlige und Ritter unterzeichnet hatten. Drei Tage später sprachen die Unterzeichner dem Konzil das Recht ab, sich in die religiösen Angelegenheiten ihres Landes einzumischen. Diese Rebellion war etwas Neues. Es gab keinen Präzedenzfall, nach dem ein Konzil oder die Kurie eine ganze christliche Nation entsprechend bestrafen konnte.

In Böhmen hatten während der Abwesenheit von Hus seine Freunde und Anhänger ihre Reformbestrebungen fortgesetzt. Doch jetzt sollten neue Faktoren in das Spiel eintreten. Jacobellus von Misa, Hus' führender Mitarbeiter, war ein entschiedener Verfechter der Kommunion »in beiderlei Gestalt«, d.h. in Brot und Wein, während bisher der Kelch der Laienschaft vorenthalten worden war. Diese neue Lehre wurde sofort populär, und der Kelch war in allen Schichten der tschechischen Gesellschaft, vom Bauern bis zum Hochadel, das Symbol des nationalen Aufstands gegen die Kontrolle der Gnadenmittel durch die Geistlichkeit. In diesem Aufstand erkennen wir einen weiteren Beweis für das um sich greifende Gefühl, daß die Kirche den geistigen Bedürfnissen des Laien vieles schuldig geblieben war.

Das 14. Jahrhundert war eine Epoche, in der die Fundamente der zentralistischen und in sich geschlossenen hierarchischen Organisation der allumfassenden Kirche von unten her erschüttert wurden. Die Billigung der Philosophie Thomas von Aquins durch die Kirche wurde in Frage gestellt und von vielen abgelehnt. Reglementierung der Spekulation war nicht mehr möglich; das philosophische Denken machte sich selbständig. Die Mystiker in ihrer unmittelbaren Nähe zu den Quellen der Glaubenswahrheiten, den Antrieben und dem Empfindungsvermögen der individuellen Seele wurzelten im Leben des Volkes und betrachteten die Mittlerschaft der organisierten und sakramentalen Kirche nicht mehr als bindend. Gott und die menschliche Seele konnten einander begegnen und sich vereinigen. Was die Häretiker betraf, so strebten fast alle als Ziel an, daß die Sakramente nicht im ausschließlichen Besitz der Kirche blieben und daß der einzelne Laie das Recht des Zugangs zur Heiligen Schrift hatte, damit er sie selbst lesen und verstehen könne. Die beiden mächtigsten unter den jüngeren mittelalterlichen Häretikern, Wyclif und Hus, folgten diesen Voraussetzungen bis zu dem logischen Schluß, daß sie die römische Kirche mit dem Papst und den Kardinälen an der Spitze als wahre Kirche Christi ablehnten. Wyclif verkündete geradezu, der Papst sei der Antichrist, und Hus setzte sich von dieser Behauptung nicht ab. Seine Anhänger handelten durchaus, als seien auch sie dieser Ansicht. Die bestehende Kirche konnte eine derart grundlegende Abweichung von ihrer alten geheiligten Tradition nicht hinnehmen. Diese Vorzeichen eines weltlichen Zeitalters, in dem der Mensch die Freiheit hatte, sich außerhalb der Kirche zu stellen, sind ein wesentlicher Bestandteil dessen, was wir als Renaissance bezeichnen.

4

Nord- und Osteuropa

DIE SKANDINAVISCHEN KÖNIGREICHE – Dänemark, Norwegen und Schweden – waren von den ältesten Zeiten an durch Sprache, Kultur, Geographie und Interessen eng miteinander verbunden. Die Intensität ihrer politischen und wirtschaftlichen Beziehungen schwankte von Zeit zu Zeit, je nachdem innere dynastische Konstellationen aufgrund von Ehebündnissen und äußerer Druck, wie etwa die Ausweitung des deutschen Handels, einen vorübergehenden Wandel der politischen Tendenzen mit sich brachten. Dennoch bleibt die Tatsache bestehen, daß Geschichte und Entwicklung dieser drei Königreiche von Natur aus unauflöslich miteinander verknüpft waren.

Diese drei Königreiche waren zum Zeitpunkt, der uns besonders interessiert, unter einem einzigen Herrscher vereint, nämlich der Königin Margarete (1387–1412), und die Kalmarer Union von 1397 war nur die Legalisierung dieser Tatsache. Von dieser Zeit an muß die Geschichte der drei Länder, wenngleich es nicht wenige Spannungen und Mißverständnisse zwischen ihnen gab und die Union selbst nur selten zum Tragen kam, gemeinsam betrachtet werden.

Das Skandinavien des späten Mittelalters und der Renaissance kann nicht als bedeutender Mittelpunkt kultureller Entwicklung oder künstlerischer Schöpferkraft gelten. Alle drei Länder waren ihren primitiven Anfängen noch zu nahe. Im frühen 14. Jahrhundert gingen jährlich schätzungsweise 60 Studenten nach Paris, unter denen sich auch einige aus Finnland befanden.

Doch diese Zahl verteilte sich bald auf nähergelegene Universitäten wie Prag, Krakau, Heidelberg und Erfurt. Als aber Universitäten in Rostock (1419) und Greifswald (1456) gegründet wurden, begnügte sich die Mehrheit der jungen skandinavischen Scholaren damit, der Heimat während des Studiums näher zu sein. Einige Jahre später (1475) erlangte Königin Dorothea eine päpstliche Charta für die Gründung einer Universität in Kopenhagen, die 1479 mit einer vorwiegend deutschen Fakultät eröffnet wurde. Die Schweden konnten nicht zurückstehen; 1477 wurde eine Universität in Uppsala gegründet. Anscheinend wünschten die schwedischen Studenten noch immer, ihre Studien außerhalb Skandinaviens zu betreiben, denn 1498 ordnete König Johann an, daß kein schwedischer Student im Ausland studieren dürfe, der nicht drei Jahre entweder an der Universität von Kopenhagen oder an der Universität von Uppsala verbracht habe. Jedenfalls besaß Skandinavien am Vorabend der Reformation Bildungseinrichtungen auf höchster Ebene. Die erste Druckerpresse Skandinaviens wurde 1482 in Odense errichtet, doch machte die Buchdruckerkunst nur bescheidene Fortschritte. Die Literatur in der Zeit der Union war in keiner Weise bemerkenswert. Eine Zeitlang war es Mode, lateinische Quellen, etwa Geoffrey von Monmouth, oder einige der mittelalterlichen französischen Romane zu übersetzen. Historisch bedeutsamer, aber literarisch kaum wertvoller waren die schwedischen und dänischen Reimchroniken. Nirgends findet sich in Skandinavien eine Atmosphäre, die sich mit der des lateinischen Humanismus oder der Renaissancekunst des 15. Jahrhunderts vergleichen ließe. In der Plastik überwog die deutsche, besser hansische Gotik. Als Ganzes gesehen trat Skandinavien aus dem gotischen Mittelalter unmittelbar in die Zeit der protestantischen Reformation ein, ohne die Renaissance mit den ihr eigenen Formen und Ideen durchlaufen zu haben.

Deutsche Kaufleute und Handwerker, Kleriker und Kolonisten kamen in großer Zahl in die Städte und auf das Land. Sie brachten westliche Kultur und Einrichtungen mit, so daß Polen am Anfang des 14. Jahrhunderts kulturell höher stand als alle anderen Ostseemächte. Ferner hatte sich die polnische Kirche im Unterschied zur weltlichen Macht ihre Einheit bewahrt, so daß ein bedeutender emotionaler Faktor verblieben war, der zur Integration tendierte und nur auf den Anstoß durch einen nationalen Führer wartete, um das Seine zur Wiedervereinigung des Staates beizutragen.

Stärker und tiefgreifender als in Skandinavien war der Einfluß der Renaissance, besonders der italienischen, in Osteuropa, vor allem in Polen. Eine wesentliche Vermittlerrolle spielten zu dieser Zeit vor allem Polens westliche Nachbarn: Böhmen und das Reich.

Gegen Ende des 13. Jahrhunderts und zeitweise auch im frühen 14. stand ein großer Teil Südpolens unter der Herrschaft des tschechischen Königs von Böhmen, der Anspruch auf den Titel eines Königs von Polen erhob. 1306 jedoch starb das Geschlecht der Přemysliden, die fast 400 Jahre in Böhmen regiert hatten, aus, und Polen war bereit, aufs neue den steinigen Weg zur Einigung zu beschreiten.

Władysław I. Łokietek (1306–1333) erkannte klar, daß Polen längs der Weichsel einen Zugang zur Ostsee haben mußte. Das Hindernis dafür war der Deutsche Orden, der damals Pommern, die Stadt Danzig und Preußen besaß. Wenn Polen seine natürliche Küstenlinie im Westen wiedererobern wollte, brauchte es Frieden und Verbündete im Osten sowie eine moralische Rechtfertigung für eine aggressive Politik gegen den Orden. 1321 entschied der Papst zugunsten Polens Anspruch auf Pommern; Łokietek griff aufgrund dieser günstigen Entscheidung den Orden mehrfach an. Die ersten Kriegszüge brachten einige Erfolge, doch Johann, der König von Böhmen, besetzte 1331 einen großen Teil des Herzogtums Schlesien, so daß Łokieteks Herrschaftsgebiet am Ende seiner Regierung (1333) kleiner war als zehn Jahre zuvor. Trotzdem verfolgten seine Nachfolger seine Ziele weiter: ein einiges polnisches Kö-

nigreich mit Zugang zum Meer, Beschränkung der Macht des Deutschen Ordens und territoriale Ausdehnung nach Süden und Osten.
Kazimierz III. (der Große, 1333–1370) war ein würdiger Nachfolger seines Vaters. Auf der Suche nach Verbündeten, mit deren Hilfe er sich der diplomatischen und militärischen Überlegenheit des Deutschen Ordens sowie Johanns von Böhmen und seines Anspruchs auf die polnische Krone erwehren könne, verständigte er sich mit Kaiser Ludwig IV. (Ludwig von Bayern)und König Ludwig I. von Ungarn, so daß er bald in der Lage war, König Johann zum Verzicht auf seine Ansprüche zu bringen. Kazimierz' Hoffnung auf eine Wiedervereinigung Pommerns, die er mit Geduld und kluger Taktik verfolgte, war zum Scheitern verurteilt, doch gelang es ihm, das polnische Territorium im Südosten zu erweitern. 1349 war er Herr des Gebiets um Lemberg, das viele Generationen hindurch bei Polen blieb. 1352 schloß er auch Podolien seinem Königreich an. Kazimierz war ein Herrscher von außergewöhnlicher Weitsicht und Intelligenz, der auf das Leben seines Volkes in jeder Hinsicht einen tiefen Einfluß ausübte. Er hatte nicht nur eine umfassende Konzeption für das gesamte politische Leben Polens, sondern er erkannte auch die Notwendigkeit, dafür die organisatorischen Voraussetzungen zu schaffen. So reorganisierte er die königliche Kanzlei und kodifizierte das polnische Recht in einem berühmten *Statut,* was infolge der Regelwidrigkeiten in der Geschichte des Landes eine höchst schwierige Aufgabe darstellte. Er war ein kluger Förderer der Künste und ließ viele Kirchen bauen. Im Verlauf der Reorganisation seiner Kanzlei und bei der Besetzung seiner Beamtenstellen wurde ihm klar, wie notwendig eine höhere Bildung und eigens geschulte Beamten waren. Im 13. und im frühen 14. Jahrhundert hatten polnische Studenten ausländische Universitäten – Bologna, Padua und Paris – besucht. Nach der Gründung der Universität Prag durch Karl IV. im Jahr 1348 strömten junge ehrgeizige Polen über das Gebirge nach Böhmen. Kasimir baute

darauf, daß eine polnische Universität jene Untertanen anziehen werde, die sonst nach Prag zum Studium gegangen wären, und gründete 1364 eine Universität in Krakau nach dem Vorbild der Universität von Bologna. Den Wunsch, das kulturelle Wachstum seines Landes zu fördern, bewies der König durch sein stetiges Interesse an der Arbeit der Universität, durch seine Sorge für Verbesserungen der kirchlichen Verhältnisse und seine Pflege von Kunst und Wissenschaften. Er erbaute Hunderte von Burgen und öffentlichen Gebäuden, darunter auch die Königsburg auf dem Wawel, einem Hügel über Krakau.

Kazimierz' Beziehungen zu seinem Nachbarn, Karl IV., dem König von Böhmen und Kaiser des Heiligen Römischen Reiches, waren besser als die Łokieteks zu Karls Vater, König Johann von Böhmen. Karl wußte Kasimirs ausgeprägtes Pflichtgefühl und seine kulturellen Neigungen zu schätzen. Im November 1348 unterzeichneten sie ein Beistands- und Freundschaftsabkommen, das 1356 erneuert wurde. Die konsequent feste Haltung und Würde, die Kasimir bei Verhandlungen mit Freund und Feind zeigte, und die vernünftige Politik, die er bei der Herstellung von Recht, Wohlstand und Ordnung in seinem Reich und bei der Ausweitung seines Herrschaftsgebiets verfolgte, trug ihm die Achtung von ganz Europa ein und festigte Polens Ansehen als europäische Macht.

Kasimir starb ohne männlichen Erben, und mit ihm erlosch das Geschlecht der Piasten. Nach seinem Tod im Jahr 1370 folgte ihm der Sohn seiner Schwester Elisabeth, König Ludwig I. (der Große) von Ungarn (König von Polen 1370–1382), auf dem Thron, ein Abkömmling des Hauses Anjou, das in Süditalien und Sizilien herrschte. Die polnischen Magnaten erreichten von Ludwig auf einem Reichstag von Kaschau 1374 einige Zugeständnisse finanzieller und steuerlicher Art und setzten damit die Maschinerie der »Kapitulationen« in Gang, die zum späteren Niedergang Polens wesentlich beitragen sollte. Ludwig brachte es fertig, den Hof zu Krakau in geistiger und künstlerischer Beziehung zu heben; in seinem Gefolge befanden sich zahlreiche bedeutende italienische Gelehrte und Künstler. Doch die Polen waren es nicht gewöhnt, von einem Ausländer regiert zu werden, und Ludwig war nicht beliebt. Der Umstand, daß die Piasten eine eingesessene und erbliche Dynastie gewesen waren, hatte zum Zusammenhalt des Königreichs beigetragen. Diese natürliche Einheit wurde durch die Wahl eines nichtpolnischen Monarchen gestört. Während seiner Regierung verbrachte Ludwig die meiste Zeit außerhalb Polens. Nach seinem Tode bedeutete die Anerkennung Jagiełłos, des Großfürsten von Litauen, im Jahr 1386, die zu einer dynastischen Vereinigung Polens mit dem ausgedehnten Vielvölkerstaat Jagiełłos führte, eine gefährliche Belastung für die einigenden Kräfte im polnischen Reich.

Immerhin hatten die beiden Länder Polen und Litauen zumindest zwei gewichtige Sorgen gemeinsam: Beide waren vom Deutschen Orden bedroht, und beide schauten sehnsüchtig auf Gebiete, die sie an den Orden verloren hatten. Im Zusammenhang mit diesen Sorgen stand die Tatsache, daß Litauen, das weit in russisches Gebiet hineinreichte, sich eine kräftige Rückendeckung sichern mußte, während Polen, das seine Südgrenze gegen Böhmen und Ungarn mit Sorge betrachtete, ebenfalls auf Hilfe angewiesen blieb. So war die dynastische Vereinigung trotz mancher Nachteile doch für beide Parteien vorteilhaft.

Nach der dynastischen Vereinigung Litauens und Polens im Jahr 1386 wurde es deutlich, daß der Deutsche Orden im Osten und im Süden einem verbündeten Feind gegenüberstand; trotzdem behielt er seine aggressive Haltung bei. Jagiełło aber gelang es dank seinem Takt oder seiner Entschlossenheit, den Frieden an den Grenzen im Osten und Nordwesten zu erhalten, solange Jadwiga lebte. Die Königin zeigte staatsmännische Fähigkeiten, die denen ihres hochbegabten Gatten vielleicht noch überlegen waren. Sie regte Verfassungsänderungen im Rahmen der Monarchie an, die die Struktur des Staates

spürbar verbessert hätten, wenn sie zur Durchführung gekommen wären. Unter italienischem und französischem Einfluß an den hochkultivierten Höfen von Buda und Wien erzogen, zeigte sie religiöse und geistige Interessen, die den Bildungsstand Polens hoch über den früherer Zeiten hinaushob. Fast ganz auf sich gestellt, erweckte sie die Universität von Krakau, die nahezu bedeutungslos geworden war, zu neuem Leben und unterstützte Reformen innerhalb der Kirche sowie jede Initiative in Kunst und Wissenschaft. Mit einem Wort, sie gehört zu den bedeutendsten Herrschergestalten Polens.
Nach Jadwigas Tod im Jahr 1399 bestand Jagiełłos Hauptproblem darin, die königliche Autorität in den beiden auseinanderstrebenden Teilen seines Reichs aufrechtzuerhalten. Die polnischen Adligen fühlten sich dem weniger gebildeten Fürsten überlegen, während der litauische Adel unzufrieden damit war, daß Jagiełło sich so oft und lange in dem weichlichen Krakau aufhielt. Sie bedurften kaum einer Ermunterung, ihren Selbständigkeitsdrang zur Vermehrung ihres Landbesitzes nach Osten und nach Süden zu benutzen. Jagiełłos Vetter Witold hatte als Großfürst von Litauen ehrgeizige Pläne, die auf die Unterwerfung Moskaus zielten, aber die östlichen Vorposten seiner weitvorgeschobenen Eroberungen ließen sich nur schwer halten, und die Aufgabe überforderte seine militärischen Kräfte. Während er im Süden der Ukraine und jenseits des Dnjepr Krieg führte, überrannten die Deutschritter Samogitien und die Memelniederung. Sie waren nicht bereit, den Übertritt des heidnischen Litauens zum Christentum, der 1386 auf Befehl Jagiełłos erfolgt war, als echt anzuerkennen, und so wurde ein Krieg unvermeidlich. Unterstützt von Witold, der mit anderen kleineren Fürsten von seinem Feldzug im Osten zurückgekehrt war, und einer kleinen Zahl tschechischer Söldner, stieß Jagiełło im Juli 1410 zwischen Tannenberg und Grunwald mit den Ordensrittern zusammen und vernichtete ihr Heer. Der Friede von Thorn im nächsten Jahr war für den Orden günstig. Zweifellos gab Polen eine Gelegenheit aus der

Hand, sich der Ostseeküste wieder zu bemächtigen, obwohl das seit Jahrhunderten der Traum seiner weitsichtigen Könige gewesen war. Zwei Jahre später schloß Jagiełło mit Witold die Union von Horodło, die Litauen und Polen noch enger aneinanderband. In Wirklichkeit handelte es sich dabei um den Versuch Jagiełłos, den diplomatischen Bemühungen des Kaisers Sigismund einen Riegel vorzuschieben, der Witold mit dem Versprechen einer Königskrone in das polenfeindliche Lager ziehen wollte.

In den letzten Jahren seiner Regierung mußte Jagiełło erleben, daß die polnischen Magnaten immer nachdrücklicher ihre alten Privilegien geltend machten und daß sein eigenes Ansehen und seine Autorität dahinschwanden. So bestand, als aus Jagiełłos vierter Ehe ein Sohn geboren wurde, eine Adelsgruppe auf ihrem Recht, ihn als Władysław III. (1434–1444) zu »wählen«, obwohl sie anerkannten, daß der junge Prinz als Erbe ohnehin zur Nachfolge berechtigt war. Witold starb 1430 und Jagiełło vier Jahre später im hohen Alter von 86 Jahren. Obwohl die Macht der Magnaten zugenommen hatte und die königliche Autorität in Jagiełłos letzten Jahren zurückgegangen war, hatte seine lange Regierung Polen-Litauen doch mächtig gemacht. Seine Nachkommen sollten in Polen während der Glanzzeit des Landes bis 1572 herrschen, in Böhmen durch zwei Generationen von 1471 bis 1526 und in Ungarn von 1490 bis 1526.

Nach dem Tode Jagiełłos war zehn Jahre lang der Bischof von Krakau, Zbigniew Oleśnicki, als Führer der Magnaten bei deren Bestrebungen, wieder an die Macht zu kommen, in der polnischen Politik tonangebend. Als frommer Mann der Kirche hielt er strenge Zucht unter dem niedrigen Adel und der Bürgerschaft, die mit den Hussiten sympathisierten. Er unterstützte Sigismund gegen seine aufständischen tschechischen Untertanen und nahm dann Partei für Albrecht von Habsburg (Kaiser Albrecht II., 1438/39), der kurze Zeit hindurch die deutsche und die böhmische Königskrone trug. 1443 erlangte

Oleśnicki einen Teil Schlesiens aus böhmischem Besitz zurück. Der alte Streit zwischen Slawen und Germanen hatte in der Zwischenzeit nichts von seiner Schärfe eingebüßt. Der 1410 bei Tannenberg gedemütigte Deutsche Orden brauchte ein paar Jahre, um seine Wunden zu heilen, aber dann ermutigte ihn die Konzentration der Heere Polen-Litauens in den östlichen Grenzgebieten sowie die Tatsache, daß starke polnisch-litauische Kräfte in Böhmen auf seiten der Hussiten gegen Kaiser Sigismund gebunden waren, die Angriffe doch wieder aufzunehmen. Zunächst kam es in den zwanziger Jahren von beiden Seiten her nur zu kleineren Unternehmungen, die aber zu nichts führten, weil Preußen völlig verheert war. Nach Witolds Tod im Jahr 1430 befand sich Litauen in einer schwierigen Lage, und daß Witolds Nachfolger als Großfürst, Jagiełłos Bruder Świdrigiełło, ein intriganter und ehrgeiziger Charakter war, machte die Dinge nur schlimmer. Unter Mißachtung der Souveränität Polens ging er mit dem Orden ein Bündnis ein. Die Ordensritter, denen diese katastrophale Spaltung in Polen-Litauen sehr gelegen kam, rückten in polnisches Gebiet ein, mußten aber 1431 und dann noch einmal 1433 entscheidende Niederlagen hinnehmen. Die Beilegung des Streites zwischen den beiden christlichen Staaten sollte vor dem Konzil in Basel erfolgen, doch ergab sich keine klare Entscheidung für eine der beiden Seiten.

Anscheinend hatte der Orden aus seinen früheren Niederlagen wenig gelernt. 1435 fielen die Ordensritter wiederum in Polen ein. Diesmal waren sie ganz gegen ihre sonstigen Regeln mit orthodoxen russischen Streitkräften, mit Korybut, der in Böhmen die hussitische Taktik kennengelernt hatte, und mit Świdrigiełło verbündet. Als die für die damalige Zeit großen Heere nördlich von Wilna aufeinandertrafen, waren der Orden und seine schlecht gewählten Verbündeten in jeder Beziehung die Unterlegenen. In den Friedensverhandlungen errangen die Polen einen wichtigen Vorteil: Das Reich sollte sich hinfort weder mittelbar noch unmittelbar in Polens Beziehungen zum

Orden einmischen. Die entschiedene Kriegführung verschaffte dem polnischen König Wladysław III. das notwendige Ansehen in Litauen, dessen Streben nach Selbständigkeit für die polnische Krone eine Quelle ständiger Sorge war.

Die Interessen Polen-Litauens, Böhmens und Ungarns stimmten soweit überein, daß man in diesem Teil Europas vom Beginn einer Ära des Föderalismus sprechen darf, wenn man die dynastischen Verbindungen zwischen den Staaten ins Auge faßt, die nach Osten der wachsenden Macht Moskaus und im Süden und Südosten den Osmanen gegenüberstanden. Dieser Druck von Osten war an die Stelle des deutschen Druckes von Westen getreten, der etwa um die gleiche Zeit nachließ; seine zusätzliche Wirkung bestand darin, daß sich diese Länder ihrer westlichen, lateinischen Verbindungen und Traditionen stärker bewußt wurden. In diesen Jahrhunderten erlangten die lateinische Sprache und lateinische Bildung, die römische Kirche mit der Summe ihrer gewaltigen moralischen und emotionalen Impulse sowie abendländische Geistesströmungen und Bräuche einen unvergänglichen Einfluß auf die Völker des östlichen Mitteleuropas. Es liegt viel Wahres darin, wenn es heißt, der Pole, der Tscheche und der Magyare des späten Mittelalters sei römischer als das Heilige Römische Reich und katholischer als der Papst gewesen.

Oleśnickis Plan einer Zusammenarbeit zwischen Polen und Ungarn führte dazu, daß Polen Ungarn in seinem Krieg gegen die Türken unterstützte. Die verheerende Niederlage des ungarischen Heeres unter Władysław III. (der Ungarn als Władysław I. regierte) bei Varna im Jahr 1444 setzte diesen Hoffnungen ein Ende.

Kazimierz, der jüngere Bruder König Władysławs III. von Polen, war bereits Großfürst von Litauen. 1447 empfing er die Krone von Polen als Kazimierz IV. unter günstigen Bedingungen und herrschte bis 1492. Er verband sich mit der Partei der Gegner Oleśnickis und zeigte sowohl in der Innenpolitik als auch in internationalen Angelegenheiten bemerkenswerte Klugheit und

Festigkeit. Gegen den Widerstand des polnischen wie auch des litauischen Hochadels gewann er der Krone Rechte und Gebiete zurück, die sein Vater Jagiełło hatte aufgeben müssen.
Das Osmanenreich erzielte seinen spektakulärsten Erfolg – die Einnahme Konstantinopels – im Jahr 1453 während der langen Regierung Kazimierz' IV. Dadurch hatten die Türken die Hände für andere Unternehmungen frei, und so nahm der Druck von Süden her auf Podolien und die Moldau, beide in polnischem Besitz, gewaltig zu. Zur gleichen Zeit machte die Angriffslust des Deutschen Ordens Krieg an der Nordwestgrenze wahrscheinlich. Kazimierz mußte wählen, welche Front er verteidigen wollte, die gegen die Ostsee gerichtete oder die Südostfront längs des Schwarzen Meeres. Er entschloß sich, zuerst mit dem Deutschen Orden abzurechnen. Es folgte der langwierige, über 13 Jahre sich hinziehende Krieg (1453–1466), der im zweiten Frieden von Thorn 1466 mit der endgültigen Demütigung des Ordens endete. Danach fielen Westpreußen und die Weichselmündung mit Danzig an Polen, und für Ostpreußen mußte der Hochmeister den König von Polen als Oberherrn anerkennen. Auf diese Weise erreichte Kazimierz, wonach seine Vorgänger vergeblich gestrebt hatten: Er sicherte Polen einen Platz an der Ostsee, gewann damit volle Kontrolle über den natürlichen Wasserweg, die Weichsel, sowie über den wertvollen Hafen von Danzig. Nach der Unterwerfung des Deutschen Ordens widmete Kazimierz seine Energie der Südostgrenze und zog gegen die Tataren und die Türken, ohne jedoch gleich günstige Ergebnisse zu erzielen. Die polnische Grenze mußte vom Schwarzen Meer zurückverlegt werden, und die Türken herrschten nun von der Küste bis zum Dnjepr.
Nach dem Tode des hussitischen Königs Georg Podiebrad in Böhmen sicherte sich Kazimierz die böhmische Krone für seinen Sohn Władysław, der als Vladislav IV. in Böhmen herrschte. Als 20 Jahre später der Wahlkönig von Ungarn, Mathias Corvinus, starb, wurde Władysław als Władysław II. auch zum

König von Ungarn gewählt. Ein dritter Sohn, Johann Albrecht, folgte Kazimierz auf dem polnischen Thron (1492–1501), und ein vierter Sohn, Alexander, wurde zum Großfürsten von Litauen gewählt. So herrschten die Jagiellonen in allen drei Reichen. Nach dem Tode Władysławs II. im Jahr 1516 kam sein neunjähriger Sohn Ludwig II. auf den Thron von Ungarn und Böhmen. Die Union zwischen den drei Staaten war nicht verfassungsmäßig fixiert, trotzdem war eine Art Jagiellonenreich im östlichen Mitteleuropa Tatsache. Seit den Tagen des Römerreichs hatte es in Europa ein befriedetes Gebiet von solchen Ausmaßen und an so entscheidender Stelle nicht mehr gegeben. Doch es sollte nicht von langer Dauer sein und sich auf den Gang der Geschichte kaum auswirken. Der plötzliche Zerfall im Jahr 1526 infolge des Todes des jungen Königs Ludwig II. von Ungarn und Böhmen machte deutlich, auf wie schwachen Füßen es gestanden hatte.

Die Organisation des weitausgedehnten polnisch-litauischen Staates war locker, und die Akzente innerhalb seiner Regierungseinrichtungen wechselten dauernd. Es gab jedoch einige Charakteristika, die immerhin so beständig waren, daß sie einer Darstellung wert sind. Polen hatte jahrhundertelang unter seinem Separatismus gelitten, und nur zeitweise hatten diese zentrifugalen Kräfte unter einem starken Monarchen gebändigt werden können. Infolgedessen war die Idee der Monarchie im polnischen Denken eigentlich nie tief verankert. Die *szlachta* (der niedere Adel) und die Kirche, die beide stark national ausgerichtet waren, hatten im 14. und 15. Jahrhundert an Macht und Ansehen zugenommen. Der Tod des letzten Piasten, Kasimirs III., im Jahr 1370 und die Tatsache, daß nach ihm ein Ausländer, Ludwig I. von Ungarn, den polnischen Thron bestieg, hatte die Stellung der Krone in Polen stark beeinträchtigt. Wir haben gesehen, daß Ludwig dem Adel 1374 eine Charta seiner Rechte zugestehen mußte. Von da an war Polen ein Staat, in dem der Adel den Willen des gesamten Volkes repräsentierte. Kein König konnte ohne seine Zustimmung herrschen oder regieren. Der königliche Staatsrat bestand aus einigen Magnaten, unter denen sich die maßgebenden Beamten des Königreichs befanden. Die Magnaten waren gewöhnlich eng mit der kirchlichen Hierarchie verbunden, die zum größten Teil aus den führenden Familien kam. Die Interessen der *szlachta* entsprachen denen des Bürgertums, das während des 15. Jahrhunderts an Zahl, Wohlstand und Einfluß stetig zunahm.

Den ältesten Zeugnissen der polnischen Verwaltung zufolge waren die Wojewoden militärische Führer, die vom König ernannt worden waren und zu seinem Hofe gehörten. Da die Macht des Königs seit dem 12. Jahrhundert ständig zurückging, entwickelten sich die Wojewoden zu weitgehend unabhängigen Fürsten, denen nichts mehr daran lag, im Sinne des Königs tätig zu sein. Dann trat ein neuer Beamtentyp, der Starost *(starosta)*, in Erscheinung. In der Zwischenzeit hatte eine untergeordnete militärische Charge, der Kastellan *(kasztelan)*, die militärische Funktion des Wojewoden übernommen. Im 14. Jahrhundert jedoch hatte dieser letztere einen Teil seiner Autorität eingebüßt, und der Starost übernahm die Aufsicht über die zivilen und militärischen Belange, ja sogar über die Gerichtsbarkeit des Heeres. In jeder Wojewodschaft gab es etwa ein halbes Dutzend Kastellane. Alle diese Beamten wurden schließlich vom königlichen Staatsrat ernannt, obgleich ein energischer König durchaus in der Lage sein mochte, die Ernennungen in seinem Sinne zu beeinflussen.

Der Staatsrat entwickelte sich allmählich zum *Sejm* oder Reichstag, einer Körperschaft, in der die Magnaten mit den höheren königlichen Beamten und den Prälaten zusammensaßen. Als auch der niedere Adel und die Städte zu wirtschaftlichen Machtfaktoren wurden, sandten sie ebenfalls ihre Abgeordneten in den Sejm, wo sie zusammen eine Abgeordnetenkammer bildeten. Die Mitglieder dieses Unterhauses waren Vertreter der Provinziallandtage *(Sejmiki)* und als solche bei Abstimmungen an deren Weisungen gebunden. Die Provinziallandtage hatten in finanziellen Angelegenheiten großes Gewicht, da alle Steuermaßnahmen von ihnen oder von den Städten unmittelbar gebilligt sein mußten. In der zweiten Hälfte des 15. Jahrhunderts funktionierte der Sejm wie drei Stände: der König, der Senat (bestehend aus den Magnaten, den königlichen Beamten sowie der Geistlichkeit) und die Abgeordnetenkammer. Die Vertretung der Bürgerschaft in der letzteren war nur schwach, sie nahm jedoch mit dem Wachstum des Handels und der Macht des Geldes an Bedeutung zu. Es scheint paradox, daß zu einer Zeit, in der in den westeuropäischen Staaten wie etwa Spanien, Frankreich und England die Zentralisierungsbestrebungen immer stärker wurden und die Krone immer mehr Gewalt auf sich vereinigte, in Polen die Entwicklung auf eine Kontrolle der Staatsorgane durch eine repräsentative parlamentarische Körperschaft zulief, die letztlich die Verteilung der Macht im Gefolge hatte. Und alle diese Tendenzen lassen sich ohne wesentliche Veränderungen auf Jahrhunderte hinaus weiterverfolgen. So strebte der Westen einer absoluten Monarchie zu, Polen dagegen einer Monarchie, die nur Aushängeschild war, während das Parlament die absolute Macht besaß. Es war Polens Mißgeschick, daß es im 13. Jahrhundert von drei absoluten Monarchen umgeben war, denen es leicht fiel, seinen Parlamentarismus zu manipulieren. Die katholische Kirche in Polen hatte von Anfang an dem Machtanspruch des Papstes gegenüber einen Geist der Unabhängigkeit gezeigt. Nicht selten hatten polnische Könige auf Anordnungen oder Strafmaßnahmen Roms mit Nichtbeachtung oder Trotz reagiert und dabei die Unterstützung des Volkes und der polnischen Geistlichkeit gefunden. Ketzerbewegungen traten in Polen im 13. und noch stärker im 14. Jahrhundert auf; sie fanden viel Sympathie beim Volk und verhältnismäßig wenig wirksamen Widerstand seitens der Behörden. Johann von Schweidnitz, ein Inquisitor, der den volkstümlichen Ketzerprediger Johann von Pirna zum Schweigen bringen wollte, wurde 1341 in Breslau vom Volk umgebracht.

Andrea del Castagno: »Boccaccio«,
Fresko aus der Reihe »Berühmte Persönlichkeiten«; Florenz, S. Apollonia.

Die Reformbewegung, die Johann Hus im benachbarten Böhmen auslöste, wurde in Polen sehr begrüßt, nicht nur, weil sie eine nationale und deutschfeindliche Bewegung war und insofern den polnischen Interessen entsprach, sondern auch, weil ihre religiösen Ziele unter der Bürgerschaft, dem niederen Adel und der Weltgeistlichkeit weithin Anklang fanden. Die polnische Delegation auf dem Konzil von Konstanz (1414–1418) nahm für Hus Partei, und diese Sympathie wurde in den darauffolgenden Jahren nur noch stärker. 1420 boten die tschechischen Hussiten die Krone Böhmens Jagiełło und, als dieser ablehnte, seinem Vetter Witold an; Sigismund hatten sie sie verweigert. Witold delegierte seinen Neffen, den Fürsten Korybut, als Landesverweser. Korybut übte dieses Amt als Haupt des Hussitenstaats tatsächlich mit einigen Unterbrechungen über fünf Jahre hindurch aus (1422–1427). Von 1422 bis zur Schlacht bei Taus im Jahr 1431 führte er in vielen Schlachten das polnische Kontingent an, das mit den tschechischen Hussiten gegen das Kreuzheer Kaiser Sigismunds Seite an Seite kämpfte. In Schlesien und Südpolen waren die Hussiten sehr aktiv, und die Sympathie für ihre Ziele war noch Jahrzehnte nach dem Ausbruch der Hussitenkriege lebendig. Hussiten wiederum nahmen auf polnischer Seite an den Kämpfen gegen den Deutschen Orden 1433 teil. Auf dem Konzil von Basel (1431–1449) stand die polnische Delegation in Opposition zur Partei des Papstes und unterstützte die konziliare Theorie.

Doch es gab noch einen anderen Bereich – fern von der Kirchenpolitik –, in dem sich die Teilnahme Polens an den zwei großen Konzilien von Konstanz und Basel als besonders folgenreich erwies. Die Konzile gaben polnischen Gelehrten und Kirchenmännern Gelegenheit, mit Abgesandten anderer Länder zusammenzutreffen und zu disputieren, die sich bereits der neuen humanistischen Bildung verschrieben hatten. Es war unvorstellbar, daß so intelligente und aufgeschlossene Menschen wie die Führer der polnischen Delegation – etwa Paweł Włodkowicz und Stanisław von Skarbimierz in Konstanz und Stanisław Ciołek, Mikołaj Błonie und Mikołaj Lasocki in Basel, sämtlich hervorragende, belesene Gelehrte und tüchtige Lateiner – Monate und Jahre hindurch mit den führenden Geistern Europas hätten zusammensein können, ohne vom Geist der humanistischen Bildung angesteckt zu werden. Tatsächlich war die polnische Kirche das ganze restliche 15. Jahrhundert hindurch von den Ideen und Idealen aufs stärkste beeinflußt, die die Vertreter Polens aus Konstanz und Basel mit heimgebracht hatten.

In der Osthälfte des polnisch-litauischen Staates bot sich ein ganz anderes Bild. Während in Polen seit der Mitte des 10. Jahrhunderts eine christliche Kirche und Kultur blühte, umfaßte das Großherzogtum Litauen eine heterogene Ansammlung von Völkern und Kulturen, von Samogitien, dem eigentlichen Polen und der Ukraine im Westen an bis zu den Tatarenkhanaten im Süden und Osten und den russischen moskowitischen Fürstentümern im Nordosten. Die Großfürsten und ihre litauischen Untertanen waren bis 1386 Heiden, und danach ging die Christianisierung zwar methodisch, aber doch langsam voran. Die slawischen Untertanen – Weißrussen, Ruthenen oder Ukrainer –, die eine Mehrheit im litauischen Staat darstellten, gehörten der orthodoxen Ostkirche an, und die Großfürsten hatten sich in diesem Punkt nie eingemischt. Der litauische Staat reichte um 1400 im Süden an der Dnjeprmündung fast bis zum Schwarzen Meer und im Nordosten bis hundert Meilen vor Moskau. In diesem ganzen Gebiet herrschte die orthodoxe Ostkirche vor, und die Beziehungen zu Konstantinopel waren nie abgerissen. Als Litauen durch die Vereinigung mit Polen nominell römisch-katholisch wurde, war der orthodoxe Metropolit in Kiew einer Union zwischen der römisch-katholischen und der Ostkirche durchaus geneigt. Noch häufiger war von einer solchen Union die Rede, als der Druck der osmanischen Türken auf Konstantinopel und den Rest des byzantinischen Reichs immer lästiger wurde. Eine vom byzantinischen Kaiser Johannes Palaiologus persönlich angeführte Delegation erörterte auf dem Konzil von Konstanz 1415 das Projekt einer Vereinigung mit der römisch-katholischen Kirche, ohne zu einem Ergebnis zu kommen. Auf dem Konzil von Ferrara 1438/39 machte eine andere Delegation in ihren verzweifelten Bemühungen um westliche Hilfe dogmatische Zugeständnisse an die römische Kirche, die zu einer am 5. Juli 1439 beurkundeten Vereinigung führten. Die Auswirkungen dieser Union bei den Slawen waren minimal. Als vorwiegend politische Maßnahme hatte sie zu viele Feinde. Das Gebiet, wo die beiden Kirchen und ihre Kulturen am engsten miteinander in Berührung kamen, war der polnisch-litauische Staat, in dem ein großer Teil der Bevölkerung der orthodoxen Kirche angehörte, während die herrschende Schicht römisch-katholisch war.

Die polnische Kultur schaute jedoch nicht ausschließlich nach dem Osten. Geistliche Herren und reisende Gelehrte, von denen wohl mehr als hundert allein im 15. Jahrhundert an italienischen Universitäten studierten, waren nicht die einzigen Polen, die vor der Reformation Reformen im Munde führten. Jan Ostroróg (gest. 1501), dessen Vater einst das Königreich Władysławs III. als Regent verwaltet hatte, war selbst Wojewode der Provinz Posen. Als Laie, der in Padua studiert hatte, war Ostroróg ein selbständiger politischer Denker von Format. 1459 legte er dem Sejm ein wohldurchdachtes Programm für die Staatsreform vor, das *Monumentum pro rei publicae ordinatione.* Darin befürwortete er einen Nationalstaat, dessen Wesen symbolisiert sein sollte durch den König, eine Nationalkirche, deren Haupt der König sein sollte, allgemeine Besteuerung – auch der Kirche und der Geistlichkeit – und allgemeine Wehrpflicht. Er wandte sich gegen die enormen Abgaben, die das Volk des polnischen Königreichs für Rom aufbrachte und schlug vor, daß die Annaten künftig dem Staatsschatz zufließen sollten. Gleichzeitig prangerte er den Verkauf von Ablässen an und fügte hinzu: »Nach Rom ist unser Land die größte Brutstätte von Simonie und Betrug.« Er forderte Predigt und Liturgie in polnischer Sprache und lehnte Deutsch sowohl für die polnische Geistlichkeit als auch für die Kaufmannschaft ab. »Wer in Polen leben will, soll auch polnisch sprechen.« In diesen Gedankengängen und Äußerungen tritt der Einfluß des hussitischen Nationalismus und Antiklerikalismus klar zutage.

Kulturell kaum weniger bedeutend war das umfangreiche historische Werk des Jan Długosz (1415–1480), des Sekretärs von Bischof Oleśnicki und Erziehers der Söhne Kazimierz' IV., der später Erzbischof von Lemberg wurde. Er war kein Humanist, schrieb aber ein ausgezeichnetes, an dem römischen Geschichtsschreiber Livius geschultes Latein. Sein glühender Patriotismus tut dem Wert seiner *Historia Polonica* kaum Abbruch; sie hielt in seinen Landsleuten das Bewußtsein einer ruhmvollen Vergangenheit wach und stärkte ihr Nationalgefühl in den bevorstehenden schweren Zeiten.

Das Königreich Böhmen, das aus den Kronländern Böhmen und der Markgrafschaft Mähren sowie den Landerwerbungen König Johanns (1310–1346), dem Egerland, der Lausitz und Oberschlesien bestand, bildete seit dem 10. Jahrhundert einen Teil des Reichs. Doch seine Beziehung zum Reich trug einen besonderen Charakter, wie das in der Goldenen Bulle Friedrichs II. von 1212 zum Ausdruck kommt, in der der Kaiser erklärt, daß der König von Böhmen ihm nur eine einzige Feudalleistung schulde, nämlich ihn mit 300 Reitern zur Krönung nach Rom zu begleiten – eine Verpflichtung, die durch Erlegung einer geringen Anerkennungssumme abgelöst werden konnte. Abgesehen von dieser Verpflichtung war Böhmen im wesentlichen unabhängig von der kaiserlichen Rechtsprechung. Als jedoch Johann, der Sohn Kaiser Heinrichs VII., zum König von Böhmen gewählt und in die Angelegenheiten des Reichs hineingezogen wurde, kam Böhmen zwangsläufig der deutschen Welt näher. Die Städte waren bereits in einem Maße germanisiert, das tschechische Ressentiments wachrief, und unter

Johanns Regierung zogen noch mehr Deutsche zu, um Handel und Bergbau zu treiben und sich niederzulassen.
Die Polen pflegten den Tschechen vorzuwerfen, sie hätten ihr Land an die Deutschen verraten und verkauft. Sie übersahen dabei, daß die Tschechen, auf drei Seiten von Deutschen umgeben, einem Druck ausgesetzt waren, den die Polen nicht kannten; außerdem unterschätzten sie die deutschfeindliche Gesinnung, die unter den Tschechen herrschte.
König Johann begann seine Herrschaft in Böhmen mit den besten Absichten, aber seine deutschen Berater waren beim tschechischen Adel nicht beliebt, und nach wenigen Jahren galt sein Interesse viel mehr kostspieligen militärischen Abenteuern in anderen Gebieten Europas. So fiel er zum Beispiel mehrfach in Südpolen ein, um seinen Ansprüchen auf die polnische Krone Nachdruck zu verleihen. Wo immer es zu einem Krieg kam, konnte man damit rechnen, daß Johann auf dem Schauplatz erschien. Doch trotz seiner romantischen Neigungen war dieser ritterliche König nicht ohne politische Weitsicht, so daß er seinen Kronlanden einige weitere Gebiete hinzufügen konnte: 1322 Egerland, 1327–1329 einen großen Teil der Oberlausitz und 1327–1335 Teilherrschaften in Oberschlesien. 1335 erkannte König Kazimierz Johanns Ansprüche auf Schlesien an als Gegenleistung dafür, daß Johann seinen Ansprüchen auf die polnische Krone entsagt hatte. Doch sein Regiment und seine Einkünfte litten darunter, daß er eine konsequente Hingabe an die Regierungsgeschäfte vermissen ließ. Erst als Johann seinen Sohn 1333 aus Italien nach Prag rief, ihn zum Markgrafen von Mähren machte und als Regenten einsetzte, kehrte allmählich wieder Ordnung ein. Karl hatte eine sichere Hand, und der Adel spürte bald, daß sie auch fest war. Obwohl vorläufig nur Regent für seinen Vater, erreichte er es von Papst Clemens VI., seinem einstigen Erzieher in Paris, daß dieser das Bistum Prag vom Erzbistum Mainz abtrennte und 1344 Prag zum Sitz eines Erzbischofs machte.
Als nach dem Tode Johanns auf dem Schlachtfeld von Crécy

im August 1346 Karl den böhmischen Thron bestieg (1346–1378), hatte er praktisch schon 13 Jahre im Land geherrscht. Er hatte die Leistungsfähigkeit der Verwaltung gehoben, aber es blieb noch viel zu tun. Karls Wahl zum Kaiser des Heiligen Römischen Reichs hatte tiefgreifenden Einfluß auf die böhmische Kultur, insbesondere auf die Entwicklung der Stadt, die nunmehr die Hauptstadt sowohl Böhmens als auch des Reiches war. Das anmutig an der Moldau gelegene Prag sah sich plötzlich als führende Hauptstadt im nördlichen Europa. Während seiner langen Regierung ließ sich Karl keine Gelegenheit entgehen, die Stadt zu verschönern, ihr kulturelles Niveau zu heben und Ordnung, Stolz und Selbstbewußtsein in seinem Königreich zu pflegen. Er holte nicht nur Künstler und Baumeister aus dem Ausland heran, sondern förderte auch das einheimische Handwerk, unterstützte tschechische und deutsche Schriftsteller und war Reformen innerhalb der Geistlichkeit durchaus nicht abgeneigt. Er hatte ein unmittelbares und persönliches Interesse an einer leistungsstarken Regierung und einer fähigen Bürokratie, die ein sorgsames Auge auf die Wirtschaft des Landes richtete. Die Erfahrungen, die er selbst als Regent für seinen Vater mit dem eigenwilligen und ruhelosen Adel gemacht hatte, gaben ihm die Überzeugung, daß das Königreich eine schriftlich fixierte Verfassung brauche. 1355 legte er den Ständen eine entsprechende Urkunde vor, die unter der Bezeichnung *Majestas Carolina* bekannt wurde. Der erste Teil behandelte die Rechte und Pflichten aller Elemente im Königreich: des Königs, seiner Beamten, des Adels, der Städte und der freien Bürgerschaft. Der zweite Teil stellte ein Gesetzbuch dar. Der Adel wollte davon nichts wissen; die Verfassung hätte ihm die Flügel gestutzt und seine »althergebrachten Freiheiten« eingeschränkt. Karl brachte nach dieser Zurückweisung die Sache nie wieder zur Sprache. Trotzdem übte er die Macht aus, als ob die *Majestas* angenommen worden wäre, so daß der Adel sich wohl oder übel in vernünftigen Grenzen halten mußte.

Wie Karl als Kaiser herrschte, wurde schon gezeigt. Er widmete sich dieser schwierigen Aufgabe mit Hingabe und Erfolg, aber sein geliebtes Königreich Böhmen stand seinem Herzen am nächsten. 1373 fügte er den Ländern der böhmischen Krone Brandenburg hinzu. Mit vollem Recht werden die dreißig Jahre seiner Regierung das goldene Zeitalter Böhmens genannt.

Karls ältester Sohn folgte ihm sowohl als König von Böhmen (Václav IV., 1378–1419) wie als Kaiser (Wenzel, 1378–1400) auf dem Throne. Wenzel ließ es sich viel Zeit und Mühe kosten, seinem jüngeren Bruder Sigismund den ungarischen Thron zu sichern. Sigismund wurde 1379 mit Maria, der Tochter Ludwigs des Großen von Ungarn und Polen, verlobt, doch bei den ungarischen Magnaten stieß diese Verbindung auf Widerstand, und so kam die Ehe erst 1385 zustande. Die Krönung Sigismunds als König von Ungarn erfolgte erst 1387. Es lag eine bittere Ironie darin, daß Wenzels Bemühungen einem Bruder galten, der, von Natur undankbar, später Intrigen spann, um sich der Krone Wenzels zu bemächtigen. Daheim in Böhmen war Wenzels Regierung zunächst verhältnismäßig erfolgreich. Es herrschte Frieden, ein gewisser Wohlstand und Beständigkeit. Wenzel behielt die meisten erprobten Berater seines Vaters; solange sie lebten, zeigte auch die Verwaltung ihre alte Leistungsfähigkeit. Nichtsdestoweniger wurde der Hochadel, der unter der festen Hand Karls IV. Ruhe gehalten hatte, unter Wenzel bald aufsässig, und vom letzten Jahrzehnt des 14. Jahrhunderts an bis zu seinem Lebensende hörten die Schwierigkeiten nicht mehr auf. Er verfügte weder über die Charakterstärke noch über die Mittel, die Aristokratie zur Unterwerfung unter seinen Willen zu zwingen. Fast ständig war Sigismund in Verschwörungen gegen seinen Bruder verwickelt und ermunterte den Adel zum Widerstand gegen die königliche Autorität.

Das große Ereignis während der Regierungszeit Wenzels war der Ausbruch der Hussitenbewegung. Wenzel und seine Gemahlin, die Königin Sophia, unterstützten Hus, soweit es nur möglich war; so erließ der König 1409 das Kuttenberger Dekret, in dessen Folge die deutschen Studenten und Professoren Prag verließen. In dieser Auseinandersetzung wie auch in seinen Beziehungen zur kirchlichen Hierarchie in Böhmen stand Wenzel auf seiten der Masse des tschechischen Volkes, das schon seit Jahrzehnten Reformen innerhalb der Kirche forderte. Der nationale Akzent der vorhussitischen Bewegungen seit dem frühen 14. Jahrhundert ist deutlich zu erkennen. In den Städten Böhmens, deren Bevölkerung vorwiegend deutsch gewesen war, nahm um die Mitte des 14. Jahrhunderts das tschechische Element überhand. Deshalb hatte Hus, der in der Nachfolge anderer böhmischer Reformer seine Forderungen nach Kirchenreform mit der Propaganda für die Tschechisierung der Prager Universität verband, die Massen hinter sich. Dem König war durchaus bewußt, von welch riesiger Gefühlswoge Hus getragen wurde, und das wütende Echo auf die Nachricht von Hus' Märtyrertod in Konstanz bestätigte das. Wenzel starb am 16. August 1419. Seine Regierungszeit war eine Kette von Schwierigkeiten gewesen, und an ihrem Ende drohten noch schlimmere Störungen. Die Streitigkeiten zwischen den Parteigängern des Hus und den Anhängern und ausländischen Verbündeten der katholischen Partei nahmen gerade ihren Anfang. 15 Jahre hindurch sollten Böhmen und die angrenzenden Länder zum Schauplatz eines der schwersten und heftigsten Kriege in der Geschichte Europas werden. Die Anhänger des Hus, die sich selbst »Krieger Gottes« nannten, standen fünf Jahre lang unter der Führung von Jan Žižka von Trocnov, genannt Johannes vom Kelche, und schlugen die Kreuzheere zurück, die Kaiser Sigismund, als Erbe seines Bruders Wenzel Titularkönig von Böhmen, mit Unterstützung des Papstes und der deutschen Fürsten gegen Böhmen führte. Die Hussiten siegten stets, obwohl sie an Zahl unterlegen waren. Žižka war ein militärisches Genie; er bediente sich einer neuen Taktik der Beweglichkeit und Überraschung sowie einer – wie man heute sagen würde – psychologischen Kriegführung und hatte damit soviel Erfolg, daß die Gegner nicht selten in wilder Auflösung flohen, wenn sie nur hörten, daß Hussiten in der Nähe waren. Žižkas erster großer Erfolg war die Verteidigung der Stadt Prag, durch die er Sigismund nach einem vernichtenden Sieg zwang, die Belagerung aufzugeben und Böhmen zu verlassen.

Sigismund führte vier Kreuzzüge gegen die Hussiten – 1420, 1421, 1427 und 1431 –, die alle sorgfältig vorbereitet, gut finanziert und durch Truppenkontingente aus allen Teilen des Reichs und sogar aus England unterstützt wurden. Sie alle endeten mit eindeutigen Niederlagen Sigismunds. Von Anfang an wurde der Krieg beiderseits erbarmungslos geführt; Felder wurden verwüstet, Städte niedergebrannt und Gefangene hingerichtet. Den Quellen zufolge begannen die Kaiserlichen mit diesen Grausamkeiten, aber die Hussiten waren gelehrige Schüler.

Im Oktober 1419 hatten die Hussiten ihr Programm in den – später so genannten – Vier Prager Artikeln verkündet. Dieses bedeutsame Dokument stellte die Forderungen nach freier Verkündung des Evangeliums; nach dem Abendmahl für alle Gläubigen in beiderlei Gestalt; nach Einziehung des weltlichen Besitzes der Geistlichkeit und nach Bestrafung bei Vergehen gegen das Wort Gottes. An diesen Forderungen hielten die Hussiten die 15 Kriegsjahre hindurch unverändert fest. Doch in den hussitischen Reihen kam es zu einer Spaltung. Die bürgerliche Gruppe einschließlich einiger Adliger – unter der Bezeichnung Prager, Calixtiner (von *calix*, Kelch) oder Utraquisten (von *sub utraque specie*, in beiderlei Gestalt, d. h. Brot und Wein) bekannt – war konservativ, während die Taboriten (nach Tabor, ihrem Hauptstützpunkt in Südböhmen), die sich hauptsächlich aus Bauern und Handwerkern zusammensetzten, aber auch eine Anzahl von Rittern, Geistlichen und Universitätsangehörigen zu den Ihren zählten, dem Radikalismus zuneigten. Solange Žižka lebte, konnte er einen endgültigen

Bruch zwischen den beiden Parteien verhindern, doch nach seinem Tod im Jahr 1424 gab es keinen Führer, der angesehen oder mächtig genug gewesen wäre, eine Spaltung auf die Dauer zu verhüten. Die Trennungslinie zwischen den beiden Parteien war nie ganz klar, so daß es während der Kriege vielfach zu Gewichtsverschiebungen kam.

Die Hussiten verweigerten Sigismund eine Krönung in Prag und sahen sich nach einem landfremden König um. Zuerst boten sie die böhmische Krone Jagiełło, dem König von Polen, dann seinem Vetter Witold, dem Großfürsten von Litauen, an. Witold suchte Zeit zu gewinnen und sandte 1422 seinen Neffen, den Fürsten Korybut, als Landesverweser. Korybut kam mit einer Streitmacht, erkannte die Vier Prager Artikel an und fand die Zustimmung beider hussitischer Parteien. Obwohl Korybut von Jagiełło, dem Kaiser und dem Papst bedrängt wurde, der Sache der Hussiten abzusagen, blieb er seinen böhmischen Freunden treu. Noch 1431 gab er in Krakau Jagiełło gegenüber seinem Zorn darüber Ausdruck, daß der mächtige Bischof Olésnicki hussitische Gesandte am polnischen Hofe beleidigt hatte, und forderte den Bischof zum Zweikampf heraus. Im August desselben Jahres errangen die Hussiten unter der Führung Prokops des Großen, eines früheren Stellvertreters Žižkas, bei Taus einen eindrucksvollen Sieg über das Kreuzheer.

Drei Monate später erhielten die Hussiten eine Einladung des Konzils zu Basel, Vertreter zu entsenden, damit man über die Möglichkeit eines Abkommens zwischen der katholischen Kirche und den Böhmen verhandeln könne. Die Einladung und die Bedingungen, unter denen die Hussiten sich bereitfanden, nach Basel zu gehen, bedeuteten an sich schon einen moralischen Sieg. 15 aus beiden Lagern der Hussiten gewählte Vertreter mit Prokop dem Großen an der Spitze trafen Anfang des Jahres 1433 in Basel ein. Die Utraquisten waren kompromißbereit, während die Taboriten den Argumenten und Versprechungen des Konzils skeptisch gegenüberstanden. Das

Konzil wünschte eine Rückkehr der Tschechen in die Kirche. Die Tschechen dagegen verlangten zuerst volle Anerkennung der Vier Prager Artikel. Die Verhandlungen zogen sich hin. Inzwischen waren daheim in Böhmen die Parteigänger der beiden hussitischen Richtungen, die vom katholischen Adel unterstützten Utraquisten und die Taboriten, schließlich doch aufeinander losgegangen. Die entscheidende Schlacht fand am 30. Mai 1434 bei Böhmisch-Brod statt und wurde durch eine List von den Utraquisten gewonnen. Man hat diese Schlacht zwischen Tschechen den »schwärzesten Tag in der tschechischen Geschichte« genannt. Tschechen taten jetzt Tschechen an, was das ganze Reich nicht fertiggebracht hatte, obwohl es von der katholischen Kirche unterstützt wurde.

In Basel vergingen zwei Jahre unter sogenannten Verhandlungen. Schließlich unterzeichneten am 5. Juli 1436 zu Iglau in Gegenwart des Kaisers Vertreter der Utraquisten die *Compactata* mit den Vertretern des Konzils. Die *Compactata* führten das tschechische Volk in den Schoß der Kirche zurück, wobei ihm gewisse Sonderrechte zugestanden wurden. Die Bedingungen stimmten fast wörtlich mit den Vier Prager Artikeln überein. Bald darauf durfte Sigismund auch Prag wieder betreten, nachdem ihm die Hussiten 16 Jahre lang den Zugang verwehrt hatten. Sigismund starb im Dezember 1437. Sein Schwiegersohn, der Erzherzog Albrecht von Habsburg, wurde König von Ungarn, deutscher König (Albrecht II. 1438/39) und König von Böhmen. Er starb, nachdem er 18 Monate regiert hatte, und hinterließ einen nachgeborenen Sohn Ladislaus Posthumus. Böhmen galt als Wahlkönigtum, und die Stände ließen sich bei der Wahl des nächsten Monarchen Zeit. Einige Jahre hindurch kam, während Katholiken und Utraquisten einander zu überlisten suchten, keine Entscheidung zustande. Endlich wurde 1444 ein junger utraquistischer Adliger, Georg von Podiebrad, mit Unterstützung breiter Volksschichten anerkanntes Haupt der Hussiten. Nach einigen militärischen Aktionen gegen den katholischen Adel, der kirchlichen

Grundbesitz der Geistlichkeit zurückgeben wollte, wurde er 1452 für den Zeitraum von zwei Jahren zum Landesverweser gewählt. Inzwischen war die hussitische Bewegung unter dem Druck der Verhältnisse wohl eher politisch als religiös ausgerichtet, wenn auch das religiöse Oberhaupt der utraquistischen Partei, der designierte Erzbischof von Prag Johann Rokycana, eine Persönlichkeit von hohem geistigem Rang und tiefer Frömmigkeit war. Die radikale Partei der Taboriten hatte ihre Macht verloren. Die öffentliche Meinung hatte sich inzwischen für Legitimität erklärt und wünschte die Anerkennung des Ladislaus Posthumus, eine Lösung, mit der sich Georg einverstanden erklärte. Man ließ Ladislaus nicht im Zweifel darüber, daß er die Krone den Ständen verdankte und nicht etwa seinem Erbrecht. Er nahm diese Bedingung an, bestätigte Georg sogleich als Verweser des Königreichs und wurde am 28. Oktober 1453 in Prag gekrönt. Das Verhältnis zwischen dem jungen, warmherzigen König und seinem Landesverweser war herzlich und loyal.

Georg machte es sich zur Aufgabe, Einigkeit und Sicherheit herzustellen in einem Lande, das solange von innenpolitischen und religiösen Zwistigkeiten erschüttert worden war, und die Ordnung, die nun unter einer selbstsicheren und energischen Verwaltung einzog, brachte auch wieder Wohlstand mit sich. Die Finanzen festigten sich, die Ernten waren gut, das Ansehen des Königreichs wuchs. Im religiösen Bereich allerdings ging es dem Lande weniger gut. Die *Compactata* hatten keinen wirklichen Frieden mit der römischen Kirche gebracht, und die katholische Partei, die bei Hof einflußreich war und mit der päpstlichen Kurie in enger Verbindung stand, bemühte sich, Böhmen in ein bedingungsloses Abkommen mit Rom hineinzumanövrieren. Das tschechische Volk jedoch war noch nicht auf einen derart radikalen Wandel in seiner Politik eingestellt. Georg führte jahrelang Verhandlungen über religiöse Fragen und gewann dabei die Achtung des päpstlichen Hofes. Stets aber hielt er an dem grundsätzlichen Standpunkt Böhmens fest, wie er in den *Compactata* niedergelegt war. In dieser Haltung wurde er von der großen Mehrheit des böhmischen und mährischen Volkes uneingeschränkt unterstützt. Als der junge Ladislaus im November 1457 an der Pest starb, war Georgs Position so stark, daß er, obwohl auch noch andere Bewerber auftraten, vom böhmischen Reichstag ohne Gegenstimme im März 1458 zum König (1458–1471) gewählt wurde. Mähren, die Lausitz und Schlesien einschließlich Breslaus, die sich am längsten der Herrschaft des Königs widersetzt hatten, wurden bald für die Zusammenarbeit gewonnen, so daß Georg von 1460 an über ein geeintes Königreich herrschte. Er war überzeugter Hussit, nahm aber trotzdem eine tolerante Haltung gegenüber den böhmischen Katholiken ein, bis Papst Pius II. 1462 die *Compactata* ablehnte und damit die offizielle Haltung der Kirche gegenüber dem Königreich Böhmen veränderte. 1464 wurde Georg nach Rom zitiert, um sich gegen die Anklage der Ketzerei zu verteidigen. Pius starb, ehe die Vorladung verschärft wiederholt werden konnte, und erst 1466 beschuldigte Papst Paul II. Georg des Rückfalls in die Ketzerei. Der Bruch zwischen Rom und dem Königreich Böhmen war damit vollständig.

Schon frühzeitig hatte sich Georg von Podiebrad gewöhnt, weiträumig zu denken. Offenbar schwebte ihm eine große dynastische Union in Mitteleuropa vor, an deren Spitze er vielleicht sich selbst sah. Doch die Regierungserfahrung weitete ihm den Blick, und 1462 hatte er mit Hilfe eines deutschen Diplomaten den Plan eines europäischen Fürstenbundes ausgearbeitet, der den Frieden sichern, dem Vordringen der Türken Einhalt gebieten und ein Schiedsgericht für Streitigkeiten unter den christlichen Herrschern vorbereiten sollte. Der Plan wurde den Königen von Frankreich, Polen und Ungarn sowie der Republik Venedig besonders nachdrücklich nahegelegt. Den entschiedensten Widerstand begegnete er beim Papst, da jede solche Vereinigung von Fürsten die Bedeutung des Papsttums als eines verbindenden Elementes zwischen allen christlichen Staaten Europas verringern mußte. Georg hatte viele Freunde unter den Herrschern Europas, unter ihnen auch den Kaiser Friedrich III. und den König von Frankreich, Ludwig XI. Außerdem hatte keiner der deutschen Fürsten, denen die Hussitenkriege noch lebhaft in Erinnerung waren, den Wunsch, für den Papst gegen Böhmen ins Feld zu ziehen. Das Dekret Pauls II. vom Jahr 1466, das Georg zum rückfälligen und meineidigen Ketzer erklärte, blieb im ganzen Reich unbeachtet. Die Universitäten von Leipzig und Erfurt gingen sogar so weit, es als null und nichtig zu erklären. Mathias Corvinus dagegen, der König von Ungarn, dessen Gebiete an die Südgrenze Mährens stießen, war eifrig bestrebt, den Glauben zu verteidigen und den Ketzer zu beseitigen, da ihm das möglicherweise einen Gebietszuwachs eintragen konnte. Die ersten Angriffe brachten leichte Siege, und Mähren, Schlesien und die Lausitz fielen 1468 an Mathias. Dann folgte ein schneller Gegenschlag Georgs, der Mathias bei Kuttenberg im Februar 1469 besiegte und gefangennahm. Georg ließ wider alle Vernunft Gnade walten und schenkte Mathias die Freiheit, nachdem dieser versprochen hatte, für ihn in Rom zu intervenieren. Aber drei Monate später ließ Mathias sich zu Olmütz in Mähren von Georgs katholischen Feinden zum König von Böhmen krönen, worauf Georg durch den böhmischen Reichstag die Krone Władysław, dem fünfzehnjährigen Sohn König Kazimierz' IV. von Polen, anbieten ließ. Da Władysław katholisch war, konnte Mathias nicht länger damit rechnen, daß sämtliche Katholiken seine Ansprüche unterstützten.

Georgs plötzlicher Tod am 21. März 1470 beendete die Verhandlungen mit Mathias. Das Papsttum stellte sich auf die Seite des ungarischen Königs, und 1478 erhielt dieser aufgrund eines Abkommens mit Władysław (Vladislav IV. von Böhmen, 1471–1516) den östlichen Teil der böhmischen Kronlande, während Władysław Böhmen auf Lebenszeit erhielt. Diese Teilung brachte keinen Frieden. Vladislav war aggressiver Katholik, seine böhmischen Untertanen waren ebenso glühende Utraquisten. Er hatte keine Übung darin, mit einem Reichstag umzugehen, in dem der dritte Stand, das Bürgertum, eine gewichtige Stimme hatte, und drängte diesen mächtigen Stand vor allem dadurch in Opposition, daß er versuchte, dessen traditionelle Rechte einzuschränken. Vladislavs offenkundige Mißachtung der Rechte der Utraquisten führte 1483 in Prag zu einem heftigen Aufstand; der König sah sich 1485 in Kuttenberg zu dem Zugeständnis gezwungen, daß die beiden Glaubensrichtungen – die utraquistische und die katholische – als gleichberechtigt gelten sollten. 1490 wurde Vladislav nach dem Tode Mathias' als Władysław II. Jagiełło zum König von Ungarn gewählt und residierte nunmehr in Buda. Die räumliche Distanz war eine Erleichterung für die Böhmen, wirkte sich aber nicht in jeder Beziehung günstig aus. Die Landesteile, die durch das Abkommen von 1479 an Mathias abgetreten worden waren, wurden der Krone zurückgegeben, aber die Regierung des Königreichs lag jetzt in den Händen des egoistischen und tyrannischen Hochadels. Zumindest in politischer Hinsicht gehören diese Jahrzehnte (1485–1526) zu den traurigsten in der gesamten Geschichte Böhmens. Wirtschaftlich gesehen erfreute sich das Land eines gesunden Wohlstands, und im künstlerischen Bereich zeigte sich hier und da ein heller Stern. Aber die Spanne vom Ende des goldenen Zeitalters unter Karl IV., als Böhmen der Mittelpunkt des Reichs und Prag nach Avignon das Zentrum der europäischen Kultur war, bis zum Zusammenbruch der Jagiellonenmonarchie bei Mohács war eine Zeit des Niedergangs und mußte jeden patriotisch gesinnten Tschechen bekümmern.

Da Böhmen schon seit dem 10. Jahrhundert in enger Beziehung zum Reich stand, hatte es an allen bedeutenden Kulturströmungen Europas teilgenommen. Die tschechischen Könige des 13. Jahrhunderts hatten Deutsche in großer Zahl in ihr Land geholt, und die Stadtkultur, die diese Einwanderer mitbrachten, hatte – zusammen mit ihren Idealen – Böhmen zu einem

der fortschrittlichsten und blühendsten Länder Europas gemacht. Als Johann von Luxemburg den Thron bestieg, verstärkte sich der Zustrom westlicher Ideen und Verbindungen bedeutend; in Kunst und Literatur, in gesellschaftlichen Bräuchen und in Wirtschaftstechniken war das Königreich auf bestem Wege, unter Karl IV. die Führung in Europa zu übernehmen.
Die vielen im 13. und 14. Jahrhundert erbauten steinernen Kirchen und Klöster zeigen, daß westliche Baustile allmählich immer mehr Fuß faßten. Der Einfluß byzantinischer und römischer Vorbilder, insbesondere in den Bauten der Kartäuser- und Zisterzienserorden, ließ sich schon um die Mitte des 13. Jahrhunderts erkennen. Mit dem Auftreten der Luxemburger (1310) fand die Baugesinnung westlicher Künstler und Architekten weithin bereitwillige Aufnahme; mit Überraschung stellten sie fest, daß böhmische Künstler in mancher Beziehung ihren Kollegen aus dem Westen ebenbürtig waren. Der schöne St.-Veits-Dom in Prag, dessen Bau 1316 unter König Johann begonnen und unter Karl IV. von Matthias von Arras und dem Schwaben Peter Parler weitergeführt wurde, war eine der großartigsten baulichen Leistungen während der Regierungszeit Karls. In vielen Kloster- und Kirchenbauten prägte sich die Tradition der Gotik aus, ehe die Stürme der Hussitenkriege Böhmen von den kulturellen Strömungen des übrigen Europa abschnitten. Im 14. Jahrhundert erreichte die böhmische Malerei ein hohes Maß an Kraft und Originalität. Einflüsse aus Italien überwogen diejenigen aus dem nördlichen Europa vor allem im realistischen Porträt, wie es in den illuminierten Handschriften und in der Wandmalerei gepflegt wurde. Die böhmische Schule hat auf diesem Gebiet einige bemerkenswerte Meisterwerke hervorgebracht.
In anderem Zusammenhang haben wir auf die lebhafte literarische Tätigkeit hingewiesen, die vor und nach Hus neben der Reformbewegung einherlief. Doch das Interesse böhmischer Intellektueller wurde nicht nur im Bereich der Theologie ge-

weckt. Unter der Regierung Karls entstanden viele wertvolle historische Werke in Prosa und in Versen auf tschechisch, lateinisch und deutsch, oder sie wurden für einen breiteren Gebrauch abgeschrieben. Das ganze 14. Jahrhundert hindurch und bis ins 15. Jahrhundert hinein gab es zahlreiche Übersetzungen lateinischer Handbücher, Dramen, Allegorien und Romane ins Tschechische und ins Deutsche. Als Beispiel für die Übernahme kulturellen Besitzes aus dem lateinischen Westen in die Landessprache kann die *Geschichte Alexanders des Großen* gelten. Diese *Alexandreis* war in Italien und Frankreich in ihrer lateinischen Fassung wohlbekannt, und es gab viele Bearbeitungen und Übersetzungen in westliche Sprachen davon. Im 14. Jahrhundert wurde sie ins Tschechische übertragen ebenso wie das volkstümliche Werk des Engländers Walter Burley (gest. 1346) *De vita et moribus philosophorum,* das um 1360 in Prag auftauchte. Anfang des nächsten Jahrhunderts wurden auch die Reisen Sir John Mandevilles ins Tschechische übersetzt. Die Universität Prag war bis zu den Hussitenkriegen führender geistiger Mittelpunkt des Reichs.

Kurz nach dem Ende dieser Kriege entstand eine religiöse Bewegung, die der von Hus angeführten nicht unähnlich, aber weniger theologisch und militant als vielmehr sozialistisch und pazifistisch war. Unter der Bezeichnung Unität der böhmischen Brüder *(Unitas fratrum Bohemorum)* bekannt, wurde sie von einem frommen Laien, Peter Chelčický (gest. um 1460) angeführt, von dessen Lebensumständen man nur wenig weiß. Seine zahlreichen Schriften drücken die Sehnsucht nach Abwendung von der Welt aus, weiter Abscheu vor Gewalttätigkeit, tiefes Unbehagen angesichts der institutionalisierten Religiosität und Mißtrauen gegenüber dem feudalen Adel. Aus jeder Seite seiner Werke spricht das glühende Verlangen danach, den Geist des Urchristentums wieder zu wecken. Die Unität sollte in der Geschichte des tschechischen Volkes bis in die Neuzeit hinein – gewissermaßen als Hefe im Brotteig – eine bedeutsame Rolle spielen. Die zweite Hälfte des 15. Jahrhunderts brachte zwar viel Unruhe durch die wechselvollen Ereignisse im Kampf König Georgs um die Bewahrung der Integrität des Königreichs gegenüber Mathias Corvinus von Ungarn und dem ehrgeizigen böhmischen katholischen Adel, aber es war doch auch eine Zeit, in der die Neigung zu humanistischen Studien stark zunahm. Die lateinischen Klassiker waren schon weithin bekannt, außerdem hatte das Interesse an humanistischer Bildung eine alte Tradition, die die blutigen Hussitenkriege und alles, was sie nach sich zogen, nicht hatten auslöschen können. Tschechische Studenten fingen wieder an, italienische Universitäten zu beziehen und brachten hochgeschätzte Handschriften und die Ideale der neuen Bildung mit nach Hause. Der bekannteste unter diesen Sendboten klassischer Gelehrsamkeit war Bohuslav Hasištein von Lobkowicz, der 1482 von seinen italienischen Studien heimkehrte und seine Erfahrungen an andere weitergab. Es war bezeichnend, daß seine Begeisterung ein bereitwilliges und spürbares Echo fand.

Das angevinische Königtum in Ungarn, begründet von Karl I. (1309–1342), war zunächst eine Art feudaler Monarchie, in der einige wenige bedeutende Familien den größten Teil der Macht und des Reichtums in ihrer Hand vereinigten. Doch die Anjou waren nicht dazu geschaffen, sich mit einem derart starken Adel abzufinden, und gewannen der Krone allmählich einen Teil der früheren Macht zurück, indem sie aus ihrem ausländischen Gefolge einen neuen Adel schufen. Da dieser neue Adel dem Herrscherhaus sein Dasein verdankte und ihm infolgedessen auch Loyalität schuldete, war wohl Verlaß darauf, daß er die Hand, die ihn fütterte, nicht beißen würde. Der zweite Anjou auf dem ungarischen Thron, Ludwig I. (1342–1382), der mit Recht der Große genannt wurde, förderte und leitete die wirtschaftliche Expansion des Landes und zwang den Adel zur Anerkennung der Gesetze. Mit fester Hand sein Land regierend, verfolgte er eine expansive Außenpolitik, erweiterte 1391 sein Herrschaftsgebiet um Dalmatien und hatte zumindest eine Zeitlang Serbien, die Moldau und die Walachei unter seiner Oberhoheit. 1365 schlug er ein großes türkisches Heer entscheidend bei Widdin an der Donau. Einige von seinen Eroberungen wurden ihm später von den Türken wieder abgenommen, die das Heer der mit ihm verbündeten Serben 1371 vernichtet hatten. Danach befanden sich die Türken, die ausgezeichnet organisiert und siegessicher waren, an allen Grenzen der christlichen Balkanstaaten in der Offensive. Sigismund, der zweite Sohn Kaiser Karls IV., heiratete Ludwigs Tochter Maria und wurde 1387 König von Ungarn. Mit seinem gewohnten Ungeschick verlor er viel von dem, was Ludwig gewonnen hatte. Vom Papst gedrängt, bereitete Sigismund 1395 einen Kreuzzug gegen die Türken vor und erlitt im nächsten Jahr bei Nicopolis Major eine beschämende Niederlage. Der türkische Druck ließ nicht nach, wenn er sich auch auf verschiedene Stellen verteilte: Einmal verspürten ihn die Polen an ihrer Südostgrenze, dann Kroatien, und schließlich machte er sich in Transsylvanien oder an der unteren Donau bemerkbar, bis in den dreißiger Jahren des 15. Jahrhunderts den Ungarn in Johann Hunyadi ein militärischer Führer erstand, der den Türken gewachsen war. Während der kurzen Regierung Albrechts von Habsburg (1437–1439) fiel keine Entscheidung, doch unter seinem Nachfolger Władysław I. (1440–1444, als Władysław III. auch König von Polen) trieb Hunyadi die Türken zurück, besiegte mehrere massierte Heere und fiel häufig in türkisches Gebiet ein. Władysław nahm den vom Sultan angebotenen Frieden an, hielt aber dann auf Betreiben des päpstlichen Nuntius verräterischerweise die Friedensbedingungen nicht ein. In dem daran sich anschließenden Feldzug griff der junge König gegen Hunyadis Rat 1444 das Heer des Sultans bei Varna an und fiel in der Schlacht. Die Ungarn wurden geschlagen, und Hunyadi konnte nur das nackte Leben retten. Sechs Jahre lang regierte er für den minderjährigen Ladislaus V. (Posthumus, 1446–1452) mit nahezu königlichen Befugnissen. Obwohl die Magnaten ihm nicht bei-

standen, gewann er weitere Schlachten gegen die Türken. Er starb 1456.
Einige Jahre später wurde Hunyadis Sohn Mathias Corvinus zum König gewählt (1458–1490). Wir sind Mathias bereits begegnet, wie er als Georg Podiebrads Konkurrent bei der böhmischen Königswahl auftrat. Der magyarische Adel war mit diesem ehrgeizigen Verhalten Mathias' nicht einverstanden und fand, er hätte die väterliche Politik des aggressiven Widerstands gegen die türkische Expansion weiterführen sollen. Wahrscheinlich war Mathias sich darüber klar, daß Ungarn der Türken nicht allein Herr werden konnte, und hatte vor, einen christlichen Staatenbund zu bilden, der unter seiner Führung in der Lage wäre, den türkischen Vormarsch abzuwehren. Auf jeden Fall lebte er nicht lange genug, um die erstrebte Vereinigung zustandezubringen.
Ebensogroß wie sein Ruhm als hervorragender militärischer Führer war der Ruf, den sich Mathias durch seine kulturellen Bestrebungen und Leistungen erwarb. Er war ein echter Renaissancefürst. Nach den Höfen der Medici in Florenz und der Este in Ferrara war sein Hof in Buda der glänzendste in Europa. Seiner erstaunlich reichen Bibliothek an Klassikern und christlichen Philosophen in griechischer und lateinischer Sprache galt die Bewunderung von Gelehrten der ganzen Welt. So stand er, selbst ein belesener Mann, den gelehrten Männern, die er an seinem Hofe förderte, ebenbürtig zur Seite. Er brachte Künstler und Kunstwerke aus Italien mit, war der Gönner von Künstlern und Schriftstellern und schmückte sein Schloß mit kostbaren Gemälden und Gobelins aus Ost und West. Der Hofpoet des Königs, der junge Janus Pannonius (1434–1472) wurde von den Humanisten des gesamten Abendlands aufs höchste gepriesen und gehörte zu den besten lateinischen Dichtern des Jahrhunderts. Guarino da Verona, der große humanistische Erzieher, der Janus unterrichtet hatte, versicherte, die Welt habe seinesgleichen noch nicht gesehen. Janus erfreute sich als Bischof von Fünfkirchen einige Jahre der königlichen

Gunst, fiel aber dann in Ungnade und mußte fliehen, um sein Leben zu retten. Ein weiterer Stern am Hof war der Astronom Regiomontanus (1436–1476), dem Mathias seine Bibliothek und das Observatorium gegen ein fürstliches Gehalt in Obhut gab. 1473, nur zwei Jahre, nachdem die erste Druckerpresse in Frankreich angelaufen war, und fünf Jahre, bevor Caxton in England sein erstes Buch druckte, lud Mathias einen römischen Drucker ein, seine Presse in Buda aufzustellen. Kennzeichnend ist, daß humanistische Einflüsse aus Italien direkt auf Ungarn einwirkten und nicht wie an anderen Höfen Mitteleuropas in dieser Zeit durch deutsche oder französische Gelehrte vermittelt wurden. Diese unmittelbare Verbindung mag auch der Grund für die begeisterte Gelehrsamkeit am Hofe von Buda gewesen sein.

Das letzte Jahrzehnt der Herrschaft Mathias' (1480–1490) war, was die geistige Atmosphäre am Hofe betrifft, wohl das glänzendste seiner langen Regierungszeit. Die ständige und enge Verbindung mit Italien, besonders mit den Medici und der Platonischen Akademie in Florenz, wurde durch italienische Gelehrte in Buda und durch ungarische Studenten und Gelehrte in Italien aufrechterhalten. Der erstaunliche Reichtum kultureller Errungenschaften in Florenz, Ferrara, Verona und Mailand fand im Kreise der Humanisten um Mathias sein Abbild, und die Achtung, die die gesamte gebildete Welt des Abendlands der Initiative Mathias' entgegenbrachte, bezeugt, wie hoch die ungarische Kultur eingeschätzt wurde.

Das weite Gebiet von Skandinavien bis zum Bosporus und der Adria, das von so vielen und verschiedenartigen Völkern bewohnt wird, wies während der letzten drei Jahrhunderte des Mittelalters einige erstaunliche Entwicklungen auf. In mancher Hinsicht waren die Tendenzen dieselben wie im Westen, in anderer wieder schienen sie genau entgegengesetzt zu verlaufen. Wie im Westen bildeten sich im nördlichen und östlichen Europa allmählich Nationalstaaten heraus, und entsprechend dem Wachstum der einheimischen Sprachen und Kulturen entwickelte sich auch das Nationalgefühl. Die skandinavischen Staaten zeigten, obwohl sie zeitweilig eine gemeinsame Dynastie hatten, auseinanderstrebende Interessen, die im folgenden Jahrhundert zu heftigen Auseinandersetzungen und zur Trennung führten. Der polnisch-litauische Staat war in seinen östlichen Bereichen zu weiträumig, als daß sich dort nationale Gefühle hätten ausbilden können, doch im Westen, wo er sich den Deutschen gegenübersah, prägte sich der germanisch-slawische Gegensatz stärker aus. Der Separatismus der Böhmen verstärkte sich trotz mehrfacher Versuche, eine zentrale nichtdeutsche (oder sogar deutschfeindliche) ostmitteleuropäische Staatengruppe – Polen, Böhmen und Ungarn – zu bilden. Die Balkanvölker wurden von den Türken unterdrückt und waren nicht in der Lage, sich eine nationale Existenz in nennenswertem Ausmaß zu erhalten.

Im Gegensatz zum Westen, wo in Staaten wie Frankreich, Spanien und England die Zentralisierung immer weiter fortschritt und der Absolutismus des 16. und 17. Jahrhunderts sich bereits ankündigte, ließen die wichtigsten Staaten es geschehen, daß ihre Zentralgewalt zersplittert wurde. Der Adel schmälerte immer stärker die königlichen Vorrechte. Die zwangsläufig damit verbundene Lockerung der Autorität sollte in späteren Jahrhunderten traurige Folgen haben, und die Staaten waren der Eroberung und Zerstückelung durch stärker zentralisierte aggressive Mächte ausgesetzt. »Demokratie« war unter diesen Umständen ein Luxus, der sich als sehr kostspielig erwies.

Im kulturellen Bereich machten die Länder des nördlichen und westlichen Europa sehr rasche Fortschritte. Während um 1200 der Stand ihrer Kultur noch fast primitiv zu nennen war, hatten sie am Ende des 15. Jahrhunderts ihre westlichen Zeitgenossen in Kunst, Wissenschaft, Literatur, Erziehung und im sozialen und politischen Denken eingeholt. Sie konnten sich ohne weiteres mit Italien, Frankreich und Deutschland messen. Auch in sozialer und wirtschaftlicher Hinsicht hatte sich vieles geändert. Im 13. Jahrhundert lag die Wirtschaft in den baltischen Ländern, längs der Karpaten und der Donau in den Händen der Deutschen und der Juden. Um 1500 waren die skandinavischen Kaufleute ihre eigenen Herren; Polens vormals deutsche Städte waren in vielen Fällen polnisch geworden; in Ungarn trieben die eingesessenen Magyaren eifrig Handel und standen daher im Wettbewerb mit den Venezianern und Griechen, und die Hussitenkriege hatten die Deutschen aus ihrer wirtschaftlichen Vormachtstellung im größten Teil Böhmens vertrieben. So standen Nord- und Osteuropa an der Schwelle zur Neuzeit, zwar schwach, was die staatliche Organisation betraf, aber stark in bezug auf ihr Nationalgefühl und jene Faktoren, die den nationalen Stolz und die Tradition nähren. Die Völker dieser Pufferzone sollten diese Eigenschaften notwendig brauchen, wenn sie die Stürme überstehen wollten, die ihnen in den nächsten Jahrhunderten von allen Seiten her drohten.

5

Wirtschaftliche und soziale Wirren

Zu Beginn des 14. Jahrhunderts hatten die Städte schon ihre feste Form gefunden. Sie hatten ihrer Ausdehnung nach Grenzen erreicht, die sie mehrere Jahrhunderte lang nicht überschreiten sollten. Ihre Rechte dem Schirmherrn gegenüber – ob das nun die Kirche, der König, der Kaiser oder Landesfürsten waren – standen fest und wurden nicht mehr angefochten. Das ist etwa der Zeitpunkt, in dem sich eine Entwicklung in anderer Richtung bemerkbar macht. Jetzt, wo die Städte sich vor weiteren Übergriffen verhältnismäßig sicher fühlen konnten, ließen sie Anzeichen innerer Unruhe erkennen. So war das ganze 14. Jahrhundert von Erschütterungen der städtischen Zentren heimgesucht. In jedem Lande Europas, selbst im entlegenen Polen und Ungarn, waren die Städte Schauplatz mehr oder weniger heftiger Bürgeraufstände; dazu kamen Revolten, die klassenkampfähnliche Züge trugen, weil die arbeitenden Schichten in den Städten ihren Anteil an dem neuen Wohlstand forderten. Die Feudalherren waren in diese neue Art von Auseinandersetzungen nur in geringem Maße verwickelt. In den wesentlichen Fragen hatten sie im vorangegangenen Jahrhundert ihre Bedeutung weitgehend eingebüßt, als sie sich einerseits der Monarchie beugten und andererseits der neuen Bürgerschicht Zugeständnisse machten. Zweifellos bewahrte sich der Feudaladel in vielen Bereichen des nationalen Lebens viel von seinem Glanz und einiges vom Wesen seiner Macht. Es gab sogar Beispiele dafür, daß der Adel an

Macht zuzunehmen schien – in England etwa, wo in diesem Jahrhundert zwei Könige durch den Adel abgesetzt wurden. Doch bei näherer Betrachtung dieser Fälle würde sich zeigen, daß die Barone diese Macht in ihrer Eigenschaft als Vertreter des Volksganzen und nicht nur ihrer eigenen Klasse ausübten. Überall in Europa befand sich der Adel in Verteidigungsstellung oder im Rückzug vor der wachsenden Bedeutung des Geldes und der geldverdienenden Schicht.

Man muß die soziale und die wirtschaftliche Struktur dieser neuen und dominierenden Institution, der Stadt, genau betrachten, wenn man verstehen will, warum ihre innere Geschichte im 14. Jahrhundert so voller Unruhe war und warum sie in der Neuzeit so mächtig wurde. Offensichtlich war der Wohlstand der Städte die Folge des Unternehmungsgeistes und des Scharfsinns einzelner gewesen. Sobald sich die Gelegenheit bot, setzten sich diese Männer in ihrem Handelszweig oder Beruf an die Spitze und bauten ihre Stellung aus. Ein ansässiger Kaufmann, der gute Verbindung mit reisenden Kaufleuten gewann, so daß er seine Waren zu einem günstigen Preis einkaufen und mit Gewinn verkaufen konnte, hatte begreiflicherweise den Wunsch, die Kontrolle sowohl über den Ursprungsort seiner Güter wie auch über seinen Markt in der Hand zu behalten. Der Wettbewerb hatte ihm seine Position eingebracht, aber nun, wo er sie errungen hatte, wollte er natürlich den Wettbewerb beschränken. Aus dieser Einstellung ergab sich die Organisation der Kaufmannsgilden; diese setzten sich aus Unternehmern zusammen, die mit einem einzigen Artikel oder auch einer Gattung verwandter Produkte, etwa Wein, Korn, Wolle, Fleisch, Holz, Lederwaren oder Salz, handelten.

Als der Handel an Umfang und Vielfalt zunahm, ergab sich die Notwendigkeit, ihn auf nationaler sowie auf internationaler Ebene zu organisieren. Der Großhandel erforderte erhebliche Mengen an Kapital – und brachte sie auch ein. Die Gewinne waren erstaunlich. Diejenigen Kaufleute, die das Glück oder die Stoßkraft hatten, gleich am Anfang in dieses Geschäft einzutreten, entwickelten sich zur Oberschicht der Kaufmannsklasse. Der Mittelpunkt der internationalen Gruppen war Norditalien; die »Lombarden« – Finanziers aus Genua, Florenz, Siena und Lucca – hatten Filialen und Speicher in allen maßgebenden Städten Nord- und Osteuropas sowie Englands. Allein in Paris gab es am Ende des 13. Jahrhunderts 16 Filialen verschiedener italienischer Handelshäuser. Dieses Monopol wurde im Verlauf des 14. Jahrhunderts gebrochen, als Katalanen, Südfranzosen und niederländisch-deutsche Kaufleute, nachdem sie die Kniffe des internationalen Handels- und Geldwesens von den Italienern gelernt hatten, die Szene betraten und erhebliche Anteile am Handel an sich rissen.

Das Anwachsen des internationalen Handels blieb nicht ohne Folgen für das soziale und wirtschaftliche Leben der Städte. Als sich die größeren Kaufleute, um bessere Gewinne zu erzielen und sich gegen den örtlichen Wettbewerb zu schützen, in einer Organisation zusammenschlossen, die in Italien unter dem Namen *arti maggiori* bekannt wurde und im Norden *lignages* hieß, bildeten sie damit allmählich eine eigene Klasse heraus gegenüber jenen Bürgern, die durch ihre Löhne von den großen Handelshäusern abhängig waren. In Paris bestand die ausgewählte Gruppe aus den Tuchhändlern, den Kürschnern, den Gewürzhändlern, den Seidenhändlern, den Geldwechslern und den Goldschmieden. Der erste Gegenzug der Handwerker bestand darin, daß sie sich in Handwerkszünften zusammentaten. Doch diesen Gruppen, die in Italien *arti minori* hießen, gehörten die ungelernten Arbeiter nicht an, die ihren Lebensunterhalt von ihrem täglichen Verdienst bestreiten mußten. Die wachsende Bevölkerung der Städte wies einen stetig zunehmenden Prozentsatz dieser ungelernten Arbeiter auf. Bauern, die frisch vom Land kamen, gelang es in der ersten Generation nicht, sich an das Stadtleben zu gewöhnen und ein Gewerbe zu erlernen. So bildete sich vor 1300 in verschiedenen Teilen Europas, insbesondere in den Niederlanden, eine Lage heraus, die große Gefahren in sich barg. Der alte Blut- und Schwertadel hatte in den Städten einer neuen Kaufmannsaristokratie Platz gemacht. In allen Handelsstädten Europas gab es ein Patriziat, das sich aus den herrschenden Kaufmannsfamilien zusammensetzte, die durch gemeinsame Interessen häufig eng mit entsprechenden Familien in anderen Handelszentren verbunden waren. In dem Maße, in dem die Mitglieder dieses städtischen Patriziats ihren Reichtum vermehrten, wurden sie sich ihrer Bedeutung immer mehr bewußt. Sie konnten sich sogar Adelstitel kaufen oder in den alten Adel einheiraten. Sie wurden – wie das in solchen Fällen häufig ist – aristokratischer oder, besser gesagt, überheblicher als die Adligen, deren Stelle sie nun einnehmen konnten. Denn während das städtische Patriziat immer reicher wurde, verarmte der Feudaladel immer mehr. Außerdem stützte sich das Patriziat in den Städten durchaus nicht nur auf die Macht seines Geldes. Da die Mitglieder des Patriziats ihre Kaufmannsgilden gegründet hatten, ehe sich die Handwerker in ihren Zünften zusammenschlossen, hatten sie auch politische Macht erworben und ausdrücklich alle diejenigen von den städtischen Ämtern ausgeschlossen, die Handarbeit leisteten.

Am anderen Ende der Skala sahen der kleine Kaufmann, der in seinem Laden wohnte, der kleine Handwerker und der ungelernte Arbeiter, wie die Kluft zwischen ihnen und den »fetten« Kaufleuten immer größer und ihre Abhängigkeit vom Patriziat immer hoffnungsloser wurde. Die Spannung zwischen dem Patriziat und den unteren Schichten im Aufbau der Wirtschaft steigerte sich bis zu einem Grade, daß ein Ausbruch nicht mehr zu vermeiden war. Im 13. Jahrhundert waren Aufstände in Douai 1245 und 1280, in Lüttich 1253, in Gent 1275 und in Brügge 1280 und 1281 sowie einige kleine Revolten in den Niederlanden ein Vorspiel dessen, was das 14. Jahrhundert bringen sollte. Dann würde sich kein Land Europas mehr den Auswirkungen entziehen können, die der schwierige Übergang von dem landwirtschaftlichen System des feudalen

Zeitalters zur modernen Industriegesellschaft mit sich brachte. Der Kampf nahm in den verschiedenen Ländern sehr unterschiedliche Formen an, und die Anlässe, die den Konflikt zum Ausbruch brachten, waren durchaus nicht immer die gleichen. Aber die Spannung, die sich aus der zunehmenden Distanz zwischen der oberen Bürgerschicht und der arbeitenden Klasse ergab, war überall vorhanden, und die Möglichkeiten aneinanderzugeraten wurden mit der Zeit immer vielfältiger. Aus dieser Spannung und den daraus folgenden Kämpfen sollte unsere moderne Gesellschaft entstehen, die das Recht des einzelnen mit neuen Augen sieht und einen – freilich stets gefährdeten – Ausgleich zwischen Bestehendem und Fortschritt, zwischen Individuum und Staat anstrebt.

Nachdem sich in den Niederlanden die ersten Unruhen bemerkbar gemacht hatten, verfolgte das übrige Europa mit gespannter Aufmerksamkeit den Verlauf des Ringens um eine demokratische Ordnung in den Städten Flanderns, Brabants und des Hennegaus sowie im Bistum Lüttich. Die Niederlande boten gewissermaßen ein Musterbeispiel für alle anderen Städte, in denen ähnliche Spannungen vor dem Ausbruch standen. Der mit Leidenschaft geführte Klassenkampf wurde durch die politische Lage noch kompliziert. Die Kapetingerkönige Frankreichs verfolgten in dem ewigen Streit mit ihren störrischen Vasallen, den Plantagenetkönigen Englands, eine konsequente Politik der Erweiterung ihrer Angriffsbasen gegen England längs der Küste, indem sie nach Flandern vordrangen. In einer Zeit verwickelter feudaler Beziehungen war der Anspruch des französischen Königs auf Flandern nicht ohne weiteres zu widerlegen. Gewalt war das äußerste Mittel, und davon konnte der König von Frankreich gewöhnlich nachhaltiger Gebrauch machen als ein Graf von Flandern. Andererseits stand Flandern in engen und gewinnbringenden Handelsbeziehungen zu England. Ganz gleich, ob im Export oder Import, der englische Markt bot Flandern lohnende Möglichkeiten für Rohstofflieferungen wie auch für den Absatz. Instinktiv widersetzten sich die Flamen jeder Bestrebung, die ihr Land zum Faustpfand im Streit zwischen dem König von Frankreich und dem König von England machen wollte, aber die Situation war nicht einfach. Die Gräfin Margarete von Flandern (1244–1280) begünstigte die Handwerker in ihrer Auseinandersetzung mit dem Patriziat; das Patriziat wiederum verbündete sich mit ihrem Lehensherrn, dem König von Frankreich. 1275 wandten sich die Neununddreißig von Gent – der im Turnus amtierende Rat, den ausschließlich die Patrizier stellten –, nachdem sie von Margarete verdrängt worden waren, an das *Parlement* in Paris. Margaretes Nachfolger, Guy de Dampierre, ging in seiner Begünstigung des Handwerks noch weiter und befestigte damit das Bündnis zwischen dem französischen König, Philipp dem Schönen, und dem Patriziat. Das gemeine Volk von Flandern hatte allen Grund, das französische Königtum zu hassen, da es ihm infolge seiner überlegenen Macht die schwere Last einer drückenden Oligarchie aufbürden wollte, von der es sich aus eigener Kraft und mit Hilfe seines Grafen schon fast befreit hatte. Es nannte die Patrizier die *Leliaerts* (Männer der Lilie, des Kapetingersymbols), während es für sich selbst die Bezeichnung *Clauwaerts* (Männer der Klaue, die der flämische Löwe zeigt) wählte. Die Wogen der Leidenschaft schlugen hoch, als sich das Volk unter Graf Guy zusammenfand. Der jedoch verkannte die Macht und Rücksichtslosigkeit Philipps und überschätzte die Möglichkeiten Eduards I. von England zu rascher Hilfeleistung. So mußte er im Jahr 1300 vor Philipp die Waffen strecken, der dann die Vereinigung Flanderns mit der französischen Krone bekräftigte.

Das mit Philipp verbündete flandrische Patriziat genoß seinen Triumph, der jedoch nicht lange währte. Das erniedrigte und verzweifelte Volk wartete nur auf einen Führer, der es in einem fanatischen Aufstand vereinte. Ein unbekannter Weber aus Brügge, Pieter de Coninck, der sich als geborener Redner erwies, war der Mann der Stunde. Unter seiner Führung überfielen die Handwerker von Brügge am frühen Morgen des 18. Mai 1302 die französischen Soldaten, die eben erst in der Stadt Quartier bezogen hatten, überraschend im Schlaf. Die flämische Parole *schild en vriendt* (Schild und Freund) wurde den Franzosen zum Verhängnis, weil sie sie nicht aussprechen konnten, und so mußten sie samt ihren patrizischen Helfern fast bis auf den letzten Mann über die Klinge springen. Dieses Massaker hatte ein Aufflammen demokratischen und nationalen Empfindens in den gesamten Niederlanden zur Folge. Der französische Eindringling und der patrizische Bedrücker wurden zum Ziel einer allgemeinen und grausamen Rache.

Danach richtete sich der Zorn des Volks gegen den französischen König. Um das Massaker von Brügge zu rächen, schickte Philipp ein Heer unter dem Befehl Roberts von Artois nach Flandern. Das Volk in Flandern nahm die Herausforderung mit Freuden an. Angeführt von zwei Söhnen Guy de Dampierres, der damals in Paris gefangensaß, stießen die kriegsungeübten Walker und Weber, Schreiner und Steinmetzen vor den Mauern von Courtrai am 11. Juli 1302 auf die stolzen Franzosen. Das war ein zusammengewürfelter Haufen, wie ihn die glänzend herausgeputzten Ritter Philipps nicht gewohnt waren. Die Flamen ersetzten ihr mangelndes Rittertum durch Standfestigkeit, waren aber nur mit Spieß und Hellebarde bewaffnet. Da sie jeden Fußbreit ihres Landes kannten, legten sie ein Grabensystem an, in das die französischen Ritter, die den Druck ihrer nachdrängenden Scharen nicht aufhalten konnten, hineinritten, um dort steckenzubleiben. Der flämische Chronist Hocsem berichtet: »Die französischen Ritter standen dicht gedrängt in den Gräben wie Ochsen, die den Schlächter erwarten.« Man nannte dieses Gefecht die Schlacht der goldenen Sporen, nach den 602 Paaren goldener Rittersporen, die die Städter vom Schlachtfeld aufsammelten, als alles vorüber war. Die vernichtende Niederlage Philipps jagte allen gekrönten Häuptern Schrecken ein.

Mehrere Jahre hindurch versuchte der französische König, sein

militärisches Ansehen bis zu einem gewissen Grade dadurch wiederherzustellen, daß er Raubzüge gegen die flandrischen Städte unternahm, aber erst im Juni 1305 konnte er durch den Vertrag von Athis einen Frieden mit den Flamen schließen, der ihm Genugtuung brachte. Die Bedingungen waren hart für den Grafen von Flandern und die Städte. Doch gerade diese Strenge hielt auch den Geist zornigen Widerstands wach, und so erwies sich der Frieden als bloßer Waffenstillstand. Weitere 15 Jahre lang widersetzten sich die flandrischen Städte französischen Vorstößen. Nach Philipps Tod im Jahr 1314 schickte sein Nachfolger Ludwig X. wiederum ein Heer gegen Flandern aus. Zur spöttischen Genugtuung der flämischen Städte blieb es in den flandrischen Sümpfen stecken.
Bedeutsamer als der Widerstand Flanderns gegen die Könige von Frankreich war für künftige Ereignisse der Verlauf der Dinge innerhalb der Städte Flanderns, Brabants und Lüttichs. Überall erlangte das gemeine Volk – d.h. das Proletariat oder in diesem Falle das Handwerk – dem Patriziat, dem Bischof, den Fürsten gegenüber Anerkennung seines Rechts, an der Verwaltung der Städte teilzunehmen. Wenn eine Stadt ein Abkommen mit einem Bischof, Grafen oder König traf, verstand es sich hinfort von selbst, daß die »führenden Bürger«, wenn auch widerwillig und befristet, auf ihre ausschließliche Verfügungsgewalt verzichteten und daß der Magistrat in den Städten tatsächlich das Proletariat ebenso vertrat wie andere Bevölkerungsschichten. Außerdem hatten die Auseinandersetzungen, in die das Volk der Niederlande verwickelt war, eine nationale Note erhalten. Ein königlicher Kaplan in Paris erklärte, der Kampf gegen die Flamen sei ebenso lobenswert wie der Kampf gegen die Sarazenen. Im Frieden von 1320 trat Flandern die wallonischen – französischen – Teile der Grafschaft ab. Doch dieser Verlust wurde dadurch ausgeglichen, daß der flämische Teil Flanderns seine Freiheit der französischen Krone gegenüber behauptet hatte. Der Sieg war zum großen Teil das Verdienst der arbeitenden Stadtbevölkerung,

die die Herrschaft der »fetten« Oligarchie in den Städten ebenso abgelehnt hatte wie die der Grafen von Flandern, die in der Mehrzahl bereit gewesen wären, die Oberhoheit der Könige von Frankreich anzuerkennen, sofern nur ihre persönlichen Feudalrechte nicht angetastet wurden. Der Erfolg der Flamen wurde in einem Abkommen fixiert, das als der Frieden von Fexhe bekannt geworden ist. Unterzeichner waren am 18. Juni 1316 auf der einen Seite die Städter und auf der anderen Seite der Fürstbischof von Lüttich, Adolphe de la Marck, für den sich das Patriziat erklärt hatte. Der Bischof zog später seine Zustimmung zurück, belegte Lüttich mit einem Interdikt und führte einen teilweise erfolgreichen Krieg gegen die Städter. Doch die Auseinandersetzung konnte die Entscheidung in der Rechtsfrage über die Stadt nur verzögern.
Eine ähnliche Auseinandersetzung vollzog sich in anderen Gebieten der Niederlande. Mitte der zwanziger Jahre erhob sich um Brügge und eigentlich im ganzen Küstengebiet Flanderns die Bauernschaft gegen die Feudalherren und wurde dabei tatkräftig von den städtischen Handwerkern unterstützt. Der Streit wurde zeitweise sehr hitzig, und häufig kam es auf beiden Seiten zu Greueltaten. 1328 rief Louis de Nevers, der Graf von Flandern, den französischen König, Philipp VI., zu Hilfe. In der Schlacht von Cassel – am 23. August 1328 – wurden die Aufständischen von den Franzosen und dem Grafen von Flandern eingekreist und vernichtet. Die Bestrafung wegen Rebellion gegen den Feudalherrn war grausam, und das Patriziat, das die Partei des Grafen ergriffen hatte, genoß seine Rache. Das im flämischen Volk seit Jahrhunderten verwurzelte Gefühl, daß Frankreich sein Erbfeind sei, fand neue Nahrung. Trotz all ihrer Erniedrigung waren sich die Flamen der Tatsache bewußt, daß sie sich einst selbst regiert hatten. Unter diesen Umständen bedeutete Demokratie dasselbe wie Nationalismus, und so richtete sich das gesamte Denken und Trachten der Flamen gegen Frankreich. Deshalb kann es auch nicht überraschen, daß das flämische Volk in der Auseinandersetzung

zwischen Frankreich und England mit den Engländern sympathisierte, zumal jeder flämische Weber und Färber wußte, daß er ohne die englische Wolle, mit der er jeden Tag umging, und ohne den englischen Markt, an den er verkaufte, arbeitslos sein würde.
1337 kam es zum Ausbruch der Feindseligkeiten zwischen Eduard III. von England und Philipp VI. von Frankreich, und Eduard begann seinen Feldzug damit, daß er durch Flandern zog. Der Graf von Flandern, Louis de Nevers, der dem französischen König ergeben war, hatte im Spätsommer 1336 zwei englische Kaufleute festgenommen, ihre Waren sowie das Schiff eingezogen und im Zusammenhang damit die Einstellung des gesamten Handels mit England verfügt, wodurch er die flämischen Weber und Färber ihrer Rohstoffe und ihres Absatzmarktes beraubte und in die Arme Eduards trieb. Der Sprecher und Führer der flämischen Zünfte war damals ein wohlhabender Bürger der Stadt Gent, Jakob van Artevelde. Dieser Volkstribun gehörte selbst nicht dem Proletariat an, sondern war ein reicher Kaufmann, der über genügend Mittel verfügte, um Eduard mäßige Summen vorstrecken zu können. Der Streit zwischen dem Proletariat und dem Patriziat von Gent war schon früher in einem Kompromiß beigelegt worden, und die meisten Kaufleute waren den Handwerkerzünften beigetreten, so daß die beiden Klassen, anstatt sich zu bekämpfen, ihr Ziel gemeinsam verfolgten. So erklärt es sich, daß Artevelde zum anerkannten Führer der gesamten nationalen Kräfte in den südlichen Niederlanden werden konnte. Acht Jahre lang (1337–1345) war Artevelde unter dem Titel Generalkapitän von Gent Sprecher des Volkes von Flandern. Wenn sich Gent, das bis 1333 den Grafen Louis gegen Brügge und Ypern unterstützt hatte, nunmehr gegen seinen Oberherrn und dessen Forderungen wandte, so war das ein Zeichen dafür, daß sich ein nationalflämisches Gefühl herausgebildet hatte – im Widerspruch zur Sache Frankreichs, für die Louis nur ein Exponent war.

Bald nachdem es zwischen Eduard und Philipp zu ernsthaften Feindseligkeiten gekommen war, ergriff der englische König gegen die Anhänger Philipps in den Niederlanden Vergeltungsmaßnahmen, die sich auf die flämische Wirtschaft verheerend auswirkten. Die englische Blockade unterband die Einfuhr der notwendigen Lebensmittel. Nach Verhandlungen mit den Vertretern der führenden Städte Flanderns, dem Herzog von Brabant und Abgesandten König Philipps überredete van Artevelde das Volk von Gent dazu, sich neutral zu verhalten. Brügge und Ypern schlossen sich Gent sofort an. Die Stellung dieser drei Städte war so stark, daß ihre Politik auch vom Herzog von Hennegau, den Herzögen von Brabant und Geldern und – obzwar widerstrebend – schließlich sogar von Eduard und auch von Philipp anerkannt wurde. Die Blockade wurde aufgehoben, Rohwolle und Lebensmittel strömten ins Land, und van Artevelde war praktisch Herrscher der Niederlande. Doch in den Volksmassen blieb das Mißtrauen Frankreich gegenüber wach, und so wurde im weiteren Verlauf des Krieges zwischen England und Frankreich die Neutralität allmählich aufgegeben. 1340 kämpften Truppen der flämischen Städte Seite an Seite mit den Engländern gegen die Franzosen. Von dieser Zeit an kann die Geschichte der Feldzüge Eduards getrennt von der Geschichte der Klassenkämpfe in den Niederlanden betrachtet werden.

Wenn auch der Zwiespalt zwischen dem Patriziat und dem Volk während der Herrschaft Arteveldes und angesichts einer drohenden französischen Aggression an Heftigkeit verloren hatte, so verschwand er doch nicht gänzlich. Vielmehr mußte van Artevelde seine ganze Geschicklichkeit und Diplomatie aufbieten, um zu verhindern, daß sich aus der Spannung ein Bürgerkrieg entwickelte. In dem Maß, in dem die Niederlande aufhörten, in dieser internationalen Auseinandersetzung der Hauptkriegsschauplatz zu sein, vertiefte sich der alte Gegensatz zwischen den Klassen. Beide Parteien fanden allmählich van Arteveldes feste Hand und maßvolle Politik aufreizend.

Im Januar 1343 wurde eine Erhebung gegen die Herrschaft des Generalkapitäns unter der Führung von Jan van Steenberghe, einem angesehenen Genter Bürger, allein durch eine Truppendemonstration unterdrückt. Zwei Jahre später drohte eine Auseinandersetzung zwischen zwei Zünften, den Webern und den Walkern. Die Weber hatten die Lohnforderungen der Walker abgelehnt, und außerdem waren die Obermeister der beiden Zünfte persönliche Rivalen. Nachdem van Artevelde vergeblich versucht hatte, die beiden Parteien zusammenzubringen, entschied er sich für die Weber. Am 2. Mai 1345 begann der Kampf. Die Walker waren zahlenmäßig unterlegen; sie wurden geschlagen und fielen zu Hunderten in dem Treffen. Der Sieg der Weber mußte weitere Unruhen nach sich ziehen, denn andere Zünfte, die weniger Einfluß besaßen, konnten sich nicht damit abfinden, daß jene in den Angelegenheiten der Stadt das entscheidende Wort sprachen.
Der blutige Streit und die schwelende Unzufriedenheit in seiner Stadt gefährdeten van Arteveldes Stellung als Führer der Flamen. Als der Generalkapitän am Sonntag, dem 17. Juli 1345, von einem Zusammentreffen mit Eduard nach Gent zurückkehrte, fand er sein Haus von einem Haufen Tucharbeiter umzingelt. Während er sich in Sicherheit bringen wollte, wurde er ermordet. Seine Politik der Kompromisse und der Zusammenarbeit einmal zwischen Bürgern und Handwerkern und dann zwischen den verschiedenen Zünften und den Tagelöhnern war zuletzt doch fehlgeschlagen.
In den folgenden Jahren nahmen die Streitigkeiten unter den Zünften zu. Die Pest, die alle gleichermaßen heimsuchte, stellte einen gewissen Frieden her, aber die einzigen Nutznießer dieser düsteren Ruhe waren die Patrizier, die aus dem Exil in die Städte zurückkehrten, und der Adel. Von 1349 an mußten sich die Weber und die übrigen Textilzünfte wieder bis zu einem gewissen Grad einer Patrizierherrschaft unterwerfen. Trotzdem war der lange Kampf des gemeinen Volkes in den niederländischen Städten um Beteiligung an der Regierung

nicht ganz vergeblich. In einer berühmten Urkunde, der *Joyeuse Entrée* von Brabant (1354–1356), erkannte der Herzog das Recht seiner Untertanen auf Selbstverwaltung und unmittelbare Beteiligung an allen grundsätzlichen Entscheidungen hinsichtlich der Regierung des Herzogtums an.
In Flandern lagen die Dinge nicht so günstig wie in Brabant. Der Nachfolger des Grafen Louis de Nevers, Graf Louis de Mâle (1346–1384), unterstützte das Patriziat, und der Unwille der Handwerker flackerte verschiedentlich erneut auf. 1379 kam es zu einem letzten und schweren Aufstand. Keine geringe Rolle spielte bei diesen Unruhen der Umstand, daß es in den Niederlanden viele Dissidenten und Häretiker gab – die Begarden, Beginen, Flagellanten, »Tänzer« und Lollarden –, alles Gruppen, die antikirchlich, halbwegs anarchistisch und bis zu einem gewissen Grad kommunistisch eingestellt waren. Ende der siebziger Jahre hatte die revolutionäre Bewegung einen grundsätzlichen anderen Charakter als die Aufstände der Jahre von 1326 bis 1338. Während früher die Bauernschaft mit den Handwerkern verbündet war, handelt es sich bei der Revolte von 1379 um eine ausschließlich städtische Bewegung, deren blutige Unterdrückung die Bauern sogar begrüßten. Philipp van Artevelde, ein Sohn des Generalkapitäns von Gent und kein allzu fähiger Führer, konnte kaum Erfolg haben, wo sein Vater versagt hatte. Die aufständischen Flamen erlitten 1382 in der Schlacht von Roosebeke durch die Truppen des Königs von Frankreich eine verheerende Niederlage, auf die eine Periode der Unterdrückung folgte, in der viele Handwerker – Weber, Walker und Färber – aus den Niederlanden nach England flohen. Dennoch erhielt sich die Erinnerung an die Volksregierung und an eine Sache, für die man gekämpft und geblutet hatte. Nach dem Tode Louis' de Mâle im Jahr 1384 brachte keiner der Herren Flanderns und kein Herrscher aus dem Hause Burgund, das im frühen 15. Jahrhundert die Niederlande zu einigen begann, es mehr zuwege, der Feudalherrschaft wieder volle Geltung

zu verschaffen. Die Bürger der Städte hatten das Recht der Selbstverwaltung errungen und waren entschlossen, es auch zu behalten. Weder der Fürst noch der Adel noch das Patriziat war je in der Lage, ihnen diese Rechte wieder zu entziehen. Die Geschichte der bürgerlichen Freiheiten im heutigen Belgien ist ein wichtiges Kapitel in dem Gesamtvorgang der Befreiung des gemeinen Mannes aus seiner für das Mittelalter typischen physischen Gebundenheit. Von dieser physischen Befreiung bis zur Freisetzung des Geistes war es nur noch ein kleiner Schritt. Während des 14. Jahrhunderts kam es überall in Europa zu ähnlichen Volkserhebungen gegen überkommene Fesseln. Wenn einigen von ihnen auch ein Teilerfolg beschieden war, so wurden die meisten doch rasch und erbarmungslos niedergeschlagen.

Eine Analyse der sozialen und wirtschaftlichen Entwicklung in Frankreich wird durch die schrecklichen Verheerungen erschwert, die der Hundertjährige Krieg mit England verursachte. Wo die Heere beider Parteien gehaust hatten, waren Stadt und Land verwüstet und ihre Bevölkerung dezimiert oder versprengt. Handelswege wurden unterbrochen, die Felder blieben unbestellt, oder die Ernten verfaulten am Halm. Zusätzliches Unheil brachte die Pest, die sich gerade im Kielwasser des Krieges besonders verheerend auswirkte. Trotzdem ließ das Volk sowohl vor dem Krieg als auch während seines Verlaufs in Frankreich genausogut wie in den Niederlanden Bestrebungen erkennen, die auf eine Ablehnung der Herrschaft einer Kaufmannsoligarchie hinzielten. Die Voraussetzungen waren allerdings verschieden. In Frankreich stand die Wirtschaft einer Autarkie näher als in den Niederlanden; die Wohlfahrt der Arbeiter blieb hier infolgedessen in höherem Grad eine innere Angelegenheit als in Flandern, wo der Handel mit einem anderen Land, nämlich England, eine Lebensnotwendigkeit war. Außerdem war die politische Konstellation anders. Die französischen Könige waren mit dem Bürgertum gegen die Feudalherren verbündet, während in

Flandern das Volk einem Bündnis des Adels mit dem Patriziat gegenüberstand, das vom französischen König unterstützt wurde. Die französischen Könige begünstigten im Gegensatz zu den Herren Flanderns die Städte und bezogen sie bis zu einem gewissen Grad in ihre politischen Konzeptionen ein. Und doch brach im späten 13. und frühen 14. Jahrhundert, d.h. am Vorabend des Krieges mit England, in den französischen Städten Uneinigkeit zwischen dem Patriziat oder den Kaufmannsgesellschaften und den Arbeitern, den Handwerksgesellen und den ungelernten Tagelöhnern aus. Wir sind über diese Aufstände nur unzulänglich unterrichtet, da die oberen Bürgerschichten, die die Aufzeichnungen vornahmen und die Chronisten bezahlten, kein Interesse daran hatten, so bedauerliche und unziemliche Vorkommnisse – das Straßengezänk der unteren Schichten – aktenkundig zu machen.

In Provins kam es 1310 und 1324 zu Aufständen gegen die Handelsaristokratie, und dann wieder 1349, als der König, der von der Mißwirtschaft des Bürgermeisters – eines Angehörigen des herrschenden Patriziats – überzeugt war, die kommunale Verfassung außer Kraft setzte. Von 1295 bis 1321 wurde Laon alljährlich von Streiks und Aufständen gegen die oberen Bürgerschichten heimgesucht, bis 1322 Karl IV. durchgriff und die Ordnung in dieser Gemeinde wiederherstellte. Von 1285 bis 1305 befand sich Arras in ständigem Aufruhr; das Volk war empört über die zynische Mißachtung einfachster Regeln politischen Anstands durch die patrizischen Schöffen. In Rouen kam es im späten 13. Jahrhundert zu mehreren Volksaufständen gegen die Kaufmannsaristokratie, und als Philipp V. 1321 feststellte, daß die Klagen der arbeitenden Klassen berechtigt waren, änderte er die Verfassung der Stadt zu ihren Gunsten ab. Diese Vorfälle sind bezeichnend für eine breit angelegte Bewegung gegen die Kaufmannsaristokratie, die sich der Herrschaft in den französischen Städten bemächtigt und die Steuerbürde unbilligerweise von den eigenen Schultern auf die der Handwerker, der kleinen Geschäftsleute und ungelernten Arbeiter abgewälzt hatte, obwohl sie die Last sehr wohl hätte tragen können, während jene ohnehin nur das Existenzminimum verdienten.

Nach der Pest in den Jahren 1348 und 1349 wurden die Aufstände noch heftiger und entschlossener. Hungersnöte in den Jahren 1351 und 1359 verschlimmerten die Lage noch, die für die arbeitende Klasse nun schon ausweglos war. Allein in Paris sollen über 100 000 Menschen verhungert oder an der Pest gestorben sein. Um der furchtbaren Erschütterung der Bevölkerung und der Werte entgegenzuwirken, versuchte die königliche Verwaltung die emporschnellenden Preise und Löhne unter Kontrolle zu bringen. 1351 setzte König Johann II. (der Gute) in einem aus 262 Artikeln bestehenden Erlaß die Löhne für Landarbeiter, ungelernte Heimarbeiter und Handwerker innerhalb der Zünfte fest. Die gesamte Skala der Löhne und der Kosten für lebensnotwendige Dinge wurde um etwa ein Drittel erhöht, desgleichen der Mitgliedsbeitrag in den Zünften. Diese Gesetzgebung wirkte sich in verschiedener Hinsicht aus. Die ehedem durch königliche Verordnung streng geregelten Zünfte wurden geschwächt, und die Preise sanken tatsächlich aus der Höhe, die sie in der Periode der Panik unmittelbar nach der Pest erreicht hatten. Man beeilte sich, einen Zusammenhang zwischen Gewinnen und Löhnen herzustellen, aber da man die Löhne nicht so schnell steigen ließ wie die Preise, befanden sich Bauern und städtisches Proletariat bald in derselben üblen Lage wie vor der Pest.

Die Unsicherheit in Handel und Gewerbe während der Jahre nach der Pest und die verschwenderische Günstlingswirtschaft unter König Johann II. brachten in Paris einen gewissen Etienne Marcel, einen reichen Tuchhändler mit demagogischen Gaben, an die Spitze. Marcel, der 1355 das einflußreiche Amt eines »Profoß der Kaufleute von Paris« erlangt hatte, gewann die Sympathie der hungernden und schlecht bezahlten Arbeiterschaft der Stadt und machte sich damit zum unbestrittenen Diktator von Paris. Mit Hilfe Karls des Bösen, Königs von

Navarra, beherrschte Marcel auch die Generalstände, die im Oktober 1356 in Paris zusammentraten. Am 19. September war König Johann II. bei Poitiers vom Schwarzen Prinzen geschlagen und dann als Gefangener nach London geführt worden. Johanns Sohn, der Dauphin Karl – später Karl V. von Frankreich –, der als Stellvertreter seines Vaters fungierte, wurde durch die Intrigen Karls von Navarra und die ehrgeizigen Bestrebungen Marcels hart bedrängt. Bei der nächsten Zusammenkunft der Generalstände im Februar 1357 wurde das Ersuchen des Dauphins um eine allgemeine Besteuerung abgelehnt, sofern nicht die Stände die Regierungspolitik und die Verwendung des Geldes überwachen könnten. Marcel hatte die Stände in der Hand. Er versicherte in hochtrabenden Phrasen, er wolle »die Rechte des Volkes schützen«, und viele Historiker haben in ihm einen edlen Volkstribun gesehen, der für Frankreich eine demokratische und parlamentarische Regierungsform anstrebte. Genauerer Überprüfung hält dieses Urteil aber nicht stand, und eine realistische Analyse seiner Ziele entlarvt diese widersprüchliche Gestalt als geschickten Demagogen, der selbst gern der Beherrscher Frankreichs gewesen wäre. In Anbetracht seines Bündnisses mit Karl dem Bösen von Navarra, der für seine Doppelzüngigkeit und seine verräterischen Umtriebe berüchtigt ist, kann man in Marcels Hinwendung zum gemeinen Volk von Paris und seinen »Reformprogrammen« kaum etwas anderes sehen als eine Aufwiegelung des Pöbels. Immerhin ist sein Aufstieg ein Zeichen dafür, daß die Macht des Proletariats im Steigen begriffen war – eines Bevölkerungsteils, dem 100 oder auch 50 Jahre früher niemand auch nur die geringste Aufmerksamkeit gewidmet hätte.

Als die Stände im Januar 1358 wieder zusammentraten, hatte sich die Lage in ganz Frankreich verschlechtert. Englische Truppen standen auf französischem Boden; der Adel war außer Rand und Band; Haufen von Marodeuren raubten und plünderten nach Herzenslust; Ernten verkamen; Geldentwertung trug zur Unsicherheit des Lebens bei, und die Regierungsbeamten waren angesichts einer so traurig zerstückelten Monarchie hilflos. Am 22. Februar zog Marcel an der Spitze eines fast 3000 Mann starken, mit den Revolutionsfarben Rot und Blau geschmückten Pöbelhaufens zum Königsschloß, bedrohte den Dauphin und tötete vor dessen Augen die Marschälle der Champagne und der Normandie. Bald danach entwich Karl aus Paris, um den Widerstand gegen die Revolution zu organisieren. Er mußte feststellen, daß im ganzen Land Unruhe schwelte. Die Lage der Bauern war denkbar schlecht, und ihre Geduld schon lange erschöpft. *Jacques*, wie der Bauer genannt wurde, war entschlossen, etwas zu unternehmen. Seine Beschwerden deckten sich nicht völlig mit denen der städtischen, insbesondere des Pariser Proletariats. Dort rebellierten die Massen gegen eine verschwenderische und schwache Monarchie, während für die Bauern die Schuld beim Adel lag, der alles darauf anlegte, einen Zustand beizubehalten, der für die Bauern nahezu Sklaverei bedeutete. Doch allzu viele von den Bauern oder ihren Söhnen hatten die freie Luft der Städte kennengelernt. Ein einziger Anlaß genügte, um den Konflikt zum Aufflammen zu bringen; im März 1358 kam es zum Aufstand der Bauern, der sogenannten *Jacquerie*. Unter der Führung von Guillaume Carle machten sich die empörten Bauern ans Brennen, Morden, Plündern und Verwüsten. Carle versuchte die unruhigen Städter zu seiner Unterstützung zu gewinnen, aber mit Ausnahme einiger weniger Fälle sah das städtische Proletariat diesen Kampf doch in einem anderen Licht. Marcel, der durch eine ungünstige Wendung der Dinge in Paris ängstlich geworden war, begrüßte aus Verblendung oder Bosheit die Aufforderung der Bauern. Karl von Navarra konnte bei all seinem Zynismus dieses Bündnis nicht annehmen und wurde mit Marcel aus diesem Grunde uneins. Der Dauphin bewog Karl, noch weiter von Marcel abzurücken, und so war das Ende des Rebellen abzusehen. Der Pariser Mob, der sich noch nie beständig oder

treu erwiesen hatte, wandte sich gegen ihn; am 31. Juli wurde er am Portal von St. Antoine ermordet. Der Dauphin brauchte die zwei Jahre bis zum Frieden von Brétigny voll und ganz, um auch nur einen Schimmer von Ordnung in die Verwaltung Frankreichs zu bringen.
Der Pariser Aufstand unter Marcel und die *Jacquerie* hatten ihr Ende gefunden, aber die Grundübel, die den Zorn der Bauern gegen den Adel und den des Stadtproletariats gegen das Patriziat und die Monarchie zum Ausbruch gebracht hatten, waren nicht beseitigt. Außerdem mißtrauten sowohl die Städter als auch die Bauern der Monarchie und haßten sie wegen der schweren Steuern, die sie ihnen auferlegt hatte – vor allem die Salzsteuer *(gabelle)*, die Herdsteuer *(fouage)* und verschiedene lästige *aides*, die zum Teil neu geschaffen, zum Teil aus alten Feudalabgaben abgeleitet waren. Da der Krieg mit den Engländern unter Karl V. (1364–1380) seinen Fortgang nahm, mußten noch mehr Steuern aufgebracht werden. Trotz der verbesserten Verwaltung, die Karl von seinen Beamten verlangte, spürten die ärmeren Klassen zwangsläufig die Steuerbürde stärker als die Kaufleute und der Adel. In fast allen führenden Städten Frankreichs brachen von 1378 bis 1382 Aufstände gegen das Patriziat, den Adel, die Geistlichkeit – die fast überhaupt keine Steuern bezahlen brauchten – und die königlichen Beamten aus, und in Paris, Rouen, St. Quentin und Lyon waren sie ganz besonders grausam und blutig. Andere Städte, wie Laon, Orléans und Amiens, wurden mit hohen Geldbußen belegt oder verloren ihre Selbstverwaltung. Doch die Verbitterung war zu weit verbreitet, als daß sie durch Geldbußen oder Strafen hätte unterdrückt werden können, auch wenn man noch so unbarmherzig dabei vorging. Die Unzufriedenheit der Arbeiter gegenüber der herrschenden Klasse, ob es sich nun um die oberen Schichten des Bürgertums – die Pfeffersäcke –, die habgierigen königlichen Beamten oder die Kleriker handelte, schien sich über den ganzen Kontinent verbreitet zu haben. Offenbar bedurfte es fast über-

all nur eines geringfügigen Anlasses, um einen Aufstand auszulösen. Es gab in diesen Jahren ähnliche Volksaufstände in England, Frankreich, den Niederlanden und Italien, längs des Rheins und in deutschen Städten östlich des Rheins. Die Anlässe waren zwar nie ganz dieselben und richteten sich stets nach den örtlichen Umständen, aber über ganz Europa hin war doch eine bittere Unzufriedenheit mit den bestehenden Zuständen festzustellen, die die privilegierten Klassen erhalten wissen wollten.

In Italien, wo während des 14. und 15. Jahrhunderts die politischen Unruhen fast zu einem chronischen Zustand geworden waren, lassen sich die sozialen und wirtschaftlichen Aspekte nicht von den politischen trennen. Irgendwann in dieser Zeit kam es in fast jedem italienischen Gemeinwesen zu wütenden Aufständen, die ihre Ursache in sozialen, wirtschaftlichen oder politischen Spannungen hatten. Die einzige Ausnahme war Perugia, das sich ruhiger und gesünder entwickelt zu haben scheint als seine Nachbarstädte. Aus einem sehr einfachen Grunde: Die Handwerker bildeten dort ein ausgleichendes Element zwischen Adel und Proletariat und hielten zum Besten des Gemeinwesens an einer Tradition unparteiischer Gerechtigkeit fest.

In besonders auffälliger Form traten die sozialen Unruhen in Rom in Erscheinung, wo Cola (Niccolà) di Rienzo in der Überzeugung, seine Lebensaufgabe bestehe darin, den alten Ruhm Roms wiederherzustellen, sich am 20. Mai 1347 zum »Tribun« aufschwang. Cola, ein redegewandter Autodidakt, ging daran, den eingesessenen römischen Adel zu vernichten. Er hatte das gemeine Volk für sich gewonnen und war sieben Monate lang uneingeschränkt Herr der Stadt, in der er sich Anfang August feierlich mit sechs Kronen krönte; er forderte die Könige und Fürsten der Erde auf, ihm die Urkunden vorzulegen, aufgrund deren sie ihre Herrschaft ausübten, nannte sich selbst »Nicolaus, im Namen unseres gnädigsten Herrn Jesus Christus Tribun der Freiheit, des Friedens und der Gerechtigkeit, erhabener Befreier der Heiligen Römischen Republik« und führte den Vorsitz bei üppigen Banketten, mit denen die Gründung eines italienischen Bundes gefeiert wurde. Er griff der Entwicklung vor. Papst Clemens VI. im fernen Avignon billigte zuerst Rienzos Maßnahmen, doch als der Tribun sich von seinen Träumen fortreißen ließ, erschrak der Papst und zog seine Unterstützung zurück. Inzwischen erstarkte der römische Adel wieder und fand außerhalb Roms Verbündete. Im Dezember hatte Rienzo schon viel von seiner Energie eingebüßt. Der römische Pöbel spürte die Schwäche seines Idols, und Rienzo hielt es für sicherer, die Stadt zu verlassen. Ende Dezember floh er in die Abruzzen und suchte vor dem Kirchenbann Zuflucht bei Eremiten in den Bergen. Die Bedeutung seines Auftretens als Tribun liegt darin, daß sich auch damit wieder eine Art republikanischer Revolte gegen die althergebrachte Macht des Adels kundtut. Das gemeine Volk von Rom hatte genügend Grund, sich über die reichen Adligen zu beschweren und über ihre Demütigung zu triumphieren. Andererseits hat der römische Mob im Laufe der Geschichte selten Konsequenz oder Prinzipientreue bewiesen. Diese Revolution ist also kaum als Beitrag zur Geschichte der Emanzipation des einfachen Mannes anzusehen.

Ganz anders lagen die Dinge in Florenz, der Hauptstadt des italienischen Handels und Gewerbes. Der Sieg der Guelfen über die Ghibellinen nach der Schlacht von Benevento im Jahr 1266 traf mit einer Wirtschaftsblüte zusammen, die besonders den großen Kaufleuten zugute kam. Diese aus den sieben Kaufmannsgilden *(arti maggiori)* bestehende Gruppe bemächtigte sich 1282 der politischen Macht in Florenz und errichtete ein Regierungssystem, das sechs Prioren vorsah, die alle zwei Monate gewählt wurden und stets der oberen Kaufmannschicht angehörten. Angeblich adelsfeindlich, war die Kaufmannsaristokratie nicht weniger exklusiv, und dieses gelegentlich als Florentinische »Demokratie« bezeichnete System kam der Herrschaft einer Handelsaristokratie so nahe, daß es schwer fällt, Unterschiede festzustellen. Das Jahrzehnt nach 1282 war voller Spannungen. Die kleinen Geschäftsleute und die Handwerker, die damals in mindestens 25 Zünften organisiert waren – *arti minori* –, hatten es bisher nicht zuwege gebracht, einen der Ihren ins Priorat einzuschleusen; dennoch nahm diese Gruppe an Zahl, Zusammenhalt und Macht derart zu, daß sie zu einer Bedrohung für die »fetten« Kaufleute *(popolo grasso)* wurde. Es liefen also zwei verschiedene Auseinandersetzungen nebeneinander her: die Kontroverse zwischen Guelfen und Ghibellinen – die zwar an Schärfe nachließ, aber insofern immer noch ihre Bedeutung hatte, als Florenz traditionsgemäß guelfisch war, während einige benachbarte Städte, etwa Arezzo und Pisa, treu zu den Ghibellinen hielten –, und der soziale und wirtschaftliche Konflikt zwischen der Kaufmannsaristokratie in ihrer politischen Machtstellung und den kleinen Kaufleuten, den Handwerkern und der Arbeiterklasse, ein Konflikt, für den sich in Florenz immer mehr Zündstoff ansammelte. Diese beiden Auseinandersetzungen, die sich in ihren Interessen und traditionellen Bindungen vielfach überschnitten, verwirrten das Gesamtbild auf Jahrhunderte hinaus und erschweren klare Einblicke in die Geschichte von Florenz außerordentlich.

Die *arti maggiori*, die sich des zunehmenden Einflusses der *arti minori* bewußt waren, entschlossen sich, von einer offenen Herausforderung abzusehen und statt dessen eine vermittelnde Geste zu machen. Sie forderten die fünf stärksten der kleineren Gilden auf, ihnen in der Regierung an die Seite zu treten. Diese fünf *arti* (Fleischer, Schuhmacher, Hufschmiede, Baumeister und Kleinhändler) wurden unter der Bezeichnung mittlere Gilden *(arti mezzi)* bekannt. Damit waren zwölf Gilden vertreten, aber die Mehrheit der sieben Mitglieder der *arti maggiori* ließ nie einen Zweifel daran, wer in Wirklichkeit in der Stadt das Regiment führte. Der Adel, dessen Macht immer noch in seinem Reichtum und militärischem Gewicht lag, hielt trotzig an seinen Vorrechten fest.

Die zunehmende Unzufriedenheit unter den *popolani* fand ihren Wortführer in Giano della Bella, einem geachteten Mitglied der *Calimala*. Die von den neun *arti minori* unterstützte Regierung der Prioren brachte am 8. Januar 1293 eine revidierte Verfassung heraus, die *Ordinamenta della Giustizia*. Die darin enthaltenen Bestimmungen waren eindeutig gegen den Adel gerichtet. Er wurde nun ausdrücklich vom Priorat ausgeschlossen und im privaten wie im geschäftlichen Leben strengen Einschränkungen unterworfen. Jedes Mitglied einer Adelsfamilie – insgesamt gab es etwa 150 adlige Familien – mußte dem Priorat einen Treueid schwören und ein bindendes Versprechen ablegen, daß er nie den Frieden stören werde. Das Patriziat bemühte sich mit gewissem Erfolg, sich dieses Zwanges zu entledigen, doch die häufig abgeänderten und noch häufiger ignorierten *Ordinamenti* wurden von den *popolani* trotzdem stets als eine Charta ihrer Freiheit angesehen.

Der Wohlstand der Stadt Florenz in der ersten Hälfte des 14. Jahrhunderts war weitgehend auf verbesserte Methoden in der Behandlung von Textilien zurückzuführen, und ferner darauf, daß in diesen Jahren die großen Handelshäuser sich zu internationalen Banken entwickelten. Familien wie die Peruzzi, die Bardi, die Frescobaldi und die Acciaiuli wurden sagenhaft reich, während die *arti minori* und das *popolo minuto*, d.h. die Handwerker und die ungelernten Arbeiter, die die Arbeit machten, nur wenig Vorteil aus diesem Reichtum zogen. 1340 wurde die Stadt von einer Seuche heimgesucht, die das Los der Armen noch verschlimmerte. Als eine politische Revolte (1342/43) einen Ausländer, Walter de Brienne, Herzog von Athen, als *capitano di guerra* ins Land führte, gewährte ihm das gemeine Volk zusammen mit dem Erzbischof und dem Adel voller Hoffnung Beistand. Das Volk glaubte, eine Veränderung könne nur zum Besseren führen, und die *grandi* meinten, die Herrschaft eines Außenstehenden sei ihre einzige Chance, die Macht zurückzugewinnen, die sie an die *arti maggiori* verloren hatten. Als Walter am 8. September

1342 die Oberherrschaft über die Stadt zugesprochen worden war, war er der Meinung, daß man ihm die Vollmacht übertragen habe, Florenz nach seinem Gutdünken und ohne Rücksicht auf die althergebrachten Freiheiten der Bürger zu regieren. Er unterzeichnete seine Briefe als »Herzog und Herr der Florentiner«. Nach wenigen Monaten waren alle seine früheren Anhänger über seine Willkürherrschaft und die Grausamkeit seiner Soldaten verärgert und machten Pläne, wie sie ihn vertreiben könnten. Am 26. Juli 1343 kam der Groll, der die ganze Stadt erfaßt hatte, zum Ausbruch, und Walter wurde mit 300 seiner Soldaten in seinem Palast von einer geeinten und entschlossenen Bevölkerung belagert. Er tauschte seine Herrschaft gegen sein Leben ein und wurde unter Bedeckung an die Grenze des Gebiets von Florenz gebracht.
Die Regierung, die nach Walter de Briennes Abzug in Florenz ans Ruder kam, repräsentierte in höherem Maße das ganze Volk als jede vorangegangene. Alle drei Gruppen, die *arti maggiori,* die *arti mezzi* und die *arti minori,* waren in der *Signoria,* der Stadtverwaltung, vertreten. Die Anwesenheit der Handwerker muß den Patriziern ein Ärgernis gewesen sein, da sie ja von altersher gewohnt waren, die Herrschaft allein in Händen zu haben. Sowohl der Geschichtsschreiber Giovanni Villani wie Boccaccio äußerten sich höchst sarkastisch über das Gesindel, das sich jetzt in die hohen Staatsämter drängte. Dabei hatte freilich die Arbeiterklasse unterhalb der *arti minori* noch immer keinen politischen Status erworben.
Von 1343 bis 1346 befand sich Florenz in Bedrängnis infolge des Bankrotts mehrerer seiner größten Bankhäuser, unter denen sich auch die Bardi und die Peruzzi befanden. Diese Firmen hatten Eduard III. von England große Summen geliehen – insgesamt fast 450 000 Pfund –, die er wegen seiner kostspieligen Kriege in Schottland und Frankreich nicht zurückzahlen konnte. Eduards Nichtanerkennung dieser Schulden löste in Florenz eine Panik aus, die die Arbeiterschaft infolge der Produktionseinstellung stark in Mitleidenschaft zog.

Begreiflicherweise gab der Arbeiter den großen Kaufherren die Schuld an seiner Arbeitslosigkeit und der daraus folgenden Not. Noch waren die Auswirkungen dieser Katastrophe nicht überwunden, als die Pest ausbrach. Florenz verlor 1348 wohl zwei Drittel seiner 120 000 Einwohner. Die Leiden der Arbeiterschaft wurden in dieser Periode noch dadurch verschlimmert, daß die Patrizier sich bemühten, die Handwerker und Tagelöhner zu zwingen, für den halben Lohn zu arbeiten. Obwohl die *Ordinamenti* von 1293 und der demokratische Erfolg von 1343 einen Rahmen für eine demokratische Ordnung vorbereitet hatten, hören wir aus den Aufzeichnungen der folgenden 30 Jahre von vielen kleineren Streiks oder von Gewalttätigkeiten der Arbeiter gegen ihre Arbeitgeber. Das Patriziat war fast ausschließlich guelfisch gesinnt, und die Stadt war in Kriege mit Nachbarstädten verwickelt, die, wie Arezzo und Pisa, den Ghibellinen zuneigten. Die Überheblichkeit und die bedrückenden Maßnahmen der guelfischen Partei bestärkten im gemeinen Manne die Überzeugung, daß die Oligarchie an seiner schlimmen Lage schuld sei, und die Armen und Unterdrückten vermochten die politischen, wirtschaftlichen und sozialen Aspekte der Situation nicht mehr auseinanderzuhalten.

Die zunehmende Spannung zwischen der Kaufmannsoligarchie und den Handwerkern war nicht etwa eine Erscheinung, die sich auf Florenz beschränkte. Als Kaiser Karl IV. 1355 nach Rom zur Krönung unterwegs war, kam es in der Nähe von Florenz in Siena und Lucca zu blutigen Aufständen, die er beilegen mußte, nicht ohne nach beiden Seiten hin drastische Maßnahmen zu ergreifen. 1368 erhob sich das *popolo minuto* und forderte höhere Löhne. Die Meister behaupteten, sie könnten infolge einer Hungersnot, die im Lande herrschte, das Geld für diese Erhöhung nicht aufbringen. Vier Jahre später verboten die Guelfen – der Hochadel – jegliche Aktivität seitens des Volkes. In den darauffolgenden sechs Jahren schwelte, während Florenz in einen planlosen Krieg gegen den päpst-

Raffael: »Der Kardinal«, 1510/11; Madrid, Museo del Prado.

Raffael: »Triumph der Galatea«, 1512; Rom, Farnesina.

lichen Legaten in der Toskana verwickelt war, die Unzufriedenheit weiter, bis es 1378 im Juni zu einem endgültigen schweren Ausbruch kam. In einem Handstreich übernahmen die *popolani* die *Signoria*, und eine Zeitlang sah es nun so aus, als wolle Frieden einziehen. Aber die *popolani* waren entweder zu maßvoll oder zu langsam bei ihrer Regierungsreform, und so taten sich die *sottoposti* (diejenigen, die von den *arti* oder Gilden abhängig waren) zusammen und verlangten ein energischeres Vorgehen. Diese Masse der untersten Arbeiterschicht wurde jetzt allgemein die *ciompi* (Lumpenpack) genannt. Der Mob bemächtigte sich zügellos plündernd und brandschatzend der Stadt Florenz. Drei Tage lang, vom 21. bis zum 24. Juli, hatten die *ciompi* die Stadt in der Hand. Um ihrem Sieg Dauer zu verleihen, fügten sie den vorhandenen 21 *arti* drei neue hinzu: die Färber, die Wamsmacher und die *ciompi*, d.h. alle übrigen Arbeiter. Ihre Begeisterung ließ jede Vernunft vermissen. Die Kaufleute sperrten ihre Lager, und die *ciompi* waren dem Hunger preisgegeben. Nachdem die Revolution noch ein paarmal wieder aufgeflackert war, brach sie zusammen. Die *arti* der Färber und Wamsmacher durften noch eine Zeitlang bestehen, aber die der *ciompi* wurden verboten. 1383 hatte das vierzigjährige Experiment einer Demokratisierung sein Ende gefunden. Die *arti maggiori* und die *arti minori* teilten sich wie zuvor in die Sitze in der *Signoria*, aber die städtischen Beamten gehörten meist der Gruppe der oligarchischen *arti maggiori* an. Während der nächsten 40 Jahre wandelte sich das Florenz der Zünfte allmählich zum Florenz der Medici. Die äußere Form erhielt sich, und es bestand auch weiterhin eine Art Republik, dabei müssen wir uns aber stets vor Augen halten, daß das Proletariat zwar an dem großen Wohlstand in der Toskana teilhatte, seine politische und verfassungsmäßige Stellung aber nicht im geringsten verbessern konnte. Von 1402 oder eigentlich erst von 1434 an deckt sich die Geschichte von Florenz fast 100 Jahre lang mit der Geschichte des gemäßigten Despotismus der Familie Medici.

Sie begann mit einem Kampf um die Hegemonie zwischen den Albizzi, einer reichen und alteingesessenen Kaufmanns- und Bankiersfamilie, und den Medici, Neulingen in der Oligarchie, die als Führer einer Gruppe Neureicher auftrat. Der Sieg der Medici im Jahr 1434 unter dem Oberhaupt der Familie, Cosimo de' Medici, brachte keine plötzliche Verfassungsänderung für Florenz. Die neue Macht funktionierte reibungslos einfach dadurch, daß sie den alten Staatsmechanismus zur Förderung der eigenen Interessen einsetzte. Das Mittel zur Herrschaft der Medici war ein einziges neues Gesetz, das einen Ausschuß von zehn Wahlmännern vorsah, die alle zwei Monate die sechs neuen Prioren wählen sollten. Dann wählten die Medici diese zehn Wahlmänner, die wiederum die Mitglieder der *Signoria* wählten.

Wir haben bisher die sozialen Veränderungen in drei Ländern Westeuropas betrachtet: in den Niederlanden, in Frankreich und in Italien. Sie haben vieles gemeinsam und sind in vielem verschieden. Doch in allen dreien nahmen die arbeitenden Unterschichten, die unter wirtschaftlichem Druck litten und keine Möglichkeit hatten, ihren Wünschen und Bedürfnissen auf friedlichem Wege politischen Ausdruck zu verleihen, in letzter Verzweiflung ihre Zuflucht zum offenen und gewaltsamen Aufstand. Es ist infolgedessen nicht möglich, zwischen politischen und wirtschaftlichen Aktionen zu trennen oder zwischen Wirtschaftslage und Sozialbewußtsein zu unterscheiden.

In Deutschland war die politische Lage der Städte insofern anders als in Frankreich und den Niederlanden, als die Macht des Königs oder Kaisers bedeutend geringer war. Infolgedessen genossen die deutschen Städte weitgehende Selbständigkeit. Verhältnismäßig unbeeinflußt von dem Streit zwischen Guelfen und Ghibellinen, der die italienischen Gemeinwesen erschütterte, schlossen sie sich häufig zu Bünden zusammen, wie die Hanse einer war, oder auch der Rheinische und der Schwäbische Städtebund, und erlangten dadurch eine gewisse Stabilität und Sicherheit. Trotzdem blieben auch sie nicht völlig von den Störungen verschont, die sich aus sozialen und wirtschaftlichen Gegensätzen ergaben. In Nürnberg, Köln, Magdeburg, Frankfurt, Augsburg und in kleineren Städten des Reichs kam es im 14. und frühen 15. Jahrhundert zu Aufständen der weniger bedeutenden Zünfte oder der niederen Arbeiterklassen gegen die Patrizier.

In Böhmen verschärfte die alte nationale Spannung zwischen Slawen und Germanen, die durch die starke Zuwanderung von Handwerkern aus deutschen Städten im 13. Jahrhundert neue Nahrung erhielt, den Klassenkampf. In vielen Städten des Königreichs durften die Deutschen nach ihrem Stadtrecht leben, das sie mitgebracht hatten und das in den meisten Fällen das magdeburgische war. Bei soviel Unabhängigkeit waren die Deutschen gewöhnlich den Tschechen wirtschaftlich wie auch sozial überlegen. Kein Wunder, daß das nationale Element die Deutschen ablehnte und daß es in Prag und den kleineren Städten des Königreichs zwischen den wohlhabenden Kaufleuten, die meistens Deutsche waren, und der ständig wachsenden Zahl böhmischer Handarbeiter zu Auseinandersetzungen über Löhne, Geldentwertung und Mitspracherecht in der Stadtverwaltung kam.

Ebenso nahm in Polen das deutsche Element in den Städten während des 13. und 14. Jahrhunderts beträchtlich zu, und auch hier spielte der althergebrachte polnisch-deutsche Gegensatz eine entscheidende Rolle. Die polnischen Städte, die von den Zentren der Stadtkultur in Italien, den Niederlanden und Westdeutschland so weit entfernt lagen, waren in der Technik der Entwicklung einer Selbstverwaltung etwa 50 Jahre zurück. Doch um die Mitte des 14. Jahrhunderts erhoben die Meister der Handwerkerzünfte den Anspruch, den Kaufleuten gleichgestellt zu werden. 1368 entschied König Kazimierz III., daß ein Stadtrat zu gleichen Teilen aus Kaufleuten und Handwerkern bestehen müsse. Diese Verordnung war verfrüht und wurde nur gelegentlich befolgt. In Krakau erreichte die Spannung zwischen Handwerkern und Tagelöhnern auf der einen und Kaufleuten auf der anderen Seite in den Jahren 1406–1410 ihren Höhepunkt. Darum bemüht, ihre Wünsche vor die Öffentlichkeit zu bringen, traten die Handarbeiter *(commune vulgus)* in verschiedenen Bezirken der Stadt zusammen und wählten Vertreter, die dem Rat, der damals nur aus Mitgliedern der Kaufmannsgilden bestand, die Stirne bieten sollten. Dieses Vorgehen war ein Präzedenzfall; viele Jahre hindurch regierte in Krakau und anderen polnischen Städten ein Stadtrat, der aus je acht Kaufleuten und acht Vertretern des gemeinen Volkes bestand. 1435 vereinigten sich die acht höchsten Verwaltungsbeamten der Stadt mit den 16 Ratsmitgliedern, und hinfort wurde ein aus 24 Mitgliedern bestehender Stadtrat anerkannt. Damit, daß das Proletariat nun im Rat vertreten war, hatte man freilich die Unstimmigkeiten zwischen den Klassen nicht völlig aus der Welt geschafft. Immerhin war jedoch auf diese Weise der Grundsatz einer gleichberechtigten Vertretung eingeführt, wodurch die Auseinandersetzung aus der Atmosphäre der Straßenkrakeele und Streiks auf die Ebene mehr oder weniger vernünftiger Diskussionen gehoben wurde, die gelegentlich zu einem Appell an den König führten. Das nationale Problem löste sich allmählich dadurch, daß die ursprünglich deutschblütigen und deutschsprachigen Mitglieder des Kaufmannsstands nach und nach polonisiert wurden, so daß um die Mitte des 16. Jahrhunderts einer der Gründe für mögliche Reibungen ziemlich ausgeschaltet war.

Die deutschen Hansestädte kannten als Motiv ihres Handels einzig und allein den Wunsch nach Sicherheit und kaufmännischem Gewinn. Praktisch unabhängig von Landesfürsten und selbst vom Kaiser, befanden sich ihre Stadträte vollständig in der Hand der Kaufmannschaft, die ein zweckbestimmtes und festes Regiment führte. Jeder Handarbeiter oder Handwerksgeselle, der in eine dieser Städte kam, um dort zu wohnen und zu arbeiten, wußte sehr gut, wer dort regierte und was er erwarten konnte. Dennoch kam es im späten 14. Jahrhundert zu

Aufständen des Proletariats gegen die strenge Herrschaft der Kaufherren in mehreren Hansestädten, vor allem in Bremen (1365), Braunschweig (1374), Lübeck (1376, 1380, 1384), Stralsund (1391) und Köln (1396). In jedem Falle griff die Hanse zum Schutz der alten Rechte ein. In Stralsund, wo es seit 1370 gärte, hatte der Aufstand Erfolg; ein neuer Stadtrat wurde eingesetzt, an dessen Spitze Karsten Sarnow, ein niederer Bürger, stand. Die Hanse zwang die Stadt, den alten Rat wieder zurückzurufen und Sarnow hinzurichten. In den ersten Jahren des nächsten Jahrhunderts brachen neuerlich Unruhen vor allem in Lübeck aus. 1408 hielten es 15 der 23 Mitglieder des Rates für geraten, die Stadt zu verlassen, woraufhin die Bürger die Gewalt übernahmen, ohne daß es zu größeren Gewalttätigkeiten gekommen wäre. Doch das war Unbotmäßigkeit, und der deutsche Kaiser Ruprecht von der Pfalz ächtete die Stadt. Da er bald darauf starb, wurde diese Strafmaßnahme nicht energisch weiterverfolgt, und der neue Rat von Lübeck suchte Verbündete. In Wismar und Rostock hatten unblutige Revolutionen ähnlich wie in Lübeck die alten oligarchischen Räte vertrieben. Die Folge davon war, daß Lübeck, Wismar und Rostock als gleichgesinnte Städte unter proletarischer Verwaltung ein Bündnis schlossen. Diese Neuerung mußte, wenn ihr Erfolg beschieden war, die Ziele der Hanse gefährden. Nach einem Rechtsstreit, der sich über vier Jahre hinzog, wurden im Juni 1416 Jordan Pleskow, der frühere Bürgermeister von Lübeck, und der alte Rat aufgrund eines kaiserlichen Erlasses wieder eingesetzt. Pleskow, der zu klug war, als daß er die Bedeutung der Revolte der Bürger verkannt hätte, fügte dem Rat fünf neue Mitglieder aus der Zahl der Zunftbeamten und der in den geringeren Zünften zusammengeschlossenen Bürgerschaft hinzu. Der Aufstand hatte der gesamten Hanse einen heilsamen Schrecken eingejagt; beim nächsten Treffen des Bundes im Jahr 1418, auf dem 35 Städte und der Kaiser vertreten waren, betrug die Zahl der Mitglieder fast das Doppelte.

In England verlief die soziale Entwicklung während dieser Jahrhunderte anders als in allen Gebieten, die wir bisher betrachtet haben. Seit der Zeit Wilhelms des Eroberers hatte es für den Feudalismus niemals eine Situation gegeben, die so kompliziert gewesen war wie in den Niederlanden, wo sich die königliche Oberherrschaft seitens des Adels und der Städte vielfach angefochten sah. In England gab es keinen Zweifel, wer König war, und es war keine Frage, wer den Gemeinwesen ihre Privilegien gewährte. Ferner kennt die Geschichte der englischen Städte die heftigen Klassenkämpfe kaum, wie sie sich jenseits des Kanals, in Italien und östlich des Rheins abspielten. Es gab allerdings einige Auseinandersetzungen, die zu Gewalttätigkeiten und Blutvergießen führten, aber nur wenige, die auf eine so krasse Spaltung zwischen den Klassen schließen lassen, wie sie in den Niederlanden und Italien zu beobachten war. Das erklärt sich teilweise aus der Tatsache, daß die englischen Städte nicht so stark industrialisiert waren wie die Städte auf dem Kontinent. Die englischen Gemeinwesen waren im wesentlichen landwirtschaftlich orientiert, so daß der Beginn eines kapitalistischen und industriellen Zeitalters nicht plötzlich zu jener tiefgreifenden Divergenz zwischen den Gewinnen des Unternehmers und den Löhnen der Arbeiter führte. Gerade durch die Industrialisierung waren ja die flämischen Kaufleute schnell reich geworden und hatten den Arbeiter weit hinter sich gelassen. In England entwickelte sich der Kapitalismus langsamer, so daß sich die Preise und die Löhne allmählich den neuen Bedingungen anpassen konnten.

Trotzdem kannte auch England soziale Probleme, die sich aus den wirtschaftlichen Veränderungen ergaben. Schon ehe die Pest ausbrach, bestand in London eine Spannung zwischen den reichen Kaufleuten und den Handwerkern. 1346 wurden »mit Ausnahme der besseren Klassen« alle Bürger von den städtischen Wahlen ausgeschlossen. Neben der Masse der Bürger, für die um die Mitte des Jahrhunderts keine Hoffnung mehr

bestand, sich aus dem Status des Arbeitnehmers emporzuarbeiten, gab es eine ständig wachsende Zahl von Menschen ohne jede Fachausbildung, die man nur als Pöbel bezeichnen kann. Diese Gruppe stellte in einer großen Stadt Zündstoff dar. Auf dem Land lagen die Verhältnisse kaum anders. Steigende Preise in Verbindung mit den Forderungen Eduards III., der einen Krieg gegen Frankreich finanzieren mußte, trafen den Bauern, den kleinen Grundbesitzer und über den Großgrundbesitzer auch den Leibeigenen allmählich doch spürbar. Das Land war »voller Volkes« (William Langland); die Voraussetzungen für Unzufriedenheit waren damit geschaffen.
1348 begann die Pest in England zu wüten. Sie raffte etwa ein Drittel der Bevölkerung dahin und verschonte kein Alter und keinen Stand. Am schwersten litten zweifellos die Armen. Die Folge war ein Mangel an Arbeitskräften und ein Emporschnellen der geforderten und gebotenen Löhne. So manche Ernte wurde nicht eingebracht, weil es an Schnittern fehlte. Königliche Verordnungen, die die Löhne auf dem Stand vor dem Auftreten der Pest halten sollten, wurden allgemein ignoriert, und auch Geldbußen und Gefängnisstrafen bei Übertretungen konnten ihnen keine Beachtung erzwingen. Das nächste Parlament brachte 1351 ein Arbeitergesetz heraus, das die Bemühungen der Regierung um Erhaltung der Preise und der Löhne für Bauern und Handwerker auf dem Stand vor dem Auftreten der Pest spezifizierte. Es zeigte sich, daß es fast unmöglich war, diese Bestimmungen durchzusetzen. Gutsbesitzer wie Unternehmer, die vor allem anderen auf den guten Willen der Arbeiter angewiesen waren, trafen geradezu Absprachen, um die gesetzlichen Vorschriften zu umgehen. Im Durchschnitt stiegen die Löhne um 80 Prozent über den Stand von 1346, und die Preise der meisten Konsumgüter wie Salz, Kalk, Eisen, Stellmacherwaren und Leinwand betrugen über das Doppelte. Der Lohnempfänger war infolgedessen schlimmer daran als vor der Pest, und von der Zukunft hatte er eher noch weniger zu erwarten. Der Sieg des Schwarzen Prinzen bei Poitiers

(1356) und der günstige Frieden von Brétigny (1360) mögen für Eduard III. eine Genugtuung gewesen sein, doch der Landarbeiter, der Kleinbauer und der kleine Handwerker fanden wenig Trost in diesem Ruhm. Der Arbeiter wußte, daß sein saurer Schweiß und die Blasen an seinen Händen der Preis für die Ansprüche waren, die der König auf ein fernes Land erhob. Daß die Vorschriften des Gesetzes von 1351 ganz allgemein umgangen wurden, läßt sich aus der Strenge eines 1361 vom Parlament verabschiedeten Gesetzes schließen, in dem vorgesehen war, daß Arbeiter, die auf der Suche nach besserem Lohn von Ort zu Ort zogen, mit einem glühenden Eisen gebrandmarkt werden sollten. Der einzige Erfolg dieser drastischen Maßnahme bestand darin, daß der Groll der Arbeiter gegen die Regierung, die ihn daran hinderte, soviel zu verdienen, wie er zum Leben brauchte, immer größer wurde. Es gab nur wenige Richter, die mutig genug waren, diese Bestimmung durchzusetzen.

Die literarischen Zeugnisse aus diesen Jahrhunderten bieten uns nur selten die Möglichkeit, die wahren Gefühle des gemeinen Mannes kennenzulernen, denn sie stammen zum größten Teil von den Höfen und der Geistlichkeit. In William Langland jedoch hören wir die Stimme der Bauern und der Armen. Langland war ein niederer Geistlicher, der unter dem Volke lebte und die mißliche Lage dieser Menschen in Form einer dichterischen Vision darstellt. Die erste Fassung seiner *Vision of Piers Plowman* entstand 1362. Wie die beiden späteren Fassungen schildert sie die Nöte der Armen in sehr realistischer Weise. Doch Langland sah nicht nur die Armut und Sorge. Es ist bezeichnend, daß er hinter die Kulissen zu schauen verstand und bei seinem Umgang mit dem gemeinen Mann die tiefe Unzufriedenheit des Volkes mit der Gesellschaftsstruktur spürte. Diese Unzufriedenheit war nicht nur auf die wirtschaftlichen Verschiedenheiten zurückzuführen, sondern in hohem Grad auch auf soziale Ungerechtigkeit und auf die Überheblichkeit und mutwillige Verschwendungssucht des

Adels und der reichen Kaufleute. Jean Froissart, der die unteren Schichten gewöhnlich mit dem Spott des Emporkömmlings betrachtet, erkannte gleichfalls, wie tief der Haß der Bauern und des Stadtproletariats gegenüber der herrschenden Klasse wurzelte, und wagte nicht, die Berechtigung dieser Empfindung zu bestreiten.

In den letzten Regierungsjahren Eduards III. kam es nicht nur in London zu häufigen Zusammenstößen zwischen der Bürgerschaft *(plebs)* und dem Adel *(domini)*, sondern auch in anderen Teilen des Königreichs – so z.B. in St. Albans, Bangor, Evesham, Bury St. Edmunds, Dunstable und Lynn – zu Auseinandersetzungen zwischen dem gemeinen Volk und dem Adel oder den Herren einiger reicher Abteien, die Eigentumsrechte an den Städten besaßen. Zweifellos dachte der Bischof von Rochester an diese Zwischenfälle, als er bei der Krönung Richards II. am 17. Juli 1377 dem versammelten Volk erklärte, daß »die Streitigkeiten und Meinungsverschiedenheiten, die zwischen dem Volk und dem Adel entstanden seien und nun so lange schon anhielten, ein Ende haben sollten ... Er beschwor die Lords«, fährt der Chronist, der Mönch von St. Albans, fort, »sie sollten das Volk nicht mit so drückenden Abgaben quälen.« Bei der unnachgiebigen Haltung der Lords und der Kaufmannsoligarchie und dem aufgestauten Groll des gemeinen Volkes wegen der gedrückten Löhne und der steigenden Preise war eine offene und entscheidende Auseinandersetzung unausweichlich.

Die Finanzverwaltung des Königreichs war in den ersten Regierungsjahren Richards II. unglücklicherweise recht ungeschickt, und im Jahr 1380 stand das Parlament vor einem bedenklichen Defizit. Man kam zu dem Schluß, daß eine Kopfsteuer notwendig sei; jeder, der 15 Jahre alt und älter war, sollte einen Schilling zahlen. Auf diese Weise erlegte man den Armen eine Bürde auf, die in keinem Verhältnis zu ihrer Zahlungsfähigkeit stand. Diese Steuer brachte den Krug zum Überfließen. Die Regierung hatte die Löhne niedrig gehalten,

während sie zuließ, daß die Preise für lebensnotwendige Dinge sich verdoppelten und verdreifachten.
Am 30. Mai 1381 brach der längst schon glimmende Haß in Essex endlich in einem offenen Aufstand aus, als ein Beamter bei Einziehung der Kopfsteuer von den Einwohnern Fobbings aus der Stadt getrieben wurde. Obwohl die Empörung spontan wirkte, war sie doch sehr wahrscheinlich schon seit einiger Zeit geplant. Wenige Tage darauf floß in Essex zum erstenmal Blut, und gleichzeitig übernahm in Kent ein gewisser Wat Tyler die Führung des Aufstands. An seiner Seite stand John Ball, ein exkommunizierter Priester, der schon lange für die Rechte des gemeinen Volkes agitiert und den ohnehin erzürnten Pöbel aufgewiegelt hatte, indem er apokalyptische Reden über die Gerechtigkeit ihrer Sache und eine schönere Zukunft hielt, in der es arm und reich nicht mehr geben werde. Die Männer von Essex und Kent, deren Führer beschlossen hatten, gemeinsame Sache zu machen, zogen geschlossen nach London. Am 12. Juni lagerten sie vor den Toren und stellten fest, daß es innerhalb der Stadtmauern Kräfte gab, die nur darauf warteten, zu ihnen zu stoßen. Die Position des Königlichen Rates war in diesem Augenblick zu schwach, als daß er Widerstand hätte leisten können. An der schottischen Grenze war ein Krieg im Gang, und Truppen standen nur beschränkt zur Verfügung. Einige Aufrührer brannten das Schloß des Bischofs von London in Lambeth sowie die Gefängnisse von Marshalsea und King's Bench nieder, wohin gewöhnlich die säumigen Steuerzahler geschickt wurden. Diese drei Punkte lagen sämtlich südlich der Themse und waren deshalb für die Rebellen erreichbar.
Die Aufständischen wollten mit keinem anderen als dem König sprechen, und so wurde eine Unterredung für den nächsten Tag angesetzt. Doch diese erste Begegnung zwischen dem vierzehnjährigen Monarchen, der sich mit seinen Ministern auf einer Barke in der Mitte der Themse befand, führte zu keiner wirklichen Erörterung der Probleme und wurde abgebrochen.

Am nächsten Tag, Donnerstag, dem 3. Juni, drangen die Rebellen in guter Ordnung von zwei Seiten her in London ein, wo sie von zwei Stadträten und vielen gleichgesinnten Bürgern empfangen wurden. Die Menge zerstörte den kurz zuvor vollendeten Savoy-Palast John of Gaunts – ein Symbol der Bedrückung durch die Regierung –, brannte die Fleet- und Newgate-Gefängnisse nieder und zog schließlich zum Tower, in den der König sich mit seinen Ministern zurückgezogen hatte, wo man ein Lager aufschlug. Die Rebellen waren, vielleicht allzu mühelos, unbestrittene Herren der Stadt geworden. Sie legten dem König vier Forderungen vor: die Leibeigenschaft soll abgeschafft werden; alle Teilnehmer am Aufstand sollen Pardon erhalten; jedermann soll in jedem Land, jeder Stadt, auf jeder Messe und jedem Markt Englands kaufen und verkaufen dürfen; endlich die Abgabe für alles abgabepflichtige Land sollte nicht mehr als vier Pence pro Morgen betragen, und falls sie vorher niedriger war, soll sie nicht erhöht werden. Der Führer des Aufstands schien weiter nichts zu wollen als eine Anerkennung des gemeinen Volkes als freie Menschen, die das Recht auf freien Handel, billiges Land und ordnungsgemäße Gerichtsbarkeit haben sollten. Nachdem der König versucht hatte, die Rebellen mit schönen Worten abzuspeisen, erklärte er sich mit einer Zusammenkunft am nächsten Vormittag einverstanden. Bei diesem Treffen gewährte Richard, dem die Rebellen in Schlachtordnung gegenüberstanden, alle Forderungen und ließ 70 Schreiber kommen, die die Freibriefe ausfertigen mußten, mit denen die Gleichstellung der Bürger und die Amnestie für die Teilnehmer an der Revolte beurkundet wurden. Das bedeutete im Grunde eine Annullierung des Arbeitergesetzes durch den König. Viele von den Aufrührern gingen im Vertrauen auf das königliche Wort nach Hause, um dort die – wie sie glaubten – gute Nachricht vom Ende der Unterdrückung zu verbreiten. In London zog inzwischen die Menge zum Tower, wo sie Simon von Sudbury, den Erzbischof von Canterbury, ergriff und enthauptete, dem sie als maßgebendem Minister des Königs die Verantwortung für ihre Nöte zuschrieben. Robert Hales, der Schatzmeister des Königreichs und eine Anzahl geringerer Beamter wurden ebenfalls hingerichtet. Der König hatte den Rebellen ausdrücklich erlaubt, »Verräter« hinzurichten, wobei er recht gut wußte, wen das Volk als Verräter ansah.

Die Regierung verfügte jedoch noch immer über Hilfsquellen und ein gehorsames Militär. Die Minister des Königs hatten nicht die Absicht, die von Richard ausgestellten Freibriefe zu achten und seine Zugeständnisse zu verwirklichen. Die Rebellen mußten zerstreut werden, entweder durch List oder, wenn das nicht möglich war, durch Gewalt. Zuerst versuchte man es mit List. Man erklärte Wat Tyler, der König wolle ihn am Samstag, dem 15. Juni, zur Vesperzeit in Smithfield vor den Mauern Londons treffen. Als der König mit seinem Gefolge eintraf, trat Tyler arglos und unbewaffnet aus der Front seiner Anhänger vor, um ihn zu begrüßen. Er las dem König und dessen Ministern und Rittern die weiteren Forderungen der Aufständischen vor, Forderungen, die sich ebenso gegen die Geistlichkeit richteten – »da wir von einer so unermeßlichen Horde von Bischöfen und Kirchenbeamten bedrückt werden« – wie gegen die Leibeigenschaft, die sie beseitigt sehen wollten. Der König gewährte alles soweit »es mit der Souveränität meiner Krone übereinstimmt« und forderte die Männer auf, nach Hause zu gehen. Tyler, der mit seinem Erfolg zufrieden war, bestieg sein Pferd und wollte sich wieder zu den Seinen begeben, als er vom Bürgermeister von London angegriffen und von den Bewaffneten tödlich verwundet wurde. Richard ritt vor die Front der Rebellen, die aus der Entfernung nicht erkennen konnten, was mit ihrem Führer vorging, versicherte ihnen, er sei ihr König, und forderte sie auf, als loyale Untertanen auseinanderzugehen und sich wieder nach Hause zu begeben. Dann kehrten Richard und sein Gefolge in die Stadt zurück, wo sich inzwischen königliche Truppen versammelt hatten.

Ohne ihren Führer waren die Aufständischen haltlos. Durch Zusicherung, daß die Freibriefe des Königs ihre Gültigkeit behielten und daß sie Freiheiten gewonnen hätten, ließen sie sich leicht dazu bewegen, aus London abzuziehen. Bald sollten sie ihren Irrtum erkennen. In der gleichen Nacht übten die Soldaten des Königs blutige Rache an den Bauern, die sich noch in der Stadt aufhielten. Die Straßen waren rot von Blut, und London befand sich in der Hand des Königs. Am 17. Juli wurde der Aufstand bei St. Albans, dem Mittelpunkt der Revolte in Hertfordshire, grausam unterdrückt. John Ball, der Prophet und beredte Wortführer des Volkes, wurde hingerichtet. So hatte der Königliche Rat innerhalb von wenigen Tagen auch die umliegenden Grafschaften unter Kontrolle gebracht.

Doch ein Aufstand, der sich seit 30 Jahren, d.h. seit dem Arbeitergesetz, zusammenbraute, ließ sich nicht in wenigen Tagen unterdrücken. Die Unruhen setzten sich im Norden in York, im Westen und Süden in Devonshire, Somersetshire, Lancashire und in vielen anderen Gebieten fort. In den Grafschaften im Osten waren die Aufstände vielleicht am besten organisiert und dauerten am längsten an. In Bury St. Edmunds gab es wie in St. Albans von altersher Reibungen zwischen Abtei und Stadt. Im Juni 1381 konnte John Wrawe, der mit Wat Tyler in Verbindung gestanden hatte, ohne Mühe die Bauern und die Städter gegen den obersten Richter als den Repräsentanten der königlichen Ungerechtigkeit gegenüber dem gemeinen Volk sowie gegen den Prior der Abtei aufwiegeln, der die drückende Herrschaft der Abtei über die Stadt verkörperte. Eine Charta von Freiheiten für die Stadt wurde abgefaßt, und der Subprior wurde gezwungen, sie zu unterzeichnen. Doch das Volk sollte sich dieser Freiheiten nicht lange freuen. Der Graf von Suffolk trat schon nach einer Woche im Namen des Königs als Richter auf, und viele Aufständische wurden gehängt. Ähnliches trug sich auch an anderen Orten zu. Etwa 1500 Führer der Bauern- und Proletarierbewegung wurden im Namen des Königs hingerichtet. Dennoch dauerte es Monate, bis die Regierung die Ordnung im Lande wieder hergestellt hatte. Noch Ende September bemächtigte sich das Volk der Stadt Maidstone, wobei einige reiche Bürger hingerichtet wurden. Als das Parlament im November 1381 und im Januar des nächsten Jahres zusammentrat, hieß es noch immer, daß unter dem gemeinen Volk Unruhe und Verbitterung herrsche. In den folgenden Jahren flackerte die Unzufriedenheit der Bauern immer wieder auf. Niemand konnte erwarten, daß die Erinnerung an den vorübergehenden Erfolg unter Wat Tyler und John Ball, aus ohnmächtiger Erbitterung und Hoffnung immer aufs neue genährt, gerade im englischen Volke erlöschen werde, das die Freiheit so leidenschaftlich liebte.

Der Bauer mußte sich nun härter und länger plagen. Der Städter wurde unsanft daran erinnert, daß die Rechte der Abtei, der Kathedrale und des Feudalherrn seine Bewegungsfreiheit einschränkten wie eh und je. Es hatte den Anschein, als bestünde das soziale Programm Englands im 14. Jahrhundert in einer erfolgreich durchgeführten Unterdrückung und Hinopferung des gemeinen Volkes in den Städten und auf dem Lande.

Wir haben bereits darauf hingewiesen, daß kein Grund besteht, John Wyclif mit dem Bauernaufstand in Verbindung zu bringen. Immerhin hatte seine Bewegung, die eine Reform der Kirche an Haupt und Gliedern anstrebte, mit dem Aufstand der Bauernschaft und des Stadtproletariats einiges gemein. Beiden lag eine bestimmte Vorstellung von den Rechten des Individuums zugrunde: Hier ging es um das Recht auf physische Freiheit von feudaler Sklaverei, dort um das Recht des einzelnen, seine Bibel zu lesen und zu verstehen, ohne auf eine institutionalisierte Priesterschaft angewiesen zu sein, die sich ihres Auftrags vielfach nicht mehr bewußt war. Daß diese beiden Bewegungen in England etwa gleichzeitig auftraten und dieselben Gegner hatten – die kirchliche Hierarchie und den Königlichen Rat – ist auch kein Zufall. Besonders bedeutungsvoll aber ist der breite Widerhall, den diese Bewegungen in England fanden, ihr schlichter Ernst, die Exaktheit der jeweiligen Forderungen, die naive Demut der Führer und das aufrichtige Vertrauen ihrer Anhänger. Der Sieg der Barone und der Kirchenhierarchie schien leicht errungen, war aber trügerisch. Erzbischof Sudbury war tot, und nach wenigen Jahren wurde der oberste Richter Tresilian in Tyburn gehängt; der Graf von Salisbury endete ebenfalls durch den Strick, der Graf von Suffolk starb in der Verbannung, und König Richard, der so zungenfertig Versprechungen gemacht hatte, die er ebenso rasch abstritt, verlor seine Krone und beendete sein Leben in Schande.

Immer wieder stoßen wir im Verlauf der Geschichte auf Auseinandersetzungen, in denen das gemeine Volk um seine natürlichen Menschenrechte kämpft. Im 14. Jahrhundert wurde dieser Kampf zu einem Phänomen, das überall in Europa auftrat und alle Grenzen des Klimas, der Rasse und der Sprache übersprang. In gewisser Hinsicht war er das wichtigste Ereignis dieser ganzen Epoche. Man darf wohl behaupten, daß die folgenden Jahrhunderte nie als Neuzeit hätten bezeichnet werden können, wenn es damals in den betroffenen Gebieten nicht zu der Aufstandsbewegung gekommen wäre. Mögen die charakteristischen Züge der sozialen und wirtschaftlichen Revolten in den verschiedenen Ländern noch so verschieden gewesen sein, so steht doch einwandfrei fest, daß es sich im Grunde stets um Erhebungen gegen unvernünftige und autoritäre Privilegien gehandelt hat. Auch das ist Renaissance: ein neuer Hunger nach Freiheit und die Vision einer glücklichen Zukunft.

6

Kunst und Literatur

DAS 14. JAHRHUNDERT war in vielen Teilen Europas – in Böhmen, Süddeutschland, Italien und teilweise auch in Frankreich – eine Zeit bedeutender künstlerischer Aktivität. England hingegen schien davon weniger berührt zu sein. Die anhaltenden Kriege mit Frankreich oder Schottland, die Pest und die dauernde Belastung durch wirtschaftliche Schwierigkeiten verhinderten jeden großen schöpferischen Impuls. Immerhin war das Jahrhundert auf dem Gebiet der Architektur nicht ganz unfruchtbar. Zur Zeit Eduards I. (1272–1307) gab es eine Mode, die als Dekorstil *(decorated style)* bezeichnet wird; sie behandelte die herkömmliche Gotik freizügig und verspielt, indem sie die einfachen gotischen Bogen des 13. Jahrhunderts so verdoppelte, daß sie eine Reihe langgezogener S bildeten. Dieser Stil wich jedoch bald einer weniger freien und phantasievollen Form, der Perpendikulargotik, wie sie sich am reinsten in der Kathedrale von Gloucester zeigt. Unter Vermeidung der überreichen Kurven des Dekorstils überspinnt sie die Wände mit gitterartigem Stabwerk und vermeidet – soweit die Konstruktur es zuläßt – das Kreuzgewölbe. So wirkt sie im ganzen hoch und licht. Selbst das Rippenwerk im Gewölbe wirkt eckig und kraftvoll, als sei es vom Baumeister und nicht vom Künstler vorgeschrieben. Dieser Stil wurde in Pfarrkirchen und einigen Kathedralen nach 1340 auf etwa 100 Jahre – vielfach noch länger – beibehalten.

Als der junge Richard II. im Januar 1381 Anna von Böhmen,

Raffael: »Verklärung Christi«, 1519/20; Rom, Pinacoteca Vaticana.

Domenico Beccafumi: »Die Heilige Familie«, um 1520; Florenz, Galleria degli Uffizi.

die Tochter Kaiser Karls IV. heiratete, war der Weg für kontinentale Einflüsse frei. Der kaiserliche Hof zu Prag war ein kosmopolitisches Zentrum für Kunst und Literatur gewesen, und Anna hat Richard sicher in dieser Richtung beeinflußt. Seine Nachfolger aus dem Hause Lancaster, die in mancher Hinsicht mehr dem Kontinent als England verbunden waren, förderten den Bau schöner Schlösser und Kirchen, Universitäten, Hospitäler und Zunfthallen. Sie unterstützten auch das Kunstgewerbe, Entwurf und Anfertigung von Schmuckstücken, von bunten Kirchenfenstern, illuminierten Handschriften, von Holzschnitzereien und kunstvollen Gold- und Silberarbeiten. Es wäre jedoch falsch, den Aufschwung der Künste und der Architektur allein den englischen Herrschern zuzuschreiben. Das englische Volk – die Angehörigen der Zünfte, der niedere und hohe Adel, die Mönchsorden und die weltliche Geistlichkeit –, sie alle hatten Sinn für die schönen Dinge des Lebens in Kirchen oder in Schlössern, Zunft- oder Bürgerhäusern, und die Zeugnisse, die sie uns hinterlassen haben, sprechen eindeutig für die Kraft und Anmut in Erfindung und handwerklichem Können. Mitten in den Kriegen mit Frankreich und in den Rosenkriegen nahm man auf allen Ebenen der englischen Gesellschaft lebhaft Anteil an Kunst und Architektur. Doch die Jahrzehnte voller kriegerischer Wirren und dynastischer Streitigkeiten, die zwangsläufig das bürgerliche und wirtschaftliche Leben erschüttern mußten, wirkten sich nachteilig auf das kulturelle Leben aus. Bevor mit den Tudors Stabilität einzog, nahm die schöpferische Kraft Englands spürbar ab, und gleichzeitig rückten flämische Techniken und flämischer Stil in der englischen Kunst immer stärker in den Vordergrund.

Für Literatur und Wissenschaft war das 14. Jahrhundert eine Zeit des Übergangs: Der Hauptakzent vom Lateinischen und Französischen wechselte zur englischen Sprache und Betrachtungsweise über. Zumindest unter den beiden Eduard hatte die herrschende Schicht sich noch ihrer normannisch-französischen Kultur gerühmt; erst 1365 wurde Englisch die Sprache der Parlamentsdebatten. Die Literatur bestand infolgedessen hauptsächlich aus den herkömmlichen Romanen und allegorischen Dichtungen, die der mittelalterlichen französischen Literatur ihren Glanz verleihen. Doch um die Mitte des Jahrhunderts begann das einheimische englische Element um Anerkennung zu ringen und hatte auch bereits Beweise seiner Kraft und Eigenständigkeit geliefert. Die gegen Ende des Jahrhunderts entstandenen Werke – wie die schon erwähnte *Pierce the Ploughman's Crede,* ferner die aus der sozialen Unzufriedenheit nach der Pest entstandene *Pearl, Sir Gawayne and the Grene Knyght* (das letztere ganz in der Tradition des französischen Romans) und viele anonyme Liebesgedichte – zeigen eine erstaunliche Versiertheit im Umgang mit Versformen und Sicherheit in der Aussage. Nicht weniger bedeutsam war die Prosa aus der Zeit vor Chaucer. Richard Rolle schrieb viel Lateinisches, aber doch auch bewegende Predigten in englischer Prosa. John Wyclif, dessen gesammelte Werke in lateinischer Sprache über 40 dicke Bände füllen würden, hat nicht nur viel englisch geschrieben und eine umfangreiche Lollardenliteratur in seiner Muttersprache angeregt, sondern auch eine Bibelübersetzung aus dem Lateinischen der Vulgata ins Englische in die Wege geleitet und selbst begonnen. Wahrscheinlich hat er das Neue Testament um 1382 noch selbst vollendet, während seine Kollegen und Schüler das Werk beendeten und einige Jahre später revidierten. Seine enorme Popularität und seine starke Wirkung auf das Volk wird dadurch bezeugt, daß trotz der unnachsichtigen Verfolgung der Lollarden im 15. Jahrhundert fast 200 Abschriften erhalten sind.

Diese Vers- und Prosawerke in englischer Sprache waren ein Zeichen des wachsenden Nationalbewußtseins des englischen Volkes und seiner Loslösung von französischen Vorbildern. Gleichzeitig mit der endgültigen Vertreibung der Engländer aus Frankreich entstand eine eigenständige Literatur, ohne die kein Volk zur Nation wird. Aber noch hatte der Hundertjährige Krieg seinen Höhepunkt nicht erreicht, da brachte England eines seiner größten Genies hervor, nämlich Geoffrey Chaucer (1340–1400). Er war der Sohn eines wohlhabenden Londoner Weinhändlers, diente im Heer in Frankreich, wurde gefangengenommen und 1360 durch Eduard III. ausgelöst. Danach diente er der Krone viele Jahre lang als Mitglied verschiedener Missionen im Ausland. Mindestens zweimal besuchte er Italien, zum erstenmal 1372 – vielleicht begegnete er dort Petrarca oder Boccaccio – und dann wieder 1378. 1386 war er Mitglied des Parlaments. Einige Jahre hindurch war er Zollaufseher in London und brachte es zu einem gewissen Wohlstand, doch mit dem Niedergang der Macht John of Gaunts verlor oder verkaufte er seine Ämter, und von 1388 an verließ ihn das Glück. Er geriet derart in Schwierigkeiten, daß er einmal (1398) wegen Schulden vor Gericht stand. Die Thronbesteigung des Sohnes von John of Gaunt, Heinrichs von Lancaster, im September 1399 brachte eine Wende im Schicksal Chaucers, doch lebte er nur noch wenige Monate, nachdem Heinrich ihm eine Pension von 40 Pfund bewilligt hatte.

Chaucers literarische Tätigkeit war das Steckenpferd eines vielbeschäftigten Beamten und Geschäftsmannes. Er übersetzte sowohl aus dem Französischen als auch aus dem Lateinischen, und manche seiner Dichtungen lassen eine enge Vertrautheit mit bekannten Werken der italienischen Literatur erkennen. Seine kunstvollste Schöpfung, die tragische Geschichte zweier Liebender – *Troilus and Criseyde* – ist weitgehend eine Bearbeitung von Boccaccios *Filostrato.* Doch sein größtes und echt englisches Werk sind die *Canterbury Tales.* 30 Pilger, die von London nach Canterbury wallfahrten, kommen unterwegs in einem Gasthaus überein, sich mit Geschichtenerzählen die Zeit zu verkürzen. Die Pilger stammen aus allen Gesellschaftsschichten: Ritter, Gutsbesitzer, Rechtskundiger, Mönch, Seemann, Schreiber, Kaufmann, Koch, Richter, Pfarrer, Müller und Hausfrau. Dadurch wird das Ganze zu einem einmaligen Mosaikbild mittelalterlichen englischen Lebens. In ihrem Humor und Sarkasmus, ihrer Toleranz und Wirklichkeitsnähe sowie in der getreuen Wiedergabe des englischen Wesens sind die *Canterbury Tales* bis heute nicht nur im Englischen, sondern wohl auch in allen anderen europäischen Sprachen unübertroffen.

Für das 15. Jahrhundert als Ganzes gesehen bestand kaum eine Hoffnung auf eine dem Werk Chaucers ebenbürtige Leistung. Es gab wohl bemerkenswerte Dichter und Dramatiker, aber sie verfügten weder über den konzentrierten Realismus und die eigentümliche Kraft Chaucers, noch vermochten sie diesen Mangel durch Überlegenheit in anderer Hinsicht auszugleichen. Es gab sowohl schottische als auch englische Nachahmer Chaucers, aber Nachahmung bedeutet stets auch Wertminderung. John Lydgate (1370–1449), eine Zeitlang Prior von Hatfield Broadoak in Essex, erwies sich fruchtbar als Autor von Allegorien und als Übersetzer. Er war bekannt dafür, daß ihm die Verse leicht aus der Feder flossen, und machte Gedichte für alle nur denkbaren Gelegenheiten, denen es freilich an Tiefe fehlte. Thomas Hoccleve (1369?–1450?) verfaßte einige Übersetzungen und Bearbeitungen französischer und lateinischer Originale. Eine davon, *The Regement of Princes* entstand 1412 für den jungen Prinzen aus dem Hause Lancaster, den späteren Heinrich V. Hinzu kamen andere, weniger bedeutende Schriftsteller, die während dieses Jahrhunderts für Vers- und Prosaliteratur sorgten. Die Nachfrage nach Lesestoff nahm allmählich zu, und das Lesepublikum, in dem nunmehr die Laien die Geistlichen überwogen, verlangte größere Abwechslung in den Themen. Darum finden wir so verschiedene Titel wie *The Dicts and Sayings oft the Philosophers* (um 1455), John Chapgraves *Chronicle of England* (1464), das *Babees Book* (um 1450), ein Handbuch für gute Manieren, und als populärstes Werk Malorys *Morte Darthur* (um 1469), eine meisterhafte Kompilation der gesamten Artussage, die Tennyson zu seinen *Idylls of the King* anregte. Diese und ähnliche Werke des 15. Jahrhunderts atmen den Geist des Mittelalters, und so war vieles, was nach Chaucer entstand, in seiner romantischen Naivität und seinem beschränkten Horizont mittelalterlicher als das Werk Chaucers. England blieb zwar nicht gänzlich unberührt von den Geistesströmungen des Festlands, aber während des Krieges gegen Frankreich und der darauffolgenden Bürgerkriege zwischen Lancaster und York blieb wenig Zeit und Kraft für eine Hinwendung zu der verfeinerten oder auch schwer zugänglichen humanistischen und klassischen Bildung.

Eine gewisse Verbindung allerdings besaß auch England zu der italienischen humanistischen Renaissance. Auf dem Konzil von Konstanz begegnete 1417 Kardinal Beaufort, der Onkel Heinrichs V., Poggio Bracciolini, dem glänzenden Florentiner Humanisten, der als Sekretär des Papstes Johannes XXIII. aufs Konzil gekommen war. Poggio machte einen so starken Eindruck auf Beaufort, daß dieser ihn aufforderte, als sein Gast nach England zu kommen. Poggio nahm die Einladung an und verbrachte fast vier Jahre (1418–1422) in England, wo er keinen Menschen fand, mit dem er über etwas anderes hätte sprechen können als über das gräßliche Wetter und das unmögliche Essen. Er fand die Engländer langweilig und reiste wieder ab. Die Gleichgültigkeit war gegenseitig, und so führte sein Aufenthalt auch nicht etwa dazu, daß sich England plötzlich stärker für den Humanismus begeisterte. Der bekannteste englische Schirmherr der neuen humanistischen Bildung war Herzog Humphrey von Gloucester (gest. 1447), ein Onkel Heinrichs VI., der als zeitweiliger Regent des Königreichs eine recht unglückliche Hand hatte. Er machte Oxford mehrmals großzügige Geld- und Bücherspenden und ließ es sich besonders angelegen sein, an der von ihm bevorzugten Universität das Studium der Klassiker zu fördern. Unter den fast 300 Handschriften, die er Oxford schenkte, befanden sich sehr viele klassische Autoren.

In den folgenden Jahrzehnten besuchten einige englische Gelehrte italienische Städte. Vier englische Geistliche, Robert Flemming, Dekan von Lincoln (gest. 1483), William Grey, Bischof von Ely (gest. 1478), John Free, Bischof von Bath (gest. 1465) und John Gunthorpe, Dekan von Wells (gest. 1498) machten ausgedehnte Reisen durch Italien und studierten irgendwann einmal den großen Guarino da Verona. Sie alle brachten Handschriften mit nach Hause und halfen so der Kenntnis lateinischer und griechischer klassischer Autoren weiter voran. Mehrere von ihnen waren bereits in einer Stellung, die es ihnen erlaubte, ihre Förderung jüngeren Gelehrten angedeihen zu lassen, die dann zu Studienzwecken die Brennpunkte des Humanismus besuchten. Viele andere kehrten nach ihrem Studium in Italien nach England zurück, wo sie in hohe Kirchenämter aufstiegen und ihrerseits wieder jüngere Gelehrte anregten. In den letzten Jahrzehnten des Jahrhunderts herrschte nach Beendigung der Kriege eine Atmosphäre, die die Hinwendung zu klassischer Gelehrsamkeit begünstigte, und eine Anzahl privater Schulen rühmte sich, einen ausgezeichneten Unterricht in Latein und Griechisch vermitteln zu können. Trotzdem gehörten Männer wie Thomas Linacre (gest. 1524), William Grocyn (gest. 1519), John Colet (gest. 1519), William Lyly (gest. 1522) und Thomas More (gest. 1535) als Führer des englischen Humanismus, die sämtlich um die Mitte des 15. Jahrhunderts geboren sind und vor 1500 in Italien studiert haben, eher in die Tudorzeit als in den hier behandelten Zeitabschnitt.

Anders als England beherrschte Frankreich das kulturelle und intellektuelle Leben Europas. Die Universität von Paris war das Mekka der Scholaren aller Himmelsrichtungen. Die Stoffe der französischen Dichtung in Versform und Prosa wurden längs der Handelswege der erforschten Welt gerühmt, weitergegeben, nachgeahmt und bearbeitet. Die französische Gesellschaft galt vom finnischen Meerbusen bis zu den Säulen des Herkules als Vorbild üppigen Lebens. Und die französische Gotik erregte den Neid der ganzen Welt. Dieser Ruhm erhielt sich noch bis in das 14. Jahrhundert hinein, doch die Substanz, die ihm zugrundelag, hatte sich verringert. Studenten und Professoren, die früher nach Paris gegangen wären, fühlten sich nun zu anderen Universitäten hingezogen. Jetzt bildeten auch die anderen Länder ihre Nationalliteratur aus und fanden Befriedigung in der Entwicklung ihrer nationalen Eigenart. Darüber hinaus wurde ihnen klar, daß sie durchaus ihren eigenen Beitrag zur christlichen Kultur zu leisten imstande waren. Die ritterlichen Ideale Frankreichs und die feudale Gesellschaft verloren ihre Anziehungskraft auf Völker, für die der Feudalismus selbst nicht mehr mit der Wirklichkeit des wirtschaftlichen und sozialen Lebens übereinstimmte. Auch der beherrschende Einfluß der gotischen Kunst fand seine Grenzen darin, daß in vielen Ländern andere Voraussetzungen gegeben waren als in Frankreich. So hatten etwa Spanien und Italien ein sonnigeres Klima, in Deutschland und den baltischen Ländern herrschten seit Generationen andere Vorstellungen darüber vor, wie öffentliche Gebäude aussehen sollten, und in vielen anderen Gebieten Europas erlaubte es der Stand der wirtschaftlichen Entwicklung nicht, kunstvolle gotische Bauten zu errichten. So kam es, daß im Laufe des 14. Jahrhunderts Frankreich an kulturellem Ansehen immer mehr verlor.

Obwohl der Einfluß der französischen Kultur auf das Ausland auf solche Weise zurückging, gehört das 14. Jahrhundert zu den ereignisreichsten Abschnitten der französischen Geschichte. Das Jahrhundert begann mit dem großen Sieg Philipps des Schönen über Bonifaz VIII., der mehr als ein persönlicher Triumph war. Hier siegte die Idee des säkularen Nationalstaates über den Universalismus einer übernationalen Theokratie. Die weitreichenden Auswirkungen dieses Kampfes waren auch bei den Intellektuellen zu spüren – es war eine Zeit, in der die Streitschriften blühten. Zum erstenmal erhoben sich in großer Zahl gebildete Laien gegen die bisher dominierende Geistlichkeit und bewiesen nicht selten eine größere Gelehrsamkeit als die Kleriker. Das Ende des Bildungsmonopols, das so lange ausschließlich in den Händen der Geistlichkeit gelegen hatte, deutete sich an. Wenn ein Laie erfolgreich mit einem Doktor der Theologie über Fragen der Lehre oder der Herrschaft der Kirche disputieren und dabei zur Verwirrung seines Gegners die Heilige Schrift, Augustinus, Gregor oder das kanonische Recht zitieren konnte, kam das kulturelle Monopol der Kirche ins Wanken. Die Anfänge eines Wandels lassen sich in diesem Jahrhundert so deutlich verfolgen, daß wir die allmähliche Säkularisierung des Staates, der Gesellschaft und der Kultur als ein Charakteristikum dieses Zeitalters bezeichnen müssen.

Das große Werk des Jean de Meun (gest. 1308), der den *Roman de la Rose* von Guillaume de Lorris fortsetzte, fällt in das späte 13. Jahrhundert, doch der antiklerikale Tenor seiner Kritik und seine durchgehend rationale Einstellung waren bezeichnend für den neuen Geist. Ein großer Teil der Unterhaltungsliteratur – die *fabliaux* (Schwänke), die *lais* (Versnovellen) und die *jeux* (Lustspiele) – war nach Ursprung und Absicht rein bürgerlich. Die für die Adelshöfe gedachten *chansons de geste* kamen aus der Mode. Dennoch förderten die oberen Bürgerschichten, die den Ehrgeiz hatten, die Grenze zum Adel zu überspringen, die höfischen Dichter, unter denen als die bekanntesten Guillaume de Machaut (gest. 1377) und sein Schüler Eustache Deschamps zahlreiche Balladen und allegorische Gedichte hervorbrachten, die zur Genüge den Zeitgeist offenbarten. Beide nahmen regen Anteil an den Tagesereignissen und könnten als Journalisten-Dichter bezeichnet werden.

Jean Froissart (gest. 1405) stammte aus derselben Schule, doch war sein bedeutendstes Werk in Prosa geschrieben: die Chroniken von England, Frankreich, Spanien, der Bretagne, Flandern und anderen angrenzenden Ländern. Aus Nordfrankreich gebürtig und bürgerlicher Herkunft, lebte er als Sekretär oder Hofgeschichtsschreiber an Fürstenhöfen und kannte von daher England, die Gascogne, Mailand, Avignon, Paris und die

Niederlande, wo er in persönlichen Gesprächen oder aus Dokumenten, zu denen er Zugang hatte, das Material für sein Geschichtswerk sammelte. Seine Sympathie lag durchaus auf seiten der feudalen Welt; das gemeine Volk interessierte ihn kaum. Sein Snobismus springt um so mehr in die Augen, als er selbst offenkundig ein gesellschaftlicher Streber war, der sich nicht klarmachte, daß die ritterliche Welt, die er in so leuchtenden Farben schilderte, im Vergehen war. In seinen *Chroniques*, die er über 50 Jahre lang korrigierte, umarbeitete und erweiterte, hat er uns eines der großen Denkmäler mittelalterlicher Geschichtsschreibung hinterlassen.

Die verallgemeinernde Feststellung, daß die Zeit des Hundertjährigen Kriegs durchgehend auch die Zeit eines kulturellen Niedergangs in Frankreich bedeutete, der im Bereiche der Literatur besonders stark zum Ausdruck kam, stimmt nur zum Teil. Wohl wurden Nordfrankreich und Teile der Gascogne immer wieder verwüstet, wohl litt Paris unter inneren Unruhen und ganz Frankreich unter der Pest, die mehrere Male auftrat; wohl verlor die Universität Paris, die geistige Stimme Frankreichs, an allgemeiner Achtung, weil sie in den Bürgerkriegen zwischen Burgund und den Armagnacs Partei ergriff. Aber es war nicht so, daß Bildung überhaupt keine Rolle gespielt hätte. König und Adel förderten Kunst und Wissenschaft bisweilen recht großzügig. Philipp VI. erwarb viele Bücher für die königliche Bibliothek; seine Gemahlin, Johanna von Burgund, war weithin bekannt als Gönnerin der Künstler und Schriftsteller; eine Anzahl gelehrter Werke wurden ihr gewidmet. Karl V., dem Bildung ein tiefes Anliegen war, errichtete eine königliche Bibliothek. Der Herzog von Berry, sein Bruder, unterstützte Kunst, Künstler und Gelehrte auf großzügigste Weise. Manche von den Handschriften, die er in Auftrag gab und illuminieren ließ, gelten bis heute als unerreicht in der Feinheit und Fülle ihrer Ausschmückung. Karl VII. war nach dem Zeugnis des Chronisten Chastellain »ein großer Historiker und ein trefflicher Latinist«. Philipp der Gute von

Burgund und Herzog René I. von Anjou erwiesen sich als erstaunlich freigebige Förderer von Kunst und Wissenschaft. Philipp verfügte über ein ganzes Heer bestgeschulter Übersetzer, Illustratoren und Buchbinder, deren Aufgabe es war, seine Bibliothek zur umfangreichsten und gelehrtesten von ganz Nordeuropa zu machen. René, der weniger reich war als Philipp, glich durch Eifer und Urteilsfähigkeit aus, was ihm an Reichtum abging.

Um die Mitte des 15. Jahrhunderts hatte die Literatur in französischer Sprache schon einen ausgeprägten Charakter entwickelt. Der Ritterroman war nahezu verschwunden. Ein neues Interesse des Bürgers an der Politik, genährt durch die unwiderstehliche Überzeugungskraft der Ereignisse, hatte sich im Verlaufe der Kämpfe mit England, der Bürgerkriege und der Aufstände der Bauern und Handwerker sowie der Auseinandersetzungen zwischen Kirche und Staat herausgebildet. Ein neues Gefühl für die Bedeutung der Geschichte und Zeitgeschichte und ganz besonders für französische Geschichte machte sich bemerkbar. Der immer mächtiger anschwellende französische Nationalismus verlangte und schuf eine neue Richtung in der Geschichtsschreibung, die am Ende des Jahrhunderts in den teils in Prosa, teils in Versen geschriebenen Werken Georges Chastellains (gest. 1475), Jean Mechinots (gest. 1491), Henri Baudes (gest. 1491), Thomas Basins (gest. 1491), Robert Gaguins (gest. 1501), Martial d'Auvergnes (gest. 1508) und Philippe de Commynes' (gest. 1511) ihren Höhepunkt erreichte.

So wichtig der zunehmende Säkularismus in der Verwaltung und in der Kultur zweifellos war, und so aufschlußreich das aufsprießende Nationalbewußtsein mit seiner Hinwendung zu jeder Art historischer Literatur, das ihn begleitete, so blieben dies doch nicht die einzigen bedeutsamen Manifestationen des kulturellen Lebens im Frankreich des späten Mittelalters. Es ist üblich geworden, das Auftreten der Renaissance in Frankreich auf den Beginn des 16. Jahrhunderts zu datieren. Als europäische Bewegung betrachtet, läßt sich die Renaissance überhaupt nicht genau definieren. Sie zeigte in jedem Land ein anderes Gesicht und trat auch nicht gleichzeitig in ganz Europa auf. Ohne den Begriff Renaissance im Hinblick auf Frankreich im einzelnen erläutern zu wollen, dürfen wir doch mit einiger Sicherheit drei charakteristische Züge hervorheben, die wir bis zu einem gewissen Grad in jeder Gesellschaft vorzufinden erwarten, ehe wir von »Renaissance« sprechen: erstens Säkularismus oder eine Einschränkung des klerikalen Einflusses in Kirche, Staat und Literatur; zweitens ein bürgerliches, d.h. dem Feudalismus feindliches soziales Element und drittens einen klassischen Humanismus, also eine Hinwendung zum Lateinischen und Griechischen sowohl in der Erziehung und der Kunst als auch in der Literatur.

Der nationale säkulare Staat ist typisch für die Neuzeit. Wir begegnen ihm zuerst in Frankreich unter Philipp dem Schönen. Die Selbstbewußtheit einer bürgerlichen Gesellschaft gilt wohl als das dominierende Kennzeichen einer neuzeitlichen Sozialstruktur. Obwohl es in Frankreich nicht eher auftritt als in anderen Ländern, insbesondere in Italien, stellen wir jedoch fest, daß im Frankreich des 14. Jahrhunderts das Bürgertum sich durchaus seiner selbst bewußt und kampfbereit war. Über das Vorhandensein dieser beiden Merkmale der Renaissance im Frankreich des 14. und 15. Jahrhunderts wurde des längeren gehandelt.

Es ist richtig, daß Frankreich keine Neubelebung der Antike kannte wie etwa Florenz, daß es kein Dreigestirn wie Dante, Petrarca und Boccaccio besaß, das dem Athen des Abendlands seinen Glanz verlieh. Nichtsdestoweniger gab es auch in Frankreich einige bemerkenswerte Vorkämpfer des Humanismus. Im 14. Jahrhundert war Avignon, der Sitz eines französischen Papsttums auf französischem Territorium, fast 70 Jahre lang Treffpunkt der europäischen Intelligenz. Der Einfluß des Hofs von Avignon auf das geistige und künstlerische Leben der christlichen Welt war nicht abzuschätzen. Wenn auch der Ausbruch des Kriegs gegen England die Entwicklung der humanistischen Studien dämpfte, so stand doch Frankreich in seiner Anteilnahme nicht erheblich hinter Italien zurück. Im 14. Jahrhundert wurden viele Handschriften der lateinischen Klassiker abgeschrieben, um auch gleich gelesen und kommentiert zu werden. Dazu gehörten nicht nur Cicero und Ovid, Seneca und Vergil, Horaz und Livius, sondern auch andere, weniger berühmte lateinische Autoren, die ebenso bekannt waren und verehrt wurden.

Die letzten Jahrzehnte des 14. und die ersten Jahre des 15. Jahrhunderts sahen das Wirken von vier Liebhabern der Antike: Gontier Col (um 1350–1418), seinem jüngeren Bruder Pierre Col (um 1360–1418), Jean de Montreuil (1354 bis 1418) und Nicolas de Clamanges (um 1355–1437). Diese vier waren eng miteinander befreundet, und ihr Briefwechsel verrät, mit welcher Begeisterung sie lateinische Klassiker lasen und wie ernsthaft sie bestrebt waren, ihre Kenntnis der Antike zu vervollkommnen und ihre Leidenschaft auf ihre zahlreichen Bekannten zu übertragen. Gontier Col gehörte dem reichen Bürgertum von Sens an und wurde 1379 Schreiber, Einnehmer bei der königlichen Verwaltung und bald darauf Sekretär des Herzogs von Berry, um aus dieser Stellung in die königliche Kanzlei überzuwechseln, wo er nach einem steilen Aufstieg 1388 Sekretär Karls VI. wurde. Mit vielen wichtigen und verantwortungsvollen Aufgaben betraut, war er während der schwierigen Jahre der Spannung zwischen Burgund und Armagnac ein Vertrauter des Königs.

Jean de Montreuil war ebenfalls Beamter: zuerst Finanzsekretär unter Karl V. und später Kanzler Karls VI. Er reiste oft mit Sonderaufträgen nach Avignon, Schottland, Deutschland und an verschiedene italienische Höfe, war mit Coluccio Salutati, dem großen Florentiner Humanisten, befreundet und nahm auch am Konzil von Konstanz teil. Im Unterschied zu Gontier Col war er Kleriker und besaß mehrere einträgliche Pfründen. Gontier fühlte er sich verpflichtet, weil dieser seine »Aufmerksamkeit auf klassische Studien gelenkt« habe. Wir kennen ihn aus seiner umfangreichen Korrespondenz, die er gesammelt und herausgegeben hat. Er galt als habgierig und unliebenswürdig, hatte aber eine Passion für die großen römischen Autoren, die er in seinen Briefen an alle möglichen Leute immer wieder zitiert.

Nicolas de Clamanges, der aus bescheidenen Verhältnissen stammte, studierte in Paris und erwarb sich schon früh den Ruf eines glänzenden Humanisten. Nachdem ihn Papst Benedikt XIII. nach Avignon geholt hatte, blieb er dort zehn Jahre als päpstlicher Schreiber und Sekretär. Die heftige Fehde zwischen Papst Benedikt und dem König von Frankreich sowie der Universität von Paris setzte ihm so zu, daß er sich in ein Augustinerkloster in der Champagne zurückzog, um sich dort seinen gelehrten Studien, dem Briefwechsel mit seinen Freunden und dem Schreiben zu widmen.

Von Pierre Col, dem jüngeren Bruder Gontiers, wissen wir weniger. Er machte weite Reisen nach Ägypten, Sizilien und Spanien, wurde königlicher Sekretär und nahm 1416 am Konstanzer Konzil teil. Am bekanntesten wurde er durch seine Parteinahme in der Kontroverse, die sich über Jean de Meuns Einstellung zu den Frauen im *Roman de la Rose* entspann. Christine de Pisan, die führende Dichterin Frankreichs, bezeichnete 1399 diesen Roman als ungerecht gegenüber den Frauen und behauptete ferner, er »fördere das Laster, indem er zu einem sittenlosen Leben anrege und zu Schande und Irrtum führe«. Ihren Angriffen schloß sich Jean Gerson, Kanzler der Universität Paris, an. Man ertrug noch keinen Naturalismus. Die Humanisten unter Führung von Jean de Montreuil, Clamanges, den Brüdern Col und einigen gleichgesinnten Freunden schlugen zurück und blieben trotz des großen Ansehens von Christine und Gerson anscheinend Sieger im Streit. Die Bedeutung der Auseinandersetzung liegt darin, daß hier zum erstenmal in der französischen Geistesgeschichte die theologischen Prämissen des Mittelalters und der Naturalismus der

Renaissance aufeinanderstießen. Obwohl Christine und Gerson die antiken Autoren kannten, waren sie in ihren Ansichten und Vorstellungen durch ihre ganz und gar mittelalterliche Mentalität so festgelegt, daß sie mit den neueren und freieren Begriffen und Ideen, denen die Humanisten sich verschrieben hatten, nichts anfangen konnten.

Das Königtum in Frankreich war mit dem Schicksal der Kirche eng verknüpft. Vom rein französischen Standpunkt betrachtet, war das Papsttum von Avignon ein Segen für das Königreich gewesen. Doch der Hundertjährige Krieg hatte den Vorteil weithin zunichte gemacht. Dann brachten die Rückkehr des Papsttums nach Rom und das unglückselige Schisma sowie ein neuer Gegenpapst in Avignon Unruhe und Zwiespalt für die gesamte französische Kirche mit sich. An der Universität Paris wurde das Schisma fast schon im Augenblick seines Entstehens (1378) Gegenstand heftiger Auseinandersetzungen. Im November 1378 erklärte König Karl V., das Königreich Frankreich halte zu Clemens VII. (1378–1394) in Avignon. Die Universität schwankte zwischen den beiden rivalisierenden Päpsten, da man sich über die Rechtmäßigkeit der Papstwahlen im unklaren war. Zwei deutsche Professoren der Universität, Konrad von Gelnhausen (um 1323–1390) und Heinrich von Langenstein (um 1335–1397), vertraten schon früh den Gedanken, der einzige Weg, den bedauerlichen »Riß im nahtlosen Gewande Christi« zu beseitigen, bestehe in der Einberufung eines allgemeinen Konzils der gesamten Kirche. Im Mai 1380 schrieb Konrad, der kanonisches Recht lehrte, einen Brief *(Epistola concordiae)* an Karl V. und forderte ihn auf, ein solches Konzil einzuberufen, da es Sache des führenden Monarchen in der Christenheit sei, hier die Initiative zu ergreifen. Man darf Konrad als den Urheber der Lehre von der Superiorität des Konzils bezeichnen. Im September 1381 veröffentlichte Heinrich von Langenstein, der damals Vizekanzler der Universität war, die *Epistola concilii pacis,* in der ein Konzil zur Einigung und Reinigung der Kirche verlangt wurde.

Der neue König Karl VI. fand das Zaudern der Universität unerträglich und zwang die »Nationen«, den Papst in Avignon anzuerkennen. Die englisch-deutsche »Nation« der Universität, der sowohl Konrad als auch Heinrich angehörten, stimmten gegen die Anerkennung Clemens', und 1382 und 1383 verließen Heinrich und eine Anzahl der deutschen Magister und Studenten Paris um ihrer Sicherheit willen.

Jahrzehntelang zerbrachen sich nun alle verantwortungsbewußten Franzosen – geistlichen oder weltlichen Standes – die Köpfe darüber, wie sich das Schisma und die damit verbundene unwürdige Abkehr vom Prinzip der Einigkeit und Universalität beseitigen ließe. An der Universität herrschte Unruhe, seit der König sie zur Anerkennung des Papstes in Avignon gezwungen hatte. 1391 verlangte Johannes Gerson in einer Ansprache vor dem königlichen Hof eine Revision der französischen Haltung, und allgemein verbreitete sich die Überzeugung, daß beide Päpste zurücktreten sollten. Im Juni 1394 empfahl die Universität, der König möge den Rücktritt beider Päpste verlangen. Kurz nachdem Clemens von diesem Beschluß erfahren hatte, starb er an einem Schlaganfall (16. September 1394). Sein Nachfolger Benedikt XIII. (1394–1423) wollte von einem Rücktritt absolut nichts wissen. Im August 1396 schlug die Universität vor, Frankreich möge dem Papst in Avignon die Gefolgschaft aufsagen. Am 28. Juli 1398 wurde ein entsprechendes königliches Dekret erlassen, nachdem eine Synode der französischen Geistlichkeit dem Vorschlag mit Mehrheit beigetreten war und der König seine Zustimmung erteilt hatte. Es gab also nun für die Franzosen keinen Papst. In einem katholischen Land war das ein ernstes Problem. Doch fand sich schnell eine Ersatzlösung, die auf der Vorstellung von einer alten unabhängigen französischen Kirche beruhte – eine Konzeption, die später unter dem Namen Gallikanismus bekannt wurde. Man sprach damals sogar von einer »Wiederherstellung der alten Freiheiten der Kirche von Frankreich«. Der König war vorübergehend das Haupt der Kirche in Frankreich.

Dank der Universität von Paris und deren Theologen von Gelnhausen bis zu Gerson und d'Ailly hatte Frankreich eine führende Rolle in den Auseinandersetzungen über das Schisma und die konziliare Bewegung gespielt, die trotz großer Schwierigkeiten für kurze Zeit die Kluft in der Kirche schließen konnte. Aber die konziliare Bewegung, der sich Frankreich offiziell anschloß, erwies sich als ein großer Fehlschlag. Im Verlaufe der Konzilien erfüllte sich die Hoffnung auf eine Initiative Frankreichs nicht. Die Tatsache, daß Frankreich weder über Ideen noch über führende Persönlichkeiten verfügte, die ihm den ersten Platz in der Bewegung zugewiesen hätten, läßt erkennen, wieviel der französische Geist an Feuer verloren hatte. Vielleicht beschleunigte das beschämende Ereignis von Azincourt diesen Niedergang – jedenfalls waren die Franzosen noch jahrzehntelang wie betäubt. Der von dem Kreis um Montreuil, Clamanges und den Brüdern Col gepflegte Humanismus blieb ohne Nachfolge, und was in französischer Sprache geschrieben wurde, war nicht bemerkenswert. In der ersten Hälfte des 15. Jahrhunderts entstanden nur einige wenige große Kunstwerke, und selbst der Stolz Frankreichs, die Universität von Paris, schien so erstarrt, daß sie nicht die Kraft fand, sich von der lähmenden Geistlosigkeit einer abgenutzten Scholastik freizumachen.
Um die Mitte des Jahrhunderts jedoch begann das kulturelle Leben in Frankreich sich wieder zu erholen. Dieser neue Abschnitt fiel mit dem Ende des Kriegs gegen England, aber auch mit dem Erlöschen der konziliaren Bewegung zusammen. Der lange Bürgerkrieg und die englische Besatzung kosteten Frankreich enorme Summen und wirkten sich besonders schlimm auf Kunst, Literatur und Wissenschaft sowie auf das Erziehungswesen und auf den Nationalstolz aus. Der Weg aus einer Phase des Stillstands und der Passivität zurück zu einem Spitzenplatz im Wettlauf um die geistige Vorherrschaft in Europa war lang und schwierig. Um die Jahrhundertmitte atmete in Frankreich alles erleichtert auf, daß Gewalttätigkeit

Donatello: »David« (Marmor), 1408/09; Florenz, Museo del Bargello.

und Unsicherheit von 100 Jahren Krieg und Verwaltungschaos nun ein Ende hatten. Doch Erleichterung allein spornt noch nicht zu neuen geistigen Wagnissen an. Wohl wurden um die Mitte des 15. Jahrhunderts einige Universitäten gegründet: in Caen, Angers und Poitiers 1432, in Bordeaux 1441, in Valence 1451 und in Nantes 1460, doch gute Fakultäten und gute Studentenschaften brauchten Zeit zur Entwicklung. Da diese Neugründungen nicht über genügend ausgebildete Gelehrte verfügten, die den Ausbau in die Hand nehmen konnten, waren sie auch nicht zu neuen Anläufen in den Natur- und Geisteswissenschaften fähig. Ihre Lehrpläne entsprachen durchweg der mittelalterlichen Überlieferung, und selbst in diesem konservativen Bereich erreichten sie nur allmählich ein gewisses Mittelmaß. Originalität und Format fand sich in diesen Jahren außerhalb der Schulen und Universitäten.
Die führenden Erscheinungen in der französischen Literatur der zweiten Hälfte des 15. Jahrhunderts sind François Villon (1431–1465?), Philippe de Commynes (1445–1511), der anonyme Autor der um 1465 geschriebenen phantastischen Farce vom *Maître Pierre Pathelin,* und der Autor des aufschlußreichen *Ménagier de Paris.* Von ihnen allen spielten nur Villon und Commynes eine bedeutende Rolle auf der europäischen Bühne. Wenn wir künstlerische Schöpferkraft suchen, müssen wir uns dem – nur teilweise französischen – Hof von Burgund und den flämischen Meistern zuwenden. Jean Fouquet (1415–um 1480), der einzige französische Künstler, der in dieser Periode Erwähnung verdient, ist der flämischen Malerei verpflichtet, obwohl er wahrscheinlich Italien besucht und von den italienischen Meistern gelernt hat.
Villon ist wohl der größte Dichter des ausgehenden Mittelalters in Frankreich. Sein Leben war Armut, Mißgeschick und Erniedrigung durch Leid und Verbrechen, dem – wie durch ein Wunder – reinste Poesie entsprang. Als Student an der Universität Paris tötete er im Streit einen Kommilitonen und mußte fliehen. Er wurde begnadigt und kehrte zurück, geriet

aber sofort in neue Schwierigkeiten. Danach finden wir ihn im Gefängnis von Meun-sur-Loire. Nach seiner Freilassung schrieb er das ergreifende *Grand Testament.*

Philippe de Commynes gehörte einer höheren Gesellschaftsschicht an als Villon. Er stammte aus einer flämischen Bürgerfamilie, die im 14. Jahrhundert geadelt worden war. Philipp der Gute, Herzog von Burgund, war sein Pate, und seine Erziehung erhielt er am burgundischen Hof. Seit 1468 schloß er sich König Ludwig XI. an und beteiligte sich in England, der Bretagne und Spanien am internationalen Intrigenspiel. 1472 trat er in Ludwigs Dienste, der ihm für seinen Abfall von Karl dem Kühnen, dem Herzog von Burgund, eine großzügige Pension gewährte und hohe Titel verlieh. Als Ludwig 1483 starb, war Commynes' Stellung alles andere als gesichert; einmal saß er acht Monate in einem eisernen Käfig, ein andermal 20 Monate im Gefängnis in Paris, doch stand er zwischendurch bei Karl VIII. und Ludwig XII. in Gunst. Seine *Mémoires* in zwölf Büchern schildern Ereignisse von der Schlacht bei Montlhéry (Juli 1465) bis zur Krönung Ludwigs XII. im Jahr 1498. Hier haben wir Geschichte aus erster Hand. Commynes kannte die Hauptthelden des Dramas und nahm an den meisten wichtigen Ereignissen teil. Er hatte Zugang zu Dokumenten und anderen Quellen, die seinen Durst nach Wahrheit befriedigen konnten. Man kann seine Geschichtsschreibung nicht als unparteiisch bezeichnen. Er stand auf seiten der königlichen Macht, wo sie sich gegen den selbstsüchtigen Separatismus der großen Vasallen richtete. Er erkannte, daß die Masse sich über die Generalstände auf eine Vertretung in der Regierung hinbewegte. Und er billigte von ganzem Herzen den politischen Aufbau Englands, den er bei mehreren Besuchen auf der Insel als leistungsfähig erkannte. Commynes' *Mémoires* leiteten eine Periode der Geschichtsschreibung ein, die schon der Neuzeit angehört. Er war ein Geschichtsschreiber mit dem Verstand eines Staatsmannes und dem Empfinden eines Moralisten.

Zu den wichtigsten Bildungsmittlern im Europa der frühen Neuzeit gehörte die Druckerpresse. Um 1450 von Johann Gutenberg, einem Deutschen aus Mainz, erfunden, verbreitete sich die Kunst des Druckens mit beweglichen Typen zuerst über Deutschland und Italien. Etwas später kam sie nach Frankreich. 1470 wurde auf Veranlassung und unter der Schirmherrschaft Ludwigs XI. in der Sorbonne in Paris durch Johann Stein, einen deutschen Magister der Universität, zusammen mit Guillaume Fichet, einem französischen Gelehrten, die erste Druckerpresse errichtet. Ludwig verlieh drei deutschen Handwerksgesellen, die die Werkstatt vervollständigten, die französische Staatsbürgerschaft. Das erste in Frankreich gedruckte Buch (1470) war eine Ausgabe der Briefe des italienischen Humanisten Gasparino da Barzizza. In den nächsten zwei Jahren kamen in Paris neun Ausgaben lateinischer Klassiker heraus. Frankreich war bestrebt, die Lücken in seinen humanistischen Kenntnissen auszufüllen, und dabei war die Druckerpresse eine mächtige Bundesgenossin.

Das Ende des 15. Jahrhunderts fand ein neues Frankreich und ein neues England vor. Die Institutionen und die Ideale, die für die Völker auf beiden Seiten des Kanals beim Eintritt in den langen Krieg maßgebend gewesen waren, zeigten sich am Ende dieser Auseinandersetzung nicht mehr lebensfähig. Bedeutende Kräfte hatten sich erhoben, die das Antlitz Europas verändern sollten.

Das Frankreich, das als Sieger aus dem hundertjährigen Kampf mit England hervorging, war grundverschieden von dem Frankreich der ersten Hälfte des 14. Jahrhunderts. Die Monarchie war stark und wußte, wie wichtig für sie die Zentralisierung der Macht war. Die Kirche hatte das Schisma und die Konzilien überlebt und dabei gelernt, nach eigenen Maßstäben zu leben und zu handeln. Der Adel hatte nicht nur große Opfer an Gut und Blut gebracht, sondern hatte auch viel von seiner Bedeutung verloren. Das Bürgertum andererseits hatte einen außerordentlichen Zuwachs an Selbstvertrauen und

Rechten erfahren. Im kulturellen Bereich war der Fortschritt weniger bemerkenswert, aber ein stetiger Säkularisierungsprozeß im Bildungswesen brachte eine neue Schicht gebildeter Laien hervor, die schließlich den Alleinanspruch der Geistlichkeit auf Kommunikationsmittel und politischen Einfluß an sich reißen sollten. Kunst und Literatur wurden durch einen neuen Forschergeist und Ideenreichtum befruchtet, der offen war für fremde Vorstellungen und Gedankengänge. Jeanne d'Arcs Aufruf, jeder Franzose möge für die *douce France* leben oder sterben, übte noch immer seine Wirkung auf ein Volk, das nur darauf wartete, sich für eine Sache begeistern und einer Fahne folgen zu können.

Im folgenden Jahrhundert sollte Frankreich fast ganz allein dem mächtigsten Herrscher seit Karl dem Großen gegenübertreten. Es leistete dem Feind erfolgreich Widerstand. Dieser Erfolg war der erstaunlichen Gesundung zuzuschreiben, die sich unter Karl VII. und Ludwig XI. um die Mitte und in der zweiten Hälfte des 15. Jahrhunderts vollzogen hatte.

7

Die Blütezeit des Humanismus

In einem der vorangegangenen Kapitel haben wir das Aufblühen der *studia humaniora* in Italien geschildert. Die großen Namen, die uns in der frühen Phase dieser Bewegung entgegentreten, sind Petrarca und Boccaccio, und niemand wird Florenz den Ruhm streitig machen, den Begründern der Renaissance Mutter und Heimat gewesen zu sein. Seine Vorrangstellung im Reich der Wissenschaft und Kunst wurde bis in die Mitte des 15. Jahrhunderts auch nicht in Frage gestellt. Dann allerdings machten die humanistischen Päpste die unermeßlichen Mittel der Kirche ihrem Bestreben dienstbar, Rom zum Mekka der Gelehrten der ganzen Welt zu erheben.

Der Humanismus im Florenz des Quattrocento

Als Salutati 1406 starb, gab es in Florenz mehrere aktive Kreise, in denen die neue Bildung gepflegt wurde; dazu gehörten Albertis *Paradiso* und die Gruppe von *Santo Spirito*. Letztere wurde nach dem Tod ihres Gründers Luigi de' Marsigli im Jahr 1394 von Salutati und seinen jüngeren Freunden weitergeführt. Unter diesen aufstrebenden Humanisten, die sich durch ihre glänzenden Leistungen bereits einen Namen gemacht hatten, befanden sich Niccolò Niccoli (1364–1437), Leonardo Bruni Aretino (1374–1444), Ambrogio Traversari (1386–1439) und Poggio Bracciolini (1380–1459). Bald stießen noch zwei jüngere Mitglieder zu der Gruppe, nämlich Carlo Marsuppini Aretino (1398–1453) und Giannozzo Manetti (1396–1459). Sie alle waren Männer von verschiedenster Begabung und verschiedenstem Temperament, und ihre persönlichen Beziehungen umfaßten die ganze Skala von enger und beständiger Freundschaft bis zu neidischen und bisweilen kleinlichen Ressentiments. Sie waren nicht die einzigen Humanisten in Florenz, sondern nur die bekanntesten aus einer großen Schar von Gelehrten und Freunden der neuen Bewegung im erzieherischen und kulturellen Bereich, deren Tätigkeit und Werke die Pionierarbeit eines Petrarca und Boccaccio zu hoher Vollendung führten. Unter diesem halben Dutzend war nicht einer, der Petrarca oder Boccaccio in lateinischer Prosa nicht überlegen gewesen wäre oder dessen kritische Kenntnis der lateinischen Klassiker die der beiden Vorläufer nicht übertroffen hätte. Überdies waren die meisten auch mit dem Griechischen vertraut und verfügten somit über bessere Voraussetzungen, die Glanzstücke der Antike den Zeitgenossen darzubieten. Dennoch ließen sie sich alle vom Leben und Werk ihrer geistigen Ahnen anregen und setzten sich mit leidenschaftlichem Eifer die gleichen Ziele. Ihnen galt die Pflege der humanen Wissenschaften, wie sie sich in den Schriften der lateinischen und griechischen Autoren so beispielhaft niedergeschlagen hatten, als Hauptzweck ihres Lebens.

Niccolò Niccoli wurde schon im Zusammenhang mit Salutati erwähnt, als die beiden Manuel Chrysoloras, den berühmten griechischen Gelehrten, 1396 für Vorlesungen an der Universität Florenz gewannen. Von seinem Vater, einem sehr erfolgreichen Florentiner Kaufmann, hatte Niccolò ein umfangreiches und gutgehendes Geschäft geerbt. Der Sohn jedoch, der am Handel keine Freude fand, verkaufte seinen Anteil am Geschäft und widmete sein Leben und sein Vermögen der wissenschaftlichen Arbeit. Anstatt zu heiraten, sammelte er Handschriften und ergänzte die Sammlung der gekauften Codices durch eine große Menge eigenhändig abgeschriebener Handschriften. Am Ende seines Lebens hatte er eine stattliche Bibliothek von 800 Codices zusammengebracht, gut ausgewählte, sorgfältig kollationierte und korrigierte Exemplare, die er mit der hingebungsvollen Zärtlichkeit eines Liebhabers pflegte. Obwohl es sich dabei um wertvolle Bücher handelte, zeigte er sich nicht kleinlich. Er verlieh sie – vielleicht allzu bereitwillig – an Gelehrte und Studenten. Nach seinem Tod stellten die Testamentsvollstrecker fest, daß von den 800 Handschriften ein Viertel fehlte, und es dauerte einige Zeit, bis sie alle wieder beisammen waren. Niccolòs Sammlung hatte viel Geld verschlungen, und als er sich über die Verwahrung seines Schatzes Gedanken zu machen begann, stellte er fest, daß der Rest seines Vermögens für die Anschaffung passender Schränke nicht ausreichte. Da griff Cosimo de' Medici ein und kaufte die ganze Sammlung, um sie im Kloster San Marco unterzubringen.

Niccolòs Interesse für die Antike war weitgespannt. Sein Haus war mit allen möglichen Zeugnissen antiken Lebens ausgestattet: Geschirr, Silberplatten, Pokalen, Weingläsern, Münzen, Vasen und Gemmen. Es machte ihm Freude, Freunde und Bekannte einzuladen und das Essen in Geschirr zu servieren, das Cicero oder Seneca hätten benutzt haben können. Nicht selten erschien er in schönen roten Gewändern auf dem Domplatz, begrüßte alte Freunde, ließ sich mit einem Stadtfremden in ein Gespräch ein und nahm ihn zum Essen mit nach Hause, um ihm seine Sammlungen zu zeigen. Vespasiano da Bisticci, aus dessen Memoiren wir soviel über Florentiner Persönlichkeiten erfahren, sagt von ihm: »Es war schon ein Vergnügen, ihn bei Tisch den Vorsitz führen zu sehen.« Seine eindrucksvolle Persönlichkeit und seine Begeisterung für Kunst und Wissenschaft waren der ganzen Bewegung sehr von Nutzen. Sein Einfluß war groß, wenn er auch selbst fast nichts schrieb. Vielleicht war er sich des Abstands zwischen dem, was er hätte schreiben können, und dem überlegenen Stil der antiken Autoren zu sehr bewußt, als daß er ihre Sprache hätte profanieren wollen. Dennoch ließ er anderen, die den Drang zum

Schreiben verspürten, Förderung und hilfreiche Kritik zuteil werden, und es gab viele, die er überhaupt erst dazu angeregt hatte. Andererseits war ihm auch Mißgunst nicht fremd. Er hatte mitgeholfen, Chrysoloras nach Florenz zu holen, aber es war noch kein Jahr vergangen, als er dem Griechen seine Arbeit schon zu erschweren begann. Guarino da Verona, Aurispa und Filelfo bekamen seine scharfe Zunge und – schlimmer noch – seine Ränke zu spüren, als sie es wagten, anderer Meinung zu sein als er. Sie alle mußten schließlich Florenz verlassen.

Leonardo Bruni (1374–1444), nach seinem Geburtsort Aretino genannt, hatte einen ganz anderen Lebenslauf als Niccolò. In bescheidenen Verhältnissen geboren, arbeitete er sich durch eigene Tüchtigkeit und strengen Fleiß in angesehene Stellungen empor. Sein erstes Vorbild war Petrarca. Salutati wurde schon bald auf ihn aufmerksam und protegierte ihn. Das Wirken Chrysoloras in Florenz kam dem begabten jungen Studenten sehr zustatten; er eignete sich das Griechische so schnell an und kannte sowohl die griechische als auch die römische Literatur so genau, daß ihm ein schneller Aufstieg sicher war. Eine Zeitlang lebte er im Hause der Medici als Erzieher des jungen Nicola de' Medici und war dabei so erfolgreich, daß der Schüler als kultiviertester unter allen florentinischen Edelleuten galt.

1405 wurde er auf Empfehlung Salutatis und Poggio Bracciolinis zum Sekretär des Papstes Innozenz VII. ernannt und gehörte als solcher der Kurie in Rom an. Es war die Zeit des Schismas, und Bruni fühlte sich in der Atmosphäre der Erbitterung, die er am päpstlichen Hofe vorfand, nicht wohl. Er litt an Heimweh nach Florenz und war darum froh, als er 1410 zum Kanzler der Signoria gewählt wurde. Aber er wurde unter weniger günstigen Bedingungen angestellt als seinerzeit Salutati, und so kehrte Bruni bald an den päpstlichen Hof zurück, wo ihm Johannes XXIII. eine aussichtsreiche Kirchenlaufbahn anbot. Doch Bruni zog es vor, Laie zu bleiben, und heiratete 1412. Trotzdem begleitete er Johannes 1414 nach Konstanz, verließ ihn jedoch im März des darauffolgenden Jahres und kehrte nach Florenz zurück. Von seinem hohen Gehalt als päpstlicher Sekretär hatte er sich genug zurückgelegt, um in den nächsten zehn Jahren sich ungeteilt seiner *Geschichte von Florenz* widmen zu können, die er bereits in Konstanz begonnen hatte. Wiederholt wurde seine gelehrte Arbeit dadurch unterbrochen, daß er in den Rat der Zehn und ins Priorat gewählt wurde, auch war er mehrfach in diplomatischer Mission unterwegs. Seiner *Geschichte* galt die Arbeit von dreißig Lebensjahren, und als er starb, war das zwölfte und letzte Buch noch nicht vollendet. Bruni war der Auffassung, daß Geschichtsschreibung und Rhetorik miteinander verbunden werden könnten und sollten. Er stellte die großen Geschichtsschreiber der Antike, Polybios, Caesar und Livius, in ihrer Wahrheitssuche und Liebe fürs Detail der mehr aufs Allgemeine und Philosophische gerichteten Betrachtungsweise Ciceros gegenüber, der Geschichte als Führer durchs Leben und als Weisheit vergangener Zeiten dargeboten wissen wollte. Ohne die Notwendigkeit einer genauen Darstellung und einer kritischen Behandlung der Quellen zu unterschätzen, neigte er doch zur Ansicht Ciceros. Die Geschichte von Florenz bot Gelegenheit zu Bemerkungen über das Wesen der Freiheit und der Tyrannei, und Bruni, der zweifellos von Salutati beeinflußt war, hielt mit seiner Meinung nicht zurück. Für ihn ist das Streben nach Freiheit das zentrale Thema der Menschheitsgeschichte, und zu Brunis Lebzeiten bot die Geschichte seiner geliebten Stadt Florenz ein ebenso beredtes Beispiel für dieses Streben wie die Geschichte Griechenlands und Roms in der Antike. Zweifellos war die *Geschichte* Brunis bedeutendstes Werk, doch er war auch sonst ein außerordentlich fruchtbarer Autor, übersetzte Xenophon, Plutarch, Aristoteles und Platon ins Lateinische, schrieb Briefe, Schmähschriften, Aufsätze, Reden und zudem noch Biographien von Dante und Petrarca – alles in allem 74 Bände.

1427 wurde Bruni wiederum Kanzler der Republik, diesmal zu ebenso günstigen Bedingungen wie seinerzeit Salutati. Er genoß hohes Ansehen sowohl in Florenz, wo er zu den Zierden der Stadt gezählt wurde, wie auch außerhalb. Aus fernen Ländern kamen Reisende nach Florenz, um Bruni zu sehen, wenn er, majestätisch in Scharlach gekleidet, in seiner Lieblingsbuchhandlung schmökerte oder gemessenen Schrittes von der Piazza della Signoria nach Hause ging. Als er starb, ehrte man ihn mit einem Staatsbegräbnis. Seine gefalteten Hände ruhten auf einem Exemplar seiner *Geschichte von Florenz*. Giannozzo Manetti hielt in Gegenwart der Stadtväter und hoher kirchlicher Würdenträger eine feierliche Grabrede und schmückte ihm die Stirn mit einem Lorbeerkranz.
Bruni war in den Armen seines besten Freundes, des Mönches Ambrogio Traversari (1386–1439) gestorben, der, in der Nähe von Florenz geboren, im Alter von 14 Jahren in den Kamaldulenserorden eingetreten war. Das war die Zeit, in der man sich für Niccoli und die Vorlesungen des Chrysoloras begeisterte. Ambrogio, der schon angefangen hatte, Griechisch im Selbstunterricht zu lernen, ehe Chrysoloras nach Florenz kam, wurde durch das große Ereignis in seinem Streben noch bestärkt. Hebräisch lernte er ebenfalls ohne fremde Hilfe. In den folgenden Jahren schloß er sich dann jener Gruppe von Humanisten an, die den von Marsigli begründeten Kreis von *Santo Spirito* weiterführte. Traversari, hier der einzige Mönch unter lauter Gelehrten, denen Religiosität fern lag, hatte einige Mühe, sich dieser kritischen Haltung anzupassen. In seinen Predigten vermied er es peinlich, heidnische Autoren zu zitieren, obwohl er auf der Kanzel ein nahezu ciceronianisches Latein sprach. Er kannte diese heidnischen Autoren mindestens ebensogut wie die übrigen Mitglieder der Gruppe, und in den griechischen Autoren war er sogar besser bewandert als sie. Er machte es sich zur Aufgabe, die griechischen Kirchenväter ins Lateinische zu übersetzen, und von seiner Hand besitzen wir ausgezeichnete Übersetzungen vieler griechischer Heiligen-

viten, der Predigten des Chrysostomos, der Werke des Pseudo-Dionysios und der Biographien antiker Philosophen von Diogenes Laertius. Diese letzte Arbeit hatte er nur widerstrebend auf Drängen Cosimos de' Medici in Angriff genommen, da ein solches heidnisches Werk eigentlich schon im Widerspruch zu seinen Prinzipien stand. 1431 wurde er General seines Ordens, und seine letzten Lebensjahre waren mit Kirchenpolitik ausgefüllt. Er forderte beharrlich eine Reform der Kirche und nahm am Konzil von Ferrara-Florenz tätigen Anteil. Zusammen mit Bessarion war er für die Herausgabe der Konzilsakten in griechischer und lateinischer Sprache verantwortlich. Im Florenz des Quattrocento war Traversari eine Ausnahmeerscheinung. Seine christliche Frömmigkeit und sein strenges Mönchsleben schienen mit dem Wesen des Humanismus unvereinbar. Und doch war er in mancher Hinsicht ein besserer Humanist als seine Freunde, die ihn um seiner Milde willen liebten, seine Religiosität belächelten und über seine Skrupel hinwegsahen.

Unter den Florentinern, die von Traversari beeinflußt waren, ist vor allen anderen Giannozzo Manetti (1396–1459) zu nennen. Als Sohn einer vornehmen Florentiner Familie war er von seinem Vater zum Kaufmann und Politiker bestimmt, doch fühlte er sich als Fünfundzwanzigjähriger plötzlich zur Literatur hingezogen. Er opferte seinen Schlaf, um die griechischen und römischen Philosophen und Geschichtsschreiber zu lesen, ohne daß er seinem Vater etwas von seiner neuen Leidenschaft verriet. Als er in den Kreis von *Santo Spirito* eintrat, fühlte er sich von Traversari mehr angezogen als von den weniger christlich gesinnten Humanisten. Er lernte mit Traversari Griechisch und später Hebräisch. Zu diesem Zwecke führte er einen gewissen Rabbi Manuel in sein Haus ein, mit dessen Hilfe er das Alte Testament auf Hebräisch las. Dann nahm er zwei Griechen auf, mit denen er sich nur in griechischer Sprache unterhielt. Seine Ausbildung und sein Wissen galten allgemein als hervorragend; sein Interesse galt in erster

Linie religiösen und philosophischen Fragen. In Geschäftskreisen war er ebenso geachtet wie an der Universität, der er mehr Interesse entgegenbrachte als die meisten Humanisten, und nachdem er häufig in diplomatischer Mission unterwegs gewesen war, hatte er gelegentlich auch in der Innen- und Außenpolitik die Hand im Spiel. Aus nicht ganz geklärten Gründen verließ er 1453 Florenz, um seine letzten Jahre abwechselnd als päpstlicher Sekretär am Hofe des Papstes Nikolaus V. in Rom und am Hofe Alfons' von Neapel zu verbringen. Möglicherweise hatte er sich bei Cosimo de' Medici dadurch unbeliebt gemacht, daß er ein philosophisches Werk *(De dignitate et excellentia hominis)* Alfons und nicht Cosimo gewidmet hatte. Traversari und Manetti sind zusammen zu sehen, da sie einen betont christlichen Humanismus vertreten in einer Zeit, wo das schon eine Ausnahme war. Manetti erreichte nie die Berühmtheit Traversaris und schon gar nicht die Brunis, denn wenn er ihnen an gründlichem Wissen vielleicht auch ebenbürtig war, so fehlten ihm doch Originalität und jene gewisse Besessenheit, die der Gelehrsamkeit einen künstlerischen Einschlag geben.

Der vielleicht hervorragendste unter den florentinischen Gelehrten war Poggio Bracciolini (1380–1459). Er kam um 1395 nach Florenz, um als Schreiber und Notar unter Salutati zu arbeiten; dieser erkannte bald die Fähigkeit des jungen Mannes und verschaffte ihm einen Posten in der päpstlichen Kanzlei in Rom. Die nächsten 50 Jahre ist die Geschichte seines Lebens nicht mit seiner Heimatstadt Florenz, sondern mit der Kurie und seinen erstaunlichen Entdeckungen von Handschriften verloren geglaubter Werke verbunden, die er in päpstlichen Diensten machte. Poggio fühlte sich stets als Florentiner, und als er 1453 als Kanzler die Arnostadt wieder betrat, bedeutete das für ihn eine echte Heimkehr.

Carlo Marsuppini Aretino (1398–1453), ein Kollege und Nachfolger Brunis als Kanzler von Florenz, und sein Schüler Matteo Palmieri (1406–1475) standen beide in hohem Ansehen bei ihren Zeitgenossen; aus unserer Perspektive erscheinen sie nicht ganz so bedeutend. Marsuppini, dem lateinische Verse leicht aus der Feder flossen, war kein großer Dichter. Seinen nützlichsten Beitrag leistete er als Lehrer der Universität in Florenz, wo er von 1431 an große Klassen in lateinischer und griechischer Rhetorik und Philosophie unterrichtete. Nach dem Tode Brunis erhielt er im Jahr 1444 den Posten des Kanzlers. Er besaß jedoch weder die Wärme noch die Würde, die Bruni und Traversari so großen Einfluß verschafft hatten, und verbreitete auch nicht jene Begeisterung für die klassischen Autoren, wie etwa Niccoli sie hervorrief. 1452 trug Papst Nikolaus V. ihm auf, Homer ins Lateinische zu übertragen. Er vollendete jedoch nur Buch I und einen Teil von Buch IX. Sein Schüler Palmieri war einer der ersten Humanisten, der die humanistischen Ideale dadurch populär machte, daß er sich des Italienischen bediente. Mit seinem Werk *Della vita civile* verfolgte er das Ziel, römische Bürgerideale im zeitgenössischen Italienisch zu präsentieren. Er konnte aus eigener Erfahrung sprechen, denn er hatte viele öffentliche Ämter in der Republik bekleidet und war unter anderem auch Prior und Gonfaloniere gewesen.

Diese Männer – Niccoli, Bruni, Traversari, Manetti, Marsuppini und Palmieri –, die sich seit etwa 1390 bis in die zweite Hälfte des 15. Jahrhunderts aktiv auf dem Gebiete der *Humaniora* betätigt hatten, bildeten den Kern des frühen Medici-Kreises. Neben anderen, weniger bedeutenden Köpfen verschafften sie, von Cosimo de' Medici großzügig unterstützt, Florenz seine Vorrangstellung in der neuen Gelehrsamkeit Italiens. Freilich waren auch Dante, Petrarca, Boccaccio und Salutati Florentiner, aber zwei von ihnen hatten in der Verbannung gelebt, und die beiden anderen wären vielleicht ohne Nachwirkung geblieben, wenn ihnen nicht diese Gruppe begeisterter und fruchtbarer Verehrer des antiken Schrifttums nachgefolgt wäre.

Das Mäzenat der Medici, einer Kaufmannsfamilie, die im

späten 12. Jahrhundert zum erstenmal erwähnt wird, gehört zu den erstaunlichsten Erscheinungen dieser Art in der Geschichte der Neuzeit. Während des 13. Jahrhunderts wuchs ihr Reichtum mit dem der Stadt Florenz, und um die Mitte des 14. Jahrhunderts gehörten sie neben den Bardi, den Strozzi, Albizzi, Capponi, Peruzzi, Pucci, Rinucini und Rucellai zu den großen Handelshäusern. Die Medici gehörten zwei der sieben bedeutenderen Gilden *(arti maggiori)* an, nämlich der Gilde der Wollhändler *(calimala)* und der der Bankiers oder Geldwechsler *(cambiali)*. Von allen Florentiner Bankfirmen litten die Medici – zum Teil deshalb, weil sie noch nicht an führender Stelle standen – am wenigsten darunter, daß Eduard III. von England (1339/40) die Schulden, die er bei verschiedenen italienischen Bankiers, vor allem bei den Bardi, hatte, nicht anerkannte. Mehrere Konkurrenten wurden dabei vollkommen ruiniert, die Medici dagegen zogen Nutzen aus dem Unglück der anderen. Als sich 1378 die *Ciompi* erhoben, standen unter den führenden Kaufmannsfamilien allein die Medici auf seiten des Volkes. Wirkliche Bedeutung erlangten die Medici mit Giovanni de Bicci de' Medici (1360–1429), einem genialen Finanz- und Verwaltungsmann. Seinem Wesen nach ruhig und zurückhaltend, wurde er dennoch wiederholt in öffentliche Ämter gewählt und gehörte 1401 dem Gremium an, das die Ausführung des Nordportals des Baptisteriums Ghiberti und nicht Brunelleschi übertrug. Er wurde der Bankier des Papstes Johannes XXIII. und schickte seinen Sohn Cosimo im Gefolge des Papstes nach Konstanz. 1418 zahlte er dem Herzog Ludwig von Bayern eine große Summe, um Johannes aus der Gefangenschaft auszulösen, und gewährte dem Expapst bis zu dessen Tod im folgenden Jahr Zuflucht in Florenz. Das war der Beginn der Beziehungen zwischen den Medici und dem Papsttum – einer Verbindung, die sich für beide Teile als nützlich erweisen sollte. Der päpstliche Hof befand sich stets in finanziellen Schwierigkeiten; die Medici brachten einerseits Ordnung in die päpstlichen Finanzen und zogen andererseits einen stetigen angemessenen Gewinn daraus, daß große Summen für die Kurie durch ihre Hände gingen. Nach dem Tod Giovanni de Biccis 1429 trat Cosimo an seine Stelle, damals 39 Jahre alt, der in allen Zweigen des ausgedehnten Finanzimperiums der Familie wie auch in der internationalen Politik gründlich bewandert war. Damals konnten sich nur noch die Albizzi mit den Medici messen, und 1434 trat der unvermeidliche Kampf um die kommerzielle und politische Vorherrschaft in der Republik in eine entscheidende Phase, als die Albizzi die erste Runde gewannen und die Medici in die Verbannung gehen mußten. Cosimo, der einer Gefängnisstrafe durch wohlüberlegte Verteilung beträchtlicher Summen entging, begab sich nach Venedig, wo die Familie Einfluß besaß. Florenz war ohne Cosimos Finanzgenie verloren, und die Florentiner wurden das bald gewahr. Papst Eugen IV., der bisweilen in Florenz residierte und aus eigener Erfahrung wußte, daß die Medici und insbesondere Cosimo unentbehrlich waren, machte den Florentinern klar, wie falsch es gewesen war, die Medici in eine andere Stadt zu schicken, die nun sicherlich auf Kosten von Florenz davon profitieren würde. Im September wurde Cosimo wieder heimgerufen. Die Albizzi wurden samt acht Parteigängern verbannt; auf 300 Jahre hinaus war Florenz nun fast ununterbrochen die Stadt der Medici.

Cosimo pflegte gelehrte Interessen, ohne auch nur einen Augenblick seine Geschäfte und Bankangelegenheiten aus dem Auge zu verlieren. Er war noch keine 20 Jahre alt, als er schon hohe Beträge zur Förderung von Gelehrten und Gelehrsamkeit ausgab. So bezahlte er etwa die Auslagen für Chrysoloras und bestellte griechische Bücher aus Konstantinopel. Als er an die Spitze des Hauses Medici aufrückte, richtete er Bibliotheken für Handschriftensammlungen ein, unterstützte Maler und Bildhauer, überredete Papst Eugen IV., das Konzil 1438 nach Florenz zu verlegen und leistete persönlich Bürgschaft über 100 000 Florins für die Unterbringung der Griechen. Danach verwirklichte er den Vorschlag des ehrwürdigen Griechen Gemistos Plethon und gründete die Platonische Akademie. Damit greifen wir zwar vor, aber es scheint doch wichtig, sich bei der Behandlung des Medicikreises klarzumachen, daß es sich hier um eine Gruppe von Gelehrten handelte, die mit Bedacht ausgewählt, klug gefördert und großzügig unterstützt wurden – von einem bedeutenden und mächtigen Mann, der nicht der Gründer einer Kaufmannsdynastie, aber unter ihren führenden Köpfen der fähigste war. Wir werden Cosimo noch später im Zusammenhang mit Kunst, Architektur, Politik und der großartigen Erneuerung des Platonismus begegnen. Als er 1464 starb, verlieh ihm die Stadt Florenz verdientermaßen den Titel *Pater Patriae*.

Der Humanismus in Rom

Während Florenz unter dem Patronat der freigebigen Medici und dank dem Genie seiner Humanistensöhne bei der Wiederaufnahme der klassischen Beredsamkeit dem übrigen Abendland voranschritt, trug das Papsttum schwer an den Erschütterungen durch das Schisma und die konziliare Bewegung. Der päpstliche Hof befand sich häufig auf der Flucht vor der Pöbelherrschaft in Rom oder vor Fürstenlaunen, und der größte Teil päpstlicher Bemühungen im 15. Jahrhundert galt politischen Manövern und dem verzweifelten Kampf um ihren Fortbestand. Trotz dieser Inanspruchnahme durch rein weltliche Fragen zeigte sich doch ein stetig wachsendes Interesse an den Problemen, die die Humanisten bewegten. Poggio Bracciolini erhielt 1403 sein Amt, weil er den klassischen lateinischen Stil so glänzend beherrschte, und aus demselben Grund behielten ihn vier weitere Päpste bei stets erhöhten Bezügen. Papst Johannes XXIII. stellte 1410 Leonardo Bruni als Sekretär ein, und hätte Bruni es gewollt, so hätte er am päpstlichen Hof sein Leben beschließen können. Poggio war Sekretär bei Johannes, als er von Konstanz aus Reisen in Klöster der Schweiz, Frankreichs und Deutschlands unternahm und dort seine erstaunlichen Entdeckungen klassischer Handschriften machte. Auch Martin V. (1417–1431), der es sich zur Aufgabe gemacht hatte, Rom baulich wiederherzustellen, zeigte sich Poggio gegenüber nicht knauserig, da er das Ansehen zu schätzen wußte, das der derzeit berühmteste Humanist seinem Hofe verlieh.

An Martins Hof lebten noch andere hervorragende Humanisten: Agapito Cenci de' Rustici (gest. 1464), Bartolommeo de Montepulciano (gest. 1429) und Antonio Loschi (gest. 1441), alle gründlich gebildet, weit gereist und wissenschaftlich produktiv. Martin versuchte außerdem 1428 Francesco Filelfo (1398–1481), der gerade aus Konstantinopel zurückgekehrt war, in seinen Kreis zu ziehen, doch Filelfo fand einen Lehrstuhl an der Universität Florenz seinen Wünschen angemessener. Alle diese Humanisten sorgten in der päpstlichen Kanzlei dafür, daß die Korrespondenz der Kurie sich durch besonders gutes Latein auszeichnete. Sie führten auch diplomatische Missionen an, bei denen es auf Bildung und Redegabe ankam. Eugen IV. ließ alle vier Beamten auf ihren Posten und folgte damit der gelehrten Tradition der Kurie. Diese Tradition wurde durch eine Anzahl von Kardinälen in Rom gefördert, die einmal selbst der neuen Bildung anhingen und zum anderen hohe Beträge für Künstler, Schulen und Gelehrte ausgaben. Ferner gab es Kardinäle wie Capranica, Legat in Bologna, und Albergati, Bischof von Bologna, die den Ehrgeiz hatten, ihre Städte zu Mittelpunkten geistigen Lebens zu machen. Capranica besaß eine Bibliothek von 2000 Bänden, die er in eine Art öffentlicher Leihbibliothek umwandelte. Aus dem Kreis von Humanisten, der seine ersten Anregungen von Florenz empfing, sollte dann einer seine geistigen Neigungen mit auf den päpstlichen Stuhl nehmen: Thomas Parentucelli von Sarzana, Bischof von Bologna, ein weithin anerkannter Humanist, der sich als Papst Nikolaus V. nannte (1447–1455). Wäh-

rend seines Pontifikats fiel es Rom nicht schwer, Florenz die Führung bei der Wiederbelebung der Antike streitig zu machen. Papst Eugen IV. lag während seines Pontifikats lange mit dem Konzil von Basel im Streit. Er war Franziskanermönch gewesen und führte ein so strenges Leben, daß man ihm den Spitznamen »Abstemius« gab. Manche seiner Zeitgenossen und auch manche späteren Historiker haben seinen Beitrag zum Humanismus gering eingeschätzt. Aber gerade dieser Mönch machte Traversari vor allem seiner Gelehrsamkeit wegen zum Ordensgeneral und übertrug ihm bedeutende Vollmachten für die Verhandlungen mit den Griechen über eine Vereinigung der Kirchen. Eugen ging sogar noch weiter. Er veranlaßte Traversari, seine gelehrten Arbeiten fortzuführen und nahm an seinem Schaffen so regen Anteil, daß er ihm bestimmte Schriften griechischer Kirchenväter zur Übersetzung ins Lateinische vorschlug und zu diesem Zweck Handschriften, Gelder und Kopisten zur Verfügung stellte.
Maffeo Vegio, der sich besonders für Vergil begeisterte, war ein bedeutender Jurist an der Universität Paris, bis der Papst ihn 1431 oder 1432 an seinen Hof nach Rom berief, wo er als *abbreviator* bis zu seinem Tod im Jahr 1458 blieb. Unter dem Einfluß seiner Beschäftigung mit Augustinus und den Predigten Bernardinos von Siena wandte er sich immer mehr christlichen, ja reformatorischen Ideen zu. Vespasiano sagt von ihm: »Den unsterblichen Schätzen maß er mehr Wert bei als den irdisch-vergänglichen, und er richtete seinen Blick auf das wahre Ziel, das jeder Christ anstreben sollte ... Seiner guten Taten waren so viele, daß er es verdient, im Gedächtnis aller Gelehrten fortzuleben.« Aeneas Silvius, der sonst kein Lob für andere übrig hatte, schrieb über Vegio, daß sein Ruhm und Rang hinter seinem Wert zurückblieben.
Eugen IV. gelang es, Giovanni Aurispa (gest. 1459), einen der berühmtesten Schüler des Guarino da Verona, als Sekretär zu gewinnen. Seine Kenntnis des Griechischen sollte sich in den Verhandlungen mit der Ostkirche als sehr wertvoll erweisen.

Auf der Suche nach Handschriften oder während diplomatischer Missionen hatte er häufig Gelegenheit, seine Freundschaft mit anderen Humanisten in ganz Italien wieder aufzufrischen. Ein anderer Schüler Guarino da Veronas, der zum Gefolge Eugens IV. gehörte, war Ermolao Barbaro. Obwohl er jünger war als Aurispa, wurde er – wohl, weil er mit dem Papst entfernt verwandt war – schon 1437 zum Bischof von Bergamo ernannt, um später die bedeutenderen Bistümer Treviso und Verona zu erhalten.

Noch größere Bedeutung für das Ansehen Roms hatte das Werk Flavio Biondos (Flavius Blondus) aus Forlì, eines Historikers und Archäologen (1388–1463). Er war weitgehend Autodidakt und bis zu seinem 35. Lebensjahr nur Stadtschreiber in Forlì. Aber er hatte viel gelesen, und als er nach lokalen Unruhen aus seiner Heimatstadt verbannt wurde, fand er 1427 eine Stellung als Sekretär des venezianischen Podestà in Padua und Brescia. Seine erfolgreiche Karriere in den Diensten Venedigs verdankte er der Freundschaft des Humanisten Francesco Barbaro, eines Onkels des Ermolao Barbaro, der ihn wahrscheinlich dem Papst empfahl. Jedenfalls ernannte ihn Eugen IV. 1433 zum Notar und im darauffolgenden Jahr zum päpstlichen Sekretär. Da er verheiratet war und zehn Kinder hatte, konnte er keine geistliche Karriere einschlagen. Er war weder Höfling noch Schmeichler, sondern lieferte redliche Arbeit, hielt bei dem Papst in all dessen Bedrängnissen aus und führte dabei unentwegt seine erste, dem Papst gewidmete topographische Forschungsarbeit *Roma instaurata* fort. In diesem bedeutenden Werk verglich er das antike Rom und alle seine Monumente mit dem Rom seiner eigenen Zeit bis in die kleinsten Einzelheiten. Nachdem er so gewissermaßen die beiden Endpunkte der römischen Geschichte, das Rom der Cäsaren und das Rom der Päpste, geschildert hatte, ging er dazu über, die Halbinsel Italien zu beschreiben, deren Eroberung Roms Ruhmestat war und von deren Wiedervereinigung unter dem Szepter der Kirche jeder Papst träumte. Dieses

Werk, *Italia illustrata*, wurde im Jahre 1453 beendet. Er hatte die Halbinsel in 18 Regionen eingeteilt und eine Fülle detailliertester Kenntnisse ausgebreitet, doch fehlte seinem Stil jeder poetische Schwung; er verlor sich häufig in Trivialitäten. Dies war der erste ernsthafte Versuch, die Geschichte und Geographie der Halbinsel als Einheit zu behandeln. Biondos letztes, Papst Pius II. gewidmetes Werk *Roma triumphans* (1459) war eine römische Altertumskunde, wie sie bisher noch nie in Angriff genommen worden war. Die Gelehrten der Renaissance hatten sich bis zu diesem Zeitpunkt von ihrer Begeisterung für Literatur leiten lassen, die nun auf gutem Wege war. Sollte eine Beschäftigung mit der Literatur Roms auch weiterhin gerechtfertigt erscheinen, so war es unerläßlich, seine sozialen, politischen, geographischen und wirtschaftlichen Verhältnisse möglichst zutreffend und genau zu erfassen. Diesem Bedürfnis suchte Biondo entgegenzukommen, und vielleicht war gerade die Nüchternheit seiner Arbeiten, die man ihm damals und später zum Vorwurf machte, das Wertvollste an seiner Leistung.

Der führende und wohl auch bedeutendste italienische Humanist im Gefolge des Papstes war Poggio Bracciolini, ein Florentiner, der seine erste Schulung als Protegé Salutatis erhielt. 1403 kam er an den päpstlichen Hof, dessen strahlendste humanistische Leuchte er 50 Jahre hindurch blieb. Er diente fünf Päpsten, von Bonifaz IX. bis Nikolaus V. Sein Ruhm gründete sich gleichermaßen auf seine zahlreichen eigenen Arbeiten und seine erstaunlichen Entdeckungen von Werken römischer Autoren. Die Handschriften dieser Werke hatten seit Jahrhunderten unbeachtet in klösterlichen und bischöflichen Bibliotheken gelegen. Die altertümlichen Schriftzüge waren der gelehrten Welt ungewohnt gewesen, und die seltsamen Titel hatten für die Mönche des frühen Mittelalters oder die Geistlichkeit des 13. und 14. Jahrhunderts keine Anziehungskraft besessen. Erst seit Petrarca machten sich einige Gelehrte allmählich Gedanken über Werke, die bei Cicero,

Seneca, Ovid und Vergil erwähnt werden und infolgedessen so häufig abgeschrieben worden sein mußten, daß sie weithin bekannt waren. Salutati hatte das vollständige Corpus der *Epistolae familiares* Ciceros entdeckt, Guarino da Verona hatte 1408 einige weitere Pliniusbriefe entdeckt. In den nächsten Jahren wurden weitere Werke römischer Autoren identifiziert. Die Entdeckerleidenschaft war geweckt. Poggio, der das Glück hatte, dem päpstlichen Hof anzugehören, profitierte von dessen häufiger Verlegung. So befand sich die Kurie zum Beispiel in den Jahren zwischen 1405 und 1410 zeitweise in Viterbo, Lucca, Siena, Pisa, Pistoria, Bologna und Rimini. Wo immer der Hof sich aufhielt, ließ Poggio es sich angelegen sein, die örtlichen Archive zu durchforschen und in allen nahegelegenen Klöstern oder Dombibliotheken nach Handschriften zu suchen, die bislang unerkannte Werke lateinischer Autoren enthalten könnten. Wo er sie nicht kaufen konnte oder geschenkt bekam, schrieb er ganze Codices ab und gelangte so in den Besitz einer unschätzbaren Bibliothek der römischen Klassiker. Die Entdeckungen, die er während des Konstanzer Konzils machte, waren in der ganzen gelehrten Welt eine Sensation. Während Papst Johannes XXIII., dessen Sekretär er war, entweder vor Gericht stand oder im Gefängnis saß, machte Poggio vier Reisen in nahegelegene Klöster, um, wie er zu einem Freunde sagte, »die ehrwürdigen Alten aus dem Kerker zu befreien«. Auf der ersten Reise fand er in Cluny zwei unbekannte Reden Ciceros, auf der zweiten in dem alten Kloster von St. Gallen in der Schweiz das erste vollständige Exemplar von Quintilians *Institutio oratoria*, die ersten drei Bücher und die Hälfte des vierten Buches der *Argonautica* des Valerius Flaccus sowie Asconius' Kommentar zu fünf Reden Ciceros. Auf dieser Entdeckungsreise stieß er dann später noch auf die *Silvae* des Statius. Eine dritte Reise bescherte ihm die *Astronomica* des Manilius, die *Punica* des Silius Italicus, die *Historia* des Ammianus Marcellinus, *De rerum natura* des Lukrez und weitere, wenn auch weniger bedeutende Werke.

Auf einer vierten Reise nach Deutschland fand er *De re rustica* von Columella und acht weitere Reden Ciceros. Als er 1423 nach Rom zurückkehrte, nahm er seine Tätigkeit beim Papst wieder auf und begann die Arbeit an seinen *Dialogen,* die gewissermaßen seine Antwort auf die Probleme des Lebens aus seiner Sicht darstellten. Das ganze Werk atmet Bitterkeit und Resignation. Die Titel einiger Aufsätze lassen das erkennen: *Über den Adel* betont, daß nicht das Blut, sondern die Leistung der wahre Maßstab für den Adel ist; *Über die Unbeständigkeit des Glückes, Über das Elend des menschlichen Daseins, Über das Unglück der Fürsten.* Sein Hohn und seine Invektive galten ganz besonders der Geistlichkeit, und der Umstand, daß er im Dienste der Kirche stand, scheint weder ihm noch den Päpsten etwas ausgemacht zu haben. Von seiner sicheren Position in der Kurie aus ließ sich Poggio in Privatfehden ein und wurde in seinen Angriffen so heftig, daß nach Vespasiano da Bisticci »die ganze Welt ihn fürchtete«. Neun Jahre lang war er in eine Auseinandersetzung mit Filelfo verwickelt, in der sich beide mit den übelsten Namen belegten, die sich in der lateinischen Literatur finden ließen, und dazu noch neue Schimpfwörter bildeten – was damals keinerlei Anstoß erregte. Neben anderem schrieb er auch eine Sammlung grober und lasziver Schwänke *Liber facetium,* die vorwiegend die Geistlichkeit aufs Korn nahm, führte einen ausgedehnten Briefwechsel und übersetzte einiges aus dem Griechischen.

1435 trennte sich Poggio im Alter von 55 Jahren von einer geduldigen Geliebten, die ihm 14 Kinder geboren hatte, und heiratete eine Achtzehnjährige, die ihm weitere vier Kinder schenkte. Mit 73 Jahren wurde er 1453 nach dem Tode seines Freundes Carlo Marsuppini nach Florenz gerufen und wurde dort Kanzler der Republik, Prior und Mitglied der Signoria. Die Kanzlergeschäfte erledigten geschulte Untergebene, so daß Poggio seine ganze Kraft auf eine Geschichte von Florenz verwenden konnte, die von 1352 bis auf seine Zeit reichen sollte.

Sie blieb bei seinem Tod unvollendet zurück. Seine Leistung als Geschichtsschreiber litt darunter, daß er zu sehr darauf bedacht war, sich Bruni stilistisch überlegen zu zeigen. Auf diesem Gebiet war er weniger bedeutend.

Der Tag, an dem Nikolaus V. den päpstlichen Thron bestieg, war für alle Freunde der klassischen Gelehrsamkeit ein Freudentag. Nikolaus, der in Florenz eine gründliche humanistische Bildung genossen hatte, war mit allen führenden Gelehrten Italiens persönlich bekannt. Er versuchte, viele dieser Humanistenfreunde an seinen Hof zu binden, und belohnte sie freigebig für ihre Übersetzungen und Originalarbeiten. Stets trug er eine oder zwei gefüllte Börsen bei sich, um sie ehrgeizigen Gelehrten schenken zu können, die ihn in Rom auf der Straße etwa anhalten mochten, um ihm ihr neuestes Produkt vorzulesen. Ein großer Teil dieser Versuche war wertlos, aber der Papst nahm sein Mäzenatentum ernst. Die aus päpstlichen Mitteln gezahlten Unterstützungen, die von ihm gelenkte und finanzierte Suche nach Handschriften sowie die päpstliche Bibliothek, die er eingerichtet, großzügig ausgestattet hatte und die 5000 Handschriften umfaßte, machte Rom unter dem Pontifikat Nikolaus' nicht nur für Italien, sondern für das ganze Abendland zum Brennpunkt der neuen Gelehrsamkeit. Der Papst hatte das Glück, sein Amt in einer für das Papsttum verhältnismäßig friedlichen und infolgedessen auch wohlhabenden Zeitspanne auszuüben. Wenn auch das Florenz der Medici um die Mitte des Jahrhunderts noch in Blüte stand, so trat es doch schon hinter Rom zurück. Die glänzende Vereinigung von Gelehrten, die »Römische Akademie«, in der Pomponio Leto für die Lateiner und Kardinal Bessarion für die Griechen den Ton angab, ruhte auf einem festeren Fundament als die Platonische Akademie in Florenz und wurde, gerade weil sie keine allgemeinverbindlichen philosophischen Ansprüche erhob, von der Bruderschaft der Gelehrten freundlicher aufgenommen.

Florenz und Rom waren nur die führenden Zentren der

humanistischen Renaissance. Daneben gab es in vielen anderen Städten und an vielen anderen Höfen Italiens kundige und sogar hervorragende Männer, die sich um die klassische Literatur bemühten. Petrarca hatte weite Reisen gemacht. Noch weiter griff sein Briefwechsel aus, und seine Begeisterung für die Schönheiten der antiken Kultur, wie sie in der Sprache und den Zeugnissen ihres Geistes zutage traten, wirkte ansteckend und hatte viele Nachfolger, die ihn als ihren Lehrmeister ansahen. Der Samen seiner Botschaft hatte in Mailand, Venedig, Padua, Neapel, Verona, Bologna und Mantua Wurzel geschlagen und Frucht getragen, so daß es am Anfang des 15. Jahrhunderts geschulte und erfahrene Kenner der Antike gab, die entweder in maßgebenden Stellen an den verschiedenen Höfen saßen, in den Städten als Professoren wirkten oder vom Bürgertum und vom Adel besuchte Privatschulen besaßen, an denen es auch so manchen ehrgeizigen Studenten gab, der sich seinen Lebensunterhalt durch seiner Hände Arbeit oder mit Abschreiben verdiente.

In Mailand, das von König Wenzel 1395 zum Herzogtum erhoben wurde, regierten mit eiserner Hand die Visconti. Petrarca hatte acht Jahre lang in Mailand als geehrter Gast Giovanni Viscontis gelebt. Die Neffen Giovannis interessierten sich kaum oder gar nicht für Literatur, aber ihr Erbe, Giangaleazzo (1352–1402), der den Ehrgeiz hatte, König von Italien oder sogar Kaiser des Heiligen Römischen Reichs zu werden, hätte die Unterstützung und Billigung aller Humanisten gern angenommen, deren rühmende Verse sich kaufen ließen. Er gab große Summen für den Bau von Kirchen – etwa der Certosa von Pavia – und für den Ankauf von Heiligenreliquien, Gemälden oder Klassikerhandschriften aus, aber seine Gesinnung war weniger die eines Humanisten als vielmehr die eines plötzlich reich gewordenen Dilettanten ohne ein bestimmtes Bildungsziel. Sein Sohn Filippo Maria (gest. 1447) war ein politischer Intrigant, dessen Pläne zum Glück seiner Nachbarn fehlschlugen. Kultur stand für ihn erst an zweiter

Stelle. Immerhin hat er aber das Verdienst, Gasparino da Barzizza 1418 als Leiter einer Lateinschule für Knaben nach Mailand berufen zu haben. Filippo las Dante und Petrarca, dazwischen aber wahllos auch französische Ritterromane und Übersetzungen aus dem Lateinischen. Es bleibt zu fragen, ob er viel von dem verstand, was er hörte oder las. Wichtiger ist die Tatsache, daß seine Tochter den Generalkapitän Francesco Sforza (1401–1466) heiratete, der bald die Herrschaft übernahm und Herzog von Mailand wurde. Zu verschiedenen Zeiten standen die Humanisten Francesco Filelfo und Pier Candido Decembrio (1392–1477) sowie der Architekt Antonio Filarete als Lehrer seiner Kinder oder Beamte in seinen Diensten. Francescos Sohn Galeazzo Maria (gest. 1476) übernahm diesen Brauch und beschäftigte ebenfalls Humanisten als Erzieher, Sekretäre oder Fachleute für Verleumdungen, die zu seiner politischen Taktik gehörten. Die Humanisten verfügten nämlich über einen größeren Wortschatz, und Wörter waren wichtig in Propagandafeldzügen. Sowohl Galeazzo Maria als auch sein Bruder und Nachfolger Ludovico il Moro förderten die benachbarte Universität Pavia, wo Humanisten die Lehrstühle für lateinische Rhetorik und Griechisch innehatten. Mailand war reich und mächtig, und seine Herrscher, die Visconti und die Sforza, hatten Humanisten und Künstler an ihrem Hof, aber als Mittelpunkt für die neue Gelehrsamkeit blieb das Herzogtum stets hinter Florenz und Rom, ja selbst hinter Venedig zurück.

Hier in Venedig lagen die Dinge anders. Die Loyalität der Venezianer galt in erster Linie ihrer Stadt. Ihre oligarchische Regierungsform, die sehr begrenzte Einwohnerzahl und der stetige, durch Handel erzielte Wohlstand mußten notwendig zu einer solchen Einstellung führen. Es schien kaum möglich, daß diese Selbstzufriedenheit durch ein Phänomen gestört werden sollte, das ein geborener Venezianer nur als eine aus Florenz importierte Modelaune betrachtet hätte. Dennoch verdankte die humanistische Bewegung Venedig viel. Petrarca hatte der Stadt die Ehre erwiesen, fünf Jahre lang (1362–1367) hier zu wohnen und Venedig auch später häufig aufzusuchen. Er hatte Freundschaften mit vielen führenden Bürgern geschlossen und hatte einmal sogar vorgesehen, seine kostbare Bibliothek Venedig zu hinterlassen – ein Vermächtnis, das er später allerdings rückgängig machte. Die Intellektuellen Venedigs pflegten ihre Verbindungen mit Humanisten auf dem Festland, und ständig gingen Briefe zwischen namhaften Gelehrten aus ganz Italien und ihren venezianischen Kollegen hin und her. Diese konnten, wenn sie dem Adel angehörten, berühmte Humanisten gastfreundlich bei sich aufnehmen, die auf dem Weg in andere Städte durch Venedig kamen. So wurden unter anderen Chrysoloras, Vergerio, Guarino, Traversari und Bessarion in den Palästen adliger Humanisten in Venedig bewirtet, und die allgemeine Stimmung in der so eng mit Konstantinopel verbundenen Stadt neigte sich offensichtlich der neuen Gelehrsamkeit zu.

Und doch nahm Venedig entgegen allen diesen Möglichkeiten, trotz seines Wohlstands und seiner günstigen Lage als westlicher Zufluchtsort der Emigranten aus Konstantinopel, den Humanismus nie ganz ernst. Die Gelehrten, die man aufforderte, sich in Venedig niederzulassen, verließen einer nach dem anderen verärgert oder enttäuscht die Stadt. Gasparino da Barzizza versuchte 1407 und dann wieder 1411 in der Stadt sein Auskommen zu finden, mußte sie jedoch als armer Mann wieder verlassen. Guarino da Verona kam 1408 aus Konstantinopel und brachte viele griechische Handschriften und glänzende Kenntnisse der griechischen Sprache und Literatur mit. Er wohnte im Haus der Barbaros und gründete 1414 eine Schule, hatte jedoch keinen Erfolg und verließ 1419 die Stadt, um nie wiederzukehren. Sein berühmtester Schüler, Vittorino da Feltre, versuchte ebenfalls mit einer Schule seinen Lebensunterhalt zu verdienen und mußte auch wieder fortziehen. Guarino und Vittorino sind die beiden berühmtesten Erzieher der humanistischen Bewegung, doch keiner von ihnen konnte

sich in Venedig halten. Filelfo ging als Sekretär einer venezianischen Gesandtschaft nach Konstantinopel. Als er 1427 zurückkehrte und neben seiner griechischen Braut, der Tochter Chrysoloras', viele griechische Handschriften und neue Griechischkenntnisse mitbrachte, wurde er von einigen reichen Venezianern aufgefordert, eine Schule zu eröffnen. Da brach die Pest in der Stadt aus, und seine Gönner flohen. Sie beteuertem ihm brieflich ihre Hochachtung, legten aber kein Geld bei. Nach einigen Monaten zog er verbittert von dannen. Als nächster erhielt Georgios Trapezuntios aus Kreta von Privatleuten eine Einladung (1433), nach Venedig zu kommen und eine Schule zu eröffnen. Er reiste schon nach wenigen Monaten nach Florenz ab.
Paduas Schicksal war in diesem Zeitabschnitt eng mit dem Venedigs verbunden. Unter dem gemäßigten Despotismus der Carrara übertraf die Universität die meisten anderen italienischen Universitäten an Aufgeschlossenheit; die frühe paduanische Humanistenschule hatte bereits den Boden für Petrarca und seine Nachfolger bereitet. 1405 ging Padua in den Besitz Venedigs über, das die Universität mit ihrer berühmten juristischen und medizinischen Fakultät freigebig unterstützte. Sie wurde nun die Universität von Venedig. Von 1405 bis zu seinem Tod im Jahr 1447 war Sicco Polentone Stadtschreiber, der eine Geschichte lateinischer Autoren von Livius Andronicus bis Petrarca in 18 Bänden verfaßte. Er pflegte den Kult des Livius, des großen Sohnes der Stadt Padua, und als man 1413 die – vorgeblichen – Gebeine des großen Historikers entdeckte, war das eines der bedeutendsten Ereignisse des Jahrhunderts. An der Universität, die viele Studenten aus Deutschland, den Niederlanden, Polen, Ungarn und den britischen Inseln anzog, lehrte eine Reihe hervorragender Humanisten. Im Lauf der Jahre begegnen wir dort Guarino, Filelfo, Vittorino da Feltre, Gasparino da Barzizza und später auch Ermolao Barbaro und Giovanni Marcanova, der 1467 eine große Sammlung von Büchern und Antiquitäten einem paduanischen

Kloster schenkte. 1463 wurde an der Universität ein Lehrstuhl für Griechisch eingerichtet, den als erster der Athener Chalcondylas verwaltete.

Verona, das gleichfalls zu Venedig gehörte, richtete 1420 an Guarino, einen geborenen Veroneser, der sich in Venedig und Padua einen Ruf als Lehrer des Griechischen und Lateinischen erworben hatte, die Einladung, in seine Heimat zurückzukehren und dort zu lehren. Er bewohnte nicht weit von der Stadt ein idyllisches Landhaus, das inmitten von Rasenflächen, Obstgärten und Weinbergen an einem anmutigen Flüßchen gelegen war. Manche seiner Studenten wohnten in seinem Haus, andere waren Tagesschüler verschiedener Altersstufen. Doch erhob sich soviel lokaler Widerstand gegen ihn, daß er 1429 eine Einladung des Markgrafen Niccolò d'Este annahm und als Erzieher dessen Sohnes nach Ferrara ging. Lehrend und schreibend verbrachte er dort den Rest seines Lebens. Die Stadt benutzte die Anwesenheit der Studierenden, die Guarinos Ruhm und hohe Bildung angezogen hatten, um mit Hilfe der Familie d'Este eine Universität zu gründen. Guarino selbst blieb bis zu seinem Tod im Alter von 86 Jahren (1460) tätig. Er war ein liebenswürdiger und anregender Mensch, der bei aller Gelehrsamkeit Wärme ausstrahlte. Es scheint, als hätten diese Wesenszüge sich auf die Familie d'Este übertragen und noch jahrhundertelang nach seinem Tod in Ferrara fortgewirkt. Vittorino da Feltre (1378–1446), Guarinos Schüler, der nur wenig jünger war als jener, wirkte von 1423 bis zu seinem Tod in Mantua als Erzieher der Kinder der Gonzaga, des Herrschergeschlechts der Stadt. Die Gonzaga bauten ihm eine weitläufige Villa, *La Giocosa*, in die er zahlende und nichtzahlende Schüler aufnehmen durfte. Unübersehbar war die Fülle der Nachrufe bei seinem Tode, doch die größte Anerkennung erfuhr er noch bei Lebzeiten, als Poggio und Filelfo ihm ihre Söhne als Schüler anvertrauten. Guarino und Vittorino adelten den Beruf des Lehrers durch doppelte Hingabe: die Liebe zum Lehrstoff und die Liebe zum Lernenden.

Am Hofe des Königreichs Neapel war unter den beiden Dynastien, die im späteren Mittelalter Süditalien beherrschten – den Häusern Anjou und Aragon – eine Tradition der Bildungspflege lebendig. 1341 hatte Petrarca auf dem Weg zu seiner Dichterkrönung in Rom König Robert in Neapel besucht; der König hatte sich gescheit und interessiert mit ihm über seine Arbeiten unterhalten. Boccaccio, der damals als junger Hofmann in Neapel lebte, begegnete Petrarca bei dieser Gelegenheit; das war der Beginn seiner lebenslangen Bewunderung für den Dichter und seiner Freundschaft mit ihm. Petrarca fand am Hofe Roberts eine Atmosphäre vor, die trotz einer gewissen Voreingenommenheit für die Scholastik doch sehr bildungsfreundlich war. Der König hatte eine stattliche Bibliothek aufgebaut, die erste bemerkenswerte fürstliche Sammlung Europas, und in seinen Diensten standen eine Anzahl von Gelehrten, die das Ausland bereist und dort studiert hatten. Robert starb jedoch zu früh (1343), als daß Ideen und Anregungen, die er von Petrarca sicherlich empfing, hätte verwirklichen können, und die verworrenen Zustände unter seinen Nachfolgern waren den neuen Bestrebungen nicht günstig. Alfons I. (Alfons V. von Aragon), genannt der Großmütige, der nach einem mehr als zwanzigjährigen Krieg 1435 schließlich das Königreich eroberte, hatte den Ehrgeiz, als großer und freigebiger italienischer Fürst anerkannt zu werden. Die Medici, die Gonzaga, d'Este und Sforza hatten sich hohes Ansehen durch ihre Förderung der Künste und klassischen Studien erworben. Alfons schlug denselben Weg ein. Er holte mehrere führende Humanisten Italiens an seinen Hof, behandelte sie großzügig und nahm sie in Schutz, wenn sie angegriffen wurden. Die bedeutendsten unter diesen Gelehrten waren Beccadelli, bekannt unter dem von seinem Geburtsort Palermo abgeleiteten Namen Panormita, und Lorenzo Valla. Beccadelli (1394–1471) hatte als typischer fahrender Scholar in Siena, Florenz, Bologna und Pavia studiert. 1426 gab er eine Sammlung pornographischer Verse heraus, den *Herma-*

phroditus, die ihn sofort berühmt machte. 1433 wurde er in Siena von Kaiser Sigismund zum *poeta laureatus* gekrönt. Nachdem verschiedene Städte und Höfe ihn als Latinisten abgelehnt hatten, wurde er 1435 schließlich von Alfons in Neapel angestellt. Er schrieb eine Geschichte der Regierung Alfons', verfaßte viele Schriftstücke für den König und wurde mehrfach in diplomatischer Mission an andere Höfe gesandt. Sein Prosastil war flüssig und wirkungsvoll, seine Verse klangvoll und eingängig. Sein besonderes Verdienst jedoch lag in der Fähigkeit, seine Begeisterung für klassische Studien auf einen großen Kreis von Menschen zu übertragen. Er machte die humanistische Bildung dadurch populär, daß er eine Akademie gründete, die allgemein zugänglich war und zu deren Sitzungen jeder eingeladen wurde, der vorüberkam. Sie war das Gegenteil eines Elfenbeinturms und einer schwer verständlichen Gelehrsamkeit. Alfons teilte seine Begeisterung und zeigte sich bei der Förderung dieser Akademie sehr freigebig. Ferner beriet Beccadelli Alfons beim Ausbau der bereits reichhaltigen Bibliothek der aragonesischen Könige, die schließlich weithin ebensoviel galt wie die päpstliche Bibliothek in Rom. Im Jahr 1458 ernannte ihn Alfons zum königlichen Sekretär, und Beccadelli behielt diese Stellung auch unter Ferdinand I. bis zu seinem Tod im Jahr 1471.

Lorenzo Valla (1407–1457) besaß mehr Erfahrung und genoß noch mehr Ansehen als Beccadelli. Er wuchs in Rom auf und wurde im Lateinischen von Leonardo Bruni, im Griechischen von Aurispa gefördert. Mit Poggio und all den Gelehrten am päpstlichen Hof war er gut bekannt und wußte sich diese Verbindungen zunutze zu machen. Für seinen kritischen Geist jedoch, seinen Sarkasmus und seine Streitsucht war er ganz allein verantwortlich. Als ihm 1431 eine Anstellung am päpstlichen Hof versagt wurde, verließ er Rom und hielt sich mehrere Jahre lang abwechselnd in Pavia, Mailand, Genua, Ferrara und Mantua auf. Allmählich war er überall bekannt und gefürchtet wegen der ätzenden Anwürfe, mit denen er über den lateinischen Stil seiner Kollegen herzog. 1437 finden wir ihn schließlich in Neapel als Sekretär des Königs Alfons. Bei den öffentlichen Sitzungen, die Alfons allabendlich in der königlichen Bibliothek hielt, wechselte er sich mit Beccadelli im Vorlesen und Erklären der Klassiker ab. Der König beriet sich in allen kulturellen Angelegenheiten mit ihm, und viele von den offiziellen königlichen Briefen stammen aus seiner Feder. Nachhaltiger jedoch in ihrer Bedeutung waren seine eigenen Arbeiten. Sein früher Dialog *De voluptate* (1431) zeigte, daß er sich zur Philosophie Epikurs bekannte. Obwohl er noch weitere Abhandlungen philosophischen Inhalts schrieb, lag seine eigentliche Begabung in der philologischen und literarischen Kritik. 1440 veröffentlichte er seinen Angriff auf die Konstantinische Schenkung, die er mit Methoden historischer Quellenkritik als Falschung entlarvte. Tatsächlich hatte das Papsttum bereits seit einiger Zeit das Dokument unbeachtet gelassen, und von Kardinal Nikolaus von Kues war es wenige Jahre zuvor als Anachronismus bezeichnet worden. Aber der rücksichtslose Ton von Vallas Angriff erregte in Kirchenkreisen Ärgernis. Papst Eugen befahl der Inquisition in Neapel, ihn vor Gericht zu ziehen (1444), doch Alfons unterband jedes weitere Vorgehen, und so führte der Prozeß zu keinem Ergebnis. Ein anderes Werk Vallas, *De elegantiis Latinae linguae*, 1444, war der Versuch, das Lateinische von seinen mittelalterlichen Verunstaltungen zu reinigen und ihm gegenüber der Landessprache wieder seine Vorrangstellung zu verschaffen. Das Latein, das Valla auf diese Weise an die Stelle des Italienischen setzen wollte, war eher quintilianisch als ciceronianisch. Die meisten seiner Zeitgenossen betrachteten diese Geringschätzung ihres Schutzheiligen Cicero als unverzeihlichen Verrat. Wie es von einem so eigensinnigen, selbstsicheren, heftigen und begabten Gelehrten in einem Zeitalter individueller Meinungsäußerung nicht anders zu erwarten war, verwickelte sich Valla in mancherlei Streitigkeiten. Die Auseinandersetzung mit Poggio dauerte zwei volle Jahre (1452/53) und durchlief die ganze Stufenleiter von persönlichen Beleidigungen bis zur scharfsinnigen Erörterung philosophischer und kultureller Fragen. Von 1447 bis zu seinem Tod im Jahr 1457 lebte Valla in Rom, wohin ihn Nikolaus V. als apostolischen Sekretär berufen hatte. Die paradoxe Tatsache, daß Valla diese hohe Stellung in der Kirche innehatte und dabei unentwegt und unverhüllt zahlreiche maßgebende Lehrsätze dieser Institution angriff, scheint nur die Bettelmönche gestört zu haben, die versucht hatten, die Inquisition auf ihn zu hetzen. Das Papsttum der Renaissance war von einer einzigartigen Toleranz.

Als Valla nach Rom ging, blieb Beccadelli der führende Humanist am Hofe von Neapel. Auf Einladung des Königs kamen jedoch auf kürzere oder längere Zeit Fazio aus Genua, Manetti aus Florenz, Aeneas Silvius aus Siena, Theodore Gaza aus Rom und andere, weniger berühmte Gelehrte, die gern die warme Aufnahme genossen, mit der Alfons der Großmütige allen Humanisten entgegenkam. Seinem Nachfolger, Ferdinand I. (1458–1494), bedeutete der Humanismus wenig oder gar nichts. Manche Gelehrte blieben zwar in seinen Diensten, jedoch nur in ihrer Eigenschaft als Beamte und nicht als Humanisten.

Gemistos Plethon, ein namhaftes Mitglied der griechischen Abordnung auf dem Konzil in Florenz im Jahr 1439, hatte Cosimo de' Medici mit allem Nachdruck nahegelegt, nach dem Vorbild Athens eine Akademie zu gründen, die dann höchste Instanz der neuen Studien wäre und ihrer Verbreitung im gesamten Abendlande dienen könnte. Es ließ sich bereits absehen, daß Konstantinopel den Türken nicht viel länger werde widerstehen können und daß das Studium des Griechischen wenn überhaupt, dann nur im Westen betrieben werden müsse. Noch im selben Jahr wählte Cosimo einen sechsjährigen Knaben, Marsilio Ficino, den Sohn seines Arztes, zum künftigen Haupt der Akademie. Der Studienplan des Knaben wurde nach Gemistos' Vorschlägen festgesetzt, was bedeutete, daß er zum Platoniker erzogen werden sollte. Cosimo bemühte sich in den folgenden Jahren, eine Sammlung von Handschriften der Werke Platons und Plotins – dessen Interpreten aus dem 3. Jahrhundert – für die Zeit bereitzustellen, wenn seine Akademie mit der Übertragung dieser Schriften ins Lateinische beginnen würde. Plethon war fast der einzige Grieche im Abendland, der Platon über Aristoteles stellte, und viele Jahre lang herrschte eine erbitterte Fehde zwischen den griechischen und italienischen Anhängern Platons und den Verteidigern des Aristoteles, bis Bessarion die Streitenden davon überzeugen konnte, daß sie nur Zeit und Kraft vergeudeten und sich obendrein noch lächerlich machten. Cosimo hatte seine Wahl getroffen: Seine Akademie sollte sich zu Platon bekennen. Mit 18 Jahren wurde Ficino in den Haushalt der Medici aufgenommen und begann unter einem Schüler Vittorinos da Feltre Griechisch zu studieren. Er machte sowohl im Griechischen als auch in der Philosophie derartige Fortschritte, daß er 1456, mit 23 Jahren, Cosimo das Werk *Institutiones ad Platonicam disciplinam* überreichen konnte. 1462 schenkte Cosimo ihm eine seiner Villen, *Careggi,* sowie einige griechische Handschriften und trug ihm auf, Platon zu übersetzen. Dieser Aufgabe widmete Ficino von da an die meiste Zeit (gest. 1499). Seine Studien bestätigten ihm die Gültigkeit des christlichen Glaubens; 1473 wurde er als Vierzigjähriger zum Priester geweiht. Für ihn befand sich die Gedankenwelt Platons weitgehend in Übereinstimmung mit der christlichen, und was es an scheinbaren Abweichungen gab, führte er auf mangelndes Verständnis entweder der Schriften Platons oder der Heiligen Schrift zurück.

Die Villa *Careggi,* die Ficino »Akademie« nannte, wurde zum Mittelpunkt für die Humanisten und Gelehrten von Florenz. Ficino hatte sein Leben ganz und gar der Philosophie geweiht; er heiratete nicht und hatte kein Zeit für die zeitgenössischen Vergnügungen. Tag und Nacht arbeitete er an den Texten und wünschte sich nichts als genügend Zeit, um die darin enthaltenen Wahrheiten zu studieren und zu verstehen. Nach Cosimos Tod im Jahr 1464 finanzierte dessen Sohn und Nachfolger Piero (1416–1469) die Villa und Ficinos Tätigkeit. Nach Piero setzte Lorenzo il Magnifico seinen ganzen Stolz in das Wirken der Akademie und bat sich nur aus, sich dem Kreis anschließen zu dürfen, der sich mit Ficino um die Büste Platons zu freundschaftlichen Gesprächen zusammenfand. Der Kreis stellte einen bunten Durchschnitt des italienischen Lebens dar; zu ihm gehörten Agli, der Bischof von Fiesole; Accolti, der Kanzler der Republik; Leone Battista Alberti, der Architekt; Benivieni, ein Dichter; Vespucci, ein Dominikaner; Angelo Poliziano, ein Humanist; Cristoforo Landino, Professor der Rhetorik; Pietro Leone, Lorenzos Arzt; einige Mitglieder des Florentiner Patriziats und – entsprechend den Anlässen – viele andere Menschen verschiedener Berufe, unbekannte und berühmte, arme und reiche, aus Florenz und seiner Umgebung. Die einzige Vorbedingung für die Aufnahme war der aufrichtige Wunsch, von Platon und seinen Nachfolgern zu lernen. Die Akademie spielte bereits eine beachtliche Rolle im geistigen Leben der Stadt Florenz und Italiens, als 1484 ein liebenswürdiger und reicher junger Mann von 21 Jahren einige Monate in Florenz verbrachte. Es war Pico della Mirandola.

1463 als Fürst von Mirandola geboren, ernannte ihn Papst Sixtus IV. im Alter von zehn Jahren zum apostolischen Notar. Diese frühe Ernennung war nicht unbegründet: Pico war außerordentlich frühreif. Nachdem er in mehreren Universitätsstädten Italiens und in Paris studiert hatte, beherrschte er mit 16 Jahren das Lateinische wie das Griechische und war für sein erstaunliches Gedächtnis bekannt. 1480 ging er nach Padua und studierte dort zwei Jahre lang bei Philosophen, die auf Averroës eingeschworen waren, sowie bei jüdischen Rabbinern. Diese weihten ihn in die Kabbala und ihre Mysterien ein, die einen starken Eindruck auf ihn machten. In Florenz kam Pico 1484 der große Unterschied zwischen den naturalistischen Tendenzen seiner scholastischen Studien in

Padua und der neuplatonischen Gedankenwelt Ficinos und der Akademie zu Bewußtsein. Beide Richtungen schienen ihm Wahres zu enthalten; so gelangte er zu der Überzeugung, man müsse nur die im Grunde bereits bestehende Übereinstimmung freilegen und beide zusammenbringen. Da die christlichen Schriften weitgehend hebräischen Ursprungs waren, beschloß er, Hebräisch zu lernen, um die christlich-platonische Synthese vollkommen zu machen. In Florenz gab es gebildete Juden, und schon bald las er die Kabbala im Urtext. 1485 ging er für ein Jahr nach Paris, um sein Verständnis der großen Scholastiker zu vertiefen. Nach seiner Rückkehr im Jahr 1486 veröffentlichte er in Rom 900 *Conclusiones,* Thesen, die er sich erbot, nicht nur öffentlich gegen jedermann zu verteidigen, sondern auch jedem, der sie in Frage stellen wolle, die Reisekosten zu bezahlen, falls er von auswärts komme. Die öffentliche Disputation war eine traditionsreiche scholastische Einrichtung. Doch die große Anzahl und die Spannweite der *Conclusiones* war auffallend, und einige der Behauptungen erregten sofort Argwohn. Im August 1487 verurteilte Papst Innozenz VIII. 13 dieser Thesen als ketzerisch. Picos *Apologia* zur Verteidigung der Rechtgläubigkeit seiner 13 verurteilten Thesen brachten den Papst so auf, daß Pico aus Italien fliehen mußte. Er wurde in Frankreich ergriffen und in Vincennes gefangengesetzt (Februar 1488). Als Pico, wahrscheinlich auf Veranlassung Lorenzo de'Medicis, freigelassen worden war, brachte er sich in Florenz in Sicherheit. Seine weiteren Veröffentlichungen, insbesondere die Schrift *De dignitate hominis* von 1489, verherrlichten im echten Humanistengeist die schöpferischen Fähigkeiten des Menschen über die übliche christliche Vorstellung hinaus. Auf Lorenzos Bitte begann er seine Abhandlung *De ente et uno,* die zeigen sollte, daß Platon und Aristoteles, die beiden großen Gestalten der antiken Geisteswelt, im wesentlichen übereinstimmten. Aber Picos früher Tod – er starb 1494 im Alter von 31 Jahren – verhinderte die Vollendung dieses anspruchsvollen Vorhabens. Bis zuletzt war es Picos feste Überzeugung, daß Christus, Platon, Aristoteles, Moses und Mohammed grundsätzlich übereinstimmten und daß alle Wahrheit und alles Wissen eins sei. Religiosität war ein Grundzug seines Wesens, und in seinen letzten Lebensjahren erwog er unter dem Einfluß Savonarolas den Eintritt in einen Mönchsorden.

Marsilio Ficino und Pico della Mirandola gehörten zu den begabtesten, begeistertsten und eifrigsten Gelehrten des 15. Jahrhunderts. Ihr Geist war maßgebend in der Platonischen Akademie, die unter Bedingungen arbeitete, wie man sie sich günstiger nicht vorstellen konnte. Es fehlte weder an Geld noch an Förderung und Sympathie seitens der Behörden. Der erste Mann in der Republik war Mitglied der Akademie. Sie litt keinen Mangel an Büchern für die Forschungsarbeit: Lorenzo stellte den Mitgliedern der Akademie alles zur Verfügung, was sie brauchten oder haben wollten, und sie hatten jede Freiheit, die sie wünschten. Dennoch schuf die Akademie keine philosophische Tradition und hatte keine Erben. Der Grund für diese Sterilität liegt auf der Hand: Die Gedankenwelt der Akademie war synthetisch; man bemühte sich, aus Bruchstücken, die man fremden Gedankensystemen entlieh, eine lebendige Philosophie herzustellen. Das ist keine seltene Methode in der Geschichte der menschlichen Bemühungen um Selbstverständnis und Erkenntnis des Universums, und stets ist das Resultat negativ. Alle Schätze der Medici und die besten Köpfe des 15. Jahrhunderts waren nicht imstande, einer künstlichen Anhäufung hebräischer, christlicher, griechischer, hellenistischer, arabischer und humanistischer Gemeinplätze Leben einzuhauchen.

Gegen Ende des 15. Jahrhunderts hatte die humanistische Bewegung in ganz Italien festen Fuß gefaßt und war allgemein anerkannt. Die griechischen und lateinischen Klassiker und – in geringerem Maße – das Hebräische hatten sich als eine gute Schule der Gesellschaft erwiesen. Der Zugang zu den Meisterwerken der griechischen und römischen Gedankenwelt hatte die Möglichkeiten für den Menschen, sich Genuß und Befriedigung zu verschaffen, erweitert und vertieft. Irgendwo in dieser nun für jeden, der sie lesen konnte, zugänglichen Menge an neuer Literatur mußte sich die Antwort auf alle sozialen, politischen, künstlerischen und ethischen Probleme finden. So gründlich hatte die klassische Kultur das Leben und Denken Italien durchdrungen, daß auch die italienische Sprache allmählich den Einfluß klassischer Vorbilder erkennen ließ. Viele Humanisten, die sich daran erinnerten, daß ihr großes Vorbild Petrarca sich gern und oft seiner Muttersprache bedient hatte, begannen nun auch italienisch zu schreiben, und was sie schrieben, kam thematisch und stilistisch ihrer Lektüre und ihrer literarischen Produktion in lateinischer und griechischer Sprache erstaunlich nahe. So gewann die Heimatsprache nicht nur an Biegsamkeit und Aussagekraft, sondern sie erwarb sich auch wachsendes Ansehen. Unter den Mitgliedern der Akademie, die sich mit Erfolg des Italienischen bedienten, befanden sich Lorenzo de'Medici, der Verfasser vieler wohlklingender Gedichte, Cristoforo Landino, Girolamo Benivieni, Angelo Poliziano und Pico della Mirandola – alles ernst zu nehmende und Kenner der klassischen Sprachen, an denen wir die für das Ende des Jahrhunderts charakteristische Verquickung antiker und zeitgenössischer Elemente beobachten können. Nie wieder würde ein gelehrter Humanist auf die Volkssprache verächtlich herabblicken dürfen. Er konnte ihrer lebendigen Kraft und Natürlichkeit nur noch den Reichtum antiker Stoffe und die Exaktheit der klassischen Form hinzufügen.

Die Renaissance des Nordens

Bisher konzentrierte sich die Betrachtung des Wiederauflebens der Gelehrsamkeit fast ausschließlich auf Italien, das in diesem Prozeß eindeutig die Vorrangstellung einnahm. Die übrige Welt hatte andere Probleme. Aber auch von nördlich der Alpen kamen Wissensdurstige nach Italien, begegneten dort italienischen Humanisten und studierten bei ihnen, um dann wieder als Lehrer oder Hofbeamte in ihrem Heimatland zu wirken. Freilich war ihre Zahl gering, und die Schwierigkeiten, auf die sie bei der Verbreitung der neuen Gelehrsamkeit in ihrer Heimat stießen, waren oft groß. Im Laufe der Zeit gestaltete sich die Lage etwas günstiger, und während des 15. Jahrhunderts nahm die Zahl derer, die an italienischen Universitäten studierten, ständig zu. Poggio Bracciolini verbrachte nahezu vier Jahre in England – scheinbar erfolglos, aber 20 Jahre nach seiner Heimkehr nach Italien gab es in England schon eine beachtliche Gruppe von Humanisten, und nicht wenige Engländer – und Schotten – studierten in Italien. Herzog Humphrey von Gloucester, der jüngere Bruder König Heinrichs V., war ein eifriger Förderer der neuen Bestrebungen. Er hatte nicht nur mehrere italienische Humanisten in seinen Diensten, sondern sammelte auch Handschriften klassischer Autoren, die er später der Universität Oxford zum Geschenk machte. Um die Mitte des Jahrhunderts studierten mindestens 40 Engländer in Italien, die zum größten Teil gute Verbindungen hatten, so daß sie nach ihrer Heimkehr wichtige und einflußreiche kirchliche oder staatliche Stellungen antraten: William Grey (gest. 1478), Bischof von Ely; Robert Flemming (gest. 1483), Dekan von Lincoln und Gründer des Lincoln College in Oxford; John Free (gest. 1465); John Gunthorpe (gest. 1498), Dekan von Wells; John Tiptoft (gest. 1470), bekannt als Graf von Worcester – sie alle hielten sich eine Zeitlang in Italien auf und studierten bei italienischen Humanisten. Free, Gunthorpe und Tiptoft waren Schüler von Guarino da Verona. Sie traten in England eifrig für die Gedankenwelt und die Ideale der neuen Gelehrsamkeit ein und bereiteten so den Boden für das Wirken eines Grocyn, Linacre, Lyly Colet und More, das Erasmus tief beeindruckte, als er 1499 und dann wieder 1505 England besuchte.

Die Beziehungen zwischen Italien und dem nördlich der Alpen

gelegenen Teil des Reichs waren im 14. Jahrhundert zeitweise nicht die besten. Kaiser Karl IV. war wohl in Italien zu Haus, vermied es aber, sich allzulange dort aufzuhalten. Seine Söhne Wenzel und Sigismund waren durch das Schisma, die Konzilien und die Hussitenkriege so in Anspruch genommen, daß kulturelle Dinge für sie in den Hintergrund traten. Nur während der Regierungszeit des habsburgischen Kaisers Friedrich III. (1440–1493) kann von einer planvollen Förderung der neuen Gelehrsamkeit im Reich die Rede sein. Vorher waren nur wenige deutsche Gelehrte nach Italien gereist und hatten Begeisterung, besseres Latein und ein wenig Griechisch, sonderbare Auffassungen vom Leben und vom Wein und vielleicht ein paar kostbare Klassikerhandschriften mit nach Hause gebracht. Sie wurden sowohl in den Klöstern wie an den Universitäten recht kühl aufgenommen. Die Brüder vom Gemeinsamen Leben hatten in ihren Schulen immer schon gutes Latein gepflegt und standen der humanistischen Bildung nicht ablehnend gegenüber, aber ihre Motive waren natürlich durchaus christlich betont. So übten sie zwar einen starken Einfluß auf die Richtung aus, die die Renaissance nördlich der Alpen einschlagen sollte, doch im großen und ganzen hatte diese Bewegung mit dem italienischen Humanismus nichts zu tun.

Um die Mitte des 15. Jahrhunderts jedoch trat in der humanistischen Erneuerungsbewegung im Norden ein spürbarer Wandel ein. 1444 wurde Peter Luder (1414–1474) in Heidelberg zum Professor für Latein und die Kommentierung der klassischen Autoren ernannt. Er hatte in Rom und Padua studiert und war ein guter Latinist. Freilich hatte er eine scharfe Zunge und geriet sofort in Schwierigkeiten mit seinen Kollegen. Die Folge davon war, daß er sich nirgends lange halten konnte. Wir begegnen ihm nacheinander in Ulm, Erfurt, Leipzig, dann (1462) wieder in Padua, wo er Medizin studierte, weil er glaubte, sich damit nicht so leicht Ungelegenheiten zuzuziehen. Später war er in Basel und schließlich 1474 in Wien. Er war ein heiterer, geselliger Mensch ohne die konventionellen moralischen Skrupel. Die Theologen schätzten ihn nicht; er bildete keine Schule und hatte nur wenige Anhänger. Dennoch war er der Begründer humanistischer Studien in Deutschland. Es gab noch einige andere Männer seiner Art, die, ebenfalls in Italien geschulte Verkünder humanistischen Geistes, von Universität zu Universität oder von einer Reichsstadt zur anderen zogen. Nikolaus von Kues (1401–1464), dem wir bereits als Mystiker und Bischof von Brixen begegnet sind, ein beschlagener Latinist und Gräzist mit besonderem Interesse für Astronomie und Mathematik, unterstützte und förderte deutsche Studierende, die die antiken Philosophen genauer kennenlernen wollten. Seine These lautete, jedes wahre Wissen (*scientia*) stamme von Gott, und deshalb sei es Sache eines jeden Christen, dieses Wissen zu verstehen und sich zu eigen zu machen, wo immer es ihm entgegentrete. Der größte Name in dieser frühen Phase der deutschen humanistischen Bestrebungen war Rudolf Agricola (1443–1485). Er stammte aus Groningen in Holland und studierte in Erfurt, Löwen und Köln. Mit 23 Jahren ging er nach Italien, um Jura zu studieren, stellte jedoch in Pavia fest, daß die Jurisprudenz ihn sehr viel weniger anzog als das Studium der antiken Autoren. Er begab sich dann nach Ferrara und lernte am Hof Ercole d'Estes Griechisch. Dort blieb er sieben Jahre, kehrte dann nach Heidelberg zurück, wo er sich in der Nähe seines Freundes von Dalberg, des Bischofs von Worms, niederließ. Er befaßte sich auch noch mit Hebräisch, starb aber früh auf der Rückreise von einem Aufenthalt in Rom. Sein Hauptwerk war *De formando studio,* was man frei »Der Erziehungsprozeß« übersetzen könnte. Es fällt dem heutigen Leser dieser trockenen und trivialen Darstellung schwer zu begreifen, wieso Agricola im vorreformatorischen Deutschland so angesehen war. Er gehörte jedoch zu den ersten, denen es gelang, das Beste aus der italienischen Bewegung Deutschland so darzubieten, daß die deutsche Frömmigkeit keinen Anstoß daran nahm.

So lagen die Dinge, als ein aktiver und einflußreicher italienischer Humanist, Aeneas Silvius Piccolomini (1405–1464) aus Siena, auf der Bildfläche erschien. Unter Filelfo in Siena und Florenz ausgebildet, erregte er die Aufmerksamkeit des Kardinals Capranica, der ihn 1432 als Sekretär auf das Konzil von Basel mitnahm. Seine Redegabe erregte Aufsehen, und das Konzil ernannte ihn zum Hauptabbreviator und übertrug ihm dann verschiedene diplomatische Missionen. Er setzte sich für die konziliare Bewegung ein und wandte sich mehrfach schroff gegen Papst Eugen IV. Doch 1349 – oder vielleicht auch schon eher – hatte er die Schwäche seiner Partei erkannt, und als ihm Kaiser Friedrich III., der zwar nach außenhin neutral war, aber doch eher auf seiten Eugens IV. stand, einen Posten in der kaiserlichen Kanzlei zu Wien anbot, griff er mit beiden Händen zu. Bis zu diesem Zeitpunkt war sein Leben ausgefüllt und bewegt gewesen. Er hatte viel geschrieben, darunter manches, das sich mit Beccadellis *Hermaphroditus* vergleichen läßt, und in den verschiedenen Hauptstädten Europas, die er auf Missionen im Auftrage des Konzils besucht hatte, wuchs eine gute Anzahl unehelicher Kinder von ihm auf. Doch mit 40 Jahren wurde er ein anderer Mensch. Er erklärte, Venus habe ihn verlassen, und 1446 erhielt er in Wien die Weihen. An einen Freund schrieb er: »Ach, Johannes, ich habe genug, ja zuviel Übles getan. Aber nun bin ich zu mir selbst gekommen. Oh, ich bete, daß es nicht zu spät sein möge.« In Wien stieg er nun zum maßgebenden Diplomaten des Kaisers auf. Es ist in erster Linie sein Verdienst, daß auf dem Konzil von Basel zwischen dem deutschen Kaiser und dem Papsttum nach Jahren der Spannung wieder gute Beziehungen hergestellt wurden, und als Belohnung dafür erhielt er 1447 das Bistum Triest. Noch wichtiger aber war der Einfluß, den er durch seine Verbindungen am kaiserlichen Hof auf Wissenschaft und Literatur in Deutschland ausübte. Junge Fürsten am kaiserlichen Hof regte er dazu an, ihren lateinischen Stil zu verbessern, während er selbst mit Gelehrten und Studenten in Deutschland und Italien in Briefwechsel stand. In Wien kam er mit kleinen Freundesgruppen zusammen, die es liebten, die Abende gesellig im Gespräch zu verbringen. Während er in kaiserlichen Diensten stand, schrieb er gelegentlich auch Verse, doch seine Hauptthemen waren die konziliare Theorie und der Aufstieg des römischen Reiches. Er sammelte Material, das er später zu einer Geschichte Böhmens, der Geschichte der Regierung Friedrichs III. und zu einem langen Aufsatz über Deutschland, wie er es kannte, verarbeitete. Letzterer ist die beste Darstellung Deutschlands im 15. Jahrhundert, die wir besitzen. Er war ein glänzender Geschichtsschreiber, sah die Menschen mit den Augen des Zynikers, verachtete alles »Barbarische« (d. h. Nicht-Italienische) und strebte offensichtlich danach, als hervorragender Stilist anerkannt zu werden.

Um 1450 trat in Mainz ein Ereignis ein, das für die kulturelle Entwicklung des Abendlands von umwälzender Bedeutung war. Johann Gutenberg vervollkommnete das Druckverfahren mit beweglichen Lettern. Während früher ein geübter Schreiber einen oder zwei Monate gebraucht hatte, um ein einziges Buch abzuschreiben, konnten jetzt tausend oder mehr Bücher auf einmal hergestellt werden, deren Preis gegenüber dem eines handgeschriebenen Buches unglaublich niedrig war. Das erste bedeutende Buch, das in diesem Verfahren gedruckt wurde, war eine großformatige Ausgabe der lateinischen Bibel, die wahrscheinlich um 1454 entstand. Die Typen waren so geschnitten, daß sie der damals weithin in den Meßbüchern verwendeten gotischen Schrift möglichst ähnlich waren. Es brauchte einige Zeit, bis sich die neue Kunst verbreitet hatte, aber nach 20 Jahren wurden schon in Italien, Frankreich, in der Schweiz und in mindestens einem Dutzend deutscher Städte Bücher gedruckt. In Deutschland blieb man bei den gotischen Typen, während man andernorts allgemein zur sogenannten Antiqua überging, die in ihrem Schriftbild klarer und leserlicher war. Bis zum Ende des Jahrhunderts waren bereits über 36000 verschiedene Titel gedruckt worden, oft in Auflagen von 2000 oder 3000 Exemplaren. Allein in Venedig gab es in

den neunziger Jahren des 15. Jahrhunderts schon 150 Offizinen. Die ersten gedruckten Bücher waren vorwiegend religiösen Inhalts, doch bald folgten Ausgaben historischer und literarischer Werke der antiken lateinischen und griechischen Autoren. Auf die Verbreitung der neuen Gelehrsamkeit wirkte sich die Buchdruckerkunst revolutionierend aus, da jetzt die Literatur der antiken Welt für jedermann erreichbar war.
Im ausgehenden 15. Jahrhundert ragt unter den Fürsten des Reichs Eberhard von Württemberg (1445–1496) als Förderer der neuen Bestrebungen hervor. Er war selbst kein Gelehrter und hatte nicht einmal Latein gelernt, aber er ließ sich die antiken Werke ins Deutsche übersetzen und wußte zu schätzen, was ihm Livius, Sallust, Xenophon, Demosthenes und Josephus an Einsichten vermittelten. An seinem Hofe lebte Augustin Tünger, der in deutscher Sprache eine Sammlung moralisierender Schwänke zusammenstellte, eine Nachahmung der *Facetiae* Poggios, die sich – ohne deren vulgären Einschlag – gegen die Unmoral der Mönche und Kleriker richtete. Die Aufgeschlossenheit gegenüber dem Studium der antiken Literatur im Deutschland des 15. Jahrhunderts beschränkte sich keineswegs auf die Fürstenhöfe. Wir sahen schon, daß viele freie Reichsstädte für ihre Schulen Lehrer aus dem Kreise der Brüder vom Gemeinsamen Leben gewannen. Um 1450 muß es mehrere Dutzend solcher Schulen gegeben haben; sie alle standen unter der Leitung von Männern, die in Deventer, s'Hertogenbosch oder Zwolle in den Niederlanden ihre Ausbildung erhalten hatten. Straßburg, Augsburg und Nürnberg waren führende Zentren der neuen Gelehrsamkeit in ihren verschiedenen deutschen Spielarten.
Ein typisch deutscher Humanist christlicher Prägung war Jakob Wimpheling (1450–1528), ein Weltgeistlicher, der sich ein Vergnügen daraus machte, die Mönchsorden anzugreifen. In den Kirchenvätern besser bewandert als in den heidnischen Autoren, erklärte er einmal: »Das Studium der heidnischen Schriftsteller ist an sich dem christlichen Glauben nicht abträg-

lich; Schaden kann nur dadurch entstehen, daß wir sie möglicherweise falsch verstehen und falschen Gebrauch von ihnen machen.« Als ein Straßburger Theologe von einem obskuren Humanisten, Jakob Lochner, angegriffen wurde, trat Wimpheling für ihn ein. Seine *Defensio theologiae* wurde als Programm der deutschen christlichen Humanisten anerkannt. Wie den meisten Humanisten Deutschlands lagen ihm Erziehungsprobleme besonders am Herzen, und mehrere Abhandlungen befassen sich mit der Hebung der deutschen Schule.

Eine bedeutendere Rolle in der deutschen Geistesgeschichte spielte Sebastian Brant aus Straßburg (1457–1521), der als Professor in Basel gewirkt hatte und um 1500 als Stadtschreiber in seine Heimatstadt zurückkehrte. Er war ein namhafter Humanist, der eine Terenzausgabe veröffentlicht und Griechisch gelernt hatte. Seine eigentliche Begabung jedoch lag auf dem Gebiet der deutschen Dichtung und in seinem Einfühlungsvermögen in die Volksseele. Seine satirische Dichtung *Das Narrenschiff* erschien 1494 in Basel. Sie war sofort populär, und ganz Deutschland schmunzelte und lachte über die Spitzen, die sich gegen alle Gesellschaftsschichten richteten. Ganz besonders hatte er es auf die Geistlichkeit abgesehen, und so kann man Brant bis zu einem gewissen Grad als Vorläufer der Reformation ansehen. Eine andere Erscheinung war Geiler von Kaisersberg (1445–1510), ein guter Freund Wimphelings wie auch Brants. Geiler, von 1478 bis zu seinem Tode der führende Prediger Straßburgs, war in seiner Grundhaltung von der Scholastik und dem Mittelalter geprägt, sein reformatorischer Eifer war durch und durch orthodox und seine Art zu predigen die Bernhards von Clairvaux. Dennoch übte er in Deutschland eine starke Wirkung aus, und seine – deutschen – Predigten wurden häufig gedruckt und viel verwendet. Die Tatsache, daß diese drei so verschiedenen Männer, von denen keiner im Ausland studiert hatte, als Zeitgenossen und gute Freunde nebeneinander in Straßburg lebten, beleuchtet die vielschichtigen Tendenzen der Zeit: die überwiegend religiösen und patriotischen Aspekte des deutschen Humanismus, die eifrige Bemühung um das Bildungswesen und schließlich die konservative Gläubigkeit, die von der deutschen Kanzel ausstrahlte.

In Augsburg herrschte eine etwas andere Atmosphäre. Diese alte Stadt stand seit langem in Handelsverbindung mit Venedig und Florenz, und damit waren von vornherein auch die Voraussetzungen für kulturelle Beziehungen gegeben. Der große Humanist Augsburgs ist Konrad Peutinger (1465–1547), der 1485 mit einem juristischen Doktortitel aus Italien heimkehrte. Er war nicht etwa ein armer Student, sondern ein gewichtiger Kaufmann, seiner Neigung nach ein Gelehrter und, wenn die Stadt Augsburg und der Kaiser Maximilian ihn brauchten, auch im öffentlichen Dienst tätig. Der Kaiser kam während seiner Regierungszeit (1493–1519) fast jedes Jahr für mehrere Wochen nach Augsburg. Häufig übertrug er Peutinger diplomatische Missionen an entfernten Höfen und ließ sich Reden von ihm schreiben oder sie auch in seinem Namen vortragen. Weiter beriet Peutinger den Kaiser in kulturellen Angelegenheiten; mit der Hilfe Maximilians legte er eine bedeutende Sammlung von Münzen und alten Dokumenten, Karten und Handschriften aus römischer und altdeutscher Zeit an, in der Hoffnung, sie so weit ausbauen zu können, daß sie einmal die ganze mittelalterliche Geschichte Deutschlands widerspiegeln werde. Er war ein tief religiöser Mensch und bejahte die frühen Schriften Luthers, den er 1518 in seinem Hause begrüßte. Einige Jahre später (1521) bemühte er sich, Luthers Trennung von der Kirche zu verhindern. Es gab einen humanistischen Kreis in Augsburg, dessen Mittelpunkt Peutinger war, doch brachte dieser Kreis von Gelehrten, die größtenteils das Griechische beherrschten, nie Humanisten von Rang hervor. In den Stürmen der Reformation ging die Einigkeit der Gruppe verloren: Einige waren für Luther, andere bekämpften ihn. Nach 1517 war in Deutschland kein friedliches Studium der Klassiker mehr möglich. Niemand konnte sich aus dem Kampf heraushalten, den Luther entfacht hatte. Nürnberg empfing ähnlich wie Augsburg seine ersten Renaissanceimpulse aus Italien. Hartmann Schedel (1440–1514) hatte in Leipzig bei Peter Luder studiert und war, vermutlich auf Luthers Rat, nach Italien gegangen, um dort Medizin zu studieren. 1480 kehrte er nach Nürnberg zurück und brachte viele Notizen und Auszüge mit, die er aus römischen und italienischen Geschichtswerken kopiert hatte. Er setzte seine Sammeltätigkeit mit Handschriften und gedruckten Büchern fort und war so in der Lage, die umfangreiche und zu Recht berühmte Nürnberger *Weltchronik* zu verfassen, die 1493 in deutscher und lateinischer Sprache mit 2000 Holzschnitten – von denen nur 800 verschieden sind –, Karten und Stadtplänen erschien. Das Werk erregte sofort Aufsehen und galt einige Jahrhunderte hindurch als Musterbeispiel einer Weltgeschichte. Doch Schedel stand nicht allein mit seiner Neigung zu Wissenschaft und Gelehrsamkeit. Regiomontanus (Johann Müller aus Königsberg in Franken, 1436–1476), der berühmteste deutsche Mathematiker und Astronom des Jahrhunderts, war vom Hof des Königs Mathias von Ungarn nach Nürnberg gekommen. Während eines jahrelangen Aufenthalts in Italien hatte er Bessarion und andere Humanisten kennengelernt, die Tragödien Senecas ediert und einiges aus dem Griechischen übersetzt. Er erkannte, daß nicht nur die *Humaniora*, sondern auch die Naturwissenschaften vor einer Erneuerung standen, und schätzte ganz besonders die bisher ungenutzten Beiträge der griechischen und hellenistischen Naturwissenschaftler.

Einer der bedeutendsten unter allen deutschen Humanisten war ein gebürtiger Nürnberger, Willibald Pirckheimer (1470 bis 1530). Sein Vater, ein wohlhabender und gebildeter Mann, hatte ihm nahegelegt, sich den neuen Studien zuzuwenden, und lehrte den Sohn, wenn er ihn auf Geschäftsreisen mitnahm, aus Cicero, Seneca, Terenz und Vergil. Pirckheimer wurde dann nach Italien geschickt, wo er in Padua und Pavia sieben Jahre lang Musik, klassische Philologie und Jurisprudenz studierte. Als er 1496 nach Nürnberg zurückkehrte, wurde er dort Ratsherr und von den Kaisern Maximilian I. und Karl V. als Berater herangezogen. Es war erstaunlich, was er neben all seinen Ämtern und Pflichten als Gelehrter leistete. Er übersetzte zahlreiche griechische Texte in sehr gutes Latein, und zwar nicht nur klassische Autoren, sondern auch Kirchenväter. Seine reichhaltige Bibliothek stand jedem offen, der sie zu nutzen verstand. Einige Jahre lang war er ein Anhänger Luthers, aber vor seinem Tod im Jahr 1530 schien ihm doch der Reformator zu weit gegangen zu sein; er blieb der Kirche treu. Pirckheimer und Peutinger hatten manches gemeinsam. Beide waren als Diplomaten tätig, beschäftigten sich mit Geschichte, waren gläubige Christen und patriotische Deutsche. Beide förderten aktiv die humanistische Bewegung und stellten die Schätze ihrer Bibliotheken und Sammlungen Kollegen und Freunden zur Verfügung. Pirckheimer war jedoch der kundigere und produktivere von beiden, und seine Schriften wurden von Deutschen aller Stände eifrig gelesen.

Im Zusammenhang mit Augsburg und Nürnberg verdienen zwei bekannte Renaissancekünstler besondere Erwähnung: Hans Holbein der Jüngere (1497–1543) und Albrecht Dürer (1471–1528). Holbein verbrachte den größten Teil seines Lebens fern von seiner Heimatstadt Augsburg, während Dürer meist in seiner Geburtsstadt Nürnberg lebte. Im eigentlichen Sinne des Wortes war keiner von beiden ein Humanist, doch hatten beide für Ziele und Bedeutung der Bewegung Verständnis. Holbeins Erasmusporträt wie auch Dürers Holzschnittillustrationen für Klassikerausgaben offenbaren die Aufgeschlossenheit der beiden Künstler gegenüber dem neuen, befreienden Geist, der für die neue Richtung bezeichnend war. Die Universitäten, an denen die scholastische Richtung noch vorherrschte, gaben um die Jahrhundertwende ihren Widerstand gegen die neuen Bestrebungen allmählich auf, freilich nicht, ohne daß es vielfach zu inneren Auseinandersetzungen kam. Neue Universitäten wurden gegründet: 1456 Greifswald,

1460 Freiburg und Basel, 1472 Ingolstadt, 1476 Mainz und Tübingen, 1502 Wittenberg und 1506 Frankfurt an der Oder. Bei den neueren Gründungen konnte sich die konservative Richtung bei der Studienplangestaltung nicht mehr rücksichtslos durchsetzen. Hier hatten infolgedessen die Humanisten gewisse Aussichten, und im Laufe der ersten Hälfte des 16. Jahrhunderts stellen wir fest, daß dort wie auch an den älteren Universitäten auf den Lehrstühlen für Griechisch und Latein fähige Altphilologen saßen und daß die Bereitschaft, sie zu fördern, ja auf ihre Leistungen stolz zu sein, im Volke zunahm.

Von allen den Kämpfen, die zu Beginn des 16. Jahrhunderts um die neue Gelehrsamkeit und den humanistischen Geist ausgefochten wurden, war keiner aufregender und lächerlicher als die Auseinandersetzung zwischen Reuchlin und Pfefferkorn. Johann Reuchlin (1455–1522) hatte in Paris und Basel Griechisch und in Orléans Jurisprudenz studiert. Er ging mit Herzog Eberhard von Württemberg nach Italien und lebte später in Tübingen, Ingolstadt und Stuttgart. In seiner Freizeit studierte er Hebräisch, sowohl als Autodidakt als auch bei Rabbinern. Die Kabbala erregte sein Interesse, und 1494 schrieb er einen Aufsatz *De verbo mirifico,* in dem er behauptete, Gott und Mensch begegneten einander mit Hilfe der geheimnisvollen Buchstaben des hebräischen Wortes JHVH (Jahweh, Jehovah) für Gott. Die Hinwendung zur Mystik in dieser und ähnlichen Arbeiten Reuchlins geht vielleicht auf Pico della Mirandola zurück, den Reuchlin sehr verehrte. 1506 veröffentlichte er eine hebräische Grammatik und später noch mehrere andere Bücher, die sich mit der hebräischen Sprache und der hebräischen Denkweise beschäftigten. Noch heute stützt sich der Hebräischunterricht auf Reuchlin. Zwischen 1505 und 1507 jedoch warfen ihm mehrere deutsche Geistliche vor, er verherrliche die jüdische Gedankenwelt. Führer dieses frühen Angriffs war Hoogstraten, ein Dominikaner aus Köln, der bald darauf (1508) zum Inquisitor im Rheinland ernannt wurde. Doch der eigentliche Kampf sollte erst noch beginnen. 1509 gerieten Reuchlin, damals der bedeutendste nichtjüdische Hebraist, und Johann Pfefferkorn (1469–1522) aneinander, ein konvertierter Jude, der sich zum Ziel gesetzt hatte, alle Spuren seiner alten Religion auszutilgen. Er hatte im August 1509 vom Kaiser ein Mandat erwirkt, nach dem alle Christen angehalten wurden, ihm bei seiner Säuberungsarbeit zu helfen, und das die Juden dazu verpflichtete, ihre christenfeindlichen Bücher bei Pfefferkorn abzuliefern. Die Bücher sollten dann von Reuchlin, dem Inquisitor Hoogstraten und den vier Universitäten Mainz, Köln, Erfurt und Heidelberg überprüft werden. Die Entscheidung lief darauf hinaus, daß die Juden wohl die Bibel, nicht aber den Talmud behalten durften. Der Kaiser hatte diesen Beschluß vorläufig noch nicht in Kraft gesetzt, so daß die auf diese Weise gesammelten hebräischen Bücher auch noch nicht angetastet wurden. Im Verlauf der Erörterung verrannten sich Reuchlin und Pfefferkorn in eine Kontroverse, in der dieser die Meinung vertrat, alle hebräischen Bücher seien sündhaft und müßten vernichtet werden, während jener behauptete, ein Großteil der hebräischen Literatur sei kulturell und religiös wertvoll. Auf beiden Seiten fielen Beleidigungen, und Geistlichkeit sowie Humanisten ergriffen Partei. Ganz Deutschland genoß diese Fehde. Reuchlin war zunächst zur Versöhnung bereit und schrieb am 28. Oktober 1511 an die theologische Fakultät Köln, er wolle gern zurücknehmen, was an seiner Theologie auf Irrtum beruhe, doch wenige Monate später versteifte sich seine Haltung beträchtlich. Reuchlins *Augenspiegel,* eine deutsche Flugschrift, die Pfefferkorn in schroffen Formulierungen angriff, wurde vom Kaiser am 7. Oktober 1512 verurteilt. Als Antwort darauf veröffentlichte der Humanist im Frühjahr 1513 eine geharnischte *Verteidigung gegen alle Verleumder.* Seine Gegner, so hieß es hier, seien »dumme Schafe, Füchse, Böcke, Säue, Schweine und Kinder des Teufels«. Im Juli desselben Jahres schlossen sich die theologischen Fakultäten von Löwen, Köln,

Mainz, Erfurt und Paris der Verdammung des *Augenspiegels* an. Reuchlin appellierte an Papst Leo X., und der junge Bischof von Speyer, dem der Papst die Angelegenheit übertrug, entschied im April 1514, das Buch sei harmlos und der Inquisitor müsse mit einer Geldstrafe belegt und zum Schweigen gebracht werden. Im Juni wurden Reuchlin und Hoogstraten nach Rom zitiert. Keiner von beiden folgte der Aufforderung. Statt dessen wurde eine fünfundzwanzigköpfige Kommission ernannt, die sich auf Reuchlins Seite stellte. Die Sache zog sich mehrere Jahre hin; eine Entscheidung stand kurz bevor, als im Juni 1520 der Papst eingriff und das Buch verdammte. Der Obskurantismus hatte einen zweifelhaften Sieg errungen. Die ganze Auseinandersetzung war zu dieser Zeit wegen des Auftretens von Luther uninteressant geworden, und längst hatten neue Konflikte das Thema Reuchlin contra Pfefferkorn in den Hintergrund gedrängt. Das wichtigste oder doch das dauerhafteste Ergebnis dieser Fehde waren die *Dunkelmännerbriefe* (1515, 1517), eine verheerende Satire auf Reuchlins Gegner aus der Feder Ulrich von Huttens und Crotus Rubeanus', zweier jüngerer deutscher Humanisten, die zur Verteidigung Reuchlins auf den Plan getreten waren.
Die humanistische Bewegung sah also in Deutschland ganz anders aus als in Italien oder in anderen Ländern Europas. Sie dauerte kaum 50 Jahre und war vorwiegend christlich bestimmt; man wertete die heidnischen Klassiker nach ihrem Beitrag zum christlichen Wissen, während in Italien die griechischen und lateinischen Autoren um ihrer selbst willen studiert wurden.
Von den an das Reich angrenzenden Ländern hatte nur Ungarn, angespornt von seinem Renaissancekönig Mathias Corvinus, eine humanistische Bewegung, die sich mit der Deutschlands vergleichen läßt. Wir sahen, daß Mathias die Bildung förderte, eine erstaunliche Bibliothek sammelte und an seinem Hof zwei namhafte ungarische Humanisten hatte, Johann Vitéz und dessen Neffen Janus Pannonius. Der ungarische

Humanismus war – anders als fast überall in Deutschland – unmittelbar von Italien her beeinflußt. Auf einen längeren Zeitraum hin gesehen, hielten sich Dutzende von italienischen Gelehrten am königlichen Hof zu Buda auf, und zwischen 1480 und 1490 war der Einfluß des mediceischen Florenz so stark, daß an den Ufern der Donau so etwas wie eine Platonische Akademie entstand. Mathias' Nachfolger Władysław II. setzte die Tradition einer Förderung der Gelehrten am Hofe fort, aber die Niederlage der christlichen Truppen bei Mohács gegen die Türken und die Teilung und Besetzung des Königreichs machte einer Geistesströmung, die bis zu diesem Zeitpunkt vorwiegend Import aus Italien gewesen war, ein Ende. Zu einer festen Verwurzelung im heimischen Boden hätte es noch einiger Jahrzehnte bedurft.

Böhmen wurde infolge seiner Isolierung während der Hussitenkriege bis in die zweite Hälfte des 15. Jahrhunderts von der humanistischen Renaissance abgeschnitten. Aeneas Silvius Piccolomini besuchte als Hofbeamter Friedrichs III. Böhmen mehrere Male und knüpfte Beziehungen zu einer Reihe böhmischer Gelehrter an, die zum Teil bereits in Italien gewesen waren. Durch seinen Briefwechsel übte er einen beträchtlichen Einfluß aus. Auffallend ist jedoch, daß die böhmischen Humanisten, mit denen Aeneas einen so regelmäßigen Briefwechsel führte, den heidnischen Amoralismus nicht teilten, der für seine frühen Jahre charakteristisch ist. Der frühe böhmische Humanismus war, ähnlich wie weitgehend auch der deutsche, religiös fundiert. Der bedeutendste böhmische Humanist der nächsten Generation war ein Angehöriger der Hocharistokratie, Bohuslav Hasištein von Lobkowicz (1460–1510). Als er nach siebenjährigem Studium aus Italien (1475–1482) nach Hause zurückkehrte, sammelte er einen Kreis von Freunden um sich, die sich mit dem Studium der antiken Autoren befaßten. Dank seinen guten Verbindungen zum Hof ernannte ihn König Vladislav IV. 1483 zum Burghauptmann von Vyšehrad, was ihn nicht hinderte, unmittelbar danach zu einer Orientreise aufzubrechen, um die antiken Stätten mit eigenen Augen zu sehen. Er war sehr vermögend und besaß eine Bibliothek, die besonders reich mit Klassikern, aber auch mit gedruckten Büchern ausgestattet war, wie sie damals gerade in großer Zahl aus den Druckereien in Deutschland und Italien hervorgingen. Seine Passion für die Antike veranlaßte ihn, seine Stellung bei Hof aufzugeben und auf seinem Familiengut Hasištein ein bukolisches Leben nach dem Vorbild von Horaz oder Vergil zu führen. Viele seiner Freunde und Anhänger standen gleichzeitig mit italienischen Humanisten und mit deutschen Gelehrten in Verbindung. Erasmus hatte Kontakt mit mehreren jüngeren Kollegen Lobkowicz'. Im allgemeinen war das Interesse für die Antike in Böhmen von der Mitte des 15. bis zum Ende des 16. Jahrhunderts beträchtlich. Von den späteren böhmischen Humanisten bereicherten einige ihre Nationalliteratur durch Übersetzungen bedeutender klassischer Autoren ins Tschechische; es folgten mehrere Werke Petrarcas und das *Lob der Torheit* von Erasmus; das erste in Böhmen gedruckte Buch (Pilsen 1468) war eine tschechische Übersetzung der sogenannten *Trojanerchronik.*

Polen war nach seiner Vereinigung mit Litauen seiner räumlichen Ausdehnung nach das größte Königreich im Europa des 15. Jahrhunderts. Wenn man auch im Westen wenig von ihm wußte, so war es doch für die abendländischen Ideen und Geistesströmungen durchaus aufgeschlossen. Die polnische Delegation auf den Konzilien von Konstanz und Basel war den italienischen Humanisten begegnet und hatte freundschaftliche Beziehungen zu ihnen geknüpft. Man hat bereits an die hundert polnische Studenten festgestellt, die im 15. Jahrhundert an italienischen Universitäten studiert und akademische Grade erworben haben. Sie kehrten fast ausnahmslos nach Polen zurück, um angemessene Stellungen in der kirchlichen Hierarchie oder im Dienste des Königs zu bekleiden. Und doch war die bedeutendste Gestalt des polnischen Frühhumanismus ein Italiener: Filippo Buonacorsi (1438–1496), bekannt unter dem Namen Callimachus. Er war im Kreise der Humanisten am päpstlichen Hof unter Nikolaus V. und Pius II. aufgewachsen und dann, nachdem er das Mißfallen Pauls II. (1464 bis 1471) erregt hatte, auf Reisen gegangen. Ein Handelsauftrag führte ihn nach Krakau, wo er Erzieher der Kinder des Königs Kazimierz wurde (1470). Der König faßte Vertrauen zu dem weitgereisten und hochgebildeten Italiener, der als Anleitung für den König ein Buch *Geheime Ratschläge* – durchaus vergleichbar mit Machiavellis *Principe* – zusammenstellte. In einer Beziehung erwies er sich als überaus weitblickend. Er riet nämlich Kazimierz, die Privilegien des polnischen Adels zu beschneiden. Der Adel freilich war wütend, als er davon hörte, und nach dem Tode Kazimierz' mußte Buonacorsi Polen verlassen, bis die leidenschaftliche Erregung sich gelegt hatte. König Johann Albrecht, der sein Schüler gewesen war, rief ihn zurück und machte ihn zum *magister epistolarum*, d. h. zu seinem Privatsekretär. In Wirklichkeit war er der maßgebende Minister des Königs. Dieser energische und gewandte Ausländer verlieh dem ungeschliffenen polnischen Hof einen kosmopolitischen Glanz, wie er ihn nie zuvor besessen hatte. Er unterhielt einen ausgedehnten Briefwechsel mit seinen italienischen Humanistenfreunden, insbesondere mit Lorenzo il Magnifico, Poliziano, Marsilio Ficino und Pico della Mirandola. Jederzeit hätte er nach Italien zurückkehren können und wäre dort mit offenen Armen empfangen worden, doch er blieb bis zu seinem Tod im Jahr 1496 in Polen, förderte jüngere Gelehrte in ihren Studien, leitete Polens Verteidigung gegen die Türken und schrieb einige historische Werke, in denen er die Regierungsformen schilderte, die er persönlich kannte. Er ist ein gutes Beispiel für den Humanisten, der als Staatsmann tätig ist, und als solcher erwies er sich als außerordentlich weitblickend, ehrenhaft und klug. Das eigentlich humanistische Jahrhundert in Polen ist das 16., aber es hätte sich nicht so glänzend entwickeln können, wenn die polnischen Gelehrten, die nach Italien zogen, nicht vorgearbeitet hätten und wenn nicht umgekehrt Callimachus aus Italien nach Polen gekommen wäre und dort Schüler gefunden hätte.

Der klassische Humanismus, wie wir ihn im 15. Jahrhundert in Italien und auch in Deutschland, Böhmen und Ungarn finden, läßt sich in Frankreich erst nach der französischen Invasion in Italien im Jahr 1494 nachweisen. Wenngleich in Paris sporadisch Griechisch gelehrt wurde und vereinzelte Gelehrte sich dem Humanismus zuwandten, sucht man vergeblich nach humanistischen Kreisen oder Gruppen, die doch gewöhnlich die erste Stufe in der Entwicklung eines ausgereiften Humanismus darstellen. Ein weiteres verläßliches Anzeichen für das Interesse an lateinischer und griechischer Literatur ist das Angebot an Ausgaben klassischer Autoren, die durch die neue Buchdruckerkunst auf den Markt gebracht werden. Auch hier zeigt sich noch keine echte Nachfrage nach römischen oder griechischen Autoren in der Ursprache. Von den 17 feststellbaren Ausgaben der Reden Ciceros, die vor 1501 erschienen, stammten 14 aus Italien, zwei aus Deutschland und nur eine aus Frankreich. Von den 20 Ausgaben der *Römischen Geschichte* des Livius waren 18 in Italien gedruckt, eine in Spanien und eine in Frankreich. Die beiden letzteren erschienen als Übersetzungen in die Landessprache. Die Komödien des Terenz gab es in 42 Ausgaben, von denen 26 in Italien gedruckt waren, acht in Deutschland (davon zwei in deutscher Übersetzung), fünf in Frankreich (vier lateinische in Lyon und eine französische in Paris), eine in Spanien und je eine zweisprachige in Holland und in England. Faßt man diese Beispiele zusammen, so sind sie wahrscheinlich ein ziemlich genauer Gradmesser für das Interesse an der neuen Gelehrsamkeit in Frankreich und Italien während der zweiten Hälfte des 15. Jahrhunderts. Die Fülle der Ausgaben klassischer Autoren, die in Paris in den ersten Jahren der Buchdruckerkunst erschienen, hatte Erwartungen geweckt, die sich nicht erfüllten. Es gibt mehrere Möglichkeiten, die offenkundige Rückständigkeit Frankreichs zu erklären. Man sollte jedoch dem langen

Krieg mit England und der Auseinandersetzung mit Burgund nicht allzuviel Gewicht beimessen, obwohl sie sich zweifellos negativ auswirkten. Große Teile Frankreichs blieben von den Verheerungen gänzlich unberührt, und zwar gerade im Süden und im Westen, wo man einen fruchtbaren kulturellen Austausch mit Italien hätte erwarten können. Viel eher scheint es so zu sein, daß die »Rückständigkeit« Frankreichs im Hinblick auf die neue Gelehrsamkeit einer ganz bewußten Haltung entsprach oder, besser gesagt, daß Frankreich mit dem, was es besaß, ganz zufrieden war. Der Studienplan der Universität Paris hatte sich seit 300 Jahren im Grunde nicht verändert. Warum auch? Jeder Franzose wußte, daß Frankreich seit undenklichen Zeiten kultureller Mittelpunkt der ganzen Welt war, daß jeder, der etwas gelten oder etwas lernen wollte, nach Paris kam, um da zu studieren, und daß die Kunst und Architektur, das Theater, die Dichtung und die Musik Frankreichs in der ganzen Welt Nachahmung fanden. Warum sollte Frankreich sich anderswo nach Vorbildern umsehen? Doch als tausende französischer Soldaten zwischen 1494 und 1516 in den Feldzügen Karls VIII., Ludwigs XII. und Franz I. nach Italien kamen, erhielt die französische Überzeugung vom Vorrang Frankreichs auf kulturellem Gebiet doch einen Stoß. Sobald die Franzosen erst einmal den Luxus und die elegante Leichtigkeit der italienischen Lebensweise, die neue Freiheit im intellektuellen und sozialen Bereich gesehen und erlebt hatten, fühlten sie sich aufgerufen, es den Italienern gleichzutun. Die unmittelbare Folge davon war, daß die Gebildeten allgemein ein größeres Interesse an literarischen und philosophischen Fragen zeigten. An die französischen Universitäten wurden Professoren für griechische und lateinische Rhetorik und in einigen Fällen auch für Hebräisch berufen. Eine neue Generation französischer Gelehrter war im Kommen, und ihre Energie und ihr Selbstvertrauen waren so groß, daß sie im 16. Jahrhundert die Vorherrschaft Italiens in den klassischen Fächern in Frage stellen konnten.

Die humanistische Bewegung in Europa erreichte ihren Höhepunkt in den 50 Jahren von 1475 bis etwa 1520. Ganz offensichtlich hatte sie sich – aus leicht zu begreifenden Gründen – in den verschiedenen Ländern nicht gleichmäßig schnell und fruchtbar entwickelt, sondern jeweils eigene und unverwechselbare Züge ausgebildet. In Italien war die Bewegung gewissermaßen »Inlandsprodukt« und ihrer ganzen Haltung nach international oder besser übernational. In Deutschland dagegen hatte der Humanismus einen stark nationalen Einschlag. In den europäischen Randstaaten Ungarn und Polen war er reine Importware, während er in Böhmen eine eigentümlich internationale Ausprägung fand. In Italien, wo das Papsttum zu Hause war, gelang es den Humanisten, ihre Denkweise und ihre Schriften von jeder Rücksichtnahme auf die Religion völlig frei zu halten, obwohl sie entweder im Dienste der Kirche standen oder auch auf päpstliche Zuwendungen angewiesen waren. In Deutschland hingegen waren die meisten Humanisten zwar von der Kirche als Institution unabhängig, dabei aber doch religiöse Menschen. In Ungarn hatte die Initiative des Königs die Bewegung ins Leben gerufen, und der König trug keine Bedenken, die damit verbundenen Ausgaben der Kirche aufzubürden. In Polen war die humanistische Bewegung Sache des königlichen Hofes; eine Bindung an die Kirche bestand kaum, vielmehr zeigte der Humanismus dort einen reformerischen Einschlag, woraus sich die sonst schwer begreifliche Tatsache erklären mag, daß Luthers Reformation im Polen des 16. Jahrhunderts weite Verbreitung fand. In England saßen die maßgebenden Führer der Bewegung großenteils in Kirchenämtern und waren deshalb nicht sehr reformfreudig. Der englische Humanismus war in seinen Anfängen nicht bodenständig, sondern als Ganzes von einigen aufgeschlossenen Mäzenen aus Italien importiert.

Das Jahr 1520, mit dem wir die Blüte des Humanismus begrenzt haben, bringt keineswegs das Ende der Bewegung; sie setzt sich im 16. Jahrhundert fort und reicht bis ins 17. hinein.

Doch mancherorts hatte sie ihre Wirkung verloren und war erstarrt und an ihren eigenen Unzulänglichkeiten gescheitert. In anderen Ländern wieder wurde sie, wie wir sehen werden, von der protestantischen Reformation verdrängt oder aufgesaugt. Trotz dieses Niedergangs jedoch werden andere Bewegungen, etwa die protestantische Reformation und die katholische Gegenreformation, den Humanismus gelten lassen und die Vorteile voll ausnützen, die er gegenüber den beschränkteren Auffassungen und Bildungsmöglichkeiten der mittelalterlichen Welt bietet.

8

Wissenschaft und Technik

Bis vor kurzem war es üblich, von der »wissenschaftlichen Revolution des 16. und 17. Jahrhunderts« als der Voraussetzung unseres neuzeitlichen Weltbildes zu sprechen. Die erstaunliche Erfindungsgabe eines Leonardo da Vinci (gest. 1519), die exakten anatomischen Forschungen eines Vesalius (gest. 1564) und das phantasievolle kosmologische Denken eines Kopernikus (gest. 1543) galten infolgedessen als »revolutionär« und – von der Gedankenwelt ihrer Vorgänger her gesehen – als etwas völlig Neues und Abweichendes. Die heutige Forschergeneration jedoch, die tiefer in die Quellen eingedrungen ist als frühere, hat diese überkommene Annahme revidiert. Eine eingehendere Beschäftigung mit den schriftlichen Zeugnissen dieser »Revolutionäre« und eine genauere Analyse der Geistesströmungen des späten Mittelalters haben gezeigt, daß viele von ihren Theorien entweder klar und eindeutig auf die Anregungen und Ergebnisse ihrer mittelalterlichen Vorgänger zurückgehen oder überhaupt nur als Erweiterungen oder Ergänzungen früherer wissenschaftlicher Forschung anzusehen sind.

Der größte Könner auf dem Gebiete der Technik im späten Mittelalter und in der Zeit der Renaissance war zugleich einer der bedeutendsten Künstler aller Zeiten: Leonardo da Vinci (1452–1519) aus Florenz. Der uneheliche Sohn eines Florentiner Notars fiel schon früh durch seine Vielseitigkeit auf. In der Renaissance mußte der Künstler den verschiedensten Ansprüchen genügen: Er sollte gleichzeitig auch Ingenieur und Baumeister sein und Stoffe und Kräfte beherrschen. Die Werkstatt eines Künstlers war für einen wißbegierigen jungen Mann der rechte Ort, mit den praktischen Problemen der Natur in Berührung zu kommen: den Elementen, der Physik in allen ihren Zweigen, der organischen und anorganischen Natur, der Formgebung, der Geometrie, der Proportionslehre – und der Anwendung aller dieser Zweige auf die praktischen Bedürfnisse der Gesellschaft. Zu der Beschäftigung mit diesen Dingen kam bei Leonardo noch ein starkes Interesse für reine und angewandte Mathematik. Irgendwo stieß er auf ein Exemplar der Werke des Archimedes, und Euklids *Elemente* kannte er auswendig. Vom Vorrang der Mathematik in jeder wissenschaftlichen Arbeit war er so überzeugt, daß er in seinen Notizbüchern vermerkte, wer kein Mathematiker sei, solle sich gar nicht erst die Mühe machen, seine *Prinzipien* zu lesen. 1483 ging er nach Mailand an den Hof Ludovico Sforzas, der ihn wahrscheinlich seiner musikalischen Talente wegen eingeladen hatte. Doch Leonardo bot ihm darüber hinaus seine Dienste beim Entwurf und der Konstruktion von Kriegsmaschinen, beim Bau von Brücken, Kanälen und Schleusen sowie bei der Lösung militärisch-technischer Aufgaben aller Art an. Er erklärte, auch für Friedenszwecke bauen zu können, und fügte hinzu: »Ich kann ferner Bildhauerarbeit in Marmor, Bronze oder Ton ausführen, und im Malen bin ich jedem ebenbürtig.« In Mailand blieb er 16 Jahre und arbeitete für Sforza als Künstler und Ingenieur. Seine reich mit Zeichnungen versehenen Notizbücher schildern in allen Einzelheiten die von ihm erfundenen Maschinen und Vorrichtungen und bezeugen seinen unglaublichen Einfallsreichtum. Aus der Zeit seines Aufenthalts in Mailand stammt die Idee, Satellitenstädte mit 30 000 Einwohnern anzulegen, die das übervölkerte Mailand entlasten sollten, ferner entstanden damals detaillierte Pläne für eine Entwässerung der sumpfigen Gebiete längs des Pos, für den Bau von Aquädukten und für Durchgangsstraßen.

1499, als sich die Truppen Ludwigs XII. von Frankreich Mailand näherten, ging Leonardo auf Reisen. Er hielt sich zunächst eine Zeitlang in Venedig auf, wo er sich mit Plänen für eine Verteidigung der Stadt gegen die Türken beschäftigte. Dann reiste er nach Florenz weiter, und danach finden wir den friedfertigen, wohlmeinenden und charakterfesten Leonardo plötzlich als »Diener, Architekten und Chefingenieur« am Hofe Cesare Borgias, den Machiavelli als Muster eines zynischen und grausamen Despoten darstellt. Leonardos Notizbücher aus diesen Jahren (1501/02) bezeugen wieder seine Erfindergabe in Fragen der Verteidigung, bei Kriegsmaschinen, Wagen, Geschützen und beweglichen Befestigungen. Während der folgenden drei Jahre (1503–1506) befand er sich in Diensten der Republik Florenz, wo er vor allem als Bildhauer arbeitete oder in allen möglichen künstlerischen Angelegenheiten zu Rate gezogen wurde. Daneben aber fand er noch die Zeit, einen Kanal auszumessen und zu entwerfen, der das Wasser des Arno aus seinem Quellgebiet nach Pisa geleitet hätte.

Noch ehe der König von Frankreich, Ludwig XII., 1507 Mailand in seine Obhut nahm, war Leonardo vom Stellvertreter Ludwigs zurückgerufen worden. Er blieb als Künstler und Ingenieur die nächsten sechs Jahre in französischen Diensten, entwarf Panzerwagen, militärische Verteidigungsanlagen, hydraulische Vorrichtungen, Aquädukte und Maschinen zum Ausschachten von Kanälen und Heben schwerer Lasten, Geschützlafetten und sogar automatische Maschinengewehre. Doch nie verließ ihn sein Interesse für die tieferen Geheimnisse der Natur. In seinen Notizbüchern findet sich eine Fülle anatomischer Zeichnungen von Menschen wie von Tieren, die auf eingehenden Beobachtungen und Sektionen beruhen, genaue Bewegungsstudien von Vögeln und anderen Tieren, Studien zu Licht und Schatten, detaillierte Skizzen von Flugmaschinen, Helikoptern und Fallschirmen. Er entwarf Apparate, die es dem Menschen ermöglichen sollten, sich unter Wasser zu be-

wegen, um submarine Forschungen durchzuführen. Die praktische Anwendung seiner Untersuchungen auf dem Gebiet der Energie und ihrer Übertragung – in Gestalt von Getrieben, Pendeln, Verbesserungen an Web- und Bohrmaschinen – hat er in seinen Notizbüchern in Hunderten von Zeichnungen, mit klaren Erläuterungen versehen, festgehalten. Seine Erfindergabe schien unerschöpflich. Nach einem recht unbefriedigenden Aufenthalt in Rom (1513–1516) folgte Leonardo einer dringenden Einladung Franz' I., ihn nach Amboise zu begleiten.
Neuere Untersuchungen haben gezeigt, daß Leonardo im Bereich der Physik weitgehend den spekulativen mathematischen Denkern des 13. und 14. Jahrhunderts – Roger Bacon, Buridan, Walter Burley, Nicholas Oresme – folgte. Und ebenso steht fest, daß die spektakulären Ergebnisse bei der praktischen Anwendung seiner Erfindungen ohne den hohen Stand der Kenntnisse in der Mechanik und in der Werkzeugherstellung im 15. Jahrhundert undenkbar gewesen wären. Doch wenn er auch zweifellos seinen Vorgängern in Theorie und Praxis verpflichtet war, so sichern ihm doch seine Wißbegier, seine Beobachtungsgabe sowie die Präzision bei der künstlerischen Wiedergabe einen einzigartigen Rang in der Geschichte der Wissenschaft.
Mit der Erwähnung von Techniken und Instrumenten stoßen wir auf ein bekanntes historisches Phänomen: daß nämlich feudale Lebensweise und unproduktive oder statische Vorstellungen von der Naturwissenschaft Hand in Hand gehen. Unter dem Feudalismus, der auf einer Ackerbauer- und Hirtengesellschaft beruhte und damit zufrieden war, schien kein Bedürfnis nach technischem Fortschritt zu bestehen. Die alten Methoden reichten aus, alles Neue brachte nur Unruhe. Zur Zeit der Kreuzzüge und der damit verbundenen Massenbewegungen geriet diese wirtschaftliche und soziale Stabilität ins Wanken. Fremde Länder, fremde Gesichter und fremde Bräuche mußten Wißbegier und Nacheiferung hervorrufen. Die weiten Reisen und der Gedankenaustausch führten im Abendland zu

technischen Fortschritten, die letztlich im Laufe der jahrhundertelangen Entwicklung auf unsere moderne Welt hin wesentlich dazu beigetragen haben, daß der Feudalismus verfiel, ein neues Weltbild sich ausformte und die kapitalistische Wirtschaft sich durchsetzte. Irgendwann im Spätmittelalter wurden eine Reihe wichtiger Erfindungen Gemeingut, und mit ihrer Übernahme und Entwicklung war der Weg für die wissenschaftliche Revolution des 16. und 17. Jahrhunderts geebnet. Diese Erfindungen – das Kummet, die Wassermühle, der Kompaß, das Heckruder, die Uhr, das Schießpulver, die Linse, das Papier und die Buchdruckerkunst – erscheinen uns selbstverständlich; zu ihrer Zeit jedoch bewegten sie die Welt.
Die Erhöhung der landwirtschaftlichen Ertragsfähigkeit hing notwendigerweise von der Bearbeitung des Bodens ab. Früher benutzte man als Zugtiere Rinder, die zwar stark, aber außerordentlich langsam waren und unter einem Joch zogen, das auf ihrem Nacken ruhte. Das Pferd wurde bis um das Jahr 900 unserer Zeitrechnung für schwere Bauernarbeit selten eingesetzt. Dies ist etwa der Zeitpunkt, an dem das Kummet in Erscheinung trat. Mit seiner Hilfe ließ sich schneller pflügen, auch griff der Pflug tiefer und warf mehr Erde um. Die erstaunliche Steigerung des Bodenertrags, die sich daraus ergab, hatte im 11. und 12. Jahrhundert eine starke Bevölkerungszunahme zur Folge, und so mag der Aufstieg der Städte ebenso wie die ganze Kreuzzugsbewegung teilweise mit dieser technischen Verbesserung in Verbindung stehen.
Mit dieser Verbesserung der grundlegenden landwirtschaftlichen Techniken ging in den letzten Jahrhunderten des Mittelalters eine zunehmende Nutzbarmachung der Wasserkraft Hand in Hand. Im späten 11. Jahrhundert waren in England im *Domesday Book* (Reichsgrundbuch) 5000 Wassermühlen verzeichnet. Sie dienten zum Mahlen von Korn und sonstigem Getreide. Es handelte sich hier um langsame unterschlächtige Mühlen. Erst im frühen 14. Jahrhundert hören wir von oberschlächtigen Mühlen; jetzt kannte man bereits das Prinzip des

Getriebes, so daß durch eine Kombination von Zahnrädern und einer oberschlächtigen Konstruktion erhebliche Energie – bis zu 40 oder 60 Pferdestärken – und Geschwindigkeit erzeugt werden konnte. Diese Mühlen wurden zum Holzsägen, zum Betrieb von Schmiedehämmern, zum Drehen von Mühlsteinen und zum Antrieb von Aufwerfhämmern, die beim Quetschen der zum Gerben benötigten Eichenrinde erforderlich waren, verwendet. Windmühlen kamen im 14. Jahrhundert in Gebrauch, vorerst zum Mahlen von Getreide, und da sie dem wechselnden Wind entsprechend drehbar sein mußten, blieben sie zunächst klein. Am besten bewährten sie sich im flachen Lande, wo das Gefälle des Wassers für eine Wassermühle nicht ausreichte und wo die Winde verhältnismäßig konstant und voraussagbar waren.

Der magnetische Kompaß hatte eine lange Geschichte, ehe er sich im Abendland durchsetzte. Die Eigenschaften des Magneten, der zum Polarstern zeigte, waren schon im frühen Mittelalter bekannt, aber erst im 13. Jahrhundert wurde der Magnet-Kompaß in der Schiffahrt verwendet. Da der mittelmeerische Himmel im allgemeinen klar war, bereitete die Navigation nach Sonne und Sternen keine großen Schwierigkeiten; auf nördlichen Meeren, bei der dort häufigen Bewölkung, war der Kompaß eine große Verbesserung. In seiner *Epistola de magnete* (1269) schilderte Petrus Peregrinus von Maricourt das ihm bekannte Gerät ziemlich genau. Die frühen Kompasse waren sehr unvollkommen, sie bestanden aus einer magnetisierten Nadel, die in einem Strohhalm steckte oder auch an einem kleinen Stück Holz befestigt war, das in einer Schüssel Wasser schwamm. Sobald der Kompaß sich als verläßliche Navigationshilfe eingeführt hatte, montierten unternehmende Werkzeugmacher in Italien und Flandern die Geräte so, daß ihr Gebrauch wesentlich vereinfacht wurde. Im frühen 14. Jahrhundert waren der Kompaß im Gehäuse und die Kompaßkarte, die eine Vielzahl von Windrosen zeigte, allgemein in Gebrauch. Im frühen 15. Jahrhundert konnten einige dieser

Handwerker sogar schon die Abweichung der Magnetnadel vom geographischen Nordpol einkalkulieren.

Fast ebensowichtig für die Schiffahrt war im frühen 13. Jahrhundert der Übergang zum Heckruder bei Segelschiffen. Bis dahin hatte man das Schiff mittels eines Ruders oder eines ruderförmigen Steuers seitlich des Hecks, d. h. des Achterdecks, gesteuert. Mit dem Heckruder ließ sich das Schiff sehr viel präziser steuern, und außerdem stellten die Schiffsbauer fest, daß Schiffe mit Heckruder bedeutend größer sein konnten als solche, die nach der alten Art gesteuert wurden. Der Steuermann erhielt bald einen bevorzugten Platz im Achterkastell über dem Heck des Schiffes, wo er die Ruderpinne zu bedienen hatte. Gleichzeitig wurden auch die Karten beträchtlich verbessert. Die ersten Seekarten, die auf einer Vielzahl von Kompaßablesungen beruhten, hießen *portolani.* Diese Portolanen, die kurz vor 1300 in Gebrauch kamen, zeigten die Richtung und Entfernung zwischen bekannten Küstenpunkten an. Die Küstenlinie, die sich aus diesen Fixpunkten ergab, kam dem wahren Verlauf erstaunlich nahe. Die geographischen Erkenntnisse, die sich aus dem Gebrauch und der ständigen Verbesserung dieser Portelanen ergaben, waren für den Handel und Verkehr in ganz Europa von unermeßlichem Nutzen.

Die Fortschritte in der Kartographie kamen aber nicht nur den Portolanen der Seeleute zugute. Im 13. und 14. Jahrhundert gab es bereits eine Anzahl von Abenteurern, die Reisen ins ferne China und Indien wagten. Die Schilderungen ihrer Reisen hatte neue Karten zur Folge, die den alten römischen Erdkreis verhältnismäßig klein erscheinen ließen. Marco Polo, ein venezianischer Kaufmann, ist der bekannteste aus einer langen Reihe von Europäern, die nach China reisten und dann davon berichteten. Doch die Kartenzeichner zeigten einen erstaunlichen Wirklichkeitssinn. König Karl V. von Frankreich erhielt 1375 eine Weltkarte *(Mappemonde)* von der Hand eines katalanischen Zeichners, die den Lauf der Flüsse, die Lage der Städte sowie die Küstenumrisse von China und

Donatello: »David« (Bronze), um 1430; Florenz, Museo del Bargello.

Indien mit erstaunlicher Genauigkeit wiedergab. Natürlich enthielt sie Fehler und Verwechslungen, aber in Anbetracht der mangelhaften Informationen des Kartenzeichners kam die Karte der Wirklichkeit doch überraschend nahe.

Der große griechische Geograph Ptolemaios wurde im frühen 15. Jahrhundert wiederentdeckt; die erste Ausgabe seiner *Kosmographia* erschien 1475 in Vicenza in einer lateinischen Übersetzung. In den nächsten Jahrzehnten gewinnen die Weltkarten beträchtlich an Genauigkeit. Die Entdeckung und Besiedelung der Neuen Welt wäre ohne die Fortschritte im Schiffsbau und ohne die Navigationshilfen, die im späten 14. und im 15. Jahrhundert entwickelt worden waren, unmöglich gewesen.

Die meisten technischen Errungenschaften in der Schiffahrt – das Steuerruder, der Kompaß, die Vervollkommnung des Astrolabiums, die Karten und Pläne, die für die Erweiterung des physikalischen Weltbildes des Menschen so notwendig waren, stammten aus den Werkstätten italienischer Mechaniker und Werkzeugmacher. Doch damit waren ihre Verdienste noch nicht erschöpft. Die Ägypter hatten die Zeit mit Hilfe ihrer Wasseruhren genau messen können, und das Stundenglas war im Mittelmeerraum schon früh in Gebrauch, aber bis dann weitere wesentliche Verbesserungen in den Methoden der Zeitmessung erfolgten, vergingen noch Jahrhunderte. Die Mönche des Mittelalters verstanden es zwar, ihre Tage und Nächte in »Horen« zu unterteilen, die Abstände, in denen sie ihre religiösen Übungen vornahmen, aber erst im frühen 14. Jahrhundert wurde eine mechanische Uhr entwickelt, die nach dem auch heute noch üblichen Prinzip funktionierte, nämlich mittels einer Anzahl von Zahnrädern, die durch ein hängendes Gewicht oder später durch eine Feder angetrieben und durch eine Hemmung in regelmäßiger Bewegung gehalten wurde.

Viele Versuche und Experimente müssen vorausgegangen sein, ehe Jacopo de Dondis aus Padua 1344 eine mechanische Turmuhr entwerfen konnte, die ein anderer Paduaner, Antonio, dann ausführte. Giovanni de Dondis, der Sohn Jacopos, arbeitete 16 Jahre lang an einem noch komplizierteren Mechanismus, den Giangaleazzo Visconti kaufte und im Schloß von Pavia aufstellte. In den folgenden 20 Jahren entstand ein weiteres halbes Dutzend mechanischer Uhren, die oft mit astronomischen Zifferblättern versehen waren. Die Taschenuhr tritt erst gegen Ende des 16. Jahrhunderts auf.

Die Erfindung, die sich im Abendland am stärksten auf Politik und Wissenschaft auswirken sollte, war das Schießpulver, dessen früheste Verwendung in China nachgewiesen ist. Im 9. Jahrhundert kannten die Araber und die Griechen die Verwendung von Salpeter (Kaliumnitrat) als Sprengstoff. Jedoch erst im späten 13. oder frühen 14. Jahrhundert war die Technik des Abendlands in der Lage, einigermaßen wirksame Geschütze herzustellen. Im 14. Jahrhundert fand der Gebrauch von Schießpulver dann schnelle Verbreitung; Schiffe und Landtruppen wurden mit primitiven Kanonen und wenig später mit Handfeuerwaffen ausgerüstet. In dem Maße, in dem die feudalen Wehrmauern ihre Unüberwindlichkeit verloren, büßte der Feudalismus seine politische und wirtschaftliche Leistungsfähigkeit ein. Der Mann mit Gewehr war dem Mann zu Roß ebenbürtig oder gar überlegen. Das Schießpulver war der große Gleichmacher. Als wissenschaftliches Phänomen betrachtet, förderte das Schießpulver das Interesse am Problem der Verbrennung, da es ja ohne Luft zu brennen schien, und die Flugbahn in der Luft war Gegenstand von Erörterungen und Spekulationen, die letztlich zu neuen Theorien auf dem Gebiet der Bewegung und Dynamik führten.

Seit dem frühen 11. Jahrhundert hatte man sich im Abendland mit der Optik beschäftigt. Die Werke arabischer Wissenschaftler wurde ins Lateinische übersetzt, und man experimentierte mit Spiegeln und Linsen. Grosseteste, Roger Bacon und Dietrich von Freiburg hatten das Prinzip der Linse entwickelt. In der Praxis wurde es zuerst für Lesebrillen nutzbar gemacht. Wir wissen, daß solche Brillen um die Mitte des 14. Jahrhunderts in Italien in Gebrauch waren. Je mehr sich die Kunst des Lesens verbreitete, desto stärker wurde der Wunsch nach Lesehilfen insbesondere bei alten Leuten. Das Fernrohr, ohne das viele physikalisch-astronomische Hypothesen niemals hätten bestätigt oder korrigiert werden können, hat sich unmittelbar aus diesen Erfahrungen mit einfachen Vergrößerungslinsen entwickelt.

Als Schreibmaterial hatte der Mönch des Mittelalters Pergament, das heißt sorgfältig präparierte Schafs- oder Kalbshaut, benutzt, ein schönes und fast unverwüstliches Material, das aber teuer und gewöhnlich schwer erhältlich war. Vom 12. Jahrhundert an stieg der Bedarf an billigerem Schreibmaterial infolge der zunehmenden Bedeutung der Universitäten ganz erheblich. Papier, das aus leinenen Hadern hergestellt wurde, konnte die Nachfrage wenigstens teilweise befriedigen. Wie so viele der eben besprochenen Erfindungen kam auch das Papier aus dem Osten. Schon Jahrhunderte zuvor hatte man es in China benutzt, und die Araber besaßen es wahrscheinlich schon im 10. Jahrhundert. Nachdem es im späten 13. Jahrhundert gelegentlich in Italien verwendet worden war, verbreitete sich der Gebrauch des Papiers stetig nach Norden. Hauptproduzenten waren die Niederlande und Venedig, die ganz Europa versorgten. Als um 1450 die Buchdruckerkunst erfunden wurde, stellte man Papier schon so billig und in solchen Mengen her, daß Studenten und Gelehrte, die sonst nicht in der Lage gewesen wären, die für ihr Studium erforderlichen teuren handgeschriebenen Bücher zu kaufen, nunmehr über ausreichend Bücher verfügten. Das Bürgertum, das zunehmend gebildeter wurde, konnte sich jetzt ohne weiteres gedruckte Exemplare lateinischer oder landessprachlicher Lieblingsautoren anschaffen. Natürlich war der Druck von Büchern an sich schon ein großer kultureller Fortschritt, aber ohne Papier wäre er nur den wenigen zugute gekommen, die es sich leisten konnten, ein auf Pergament gedrucktes Buch zu kaufen.

In den 300 Jahren vom 13. bis zum 15. Jahrhundert zeigten

die Philosophen ein starkes Interesse an wissenschaftlichen Theorien. Sie führten ihre Untersuchungen mit dem einzigen ihnen bekannten Hilfsmittel, dem Syllogismus, durch. Die Ergebnisse ihrer Erörterungen waren dann mit der christlichen Theologie in Einklang zu bringen. Die wenigen originalen Denker, etwa Grosseteste, Roger Bacon und Albert von Sachsen (gest. 1309), die neue Wege beschritten und das Experiment als Zugang zu wissenschaftlichen Theorien forderten, bildeten eine verschwindende Minderheit. Mit den äußerst primitiven technischen Mitteln, die ihnen zur Verfügung standen, wären viele Experimente auch gar nicht durchführbar gewesen. So konnte mehrere Jahrhunderte hindurch von einem wirklichen wissenschaftlichen Fortschritt kaum die Rede sein. Trotzdem war diese Zeit scholastischer Erörterung wissenschaftlicher Probleme keineswegs verschwendet. Die mittelalterlichen Denker kannten das Hemmnis widersprechender Tatsachen nicht, das sich dann ergibt, wenn Experimente nur begrenzt möglich sind. So wurde ihre Vorstellungskraft durch nichts beeinträchtigt, und spätere wissenschaftliche Theoretiker hatten dem spekulativen Denken der Spätscholastiker viel zu danken.

Inzwischen vermochte die Technik erhebliche Fortschritte zu erzielen. Der Bevölkerungszuwachs und die sich daraus ergebende Notwendigkeit einer Verbesserung der Landwirtschaft, der Transportmittel und der Produktion von Konsumgütern führten zwangsläufig zu einschneidenden Veränderungen im europäischen Leben. Die Uhr, der Kompaß, neue Navigationshilfen und Schiffstypen, verbesserte landwirtschaftliche Geräte, Wassermühlen zur Kraftgewinnung, die Herstellung von Papier und der Buchdruck – das sind nur die wichtigsten unter den Erfindungen, für die die Zeit reif war. Ihnen verdankte Europa, daß es am Ende des 15. Jahrhunderts für die grundlegende wissenschaftliche Revolution des 16. und 17. Jahrhunderts gerüstet war.

9

Die Künste

In wenigen Bereichen der europäischen Entwicklungsgeschichte hat man zwischen Mittelalter und Renaissance eine so klare Trennungslinie gezogen wie auf dem Gebiet der Kunst. Was die wirtschaftliche, politische und soziale Struktur, den Aufbau der Kirche und die Theologie betrifft, so spricht man in diesem Zusammenhang gewöhnlich von Übergang und Entwicklung. Nicht so bei der bildenden Kunst – hier ist es üblich, den scharfen Bruch zwischen den Kunstwerken des gotischen Mittelalters und denen der einer wissenschaftlichen Naturbeobachtung zugewandten Renaissance hervorzuheben. Dem kann sich diese Untersuchung nicht anschließen. Wenn sich auch kein genaues Datum dafür ermitteln läßt, wann Symbolik und formale Bindung aufhörten, die schöpferische Kraft des Künstlers zu beherrschen, und wann Realismus oder Naturalismus und wissenschaftliche Beobachtung an ihre Stelle traten, so läßt sich doch die Tatsache nicht leugnen, daß ein Wandel in der Art künstlerischer Darstellung eintrat. Übung und Experiment führten zu Fortschritten in der Bearbeitung verschiedener Materialien. Das Publikum, an das sich der Künstler mit seinen Werken wandte, wuchs in dem Maße, in dem Handel, Industrie und Kommunikationsmöglichkeiten zunahmen und das Bürgertum an Reichtum und Umfang gewann. Der Geist des Individualismus hatte sich in manchen Ländern, so etwa in Italien, stärker entwickelt als in anderen und wirkte sich auf Mensch und Gesellschaft ganz verschiedenartig aus. Mit dem gewaltigen Anwachsen der Bildungsmöglichkeiten, das im 14. und 15. Jahrhundert zu verzeichnen ist, entstand ein neues, anspruchsvolles Publikum, das sich in seinen Forderungen und Maßstäben wesentlich von dem einer feudalen und klerikalen Gesellschaft unterschied. All diese Momente beeinflußten Richtung und Inhalt der verschiedenen Kunstgattungen von Grund auf. Ihre Wirkung sollte noch Jahrhunderte später spürbar bleiben.

Die Aufteilung der Künste in Plastik, Malerei und Architektur kann den Erscheinungen nicht gerecht werden; fast alle großen Künstler waren auf mehr als einem dieser Gebiete tätig, und mancher zeigte auf allen dreien gleiche Qualität. Sie hat jedoch für diese Betrachtung ihre Vorteile, weil sie es ermöglicht, Entwicklungslinien über mehrere Jahrhunderte hinweg nachzuzeichnen, ohne daß Terminologie und Probleme der verschiedenen Gattungen durcheinandergeraten. Unser Hauptinteresse gilt den Künstlern Italiens, denn, wie es John Addington Symonds in seiner *Renaissance in Italy* (1877) formulierte: »Vom Papst auf dem Stuhl Petri bis hin zum Angestellten eines Florentiner Bankhauses war jeder Italiener ein Kunstrichter . . ., während dieser Zeit ungeheuerer Aktivität schien die ganze Nation mit einem Sinn für das Schöne und mit der Fähigkeit begabt zu sein, Schönes in jeder erdenklichen Form hervorzubringen.« Das läßt sich von keinem anderen Volk Europas sagen. Doch soll im Verlauf dieses Kapitels auch die Kunst anderer europäischer Länder Berücksichtigung finden, und sei es auch nur zur Erhellung ihrer Interessenrichtung und der Kontinuität ihrer künstlerischen Eigenentwicklung.

Skulptur

Am Hofe Kaiser Friedrichs II. in Sizilien gärte es in den Köpfen wie nirgends sonst in Europa. Es lag nicht nur an der unmittelbaren Konfrontation des Christentums mit dem

Islam, die unter günstigen Umständen ausgereicht hätte, eine Revolution im Denken des abendländischen Menschen hervorzurufen. Auf dem Gebiet der Kunst war es mehr: Der Kaiser selbst, als *stupor mundi* – der die Welt in Erstaunen setzt – bezeichnet, dessen freier und fruchtbarer Geist die gesamte Skala menschlicher Ausdrucksformen beherrschte, verlangte von seinem Hof geistige und schöpferische Erfindungskraft. Er förderte sie durch eigene Eingebungen. Er errichtete Burgen und öffentliche Bauten und hinterließ Denkmäler, die die Tage der welterobernden Cäsaren ins Gedächtnis zurückrufen. Kunst ohne Künstler ist undenkbar – Friedrich entdeckte Männer, die ihm ebenbürtig waren, die seine Visionen in die Tat umzusetzen vermochten.

Einer dieser Künstler, Nikolaus von Apulien, ließ sich, wohl auf einem von Friedrichs Zügen nach Norditalien, in der Toskana nieder, nachdem er jahrelang am Hofe Friedrichs von byzantinischer, islamischer, französischer und süditalienischer Kunst umgeben gewesen war. Wir dürfen ihn, der unter dem Namen Niccolò von Pisa (Niccolò Pisano, gest. um 1280) bekannt wurde, als den ersten Meister italienischer Renaissanceplastik bezeichnen. Im Jahr 1254 lud ihn Padua ein, einen Entwurf für die Basilika des heiligen Antonius vorzulegen und ihren Bau in Angriff zu nehmen. Das Resultat war eine gelungene Mischung aus byzantinischen, gotischen und einheimischen romanischen Elementen, bereichert durch Reliefs und Skulpturen, die einen ganz neuen Sinn für Gruppenkomposition verraten. In der Folgezeit erhielt er eine Reihe von Aufträgen in Arezzo, Cortona und Florenz, die er zur Zufriedenheit seiner Auftraggeber im Stil der damals geläufigen italienischen Gotik ausführte.

Einige Zeit vor 1260 sah Niccolò in Pisa einen skulptierten römischen Sarkophag – es handelt sich um den heute im Campo Santo befindlichen Sarkophag einer Römerin des 2. nachchristlichen Jahrhunderts –, dessen Realismus einen tiefen Eindruck auf ihn machte. Von den Relieffeldern der sechseckigen, mit

farbigen Marmorsäulen und gotischem Zierwerk versehenen Kanzel im Baptisterium zu Pisa, die er im selben Jahr in Auftrag erhielt, läßt sich dieser Eindruck deutlich ablesen: Obwohl biblische Themen dargestellt sind, zeigen doch viele Figuren die lebensnahen Züge des römischen Sarkophags – die zurückgelehnte Matrone, ihre Diener, die lebhaften Kinder, die heroische Gestalt des Gladiators. Diese Kanzel bezeichnet den Beginn einer neuen Epoche in der Geschichte der Plastik. Nachdem er diesen Weg erst einmal beschritten hatte, verfolgte Niccolò Pisano seine Idealvorstellung weiter und bildete seinen Sohn und andere Schüler in den neuen Erkenntnissen aus. Mit ihnen zusammen schuf er eine weitere Kanzel im Dom zu Siena (1266), die die zu Pisa an Vollendung übertrifft und nördliche Einflüsse verrät. Aus den letzten Jahren seines Lebens stammt ein reich verzierter Brunnen mit neun Reliefplatten in Perugia auf dem Platz vor dem Dom.
Von seinen Schülern war sein Sohn Giovanni (1250–1328) der hervorragendste; andere wurden in verschiedene Städte Italiens gerufen, um dort Kanzeln, Reliefs und Grabmäler im Stil des Meisters zu schaffen, der sich damals fast auf der ganzen Halbinsel durchsetzte. Giovanni Pisano war weniger empfänglich für die heitere Ruhe der römischen Vorbilder, die seinen Vater so beeindruckt hatte. Seine Gestalten verraten mehr innere Bewegung, und in seinen Werken, die sich mit Vorliebe erregte Szenen zum Motiv nehmen, prägen Aufruhr und Getümmel das Bild. Obwohl er fraglos die klassische Formgebung beherrschte, zeigen seine Figuren doch einen Hauch gotischer Frömmigkeit. Seine berühmtesten Werke sind die sechseckige Kanzel in Pistoia (1302–1310) und eine sechseckige Kanzel im Dom zu Pisa, die allerdings der Kanzel seines Vaters im benachbarten Baptisterium an Kraft, Einheitlichkeit und Gefühlsstärke unterlegen ist. 14 Jahre lang leitete Giovanni Pisano den Bau des Domes von Siena (1284–1298), außerdem schuf er ein Grabmal für Papst Benedikt XI. (gest. 1304), auf dem zwei Engel die Vorhänge vor der Nische zu-

rückziehen, in der das Abbild des Papstes liegt. Ist auch die Anlage gotisch, so ist doch die Ausführung klassisch-antik. Durch seine zahlreichen Schüler übte Giovanni starken Einfluß auf die Entwicklung der italienischen Plastik aus. Seit seiner Zeit hielt man sich, was Modell und Linienführung anging, an die Natur, die dem Werk letztlich Leben und Gestalt verlieh.

Andrea Pisano (1270–1348) war Schüler Giovannis, auch wenn er anfangs mehr in Metall als in Marmor arbeitete. Früh gelangte er nach Florenz, wo er unter der Leitung Giottos tätig war und Medaillons für den Campanile sowie Statuen für die Fassade des Doms schuf: Die vier Kirchenväter – Ambrosius, Augustinus, Hieronymus und Gregor – an der Fassade stammen von seiner Hand. Seine bedeutendste Arbeit jedoch war ohne Zweifel die Südtür des Baptisteriums St. Johannes. 1330 wurde sie in Auftrag gegeben, und 1336 war sie nach zahlreichen Schwierigkeiten, die der Guß so großer Bronzeplatten mit sich brachte, vollendet. Von den 28 Feldern zeigen 20 Szenen aus dem Leben Johannes des Täufers, und acht stellen die Tugenden dar. Die Komposition ist klar, der Aufwand an Figuren gering; die Szenen wirken unmittelbar durch ihre Einfachheit. Im Jahr 1337 löste Andrea Pisano Giotto als leitender Architekt am Dombau ab und blieb bis 1343 in dieser Stellung; dennoch nahm dieser wichtige Posten nicht seine gesamte Zeit und Energie in Anspruch – neben Entwurf und Bau des unteren Teiles des Campanile führte er noch Statuen, Altäre und Grabmäler aus, entwarf öffentliche Gebäude, Kirchen, Türme sowie Stadtmauern und plante für Kriegszeiten die Verteidigung seiner Stadt. Genaue Naturbeobachtung, angeregt durch seine Empfänglichkeit für die Schönheit des menschlichen Körpers, und die Würde klassisch-antiker Zurückhaltung zeichnen sein Werk aus. Zwei seiner Söhne, Tommasso und Nino, folgten ihm auf seiner Bahn; dieser vollendete die Kapelle im Campo Santo zu Pisa, jener den Campanile des Domes zu Florenz.

Zur Schule von Pisa zählt ein weiterer berühmter Bildhauer: Andrea di Cione Orcagna (um 1309–1368), der nach langjähriger, zur Genauigkeit zwingender Goldschmiedelehre beim Vater in Florenz, unter Andrea Pisano die Bildhauerkunst lernte. Er war ein vielseitiger Künstler, auf dem Gebiet der Architektur und der Dichtung ebenso zu Hause wie auf dem der Plastik. Trotz seiner Ausbildung als Goldschmied verlegte er unter Giottos Einfluß sein Hauptgewicht auf die Malerei, doch gründet sich sein Ruhm in erster Linie auf das Tabernakel im Or San Michele unweit des Doms in Florenz. Dieses Tabernakel, an dem sich Felder mit Inkrustationen, Mosaiken und Reliefs der verschiedensten Art zu einer harmonischen Einheit verbinden, erweckt den Eindruck eines überdimensionalen Schmuckkästchens. In der meisterhaften Ausführung des Details zeigt sich seine Ausbildung als Goldschmied, in der harmonischen Komposition nach Art Giottos seine Begabung als Maler und in der überzeugenden Anlage des Aufbaus sein Geschick als Architekt.
Orcagna war der letzte aus der Pisaner Schule, die Niccolò begründet und der er den Weg gewiesen hatte. Im Laufe des 15. Jahrhunderts, des Quattrocento, übernahm nun Florenz die Führung in der Plastik. Doch der Weg von Pisa nach Florenz führte erst über Siena. Orcagna, der bei Giovanni Pisano gelernt hatte, lehnte sich an Giotto an und schuf seine besten Werke in Florenz – der Übergang zu Ghiberti scheint also bruchlos zu sein. Dennoch steht zwischen diesen beiden Meistern ein Künstler, dessen hohes und vielseitiges Genie das gesamte Florentiner Quattrocento und nicht zuletzt auch den letzten und größten in dieser Tradition – Michelangelo – stark beeinflussen sollte. Jacopo della Quercia (um 1375 bis 1438) wurde in Siena geboren und dort von seinem Vater, einem Goldschmied, ausgebildet. Vasari berichtet, wie geschickt er zu Siena aus Holz, Stoff, Leim und Ton eine Reiterstatue herstellte. Das geschah im Jahr 1396. 1402 nahm er ohne Erfolg an einem Wettbewerb gegen Brunelleschi und

Ghiberti um die Bronzetüren am Baptisterium zu Florenz teil. Dann finden wir ihn 1406 in Lucca, wo er am Marmorgrabmal der Ilaria del Carretto, der Frau des Despoten dieser Stadt, arbeitet. Den Rest seines Lebens zog er, wie es seine Aufträge, oft aber auch seine Launen mit sich brachten, zwischen Siena und Lucca hin und her, mit kürzeren Aufenthalten in Venedig, Bologna und Mailand, oft auf der Suche nach der rechten Marmorart für seine Werke. Sein Ruhm beruht auf der breiten Skala seines Könnens: Es reichte von vollendeter Ruhe, wie beim Grabmal der Ilaria, bis hin zur kraftvoll drängenden Vitalität der Figuren am großen Tor von San Petronio in Bologna und den ganz ähnlich männlich-starken Gestalten des dreiseitigen Brunnens *(Fonte gaia)* in Siena. Von letzterem Werk sind nur Fragmente erhalten, doch tritt hier ebenso wie sonst della Quercias Überzeugung deutlich genug zutage, daß für die Darstellung des menschlichen Körpers die anatomische Wahrhaftigkeit oberstes Gesetz sei. Zehn Jahre lang arbeitete er am Portal von San Petronio, doch blieb es bei seinem Tod unvollendet; der Entwurf sah 33 Halbfiguren und 15 Reliefs – alle in Marmor – vor, von denen einige zu seinen besten Arbeiten gehören. Es handelt sich um lauter biblische Themen: Fünf über dem Tor stammen aus dem Leben Christi, die zehn Reliefs rechts und links sind dem Alten Testament entnommen. In einer Anzahl seiner Arbeiten gelang es ihm, Elemente der Gotik und der Renaissance zu harmonischer Einheit zusammenzufügen. Seine Stärke jedoch lag in der Charakterisierung von Stimmungen durch die körperliche Haltung, wie im Falle der Austreibung, wo Adam und Eva düster und gebrochen, gebeugt und krank das Paradies verlassen. Della Quercia war der erste Renaissancebildhauer, dem es gelang, die Bewegungen des menschlichen Körpers so kraftvoll darzustellen. Ein volles Jahrhundert später bekannte Michelangelo, wieviel er della Quercia in dieser Darstellungsweise zu verdanken habe.

Mit Lorenzo Ghiberti (1378–1455), der nach Temperament

und Begabung eher Orcagna als della Quercia nahesteht, übernahm Florenz die Führung in der Plastik, und während des Quattrocento wurde ihm diese kaum jemals streitig gemacht. Ghiberti lernte bei seinem Vater die Goldschmiedekunst, und seine Metallarbeiten beweisen, wie gründlich seine frühe Ausbildung war. Außerdem ließ er sich in seiner Jugend in der Malerei ausbilden und versuchte sich noch in einer Reihe anderer Techniken. Im Jahr 1400 verließ er wegen der Pest und der Unruhen in Florenz die Stadt und trat als Maler in den Dienst Pandolfo Malatestas, des Herrn von Pesaro. 1401 schrieb die Signoria von Florenz nach dem Verebben der Pest einen öffentlichen Wettbewerb für die Bronzetüren des Baptisteriums aus. Sieben Bewerber kamen in die engere Wahl, unter ihnen Ghiberti, della Quercia und Brunelleschi; Aufgabe des Wettbewerbs war eine Relieftafel mit der Darstellung der Opferung Isaaks durch Abraham. Die Richter wie die Bewerber erkannten einmütig Ghiberti den ersten Preis zu, und dieser begann 1403 mit der Nordtür. Der Entwurf entsprach etwa der Südtür Andrea Pisanos: Die beiden Türflügel wiesen 28 Relieffelder auf, 20 mit Darstellungen aus dem Leben Christi, vier zeigten die Evangelisten Matthäus, Markus, Johannes und Lukas und vier die Kirchenväter Ambrosius, Augustinus, Hieronymus und Gregor. Die technischen Probleme, die der Guß aufgab, waren beträchtlich, und manche Felder mußten mehrere Male gegossen werden. Erst 1424 wurde die Tür unter einem Kostenaufwand von 22000 Florins vollendet. Allerdings hatte Ghiberti inzwischen auch weitere Aufträge in Florenz und anderen Städten angenommen; in ganz Norditalien war er sehr begehrt. Die Nordtür des Baptisteriums macht deutlich, wie sich Ghibertis künstlerische Konzeption im Lauf der Jahre entwickelt hatte – frühe Felder, etwa die Verkündigung oder die Geburt Christi entsprechen in Stimmung und Komposition dem Relief mit der Opferung Isaaks, aufgrund dessen er den Wettbewerb gewonnen hatte. In ihrer Einfachheit, der sparsamen Verwendung von Figuren und ihrer unkomplizierten Bildersprache kommen sie Andrea Pisanos Art sehr nahe. In späteren Feldern jedoch, etwa dem der Kreuztragung, wird Ghibertis Sprache bedeutungsschwerer; die Dramatik der Szenen, ihr Gefühlsgehalt und ihre Wirkung auf den Betrachter werden kraftvoller und freier dargestellt.

1425 übernahm Ghiberti, mittlerweile des Materials und seines Könnens vollends sicher, den Auftrag für eine zweite Tür, die ursprünglich dieselbe Komposition wie die Nordtür mit 28 Feldern aufweisen sollte. Dieser Plan erfuhr – vielleicht unter dem Einfluß Leonardo Brunis – eine Änderung: Sie sollte nunmehr zehn größere Relieffelder enthalten. Die Osttür, von der Michelangelo meinte, sie sei würdig, eine *porta del paradiso* zu heißen, wurde erst 1452 vollendet. Die geräumigen Relieffelder vereinigen mehrere miteinander verwandte Vorgänge der biblischen Geschichte innerhalb eines Bildes. Um diese verschiedenen Szenen darzustellen, differenziert der Künstler die Relieftiefe und schafft so den Eindruck einer räumlichen Distanz zwischen den einzelnen Szenen; zum erstenmal wird in der Plastik die Linearperspektive zur Erzeugung einer räumlichen und zeitlichen Illusion verwandt. Doch trotz dieser technischen und geistigen Fortschritte sah Ghiberti sich manchen Schwierigkeiten gegenüber. Die spätesten Relieffelder mit den Darstellungen von Moses, David und Goliath sprengen fast den Rahmen – der Künstler versucht zuviel zu erzählen. Die Türeinfassungen sind reich verziert mit kleineren Figuren und Büsten von Propheten, Gestalten des Alten Testaments, einigen Porträts von Freunden und einem Selbstporträt. Während der 27 Jahre, die er an der *porta del paradiso* arbeitete – und auf ihr beruht sein Ruhm in erster Linie –, schuf er außerdem einen heiligen Stephan für Or San Michele (1428), einen Schrein für den heiligen Zenobius im Dom zu Florenz (1432) und eine Mitra für Papst Eugen IV. in Rom (1444); außerdem wirkte er, zusammen mit Brunelleschi, am Bau und der Ausgestaltung des Florentiner Doms mit. Um

1445 schrieb er – eine Seltenheit bis dahin – eine Selbstbiographie, seine *Commentarii,* in denen er nicht nur berichtet, was er geschaffen hat, sondern auch auf seine Technik und seine künstlerischen Absichten eingeht.
Ghibertis jüngerer Zeitgenosse Donatello (1386–1466), der ebenfalls aus Florenz stammte und gelegentlich mit ihm zusammenarbeitete, wird vielfach für noch bedeutender gehalten. Sicher ist, daß wir ihm eine größere Zahl von Werken höchster Qualität verdanken. Zum erstenmal trat er hervor, als er noch in der Werkstatt Ghibertis tätig war. Seine ersten selbständigen Arbeiten waren zwei kleine Statuen für die Domfassade (1406–1408). Bis zum Jahr 1433, in dem er zusammen mit Brunelleschi nach Rom zog, nahmen seine Aufträge für Statuen, Grabmäler sowie Marmor- und Bronzereliefs aus Florenz, aber auch aus Siena, Pisa und anderen Städten immer mehr zu. Diese Zeit von 1405 bis 1433 ist als seine erste oder gotische Periode anzusehen, da Ausführung wie Themenwahl von gotischen Vorbildern beeinflußt zu sein scheinen. Doch verfügte er schon zu dieser Zeit über reiche Ausdrucksmöglichkeiten, und Statuen wie die des heiligen Johannes des Evangelisten, die er für die Domfassade schuf, sind kraftvoll und eigenwillig. Im folgenden Jahr vollendete er die Statue des heiligen Georg für Or San Michele, eine durchgeistigte und herbe Verkörperung der Jugend, die ihr Schicksal auf sich zu nehmen bereit ist. Nach zahlreichen Arbeiten für Dom und Campanile vollendete er 1425 die Bronzestatue des heiligen Ludwig von Toulouse für Or San Michele; auf den ersten Blick erscheint sie ganz von gotischem Geist getragen, doch betrachtet man die jugendliche Gestalt näher, so erweist sich, daß der Künstler hier in voller Absicht einen mittelalterlichen Heiligen als jugendlich-vitale Wirklichkeit darstellte. Aus derselben Zeit stammt auch der bronzene David, der in entspannter Haltung, mit Goliaths Schwert in der Rechten und einem Stein in der Linken, über dem abgeschlagenen Haupt des Riesen steht. Der Eindruck ist der absoluter Natürlichkeit;

ein geschmeidiger toskanischer Hirtenknabe muß ihm Modell gestanden haben. Die späteren Werke dieser seiner ersten Phase beweisen seine vollendete Meisterschaft in der Darstellung der Ausdrucksmöglichkeiten des menschlichen Antlitzes und Körpers.

Mit Donatellos Aufenthalt in Rom (1433) begann die zweite oder klassische Periode seines schöpferischen Lebens, die bis 1443 dauert. So zeigt die Anlage der *cantoria* (Sängertribüne) im Florentiner Dom, die er 1433 in Angriff nahm und 1438 vollendete, ganz eindeutig klassisch-antike Züge. Fünf Paare mosaikverzierter Säulen tragen die reliefgeschmückte Brüstung mit ihrem durchlaufenden Fries singender Putti, der den Eindruck reiner und ungehemmter Freude von Kindern an Gesang und Tanz vermittelt.

Die dritte Periode von 1433 bis 1454 könnte als die paduanische bezeichnet werden. Sie wird charakterisiert durch die Statuen der Heiligen – unter ihnen Franziskus, Antonius, Ludwig – und die Darstellungen anderer religiöser Themen in der Basilika des heiligen Antonius zu Padua. 1447 begann Donatello mit der Arbeit an der überlebensgroßen Reiterstatue des Erasmo da Narni, genannt Gattamelata, die unmittelbar vor der Basilika stehen sollte. Als Vorbild diente ihm offensichtlich die Reiterstatue des Marc Aurel, die er zweifellos in Rom gesehen hatte, denn in der Zwischenzeit war die Tradition der Reiterstatuen abgebrochen. Details am Reiter wie am Pferd sind kunstvoll durchgebildet; der Reiter, ohne Handschuhe, mit sorgfältig ausgeführtem Panzer, zeigt eine stolze Miene. Donatello, schon immer ein großer Charakterbildner, zeigt hier den Despoten, wie er leibt und lebt, hart und argwöhnisch, schlau und erfolgreich.

1454 zog Donatello von Padua nach Mantua, wo er einige kleinere Aufträge durchzuführen hatte, dann kehrte er zurück nach Florenz. In dieser seiner vierten Phase (1454–1466) ließ die Kraft seiner künstlerischen Eingebung keineswegs nach, seine Visionen waren eher zu weitgespannt für das Material, in dem er sie verwirklichen wollte. Er nahm eine Reihe von Werken in Angriff, vollendete aber nur wenige von ihnen. 1461 begann er mit einer Kanzel für San Lorenzo, starb jedoch vor ihrer Vollendung. In mancher Beziehung waren diese letzten Reliefs Donatellos reifstes Werk – die vielfigurigen Bilder, die, anders als früher, individuelle porträthafte Züge enthalten, erwecken in den Darstellungen der Kreuzigung und Auferstehung den Eindruck grotesk-dämonischen Getümmels, so als ob dem Künstler nun nach langen Jahren des Grübelns zum erstenmal die Tragödie des Kreuzes in all ihrem Grauen aufgegangen sei.

Unter den Zeitgenossen und Freunden Ghibertis und Donatellos gab es einen Künstler, der die Welt in anderem Lichte sah. Waren jene von tragischem Lebensgefühl durchdrungen, so wurde das Werk Luca della Robbias (1399–1482) von der Sanftheit und Heiterkeit eines hoffnungsfrohen Glaubens getragen. Auch er begann als Goldschmied und griff erst später zu Bronze und Marmor; seine frühesten Arbeiten – Reliefs, die zwar gut, aber auch nicht mehr sind – lassen sich kaum vor 1428 ansetzen. Sein bedeutendstes Marmorwerk ist die *cantoria*, die er in den Jahren von 1431 bis 1438 schuf, und die zusammen mit Donatellos Gegenstück ihren Platz im Mittelschiff des Florentiner Domes finden sollte. Della Robbias *cantoria* bestand aus einzelnen Relieffeldern, die alle zusammen den 150. Psalm – mit seinem Thema »Lobet den Herrn« – darstellen. Die Stimmung ist verhaltener als in Donatellos Relief, Hauptthema ist nicht wie dort kindliche Ausgelassenheit, sondern das Musizieren und die Instrumente.

Allein dieses Werk würde genügen, um Luca della Robbia als einen der bedeutendsten Quattrocentokünstler auszuweisen. Doch nach einigen weiteren Marmorarbeiten für den Campanile und nach Vollendung einer Bronzetür für die Sakristei des Domes, die Donatello begonnen hatte, erkannte er gegen 1440, daß er ein Material brauchte, das seinen künstlerischen Absichten noch besser entgegenkäme als Marmor oder Bronze.

Domenico Beccafumi: »Moses zertrümmert die Gesetzestafeln«, 1538/39; Pisa, Duomo.

Lucas Cranach d. Ä.: »Kurfürst Friedrich der Weise«, 1519/20;
Zürich, Kunsthaus.

So griff er zu Ton und experimentierte mit glasierter Terrakotta. Bei seinen Versuchen entdeckte er, wohl durch Zufall, ein Verfahren, Terrakotta in hellen Farben – weiß, blau, in Fleischtönen und rosenrot – zu brennen. Obwohl man Majolikaware bereits seit dem 12. Jahrhundert kannte, war Luca della Robbias delikate und differenzierte Behandlung feingeschlämmten Tones, der seiner weichen Modelliertechnik entgegenkam, durchaus neuartig. Durch immer weitere Versuche verbesserte er das Verfahren so weit, daß er schließlich über alle Hauptfarben verfügte. Nun entstand eine Reihe bemerkenswert lebendiger und ausdrucksstarker Medaillons, Platten und größerer Stücke, wie er sie ihrer Modellierung und ihrer farbigen Wirkung nach in Marmor und Bronze nie hätte ausführen können. Eine Überfülle von Früchten und Laubwerk in ihren natürlichen Farben schmücken Friese, Bögen, Einfassungen, ja sogar einen Sarkophag. In den folgenden Jahren von 1438 bis zu seinem Tod, da ihm sein Neffe Andrea zur Hand ging, legte er eine unglaubliche Produktivität an den Tag, ohne daß die Beschwingtheit seiner Arbeiten erstarrte. So zeigen die zahlreichen Darstellungen der Madonna mit dem Kinde bei aller Verschiedenheit stets das Bild der strahlenden Mutter mit einem glücklichen, munteren Kind. Die Spannungen, unter denen Donatello und in geringerem Maß auch Ghiberti litt, haben della Robbia kaum bedrängt.

Er begründete eine Schule, und sein Neffe Andrea (1435–1525) erbte das Herstellungsgeheimnis der polychromen Glasur, war jedoch Luca, was die künstlerische Intuition angeht, nicht ebenbürtig. Seine besten Werke entsprechen etwa Lucas Durchschnittsarbeiten. Man war inzwischen dazu übergegangen, della Robbias Glasurtechnik für Gebrauchszwecke zu verwenden, auf Kacheln, in Badezimmern und an Brunnen. Technik und Stil hatten zahlreiche Nachahmer gefunden; das Alltagsleben mochte auf diese Weise einen Abglanz der Kunst einfangen, doch die Kunst verlor dabei viel von ihrem geistigen Gehalt.

Alle diese bedeutenden Künstler hatten Söhne und Nachfolger, und so durfte sich das 15. Jahrhundert einer Vielzahl guter Bildhauer rühmen. Männer wie Desiderio da Settignano (1428–1464), Antonio Rosselino (1427–1479), Mino da Fiesole (1431–1484), Benedetto da Majano (1442–1497) und Andrea Sansovino (1460–1529) müssen in der Geschichte des Quattrocento an hervorragender Stelle genannt werden. Doch seien aus der Zeit vor Michelangelo nur noch zwei Künstler herausgegriffen: Antonio del Pollaiuolo (1429–1498) und Andrea del Cione, bekannt unter dem Namen Verrocchio (1436 bis 1488).

Pollaiuolo, gebürtiger Florentiner und gelernter Goldschmied, schuf seine besten Werke in Rom. Als junger Mann hatte er eine Zeitlang bei Ghiberti gearbeitet, gerade als die *porta del paradiso* vollendet wurde. Er führte Aufträge in Bronze, Silber und Gold aus, die sich durch vollendete Oberflächenbehandlung auszeichnen; auch in Emaillearbeiten versuchte er sich. Zusammen mit seinem Bruder Piero, der die führenden Humanisten von Florenz porträtiert hatte, widmete er sich der Malerei; im Auftrag Lorenzo de' Medicis malte er Szenen aus der Heiligen Schrift und der klassischen Mythologie. Im Jahr 1484 berief ihn Papst Innozenz VIII. nach Rom, um ihm ein bronzenes Grabmahl für seinen Vorgänger, Sixtus IV., in Auftrag zu geben. Dieses Werk – es zeigt den Papst liegend, umgeben von Reliefdarstellungen der christlichen Tugenden Glaube, Hoffnung und Barmherzigkeit, der zehn Künste und Wissenschaften sowie der römischen Tugenden Tapferkeit, Mäßigkeit, Klugheit und Gerechtigkeit – war vielleicht seine eindrucksvollste Schöpfung. Nach dem Tode Innozenz' im Jahr 1492 begann Pollaiuolo mit der Arbeit an einem monumentalen Sarkophag, der die liegende Gestalt des Papstes trug; er vollendete ihn noch eben vor seinem Tod im Jahr 1498. Pollaiuolo zählt zu den vielseitigsten und fähigsten unter den Florentiner Künstlern; er beherrschte alle Werkstoffe, Gold, Silber und Bronze ebenso wie Marmor,

war daneben ein voll ausgebildeter Rüstungsschmied, ein Zeichner und Maler sowie ein Meister der Perspektive. In der Mathematik und allen Wissenschaften, die seiner Kunst dienen konnten, leistete er Erstaunliches.
Verrocchio zählte 16 Jahre, als Ghibertis zweite Tür am Baptisterium in Florenz angebracht wurde. Fast gleichaltrig mit Andrea della Robbia, war er zumindest später eng mit ihm befreundet. Mit selbständigen Arbeiten trat er jedoch erst als fast Dreißigjähriger hervor. Das früheste Werk Verrocchios, das wir kennen, ist eine Statue des David, der auf dem Haupte Goliaths steht – dasselbe Thema also, das Donatello dreißig Jahre vorher dargestellt hatte. Während dieser Zeit arbeitete auch der junge Leonardo da Vinci eine Weile in Verrocchios Werkstatt; er hätte keinen besseren Lehrer finden können. Die Mediceer bedachten Verrocchio mit mindestens 15 Aufträgen – Grabmäler für Piero und Giovanni, bemerkenswert durch das völlige Fehlen christlicher Motive, Büsten des Lorenzo und Giuliano sowie verschiedene Frauen, Mitglieder und Freunde der Familie. Im Geiste der Spätrenaissance verzichtet Verrocchio bei den meisten seiner Werke vollständig auf christlich-religiöse Bezüge. Dennoch betraute ihn die Kaufmannsgilde mit der Ausführung einer großen Gruppe, die darstellen sollte, wie Thomas die Wunden Christi berührt. Hier verdienen Hände und Gewanddrapierung besondere Aufmerksamkeit. Die Jahre 1465 bis 1475 waren fast vollständig durch Arbeiten für die Familie Medici ausgefüllt. Danach erhielt er seine Aufträge aus allen Teilen Italiens. 1481 sollte er für Venedig eine Reiterstatue des verstorbenen Söldnerführers Bartolommeo Colleoni schaffen. Anfangs weigerte sich Verrocchio, verärgert durch lokale Intrigen, den Auftrag auszuführen, begann aber 1485 dann doch mit der Arbeit. Entwurf und Tonmodell wurden noch vor seinem Tod im Jahr 1488 fertig, den Guß selbst mußte schließlich sein Schüler Leopardi ausführen. Es ist ein strenger und abweisender Kriegsmann, der da herrisch auf seinem Roß sitzt. Jedes Detail, Augen, Brauen, Kinn, die

Haltung des Reiters, Waffen und Panzer, ist durchaus naturalistisch behandelt. Eine treffendere Verkörperung des Zeitalters der Condottieri in Italien ist nicht denkbar.
Mit Michelangelo Buonarotti (gest. 1564) erreichte das künstlerische Schaffen der Renaissance seinen Höhepunkt. 1475 geboren, kam er mit 14 Jahren zu dem Maler Ghirlandajo in die Lehre, fand aber bald heraus, daß ihn die Bildhauerarbeit stärker anzog. Nach kurzer Zeit erhielt er Zugang zum Familienkreis der Medici, wo er täglich Mitgliedern der Akademie begegnete, die Cosimo de' Medici und Marsilio Ficino begründet hatten. So wurde er unter den denkbar günstigsten Umständen mit dem Schönheitsbegriff und der Dichtung Griechenlands vertraut. Gleichzeitig hörte er aber auch die Predigten Savonarolas, und die Botschaft vom Zorn Gottes und dem bevorstehenden Strafgericht über die ungehorsame, sündige Welt machte einen starken Eindruck auf seine ernste, lautere Natur. Als die Medici im Jahr 1494 in Florenz entmachtet wurden, verließ Michelangelo die Stadt und zog über Bologna nach Rom (1496), wo seine größten Werke entstehen sollten. Seine erste bedeutende Arbeit war eine Pietà, in der sich klare, klassische Ruhe mit tiefer Frömmigkeit verband. Von 1501 bis 1505 war er wieder in Florenz. Noch hatten die Medici ihre alte Machtposition nicht wiedererlangt, aber Michelangelo war unterdessen schon so bekannt geworden, daß er über einen Mangel an Aufträgen nicht klagen konnte; die Statue des David, die in dieser Zeit entstand, gehört zu seinen besten Werken. Dann rief ihn Julius II. wieder nach Rom zurück, um ihn mit der Ausführung seines Grabmonuments zu betrauen. Diese Aufgabe sollte Michelangelo 40 Jahre lang immer wieder beschäftigen. Sie bedeutete einen ständigen Kampf mit den Forderungen, die Julius und – nach dessen Tod – seine Testamentsvollstrecker an den Künstler stellten, und es klingt wie ein Aufschrei, wenn er sagte: »An dieses Grabmal gefesselt, habe ich meine ganze Jugend verloren.« Im Jahr 1506 floh er aus Rom, um dem Drängen des Papstes zu entgehen, kehrte

jedoch zwei Jahre später wieder zurück und malte im Auftrag Julius' II. die Decke der Sixtinischen Kapelle aus. Dieses sein malerisches Hauptwerk entstand in der verhältnismäßig kurzen Zeit von vier Jahren (1508–1512), und so signierte er auch – wie er sich verstand – als Bildhauer: *Michelangelo Buonarotti scultore fiorentino.* Wiederum gegen seinen Willen, begann er auf Veranlassung des Medicipapstes Clemens VII. 1521 mit der Arbeit an der neuen Sakristei für San Lorenzo in Florenz, die die Grabmäler der Medici aufnehmen sollte. Das bewegte Schicksal der Stadt während dieser Jahre wirkte sich auch auf Michelangelo aus, denn als Florenz nach dem *sacco di Roma* ebenfalls von Plünderung und Zerstörung bedroht wurde, befestigte Michelangelo die Stadt und organisierte ihre Verteidigung gegen die kaiserlichen Truppen unter dem Prinzen von Oranien. Mittlerweile hatte er, wiederum auf Befehl des Papstes Clemens VII., mit dem Bau der Bibliotheca Laurentiana begonnen. Doch kaum war Florenz im Jahr 1531 wieder Mediciherzogtum geworden, als Michelangelo nach Rom zurückkehrte, das er von 1533 bis zu seinem Tode (1564) nur noch selten verließ. Im Auftrag des neuen Papstes, Pauls III. (1534–1549), begann er um 1533 das gewaltige Fresko des *Jüngsten Gerichts,* mit dem die Ausmalung der Sixtinischen Kapelle wie geplant abgeschlossen werden sollte, und vollendete es unter ständigen Auseinandersetzungen mit seinem Auftraggeber Ende 1542. 1535 war er zum obersten Architekten, Bildhauer und Maler des vatikanischen Palastes ernannt worden. Von dieser Zeit an wandte er sich mehr und mehr der Architektur zu, und die letzten Jahre seines Lebens galten der Arbeit an den Plänen für den Bau der neuen Peterskirche. Die künstlerischen Aufgaben, die ihm zumeist ein Papst oder dessen Erben stellten, machten ihm wenig Freude, und der Ruhm, den er für seine Werke erntete, bedeutete ihm nichts. Er beklagte sich bitter darüber, daß sich immer wieder Leute hindernd in seinen Weg stellten, die er nicht achten konnte. In all den Widrigkeiten seiner Jahre in

Rom empfand er es als Trost, einem Menschen wie Vittoria Colonna zu begegnen, die zu den bemerkenswertesten Frauengestalten der Renaissance gehört. Beide trafen sich in ihrer Neigung zum christlichen Neuplatonismus, und für Michelangelo bedeutete es das höchste Glück, ihr seine Gedichte vorzulesen oder sich mit ihr unterhalten zu können, die er »die Seele und das Herz meines zerbrechlichen Lebens, edle und huldvolle Dame« nannte.

Wohl war die Dichtung nicht eigentlich Michelangelos Sprache, doch angeregt durch die Lektüre Petrarcas, seine Sympathie für Ficino und das Gedankengut der Akademie, fand er in ihr die Möglichkeit zu sagen, was er in Stein nicht ausdrücken konnte oder wollte.

Nicht nur in seiner Dichtung, auch in seinen Briefen enthüllen sich die gewaltigen Kräfte, die sich in ihm regten und um Ausdruck rangen; es fällt nicht schwer zu verstehen, warum seine Zeitgenossen von seiner *Terribilità* sprachen. Seine geballte künstlerische Kraft und das Feuer, das in ihm brannte, ließen ihn nicht zur Ruhe kommen und bewirkten, daß die Menschen vor ihm zurückschreckten. Gestalten, wie er sie auf die Decke der Sixtinischen Kapelle malte oder aus dem Marmor schlug – der David etwa oder der sitzende Moses –, und seine kraftvolle, doch von strengem Willen gezügelte Lyrik verraten eine Natur, die die Götter herausfordern konnte, sich aber zugleich demütig vor den einfachen Wahrheiten der christlichen Offenbarung beugte.

Seine letzten Jahre waren einsam; er hatte Freunde und Rivalen überlebt. Immer mehr widmete er sich der Dichtung und Kontemplation, die inneren Stürme klangen ab in dem Maße, in dem die Zeit verstrich und die Welt seine Überlegenheit in jedem Zweig der Kunst anerkannte. In der Kunst der Renaissance findet er nicht seinesgleichen.

Frankreich war die Heimat der Gotik gewesen. Fassaden und Portale der Kathedralen sowie öffentlichen Gebäude trugen reichen Schmuck an gotischen Bildwerken, und in den Kirchen

waren Kapellen und Seitenschiffe mit Grabmälern geschmückt, auf denen Könige, Adlige und Prälaten lagen, während auf den Sockelreliefs ihre Gefolgsleute, Trauernde oder auch manchmal die Schutzheiligen dargestellt waren. Nahezu die gesamte spätgotische Plastik Frankreichs – das heißt die Plastik der beiden letzten Jahrhunderte des Mittelalters – war in ihren Themen religiös ausgerichtet. Um 1300 läßt sich ein Wandel feststellen; obwohl die Thematik im wesentlichen dieselbe blieb wie im 13. Jahrhundert, kündigt sich doch schon eine leichte Hinwendung zum Realismus, zur Darstellung von Bewegung und individuellen Zügen an. Es läßt sich nicht übersehen, daß die gotischen Figuren immer mehr in die Nähe der Porträts rücken und Gefühlsregungen zu zeigen beginnen. Doch noch hat man die menschliche Anatomie nicht systematisch studiert, und noch bleibt die Drapierung der Gewänder wichtiger als die exakte Darstellung des menschlichen Körpers. In den Schöpfungsreliefs am Nordportal der Kathedrale von Auxerre – frühes 14. Jahrhundert – sind Adam und Eva wie üblich nackt, doch Gott ist voll bekleidet dargestellt; Kain und Abel tragen Kutten. Der Typus des Grabmonuments, der auf der Oberseite das Abbild des Verstorbenen – oft in Begleitung seiner Frau – zeigt, wurde im Verlauf des 14. Jahrhunderts immer beliebter, und viele Bildhauer eigneten sich dabei eine gewisse Fertigkeit in der Wiedergabe porträthafter Züge an. Die Qualität des Steines – nicht immer handelte es sich um Marmor – war der des italienischen Marmors unterlegen, und die Grobkörnigkeit des französischen Materials konnte den Steinmetzen kaum dazu verlocken, mehr als eine allgemeine Ähnlichkeit mit seinem Modell anzustreben.
Gegen Ende des 14. Jahrhunderts jedoch setzte eine neue Entwicklung ein, deren Beginn mit dem Auftreten des flämischen Bildhauers Claus Sluter in Dijon (1386), der Hauptstadt der Herzöge von Burgund, bezeichnet wird. Er übernahm die Ausführung des Grabmals Philipps des Kühnen, für das er als Werkstoff Alabaster und schwarzen Marmor aus Flandern

verwendete. Nach seinem Tod 1406 vollendete sein Neffe Claus de Werve (gest. 1439), der dieselbe Kunstrichtung vertrat, sein Werk im Jahr 1410. Obwohl der Einfluß Sluters und seiner Schüler weit über die Grenzen Burgunds hinausreichte, finden sich auf französischem Boden keine vergleichbaren Beispiele für bildnishafte Individualisierung und Bewegungsdarstellung, wie sie in den Zeugnissen dieser Grabmalkunst im burgundischen Raum deutlich wird. Es gibt in Frankreich zahllose Madonnen aus dieser Zeit, und viele von ihnen zeigen das Streben des Künstlers, Leben und Bewegung wiederzugeben, doch die schweren Gewanddrapierungen und die der Zeit eigene konventionelle Behandlung von Haltung und Ausdruck stehen dem freien Experimentieren im Wege.
In jenen Teilen Frankreichs, die während des Hundertjährigen Krieges von den Engländern besetzt waren oder unter den kriegerischen Auseinandersetzungen litten, finden sich vom frühen 14. bis zur Mitte des 15. Jahrhunderts keine nennenswerten Zeugnisse künstlerischen Schaffens. Als diese Gebiete gegen 1450 ihre Freiheit erhielten und französisch wurden, knüpften die Künstler dort wieder an, wo ihre Vorgänger vor über einem Jahrhundert aufgehört hatten. So zeigt die Fassade der Kathedrale von Rouen, die 1486 vollendet wurde, eine im Grunde noch völlig gotische Auffassung, obwohl flämische und burgundische Einflüsse schon deutlich erkennbar sind. Um die Jahrhundertwende läßt sich dann in ganz Frankreich eine Art Naturalismus feststellen, der sich in der Beobachtung individueller Züge und Bewegungen äußert, wobei allerdings die Grundauffassung immer noch durchaus mittelalterlich bleibt. Erst als Karl VIII. mit neuen Ideen und einem Gefolge von italienischen Künstlern von seinem italienischen Abenteuer zurückkehrte, begannen der neue Realismus und sowohl klassisch-antike als auch weltliche Thematik sich durchzusetzen. Damit zeichnete sich auch die Richtung ab, die die künstlerische Entwicklung in der Folgezeit nehmen sollte.
In Deutschland trat die Plastik bis zur Pest von 1348 in streng

gotischen Formen auf und entnahm ihre Themen ausschließlich dem religiösen Bereich. Die Erleichterung, die sich allgemein nach dem Verebben der Pest bemerkbar machte, kommt auch in den kirchlichen Bildwerken zum Ausdruck. Gefühle wurden sichtbar, Freude wie Trauer, und bis zu einem gewissen Grad gelang bei den Abbildern geistlicher wie weltlicher Personen auch die Darstellung individueller Züge. Doch immer noch verbarg schwerer Gewandfall jede anatomische Differenzierung. Der Hof Kaiser Karls IV. in Prag war ein Brennpunkt geistiger und künstlerischer Aktivität. Für den Bau der Hauptkirche des neubegründeten Erzbistums berief der Kaiser anfangs den nordfranzösischen Architekten Matthias von Arras (1344), der den Plan im Sinne der nordfranzösischen Gotik entwerfen sollte. Nach dessen Tod im Jahr 1352 wurde der junge schwäbische Architekt und Bildhauer Peter Parler nach Prag berufen, der von 1353 bis zu seinem Tod (1399) den Bau des Veitsdomes leitete, nachdem er den Bauplan leicht verändert hatte. Außerdem begründete er eine Bildhauerschule, in der zahlreiche Büsten, Grabmäler und kirchliche Bildwerke entstanden, bis 1419 die Hussitenkriege mit ihren verheerenden Folgen ihr ein Ende machten.

Im übrigen Reich, in Wien, Straßburg, Ulm, Nürnberg, Freiburg, Erfurt und anderen Städten, entstanden im 14. und beginnenden 15. Jahrhundert zahlreiche Plastiken, die jedoch noch ganz der althergebrachten gotischen Formensprache verhaftet waren, von wissenschaftlich anatomischer Beobachtung nichts erkennen ließen und eher symbolisch als realistisch wirken. In der zweiten Hälfte des 15. Jahrhunderts bahnte sich dann eine Entwicklung in Richtung auf den Realismus an. In Nürnberg entstand eine eigenständige Bildhauerschule unter Veit Stoß (1447–1533), Adam Krafft (um 1460–1508) und Peter Vischer (1460–1529). Stoß arbeitete in Holz und wählte alle seine Themen aus der Bibel. Sein frühestes datiertes Werk ist der Hochaltar in der Krakauer Marienkirche, den er im Jahr 1477 begann. Kraffts Material war der Stein, und sein

eindrucksvollstes Werk ist wohl das reich verzierte, fast 20 Meter hohe Sakramentshaus in der Lorenzkirche zu Nürnberg. Die Schmuckelemente, die er mit Vorliebe anwendete, entnahm er der Natur – Blätter, Bäume und Blumen. Vischers beide Söhne waren in Italien gewesen und hatten dort gelernt; seine liebevolle Behandlung anatomischer Details läßt den Einfluß des italienischen Realismus deutlich erkennen.
Der führende Bildhauer Mitteldeutschlands war Tilman Riemenschneider (1468–1531), dessen Werkstoffe Holz und Stein waren. Doch so exakt er auch arbeitete – seine nackten Figuren beweisen es – und so wenig er sich scheute, Gefühlsregungen darzustellen, so war doch sein Werk noch ganz der Gotik verpflichtet. Trotz der beträchtlichen Fortschritte, die Vischer und Riemenschneider zu verdanken waren, fand der Realismus, der seit Niccolò Pisano um die Mitte des 13. Jahrhunderts in Italien so reich blühte, in Deutschland vor Albrecht Dürer keinen rechten Nährboden. Dürer (1471–1538) nützte zwar nicht die Möglichkeit der dritten Dimension, die die Plastik bot, doch seine Zeichnungen und Gemälde geben nicht nur getreulich seine Naturbeobachtungen wieder, sondern zur Präzision des Striches tritt auch noch die Darstellung von Charakter und Gefühlen.
Bei den engen geographischen und politischen Beziehungen zwischen England und Frankreich im 13. Jahrhundert überrascht es nicht, wenn wir im Bereich der Kunst neben den klimatisch, soziologisch und politisch bedingten Unterschieden auch verwandte Züge entdecken. Für England war wie für Frankreich das 13. Jahrhundert die hohe Zeit des Kathedralenbaus. Die herrlichen Kathedralen von Wells, Lincoln, Salisbury, York, Ely, Winchester, Worcester und Westminster Abbey wurden – soweit ihr Baubeginn nicht überhaupt in dieses Jahrhundert fällt – zum größten Teil in der Zeit Richards I. (Löwenherz) und Eduards II. erbaut und ausgeschmückt. Fassaden, Portale, Kapitelle und Türme verlangten geradezu nach Schmuck, und die Steinmetzen waren nur zu

gern bereit, ihre Kunstfertigkeit zu beweisen. Die Motive und komplizierten Ornamente, die dabei Verwendung fanden, zeigen oft überraschende Anmut. Die Plastik dagegen ist gewöhnlich plump. Häufiger als in Frankreich und Deutschland erscheinen weltliche Personen, Könige, Königinnen sowie adlige Kirchenpatrone als Bildwerke. Grabmäler von Bischöfen und Rittern füllen die Seitenschiffe der Kirchen, und Chorgestühl, Schranken und Kanzeln boten der englischen Vorliebe für Schnitzwerk weiten Spielraum.

Im 14. Jahrhundert änderte sich daran wenig, außer daß man der ornamentalen Dekoration und sorgfältigen Ausführung von Details noch stärkere Aufmerksamkeit zuwandte. Aus dieser Zeit stammen auch Porträtköpfe von Königen, Bischöfen, Äbten und Steinmetzmeistern an Bogenansätzen, Konsolen und Schlußsteinen etwa in Lincoln, Wells, St. Alban und Exeter. Der Steinmetz – denn dieser, und nicht der berufsmäßige Bildhauer schuf diese Köpfe – verlieh ihnen oft lebendigen Ausdruck. Die Zahl der Bildwerke aus dieser Zeit ist unübersehbar. Allein die Fassaden der Kathedralen von Exeter und Wells zeigen jeweils einige hundert solcher Statuen, die mindestens halblebensgroß sind. Dazu kamen Arbeiten im Innenraum der Kirchen an Chor, Altar und Altarrückwand, ferner Grabfiguren und sonstige Stücke.

Um die Mitte des 15. Jahrhunderts rückte die Porträtplastik, in der nun die Bemühung um Gefühls- und Charakterdarstellung deutlich wird, mehr in den Mittelpunkt. Wir kennen hervorragende Statuen und Büsten von Königen und Prälaten, die unmittelbar an die große Sammlung in der Kapelle Heinrichs VII. von Westminster Abbey gemahnen. Aber immer noch sind sie in schwere Gewänder gehüllt, so daß unklar bleibt, wie weit der Künstler Anatomie und Bewegungsdarstellung bereits beherrscht. Die englische Plastik vor 1500 verrät nichts von einer lebendigen künstlerischen Tradition, immer noch herrscht die Gotik, der Geist der Renaissance hat England noch nicht erreicht.

Von Frankreich ausgehend erreichte die Gotik Spanien im frühen 13. Jahrhundert und blieb dort, mit spanischen Abwandlungen, bis ins frühe 16. Jahrhundert vorherrschend. Léon und Kastilien, beide kulturell eng mit Nordfrankreich verbunden, nahmen die Gotik begeistert auf; die Kathedralen von Burgos, Léon, Cuenca und Ciudad Rodrigo sind fast rein gotisch, während das südlicher gelegene Toledo immerhin starke französische Einflüsse aufweist. Die Plastik, die während der Zeit der Gotik eng mit der Architektur verbunden war, ging denselben Weg. Auch sie kann den Einfluß aus Frankreich nicht verleugnen. Katalonien dagegen bezog seine künstlerischen Anregungen aus der Provence und aus Süditalien, das gerade damals der Krone von Aragon gehörte. So zeigt die Kathedrale von Barcelona neben ihren unzweifelhaft gotischen Merkmalen doch auch manche Züge, die an die romanische Kathedrale von Narbonne erinnern; die Querschiffe sind noch nicht entwickelt, und die Fensterbögen in der Apsis sind fast halbkreisförmig. Dieses Stilgemisch prägt auch die Plastik. Die häufigste Form des Grabmals für Könige oder Königinnen ist der Sarkophag mit der liegenden Gestalt des Verstorbenen, die oft von einem verzierten Baldachin überdacht wird. Mit fortschreitendem Können und wachsender Sicherheit der Künstler wird in den Ornamentbändern das gotische Element zurückgedrängt – an seine Stelle treten Naturformen, Blumen, Blätter und andere Muster, die sicherlich auf maurische Vorbilder zurückgehen. Obwohl die Bildhauer der gotischen Tradition entsprechend anonym blieben, kennen wir doch genügend Namen spanischer Bildhauer, um eine Bildhauerschule im katalonischen Poblet, einer Grablege der königlichen Familie, herausschälen zu können. Um die Mitte des 15. Jahrhunderts begannen sich dann auch in Spanien flämische und burgundische Einflüsse bemerkbar zu machen, ein Zeichen, daß während des 15. Jahrhunderts die spanische Kunst weithin passiv und rezeptiv war. Die hohe Zeit spanischen Kunstschaffens, das in seiner fanatischen Reli-

giosität, seinem Stolz und seiner Düsterkeit so eindrucksvoll ist, sollte erst anbrechen.
Ein Überblick über die Geschichte der Plastik, die mit ihrem Erfassen der dritten Dimension die an die Fläche gebundene Malerei an Bedeutung übertrifft, macht ganz deutlich, daß die Väter der neuen Richtung in Italien, und besonders in Florenz, zu suchen sind. Nur in Italien finden wir die Freiheit, den Einfallsreichtum und den Wagemut, der bloße Konventionen nicht anerkannte, sondern nur dem Natürlichen und Wahren folgte.
Ein Vergleich der auf wissenschaftlichem Studium und Naturbeobachtung beruhenden Plastik Italiens um 1400 mit dem steifen, formalistischen und festgefahrenen Stil, der sich von Frankreich ausgehend auch in Deutschland, England und Spanien findet, muß zwangsläufig die Frage auslösen, was diese Künstler – mochten sie in ihrer Art noch so perfekt sein – eigentlich zu sehen oder darzustellen glaubten. Jeder Vergleich zwischen verschiedenen Arten künstlerischer Äußerung muß selbstverständlich Zeit und Ort, Denkweise und Ansprüche der Gesellschaft in Betracht ziehen, die das künstlerische Schaffen ermöglicht. Doch im Fall der italienischen Bildhauer des späten Mittelalters – das heißt zur Zeit der frühen Renaissance – ist festzuhalten, daß sie das schöpferische Sehen revolutioniert haben. Nach ihrer Aussage in Marmor oder Bronze war nicht nur für die Plastik, sondern für die gesamte Kunst eine neue Ära angebrochen.

Malerei

Die Malerei sank nicht so tief wie die Plastik in den Jahrhunderten nach dem Untergang des römischen Reichs. Besonders in Süditalien und in Gebieten wie Ravenna und Venedig, die kulturelle und wirtschaftliche Verbindungen mit Ostrom aufrechterhalten hatten, lebte die byzantinische Tradition fort. Vasari, der um die Mitte des 16. Jahrhunderts über die Künstler der frühen Renaissance schrieb, betont, welch tiefe Wirkung die byzantinische Tradition auf die Begründer der neuen Richtung hatte. Er begann seine Geschichte jener Maler, die er als Exponenten der »neuen Art zu zeichnen und zu malen« betrachtete, mit einem Bericht über das Leben und Werk Cimabues (1240–1302). Heute jedoch wissen wir, daß auch Cimabue schon Vorläufer hatte, die auf der byzantinischen Tradition fußten und Altäre, Fresken und Bilder auf Holztafeln gemalt hatten. Wir kennen sogar die Namen einiger dieser Künstler, die den Anbruch der neuen, lebensnahen Kunst bezeichnen – so Giunta, der wohl als einer der ersten die Tafelmalerei pflegte, oder den römischen Künstler Pietro Cavallini (etwa 1250–1330), dem es in seinen Mosaiken gelang, dem Formalismus der byzantinischen Schule eine individuelle und lebendige Note zu geben. In Assisi, wo er die neue Kirche des heiligen Franziskus ausschmücken sollte, mag Cavallini auch mit dem jüngeren Cimabue zusammengetroffen sein. Weitere Werke von seiner Hand wurden in jüngster Zeit in Rom entdeckt.

Cimabue, der aus einer vornehmen Florentiner Familie stammte, ist weit berühmter, als man es angesichts des schmalen Katalogs der ihm mit Sicherheit zugeschriebenen Werke erwarten möchte. Ohne Zweifel war er von den byzantinischen Meistern stark beeinflußt, das zeigt seine Themenwahl als auch die Komposition seiner Fresken in der Ober- und Unterkirche zu Assisi. Doch in der Individualisierung seiner Gestalten, die sicher nach lebenden Modellen gearbeitet waren, entfernt er sich weit von der leblosen, konventionellen Darstellungsweise der byzantinischen Kunst. Cimabues Schüler und Nachfolger war Giotto (1276–1336), von dessen Entdeckung Vasari eine hübsche Geschichte erzählt. Als Cimabue auf einer Landstraße dahinwanderte, erblickte er einen jungen Schäfer, der ein Schaf auf seine Schiefertafel abzeichnete. Sofort holte er sich vom Vater des Knaben die Erlaubnis, den

Jungen mit in seine Werkstatt zu nehmen. Dieser begabte Junge sollte später einmal der Vater der neuen Renaissancemalerei werden. Bemerkenswert ist bei ihm die Frische der Inspiration, in der er seinen Lehrer Cimabue und den Bildhauer Giovanni Pisano übertraf, von dem er vielfach Anregung schöpfte. Giotto war an vielen Orten Italiens tätig, so in Assisi, Florenz und Padua, wo er die Wände der Arenakapelle mit Szenen aus dem Leben Christi und der Heiligen ausmalte (1305). Später arbeitete er auch in Neapel, und einige Jahre, zwischen 1309 und 1314, war er wohl in Avignon beschäftigt. Überall bildete er Schüler heran, die seine Auffassung und Malweise fortführten, so daß sich bald in ganz Italien die Wirkung seiner Hinwendung zur Natur bemerkbar machte. Einem Naturkind wie ihm mußte die franziskanische Geistigkeit ganz besonders liegen, und so sind Giottos bewegendste Fresken jene, die den heiligen Franziskus zum Mittelpunkt haben. Fast alle seine Schöpfungen strahlen den Geist der »Blümlein« *(fioretti)* aus – nicht nur die in der Basilika zu Assisi, sondern auch die in der Barbikapelle zu Florenz und andere kleinere Bilder mit Darstellungen aus dem Leben Christi und der Heiligen. Einige seiner Schüler kamen der Vollendung, mit der er Freude und Trauer, Angst und Schmerz darstellte, sehr nahe, doch erreichte keiner seine Meisterschaft. Auch Orcagna, den wir bereits als hervorragenden Bildhauer kennengelernt haben, zählte sich zu den Schülern Giottos; er hinterließ eine Reihe kraftvoller und doch bezaubernder Fresken, die in den Jahren um 1350 entstanden. Besonders eindrucksvoll ist sein Wandgemälde des Jüngsten Gerichts in der Strozzikapelle von Santa Maria Novella, das er 1357 vollendete.

Zu Lebzeiten Giottos bildete sich eine Malerschule in Siena heraus, deren produktivster und einflußreichster Meister Duccio war (um 1260–1319). Eines seiner Werke, eine Altartafel mit der Jungfrau Maria – vollendet 1310 –, erregte solche Bewunderung, daß am Tage der Aufstellung in der ganzen Stadt die Läden geschlossen blieben; noch heute gilt es als das Meisterstück der sienesischen Schule. In der Anlage folgte Duccio der byzantinischen Tradition, doch in den Details, in der Haltung der Jungfrau und der sie umgebenden Engel erhob er sich dank dem Gefühlsgehalt und der Anmut seiner Darstellung weit über jene. Nachfolger Duccios war sein Schüler Simone Martini (1284–1344), der sich in Avignon mit Petrarca angefreundet hatte. Zu seinen Werken zählen Fresken in der Basilika von Assisi, die Darstellung der Himmelfahrt Mariens im Campo Santo zu Pisa, einige Tafelbilder in Neapel sowie ein Altar, der sich heute in den Uffizien in Florenz befindet. Trotz seiner vollendeten Technik erreichte er doch nicht die Wärme und Zartheit Duccios. Auf Martini folgten in der Leitung der sienesischen Schule die Brüder Pietro und Ambrogio Lorenzetti, die neben ihrer Arbeit in Siena ebenfalls an der Ausmalung der Basilika zu Assisi beteiligt waren. Ambrogio Lorenzetti wählte für seine Gemälde staatsbürgerliche und politische Themen; die großflächigen Wände des Palazzo Pubblico in Siena verlangten förmlich nach einer eindrucksvollen Botschaft, und so malte er auf die eine Wand die Allegorie der guten Regierung mit ihren klassischen Tugenden Macht, Weisheit, Gerechtigkeit, Großherzigkeit und Frieden. Die andere Wand zeigt als Gegenstück die Allegorie der schlechten Regierung. Weitere Werke von ihm in Tempera und *al fresco* befinden sich in Orvieto und Cortona. Ihr Wert liegt mehr in ihrem erzählenden Gehalt als in ihrer Tiefe. Vasari schreibt von ihm: »Seine Art war eher die eines Edelmannes und Philosophen als die eines Künstlers.«

Trotz der Bemühungen der Lorenzettis, Siena seine führende Stellung im Kunstschaffen zu erhalten, sah es sich nach ihrem Tode von den kraftvolleren Strömungen der italienischen Malerei mehr und mehr abgeschnitten. Nur einer der späteren sienesischen Maler machte hier eine Ausnahme: Stefano di Giovanni, genannt Sasseta (1392–1450). Er verband in seinem Werk tiefe Empfindung und zarte Einfühlung mit tech-

Lucas Cranach d. Ä.: »Dr. Johannes Scheyring«, 1529;
Brüssel, Musée des Beaux-Arts.

Bildnis Melanchthons. Aus der Werkstatt von Lucas Cranach d. Ä.;
Kassel, Staatliche Gemälde-Galerie.

nischer Perfektion und phantasievoller Vitalität. Bei einem Vergleich mit anderen Malerschulen wirkt die Vorliebe der Sieneser Maler für Legende, Mystizismus und prunkende Details eher verwirrend als überzeugend, eher nachempfindend als originell. Erst gegen Ende des Jahrhunderts werden Bestrebungen deutlich, mit der humanistischen Strömung der Renaissance Schritt zu halten. Der Geist des Mittelalters, den die sienesische Kunst vertrat, mußte dem Naturalismus der florentinischen und umbrischen Maler und Bildhauer weichen. Die Zahl der in Florenz und Siena während des Trecento tätigen Künstler, die hier nicht erwähnt sind, unter denen sich aber doch auch hervorragende Könner finden, geht in die Hunderte. Auch anderswo in Italien, etwa in Padua, Verona, Mailand und Bologna, entstanden zu dieser Zeit Gemälde, die – für sich betrachtet – durch die Beherrschung der Technik auf Leinwand und *al fresco*, durch die Größe des Entwurfs und die Frische im Detail sehr wohl beeindrucken können. Mochte die Renaissance in der Kunst auch in erster Linie eine toskanische und umbrische Bewegung sein, so blieb sie doch nicht auf diese Landschaften beschränkt. Nur Venedig hielt sich in fast vollständiger Isolation; hier hatte die byzantinische Tradition tiefe Wurzeln geschlagen. Venedigs große Stunde war, was die künstlerische Entwicklung angeht, noch nicht gekommen.

In Florenz hat Masaccio (1401–1428) mit seinem revolutionären Werk den nächsten Markstein der Renaissancemalerei gesetzt, doch sind seine beiden älteren Zeitgenossen Masolino (1383 – um 1447) und Fra Angelico (1387–1455) als Künstler von nahezu ebenso großer Bedeutung, ganz abgesehen davon, daß infolge ihrer längeren Lebensdauer der Wandel in der Auffassung von künstlerischer Wahrhaftigkeit an ihrem Werk klarer zum Ausdruck kommt. Sowohl Masolino als auch Fra Angelico begannen unter dem Eindruck der Gotik zu malen, wobei letzterer dem Geiste der Gotik vielleicht stärker verpflichtet blieb. Zwar hatte auch er den neuen

Naturalismus studiert und von ihm profitiert, aber sein Werk behielt trotzdem bis zu seinem Lebensende eine religiöse und emotionelle Färbung. Bis ins 16. Jahrhundert hinein ist dieser Einfluß Fra Angelicos zu spüren – nicht nur in Florenz und Umbrien, sondern ebenso in Rom, wo seit Papst Nikolaus V. (1447–1455) diese Richtung gefördert wurde. Sein fähigster Schüler, der zu seiner Zeit hoch angesehene Benozzo Gozzoli (1420–1497), wurde seither oft als der letzte gotische Maler bezeichnet. Für die Entwicklung der Kunst ist er kaum von Bedeutung.

Zu der Zeit, in der die Anfänge Masolinos und Fra Angelicos liegen, gewann im Bereich der Plastik der neue Naturalismus an Boden. Als 1401 in Florenz Ghiberti und Brunelleschi im Wettstreit um den Auftrag für die Baptisteriumstüren standen, erfuhr das Studium von Naturformen, Perspektive sowie Licht und Schatten einen kräftigen Anstoß, der sich alsbald auch auf die Malerei übertrug, als man dort versuchte, auf einer Fläche die dritte Dimension wiederzugeben, die dem Bildhauer mit seinem Stein zur Verfügung stand.

Nach Vasari war Masaccio ein Schüler Masolinos. Es ist kaum vorstellbar, daß ein Maler, der bereits mit 27 Jahren starb, »frühe« und »späte« Phasen gehabt haben soll. Dennoch ist das hier der Fall. Die Fresken und Bilder, die ihm zugeschrieben werden, zeigen Wandel und Entwicklung in breiter Skala. Seine frühen Werke, die in den Jahren 1423 oder 1424 entstanden sein dürften, sind bereits frei von gotischer Steifheit und zeigen, daß er die Gesetze der plastischen Darstellung beherrscht. Auf seinem Fresko *Christus und der Zinspfennig* erwartet man fast, die Figuren sich bewegen und sprechen zu sehen. Masaccio arbeitete mit Masolino zusammen an den Fresken der Brancaccikapelle zu Florenz, doch die Szenen, die nach Masolinos Weggang gemalt wurden, sind leicht als das Werk eines jüngeren und ausdrucksfähigeren Künstlers zu erkennen. Was vorher an Empfindung und Können in Ansätzen vorhanden war, ist hier zur Vollendung gebracht, und der Eindruck der Dreidimensionalität von Formen und Gesichtern ist erreicht. Die *Vertreibung aus dem Paradies* wirkt so lebensnah, daß sie sich kaum von dem Hochrelief gleichen Themas des Jacopo della Quercia unterscheidet, den Michelangelo hochschätzte. In seinen Fresken in Santa Maria Novella zu Florenz verwandte Masaccio architektonische Elemente – der Einfluß Brunelleschis ist nicht zu verkennen – als Rahmenwerk für seine Szenen. Die perspektivische Zeichnung verstärkte die Tiefenwirkung und den Eindruck der Körperhaftigkeit, den er durch eine wohlüberlegte Verteilung von Licht und Schatten erzielte.

Von den bekannten italienischen Malern des Quattrocento zwischen Masaccio und Leonardo da Vinci können wir hier nur wenige erwähnen. Paolo Uccello (1396–1475), Castagno (um 1410–1457) und Domenico Veneziano (um 1400 bis 1461) waren große Experimentierer, und ihre Themen reichen über den Rahmen von Bibel und Legende weit hinaus. Uccello etwa, der als Lehrling in Ghibertis Werkstatt gearbeitet hatte, malte das Reiterfresko des englischen Condottiere John Hawkwood und mehrere Schlachtenszenen für den Medicipalast. Castagno schuf eine Reihe von Fresken mit den Bildnissen berühmter Männer, für die ein sorgfältiges Studium von Bewegung und Muskulatur bei Mensch und Pferd Voraussetzung war. Domenico endlich überwand das *chiaroscuro,* mit dem sich die Maler bisher zufrieden gegeben hatten, und verwandte auf einer Anzahl von Profilporträts wie auf größeren Fresken Schattierungen in Grün, Blau, Rosa und Weiß und verdeutlichte damit nicht nur die Perspektive, sondern auch Ausdruck und Komposition. Die Maler der neuen naturalistischen Richtung, die traditionsgebundenen wie die experimentierfreudigen, kamen anscheinend durch Zufall oder Eingebung, gezielte Versuche oder auch aus Versehen zu ihren Entdeckungen. Es bedurfte erst eines Nichtmalers, des Architekten Leone Battista Alberti (1404–1472), um Mathematik und Analyse auf die Probleme der malerischen Darstellung anzuwenden und die Ergebnisse des wissenschaftlichen Denkens in ein System zu bringen. Für Alberti sind Mathematik und Naturwissenschaft Handlanger der Kunst. In seinem Traktat *De pictura* vom Jahr 1435 analysierte er mit Hilfe der Mathematik Perspektive, Farbe, Licht und Schatten, wobei er von der Kongruenz der natürlichen physikalischen Gesetze mit den Gesetzen des Sehens ausging. Hält der Maler diese Gesetze ein, so wird er sein Objekt getreu wiedergeben, und das Auge wird dann das sehen, was tatsächlich vorhanden ist.

Die Stellung, die Florenz als Mittelpunkt des künstlerischen Schaffens einnahm, wurde während des Quattrocento bis zum Ende des Jahrhunderts – der Zeit also, die als die Hochrenaissance bezeichnet wird – nie ernsthaft in Frage gestellt. Doch gab es in dieser Spanne auch in anderen Städten und an anderen Höfen Künstler von Rang und ernstem schöpferischen Wollen.

Perugia hatte seinen Perugino (1450–1532), der in Florenz und Rom Fresken malte. Venedig, das sich im frühen Quattrocento allmählich aus der byzantinischen Tradition löste, wurde zuerst durch Zugewanderte mit den Geheimnissen des neuen Naturalismus vertraut gemacht, doch mit Jacopo Bellini (1400 bis um 1470) und dessen Söhnen Gentile (1429–1507) und Giovanni (1426–1516) begann in der Porträtmalerei eine Art realistischer Detailzeichnung, die bis ins 16. Jahrhundert hineinwirkte. Giovanni Bellinis Porträt des Dogen Loredano ist das bekannteste Beispiel für seinen verfeinerten Naturalismus. Padua bewahrte sich, obwohl es seit 1405 zu Venedig gehörte, bis zu einem gewissen Grad seine künstlerische Eigenständigkeit. Andrea Mantegna (1431–1506), ein Schüler des Paduaners Squarcione (1394–1474), war am Hof der Gonzaga in Mantua tätig und führte Aufträge in Verona, Florenz, Rom und Padua aus. Weitere Künstler, die mit ihren besten Werken den genannten kaum unterlegen sein dürften, stammten aus Verona, Ferrara, Bologna und Mailand; die Qualität der Maler aus Florenz und Umbrien allerdings erreichten sie keineswegs. Die Herren dieser Städte jedoch hatten den Ehrgeiz, ihrem Hof durch die Anwesenheit eines berühmten Künstlers besonderen Glanz zu geben, und so finden wir viele Maler gerade dieser beiden Schulen zeitweise an den Höfen der Gonzaga, Este, Sforza oder bei den Fürsten von Urbino. Sie blieben nicht ohne Einfluß auf die lokalen Künstler.

Piero dello Francesca (dei Franceschi, um 1416–1492), geboren im umbrischen Borgo San Sepolcro, hatte seinen florentinischen Lehrmeistern viel zu verdanken; in ihm vereinigte sich beste umbrische und florentinische Tradition. Im Jahr 1439 half er Domenico Veneziano bei der Ausmalung von San Egidio in Florenz. Damals waren auch Uccello, Donatello, Brunelleschi und Alberti in Florenz tätig, und Francescas späteres Werk läßt die Einflüsse von Albertis mathematischen Ideen erkennen. Mindestens sechs Jahre verbrachte er in dieser Stadt, dann kehrte er nach Borgo San Sepolcro zurück, um dort ein Altarbild der Schutzmantelmadonna zu malen (1445); die Komposition zeigt ein gleichschenkliges Dreieck, das von einem Halbkreis bekrönt wird. Spätere Aufträge führten ihn nach Ferrara, an den Vatikan, nach Rimini, Urbino und Arezzo.

In Arezzo vollendete er im Jahr 1466 die eindrucksvollen Fresken im Chor von San Francesco; dargestellt ist die Legende vom Heiligen Kreuz, wie sie Jacobus a Voragine in der *Legenda aurea* erzählt. Der in drei horizontale Streifen und zehn Szenen angeordnete Freskenzyklus ist in Anlage und Ausführung gewaltig. Jede der zehn Szenen schildert ihren Vorgang mit vielen Einzelheiten, doch in statischer Form. Francesca vermeidet jede Bewegtheit, die Figuren scheinen gesetzt und ruhig. Sein Augenmerk gilt der Verteilung von Licht und Schatten, der mathematisch ausgewogenen Komposition und einer Anwendung der Farbe, die der naturgetreuen Wiedergabe und dem Ausdruck des inneren Gehalts eines jeden Vorgangs zugleich dienen soll. Sein eindrucksvollstes Werk ist wohl die Auferstehung Christi im Rathaus von Borgo San Sepolcro; ein muskulöser, majestätischer Christus nimmt wie ein Block die Mitte des Bildes ein. Im Hintergrund sehen wir rechts und links geradeaufstrebende Bäume, vor ihm liegen vier schlafende römische Krieger, je zu zweien rechts und links gruppiert. Besonders wirkungsvoll ist die überlegte Anwendung der Farben – Rosa, Gold, kühles Grau, Grün, Ocker und Purpur –, durch die der Maler erreicht, daß die Gestalt Christi das ganze Bild beherrscht. Berühmt sind weiter seine Porträts von Federigo da Montefeltre und dessen Gattin. Gegen Ende seines Lebens schrieb er seine Theorien über Malerei und Architektur nieder. Er war sich über die Entwicklung auf diesen Gebieten klarer als viele seiner Zeitgenossen, und seine Vorliebe für ein geometrisches oder mathematisches Gerüst in allen Kunstwerken entspricht den klassischen Themen des nächsten Jahrhunderts.

In der zweiten Hälfte des Quattrocento brachte Florenz einige fähige Maler hervor, die mit ihrem auf Naturbeobachtung beruhenden Realismus die Tradition Masaccios und der Experimentierer fortführten. Sie wußten die Fortschritte im Gebrauch der Farben und in der Anwendung von Licht und Schatten gut zu nutzen und suchten gleichzeitig in ihren Darstellungen dem Gefühl und dem psychologischen Hintergrund angemessen Raum zu geben. Baldovinetti (1425–1499) und die Brüder Pollaiuolo (Antonio, 1433–1498, und Piero, 1443 bis 1496) sind die führenden Vertreter dieser späteren Entwicklung. Die Brüder Pollaiuolo waren in Rom und Florenz tätig und arbeiteten auch in Bronze und Gold. Die dabei erforderliche Detailkenntnis führte dazu, daß sie sich eingehend mit dem Problem einer anatomisch exakten Darstellung befaßten; ihre Gemälde auf Leinwand, Holz oder *al fresco* zeigen, wie sehr ihre Augen für die Formen des menschlichen Körpers geschärft waren. Andrea Verrocchio (1436–1488) verdankt seinen Namen nicht nur der Tatsache, daß er der Lehrer Leonardo da Vincis war; sein Einfluß auf die florentinische Malerei war bedeutend. Mit seinem Reiterstandbild des Colleoni, das so wuchtig, eindrucksvoll und ausgewogen war, setzte er für die Porträtisten – die ja alle die Porträts ihrer Gönner malen mußten – gewissermaßen einen Maßstab, an dem sie die Qualität ihrer Arbeiten ablesen konnten. Die Gemälde, die wir von Verrocchio kennen, zeigen seine Bemühungen um anatomische Genauigkeit; in seiner Werkstatt war wie in keiner anderen sorgfältigste Naturbeobachtung oberstes Gesetz.

Zwei der beliebtesten und produktivsten Maler des späten Quattrocento waren Domenico Ghirlandajo (1449–1494) und Sandro Botticelli (1444–1510). Beide standen unter dem Einfluß der anmutigen Malweise Fra Filippo Lippis, und beiden gelang es, sich der Technik ihrer experimentierfreudigen Vorgänger so gefällig zu bedienen, daß sie den Beifall ihrer Förderer und einer breiten Öffentlichkeit fanden. So zart und delikat Botticellis Strich – etwa im *Frühling* und der *Geburt der Venus* – war, so verfügte er doch auch über tragische Töne. In seinen späten Werken wird seine Stimme schriller, und seine Zeichnungen zu Dantes *Göttlicher Komödie* sowie eine späte *Pietà* enthüllen sein Verständnis für den tragischen Sinn des menschlichen Lebens. Seine letzten Jahre galten nahezu ausschließlich der Bemühung, sich von der leichten Grazie seiner frühen Jahre zu lösen. Was der Renaissance des späten Quattrocento nottat, das gab ihr Leonardo da Vinci: die Rückbesinnung auf einen ehrlichen Realismus und die zielstrebige Hinwendung zur Natur.

Wir sind Leonardo da Vinci bereits früher als einem Ingenieur, Musiker, Wissenschaftler, Anatom und Schriftsteller begegnet; er war der wahrhaft universale Mensch der Renaissance. Die Malerei galt ihm als die höchste der Künste, doch infolge der Ablenkung des Hoflebens in Mailand, wo er stets eines Winkes von Giangaleazzo Sforza gewärtig sein mußte, und auch von Natur aus nicht dazu geschaffen, ein Kunstwerk zum letzten Abschluß zu bringen, ließ er viele Bilder unvollendet. Unter den wenigen, die er fertigstellte, gehören drei –

jedes in seiner Art – wohl zu den größten Kunstwerken der Welt: *Die Madonna in der Felsengrotte, Das Abendmahl* und die *Gioconda im Louvre;* also ein Andachtsbild, ein monumentales Fresko und ein Porträt. Die *Madonna* entstand um 1480, das *Abendmahl* (im Refektorium von Sta. Maria delle Grazie in Mailand), das wie durch ein Wunder aus einem Bombenangriff im Zweiten Weltkrieg unbeschädigt hervorging, im Jahr 1498, die *Gioconda* wurde 1504 in Florenz vollendet. Mit jedem Pinselstrich beweist Leonardo seine unübertreffliche Meisterschaft. Seine Bleistiftskizzen zeigen, welch scharfes Auge er für die Anatomie des menschlichen Körpers hatte und wie vollendet es ihm darüber hinaus gelang, Geist und Wesen in physischer Bewegung zum Ausdruck zu bringen. Zu diesen grundlegenden Gaben fügte sich der Sinn für eine meisterhafte Komposition und – wie im Falle des *Abendmahls* – das Gefühl für monumentale Proportionen. Wenn dann noch das Wunder und das Geheimnis der Farbe hinzutritt, muß jede Beschreibung unvollkommen bleiben. Es gibt wohl keinen zweiten Maler, der Leonardos Einfluß auf die europäische Malerei erreicht hätte. Keiner, der nach ihm kam, konnte sich mit ihm messen. Der einzige, der neben ihm zu nennen wäre, ist ein jüngerer Zeitgenosse, dessen malerisches und plastisches Werk umfangreicher ist: Michelangelo.

Während Leonardo als Künstler in erster Linie Maler war, bezeichnete Michelangelo sich selbst als Bildhauer, und wenn er als Maler auftrat, wie in der Sixtinischen Kapelle, dann malte er, was er sah – Plastik. Sein Genie bestand in der Fähigkeit, seine bildhauerische Vision auf die Fläche zu übertragen. Im Jahr 1512 vollendete er die Sixtinadecke, an die er so widerwillig herangegangen war; am liebsten hätte er nie wieder einen Pinsel in die Hand genommen, doch Papst Clemens VII. erteilte ihm 1533 den Auftrag, nun auch noch die Altarwand der Sixtina mit dem *Jüngsten Gericht* zu schmükken. Nach der Vollendung dieses gewaltigen Werkes im Jahr 1541 erklärte er sich bereit, für Papst Paul III. noch zwei

Wandgemälde in der Capella Paolina in Rom auszuführen. Doch diese Werke erreichten die Einheit und Harmonie des *Jüngsten Gerichts* nicht. Die letzten Jahre in Michelangelos Leben – von etwa 1550 bis 1564 – galten dem Entwurf und Bau des Petersdoms in Rom.

Architektur

Der gotische Stil in der Kirchenarchitektur tritt zuerst um die Mitte des 12. Jahrhunderts in der Ile de France auf. Von dort breitete er sich vor allem in Kirchen- und Klosterbauten über ganz Frankreich aus, griff über die Grenzen nach England, Spanien und Deutschland und erreichte langsam und erst spät Italien. Der Begriff Gotik darf nicht zu eng gefaßt werden. Spitzbogen, Kreuzrippengewölbe, Strebebogen und kreuzförmiger Grundriß gelten allgemein als die charakteristischen Kennzeichen dieses Stils, doch können lokale oder nationale Abwandlungen oder Traditionen die Anlage bis zur Unkenntlichkeit verändern. Je weiter sich der Stil von seinem Ausgangsland entfernte, um so mehr verlor er von seinem ursprünglichen Charakter und übernahm er von dem Land, in das er gewandert war. Spanische Gotik etwa unterschied sich deutlich von der französischen oder deutschen Gotik. Bei diesen Abwandlungen spielten viele Faktoren mit: Klima und Intensität des Lichtes, das zur Verfügung stehende Baumaterial, die Vorstellungen einheimischer oder zugewanderter Architekten und die Ansprüche oder der Geschmack des kirchlichen oder weltlichen Würdenträgers, der den Bau veranlaßte und finanzierte.

Während im Falle der beiden Kunstgattungen, die wir bisher betrachtet haben, die Natur des Ausdrucksmittels rasche und empfindliche Reaktionen auf jeden Wandel in Technik oder Stil zuließ, verlieh im Falle der Architektur die Tatsache, daß der Bau einer Kirche lange Jahre währte, dem Stil eine gewisse

Beständigkeit, die bei den anderen Künsten fehlte; jeder Wandel ging langsamer vor sich. Es gibt kaum eine Kirche von einigen Ausmaßen in Europa, die weniger als 60 Jahre bis zu ihrer Vollendung brauchte, bei manchen dauerte der Bau über 100 Jahre, und einige wurden sogar erst im 19. oder 20. Jahrhundert vollendet. Wenn sich also in den Architekturstilen zeitlich eine andere Einteilung ergibt als bei den reaktionsfähigeren Künsten, dann vor allem aus diesen Gründen. Die Gotik beherrschte die kirchliche und profane Architektur Europas von etwa 1200 bis etwa 1500. Andererseits setzt man für Italien, besonders für Toskana, Umbrien und die Lombardei, wo das Bauwesen im frühen 15. Jahrhundert einen Aufschwung erfuhr, gegen 1400 bis 1420 den Beginn eines Renaissancestils an, der bis ins 16. Jahrhundert reichte und dann in den Barock überging. Diese Überschneidungen in den Architekturstilen ist unbedingt zu berücksichtigen, um irreführende Periodeneinteilungen zu verhüten.
Die gotische Architektur Frankreichs, die für ganz Europa richtungweisend war, durchlief nach allgemeiner Auffassung drei Phasen: die Frühgotik, die Hochgotik und die Spätgotik oder Flamboyant. Die besten Beispiele für die erste Phase finden sich in der Klosterkirche von St. Denis bei Paris, die 1140 vom Abt Suger begonnen wurde, und in den Kathedralen von Sens (begonnen 1143) und Senlis (begonnen 1150). Auch die Kathedralen von Notre Dame zu Paris (1163–1235), Laon (1160 bis 1205) und Soissons (1160–1212) zeigen einige sehr frühe Züge, doch haben sie während des Bauverlaufs Abwandlungen erfahren, etwa im Verhältnis von Höhe zu Grundfläche, durch Einfügung kreisförmiger, mit Maßwerk versehener Fenster in Fassade oder Querschiff – manchmal auch an beiden Stellen –, durch Zufügung doppelter oder einfacher Seitenschiffe, in der Steilheit der Bögen oder Fensterleibungen oder auch durch Erhöhung der Zahl der Geschosse im Mittelschiff von den üblichen drei zu vier – Arkaden, Empore, Triforium und Obergadenfenster. Diese erste Phase ging bruchlos in die

zweite über. Die bedeutendsten Kirchenbauten dieser Phase sind die Kathedralen von Reims (1212–1241), Amiens (1220 bis 1299) und Bourges (1190–1275). Die nordfranzösischen Kathedralen jedoch zeigen bis zur Mitte des nächsten Jahrhunderts weder in Anlage noch im Detail wesentliche Änderungen, abgesehen von der wachsenden Neigung, die Stärke der Wände zu vermindern und die Zahl der Fenster zu vermehren. Die französischen Kathedralen weisen in vielen Fällen doppelte Seitenschiffe auf – etwa Notre Dame in Paris und die Kathedrale von Bourges –, außerdem halbkreisförmige Apsiden und Chorumgang sowie meist eine Doppelturmfassade im Westen und einen schlanken Dachreiter über der Vierung zwischen Mittelschiff und Apsis. Die Höhe der Wölbung des Mittelschiffs nimmt immer mehr zu. Im südlichen Frankreich lebten manche romanische Züge weiter; die Wände sind dick und viel weniger von Fenstern durchbrochen. Die Strebepfeiler sind nach innen verlegt und dienen als Trennwände zwischen den Kapellen, die sich ins Mittelschiff öffnen; auf das Triforium verzichtete man meist, das Querschiff schließlich verschwand fast vollständig. Meistens handelt es sich um einen einschiffigen, basilikalen Grundriß wie in Albi, das gegen Ende des 13. Jahrhunderts entstand, und bei der Jakobinerkirche in Toulouse, die um 1300 erbaut wurde.
Der Hundertjährige Krieg hatte für die französische Architektur verheerende Folgen. Was damals selbst in Gebieten, die nicht unmittelbar vom Krieg betroffen waren, gebaut wurde, läßt Kraft und Überzeugung vermissen. Als jedoch deutlich wurde, daß sich die Engländer auf dem Rückzug befanden, kam es zu einem neuen Aufschwung. Die Architektur erfuhr – wie das Nationalgefühl – eine neue Belebung, die sich in der überquellenden Flamboyantgotik äußerte. Es mutet wie poetische Gerechtigkeit an, daß die Engländer bei ihrer Vertreibung aus Frankreich den Franzosen – gewissermaßen als Reparation für den angerichteten Schaden – das Erbe ihres eigenen *decorated style* hinterließen. Beim Flamboyant handelt es

sich um wenig mehr als um eine Abwandlung des üppig-kurvigen Stils, den die Engländer gerade damals zugunsten des strengeren *perpendicular style* aufgaben. Die ersten Spuren dieses neuen Stils werden in einer Kapelle der Kathedrale von Amiens sichtbar, Verbreitung fand er jedoch erst nach 1400, und um die Mitte des Jahrhunderts hatte er dann ganz Frankreich erfaßt. Es gab kaum eine Ecke oder ein Gesims, ein Kapitell, ein Fenster oder eine Fiale, wo die Steinmetzen nicht ihre frei strömende Erfindungskraft walten ließen. Neben den Kirchen und Kathedralen, die in diesem Stil erbaut oder ausgeschmückt wurden, gibt es auch zahlreiche öffentliche und profane Bauten, in denen die Flamboyant-Gotik zum Ausdruck kommt. Der Justizpalast in Rouen und das Haus in Bourges, das Jacques Cœur, dem Finanzgenie im Dienste Karls VII. gehörte, sind um 1450 entstanden. Es war bis spät ins 15. Jahrhundert hinein die letzte Blüte französischer Schöpferkraft in Architektur und dekorativer Kunst. Gegen Ende des Jahrhunderts stoßen wir, hauptsächlich an Profanbauten, auf die ersten Einflüsse italienischer Renaissancearchitektur. Die mittelalterliche Burg der Könige und Adligen wich im Verlauf des 15. Jahrhunderts dem *château* der Könige, der Seigneurs und reichen Bürger. Das Tal der Loire war bald übersät von diesen vieltürmigen und reich verzierten Schlössern. Zwei Jahre, bevor Karl VIII. sich 1494 auf sein italienisches Abenteuer einließ, begann er mit dem Bau seines Königsschlosses in Amboise. Bereits da werden italienische Anklänge deutlich, doch als er aus Italien zurückkehrte, brachte er 20 italienische Künstler und Handwerker mit. Nun ging, je mehr Schlösser gebaut wurden, die Übernahme italienischer Vorstellungen von Bequemlichkeit und Eleganz immer rascher vor sich. Das Schloß Azay-le-Rideau ist vielleicht der zierlichste Bau aus der Zeit Ludwigs XII., während Chambord, das unter Ludwig XII. begonnen und unter Franz I. vollendet wurde (1524), als Höhepunkt dieses Stils gelten darf. Man bezeichnet diese Architekturphase als erste französische Renaissance.

In England durchlief die Architektur der Gotik drei gut trennbare Phasen: erstens den *early English,* auch *lancet style* oder *early pointed* von etwa 1189 bis 1307; zweitens den *decorated style,* auch *geometrical* oder *curvilinear style* von 1307 bis 1377, und drittens den *perpendicular style* oder – weniger gebräuchlich – *rectilinear,* auch *late pointed style* von 1377 bis 1485. Diese Daten sind natürlich etwas willkürlich gewählt und entsprechen den Regierungszeiten von Königen, doch die Tatsachen rechtfertigen diese Einteilung. Die Ideen der Gotik fanden in England rasche Aufnahme. Könige und Prälaten holten manchen französischen Baumeister über den Kanal, doch auch die englischen Steinmetzen verstanden es bald, die neuen französischen Gesetze mit ihren Bedürfnissen und ihrem Geschmack in Einklang zu bringen. Gewisse auffällige Unterschiede zwischen der englischen und der französischen Bauweise entstanden bereits in der frühesten Phase der Übernahme. So zeigen die englischen Kathedralen rechteckige Grundrisse, der Chor ist rechteckig statt halbkreisförmig; fast alle besitzen zwei Querschiffe, von denen das östliche etwas kleiner ist; die Gewölbe sind – gewöhnlich um die Hälfte – niedriger als in den französischen Kirchen (Amiens 42 Meter, Salisbury 25 Meter); die Westfassaden sind schlichter, die Portale kleiner, und die Vierung trägt häufig einen Turm. Strebebogen, die in der französischen Gotik so reichlich vorhanden sind, stellen in England eher die Ausnahme als die Regel dar, denn da weder Seiten- noch Mittelschiff die Höhe der französischen erreichten, bedeutete der Seitenschub längst kein so schwieriges statisches Problem.

Das 14. Jahrhundert bringt für England ebenso wie für Frankreich kaum einen Fortschritt in der Entwicklung der Architektur. Der anhaltende Krieg mit Frankreich, die Pest und die darauffolgenden sozialen Unruhen, die im Bauernaufstand von 1381 endeten, trugen dazu bei, daß auch hier jede kühne Erfindungskraft gedämpft wurde. Die Kirchen, die während dieses und der folgenden Jahrhunderte erbaut wurden – so die

Kathedrale von Exeter, das Mittelschiff des Münsters von York oder der Chor von Lichfield –, sind eindeutig von geringerer Qualität; Entwurf wie Ausführung sind karger. Mit dem Ende des französischen Kriegs erwachten auch in England die gestaltenden Kräfte auf diesem Gebiet von neuem. Die Jahre von etwa 1450 bis 1520 bringen dann das Ende der Gotik in der englischen Architektur. In diesen 70 Jahren entstanden eine Anzahl von Kapellen, die die Krönung dekorativen Könnens in England darstellen. So zeichnen sich die Kings-College-Kapelle in Cambridge, die Kapelle von Eton College und die Kapelle Heinrichs VII. in Westminster durch harmonische Proportionen, massive, fächerförmige Gewölbe und reiche Dekorationen an Wänden und im Maßwerk der Fenster aus. Unter den Tudors sollte die Gotik dann ein denkwürdiges Ende finden.

Die deutsche Gotik leitete sich im wesentlichen von der französischen her. In der Zeit der Frühgotik waren manche deutsche Künstler nach Frankreich gezogen, und später wurden französische Baumeister nach Deutschland berufen, um dort Dome zu entwerfen und auszuführen. So zeigen sich an der Elisabethkirche zu Marburg und an den Domen von Magdeburg, Köln, Freiburg, Straßburg und Metz deutliche Anklänge an Amiens oder Reims. Da Haustein in manchen Gegenden nicht ohne weiteres zur Verfügung stand, wurden viele deutsche und polnische Kirchen während dieser Zeit aus Backsteinen erbaut, und diese Verschiedenheit im Baumaterial führte natürlich auch zu strukturellen Unterschieden. Viele deutsche Bauten verraten, etwa in der Dekoration von Fenstern und Altären, höchste Handwerkskunst, doch der Geist, dem die französischen Meisterwerke entstammten, ließ sich nicht einfach durch Nachahmung übertragen. Um 1500 war Raffinement an die Stelle von Harmonie und zuchtvoller Zurückhaltung getreten. Deutschlands Beitrag zur Baukunst der Gotik war die Hallenkirche, die durch Angleichung der Höhe von Mittel- und Seitenschiff den Eindruck der Weiträumigkeit erweckt.

Die Aktivität der Dominikaner und Franziskaner hatte den Predigtgottesdienst populär gemacht, so daß große Gemeinden das Übliche waren.

Viele deutsche Kirchen haben nur einen Westturm; deshalb und infolge der deutschen Vorliebe für kleine Querschiffe erscheinen sie enger, als sie es dem Grundriß nach tatsächlich sind. An öffentlichen Bauten und Wohnhäusern im gotischen Stil sind Deutschland und die Niederlande im Verhältnis reicher als Frankreich. Diese Tatsache läßt sich aus dem starken Anwachsen der Städte und dem Reichtum der Bürgerschaft erklären. Die Hansestädte – und davon gab es zeitweise fast 100 – hatten nicht nur das Geld zum Bauen, sie brauchten auch Rathäuser, Zunfthäuser und Kaufhallen. Die Rathäuser von Braunschweig, Breslau, Münster und Tangermünde zeigen sehr anschaulich die verschiedenen Gestaltungsmöglichkeiten des gotischen Stils für öffentliche Gebäude. Wohl das beste europäische Beispiel eines gotischen Profanbaus ist die Tuchhalle von Ypern (1200–1304), deren Mittelturm auch einer Kathedrale wohl angestanden hätte. Und die Rathäuser von Brüssel (1401–1455), Brügge (1377) und Löwen (1448) kamen in ihrem Äußeren den gotischen Kirchenbauten sehr nahe. So zeigten auch viele Bürgerhäuser Schmuckelemente, Türen- oder Fensterformen, die uns von der Kirchenarchitektur her geläufig sind.

In Italien wurde die Gotik nie wirklich heimisch. Die offenkundige Zurückhaltung, mit der das künstlerisch begabteste Volk des Abendlandes der bedeutendsten schöpferischen Leistung Frankreichs gegenüberstand, hat mehrere Gründe. Einer von ihnen ist das Klima: In der Ile de France, die die Gotik hervorbrachte, regnet es an etwa 275 Tagen des Jahres. Wo der Himmel so oft bedeckt ist, wird das Licht kostbar und muß den Fenstern viel Platz eingeräumt werden. In Italien dagegen spricht die Intensität des Sonnenlichts für kleine Fenster. Die dicken, hohen Mauern und kleinen Fenster der Romanik waren also den Bedingungen in Italien gerade angemessen. Der zweite Grund dafür, daß sich die Gotik in Italien nicht durchsetzte, hängt mit der wirtschaftlichen Entwicklung zusammen. Im 11. und 12. Jahrhundert hatte der Handel im Mittelmeerraum nach einer langen Stagnation eine neue Blüte erlebt, die in erster Linie den Städten Italiens zugutekam. In dieser Zeit begannen sie, ihren neuerworbenen Reichtum für den Bau von Kirchen zu verwenden. Die einzigen Stilarten, die sie kannten, waren der römische und der byzantinische Stil, und die daraus entstandene Mischung wird als Romanik bezeichnet; ihre Kennzeichen sind der basilikale Grundriß, halbkreisförmige Bögen und Fenster sowie schwere Wände mit massiven Stützpfeilern. Als sich die französische Gotik soweit entwickelt hatte, daß sie auch ins Ausland drang, war in Italien der Bedarf an Kirchenbauten etwa gedeckt, und zwar in einem Stil, der den Bedingungen der Halbinsel entsprach. Nach der Mitte des 13. Jahrhunderts tauchen gotische Elemente an Kirchen und öffentlichen Gebäuden auf, die zu dieser Zeit noch nicht vollendet waren, so etwa die Spitzbögen an den Portalen und im Mittelschiff von Santa Maria Novella oder am Dom von Florenz, oder auch an der Westwand des in seiner Grundlage romanischen Domes von Ferrara. Die Kirche von Sant'Angelo in Perugia, ein römischer Rundbau des 6. Jahrhunderts, wird nun mit einem gotischen Portal versehen. Der Dom von Arezzo, der 1277 begonnen wurde, zeigt einen rechteckigen Grundriß; die Westportale haben Spitzbögen, das Südportal wird von einem halbkreisförmigen Bogen eingefaßt, Nord- und Südwand zeigen sechs Spitzbogenfenster, und die Lichtgaden des Mittelschiffes sind rund. Das ist typisch für die italienische Gotik; sie bleibt durchaus eklektisch. Den italienischen Baumeistern stellten sich einige Probleme, für die die meisten gotischen Lösungen nicht brauchbar waren. In Rom selbst wurde während dieser Zeit eine einzige gotische Kirche gebaut – Santa Maria sopra Minerva (begonnen 1280). Die weitläufigen Arkaden des Dogenpalastes in Venedig sind gotisch und stammen aus dem 14. Jahrhundert, doch ihr reiches Detail ist einmalig und hätte so von einem französischen Architekten nie entworfen werden können.

Der Dom von Mailand (erbaut zwischen 1385–1485) – nach der Kathedrale von Sevilla die größte Kirchenanlage des Mittelalters – wirkt ganz und gar unitalienisch. Die an ihm beteiligten Architekten wurden von den Visconti und Sforza im wesentlichen aus Deutschland, zum Teil auch aus Frankreich geholt. Freilich verstanden einheimische Architekten und Steinmetzen hier die Gotik dem italienischen Geschmack anzupassen, doch wenn auch die Fülle der Verzierungen und der enorme Figurenreichtum – 135 Fialen und 2300 Statuen allein an der Außenseite – dem Bau eine gewisse Größe verleihen, so überwiegt doch der Eindruck dekadenter Überladenheit. Hier ist nichts von der Würde klassischer Einfachheit zu spüren, die das Vermächtnis Brunelleschis und seiner Nachfolger an die Schöpfer der italienischen Renaissance war.

Italiens Beitrag zur Architektur dieser Jahrhunderte besteht keineswegs nur im willkürlichen und eklektischen Aufgreifen gotischer Elemente, die einem architektonischen Temperament aufgepfropft wurden, dessen eigentliche Sprache die Romanik war. Das Italien des 15. Jahrhunderts war vielmehr der Schauplatz, auf dem sich faktisch eine Neugeburt architektonischer Konzeptionen vollzog. Die literarische Renaissance des 14. Jahrhunderts, der Humanismus, hatte die Menschen auf die sichtbaren Überreste des antiken Roms aufmerksam gemacht. Die ersten Ergebnisse dieser Rückbesinnung zeigten sich in Plastik und Malerei. Die Architektur, die es mit unhandlicheren Objekten zu tun hatte, gelangte zwar später, doch ebenso unbeirrbar zum gleichen Ziel. Vasari berichtet, wie der junge Brunelleschi, damals schon ein angesehener Architekt, seine Arbeit am Dom liegen ließ, nachdem er im Wettbewerb um die Baptisteriumstüren Ghiberti unterlegen war, und mit Donatello nach Rom zog. Dort widmeten sich die beiden jungen Männer vier Jahre lang einem eingehenden Studium der Überreste römischer Plastik und Architektur. Es

bedurfte dann nur weniger Jahre nach der Rückkehr Brunelleschis aus Rom, bis er sich die Formen erarbeitet hatte, die ihm als die natürliche Fortführung römischer Architektur erschienen. Im Jahr 1419 begann er mit dem Bau des Findelhauses, in dessen Loggia runde Säulen mit korinthischen Kapitellen runde Bogen trugen. Das war der erste Bau des neuen Renaissancestiles.
Im nächsten Jahr wurde Brunelleschi leitender Architekt des noch nicht vollendeten Domes; seine schwierige Aufgabe bestand in der Konstruktion der Kuppel, deren Tambour einen Durchmesser von 42 Meter hat und die sowohl das Mittelschiff wie auch die Seitenschiffe überspannt. Die Lösung, die er dafür fand, galt nahezu als Wunder. Im Jahr 1434 entwarf er die Kirche Santo Spirito unter Verwendung rechtwinkliger Formen, die eher auf römische als auf romanische Lösungen verweisen. Die Gebälkstücke über den Säulen im Inneren sind rechtwinklig, Chor und Querschiff sind identisch, und die Vierung wird von einer Kuppel überwölbt – all das im Dienste der neuentdeckten Gesetze der Perspektive. Auch in seinen anderen Bauten, kirchlichen wie weltlichen, stützte sich Brunelleschi auf römische Modelle, um so seine Unabhängigkeit von der auf Gott bezogenen Gotik zu betonen und die wachsende Überzeugung der Humanisten kundzutun, das Maß aller Dinge sei der Mensch. Einige reiche Bürgerfamilien beauftragten ihn mit dem Entwurf für ihre Stadtpaläste; der erste in dieser Reihe – für Cosimo de' Medici – wurde nach seinen Plänen von Michelozzo ausgeführt. Er ist heute unter dem Namen Palazzo Medici-Riccardi bekannt. Mit dem Pittipalast begann er im Jahr 1440, etwas später folgte der Palazzo Quaratesi. Den Grundriß bildet in allen Fällen ein Rechteck, das einen Innenhof in sich schließt. Diese Paläste waren stilbildend; spätere Bauten von Leone Battista Alberti und dessen Zeitgenossen folgten den strengen römischen Grundzügen, die Brunelleschi so erfolgreich angewendet hatte. In den Kirchen, die Alberti entwarf, kehrte er zum basilikalen Grundriß zu-

rück; er hatte eine Vorliebe für harmonisch wirkende Arkadenreihen und ein geräumiges Mittelschiff. Diesen Stil trug er für Kirchen und Palastbauten über die Grenzen der Toskana hinaus bis Mantua und Rimini, und zwar nicht nur durch seine Tätigkeit als Architekt, sondern auch durch seine Schrift *De re aedificatoria*, die bald weiteste Verbreitung fand. Der Gipfel seiner Laufbahn waren eine Einladung des humanistisch gesinnten Papstes Nikolaus V. nach Rom und der Auftrag, einen Entwurf für einen Neubau von St. Peter anzufertigen, mit dessen Ausführung dann auch im Todesjahr Albertis, 1472, begonnen wurde. 1506 wurde Bramante, dem man allgemein den Grundplan für den Petersdom zuschreibt, mit der Fortführung des unterbrochenen Neubaus betraut; er übernahm Albertis Fundamente.

Der Architekturstil der Renaissance, den Brunelleschi eingeleitet und Michelozzo und Alberti so kräftig gefördert hatten, setzte sich dank dem Florentiner Filarete (1400–1465) um die Mitte des Jahrhunderts auch in Mailand und der Lombardei durch. Filarete hatte mehr als zehn Jahre in Rom verbracht und war dann um 1445 in die Dienste Francesco Sforzas getreten, für den er eine Reihe von öffentlichen und privaten Bauten errichtete. Um 1460 entstand sein *Trattato d'architettura* mit 250 Abbildungen von teils tatsächlich vorhandenen, teils als Muster entworfenen Gebäuden und Baudetails, in dem seine Vorliebe für die reine, klassische Linie zum Ausdruck kommt. Die Schrift wirkte über seinen Tod hinaus: Um 1480 wurde der Wandel im allgemeinen Geschmack deutlich sichtbar. Die Gotik, die in Norditalien dank der Nähe Frankreichs doch Boden gefaßt hatte, wurde aus Mailand vollständig verdrängt.

Gegen Ende des 15. Jahrhunderts war Donato Bramante (1444 bis 1514), neben Brunelleschi und Alberti einer der bedeutendsten Vertreter der Baukunst in der Renaissance, der führende Architekt von Mailand. Geboren in der Nähe von Urbino, begann er seine Laufbahn als Maler in der Werkstatt Andrea

Mantegnas in Rom. Später mag er in Mantua Alberti kennengelernt haben, im Jahr 1472 jedenfalls ließ er sich in Mailand nieder, wo er bis 1499 tätig war. Sicherlich wurde er von Leonardo da Vinci beeinflußt, der zur selben Zeit im Dienste der Sforza stand. Die letzten 15 Jahre seines Lebens (1499 bis 1514) verbrachte er in Rom. Dort baute Bramante eine Reihe von Kirchen und profanen Gebäuden, unter ihnen den Palazzo della Cancelleria (1495–1505), einen dreigeschossigen Bau mit imposantem zweigeschossigem Hof, der an die Basilika von San Lorenzo in Damaso anschließt. Er zeigt eine regelmäßige Fassade, geschmückt von Pilastern mit korinthischen Kapitellen, die die Wirkung der rechteckigen Fenster noch steigern. Erwähnenswert sind ferner der Palazzo Guiraud (1503), der besonders deutlich klassische Züge aufweist, und einige Höfe im Vatikan. Sein berühmtestes Werk jedoch ist der Petersdom, dessen Neubau er im Auftrag von Papst Julius II. als leitender Architekt im Jahr 1506 in Angriff nahm. Bramante entwarf einen Zentralbau, der auf Albertis ursprünglichem Plan beruhte; er begnügte sich nicht mit der üblichen, langgestreckten Form des Grundrisses, sondern wählte die Form des griechischen Kreuzes, versah sie mit vier Apsiden und einer Vierungskuppel. Durch den Tod Julius' II. im Jahr 1513 wurde die Arbeit unterbrochen. Spätere Architekten wandelten Bramantes Grundplan beträchtlich ab, und erst 1547 griff man unter der Leitung Michelangelos auf den ursprünglichen Entwurf zurück und führte diesen im wesentlichen durch. Die Weihe des Domes erfolgte erst 1626. Er ist bis heute die größte Kirche der Welt.

Das ist in großen Zügen die Entwicklung, die die drei wichtigsten Kunstgattungen – Plastik, Malerei und Architektur – im Zeitalter der Gotik und bis hin zu deren Ablösung durch die Renaissance durchlaufen haben. Wir sahen, wie verschiedenartig sie in den einzelnen Ländern Europas vor sich ging und wie sie durch lokale Bedingungen, politische und wirtschaftliche Verhältnisse sowie physikalische, klimatische und geologische Faktoren beeinflußt wurde. Immer und überall war es der geniale einzelne, der sie beschleunigte, ihre Richtung änderte oder mit der neuen Denk- und Vorstellungsweise neue Inhalte eröffnete. Im Bereich der Künste waren technologische Fortschritte weniger bedeutsam als auf dem Gebiet der Forschung und Entdeckung. Das Ausschöpfen der künstlerischen Möglichkeiten Europas, das diesen wenigen Jahrhunderten eigen ist, war Sache des Geistes und der Phantasie. Selten gab es eine Zeit in der Menschheitsgeschichte, in der so viele kongeniale Meister in so engem Kreise zusammentrafen. Florenz war das Zentrum, von dem der belebende Hauch der Freiheit ausging, der die Kunst ganz Europas aus den Fesseln der Konvention löste. Mit dem Beginn des 16. Jahrhunderts hatte jedes Land der westlichen Welt die Botschaft, die Florenz zu verkünden hatte, vernommen und sich auf seine Weise zu eigen gemacht.

10

Europa zur Zeit Machiavellis

Das Leben Niccolò Machiavellis (1469–1527) umfaßte eine Zeitspanne, die an wichtigen Ereignissen nicht weniger reich war als die Lebenszeit Dantes. Dante stellte das große Geschehen der Erlösung des Menschen als Manifestation eines göttlichen Planes dar und verstand es als Auswirkung eines geeinten theokratischen Reichs. Dabei sah er nicht oder konnte nicht sehen, daß rings um ihn das christliche Reich ebenso wie die Reichsidee schon der Vergangenheit angehörten. In den folgenden zwei Jahrhunderten begann der abendländische Mensch im Denken und Handeln sich mehr und mehr von den Geboten einer aus Kirche und Staat zusammengesetzten Macht zu lösen. Ein reiches Maß echter Freiheit war errungen. In ihrer staatlichen Struktur zeigten England und Frankreich unter der Führung von Herrschern, die sich ihrer nationalen Verantwortung bewußt waren, nicht nur eine gewisse Selbständigkeit der Kirche gegenüber, sondern zu Zeiten sogar eine ausgesprochene Gegnerschaft. Im politischen Denken kam es in Europa allgemein zu einer Überprüfung der Voraussetzungen, auf denen das Dogma von der Oberhoheit der Kirche beruhte. Im Bereich des Erziehungswesens war es zur Gründung von Schulen gekommen, deren Ziel nicht mehr nur darin bestand, Priester heranzubilden. Auch die Laien wollten nun in den Genuß der kulturellen Güter kommen und sie weiterverbreiten. Im Rechtswesen führte die Entwicklung von parlamentarischen Regierungsformen in Spanien, England und Frankreich zu neuen Normen der Rechtsprechung und zu neuen Strafbestimmungen. Die alten Bestimmungen des kanonischen Rechts verloren an Bedeutung. In der Wirtschaft wurden die uralten Vorschriften der Kirche, nach denen Geld eine tote Sache war und keine Zinsen genommen werden durften, beseite geschoben, als die Menschen erkannten, daß Einfallsreichtum und Initiative des einzelnen beträchtlichen und greifbaren Gewinn brachten. Soziologisch hatte sich eine ganz neue Schicht – das Bürgertum – herausgebildet, eine Macht, der die Kirche mit ihrer feudal und hierarchisch akzentuierten Vorrangstellung ebensowenig gewachsen war wie das Reich, das sich auf theoretische und disparate Treueverhältnisse gründete. Marco Polos Abenteuer im Osten waren den Zeitgenossen Dantes bekannt, aber man sah in ihnen eine Art Zukunftsroman. Im ersten Jahrzehnt des 16. Jahrhunderts dagegen hatten schon Tausende von Europäern entweder die Gewürzinseln gesehen oder waren in die westliche Hemisphäre vorgedrungen. In der Philosophie, die bis dahin eine Domäne der Kirche gewesen war, hatten die letzten Jahrhunderte des Mittelalters einen Aufstand gegen diesen Herrschaftsanspruch erlebt, und sowohl Geistliche als auch humanistische Gelehrte zeigten sich in ihrem philosophischen, ja selbst in ihrem theologischen Denken vielfach entweder ganz offen kirchenfeindlich oder doch so kritisch, daß sich dies auf die althergebrachte kirchliche Ordnung destruktiv auswirken mußte. Die bildende Kunst, die Jahrhunderte hindurch ein frommes Tun und ein sichtbares Opfer vor Gott gewesen war, brach aus der Überlieferung und ihrer Konformität aus und huldigte in der Porträtkunst dem neuen Kult des Individuums. Die Kunst des 13. Jahrhunderts war eine theologische Angelegenheit, während die Kunst des 15. Jahrhunderts größtenteils wissenschaftliche und naturalistische Züge trug. Der Mensch war als Maßstab der Schönheit und der Wahrheit an die Stelle Gottes getreten. In den nationalsprachlichen Literaturen waren Motive und Themen weitgehend säkularisiert. Die Dichtung eines

Villon wäre im 13. Jahrhundert unmöglich gewesen, ebenso wie Sebastian Brants *Narrenschiff* (1495) 200 Jahre früher nicht hätte geschrieben und beifällig aufgenommen werden können. So erweist sich die Zeitspanne zwischen Dante und Machiavelli, was das Leben und Denken in Europa betrifft, als die Zeit einer Revolution und einer Umwertung. Darüber hinaus sollten sich während der Lebenszeit Machiavellis auf fast allen Gebieten neue Tendenzen anbahnen, die bis in unsere Tage hineinwirken.

Niccolò Machiavelli wurde am 3. Mai 1469 in Florenz geboren. Der Vater, ein angesehener Jurist, wie auch die Mutter stammten aus vornehmen Häusern. Über seine Jugend wissen wir wenig, aber 1494, im Jahr des Sturzes der Medici, erhielt er mit 25 Jahren einen untergeordneten Posten in der Verwaltung der neuerrichteten Republik Florenz. Er diente dann der Republik als Sekretär und Diplomat von 1498 bis zum Jahr 1512, in dem die Medici wieder an die Macht kamen. Machiavelli wurde entlassen und begab sich nach kurzer Haft in die Verbannung auf sein kleines Gut in San Casciano bei Florenz, wo er schrieb und studierte. Aus dieser Zeit stammen seine Reflexionen über die antike und zeitgenössische Geschichte. *Il Principe* (1513) ist die bekannteste Schrift aus dieser Phase, doch seine *Istorie Fiorentine* (1525 vollendet), die *Discorsi sull'Arte della guerra* (1520) und *I discorsi sopra la prima deca di Tito Livio* sind in gewisser Hinsicht noch bedeutsamer. Die Schlußfolgerungen, zu denen er hinsichtlich der Ziele und Methoden des idealen Herrschers gekommen ist, sind noch immer Gegenstand lebhafter Auseinandersetzungen. Aus dem *Principe* und den *Discorsi* zur römischen Geschichte kann der Leser leicht zwei verschiedene Ansichten herauslesen. Im *Principe* scheint Machiavelli den zynischen, habgierigen, rücksichtslosen und ehrgeizigen Herrscher zu verherrlichen, der bedenkenlos Versprechungen, Heuchelei, Betrug, Gefängnis, Schwert und Gift benutzt, um seine Stellung zu erreichen und sich an der Macht zu halten. In den *Discorsi* wird dargelegt, wie die Geschichte Vergeltung übt. Die Geschichte Roms bietet zahlreiche Beispiele dafür, daß Gewalt und Zwang letztlich vergeblich sind, und Machiavelli legt soviel Nachdruck auf die nachteiligen Auswirkungen eben jener Mittel, die er im *Principe* zu billigen scheint, daß es klingt, als spräche ein strenger Sittenrichter. Was immer auch seine wahre Meinung gewesen sein mag – jedenfalls hatte er selbst zur Genüge gesehen, wie Geschichte gemacht wurde, und es fehlte ihm auch nicht an Gelegenheit, noch dazuzulernen. In seiner Jugend war Florenz unter der glänzenden Führung von Lorenzo il Magnifico der geistige Mittelpunkt des Abendlandes. In ganz Europa gab es keinen Kreis, in dem sich geistige Brillanz und Gelehrsamkeit in solchem Ausmaß vereinigten wie in der Platonischen Akademie und ihrer Umgebung. Machiavelli wuchs heran, während die fünf großen Mächte Italiens – das Papsttum, Florenz, Neapel, Mailand und Venedig – zäh um die Macht kämpften. Er erlebte den Sturz der Medici mit und war 25 Jahre alt, als Karl VIII. als Eroberer durch Italien zog. Er erlebte es, wie spätere französische Eroberungen sich in nichts auflösten. Er kannte die Geschichte vom Aufstieg und Niedergang der Sforza und war unmittelbarer Zeuge des Abstiegs der Macht Venedigs. Der politischen Machtgier des Papsttums war er in der Person Cesare Borgias, des Sohnes Alexanders VI. und der Hauptperson im *Principe,* persönlich begegnet. Die Unterwerfung Italiens durch Kaiser Karl V., der Spanien, das Heilige Römische Reich und Süditalien beherrschte, fiel in die letzten Lebensjahre Machiavellis. Es läßt sich kaum ein anderer nachdenklicher Beobachter finden, der zeit seines Lebens so viele und folgenschwere Krisen miterlebt hat.

Die Medici, zur Zeit Dantes eine unter vielen mächtigen Familien, waren dank geschäftlichen Erfolgen und ihrer politischen Klugheit im frühen 15. Jahrhundert die führende Familie der Republik geworden. Ihren Rivalen, den Albizzi, war es gelungen, Cosimo de' Medici nach Padua verbannen zu lassen, wodurch sie ihn zum Bankrott zu treiben hofften. Doch die Albizzi vermochten sich in Florenz nicht durchzusetzen, und so wurde Cosimo 1434 zur Rückkehr aufgefordert. Von diesem Zeitpunkt an bis zur Errichtung der theokratischen Republik unter Savonarola im Jahr 1494 war Florenz die Stadt der Medici. Dem Konzil von Florenz (1438/39) sowie dem oströmischen Kaiser und seinem Gefolge gegenüber trat Cosimo als persönlicher Gastgeber auf. Er setzte sich mit Geschick für Ordnung und Frieden innerhalb der Republik ein, deren Wohlstand im 15. Jahrhundert wohl zu einem großen Teil auf seinen Einfluß und auf seine Lenkung zurückzuführen ist. Die Politik des Friedens und der Zusammenarbeit, die er nach außen verfolgte, war in dem durch Ehrgeiz und Parteiung zerrissenen Land außerordentlich erfolgreich. Nach dem Tode Filippo Maria Viscontis, des Herrschers von Mailand, der seinen Ehrgeiz darein setzte, ganz Norditalien in seine Gewalt zu bringen, unterstützte er dessen Schwiegersohn und Nachfolger Francesco Sforza, war dabei aber stets darauf bedacht, ein Gleichgewicht zwischen Mailand und Venedig zu erhalten. Wenige Jahre danach vereinigte sich Cosimo mit den beiden anderen großen norditalienischen Mächten, Mailand und Venedig, in der italienischen Liga von 1455.

Nach dem Tode Cosimos im Jahr 1464 gingen Reichtum und Einfluß seines Hauses auf seinen Sohn Piero il Gottoso über. Piero erwies sich als fähiger Finanzier und Diplomat, war aber durch die Gicht in seiner Leistungsfähigkeit behindert. Als er 1469 starb, wurde sein zwanzigjähriger Sohn Lorenzo, der von Piero auf seine verantwortungsvolle Stellung gut vorbereitet worden war, als Haupt der Familie und als erster Bürger der Republik anerkannt.

In den 23 Jahren, in denen Lorenzo, ohne ein öffentliches Amt zu bekleiden, die Geschichte von Florenz bestimmte, mußte er sich mit mehreren Verschwörungen und außenpolitischen Krisen auseinandersetzen. Die Bank und das Familienunternehmen, die eigentliche Quelle des Reichtums und der politischen Macht der Medici, florierten zwar weiterhin, bekamen aber doch die Konkurrenz deutscher und italienischer Bankhäuser sowie das Nachlassen des Osthandels nach dem Fall Konstantinopels im Jahr 1453 zu spüren. Lorenzo setzte die Außenpolitik seines Vaters und Großvaters fort und bemühte sich nach den Grundsätzen der Liga von 1455 um freundschaftliche Abkommen mit den anderen großen Mächten Italiens. 1470 unterstützte er Papst Paul II. bei seinen Bemühungen, Venedig, das Papsttum und Neapel in einem Dreierbund zur Erhaltung des Friedens zu vereinigen. Venedig, das jetzt auf dem Festland eine Defensivpolitik betrieb, weil es alle seine Kräfte zur Sicherung seiner Ostbesitzungen gegen die Türken brauchte, war gern bereit, den Frieden auf dem Festland fördern zu helfen. Lorenzos Friedenspolitik in Italien, die im wesentlichen in der Konzeption der Erhaltung eines Gleichgewichts unter den fünf großen Staaten bestand, wirkte sich auch auf seine Beziehungen zu Ludwig XI. von Frankreich insoweit aus, als bis zu dessen Tode (1483) die alten angevinischen Ansprüche auf Neapel und Mailand nicht geltend gemacht wurden.

Die ernsthafteste Bedrohung der Macht Lorenzos stellte die Verschwörung der Pazzi im Jahr 1478 dar. Die Pazzi waren als Florentiner Bankiersfamilie scharfe Konkurrenten der Medici. Sie verschworen sich, Lorenzo und seinen jüngeren Bruder Giuliano umzubringen. Papst Sixtus IV., der Onkel eines der Verschwörer und ein Feind Lorenzos, wurde in den Plan eingeweiht und billigte ihn schließlich, wollte aber von einem Mord nichts wissen. Während Lorenzo und Giuliano sich unbewaffnet in der Messe im Dom befanden, warfen sich die Verschwörer auf sie. Giuliano wurde getötet, während Lorenzo verwundet entkam. Das Volk sammelte sich um ihn, hängte Francesco dei Pazzi und Salviati, den Erzbischof von Pisa, denen es die Schuld am Mord gab, im Palazzo Vecchio auf und brachte noch etwa 80 andere Menschen um. Durch diesen Mordversuch hatte sich Lorenzos Stellung in Florenz noch gefestigt. Papst Sixtus IV. exkommunizierte Lorenzo,

»diesen Sohn des Lasters«, und die Prioren von Florenz, aber die Stadt ignorierte seinen Spruch. Ferdinand I., der König von Neapel, folgte der Aufforderung des Papstes, Florenz zu bestrafen, und es kam zum Krieg. Außer in Neapel fand die päpstliche Politik weder in Italien noch im Ausland Verständnis. Trotzdem befand sich Florenz, das auf einen Krieg nicht vorbereitet war, in Gefahr, und der Feind drang verschiedentlich in das Gebiet der Republik ein. 1479 entschloß sich Lorenzo zu einem Wagnis und traf sich allein und unbewaffnet mit Ferdinand. Der König ließ sich davon überzeugen, daß es im beiderseitigen Interesse liege, wenn Florenz und Neapel angesichts der Bedrohung durch die Türken und möglicherweise auch durch Frankreich Frieden schlössen. Im Februar 1480 wurde der Vertrag unterzeichnet, und Lorenzo kehrte nach Florenz zurück – es war ein diplomatischer Sieg, wenn auch die Stadt gewisse Entschädigungen zahlen mußte. Bald kam es aber noch besser für Lorenzo: Die Türken nahmen im August 1480 Otranto, und Ferdinand I. brauchte Hilfe. Das war Lorenzos Chance; die vorher vereinbarten Entschädigungen wurden rückgängig gemacht, Gebiete wurden zurückgegeben. Darüber hinaus gewährte Lorenzo Ferdinand finanzielle Unterstützung. Als die Türken sich zurückzogen, blieb Neapel ein treuer Verbündeter der Medici, und Lorenzos Ansehen in Florenz erreichte seinen Höhepunkt. Italien hatte wieder Frieden.

Die zwölf Jahre, die Lorenzo noch blieben, waren von stetiger und angestrengter Arbeit ausgefüllt. Die Regierung von Florenz erfuhr durch Reformen eine Steigerung ihrer Leistungsfähigkeit und Machtfülle. Die Finanzen der Stadt litten unter den Kriegslasten und der mit Ausgaben verbundenen Politik; neue Steuern ließen sich nicht umgehen. Sie wurden so gleichmäßig wie möglich verteilt, doch blieben Beschwerden der Kaufleute und Bürger nicht aus. In der Außenpolitik war Lorenzo wo immer möglich bestrebt, die Macht der Republik so auszuspielen, daß Kriege zwischen den Staaten Italiens ver-

mieden wurden. Es kam vor, daß sich diese Politik nicht durchhalten ließ, so etwa 1483 und 1484, als Ferdinand I. von Venedig besiegt und gezwungen wurde, dem Nachbarn im Norden Teile seines Gebiets abzutreten. 1485 vermittelte Lorenzo zwischen dem neuen Papst Innozenz VIII. und Ferdinand I. von Neapel; wenn es auch zum Krieg kam, so erreichte er doch durch geduldiges Verhandeln, daß er sich nicht weiter ausbreitete. Lorenzos wiederholte aufrichtige Bemühungen um Frieden und Ordnung unter den italienischen Staaten waren so überzeugend, daß er auf der ganzen Halbinsel als Fürsprecher und Verteidiger der italienischen Einheit galt. Der Friede von 1492 zwischen Papst Innozenz VIII. und Ferdinand I. war zum großen Teil sein Verdienst. Seine letzten Lebensjahre waren von Krankheit überschattet. Lorenzo starb am 8. April 1492 im Alter von 43 Jahren.
Nach Lorenzos Tod erkannte die Signoria seinen Sohn Piero als Nachfolger an. Es zeigte sich bald, daß er zum Herrschen nicht geschaffen war. Der Bruch zwischen Mailand und Neapel und der Einfall Karls VIII. von Frankreich, bei dem Ludovico Sforza seine Hand im Spiel hatte – Krisen, die selbst Lorenzos diplomatische Fähigkeiten aufs Äußerste in Anspruch genommen hätten –, gingen über seine Kräfte. Die Florentiner waren gegen Neapel und für Frankreich und Mailand. Piero zeigte sich schwankend, worauf die Signoria ihm seine Vorrangstellung in der Stadt aberkannte. Das Volk plünderte den Palast der Medici. Piero floh mit seinem Bruder Giuliano nach Bologna (9. November 1494), und damit fanden 60 Jahre Herrschaft der Medici in Florenz ihr Ende.
Am 17. November zog Karl VIII. in Begleitung Savonarolas mit großem Gepränge als Sieger in Florenz ein, an der Spitze einer hervorragend ausgerüsteten Armee von über 12000 Mann, die das Volk von Florenz mit lautem *Viva Francia!* willkommen hieß. Nach zehn Tagen schon war die Stimmung umgeschlagen. Savonarola sagte ihm rund heraus, wenn er nicht unverzüglich abziehe, werde Gottes Zorn über ihn und

seine Scharen kommen. Am 28. November brach Karl mit seinen Truppen aus Florenz auf, um nach Rom und Neapel zu ziehen; er führte eine Entschädigung von 120000 Florins und die Beute mit sich, die sich sein Heer bedenkenlos angeeignet hatte. Nach dem Abzug der Franzosen gingen die Florentiner daran, ihre Regierung ohne die Medici wieder aufzubauen. Nach dem Vorbild Venedigs wurde ein Großer Rat von 1500 Mitgliedern eingesetzt, der die Aufgabe hatte, die Beamten zu ernennen und die Gesetze zu verabschieden. Er sollte seinerseits kleinere Sonderausschüsse mit bestimmten Befugnissen einsetzen und als letzte Berufungsinstanz fungieren. Auf Anraten Savonarolas wurde das alte *parlamento* beseitigt. Er sah in ihm eine Institution, durch die dem Volke Macht entzogen werden könne. Savonarola, dessen zahlreiche Visionen dem Volk drastisch dargestellt wurden, war nun praktisch Diktator der Republik. Ihm schwebte vor, in Florenz eine Theokratie zu verwirklichen, die Schritt für Schritt durch Ausschüsse, Wahllisten und ein kompliziertes Wahlsystem kontrolliert werden sollte. Es war ein System, unter dem Florenz recht und schlecht durchhielt und als Streitobjekt einer ehrgeizigen Kurie und der französischen Macht ein gefährdetes Leben führte, bis die Medici 1512 zurückkehrten.

Savonarolas Laufbahn war bald zu Ende. Er stand am Anfang eine Zeitlang in so hohem Ansehen, daß er praktisch alleiniger Urheber der Verfassung von 1494 war. 1496 wurde auf sein Geheiß der große Scheiterhaufen der Eitelkeiten errichtet, auf dem Würfel, Kosmetika, Schmucksachen, Juwelen, falsches Haar und lockere Literatur in Flammen aufgingen. Im Mai 1497 jedoch exkommunizierte Papst Alexander VI. den Mönch, weil er seinen Mahnungen, den Reformeifer nicht zu weit zu treiben, Trotz geboten hatte. Savonarola besaß wie jeder ernstzunehmende Reformer viele Feinde, die sich jetzt hervorwagten und aus seinen taktischen Fehlern Kapital schlugen. Man warf ihm vor, er habe versucht, die Verfassung außer Kraft zu setzen, und als erst das wie immer wankelmütige Volk nicht mehr hinter ihm stand, wurde er vor Gericht gestellt und zum Tod durch Erhängen verurteilt. Am 23. Mai 1498 wurde das Urteil auf der Piazza della Signoria vollstreckt; sein Leichnam wurde verbrannt und die Asche in den Arno gestreut.

Machiavelli war 1494 in den Staatsdienst getreten. 1499 wurde er Kanzler und Sekretär der *Dieci de Balia* (Zehn für Freiheit und Frieden), einer Art Außenministerium. In den folgenden zwölf Jahren nahm er an einer Reihe wichtiger diplomatischer Missionen teil, die ihn an die Kurie und an die Höfe König Ludwigs XII. von Frankreich, Kaiser Maximilians sowie zahlreicher kleinerer Fürsten führten. Er war ein scharfer Beobachter politischer Strömungen und der Beweggründe von Fürsten und Ministern. 1502 verbrachte er Sommer und Herbst am Hofe Cesare Borgias, des glänzend begabten Sohnes von Papst Alexander VI. Cesare stand damals auf der Höhe seiner Macht, und es schien, als werde er in Kürze nicht nur über die gesamte Romagna und die päpstlichen Staaten, sondern auch über die Toskana herrschen. Florenz, das die leitende Hand der Medici entbehrte und jedes Staatsbewußtsein vermissen ließ, wie es Savonarolas berechtigter Zorn vielleicht wachgerufen hätte, sah den Eroberer immer näher rücken und sorgte sich mit Recht um seine Sicherheit. Machiavelli hatte als Gesandter die Aufgabe, Cesare von einem Angriff auf Florenz abzubringen. Im Laufe seiner Begegnungen mit Cesare lernte er ihn bewundern, und so hat er ihn später in seinem *Principe* als den idealen Herrscher dargestellt. Florenz wurde schließlich durch zwei außenpolitische Ereignisse gerettet: Einmal wünschte Ludwig XII. nicht, daß Cesare über die Toskana herrschte und bewegte ihn zum Rückzug, und zum anderen starb Papst Alexander VI. am 18. August 1503. Ohne die Unterstützung seines Vaters war Cesare isoliert und verwundbar, und Julius II., der gegen Cesares Widerstand zum Papst gewählt wurde, bemächtigte sich im Januar 1504 sämtlicher Eroberungen Cesares. Machiavellis idealer

Fürst zog sich nach Neapel zurück, geriet dort in Gefangenschaft und wurde nach Spanien geführt, wo er drei Jahre später im Kampf fiel.

Die nächsten acht Jahre, vom Sturz Cesares bis zur Rückkehr der Medici 1512, herrschte in Florenz einigermaßen Ruhe, während der König von Frankreich seine Macht in Norditalien immer mehr festigte. Er war nicht nur Herr von Mailand und Schutzherr von Florenz, sondern führte seit 1510 auch Krieg mit Julius II. 1511 hätten seine Truppen unter der glänzenden Führung Gastons de Foix sogar in Rom einmarschieren können. Der Erfolg der Franzosen führte wieder zu einer Annäherung der italienischen Staaten untereinander, und im Oktober 1511 wurde die gegen Frankreich gerichtete Heilige Liga gebildet, der der Papst, Venedig und das Königreich Neapel angehörten. In dem Krieg, der sich daran anschloß, gewannen die Franzosen zwar die Schlacht von Ravenna (11. April 1512) gegen die Liga, aber de Foix fiel im Kampf. Ohne seine Führung hatten die Franzosen keine Chance mehr. Die Republik Florenz, die Ludwig von Frankreich unterstützt hatte, wurde von der Liga veranlaßt, die Medici zurückzuholen. Im September 1512 kehrten Giuliano und sein Bruder, Kardinal Giovanni de' Medici, als Privatleute und maßgebende Bürger in die Stadt zurück, und die Regierung erhielt im wesentlichen wieder die Form, die sie unter Lorenzo de' Medici gehabt hatte. 1513 bestieg Giovanni de' Medici nach dem Tode des energischen, wenn auch gelegentlich wenig zielbewußten Julius II. als Leo X. den päpstlichen Stuhl und festigte damit die Stellung der Medici in Florenz. Sie blieben an der Macht, bis das Volk beim Herannahen der Truppen Karls V. im Jahr 1527 revoltierte, sie vertrieb und die Republik etwa so wiederherstellte, wie sie vor der Herrschaft der Medici gewesen war. Diese Republik bestand allerdings nur drei Jahre.

Das späte 15. Jahrhundert brachte Ereignisse, die sich für Venedig verhängnisvoll auswirkten: die Eroberung Konstan-

tinopels durch die Türken (1453) und die Entdeckung der Handelswege in den Fernen Osten sowie in die Neue Welt. Das Monopol der Lagunenstadt im Osthandel war gebrochen. So fand sich Venedig, obwohl noch immer reich und aktiv, im letzten Jahrzehnt des 15. und in der ersten Hälfte des 16. Jahrhunderts zwangsläufig in der Defensive und versuchte nun, durch Intrigen und diplomatische Manöver seine gefährdete Stellung zu festigen und gegnerische Bündnisse zu sprengen. Ein taktischer Sieg war der Erwerb der Insel Cypern zwischen 1468 und 1488. Doch es gab auch Demütigungen. Friaul wurde von den Türken verwüstet. Eine venezianische Flotte unter dem Kommando von Antonio Grimani wurde im August 1499 von den Türken vernichtend geschlagen, und im weiteren Verlauf des Krieges sah sich Venedig von seinen Verbündeten im Stich gelassen und mußte dem türkischen Angriff allein Widerstand leisten. Es wurde gezwungen, Gebiete an der Adria aufzugeben und sich aus Morea zurückzuziehen.
Venedig reagierte auf diese Mißgeschicke an seiner Ostgrenze damit, daß es sich auf dem Festland nach Westen und Süden ausbreitete. Als mit dem Tode Papst Alexanders VI. Cesare Borgia von der Bildfläche verschwand, drang Venedig im Süden in den Kirchenstaat vor und besetzte Rimini und Faenza. Julius II., der bis dahin der Republik wohlwollend gegenüberstand, setzte sich jetzt an die Spitze der Mächte, die sich durch die Expansionsbestrebungen Venedigs bedroht fühlten, und brachte vorübergehend ein Bündnis (1504) mit Kaiser Maximilian und Ludwig XII. von Frankreich zustande, das sich gegen Venedig richtete. Da Venedig seine aggressive Haltung nicht aufgab und das Bündnis in seiner ursprünglichen Form zu locker war, gab der Papst ihm eine festere Form, indem er unter Hinzuziehung Heinrichs VII. von England und einiger italienischer Staaten die sogenannte Liga von Cambrai (1508) bildete, die eine Aufteilung des venezianischen Gebiets unter die Signatarmächte sowie Spanien, Ungarn und das Herzogtum Savoyen vorsah, falls letztere

der Liga beitreten wollten. So kam es zum Krieg, in dem allerdings der Papst, Maximilian und Spanien den Hauptanteil an den Kämpfen Ludwig XII. überließen. Als der französische König die Venezianer bei Agnadello besiegte (14. Mai 1509), war Venedig gezwungen, sich aus dem größten Teil seiner Eroberungen in der Poebene zurückzuziehen. Die Sieger waren jedoch in den besetzten Städten noch weniger beliebt als die Venezianer; das leichte Joch der Republik und die Rechtssicherheit, die sie gewährte, schienen weit erträglicher als die Willkür und Grausamkeit der französischen Soldateska. Als Julius II. seine Verbündeten in der Liga verließ und die über Venedig verhängte Exkommunikation aufhob (24. Februar 1510), war die Republik bereits im Begriff, den größten Teil des verlorenen Gebiets wieder zurückzugewinnen. Julius hatte inzwischen erkannt, daß er durch die Inanspruchnahme fremder Hilfe – des Reiches, Frankreichs und Spaniens – das aufkeimende Einheitsstreben in Italien verletzt hatte. Er vollzog eine Wendung in seiner Politik und stellte sich selbst an die Spitze eines Feldzugs zur Befreiung Italiens von den verhaßten Fremden, womit er die Franzosen meinte, »jene Barbaren«, wie er sie nannte. Das Ergebnis seiner Bemühungen war die Heilige Liga (Oktober 1511), die er mit Venedig und Ferdinand, dem König von Neapel, bildete. Heinrich VIII. von England trat bald ebenfalls bei, und ein Jahr später auch Maximilian, der deutsche Kaiser. Da Gaston de Foix in der Schlacht von Ravenna (11. April 1512) den Tod gefunden hatte und die Franzosen daraufhin ohne Führer waren, konnte der Papst wenigstens vorübergehend einen Erfolg verzeichnen. Julius starb 1513, Ludwig XII. 1515, Maximilian 1519. So hatte Venedig nach Ravenna eine Zeitlang Frieden, und die Liga von Cambrai, die es hatte vernichten sollen, war in Vergessenheit geraten.

Bis zur Mitte des 15. Jahrhunderts hatte das Königreich Neapel viele Herrscher kommen und gehen sehen. Das 1282 aus Sizilien vertriebene französische Haus der Anjou hatte seine Ansprüche nicht wieder geltend gemacht, und seither herrschte das Haus Aragon abwechselnd in Sizilien und auf dem Festland. 1283 hatten die Sizilianer Peter von Aragon zu ihrem König gemacht. Im 14. Jahrhundert gingen Sizilien und Neapel getrennte Wege, ersteres unter den Aragonesen, letzteres unter den Anjou. Robert von Anjou (1309–1343), ein Freund und Verehrer Petrarcas, hatte Neapel eine Periode kulturellen Glanzes geschenkt; seine Enkelin Johanna war nicht nur unfähig, sondern auch maßlos vergnügungssüchtig und verschwenderisch. Innere Wirren, Auflösungserscheinungen und außenpolitische Intrigen, die größtenteils vom Papst ausgingen, machten Neapel zu einem unsicheren Element in der italienischen Politik. Nach dem Tode Martins von Aragon, des Königs von Sizilien (1409), war sein Vetter Alfons V. von Aragon der erste Herrscher, der beide Kronen vereinigen sollte.

Wenige Jahre später bot Johanna II. von Neapel (1414–1435), die Beistand gegen Anjou brauchte, Alfons an, ihn als ihren Erben und Nachfolger zu adoptieren, falls er sie gegen ihren französischen Widersacher unterstützte. Im Juli 1421 nahm er das Angebot an. Das Ergebnis dieser Abmachung war, daß Alfons, der bereits die Krone von Aragon und Sizilien trug, nach längeren Kämpfen zu Wasser und zu Lande gegen den Thronprätendenten aus dem Hause Anjou 1443 im Triumph als König in Neapel einzog. Im gleichen Jahr bestätigte Papst Eugen IV. Alfons in aller Form als König von Neapel. Bis zu seinem Tod im Jahr 1458 hielt er Hof in Neapel, schaffte Ordnung und förderte das kulturelle Leben. Bei den Neapolitanern hieß er Alfons der Großmütige. Er hinterließ das Königreich Neapel seinem natürlichen Sohn Ferrante (Ferdinand I.) und den Rest seiner Besitzungen seinem Bruder Johann. Die Herrschaft des Hauses Aragon über das westliche Mittelmeer war unbestritten. Die Balearen, Sardinien, Sizilien und Süditalien befanden sich fest in seinen Händen. Eine derartige Machtkonzentration mußte die Herrscher Frankreichs und des übrigen Italien unweigerlich beunruhigen. Sie sollte aber auch eine bedeutende Rolle bei der Entstehung eines Konflikts zwischen Frankreich und den Habsburgern spielen, der sich fast über 300 Jahre hinzog.

König Ferdinand I. war seinem Vater nicht ebenbürtig. Nur mit Mühe gelang es ihm, einen schlecht vorbereiteten Versuch der Anjou zu vereiteln, mit dem sie den Thron von Neapel zurückerobern wollten (1462), und seine Grausamkeit und Unberechenbarkeit brachten die öffentliche Meinung im Königreich so gegen ihn auf, daß die Bevölkerung mit den Moslems sympathisierte, als diese 1480 in Otranto landeten. Als im Oktober 1485 in Neapel ein Aufstand ausbrach, ergriff Papst Innozenz VIII. die Partei der Rebellen. Ferdinand wurde nur durch das Eingreifen der Flotte seines Vetters Ferdinand von Aragonien und durch die Uneinigkeit unter seinen Feinden gerettet. Die französischen Ansprüche auf die Krone von Neapel waren bisher – zumindest seit 1302 – durch einen jüngeren Zweig des französischen Herrscherhauses der Kapetinger vertreten worden. Ludwig XI., der vollauf damit beschäftigt war, die königliche Macht in Frankreich zu festigen, hatte sich damit begnügt, seinen Einfluß in Savoyen zu verstärken und Bündnisse mit den Sforza in Mailand und den Medici in Florenz einzugehen, dabei aber mit Bedacht jede Einmischung in Angelegenheiten Neapels vermieden. Sein Sohn und Nachfolger jedoch, Karl VIII., gab diese Politik der Zurückhaltung auf. Die raschen Eroberungen des Jahres 1494 von den Alpen bis zum Golf von Neapel sind nicht etwa die Früchte politischen Genies. Was Neapel betrifft, so war es die grausame und unvernünftige Herrschaft Ferdinands, die die Bürger des Königreichs davon abhielt, dem französischen Eroberer Widerstand zu leisten.

Die spanische Geschichte um die Wende des 15. zum 16. Jahrhundert ist voll von Abenteuern, stolzen Erfolgen und heilloser Unordnung. Da sind die dynastische Vereinigung von Kastilien und Aragonien durch die Heirat der »katholischen

Könige«, die Eroberung des Maurenreichs von Granada, die Vertreibung der Juden, die Einsetzung der Inquisition, die Fahrten des Kolumbus, die Anfänge des größten Reichs, das die Welt je gesehen hatte, die Wahl eines spanischen Königs zum Kaiser des Heiligen Römischen Reichs – um nur die auffälligsten Ereignisse der spanischen Geschichte beim Eintritt in die Neuzeit aufzuzählen.

Die Heirat der katholischen Könige – Ferdinand und Isabella – im Jahr 1469 führte nicht etwa zu einer verfassungsmäßigen Vereinigung ihrer beiden Königreiche. Kastilien behielt seine Cortes und seine Überlieferungen; Aragonien blieb weiterhin ein Bundesstaat. Der Ehevertrag schützte sorglich jedes Königreich vor einer Einmischung des Partners. Daß sich trotzdem ein unleugbarer Fortschritt auf eine Einigung Spaniens hin feststellen ließ, ging darauf zurück, daß König und Königin mit Energie die gleichen Ziele verfolgten. Von Beginn ihrer Herrschaft an waren Ferdinand und Isabella fest entschlossen, die politische Einheit durch religiöse Einheit zu befestigen. Der Gerichtshof der Inquisition hatte in Aragonien schon seit dem frühen 13. Jahrhundert bestanden; 1477 wurde aufgrund eines königlichen Erlasses betreffs der konvertierten Juden, die ein schwieriges Problem darstellten, ein entsprechendes Tribunal in Sevilla errichtet, und Papst Sixtus bestätigte auf Ersuchen Ferdinands diese Einrichtung während der nächsten Jahre in einer Reihe von Bullen. Diese Bullen garantierten die Unterstellung der Inquisitoren unter den König. 1483 erkannte der Papst an, daß die Inquisition in Spanien eine königliche Institution war, doch in Aragonien leistete das Volk heftigen Widerstand gegen das Heilige Offizium, bis es schließlich 1487 vor dem königlichen Edikt kapitulierte. Konvertierte und nichtkonvertierte Juden flohen in großer Zahl, was sich auf die spanische Wirtschaft verheerend auswirkte. 1492 erreichte die Verfolgung ihren Höhepunkt damit, daß die Vertreibung aller Juden aus Spanien verfügt wurde. Dabei zeichnete sich der Dominikaner Thomas Torquemada als dritter Großinquisitor durch besonders unbarmherziges Vorgehen aus. Dem Heiligen Offizium gelang es auf diese Weise, die religiöse Einheit in Spanien zu erhalten, doch der Verlust des Bevölkerungsteils, der als einziger wirtschaftliche Erfahrung besaß, war ein Schlag, von dem sich Spanien nie wieder ganz erholen sollte.

Charakteristisch für Ferdinands Politik sind die weitverzweigten Heiratsbündnisse, die er schloß. Schon 1486 war die Rede davon, daß seine Tochter Katharina den jungen Arthur, den ältesten Sohn Heinrichs VII. von England, heiraten sollte. 1501 kam diese Heirat schließlich zustande. Die nächste Tochter, Johanna die Wahnsinnige, wurde im Oktober 1496 mit Philipp dem Schönen von Österreich und Burgund, dem Sohn Kaiser Maximilians I., verheiratet. Diese Verbindung brachte für Ferdinand innenpolitische Schwierigkeiten, da Philipp im Namen seiner Frau bald Anspruch auf das Königreich Neapel erhob, auf das Ferdinand keineswegs verzichten wollte. Die Heirat sollte Spanien und das Reich aneinander binden: Der älteste Sproß aus dieser Ehe war der spätere Karl I. von Spanien, der als Karl V. Kaiser des Heiligen Römischen Reiches war. Ganz offensichtlich zielten die beiden Heiraten – mit Prinz Arthur und dem Erzherzog Philipp, dem Erben der burgundischen Lande – auf eine Einkreisung Frankreichs ab. Doch 1505 nahm Ferdinand einen Stellungswechsel vor und bemühte sich um ein Bündnis mit Ludwig XII. von Frankreich. Da Ferdinand Freunde in beiden Lagern hatte, konnte er leicht einen gegen den anderen ausspielen und tat das mit großem Vergnügen.

Eine der Leistungen Ferdinands bestand im Erwerb von vier bedeutenden Gebieten, nämlich Cerdagne, Roussillon, Granada und Navarra. In den ersten drei Fällen geschah das noch zu Lebzeiten Isabellas. Das maurische Königreich Granada hatte über 200 Jahre ein gefährdetes Vasallendasein geführt, als der katholische König es 1482 angriff. Mit seiner Unterwerfung fanden ein zehnjähriger Krieg und eine letzte blutige

Belagerung der beiden Städte Malaga und Granada ihr Ende. Die Kapitulationsbedingungen waren großzügig, aber nachdem erzwungene Konversionen die Mauren zum Aufstand getrieben hatten, waren sie gezwungen, zwischen Taufe und Verteidigung zu wählen. Diejenigen, die sich taufen ließen, nannte man Morisken. Die stets mißtrauische Inquisition machte ihnen das Leben zur Hölle, bis sie 1609 endgültig vertrieben wurden.

Die Erwerbung Navarras war eine Folge der Beteiligung Spaniens an der Heiligen Liga. Seit Jahrhunderten hatten spanische wie auch französische Herrscher versucht, dieses kleine Bergreich beiderseits der westlichen Pyrenäen sich anzueignen. Die Herrscherfamilien Navarras hatten mehrfach in spanische und französische Königshäuser eingeheiratet. Ferdinand heiratete 1505 nach dem Tode Isabellas Germaine de Foix, die eine Nichte Ludwigs XII., eine Enkelin des Königs Gaston IV. von Navarra und eine Cousine der Königin Katharina von Navarra war. Da die 1511 von Julius II. und Ferdinand gebildete Heilige Liga gegen Frankreich gerichtet war, schickte Ferdinand unter dem Vorwand, die Navarresen seien Verbündete Frankreichs, seine Truppen nach Navarra, und König Jean d'Albret mußte nach Frankreich fliehen (Juli 1512). Julius II. unterstützte Ferdinand, der das Königreich im Namen der Kirche erobert hatte, bereitwillig dadurch, daß er ihm durch Bullen die Krone übertrug (Februar 1513), und Ferdinand unterbaute seine Ansprüche damit, daß er sich im Namen seiner Frau zum Thronerben proklamierte. Der Familie d'Albret blieb nur der kleinere Teil des Königreichs, der auf dem Nordhang der Pyrenäen im Schutze Frankreichs lag.

Als Ferdinand im Jahr 1516 starb, hinterließ er seinem Enkel Karl I. ein Spanien, das so reich, so in sich eins und durch seine geographische Lage, seine Bündnisse, seine Besitzungen in der Alten und Neuen Welt so gefestigt war, daß sich das spanische Übergewicht in Europa bis in die Mitte des 17. Jahrhunderts halten konnte.

Frankreich und seine Herrscher sind hier im Zusammenhang mit der Entwicklung in den verschiedenen Staaten Italiens schon vielfach erwähnt worden. Und tatsächlich war das Frankreich des späten 15. Jahrhunderts in Italien stark engagiert. Es ist üblich, die italienischen Kriege Karls VIII., Ludwigs XII. und Franz' I. als romantische Abenteuer exzentrischer Herrscher zu betrachten, die auf Ruhm und den Glanz militärischer Eroberungen versessen waren. Damit wird man den Tatsachen jedoch nicht gerecht. 1453 war es soweit, daß Frankreich die Engländer nach langen, erschöpfenden Kämpfen aus dem Land getrieben hatte. Dabei hatte es sein Nationalgefühl entwickelt. Die nächste Generation sollte erleben, wie unter einem glänzenden und hartnäckigen Zuchtmeister die nationale Kraft machtvoll aufbrach und sich auch bewährte. Ludwig XI. (1461–1483) zwang die unbotmäßigen Vasallen zum Gehorsam, stärkte dadurch die Einigkeit im Land und verschaffte vor allem der Monarchie Respekt. Er hatte Burgund gedemütigt und die französische Herrschaft bis an die Pyrenäen und die Vogesen ausgedehnt. Er mischte sich auch in die Angelegenheiten Italiens, aber weniger durch militärische Aktionen als auf dem Wege der Diplomatie und der Bestechung.

Ludwigs Sohn und Nachfolger Karl VIII. war bei seiner Thronbesteigung im Jahr 1483 erst 13 Jahre alt; die Entscheidungen wurden von der tatkräftigen Anne de Beaujeu, der Lieblingstochter Ludwigs, getroffen. Solange sie die Zügel in der Hand hielt, nämlich von 1483 bis 1491, setzte sie die Politik Ludwigs gegen die Opposition der Prinzen von Geblüt und der Generalstände mit derselben Festigkeit, aber mit noch mehr Klugheit fort. Als Karl sich selbst großjährig erklärte und seine eigenen – gewöhnlich törichten – Entschlüsse zu fassen begann, war Anna bereit, sich in guter Haltung aus dem öffentlichen Leben zurückzuziehen. Vorher hatte sie jedoch noch die Heirat Karls mit Anna von Bretagne in die Wege geleitet, eine Verbindung, die dem König von Frankreich jenes

Herzogtum einbrachte, dessen Selbständigkeitsdrang für das französische Königtum einen ständigen Gefahrenpunkt darstellte. Diese Erwerbung ließe sich – wie die Eroberungen Ludwigs XI. – mit der Eroberung von Granada und Navarra durch Spanien vergleichen. Beide Länder bedurften einer politischen Einheit innerhalb natürlicher geographischer Grenzen. Doch als Karl auf eigene Faust zu herrschen begann, ergaben sich neue Situationen, aufgrund deren die internationalen Beziehungen neu überdacht werden mußten.

Im Südwesten waren die erstaunliche Einigung Spaniens unter den katholischen Königen und die offenkundige militärische Stärke, die mit der Eroberung von Granada zu Tage trat, beunruhigende Tatsachen. Seit 1486 gingen Gerüchte über ein spanisch-englisches Heiratsbündnis um, das Frankreich zwischen zwei alten Gegnern in die Zange genommen und unliebsame Erinnerungen an den Hundertjährigen Krieg geweckt haben würde. Im Osten mußten die möglichen Folgen der Heirat der Erbtochter von Burgund mit Kaiser Maximilian I. (1477) Besorgnis erregen. Burgund konnte, wenn das Reich hinter ihm stand, sich durchaus wieder erheben und der französischen Monarchie erhebliche Schwierigkeiten bereiten. Anfang der neunziger Jahre wurde bereits über eine Eheschließung zwischen Johann, dem ältesten Sohn Ferdinands und Isabellas, und Maximilians Tochter Margarete von Österreich verhandelt, die kürzlich erst von Karl VIII. von Frankreich zurückgewiesen worden war. Diese Heirat würde zwei Feinde Frankreichs an entgegengesetzten Grenzen verbinden, und damit konnte man wieder von einem Zangengriff sprechen. So hatte Frankreich also im Jahr 1493 auf vier Seiten wirkliche oder potentielle Feinde, die verdächtig gute und vertraute Beziehungen zueinander unterhielten. Schaute Frankreich nach Süden, so waren die Aussichten noch ungünstiger. Das westliche Becken des Mittelmeeres war faktisch ein aragonesisches Meer, in dem die Balearen, Sardinien und Sizilien dem König von Aragonien gehörten, während das Königreich Neapel sich in den Händen eines anderen aragonesischen Fürsten befand. Frankreich sah sich also von einer Einkreisung und Abschnürung bedroht, und wenn es nun mehr als 30 Jahre darum ringen mußte, dieser Gefahr zu entgehen, so ist das nicht allein der Unfähigkeit Karls zuzuschreiben.

Als Ludovico Sforza, der in Mailand für seinen minderjährigen Neffen Giangaleazzo Maria Sforza regierte, in dem Bestreben, das Königreich Neapel zu schädigen, Karl nahelegte, den alten französischen Anspruch auf Neapel erneut geltend zu machen, fand der Plan, die Alpen zu überschreiten, unter den Beratern Karls genügend Befürworter. Um keinen Feind im Rücken zu haben, schloß Karl Verträge mit seinen drei Nachbarn – Heinrich VII. von England, Ferdinand von Aragonien und Kaiser Maximilian –, in denen er jedem die Zusicherung, sich während seiner Abwesenheit friedlich zu verhalten, mit Geld oder Gebietsabtretungen vergütete. Heinrich erhielt 745000 Goldkronen in bar. An Ferdinand trat Karl Cerdagne und Roussillon ab, und Maximilian gab er die Franche Comté und Artois zurück. Im Oktober 1494 rückten die Franzosen in Mailand ein, und nachdem Karl von Ludovico Sforza 60000 Dukaten »geborgt« hatte, marschierte er weiter nach Florenz. Auf Florenz folgte Rom und die mühelose Einnahme Neapels (12. Februar 1495). Doch Karls Erfolge waren nicht von Dauer. Spanien, Venedig, der Papst, Mailand und Maximilian traten am 25. März 1495 zur Liga von Venedig zusammen, die deutlich gegen Karl gerichtet war, so daß dieser es für klüger hielt, wieder umzukehren. Auf dem Rückweg nach Frankreich stieß er mit 10000 Mann bei Fornovo am Fuße der Apenninen auf 40000 Mann der Verbündeten. Die Franzosen schlugen sich unter Zurücklassung ihres gesamten Gepäcks und ihrer Beute mühsam durch; Karl selbst erklärte, außer »Ruhm und Rauch« habe er nichts gewonnen. Zum Glück hatte der Feldzug Frankreich nur sehr wenig gekostet, denn das Heer war von den italienischen Städten und Fürsten unterhalten worden.

Nach Karls frühem Tod (April 1498) bestieg sein Vetter Ludwig, Herzog von Orléans, als Ludwig XII. den Thron. Er war kränklich, hatte aber ein freundliches Wesen und war bei Hof und dem Volk beliebt. Sein nächster und maßgebender Berater war der Erzbischof von Rouen, George d'Amboise, der später Kardinal wurde und mit seinem kaum verhüllten Streben nach dem päpstlichen Stuhl die italienische Politik Frankreichs unter Ludwig XII. nicht unwesentlich beeinflußte. Da Ludwigs Ehe mit Johanna, der Tochter Ludwigs XI., ihren Zweck erfüllt hatte, ließ Ludwig seine Ehe aus Gründen der Blutsverwandtschaft und des zarten Alters annullieren und heiratete Anna von Bretagne, die Witwe Karls VIII. Sie brachte das Herzogtum Bretagne mit und bekräftigte damit die Zugehörigkeit dieser wichtigen und bedeutsamen Bastion zum Königreich Frankreich.

Als Enkel der Valentina Visconti von Mailand beschloß Ludwig bald nach seiner Thronbesteigung, das Herzogtum seinem Herrschaftsbereich anzugliedern, und begann unverzüglich, diesen Schritt diplomatisch vorzubereiten. Venedig, die Schweiz und die Borgia waren sofort bereit, den Untergang eines anderen italienischen Staates für sich auszunutzen, und im August 1499 befand sich Mailand in Ludwigs Hand. Durch die Mühelosigkeit seines Erfolges ließ Ludwig sich täuschen. Sobald er nach Frankreich heimgekehrt war, eroberte Ludovico Sforza Mailand zurück (Januar 1500), und Ludwig mußte sich anstrengen, es wiederzugewinnen (April 1500). Die Versuchung, nun nach Neapel weiterzuziehen, war unwiderstehlich. D'Amboise strebte zweifellos danach, Rom näher zu sein. Durch den Vertrag von Granada (11. November 1500) verpflichtete sich Ludwig, die geplante Eroberung mit Ferdinand von Aragonien zu teilen. Der Papst gab seinen Segen, und Ende Juli marschierten Ludwigs Truppen in Neapel ein, das erst kürzlich ein anderes französisches Heer willkommen geheißen hatte, um es dann mit noch größerer Begeisterung wieder abziehen zu sehen. Die neuen Eroberer – Franzosen

und Spanier – verfeindeten sich bald; in der Folge erlitten die Franzosen mehrere verheerende Niederlagen und mußten, obwohl sie bedeutende Verstärkungen erhalten hatten, am 1. Januar 1504 vor Gonzalo de Córdoba kapitulieren. Der neue Papst Julius II. bediente sich Ludwigs in der Liga von Cambrai gegen Venedig, wechselte aber dann die Seiten und bildete 1511 die gegen Ludwig gerichtete Heilige Liga. Nach dem teuer erkauften Sieg bei Ravenna im April 1512 erkannte Ludwig, daß seine italienische Politik gescheitert war. Als weiteres Unglück kam hinzu, daß Heinrich VIII. von England im August 1513 bei Guinegate (Sporenschlacht) ein französisches Heer in die Flucht geschlagen hatte. Weitere Bedrohungen stellten der Kaiser und die Schweiz dar. So mußte Ludwig am Ende seiner Regierung jede Hoffnung auf den Besitz des Herzogtums Mailand aufgeben. Nach dem Tod seiner zweiten Gemahlin, Anna von Bretagne, ging er eine dritte Ehe mit der jungen und vitalen Maria Tudor, der Schwester Heinrichs VIII., ein, starb aber schon noch wenigen Wochen am 1. Januar 1515. Sein Nachfolger Franz von Angoulême sollte als Franz I. den verzweifelten Kampf seines Landes gegen eine Einkreisung führen, die noch bedrohlicher war als zu Zeiten seiner Vorgänger.
Der Sieg Heinrich Tudors über Richard III. bei Bosworth beendete eine Periode der Uneinigkeit im Inneren und der Unschlüssigkeit im Ausland. Zur gleichen Zeit leitete er eine Ära der Größe und Festigung ein, wie sie die englische Geschichte noch nicht gekannt hatte. Durch die Rosenkriege war der Einfluß der Feudalherren auf die politische und soziale Struktur Englands schon weitgehend gebrochen worden. Die Aristokratie hatte im Krieg sich selbst dezimiert und ihr Ansehen beim Volk untergraben, das nach Jahren der Unruhen und sinnlosen Kriege des Adels als einer Institution überdrüssig geworden war. Die Entschiedenheit, mit der Heinrich nach Bosworth die Regierungsgeschäfte in die Hand nahm, beeindruckte das englische Volk. Trotzdem waren die ersten

zwei Drittel seiner 24 Regierungsjahre innenpolitisch belastet durch Versuche Unzufriedener, ihn zu entthronen, während in der Außenpolitik diplomatische Krisen einen kühlen Kopf und vernünftige Entschlüsse verlangten. Die Wirtschaft Englands hatte während der chaotischen Rosenkriege stark gelitten, und wenn auch ihre tragenden Säulen – Erzeugung von Wolle, Fischerei und Handel – unerschüttert waren, so machte es die verstärkte Konkurrenz Frankreichs, der Niederlande und der Hanse doch notwendig, daß Heinrich sich die Handelsgeschäfte seiner Untertanen angelegen sein ließ, da die Einkünfte des Königs auf ihrem Wohlstand beruhten.

Heinrichs Ansprüche auf den Thron waren nicht allzu fest gegründet. Er war der Abkömmling einer Mätresse John of Gaunts, des Herzogs von Lancaster, dessen Nachkommen später legitimiert wurden. Um seinen entfernten Lancaster-Anspruch zu untermauern, heiratete er Elisabeth von York, wodurch beide Linien vereinigt wurden. Viele Schwierigkeiten in der ersten Hälfte seiner Regierungszeit rührten daher, daß unversöhnliche Yorkisten den Versuch machten, ihn mit Hilfe vorgeschobener Prätendenten vom Thron zu vertreiben. Wenn Heinrich ihrer auch mit Glück Herr wurde, so war er damit doch seiner Sorgen noch nicht ledig.

Ferdinand von Spanien hatte schon 1486 ein Heiratsbündnis mit Heinrich angestrebt, das der Einschüchterung Frankreichs dienen sollte. Das Ergebnis langer Verhandlungen war die Vermählung des damals fünfzehnjährigen Prinzen von Wales, Prinz Arthurs, mit der um ein Jahr älteren Katharina von Aragonien im November 1501. Wenige Monate später starb Arthur. Auf Ferdinands Vorschlag wurde Katharina dessen jüngerem Bruder, dem elfjährigen Heinrich, anverlobt. Die Eheschließung erfolgte im Juni 1509, drei Monate, nachdem Heinrich seinem Vater auf dem Thron nachgefolgt war.

Heinrich VII. hatte mit sicherem Instinkt für die Erfordernisse der Politik den Stil der Tudorregierung geprägt. Er suchte breite Unterstützung unter der mittleren Beamtenschaft und schätzte die Friedensrichter, die die königliche Rechtsprechung pflegten, hoch ein. Während seiner Regierungszeit berief er das Parlament nur elfmal ein – in den letzten zwölf Jahren nur ein einziges Mal. Die Funktion des Parlaments bestand in Wirklichkeit darin, daß es Heinrich die Macht gab, die er zum Regieren brauchte. Die Durchführung und Auslegung der Gesetze dirigierte er selbst über einen Rat von 20 oder 30 Beratern oder Beamten – einigen Geistlichen, vielen Juristen und nach Tüchtigkeit und Loyalität ausgewählten Laien aus dem niederen Adel oder dem Bürgertum –, die ganz und gar vom König abhängig und durch einen besonderen und persönlichen Treueid an ihn gebunden waren. Heinrich belohnte sie maßvoll mit Titeln und Gütern, mehr jedoch durch sein Vertrauen und die Macht, die sie in seinem Namen ausüben durften. Seine Größe läßt sich am Erfolg seiner Regierung ablesen. Innenpolitisch förderte er die Rechtsordnung und die Einheit des Reichs, was einen Autoritätszuwachs der Krone und Machtverlust des Hochadels zur Folge hatte. Heinrich unterstützte Handel und Industrie im Lande wie im Ausland. 1490 zwang er die Hanse, englischen Kaufleuten in Dänemark und Island dieselben Vorrechte im Handel zuzugestehen, die die Kaufleute der Hanse genossen; 1496 schloß er einen günstigen Handelsvertrag mit den Niederlanden, den *Intercursus Magnus*. In der Außenpolitik verfolgte er einen Kurs des Friedens, ohne sich in Abenteuer einzulassen. Das Ansehen und die Stabilität, die seine zielbewußte Politik dem englischen Reich verlieh, hob seinen Wert als Partner oder Verbündeter. Es gab kaum einen Herrscher auf dem Kontinent, der Heinrich nicht gern gelegentlich in eine Intrige oder einen Krieg hineingezogen hätte, doch er wich solchen Versuchungen aus, soweit sein gesunder Menschenverstand und seine diplomatisch, finanziell und militärisch starke Position es ihm ermöglichten. Auf diese Weise legte er den Grundstein für Englands spätere Aufgabe, das Gleichgewicht der Mächte in Europa zu erhalten. Der Kirche gegenüber zeigte sich Heinrich entgegenkommend, ja freigebig, und er konnte das um so leichter, als er praktisch das Haupt der Kirche von England war. An Bildung und Erziehung interessiert, erwies er sich den Universitäten Oxford und Cambridge gegenüber als großherziger Spender. Häufig hatte er englische oder ausländische Humanisten in seinen Diensten; dem italienischen Humanisten Polydoro Vergil gab er den Auftrag, eine Geschichte Englands im Stile des Livius zu schreiben. Unter Heinrich wirkten die großen englischen Humanisten Grocyn, Linacre, Colet und More. Sie alle waren am Hofe des Königs willkommen.

Heinrichs VII. Sohn und Nachfolger Heinrich VIII. kam, noch nicht 18 Jahre (1509) alt, in den Besitz eines klug verwalteten, befriedeten und blühenden Königreichs, das mit einer gefüllten Staatskasse gesegnet war. Der junge König sah gut aus, besaß Bildung und war beliebt. Er hatte außerdem den Ehrgeiz, eine bedeutende Rolle in der europäischen Politik zu spielen. Auf Einladung des Papstes trat er bereitwillig der Heiligen Liga bei und sandte schon bald im Zusammenhang mit einem allgemeinen Feldzug gegen Frankreich, der allerdings schlecht geplant war und kopflos durchgeführt wurde, Truppenkontingente nach Spanien und Frankreich. Immerhin gewann er einen Vorgeschmack des Ruhmes, den er so leidenschaftlich begehrte, als seine Truppen im August 1513 bei Guinegate in der sogenannten Sporenschlacht die Franzosen in die Flucht schlugen. Dann erklärten die mit Frankreich verbündeten Schotten den Krieg, und Heinrichs Truppen unter dem Kommando Surreys brachten Jakob IV. bei Flodden eine verheerende Niederlage bei, die der schottische König nicht überlebte. Angesichts des hohen militärischen Ansehens Englands war eine Gewichtsverlagerung im europäischen Bündnissystem unvermeidlich. Heinrichs maßgebender Berater Thomas Wolsey erwog umsichtig die Stärke und die zweifelhaften Absichten Spaniens sowie des Reichs mit dem Ergebnis, daß eine Vermählung der schönen Schwester Heinrichs, Maria Tudor, mit Ludwig XII. von Frankreich in die Wege geleitet wurde. Diese Umgruppierung befriedigte sowohl Frankreich, das an seiner Nordgrenze Sicherheit brauchte, als auch England, das nun keine spanische Unterstützung gegen Frankreich mehr nötig hatte; für Ferdinand war sie ein Schock, und sie überraschte fast ganz Europa. Mit einem Schlag war klar, daß England selbständige diplomatische Entscheidungen treffen werde, die nur seinem eigenen Vorteil dienten. Ludwigs früher Tod lähmte das neue Bündnis weitgehend, und Franz I. verhehlte nicht, daß er seine eigenen diplomatischen Pläne habe. Hinzu kam, daß sein Sieg über die Schweizer bei Marignano (13. September 1515) den Erfolg Heinrichs bei Guinegate recht unbedeutend erscheinen ließ. Die folgenden Jahre brachten keine Entscheidung, doch sahen die beiden jungen, heißblütigen Herrscher den Kampf ihrer Länder um die Vorherrschaft in der europäischen Politik als eine Art privaten Zweikampf an.

Ein Thronerbe war Heinrich nicht beschieden, von den Kindern der Königin Katharina blieb nur eine Tochter, Maria (1516–1558), am Leben. Das Fehlen eines männlichen Erben sollte Heinrich und dem englischen Volk viele Jahre lang große Sorgen bringen und die Ursache so manchen Unheils werden.

Die Laufbahn Thomas Wolseys gehört zu den bemerkenswertesten ihrer Art in der englischen Geschichte. Während der ersten Jahre seiner Regierung interessierte sich Heinrich mehr für Sport und Vergnügungen als für die langweilige Regierungsroutine. Der ehrgeizige und energische Wolsey entlastete den König und vermehrte damit seine eigene Macht und seinen Wohlstand. Er verschaffte sich zahlreiche Pfründen und wurde nacheinander Titularbischof von Tournai (1513), Bischof von Lincoln (1514), Erzbischof von York (1514), Kardinal (1515), Lordkanzler (1515), päpstlicher Legat a latere (1518) und verwaltete mehrere vakante Bischofssitze, nicht ohne Gewinn daraus zu ziehen. Als Legat a latere verfügte er in der englischen Kirche über mehr Macht als der Erzbischof von Canter-

Michelangelo: »Das Jüngste Gericht«, 1536-1541; Rom, Cappella Sistina.

bury, als Lordkanzler hatte er Verwaltung und Gerichtswesen des Königreichs in der Hand und traf – im Namen des Königs, der es meist ganz zufrieden war, wenn ihm diese Bürde genommen wurde – die außenpolitischen Entscheidungen. Im Königlichen Rat saßen Wolseys Freunde und Kreaturen an den wichtigsten Plätzen. Um 1520 hatte seine Macht ihren Höhepunkt erreicht. Wohin ihn sein Ehrgeiz und sein übersteigertes Selbstbewußtsein führten, werden wir später noch sehen.

Nach der kurzen Herrschaft Albrechts II. von Habsburg (1438 bis 1439) wurde sein Vetter Friedrich von Steiermark zum Kaiser gewählt. Die Herrschaft Friedrichs III. von 1440 bis 1493 war trotz ihrer langen Dauer für das Reich alles andere als glücklich. Friedrich lagen drei Dinge am Herzen: Astrologie, seine Edelsteinsammlung und die Vermehrung der Macht des Hauses Habsburg. 27 Jahre lang – von 1444 bis 1471 – besuchte er nicht einen einzigen Reichstag, obwohl die Kurfürsten und die Städte ihn häufig und dringend darum baten, da sie mit ihm zusammen Reformen im Aufbau und in der Verwaltung des Reichs beraten wollten. Von seiten der Fürsten und Prälaten lagen zahlreiche Pläne vor, aber in Abwesenheit des Kaisers konnte nichts unternommen werden. Da die Führung fehlte, die man von Friedrich hätte erwarten können, gingen einige Fürsten selbständig vor. So begründete der Herzog von Bayern 1463 einen regionalen Landfriedensbund, um Frieden und Ordnung in Süddeutschland sicherzustellen. Daneben gab es noch andere ähnliche regionale Zusammenschlüsse verschiedener Fürstengruppen. Obwohl solche Bünde eine Zeitlang Bestand haben konnten, ergab sich doch letztlich aus diesen Versuchen, den Frieden zu erhalten, eine Stärkung der Macht der Landesfürsten, die sie für ihre politischen Ziele benutzten. Friedrich war weder der Mann dazu, diesen separatistischen Bestrebungen entgegenzutreten, noch ganz allgemein soviel Vertrauen einzuflößen, daß man ihm zugetraut hätte, er könne Deutschland Frieden und Ordnung bringen.

Dem Papst gegenüber zeigte Friedrich sich willfährig, als die öffentliche Meinung in Deutschland eine selbständige Politik vorgezogen hätte, wie sie Frankreich nach der Pragmatischen Sanktion von Bourges im Jahr 1438 verfolgte. 1448 unterzeichnete Friedrich das Wiener Konkordat mit Papst Nikolaus V., das der Kurie den maßgebenden Einfluß in der deutschen Kirche sicherte. Die wohlbekannte Abneigung des Kaisers, sich in deutsche Angelegenheiten einzumengen, ermutigte die Fürsten und Städte zu endlosen Streitigkeiten. Die fränkischen Städte führten gegen ihren brandenburgischen Oberherrn Albrecht Achilles einen langen aufreibenden Krieg (1449 bis 1451), in den der größte Teil Mittel- und Süddeutschlands verwickelt wurde, doch seitens des Kaisers geschah nichts, um diesem sinnlosen Streit ein Ende zu machen. Fünf Jahre lang führte der Erzbischof von Köln Krieg gegen die Stadt Soest, und wieder sah der Kaiser untätig zu, wie Teile des Reichs verwüstet wurden. 1460 kam es zu einem Krieg zwischen den Hohenzollern und den Wittelsbachern. Friedrich stand auf seiten der Hohenzollern, doch wenn die Wittelsbacher den kürzeren zogen, so war das eher auf die diplomatische Intervention des Papstes zurückzuführen als auf ein tätiges Eingreifen des Kaisers. Im Kampf zwischen Polen und den Deutschordensrittern unternahm der Kaiser ebenfalls nichts, und so gerieten die geschlagenen Deutschherren im zweiten Frieden von Thorn unter polnische Herrschaft (1466). Diese und viele andere geringfügigere Streitigkeiten schmälerten die Autorität der Krone und führten zur Anarchie. Allenthalben verlangte man nach einer Reform der Reichsverwaltung. Doch diese Wünsche erfüllten sich erst, als Maximilian I. im Jahr 1486 seinem Vater auf dem Thron nachfolgte.

Wo es sich freilich unmittelbar um habsburgischen Hausbesitz handelte, verhielt sich Friedrich nicht so passiv. Als Karl der Kühne 1474 versuchte, sich Gebiete anzueignen, die an habsburgischen Besitz am Oberrhein grenzten, griff Friedrich ein. Er machte sich Karls Wunsch zunutze, zwischen Friedrichs

Sohn Maximilian und seiner Erbin Maria eine Heirat zustande zu bringen. Die Vermählung fand 1477 statt, kurz nach dem Tode Karls in der Schlacht bei Nancy, und das reiche Erbe Burgunds, das die Franche Comté und die Niederlande umfaßte, wurde damit habsburgischer Besitz. Nicht das Reich, sondern das Haus Habsburg profitierte von diesem Erbe. Böhmen hatte sich unter dem Hussitenkönig Georg von Podiebrad von der Herrschaft des Kaisers befreit, und Ungarn unter Mathias Corvinus war aus Gründen der Selbsterhaltung ein Feind Habsburgs. Als Mathias 1485 Wien einnahm, mußte Friedrich ohne einen Pfennig die Flucht ergreifen und die deutschen Fürsten um Hilfe, ja sogar um seinen Unterhalt angehen. Im darauffolgenden Jahr wurde Friedrich von den Kurfürsten gezwungen, der Wahl seines Sohnes zum deutschen König zuzustimmen. Von diesem Zeitpunkt an fand Friedrich bis zu seinem Tode kaum noch Beachtung; die Regierung lag in den Händen Maximilians.

Maximilian war ein Mann der Tat. In Deutschland erhofften sich viele von dem jungen, schönen und starken Fürsten, der sich im Krieg gegen Frankreich, Burgund und Ungarn glänzend bewährt hatte, Frieden und Einigkeit für das Land. Doch dieser kraftvolle Herrscher sah sich zahlreichen Schwierigkeiten gegenüber. Die Finanzen des Reichs waren in einem desolaten Zustand. Die Bankhäuser – die Fugger, die Welser und einige andere –, auf die der Kaiser zurückgreifen mußte, wenn er Bargeld brauchte, forderten hohe Zinssätze. 1493 kam es zum Krieg mit Karl VIII. von Frankreich; im Februar 1495 schloß sich Maximilian mit Papst Alexander VI., Venedig, Mailand und Ferdinand von Aragonien zur Liga von Venedig zusammen. Im Lande wurde der Ruf nach einer Reform der Reichsverwaltung immer drängender. Maximilian hätte sich dazu bereit erklärt, sofern sich daraus eine Erhöhung der kaiserlichen Einkünfte ergeben hätte, die er brauchte, um seine Kriege weiterführen zu können. Die Fürsten jedoch und die Städte – die 1489 erstmals als Dritter Stand anerkannt und zum Reichstag geladen worden waren – hatten ihre eigene Vorstellung von einer Reform. 1495 verlangte Maximilian auf dem Reichstag zu Worms die Bewilligung einer Besteuerung auf zehn bis zwölf Jahre hinaus zum Zwecke der Verteidigung Deutschlands gegen Frankreich und die Türken, wobei er dem Reichstag nachdrücklich erklärte, es gehe bei dieser Verteidigung für das Reich um Sein oder Nichtsein. Der Reichstag warf Maximilian vor, er habe seine Versprechen früheren Reichstagen gegenüber nicht gehalten, und legte einen von Berthold von Henneberg, dem Erzbischof und Kurfürsten von Mainz, formulierten Gegenantrag vor, der folgende Forderungen enthielt: Die Reichspolitik wird von einem Rat der Landesfürsten unter Führung der Kurfürsten bestimmt; das Reichsheer wird diesem Rat unterstellt; die Kosten der Reichsverwaltung werden aus einer Reichssteuer, dem »allgemeinen Pfennig«, bestritten, der 0,01 Prozent des Vermögenswertes betragen soll; die Einziehung der Steuer erfolgt durch die Geistlichen, und ihre Verwaltung obliegt einer Kommission, die vom Reichsrat bestellt wird. Natürlich lehnte Maximilian diese starke Einschränkung seiner Macht und seiner Rechte ab. Lange Verhandlungen folgten, und schließlich arbeitete man eine Art Kompromiß aus, der für den Kaiser günstiger war als für die Stände. Ein Landfriede wurde verkündet, der Privatfehden untersagte. Weiter kam es zur Errichtung eines Reichskammergerichts, dessen 16 Mitglieder von den Ständen ernannt werden sollten, während der Kaiser nur den Vorsitzenden, den Kammerrichter, bestimmte; seine Grundlage war das römische Recht. Schließlich wurde auch der »allgemeine Pfennig« gebilligt, doch sollte die Einziehung durch die Fürsten oder die Städte erfolgen und die Verwaltung bei Reichsfiskalbeamten liegen. Der Gewinn des Kaisers bestand darin, daß man den Gedanken an einen obersten Reichsrat fallen ließ.

Auf dem Papier hatte man große Fortschritte in Richtung auf eine brauchbare Reichsverfassung gemacht, und mit Recht gilt der Reichstag von Worms als ein Markstein in der deutschen Geschichte. In der Praxis jedoch stießen die neuen Einrichtungen auf mancherlei Widerstände. Die Fürsten sträubten sich dagegen, Geld für den Kaiser einzuziehen; der Landfriede wurde verletzt, die Kirche wollte das römische Recht dort nicht anerkennen, wo sie früher ihre eigene Gerichtsbarkeit gehabt hatte, und Maximilian zeigte keine Neigung, sich Weisungen seiner Untertanen zu fügen. 1497 erklärte er vor dem Reichstag in Freiburg im Breisgau, er wolle nicht länger wie in Worms »an Händen und Füßen« gebunden sein, und trotz geduldiger Bemühungen Bertholds von Henneberg war zunächst an ein Zusammenwirken von Kaiser und Reichstag nicht zu denken. 1500 kam auf dem Reichstag zu Augsburg ein neuer Kompromiß zustande. Maximilian, der mehrere militärische und diplomatische Rückschläge erlitten hatte, befand sich in einer zu schwachen Position, als daß er den Forderungen Bertholds von Henneberg und der Fürsten hätte Widerstand leisten können. Ein Reichsregiment mit 21 Mitgliedern wurde gegründet. Der Vorsitzende und zwei weitere Mitglieder sollten vom Kaiser ernannt werden. Von den restlichen 18 Mitgliedern waren zwölf die Vertreter der Kurfürsten und Fürsten, und sechs stellten die Landfriedenskreise, in die Deutschland zu Verwaltungszwecken eingeteilt war: der fränkische, bayerische, schwäbische, niedersächsische, westfälische und oberrheinische Kreis. Wieder schien das Abkommen brauchbar, und wieder stellte es sich als Fehlschlag heraus. Maximilian überwarf sich mit dem Rat, weil dieser versuchte, eine Außenpolitik zu treiben, die der seinen zuwiderlief. Die Fürsten weigerten sich, auf ihr althergebrachtes Vorrecht zu verzichten – nämlich, ihre Nachbarn zu bekriegen, wann es ihnen geboten erschien. Der »allgemeine Pfennig« wurde in der Verwirrung vergessen.

In Wirklichkeit war Deutschland für den Föderalismus, den Berthold von Henneberg vertrat, noch nicht reif. Die Ritter, eine mächtige Klasse, konnten nicht überwinden, daß sie im

Reichstag nicht vertreten waren. Der Bruch zwischen dem Kaiser und den Fürsten lag offen zu Tage. Maximilians Gegenmaßnahmen, die Berufung eines ständigen Kaiserlichen Rates und eine verwaltungsmäßige Gleichschaltung seiner österreichischen Länder brachten gewisse Erfolge, so daß Maximilian, als der Reichstag 1505 in Köln zusammentrat, sich in einer günstigen Position befand. Berthold von Henneberg war 1504 gestorben. Maximilians Sohn Philipp, der 1496 Johanna von Spanien geheiratet hatte, war nach dem Tod Isabellas 1504 König von Spanien geworden, und dessen unmündiger Sohn Karl war infolgedessen rechtmäßiger Erbe Spaniens und Burgunds. So genoß Maximilian ein größeres Ansehen als je zuvor. Doch wenn auch die Einteilung des Reichs in zehn Kreise im Jahr 1512 für die Verwaltung von Nutzen war, ließ sich doch ein echter Fortschritt in der Einigung Deutschlands in den letzten Jahren der Regierung Maximilians nicht feststellen, und als er im Januar 1519 starb, hatte sich die Tendenz zum landesherrlichen Separatismus durchgesetzt.

Die drei skandinavischen Königreiche Dänemark, Norwegen und Schweden hatten in stürmischem Wechsel Zeiten der Einigkeit, der Kriege, der Trennung und – unter starken Herrschern – neuer Versuche zur Einigung erlebt. Die Kalmarische Union (1397) unter Königin Margarete schien eine Zeitlang die Ideallösung zu sein, war aber nur für kurze Zeit wirksam. Die Erneuerung der Union in den Jahren 1442 und 1457 stieß in allen drei Ländern und ganz besonders in Schweden auf Widerstand; es wurde deutlich, daß die Neigung zum Separatismus stärker war als die gemeinsame Überlieferung. Hohe Steuern und brutale Maßnahmen bei der Durchführung königlicher Verfügungen erzeugten unter der schwedischen Bauernschaft einen wachsenden Widerwillen gegen die dänische Herrschaft. Diese Dänenfeindlichkeit brachte den schwedischen Adel und die Bauernschaft einander näher. Während der dänische König Christian I. (1448–1481) in Norwegen sofort als König anerkannt wurde und seine Herrschaft im Süden bis über Schleswig und Holstein ausdehnte, bedurfte es zur Gewinnung des schwedischen Thrones eines Feldzugs (1457). Die oldenburgische Dynastie herrschte über ihre Gebiete, als wären sie sämtlich dänischer Besitz. 1471 besiegte Sten Sture der Ältere, Reichsverweser von Schweden, König Christian bei Stockholm; er regierte dann Schweden nicht ohne Schwierigkeiten bis 1497, indem er seine königsgleiche Macht dadurch aufrechterhielt, daß er die Stände begünstigte und einer außerordentlich reichen Kirche Geldgeschenke abzwang. Da sowohl die Kirche als auch der Adel dem dänischen Hofe zuneigten, war Sture 1497 gezwungen, den dänischen König Johann als König von Schweden anzuerkennen. 1501 gelang es Sture, dessen Einfluß und Beliebtheit beim gemeinen Volke groß waren, Johann abzusetzen. Nach Stures Tod im Jahr 1503 wurde die Lage in Skandinavien kritisch. Hemming Gadh, der wendige Berater der Stures, hatte Verbündete unter den Hansestädten gewonnen, so daß der Krieg zwischen Dänemark und den Hansestädten den dänischen Druck auf Schweden verminderte und Sten Sture dem Jüngeren die Möglichkeit gab, nach dem Tode Johanns (1513) sich in Schweden fest in den Sattel zu setzen. Doch bald zeigten sich Schwierigkeiten. Christian II., Nachfolger König Johanns, war gebildet, ehrgeizig und rücksichtslos – ein Herrscher im Sinne Machiavellis. Sobald er in Dänemark und Norwegen die Herrschaft fest in der Hand hatte, ging er daran, seine Anerkennung in Schweden zu betreiben. Dort gab es zwei Parteien. Der Führer der nationalistischen Partei war der Reichsverweser Sten Sture, und der Führer der Dänenfreunde war Stures schlimmster Feind, Gustavus Trolle, der Erzbischof von Uppsala. Sture hatte Trolle 1516 abgesetzt und gefangengenommen und war daraufhin vom Erzbischof von Lund exkommuniziert worden. Letzterer wandte sich nun an Christian II. von Dänemark mit der Bitte, nach Stockholm zu kommen und den schwedischen Erzbischof zu befreien. Christian fiel daraufhin dreimal in Schweden ein. Die ersten beiden Feldzüge waren

Fehlschläge, doch 1520 war er erfolgreich; Sten Sture starb an den Wunden, die er in der Schlacht empfangen hatte. Die Schweden waren durch den Verlust ihres Führers demoralisiert, und Christian wurde am 4. November 1520 in Stockholm gekrönt. Während der Krönungsfeierlichkeiten wurden der schwedische Hochadel und die hohen Beamten Stockholms in das Königsschloß befohlen, dort der Ketzerei angeklagt, gefangengesetzt und am nächsten Tag auf Befehl Christians öffentlich enthauptet. Bald darauf verließ Christian Schweden in der Überzeugung, den Eigenwillen Schwedens gebrochen und seine Herrschaft gesichert zu haben. Das Gegenteil war der Fall. Gerade das Stockholmer Blutbad führte zum Ende der Dänenherrschaft in Schweden. Der Aufstand griff im ganzen Lande und in allen Schichten um sich, und bald war Schweden unter seinem Führer Gustav Wasa, einem jungen Adligen, den Christian einst als Geisel nach Kopenhagen mitgeführt hatte und der später nach Schweden entkommen war, selbständig und von allen dänischen Truppen frei.

Zu Hause in Dänemark hatte Christian zunächst mehr Glück. Er begünstigte die Bürger und Bauern und versuchte, die Macht des Reichstags *(Rigsraad)* durch hohe Steuern und Entzug der überkommenen Privilegien zu brechen. Seine Gesetzgebung war im allgemeinen aufgeklärt und fortschrittlich, förderte Bildung, Handel, Kirchenreform und eine gesunde Finanzpolitik. Schon 1519 zeigte er Sympathien für Luthers Lehren, wenn sein Interesse auch in diesem frühen Stadium rein theoretisch blieb. Indessen riefen Christians entschiedene und schroffe Maßnahmen und die Bedenkenlosigkeit, mit der er sich über Eide und feierliche Versprechungen hinwegsetzte, Widerstand hervor. 1523 sagten viele Adelsgruppen und einige Bürger dem König die Treue auf, und sein Onkel, Friedrich von Holstein, stellte sich an die Spitze eines Aufstands gegen ihn. Entmutigt gab Christian auf und floh nach Flandern, wo er bis zu seinem Tod im Jahr 1559 blieb.

So waren nun auch die drei skandinavischen Königreiche reif

für Veränderungen. Der Geist der Unabhängigkeit von jeder Fremdherrschaft, sei es von seiten der römischen Kirche oder des Königs eines anderen Landes, war zu einer Sache des Volkes geworden.

Ein kurzer Rückblick scheint hier angebracht. In Italien hatten sich die Verhältnisse in den letzten beiden Jahrhunderten stark verändert. Das Haus Anjou, das in seiner Verbindung mit dem Papsttum und den Guelfen zur Zeit Dantes so mächtig gewesen war, spielte in der italienischen Innenpolitik so gut wie gar keine Rolle mehr. Die Bemühungen Frankreichs unter Karl VIII. und Franz I., seine verlorene Position in Italien mit Waffengewalt wiederzuerlangen, führten dort nur zu einer immer stärker frankreichfeindlichen Stimmung. Das Haus Aragon dagegen wurde, wo immer es auftrat – in Sizilien, Neapel und Mailand –, von den Italienern bereitwillig anerkannt. Aus einer Vielzahl von Fürstentümern und Stadtstaaten hatten sich fünf führende Mächte entwickelt: Neapel, Florenz, Venedig, Mailand und das Papsttum. Weniger bedeutende Staaten hatten sich durch Anschluß an einen größeren Nachbarn am Leben erhalten. Das Papsttum, das inzwischen faktisch eine weltliche Macht geworden war, die es an Kriegsbereitschaft und Zynismus mit jeder italienischen Despotie aufnehmen konnte, hatte seinen geistlichen Charakter fast ganz verloren.

Außerhalb Italiens war es ebenfalls zu wesentlichen Veränderungen gekommen. Spanien hatte einen beachtlichen Grad innerer Einheit erreicht und ein weltweites Reich gewonnen, dessen märchenhafter Reichtum es ihm ermöglichte, anderthalb Jahrhunderte lang Europas Geschicke entscheidend zu beeinflussen. Frankreich hatte sich nach den Leiden und Verwüstungen eines mehr als hundertjährigen Krieges zur Zeit Franz' I. zu einer reichen, geeinten und in sich deutlich gegliederten Nation entwickelt, die selbst die törichten Abenteuer Karls VIII. überstehen konnte. Das Reich, das zur Zeit Dantes eine europäische Idee gewesen und auch in der Folgezeit noch das Ziel aller Hoffnungen auf einen allgemeinen Frieden geblieben war, hatte sich zu einem rein deutschen Staatsgebilde entwickelt, das selbst in Deutschland in sich uneins war und, solange es in der Hand deutscher Herrscher blieb, in tiefer Ohnmacht verharrte. Nur der Reichtum Spaniens und der Niederlande und die Überzeugung des spanischen Königs, daß es Gottes Wille sei, wenn er diesen Reichtum zur Erhaltung des Reiches verwende, hatten es als europäische Konzeption gerettet.

Um die Mitte des 15. Jahrhunderts treten im Osten zwei neue angriffslustige Mächte, Rußland und die Türkei, auf. Jahrhundertelang wird ihr Druck auf die westeuropäischen Staaten nahezu jede politische und wirtschaftliche Entwicklung beeinflussen. Keine abendländische Regierung wird es wagen, bei einer politischen Entscheidung die Auswirkungen auf die Politik des Sultans außer acht zu lassen. Mit diesem Wandel im Osten, den Entdeckungen jenseits des atlantischen Ozeans und dem kommerziellen Imperialismus in Afrika, Indien und dem Fernen Osten beginnt die Europäisierung der ganzen Welt, und wenn auch Europa selbst dabei vergleichsweise immer kleiner wird, so wirkt sich doch jede europäische Bewegung und jede europäische Idee bis in den letzten Winkel der Erdkugel aus.

11

Am Vorabend der Reformation

Es braucht nicht eigens betont zu werden, daß die protestantische Reformation sich vor ihrem Auftreten schon seit langem in Europa angekündigt hatte. Jeder Fehlschlag bei dem Versuch, die Mißbräuche zu beseitigen, die sich in der Kirche eingeschlichen hatten, machte es wahrscheinlicher, daß man bedeutend schärfer werde durchgreifen müssen. Hätten Reformbestrebungen, wie sie die Konzile, die Mystiker, manche fortschrittlichen Päpste oder Kardinäle, die Reformer innerhalb der älteren Orden, die reformerisch gesinnten Laien und Humanisten verfolgten, zum Ziele geführt, dann wäre es wahrscheinlich gar nicht zur protestantischen Reformation gekommen, oder sie wäre zumindest noch lange hinausgeschoben worden. Doch alle diese oder ähnliche Bewegungen blieben praktisch erfolglos; sie brachten zwar das Übel zutage, heilten es aber nicht. Die Unzufriedenheit im Volk mit den Mißständen in allen Sparten der Kirche wurde immer stärker und drängte zur Entladung. Neben den eben erwähnten Kräften, die Ordnung und Anstand in der abendländischen Christenheit wiederherzustellen bemüht waren, ist aus der Zeit vor Luther vor allem Erasmus von Rotterdam zu nennen mit jener Mischung aus Gelehrsamkeit, Bildung, Satire und nachsichtiger christlicher Belehrung, die sein Wesen und Denken kennzeichnet.

Es gibt wenige Menschen in der Geschichte der abendländischen Kultur, die von Zeitgenossen und Nachwelt so verschieden

beurteilt worden sind wie Erasmus. Daß dies geschehen konnte, hatte er zu einem guten Teil sich selbst zuzuschreiben. Luther und nach ihm viele Protestanten beschuldigten ihn der Inkonsequenz und warfen ihm mangelnden Mut und opportunistische Verleugnung seines Gewissens und seiner eigenen Erkenntnisse vor. Tatsächlich ist Erasmus, nachdem er die Kirche in allen ihren Rängen vom Gemeindepriester bis hinauf zum Papst angegriffen hatte, dennoch bis ans Ende seines Lebens in ihrem Schoß verblieben. Die Katholiken andererseits hielten ihn seiner Schriften wegen für mitverantwortlich an der protestantischen Feuersbrunst, da er den Feinden der Kirche Munition lieferte, selbst mit dem ganzen Ansehen seiner Stellung als des führenden Gelehrten Europas dem Angriff die Richtung wies und andere, weniger Berühmte dazu ermutigte, die Fackel weiterzutragen. Bis zu einem gewissen Grade haben beide Parteien recht. Daneben gibt es aber noch die dritte Gruppe derer, die für seine Wesensart ein ganz besonderes Verständnis aufbringen. Sie sehen in ihm den großen Liberalen, dem es darum geht, die Botschaft der Kultur und der Mäßigung in einer Welt zu verbreiten, die in fanatischem Sektierertum dem Wahnsinn zutreibt. Sein Lebenslauf und seine Person verdienen sorgfältige Untersuchung.
Erasmus wurde als der jüngere von zwei Söhnen des Gerhard de Praet in Rotterdam zwischen 1466 und 1469 geboren; er selbst hat zu verschiedenen Zeiten drei verschiedene Daten angegeben. Seine Mutter Margarete war eine Witwe, die Tochter eines Arztes aus Zevenberghen bei Rotterdam. Der Vater wurde Ordensmann – wahrscheinlich 1467 –, und so scheint das Verhältnis ein Ende gefunden zu haben. Nach der Grundschule und nicht sehr erfolgreichem Schulbesuch in Gouda wurde Erasmus 1475 auf die Schule der Brüder vom Gemeinsamen Leben in Deventer geschickt, wo er bis 1484 blieb. Der Lehrplan bewegte sich noch ganz in mittelalterlichen Bahnen, Gründlichkeit und Strenge bestimmten den Schulbetrieb, in dem Erasmus sich keineswegs auszeichnete. Erst gegen Ende

dieser Zeit war, wie Erasmus berichtet, ein »Hauch besserer Bildung« zu spüren, als Zinthius und Hegius, zwei Humanisten, als Lehrer an der Schule wirkten. Das Vermögen, das ihm der Vater bei seinem Tod 1484 hinterließ, wurde durch die Testamentsvollstrecker verschleudert oder schlecht verwaltet, so daß die beiden Söhne geistliche Berufe ergreifen mußten. Erasmus trat in das Kloster der Augustiner Chorherren zu Steyn bei Gouda ein, wahrscheinlich im Jahr 1487. Das Klosterleben in Steyn schien ihm zu gefallen, vor allem wohl deswegen, weil er nach Belieben die heidnischen lateinischen Schriftsteller lesen durfte und sich von humanistischen Autoren wie Aeneas Silvius, Agricola und Valla anregen lassen konnte. Briefe und Gedichte, die in diesen eindrucksfähigen Jahren entstanden sind, zeigen ihn als empfindsamen und anspruchsvollen jungen Mann. Was er in Steyn schrieb, kreiste fast ausschließlich um das eine Thema: die Unkultur der mönchischen Gelehrsamkeit und – im Gegensatz dazu – die Schönheit der lateinischen Literatur. Wahrscheinlich brachte ihm der Ruf, ein gewandter Stilist zu sein, 1492 das Angebot ein, Sekretär des Bischofs von Cambrai zu werden. Am 25. April 1492 empfing Erasmus in Utrecht die Priesterweihe und war damit für eine kirchliche Laufbahn qualifiziert. Bei dem Bischof blieb er drei Jahre. Aus dieser Zeit ist wenig bekannt von ihm – die bürokratische Atmosphäre mag ihn nicht sehr befriedig haben. 1495 erlaubte ihm der Bischof, sich an der Universität von Paris zu immatrikulieren. Die dürre scotistische Scholastik, die den Studienplan damals prägte, erregte seinen Spott.

Als Niederländer war Erasmus dem Collège de Montaigu beigetreten, einem jener Kollegien, die ursprünglich kaum mehr als Wohnheime waren, sich dann aber allmählich zu Arbeitsgruppen unter dem Vorsitz eines prominenten Professors entwickelt hatten. Johann Standonck, ein sehr tüchtiger Flame, der bei den Brüdern vom Gemeinsamen Leben in Gouda ausgebildet worden war, stand dem Collège de Montaigu schon seit 1475 vor und hatte es zu einer zwar kleinen, aber doch einflußreichen Institution in Paris ausgebaut. Erasmus fühlte sich von dem asketischen Geist, der dort herrschte, abgestoßen, er wurde krank und mußte für eine Weile in die Niederlande heimkehren, um seine Gesundheit wiederherzustellen. Als er wieder nach Paris kam, mied er das Collège de Montaigu und zog zu einem englischen Studenten, den er unterrichtete. So lebte er eine Zeitlang verhältnismäßig sorgenlos. Seine Freunde waren fast alle Humanisten. Robert Gaguin, ein älterer französischer Historiker und Humanist, war ein nüchterner und strenger Charakter. Erasmus suchte und gewann dessen Freundschaft, und eine seiner ersten Arbeiten war ein lobendes Vorwort zu Gaguins Geschichte Frankreichs. Dagegen war Faustus Andrelinus, ein italienischer Gelehrter in Paris, seinem Auftreten und seinen Sitten nach ein vollkommener Heide; doch Erasmus bewunderte ihn und schloß enge Freundschaft mit ihm.

Erasmus hatte keine regelmäßigen Einkünfte. Er versuchte, sich durch Privatunterricht seinen Lebensunterhalt zu verdienen und hoffte, einen Mäzen zu finden, der es ihm ermöglichen würde, weiterhin ein Leben als Gelehrter zu führen. Sein Wunsch schien sich zu erfüllen, als ihn William Blount, Lord Mountjoy, 1499 aufforderte, mit ihm nach England zu gehen. Während dieses Aufenthalts von weniger als acht Monaten gewann Erasmus die Freundschaft John Colets, der damals über die Paulusbriefe las, und freundete sich auch mit Thomas More an, der zu jener Zeit ein junger und brillanter Rechtsgelehrter war. Colet nahm Erasmus in Oxford freundlich auf und förderte ihn in seinen Studien. Dabei übte Colets stark religiös betonte Haltung tiefe Wirkung auf Erasmus, den in diesem frühen Entwicklungsstadium eher rein literarische und rhetorische Qualitäten einer Schrift ansprachen als ihr religiöser Gehalt.

Anfang des Jahres 1500 war Erasmus wieder in Paris, wo er eine Spruchsammlung mit 878 Aussprüchen antiker Autoren zusammenstellte, die er noch im selben Jahr unter dem Titel

Adagia mit einer Widmung an Lord Mountjoy veröffentlichte. Das Werk gewann sofort allgemeinen Beifall und erlebte – immer wieder erweitert – zahlreiche Neuauflagen. Die letzte von Erasmus selbst besorgte Ausgabe enthielt 3260 Sprüche. Obwohl Erasmus durch dieses Werk berühmt wurde, änderte sich an seiner wirtschaftlichen Misere nichts. Er verfaßte Grabinschriften, Reden und Briefe für reiche Klienten. Das Honorar war unsicher, und er verlor damit kostbare Zeit, die er lieber seinen antiken Autoren zugewendet hätte. In der Überzeugung, daß der Aufenthalt in Paris ihm nichts einbringe, ging er noch im Jahr 1500 nach Orléans, um freilich schon 1501 wieder zurückzukehren und sich an die Arbeit zu machen, die er für seine Lebensaufgabe hielt: nämlich sich ins Griechische zu vertiefen und, sobald er die Sprache beherrschte, eine Ausgabe des Hieronymus in Angriff zu nehmen. Er machte tatsächlich bemerkenswerte Fortschritte und veranlaßte zahlreiche Freunde, sich gleichfalls ernsthaft mit den lateinischen und griechischen Kirchenvätern zu befassen. Die Frucht dieser Zeit und dieser Verbindungen war das *Enchiridion militis christiani*, das Handbüchlein des christlichen Streiters. Dieses warmherzige Lob der christlichen Ideale scheidet den inneren von dem äußeren Menschen, stellt dem Lippendienst innere Redlichkeit gegenüber und rühmt Aufrichtigkeit, Einfalt des Herzens und Nächstenliebe. Das Buch wurde 1503 gedruckt; es erreichte zwar nicht die rasche Popularität der *Adagia*, wurde aber schließlich in zehn Sprachen – Tschechisch und Russisch inbegriffen – übersetzt und übte einen tiefen Einfluß auf die führenden Köpfe der Katholiken wie der Protestanten im 16. Jahrhundert aus.

Im Spätsommer 1505 war Erasmus wieder in England, da er hoffte, von Heinrich VII. eine Pfründe zu erhalten, die seinen Geldsorgen ein Ende machen würde. Nachdem John Fisher, der Bischof von Rochester und Vizekanzler der Universität, ihn nach Cambridge eingeladen hatte, faßte er den Plan, das Doktorat in Theologie zu erwerben. Er begann, eine Reihe von

Vorlesungen über den Römerbrief des heiligen Paulus vorzubereiten. Doch im Sommer 1506 verließ er plötzlich Cambridge und nahm eine Stellung als Erzieher der zwei Söhne des italienischen Arztes von Heinrich VII. auf einer Italienreise an. Unterwegs unterbrach er in Turin die Reise, wo der Erzbischof von Turin Erasmus die Grade des Magisters und des Doktors der Theologie verlieh. Die Reisegesellschaft besuchte alle bedeutenden Städte der italienischen Renaissance, doch Erasmus fand wenig Gutes an der italienischen Kultur und äußerte sich höchst abfällig über den Luxus und die Weltlichkeit des Papsttums. Auf dem Rückweg von Rom blieb er fast ein Jahr in Bologna, das ihn mit seiner gelehrten Atmosphäre besonders ansprach, und vom November 1507 an verbrachte er auf Einladung des Aldus Manutius, des berühmten humanistischen Druckers aus Venedig, elf Monate in der Lagunenstadt – acht davon im Hause des Aldus Manutius. Dieser druckte eine neue und erweiterte Ausgabe der *Adagia,* während Erasmus intensiv an klassischen und patristischen Texten arbeitete, die Aldus herausbringen wollte. Doch im Spätherbst 1508 war er wieder unterwegs. Er hatte die Stelle eines Erziehers des jungen Alexander Stuart erhalten, eines natürlichen Sohnes Jakobs IV. von Schottland, der bereits zum Erzbischof von St. Andrews ernannt worden war. Diese Aufgabe führte Erasmus in verschiedene italienische Städte, und Anfang des Jahres 1509 war er wieder in Rom. Er fand in der Ewigen Stadt wenig, was er hätte bewundern können, ausgenommen die Freiheit, mit der er die Bibliotheken benutzen durfte, und die Freundschaft der Schriftsteller sowie Gelehrten am päpstlichen Hof.

Doch wiederum zog ihn die Hoffnung auf eine gute Versorgung nach England. Der junge, glänzende Heinrich VIII. hatte eben (22. Mai 1509) den Thron bestiegen, und Mountjoy drängte seinen Freund, zu kommen und das nahende goldene Zeitalter der Wissenschaften mitzugenießen. Erasmus traf im Spätherbst 1509 in England ein, wo er zunächst Gast von Thomas More war. Damals entstand in wenigen Tagen jene

Satire, mit der sein Ruhm am engsten verknüpft ist, das *Encomium Moriae* oder das *Lob der Torheit.*

Die Satire war damals eine beliebte Kunstform, und Erasmus hatte Vorbilder wie etwa *Das Narrenschiff* von Sebastian Brant, aber einen so durchschlagenden Angriff auf die menschlichen Schwächen wie im *Lob der Torheit* hat das Jahrhundert wohl kein zweites Mal hervorgebracht. Die Torheit ist als geschwätzige, leicht erregbare Dame dargestellt, die ihre hinreißend naiven Urteile in einer so überzeugend-einfachen Sprache abgibt, daß sich ihnen nichts mehr entgegenhalten läßt. Der Ausgangspunkt ist die Annahme, daß jeder menschlichen Handlung Torheit zugrunde liegt.

Gedruckt wurde das Werk erst 1511. Es fand allgemein eine begeisterte Aufnahme und reißenden Absatz. 1522 waren bereits 20000 Exemplare verkauft, und allmählich erschienen auch Übersetzungen in andere europäische Sprachen. Innerhalb der Kirche war man geteilter Meinung – die Mehrheit fand es wohl zu scharf. Luther hatte Vorbehalte, während die Humanisten es durchwegs mit Vergnügen lasen. Für spätere Generationen ist es ein treuer Spiegel seiner Zeit, und für die Zeitgenossen kam als besonderer Reiz hinzu, daß sie hier die Schwächen und Auswüchse wiederfanden, von denen sie selbst nicht ganz frei waren.

Als Erasmus 1514 rheinaufwärts nach Basel reiste, wo er viele Jahre seines Lebens verbringen sollte, traf er eine Anzahl führender deutscher Humanisten. Man hieß ihn überall als den hervorragendsten Gelehrten seiner Zeit willkommen. Doch die *Adagia,* das *Enchiridion* und das *Encomium Moriae* waren unter seinen Schriften nur die volkstümlichsten. Die Gelehrten kannten auch seine Ausgaben der Klassiker und der Kirchenväter, und sein ausgedehnter Briefwechsel hatte ihn als gründlich und umfassend gebildeten Mann bekanntgemacht. In Mainz begegnete er Ulrich von Hutten, dessen Begeisterung ihm gefiel und der ihn auch über den Streit zwischen Pfefferkorn und Reuchlin unterrichtete. Wie zu erwarten war, ergriff

Erasmus die Partei Reuchlins und schrieb im Laufe des nächsten Jahres gegen Pfefferkorn, obwohl es sonst nicht seine Art war, aktiv in einen Streit einzugreifen. In Straßburg traf er wahrscheinlich Sebastian Brant, der dort Haupt des Humanistenzirkels war. In Basel schloß er Freundschaft mit dem bedeutenden Drucker Johann Froben, der mit seinem Partner Johann Amerbach bis zu seinem Tod im Jahr 1527 noch viele gelehrte Schriften von Erasmus drucken sollte.

1516 vollendete er ein Werk, auf das er sich über zehn Jahre lang vorbereitet hatte: eine Ausgabe des griechischen Textes des Neuen Testaments. Erasmus hatte festgestellt, daß der damals übliche lateinische Text der Vulgata infolge vieler Fehler, die sich in der Handschriftenüberlieferung eingeschlichen hatten, nicht befriedigen konnte, und so war er – wahrscheinlich um 1510 – zu dem Schluß gekommen, daß eine Ausgabe des griechischen Textes veranstaltet werden müsse, die sich unmittelbar auf die Handschriften stützte. Er benutzte zehn griechische Codices, deren ältesten er in das 1. oder 2. Jahrhundert datierte. Heute weisen ihn die Paläographen dem 11. Jahrhundert zu. Die erste Ausgabe seines griechischen Textes des Neuen Testaments kam im Februar 1516 bei Froben in Basel heraus. Erasmus hatte wahrscheinlich davon gehört, daß in Spanien ein von Kardinal Ximenes herausgegebenes Neues Testament in griechischer Sprache erscheinen sollte, das tatsächlich im Januar abgesetzt, aber nicht veröffentlicht worden war. An modernen Maßstäben gemessen, ist Erasmus' Arbeit nicht genügend ausgereift, außerdem wird ihr Wert durch die Unzulänglichkeiten der benützten Handschrift beeinträchtigt. 1519 erschien eine zweite Auflage mit 400 Korrekturen, die nach Einsicht in weitere Handschriften vorgenommen worden waren. Ihr folgten bald zwei weitere Revisionen. Als Erasmus 1536 starb, waren 69 Auflagen des revidierten griechischen Textes erschienen. Das Werk wurde in allen humanistischen und liberalen Kreisen Deutschlands, der Niederlande und der Schweiz freudig aufgenommen. Luthers Bibelübersetzung wäre ohne Erasmus' textkritische Vorarbeiten kaum möglich gewesen. Papst Leo X. schrieb ihm einen anerkennenden Brief, und sein Nachfolger Hadrian VI. forderte Erasmus auf, einen ähnlichen Text des Alten Testamentes herzustellen. Trotzdem wurde Erasmus von konservativen Kreisen heftig angegriffen, vor allem deswegen, weil er 1 Joh 5,8 weggelassen hatte, eine Stelle, die in der Vulgata als Beweis für die Lehre von der Trinität benutzt wurde. Er hatte sie nur deswegen nicht gebracht, weil sie in seinen griechischen Handschriften nicht enthalten war. In die dritte Auflage (1522) nahm er sie auf, nachdem er sie in einer einzigen späten Handschrift gefunden hatte. In seinen späteren Ausgaben war dem griechischen Text eine lateinische Paraphrase beigegeben. Auch das wurde ihm zum Vorwurf gemacht; man sah darin eine indirekte Ablehnung der Vulgata. Erasmus konnte dem entgegenhalten, daß seine Paraphrase schwierige dogmatische Fragen sorgfältig vermied. Er verwies immer wieder auf seine »Philosophie Christi« und spottete über die Geschraubtheit kirchlicher Bräuche und Zeremonien, die seiner Meinung nach die ursprüngliche christliche Botschaft und Gesinnung verdunkelt hatte. In allen Auseinandersetzungen war Erasmus seinen Kritikern weit überlegen, aber solche Streitigkeiten machten ihm keine Freude. Seine Briefe aus jenen Jahren zeigen ihn reizbar, geneigt, sich verfolgt zu fühlen, und überzeugt, daß er allein im Recht sei. Zwischen 1516 und 1521 hielt sich Erasmus meist in den Niederlanden auf, wo er bei Freunden in Brüssel, Antwerpen oder Löwen wohnte. Obwohl er dort große Achtung genoß, war er doch häufig den Angriffen konservativer Theologen ausgesetzt.

Während Erasmus sich in Löwen aufhielt, nahm die Reformation mit Luthers Thesenanschlag an die Schloßkirche zu Wittenberg ihren Anfang. Es war klar, daß Luther und Erasmus einander nicht gleichgültig bleiben konnten. Erasmus hatte jahrelang die Sache der Liberalen vertreten, die im Bewußtsein der Unzulänglichkeiten der Kirche eine Reform der Sitten und Dogmen anstrebten. Luthers Anliegen war das gleiche. So hatten sie zwar ein gemeinsames Ziel, verfolgten es aber nicht im gleichen Geiste.

Das Thema der Thesen Luthers gegen den Ablaß vom 31. Oktober 1517 machte wenig Eindruck auf Erasmus, obwohl er ihre allgemeine Tendenz billigte. Als Luther Anfang des Jahres 1519 an Erasmus schrieb und ihn vorsichtig um ein Zeichen seiner Sympathie für die neue Bewegung bat, zögerte Erasmus seine Antwort fast zwei Monate hinaus, um dann höflich zu erklären, er verhalte sich neutral, weil er damit mehr auszurichten glaube und überhaupt der Ansicht sei, daß man im Guten mehr erreiche als im Bösen. Seine Versuche, neutral zu bleiben und sich mit niemandem zu verfeinden, schlugen fehl. Er wurde von beiden Seiten unter Druck gesetzt. Die päpstliche Partei drängte ihn, sich gegen den Ketzer zu erklären. Luther und seine Anhänger, deren Zahl stündlich wuchs, verlangten von ihm, er solle den Mut aufbringen, sich zu seinen früheren Reformwünschen zu bekennen. Bald wurde Löwen ein Zentrum lutherfeindlicher Gesinnung. Der Druck, den diese Konservativen einerseits und die deutschen und Schweizer Humanistenfreunde andererseits auf Erasmus ausübten, um ihn zu einer klaren Stellungnahme zu bewegen, wurde so stark, daß er sich entschloß wegzugehen. Am 22. Oktober brach er nach Basel auf, angeblich, um den Druck der dritten Auflage des griechischen Neuen Testaments zu überwachen, in Wirklichkeit aber, um sich jene geistige Unabhängigkeit zu bewahren, die ihm so sehr am Herzen lag.

1521–1529 hielt sich Erasmus in Basel auf, wo man ihn in Ruhe ließ und er sich ganz und gar auf seine verschiedenen gelehrten Vorhaben konzentrieren konnte: neue Ausgaben des Neuen Testaments und der *Adagia,* Ausgaben der Kirchenväter – Cyprian, Hilarius, Ambrosius, Hieronymus, Augustinus – und eine Übersetzung des Johannes Chrysostomos ins Lateinische. Er feilte ferner an seinen *Colloquia familiaria,* von denen er manche – zunächst ohne die Absicht einer Veröffentlichung – schon im Jahr 1500 verfaßt hatte, und ließ sie 1519 von Froben drucken. Sie fanden sofort Anklang, und innerhalb von drei Jahren erschienen 25 Ausgaben in den verschiedensten Offizinen. Mit ihnen gelang Erasmus in der Form satirisch gefärbter Geschichten eine durchaus moralisch-pädagogische Schrift, der man diese Haltung freilich nicht so auf den ersten Blick ansah wie dem *Enchiridion militis christiani*. Da in den *Colloquia* viele Personen namentlich angeführt waren, kam es nach ihrer Veröffentlichung zu hitzigen Auseinandersetzungen. Die wiederholte Beteuerung Erasmus', Polemik sei ihm ferngelegen, konnte nicht überzeugen. Die spitze Feder, die ihm eigen war, mußte immer jemanden treffen, so daß Revanchen nicht ausblieben. Jahrelang hatte er sich gegen Angriffe von allen möglichen Seiten zu verteidigen, die sich durch seine Satire getroffen fühlten. 1523 geriet er mit seinem früheren Freund, dem sterbenden Hutten, in Streit, und später unter dem ständigen Druck von Freund und Feind in England und den Niederlanden auch mit Luther selbst.

Als Luthers Bruch mit der Kirche offenkundig wurde, war Erasmus zunächst mit dem Programm des Reformators weitgehend einverstanden. Allerdings hatte er es vermieden, sich offen zu Luther zu bekennen, wahrscheinlich weil er der ehrlichen Überzeugung war, als einflußreicher Neutraler nützlicher sein zu können. Er hatte die Bewegung mit großem Interesse verfolgt und sich bei den höchsten Autoritäten der Kirche und des Staates dafür eingesetzt, daß man Luther und seine Anhänger ihre Sache vortragen lasse. Doch als sich – noch vor dem Reichstag zu Worms im April 1521 – das Tempo der Reformbewegung Luthers beschleunigte und seine Angriffe auf die Einrichtungen der Kirche immer heftiger wurden, schienen alle Bemühungen um eine gütliche Einigung vergeblich, und Erasmus fühlte sich zu seinem Bedauern verpflichtet, selbst seine maßvolle Unterstützung einzustellen. Er lehnte es ab, den Reichstag zu besuchen, und erklärte, er wolle lieber »Zuschauer als Handelnder in diesem Drama« sein. Ein paar Monate lang blieb er neutral und wurde infolgedessen von beiden Seiten scharf angegriffen. Der offene und endgültige Bruch mit Luther erfolgte im November 1521, als Erasmus eine Sammlung *Epistolae ad diversos* herausgab, aus denen deutlich hervorging, daß er Rom die Treue hielt und mit Luther und dessen Mitreformern in Wittenberg nichts zu tun haben wollte. Doch obwohl er mit dem Reformator brechen wollte, brachte er es nicht über sich, den dringenden Bitten seitens der Kirche, Heinrichs VIII. von England, Herzog Georgs von Sachsen und vor allem seines Freundes und Landsmannes, Papst Hadrians VI., nachzugeben und offen gegen Luther zu schreiben. Es dauerte volle zwei Jahre, bis er seine natürliche Abneigung gegen Auseinandersetzungen soweit überwinden konnte, daß er eine der Hauptlehren Luthers, die Lehre von der Prädestination, angriff.

Im September 1524 veröffentlichte er nicht ohne Bedenken seine *Diatribe de libero arbitrio.* Die Tatsache, daß Erasmus diesen Angriff vorbereitete, war den Reformatoren schon viele Monate vor der Veröffentlichung bekannt. Er bedeutete also keine Überraschung für sie. Erasmus äußerte sich maßvoll, aber es bestand kein Zweifel, daß Luther seine Schlußfolgerungen ablehnen mußte. Erasmus argumentierte hauptsächlich mit Hinweisen auf die Bibel, die Schriften der Kirchenväter und die menschliche Erfahrung. Der Wille des Menschen ist frei – wie könnte sonst der Mensch für seine Handlungen verantwortlich sein oder wie ließe sich behaupten, daß Gott gerecht sei? Luther, den die Schrift empörte, hielt es doch für notwendig, Ende des Jahres 1525 in einer langen und leidenschaftlichen Streitschrift zu antworten: *De servo arbitrio.* Er nähert sich dem Gegenstand aus der entgegengesetzten Richtung. Während Erasmus von der menschlichen Erfahrung ausgegangen war, ging Luther von der Annahme der Allmacht Gottes und der Schwäche des Menschen aus. Das bedeutete die Anerkennung eines göttlichen Determinismus und führte zu einer Lehre, die wenig Raum für die menschliche Freiheit läßt.

Erasmus schrieb verbindlich und »vernünftig«, Luther kraftvoll und überzeugend. Ein Kompromiß war praktisch unmöglich. Ziele und Temperamente der beiden Männer blieben unversöhnlich. In einem Brief, den Erasmus an Luther richtete, nachdem er ein Exemplar seiner Schrift erhalten hatte, beschuldigte er diesen, bewußt die Flamme zu schüren, während er, Erasmus, bestrebt sei, die Wogen zu glätten. Doch obwohl er seine friedlichen Absichten beteuerte, trug auch er zur weiteren Erhitzung der Atmosphäre bei, indem er im März 1526 den *Hyperaspistes,* eine umfangreiche Verteidigung seiner *Diatribe* veröffentlichte. Inzwischen war die Reformation schon längst über das Stadium hinaus, in dem über derartige theologische Feinheiten disputiert wurde. Die feste, ja glühende Überzeugung der Reformatoren, daß die Lehre von der Gnade und die Lehre von der Allmacht Gottes durch nichts zu ersetzen sei, war nun schon zu weit verbreitet und geläufig, als daß irgendeine logische oder »vernünftige« Gegenmeinung hätte hingenommen werden können. Viele Freunde des Erasmus bekannten sich inzwischen zur Reformation, und so fühlte er sich einigermaßen isoliert und im Stich gelassen.

In die Geschichte muß Erasmus als der große Vertreter des Mittelweges eingehen, eines gemäßigten Konservatismus in Wort und Tat zu einer Zeit, in der ein maßvolles Verhalten weder die gelehrte Welt noch das gemeine Volk ansprach. Nicht nur, daß die meisten liberalen Gelehrten in Deutschland die neutrale Haltung Erasmus' den Reformidealen gegenüber ablehnten – auch die Humanisten italienischer Schule stimmten nicht mit ihm überein. Diese letzteren standen dem aufrichtigen Christentum Erasmus' von Grund aus fern, während ihr Paganismus ihn abstieß. Genauso wie er Luther angegriffen hatte, weil dieser die Evidenz der menschlichen Erfahrung hinsichtlich der Freiheit des menschlichen Willens ignorierte, so griff er die heidnischen Humanisten im *Ciceronianus* an, einem 1528 entstandenen Colloquium, in dem er sich über ihre Affektiertheit lustigmachte. Die Hiebe müssen gesessen haben, denn in den folgenden Jahren schrieben mehrere französische Humanisten scharfe Erwiderungen, die Erasmus vernünftigerweise unbeachtet ließ. Die Sympathien der gelehrten Welt waren in dieser Auseinandersetzung auf seiner Seite.

Im Februar 1529 nahm die Stadt Basel plötzlich die reformierte Lehre an und verbot offiziell den katholischen Gottesdienst. Der führende Kopf hierbei war Oecolampadius, der früher ein Freund und Verehrer von Erasmus gewesen war, sich aber nach dessen Bruch mit Luther von ihm zurückgezogen hatte. Erasmus geriet in eine peinliche Lage. Entschlossen, sich seine Unabhängigkeit zu bewahren, ging er, ein alternder und kranker Mann, nach Freiburg, wo man ihn freundlich aufnahm und zum Professor an der Universität ernannte. Während seines Aufenthalts in Freiburg vollendete er 1533 seine Schrift über die Kunst des Predigens, *Ecclesiastes,* die 1535 bei Froben gedruckt wurde. Er hatte dieses sein umfangreichstes Werk John Fisher, dem Bischof von Rochester, widmen wollen. Am 22. Juni 1535 wurde dieser auf Befehl Heinrichs VIII. hingerichtet, weil er seiner Vorstellung von der Einheit der christlichen Kirche treu blieb. Zwei Wochen später folgte ihm Thomas More, auch ein vertrauter Freund Erasmus', auf das Schafott. Erasmus, der unmittelbar nach seiner Rückkehr nach Basel von der Hinrichtung seiner Freunde erfuhr, war tief betrübt. »Mir ist, als wäre ich mit More gestorben, so sehr waren unsere Seelen eins.« Nachdem nun die meisten seiner Freunde tot waren, fühlte er sich ganz und gar verlassen. Der neue Papst, Paul III., dem der vereinsamte Erasmus einen Glückwunschbrief geschrieben hatte, antwortete freundlich und lud ihn ein, an dem Einigungswerk des bevorstehenden Konzils mitzuarbeiten. Obwohl Erasmus schon bettlägerig war, blieb er bis an sein Ende tätig. Er starb am 12. Juli 1536.

Erasmus ist in gleicher Weise von maßgebenden Katholiken und Protestanten verdammt und geschmäht worden. Seine Werke kamen auf den Index. Die Protestanten haben ihm nachgetragen, daß er sich nicht offen zur Reformation bekennen wollte, und doch haben die Reformatoren der ersten und zweiten Generation sich nicht gescheut, reichliche Anleihen bei ihm zu machen. Zwischen diesen Extremen hat Erasmus viele eifrige Verteidiger und Anhänger gefunden. Aber braucht er denn eine Verteidigung? Das großartige Denkmal christlicher Gelehrsamkeit, das er der Nachwelt hinterlassen hat, die Tapferkeit, mit der er gegen Frömmelei und Scheinheiligkeit, Unwissenheit und Trägheit angekämpft hat, der Mut, mit dem er sich sein Leben lang geweigert hat, für die eine oder für die andere Seite Partei zu ergreifen, da er sie beide nicht uneingeschränkt anerkennen konnte – das alles genügt, um zu rechtfertigen, daß er vor der Geschichte als einer der größten Charaktere dieses Jahrhunderts dasteht. Ob er eine Stimme aus der Vergangenheit war oder der Prophet eines neuen Zeitalters, ob wir ihn rückblickend als Befürworter eines farblosen Neutralismus ansehen in einer Krisenzeit, die eine klare Stellungnahme verlangte, oder als Vorkämpfer für Toleranz und Vernunft – das sind Entscheidungen, die jeder für sich selbst treffen muß. Mehr hätte Erasmus auch nicht verlangt.

12

Luther und das Luthertum

DIE WURZELN der gewaltigen religiösen und sozialen Bewegungen des 16. Jahrhunderts lassen sich bis tief ins 15., ja sogar bis ins 14. Jahrhundert zurückverfolgen. Das ändert jedoch nichts an der Tatsache, daß – soweit sich das aus unserem zeitlichen Abstand beurteilen läßt – kein anderer den Lauf der Dinge so hätte beschleunigen können, wie Luther es getan hat. An Eifer, an Sprachgewalt, an Verständnis für Wesen und Gemüt des deutschen Volkes, an Kraft, eine ganze Generation zu überzeugen und mitzureißen, und an Mut, sich den Folgen eines Bruchs mit einer allgemeinen anerkannten Institution zu stellen, kann sich keiner seiner Zeitgenossen mit ihm messen. Seine Energie und seine Persönlichkeit faszinieren die Gelehrten seit Jahrhunderten, und es ist kaum vorstellbar, daß das Interesse an seinen Gedanken und seiner Entwicklung in Deutschland oder der übrigen westlichen Welt abnehmen wird. So scheint es notwendig, Luthers Leben und Laufbahn eingehend zu betrachten, zumal die Geschichte der Frühzeit der Reformation sich weitgehend mit der Geschichte der kritischen Wende in Luthers Denken deckt.

1482 zogen Hans Ludher und seine junge Frau Margarete Ziegler mit ihrem Sohn von Möhra in Thüringen, wo eine weitverzweigte Sippe Luder (oder Ludher) schon seit Generationen ansässig war, nach Eisleben, denn dort bot der Kupferbergbau einem energischen und strebsamen jungen Menschen gute Chancen. Am 10. November 1483 wurde ihnen ein zweiter Sohn geboren und am Tage des heiligen Martin auf dessen

Namen getauft. Ein Jahr darauf zog Hans Ludher nach Mansfeld am Harz, wo die beruflichen Aussichten noch besser waren. In diesen frühen Jahren herrschte Armut im Hause Ludher, und erst als der Zweitgeborene in die Schule kam, hatte der Vater finanziell einige Bewegungsfreiheit. 1491 finden wir ihn neben drei weiteren Mansfelder Bürgern als Vertreter der Bürgerschaft im Stadtrat. Der Erfolg blieb ihm treu, und bald konnte man ihn als Kapitalisten bezeichnen, denn 1502 pachtete und betrieb er Schächte und Schmelzöfen. 1507 wurde ein solcher Vertrag erneuert; Hans Ludher war jetzt schon Mitbesitzer von sechs Schächten und zwei Schmelzöfen.

Der Schulunterricht, den sein Sohn Martin in Eisleben erhielt, beschränkte sich auf Lesen, Schreiben, Latein und Singen und war ganz und gar auf die Vorbereitung für die niedere Geistlichkeit zugeschnitten. In späteren Jahren beklagte sich Luther über die mechanischen Methoden und das Fehlen eines Geschichtsunterrichtes. Im Elternhaus herrschte aufrichtige Frömmigkeit, doch glaubten Vater und Mutter, wie das am Ende des 15. Jahrhunderts in ganz Europa üblich war, immer noch an Hexen und böse Geister und hielten sich, um sich vor ihnen zu schützen, streng an die Anweisungen der Kirche. Die Kinder waren gewöhnt zu gehorchen, doch herrschte keine übertriebene Strenge, und Luther hat, als er selbst Vater war, die Zucht im Elternhaus im allgemeinen positiv beurteilt.

Als er mit 13 Jahren in der Mansfelder Schule nichts mehr lernen konnte, schickte ihn der Vater auf eine bekannte Schule nach Magdeburg. Der dortige Dom war Mittelpunkt eines regen religiösen Lebens, und das Jahr, das Luther auf der Domschule verbrachte, wo mehrere Brüder vom Gemeinsamen Leben lehrten, machte einen tiefen Eindruck auf ihn.

Ostern 1498 kehrte er nach Mansfeld zurück, um dann in Eisenach die St.-Georgs-Schule zu besuchen, die damals von Johannes Trebonius, einem tüchtigen und dynamischen Lehrer, geleitet wurde. Luther war jetzt alt genug, um aus dem Umgang mit reiferen Menschen Nutzen ziehen zu können. Im

Hause des wohlhabenden, frommen und klugen Kaufmanns Heinrich Schalbe war er ein ebenso gern gesehener Gast wie bei Schalbes Cousine, Frau Ursula Cotta, bei der er vielleicht sogar einige Monate gewohnt hat. Der Schüler machte gute Fortschritte, und da der Vater es sich leisten konnte, den begabten Sohn weiter ausbilden zu lassen, bezog Luther bald die Universität Erfurt, die damals als besonders gut galt.

Luther immatrikulierte sich in Erfurt im Frühjahr 1501 und studierte zunächst unter der Leitung von Dr. Jodocus Trutvetter, der als hervorragender Gelehrter und Lehrer weithin anerkannt war. Es gab in Erfurt über 2000 Studenten, und die Stadt mit ihren etwa 20000 Einwohnern zeigte ein reges wirtschaftliches und kirchliches Leben. Luther wurde Mitglied der Burse zum Heiligen Georg. Jede Burse hatte ihre strengen Vorschriften etwa bezüglich der Kleidung, die im Wohnheim und auf der Straße getragen werden mußte, oder der Zeiten, zu denen studiert und gegessen wurde. Luthers Zimmergenosse, der spätere Humanist Crotus Rubeanus bezeugt das Ansehen, das sein gelehrter Freund unter den Kommilitonen genoß. Im September 1502 legte Luther zum frühestmöglichen Termin das Baccalaureusexamen ab, um sofort den dreijährigen Kurs für den Magistergrad anzuschließen, den er 1505 erwarb.

Die Universität Erfurt gehörte zu den fortschrittlicheren Hochschulen Deutschlands. Peter Luder, Conrad Celtis und Jakob Wimpheling hatten dort gewirkt. Luthers Lehrer Trutvetter war mit den antiken Autoren vertraut und hielt seine Studenten dazu an, die großen lateinischen Dichter und Prosaschriftsteller zu lesen. Das muß Luther bis zu einem gewissen Grad auch getan haben, denn aus seinen Schriften geht hervor, daß er Cicero, Vergil, Ovid, Livius, Terenz, Juvenal und Horaz gründlich kannte. Dagegen besaß er damals nur geringe Kenntnisse im Griechischen und Hebräischen, wie ihm überhaupt als Studenten und auch späterhin der Geist des klassischen Humanismus fremd war. Andererseits entsprach die

Scholastik, die seiner Ausbildung zugrunde lag, seinem Wesen kaum besser. Die in Erfurt vorherrschende philosophische Richtung war die *via moderna* Ockhams, wie sie D'Ailly und Gabriel Biel interpretierten; die Ergebnisse der Wissenschaft wurden prinzipiell zwar anerkannt, aber in Glaubensfragen galt der Satz, daß nicht Wissenschaft, sondern Offenbarung ausschlaggebend sei. Für die Kirche bedeutete dies, daß sie als Hüterin der Offenbarung über die Summe des Wissens in diesen Fragen verfüge. Die Grundrichtung fand Luthers Zustimmung; er bezeichnete sich selbst in späteren Jahren als Ockhamisten.

Sobald Luther den Magistergrad erworben hatte, stand ihm die Laufbahn des Universitätsprofessors offen. Tatsächlich begann er am 23. April 1505 die Vorlesungsreihe an der philosophischen Fakultät, die ihm als neuem Magister vorgeschrieben war. Dazu erwartete man von ihm die Fortführung seiner Studien in welcher Richtung auch immer. Von Freunden und wahrscheinlich auch von seinem Vater gedrängt, entschloß er sich, einen juristischen Grad anzustreben. Rechtsgelehrsamkeit bahnte den Weg zu vielen wichtigen und einträglichen Posten. Sechs Wochen jedoch nach seiner Immatrikulation in der juristischen Fakultät hatte er ein Erlebnis, das ihn tief erschütterte. Als er am 20. Juni nach einem kurzen Besuch bei seinen Eltern in Mansfeld während eines Gewitters nach Erfurt zurückkehrte, schlug neben ihm ein Blitz ein, der ihn zur Erde warf. Zu Tode erschrocken rief er aus: »Heilige Anna, hilf mir, ich will ein Mönch werden!« Es ist klar, daß einem solchen einschneidenden Entschluß eine Zeit seelischer Spannung, des Zweifels und der inneren Prüfung vorangegangen sein muß. Das Gewitter hatte die Entscheidung nur beschleunigt. Später äußerte er einmal, er habe das Gelübde schon bald bereut, und seine Freunde hätten ihn überreden wollen, es nicht zu halten. Doch er blieb fest; am 17. Juli 1505 bat er um Aufnahme in den Orden der Augustiner-Eremiten in Erfurt. Dieser Orden galt als sehr streng, und dieser Umstand mag Luthers Wahl beeinflußt haben. Sein Vater war zunächst entrüstet und erklärte, er wolle mit einem so undankbaren Sohn nichts mehr zu tun haben; später lenkte er ein und fand sich, wenn auch widerstrebend und betrübt, damit ab. Nach einer Bedenkzeit von zwei Monaten wurde Luther als Novize in den Orden aufgenommen und mußte sich nun mit dem mönchischen Leben in allen Einzelheiten vertraut machen. Seine Sorgen und Zweifel ließen nicht nach, doch seine Frömmigkeit und sein ernstes Streben verfehlte seinen Eindruck auf die Mitbrüder nicht, so daß das ganze Kloster sich mit ihm freute, als er am Ende des Noviziats das Mönchsgelübde der Keuschheit, des Gehorsams und der Armut ablegte. Der nächste Schritt war die Weihe zum Subdiakon und Diakon und schließlich am 4. April 1507 zum Priester. Noch immer voller Zweifel, erfüllte Luther gewissenhaft alle seine Pflichten. Der Orden bestimmte ihn aufgrund seiner früheren akademischen Erfolge zum Theologieprofessor, und Luther begann 1507 sein Studium, um 1509 Baccalaureus der Theologie zu werden.

Auf dem Wege zum Doktorgrad gab es mehrere Unterbrechungen. 1508 wurde Luther nach Wittenberg geschickt, wo er über Moralphilosophie las. Der sparsame Kurfürst Friedrich nahm an seiner neuen Universität (1502) als Professoren nur zu gern Augustinermönche auf, denen er infolge ihres Armutsgelübdes keine Gehälter zu zahlen brauchte. Seit 1502 hatte Johannes von Staupitz, der Generalvikar der sächsischen Provinz des Augustinerordens, den Lehrstuhl für Theologie inne, während Bruder Martin Luther von 1508 bis 1509 Moralphilosophie lehrte. Im Oktober 1509 wurde er von Staupitz in einer Ordensangelegenheit nach Rom gesandt, die dann allerdings während seiner Abwesenheit in Deutschland geklärt wurde. Um seine Erfahrungen und Erlebnisse während dieses Romaufenthalts ranken sich allerlei Legenden. Nicht sehr wahrscheinlich ist, daß die Reise einen entscheidenden Einfluß auf seine religiöse Entwicklung ausgeübt hat. Luther selbst gestand, daß er sich eifrig alle Ablässe verschaffte, die Pilgern

angeboten wurden. Und wenn er auch wie jeder überzeugte Christ auf die Weltlichkeit der italienischen Geistlichkeit reagierte, so tat das seiner Loyalität dem Papst gegenüber keinen Abbruch. Im Februar war er wieder in Deutschland, wo ihn neue Aufgaben erwarteten. Er wurde neuerlich nach Wittenberg gesandt und erhielt am 19. Oktober 1512 den Doktortitel der dortigen Universität. Kurfürst Friedrich von Sachsen bestritt die Promotionskosten und veranlaßte seine Ernennung zum Professor der Theologie an der Universität Wittenberg.
Der Dekan der Fakultät, Andreas Karlstadt, hielt sich selten an der Universität auf, und so konnte Luther lehren, wie er es für richtig hielt. Er legte seinen Vorlesungen den Bibeltext zugrunde, begann mit den Psalmen und lehnte die übliche Methode ab, nach der die Kommentatoren des Bibeltextes im Mittelpunkt standen. In diesem frühen Stadium fällt die durchaus mittelalterliche Methode der sinnbildlichen Darstellung noch stark ins Gewicht. Bedeutsamer aber ist die Tatsache, daß Luther unmittelbar auf die Heilige Schrift zurückgreift. Er schafft damit einen ganz neuen Ausgangspunkt für diese Exegese und tut auf diese Weise einen Schritt, der für die ganze Reformation richtungweisend wurde. Weiter läßt sich schon in dieser frühen Zeit feststellen, daß ihm das Problem der Rechtfertigung besonders am Herzen lag. Das lateinische Wort *iustitia* kann zweierlei bedeuten: Gerechtigkeit, mit der Gott den Sünder aburteilt und bestraft, oder Rechtfertigung, die Gott dem Gläubigen durch Gnade zuteil werden läßt. Diese Unterscheidung ging Luther in seinem Studierzimmer im Turm des Klosters zu Wittenberg auf, als er über einen Satz des Paulusbriefs an die Römer nachdachte: »die Gerechtigkeit, die vor Gott gilt, welche kommt aus Glauben in Glauben« (1,17).
Doch nicht nur Studium und Inspiration beeinflußten Luthers Entwicklung. Sein Freund und Vorgesetzter Staupitz war ihm zugleich auch Lehrer und Führer. Ihm trug er alle seine Fragen und Zweifel vor, und Staupitz verwies ihn immer wieder

auf die Gnade und Liebe Gottes und riet ihm, seine Gedanken über alle scholastischen Argumente und die menschliche Logik hinaus auf die Person und die Sendung Christi zu richten.

Luther setzte bis in den Sommer des Jahres 1515 seine Vorlesungen über die Psalmen fort. Dann wurde er zum Studienleiter des Wittenberger Klosters seines Ordens sowie auf drei Jahre zum Ordensvikar ernannt. In dieser Eigenschaft hatte er die Aufsicht über elf Augustinerklöster in Thüringen und Meißen, wozu auch Dresden, Gotha, Erfurt und Magdeburg gehörten. Damit hatte er eine beträchtliche Verantwortung übernommen, las und predigte aber trotzdem weiterhin an der Universität. In diesen Jahren arbeitete er an seiner nächsten großen Vorlesungsreihe über den Römerbrief. Inzwischen hatte sich seine Bekanntschaft mit Georg Spalatin, der mit ihm in Erfurt studiert hatte und dann Bibliothekar, Hofkaplan und Sekretär des Kurfürsten Friedrichs des Weisen von Sachsen geworden war, zu einer engen Freundschaft entwickelt. Es sind 430 Briefe Luthers an Spalatin erhalten, die sich durch eine erstaunliche Vielfalt der behandelten Themen auszeichnen. Da Luther in der Kontroverse zwischen Reuchlin und Pfefferkorn für Reuchlin Partei ergriffen hatte, stand er von 1514 bis 1517 auch in freundschaftlichen Beziehungen zu den deutschen Humanisten.

Luther hatte sich in der Zwischenzeit gute Griechischkenntnisse und etwas Hebräisch angeeignet, so daß er die Exegese des Römerbriefs wohl vorbereitet in Angriff nehmen konnte. Als Erasmus 1516 seine Ausgabe des griechischen Neuen Testaments herausbrachte, hatte Luther alles, was er brauchte, um einen Kommentar zusammenzustellen, der ihn befriedigen konnte. Er stützte sich dabei vor allem auf Augustinus. An Frische des Ausdrucks und Eigenständigkeit der Gedanken ist diese Arbeit jener über die Psalmen weit überlegen. Luthers zentrale Anliegen sind jetzt die unausrottbare Sündigkeit des Menschen, die Unwirksamkeit der Werke und die Unfähigkeit des menschlichen Willens, das Gute zu wollen. Hieraus folgt,

daß der Mensch unbedingt der gnädigen Vergebung Gottes und des freien – nämlich unverdienten – Geschenkes der Gnade bedarf.
1516 stieß Luther während seiner Beschäftigung mit dem Römerbrief auf die Predigten Johann Taulers, dessen Mystik einen sehr starken Einfluß auf ihn ausübte. Im gleichen Jahr noch entdeckte er die *Theologia Teutsch*, die er zunächst ebenfalls für ein Werk Taulers hielt. Er schätzte sie so hoch, daß er sie mit einem enthusiastischen Vorwort herausgab. Auf diese Weise machte sich Luther mit dem religiösen Erbe Deutschlands vertraut. Daß es ihm so leicht fiel, zeigt, wie sehr er sich mit der deutschen Überlieferung in Übereinstimmung befand. Aus diesen Vorlesungen spricht eine immer stärkere Kritik gegenüber der Geistlichkeit und den Mißbräuchen der Kirche, wie sie freilich unter den gewissenhafteren Angehörigen der Mönchsorden und an den Universitäten nicht ungewöhnlich gewesen sein mag, ja von der Öffentlichkeit wohl sogar erwartet wurde. Doch Luthers Sprache war kräftig, und die Beispiele, die er anführte, waren jedermann bekannt.
Seine theologischen Vorstellungen gewannen immer mehr an Klarheit, und sein Vertrauen in die eigene Stellung, das ihm teils gefühlsmäßig und unkontrolliert, teils mit Hilfe von gelehrten Untersuchungen und logischen Überlegungen zugewachsen war, festigte sich allmählich. Im Spätsommer 1516 war er so weit, daß er den Supremat des Aristoteles und seiner scholastischen Anhänger öffentlich ablehnte, und zwar vor allem, soweit sie Aristoteles als Führer zur christlichen Theologie hinstellen wollten. Nachdem Luther im September 1516 die Vorlesungen über den Römerbrief beendet hatte, behandelte er vom Oktober 1516 bis März 1517 den Brief an die Galater. In der festen Überzeugung, daß Erlösung nicht durch gute Werke bewirkt werde und daß Rechtfertigung allein durch den Glauben möglich sei, bekannte er sich voll und ganz zu der von Paulus und Augustinus vertretenen These, nach der der Glaube den Sünder aus den Fesseln der Sünde befreit und

nur unverdiente Gnade ihn vor dem Angesicht Gottes gerecht erscheinen läßt. Hierin sah er den eigentlichen Kern des Evangeliums.

In seinen öffentlichen Predigten, zu denen sich Bürger wie Studenten drängten, vertrat er dieselbe Auffassung und übte damit einen starken Einfluß auf die gesamte Universitätsgemeinschaft aus, die seiner Lehre ohnehin schon zuneigte. Allmählich wurde er auch in anderen Teilen Deutschlands bekannt – sein Briefwechsel zwischen 1516 und 1517 macht das ganz deutlich. Als er im März 1517 die Vorlesungen über den Galaterbrief beendet hatte, beschloß er, über den Brief an die Hebräer zu lesen. Diese Vorlesungen dauerten bis zum April 1518. Doch inzwischen war Luther schon in den Streit über den Ablaß verwickelt worden.

Der Ablaß, der dem Reuigen einige oder alle zeitlichen Strafen *(poena temporalis)* erläßt, die er nach erfolgter Sündenvergebung noch abzubüßen hätte, läßt sich vor den Kreuzzügen kaum feststellen und wurde erst im späten 13. Jahrhundert ganz allgemein zur Einkommensquelle des Papsttums. Es liegen aber genügend Zeugnisse dafür vor, daß es im 13. Jahrhundert bereits allgemein üblich war, einem jeden, der für einen Ablaß zahlte, einen Nachlaß der Strafe *(poena)* und der Schuld *(culpa)* zur gewähren. Nachdem sich Bonifaz VIII. 1300 für das Heilige Jahr der Ablässe gewinnbringend bedient hatte, verbreitete sich diese Gepflogenheit rasch. Man zehrte von dem in der Hut der Kirche befindlichen »Schatz der Verdienste« Christi und der Heiligen und glich damit den Mangel frommer Werke seitens des Bußfertigen aus. Das Konzil von Konstanz (1415) versuchte dem Papst in der Anwendung des Ablaßwesens Beschränkungen aufzuerlegen, zumal es theologische Einwände dagegen gab, daß der Ablaß mit Hilfe der wichtigen Wendung *a poena et a culpa* ganz allgemein auf das Erlassen der Schuld des Büßers ausgedehnt werden könne – eine Ausweitung, die man der kanonischen Rechtsprechung der Kirche bisher nicht zugebilligt hatte. Spätere Päpste jedoch pflegten das Ablaßwesen weiterhin, und im Lauf des 15. Jahrhunderts wurde es auch noch auf die Seelen der Verstorbenen ausgedehnt. Der Ablaß in dieser Form setzte weiter nichts voraus, als daß derjenige, der ihn erwarb, eine bestimmte Summe Geldes dafür erlegte. Allerdings muß darauf hingewiesen werden, daß zwischen der dogmatischen Auslegung vieler Theologen, die im Ablaß einen Teil des Bußsakramentes sahen, und der Auffassung des einfachen Volkes ein Unterschied bestand. Das letztere hatte keinen Zweifel daran, daß der Ablaß es von der Strafe und der Schuld befreie, die es sich durch seine Sünden zugezogen hatte, und die berufsmäßigen Ablaßhändler gaben sich keine Mühe, diesen Irrtum zu berichtigen.

Gegen Ende des Jahres 1514 organisierte Papst Leo X. eine Aktion, um Geld für den von seinem Vorgänger, Julius II., begonnenen Umbau der Peterskirche in Rom aufzubringen. Der Ablaßhandel war das sicherste Mittel, um die erforderlichen ungeheuren Summen zusammenzubringen. Erzbischof Albrecht von Brandenburg, der Kurfürst von Mainz, wurde damit beauftragt, die für Norddeutschland festgesetzten Summen einzutreiben. Albrecht hatte erst kurz zuvor 30000 Dukaten von den Fuggern in Augsburg geliehen – 20000 für das Pallium des Erzbischofs und 10000 für das Recht, das Erzbistum Magdeburg in Besitz zu nehmen. Die Fugger vereinbarten daher mit dem Papst (1515), die Ablaßsammlung in jenem Bezirk zu übernehmen, wobei sie die Hälfte der Erträge zur Tilgung der Schulden Albrechts für sich behalten und die andere Hälfte an den Papst abführen sollten. Die Abmachung wurde erst im Mai 1517 in aller Form getroffen.

Da es sich beim Ablaßhandel doch weitgehend um einen religiösen Vorgang handelte, mußte zumindest die Leitung ein Priester haben. Der Erzbischof wählte für diesen Zweck Johann Tetzel, einen Dominikanermönch aus, der von 1504 bis 1510 Inquisitor in Sachsen gewesen war und über reiche Erfahrungen in der Geldbeschaffung durch den Verkauf von Ablässen verfügte. Er hatte von 1507 bis 1509 große Summen für die Deutschherren aufgebracht und war im folgenden Jahr vom Kurfürsten Friedrich dem Weisen von Sachsen damit beauftragt worden, durch den Verkauf von Ablässen, die dem Käufer an Fasttagen den Genuß von Milchspeisen erlaubten, Geld zu beschaffen. Tetzel kannte alle Kniffe seines Handwerks. Seine Instruktionen an seine Untergebenen umfaßten sogar Muster von Ablaßpredigten und waren ebenso gründlich wie wirksam. Im Frühjahr 1517 begann Tetzel seine Tätigkeit als Ablaßprediger. Kurfürst Friedrich hatte den Verkauf von Ablässen auf seinem Gebiet untersagt, nicht etwa aus moralischen Bedenken, sondern weil er an dem Geschäft zwischen Albrecht und den Fuggern nicht beteiligt war. Die Versprechungen Tetzels verbreiteten sich rasch. Je mehr Luther über Tetzels Praktiken hörte, um so fester wurde seine Überzeugung, daß das ganze System falsch war. Als Tetzel sich in Jüterbog dem kursächsischen Gebiet näherte, gingen Wittenberger aus Luthers Gemeinde über die Grenze, kauften Ablässe und brachten sie stolz nach Hause.

Luther weigerte sich, diese Ablässe bei der Beichte anstelle von Reue und Buße anzuerkennen, griff aber Tetzel zunächst noch nicht offen an. Mehrere Monate studierte er das Ablaßwesen gründlich. Er fand oder glaubte zu finden, daß Buße in der kirchlichen Praxis als Sühne für eine begangene Sünde angesehen werde, während Reue, wie sie von der Heiligen Schrift verlangt werde, in einem Wandel des Sinnes und des Herzens bestehe. Aufgrund dieser Untersuchungen beschloß er Ende Oktober, den ganzen Komplex dadurch zur Sprache zu bringen, daß er zu einer öffentlichen gelehrten Disputation über den Ablaß aufrief. Er bereitete sich sorgfältig vor, indem er eine Liste mit 95 Thesen zum Thema Buße und Ablaß aufstellte, die er zum Gegenstand der Debatte machen wollte. Am 31. Oktober 1517 um die Mittagszeit nagelte er das gedruckte Blatt an die Tür der Schloßkirche zu Wittenberg.

Ein Exemplar der Thesen sandte Luther mit einem Begleitbrief an Erzbischof Albrecht von Mainz und weitere an den Bischof von Brandenburg und andere hochgestellte Geistliche in und bei Wittenberg. Infolge der steifen scholastischen Formulierungen in lateinischer Sprache erkannte man zunächst nicht, welcher Zündstoff in den Thesen verborgen lag, doch die Gesamtwirkung war schließlich ungeheuer. Nach wenigen Wochen schon wußte ganz Deutschland, was der Mönch in Wittenberg vorhatte, und aufgrund der einlaufenden Berichte suchten viele Freunde Luther zu überreden, die Disputation um des lieben Friedens willen abzusetzen.

Der Brief an den Erzbischof von Mainz und ein Exemplar der Thesen wurden nach Rom weitergeleitet, und es fehlte nicht an Versuchen, die deutsche Geistlichkeit zum Einschreiten gegen den »vorwitzigen Mönch von Wittenberg« zu bewegen. Doch keiner von ihnen hatte eine unmittelbare Wirkung. Papst Leo und die Kurie betrachteten die Angelegenheit als »Mönchsgezänk«, und die deutsche Geistlichkeit zog es vor, sich zurückzuhalten, da bekannt war, daß der Kurfürst von Sachsen hinter Luther stand.

Inzwischen setzte Luther seine Vorlesungen an der Universität fort. Er war sich klar darüber, daß sich nun die Augen ganz Deutschlands auf ihn richteten. Der Kurfürst war wahrscheinlich durch seinen Hofkaplan Spalatin zugunsten Luthers beeinflußt, doch war bekannt, daß der Erzbischof von Mainz in Rom einen Prozeß wegen Ketzerei gegen ihn in die Wege leiten wollte. Im März 1518 setzte Papst Leo endlich einen Untersuchungsausschuß unter der Leitung Mazzolinis – bekannt unter dem Namen Prierias –, eines gelehrten Dominikaners, ein. Dieser verfaßte eine ziemlich oberflächliche Antwort in Dialogform auf Luthers Thesen, die seiner Ansicht nach den unwissenden Mönch vernichten mußte. Luther veröffentlichte den Dialog zusammen mit seiner Antwort im August 1518. In seiner Antwort erklärte Luther, Päpste und Konzilien könnten irren, nur die Heilige Schrift sei von Irrtümern frei. Als Prierias dann eine weitere Streitschrift herausbrachte, veröffentlichte Luther auch sie mit dem guten Rat, Prierias möge sich nicht durch weitere Bücher lächerlich machen. Nun wurde Luther nach Rom zitiert, wo er sich gegen die Anklage der Ketzerei verteidigen sollte, und Kurfürst Friedrich erhielt den Befehl, ihn nach Rom zu senden.

Kardinal Cajetan, der neuernannte apostolische Legat für Deutschland, hatte den Auftrag, der hussitischen Ketzerei ein Ende zu machen und Deutschland zur Beteiligung an einem Kreuzzug gegen die Türken zu gewinnen. Er kam 1518 nach Augsburg, wo der Reichstag bereits tagte, und fand dort eine zwiespältige Aufnahme. Die deutschen Fürsten, die schon ihre Erfahrungen mit päpstlichen Geldforderungen gemacht hatten, verhielten sich dem Legaten gegenüber kühl, und Cajetan berichtete dem Papst, man dürfe den Deutschen nicht übermäßig zusetzen. Ein weiterer Auftrag des Legaten bestand darin, Luther zum Ketzer zu erklären und ihn unter Androhung der Exkommunikation zu einem Verhör nach Rom zu zitieren. Kurfürst Friedrich jedoch, der Luther nicht aus Deutschland fortlassen wollte, vereinbarte ein Gespräch zwischen Cajetan und Luther auf dem Reichstag. Inzwischen hatte Luther Ende August 1518 seine Erläuterungen der 95 Thesen veröffentlicht, so daß einigermaßen klar war, worum es ging. Bei den drei Zusammenkünften zwischen Cajetan und Luther am 12., 13. und 14. Oktober zeigte sich der Legat zunächst »väterlich«, doch als Luther sich weigerte, seine »Irrtümer« zurückzunehmen und die Unfehlbarkeit des Papstes anzuerkennen, drohte ihm der Legat mit Exkommunikation, und die Gespräche wurden mit Unwillen auf beiden Seiten abgebrochen. Luther veröffentlichte einen Bericht über die Kontroverse, wie er sie sah, und appellierte »von dem schlecht unterrichteten Papst an den besser zu unterrichtenden«, und einen Monat später, vom Papst an ein allgemeines Konzil.

Offensichtlich war es Cajetan nicht gelungen, Luther zum Schweigen zu bringen. Nun machte die Kurie noch einen weiteren Versuch. Papst Leo sandte seinen Nuntius und Kämmerer Karl von Miltitz, einen sächsischen Edelmann mit diplomatischer Erfahrung, der Kurfürst Friedrich besänftigen und sich mit Luther befassen sollte. Er traf am 6. Januar 1519 im Hause Spalatins mit Luther zusammen. Miltitz beschwor Luther, ohne eigentlich zu verstehen, worum es jenem ging, mit Tränen in den Augen, den Frieden der Kirche zu bedenken und von weiteren Herausforderungen und Angriffen abzusehen, falls auch seine Gegner ihn nicht mehr angriffen. Luther erklärte sich damit einverstanden und schrieb einen versöhnlichen Brief an den Papst, ohne jedoch seine so schwer errungenen Überzeugungen zurückzunehmen. Der Brief wurde dem Papst anscheinend nie ausgehändigt, und Luther war überzeugt, daß die Abmachungen zu nichts führen würden.

Als Kaiser Maximilian am 12. Januar 1519 starb, veränderte sich die Situation in Europa grundlegend. In den folgenden Monaten stand die kommende Kaiserwahl im Mittelpunkt des Interesses. Luther blieb verhältnismäßig unbehelligt, da der Papst für seine diplomatischen Wahlmanöver die Unterstützung Friedrichs des Weisen brauchte und sich den mächtigen Kurfürsten deshalb nicht zum Gegner machen wollte. Miltitz war noch in Deutschland, hatte aber viel an Ansehen verloren und wurde von Luther sogar als lächerlich bezeichnet.

Das von Miltitz und Luther vereinbarte Stillhalteabkommen wurde von kirchlicher Seite gebrochen. Dr. Johann Eck, Professor der Theologie an der Universität Ingolstadt, ein gewandter Redner und namhafter Gelehrter, hatte Luthers Kollegen Karlstadt im November 1518 zu einem öffentlichen Streitgespräch herausgefordert. Noch ehe es zustande kam, veröffentlichte Eck *Zwölf Thesen*, die sich hauptsächlich mit dem Sakrament der Buße befaßten und offensichtlich mehr gegen Luther als gegen Karlstadt gerichtet waren. Insbesondere war die zwölfte These ein Angriff auf ganz bestimmte Erklärungen Luthers zum Supremat des Papstes. Die Disputation mit Karlstadt sollte am 27. Juni 1519 in Leipzig beginnen und wurde höchst feierlich in Anwesenheit des Herzogs Georg von Sachsen eröffnet. In der ersten Woche – vom 27. Juni bis zum

1. Juli – disputierten nur Eck und Karlstadt; Luther war bloßer Zuschauer. Karlstadt schnitt nicht allzu gut dabei ab, und der siegesstolze Eck forderte nun Luther auf, vom 4. Juli an über die *Zwölf Thesen* mit ihm zu disputieren. Das Streitgespräch dauerte bis zum 14. Juli. Luther blieb sicher und gelassen. Er kannte die Heilige Schrift und die griechischen und lateinischen Kirchenväter besser als Eck und war ebenso wach und schlagfertig wie jener. Das im wesentlichen von Eck bestimmte Thema war der Primat des Papstes. Eck fand Gelegenheit, Luther hussitischer Irrlehren hinsichtlich der Verfassung der Kirche zu bezichtigen. Obwohl Luther sich dagegen verwahrte und sich von den Ketzereien der Hussiten absetzte, stellte er doch die Behauptung auf, daß sich »unter den Artikeln von Johann Hus mehrere« befänden, »die völlig christlich und evangelisch sind, die die allgemeine Kirche nicht verdammen kann«. Eck und mit ihm ein großer Teil der Zuhörerschaft waren davon überzeugt, Luther der Ketzerei überführt zu haben, aber kritische Beobachter fühlten sich von Luthers Hinweisen auf die Heilige Schrift und von dem gläubigen Ton der »Neuen Theologie« doch sehr angerührt. Noch Monate nach der Disputation setzten sich Angriffe und Gegenangriffe, Behauptungen und Widerlegungen fort, und beide Seiten nahmen den Sieg für sich in Anspruch. Die beste und ausgewogenste Darstellung der behandelten Fragen stammt von Luthers jungem Kollegen Philipp Melanchthon, Professor für Griechisch in Wittenberg, der die Disputation von Anfang an verfolgt hatte. Vergleicht man Luthers Äußerungen nach Leipzig mit seinen Erklärungen aus der Zeit vorher, so wird ganz deutlich, wie weit er über seine Einstellung zur Zeit seiner Erklärungen der 95 Thesen, ja selbst zur Zeit der Gespräche mit Cajetan hinausgekommen war. Seine Theologie wurde gewissermaßen in der Hitze der Auseinandersetzung geschmiedet, und jede neue Herausforderung führte ihn zur Entdekkung neuer Rechtfertigungen aus der Heiligen Schrift, die bekräftigten, was er rein gefühlsmäßig formuliert hatte. Dieser

Vorgang ist bezeichnend für Luther und seine Entwicklung; er zeigt, wieviel stärker das religiöse Element in seinem Wesen war als das rein rationale.

Im Frühjahr 1520 verwendete Luther alle Zeit, die er neben seinen umfangreichen Lehr- und Predigtverpflichtungen aufbringen konnte, auf das Studium der Bibel und der Kirchengeschichte, da er nun nicht mehr auf eine aufrichtige Reform von seiten Roms hoffen konnte und gerüchteweise gehört hatte, daß seine Feinde in Deutschland und bei der Kurie eine Bannbulle gegen ihn vorbereiteten. Hutten, Spalatin und Melanchthon gaben ihm Trost und Hilfe, und ebenso ermutigten ihn die Studentenscharen, die nach Wittenberg strömten, um die »Neue Theologie« zu hören.

Die erwartete Bulle *Exsurge Domine* wurde in Rom am 15. Juni 1520 erlassen. Als sie in Leipzig am 29. September und in Wittenberg vier Tage später veröffentlicht wurde, war ihr Inhalt schon weithin bekannt. Luther erhielt darin die Auflage, schriftlich zu widerrufen oder innerhalb von 60 Tagen persönlich in Rom zu erscheinen, sofern er nicht zum hartnäckigen Ketzer erklärt werden wollte. Ehe Luther den Text der Bulle kannte, hatte er seine Schrift *An den christlichen Adel deutscher Nation* verfaßt, die am 18. August gedruckt vorlag. Hier appellierte er mit der ganzen Kraft seiner Muttersprache an die deutschen Fürsten, die Fesseln Roms abzustreifen. Luther verneinte den Anspruch des Papstes auf weltliche und geistliche Suprematie und erklärte, daß vielmehr die christliche Laienschaft ein gültiges und umfassendes Priesteramt besitze. Er verlangte ein allgemeines Konzil zur Abschaffung der Mißbräuche in der Kirche und zählte in 27 Artikeln die Mißstände auf, mit denen sich dieses Konzil zu befassen hätte. Es war ein Angriff auf die ganze Institution der Kirche von solcher Heftigkeit, daß manche fürchteten, er werde einen neuen Bürgerkrieg auslösen.

Doch für Luther war das nur der Anfang. Die Schrift endete mit den Worten: »Wohlan, ich weiß noch ein Liedlein von

Rom und meinen Widersachern. Jucket sie das Ohr, so will ich's ihnen auch singen und die Noten aufs höchste stimmen. Verstehst mich wohl, liebes Rom, was ich meine.« Er ließ eine zweite Schrift nachfolgen: *Von der Babylonischen Gefangenschaft der Kirche*. Sie erschien am 6. Oktober und brachte einen Angriff auf die kirchliche Sakramentslehre, von der er behauptete, sie stelle in Wahrheit eine Gefangenschaft der Kirche dar, da sie den Gläubigen darin hindere, Gottes heilige Gnade unmittelbar zu empfangen. Luther war dagegen, daß dem Laien der Kelch vorenthalten werde, und stimmte insofern mit der Lehre von Hus überein, als er die offizielle Lehre von der Transsubstantiation und das Meßopfer ablehnte. Die entscheidende Bedeutung seines Angriffs lag darin, daß er erklärte, die Macht der Kirche beruhe ganz und gar auf der Verwaltung der Sakramente, jener Gnadenmittel, ohne die der sündige Mensch nicht auf Erlösung hoffen könne. Als Sakramente göttlichen Ursprungs erkannte Luther nur zwei an: die Taufe und das Abendmahl. Ein drittes, die Buße, stand auf der Grenze. Die übrigen vier mochten nützliche Einrichtungen sein, waren aber keine Sakramente im eigentlichen Sinne. Was das Abendmahl betraf, so bestand er darauf, daß es bei diesem Sakrament vor allem auf den Glauben und weniger auf die Macht oder die Worte des Priesters ankomme. Die scholastische Theorie von der Transsubstantiation hatte er noch nicht ganz klar durchdacht. Sein Leben lang hielt er an dem Glauben fest, daß Christus im Sakrament wahrhaft gegenwärtig sei, bestand aber gleichzeitig auf dem Vorhandensein der materiellen Elemente Brot und Wein. Diese Lehre wird allgemein als Konsubstantiation bezeichnet, man sollte jedoch, wie wir sehen werden, diesen Begriff nur mit Vorsicht gebrauchen.
Noch im Oktober verfaßte Luther eine weitere Schrift: *Von der Freiheit eines Christenmenschen*, in mancherlei Hinsicht die beste und sicherlich die ansprechendste aller seiner Schriften. Sie erschien als offener Brief an Leo X., dem eine ehrerbietige Widmung an den Papst vorangestellt war. Der Christ

ist, schreibt Luther, durch den Glauben Herr aller Dinge, durch die Liebe aber ihr Knecht. Der Glaube befreit den Menschen und rechtfertigt ihn dann. Gute Werke werden nicht abgelehnt, sondern nur auf den ihnen zukommenden Platz verwiesen – sie sind Frucht des Glaubens, der allein rechtfertigt. Diese kleine Schrift war zweifellos ein Ergebnis der Vertiefung Luthers in die Werke Augustinus' und der mittelalterlichen Mystiker. Hier war nicht die Rede von Widerruf; Luther sprach zum Papst wie ein Gleichgestellter, ja sogar mit einem Anflug von Herablassung. Ob Leo die Schrift und die Widmung jemals erhalten und gelesen hat, ist nicht bekannt.
In Luther wuchs unterdessen die Überzeugung, daß es einer drastischen Geste bedurfte, um seinen Entschluß, unwiderruflich mit Rom zu brechen, deutlich zu machen. Die Bulle war nun schon weithin bekannt und brachte Roms Entscheidung unmißverständlich zum Ausdruck. Da in der Bulle die Verbrennung seiner Bücher gefordert war, entschloß er sich zu einer ähnlichen Maßnahme. Am 10. Dezember 1520 warf er unmittelbar vor dem Elstertor Wittenbergs in Anwesenheit einer Menge von Studenten und Professoren ein Exemplar der Bulle zusammen mit den päpstlichen Dekretalien, einem Exemplar des kanonischen Rechts und einigen Schriften seiner Gegner ins Feuer. Luther verteidigte sein Vorgehen in mehreren Schriften damit, daß der Papst der Antichrist sei und das kanonische Recht ein Lügengewebe, das den Papst zu einem Gott auf Erden mache. Rom antwortete damit, daß am 3. Januar 1521 der Bann über Luther und seine Anhänger ausgesprochen und jeder Ort, der ihn beherbergen werde, mit dem Interdikt belegt wurde.
Drei Wochen später eröffnete der junge Kaiser Karl V. den ersten Reichstag während seiner Regierungszeit in Worms. Er sah sich sofort der Forderung des Papstes gegenüber, die gegen Luther gerichtete Bulle anzuerkennen und in Kraft zu setzen, und mußte dabei feststellen, daß die Fürsten – mehr aus politischen und patriotischen als aus religiösen Gründen – Luther

zuneigten. So beschloß er besonnen und gemäß dem Gesetz vorzugehen. Am 2. April brach Luther, einer Vorladung Karls folgend, mit kaiserlichem Geleitbrief und drei Begleitern nach Worms auf. Unterwegs wurde er von Studenten, Bürgern und Ratsherren der Städte, die er mit seiner Begleitung passierte, begeistert begrüßt. Einige seiner Freunde jedoch fürchteten für ihn; sie stellten ihm das Schicksal von Hus vor Augen, der sich auch auf das freie Geleit eines Kaisers verlassen hatte, und wollten ihn von seiner Reise nach Worms abbringen. Doch Luther ließ sich nicht beirren. Kurfürst Friedrich schickte ihm in Worms zum Empfang ein Geleit sächsischer Edelleute und sorgte für sichere Unterkunft. Die Bevölkerung stand ganz offen auf seiner Seite. Am 17. April, dem Tag nach seiner Ankunft, wurde Luther vor den stark besuchten Reichstag gebracht und in Gegenwart des Kaisers vor einem mit Schriften beladenen Tisch befragt: erstens, ob er diese und andere unter seinem Namen erschienenen Bücher geschrieben habe, und zweitens, ob er widerrufen oder zu ihnen stehen wolle. Auf die erste Frage bekannte er sich als Autor, und zur Beantwortung der zweiten erbat er sich einen Tag Bedenkzeit. Am Abend des nächsten Tages erklärte er vor dem Reichstag, einige seiner Schriften seien von seinen Gegnern gar nicht beanstandet worden, da es sich dabei einfach um Kommentare zur Bibel oder den Kirchenvätern handle. Diese könne er kaum widerrufen. Bei anderen bekannte er sich einer scharfen Ausdrucksweise schuldig, verlangte jedoch, daß ihm gezeigt werde, worin er irre, ehe er sie guten Gewissens zurückziehen könne. Der Kaiser fand diese Erklärung nicht einfach genug und verlangte eine klare Antwort »ohne Hörner«. Luther antwortete: »Weil denn Ew. Majestät ... eine einfache Antwort begehrt, so will ich eine geben ohne Hörner und Zähne ... Widerrufen kann und will ich nichts, weil wider das Gewissen zu handeln nicht sicher und nicht lauter ist.« In der Verwirrung, die die Debatte über diese »einfache Antwort« auslöste, soll Luther zum Kaiser, als dieser den Saal verlassen wollte, noch gesagt

haben: »Hier stehe ich, ich kann nicht anders. Gott helfe mir, Amen.«
In der folgenden Woche wurde Luther mit einigen seiner Freunde mehrfach vor eine Kommission gerufen; man suchte von ihm Zugeständnisse zu erreichen, die für den Kaiser und den päpstlichen Legaten annehmbar wären. Es kam jedoch kein Kompromiß zustande, und am 26. April verließ Luther unter freiem Geleit und mit Erlaubnis des Kaisers, der sich von seinen Ratgebern nicht dazu überreden ließ, den einem Ketzer zugestandenen Geleitbrief zu ignorieren, die Stadt, um nach Wittenberg zurückzukehren. Auf Verlangen der Bevölkerung predigte er in mehreren Städten, die er auf seiner Reise berührte. Als er am 4. Mai durch die Wälder südlich von Eisenach fuhr, umringte ihn plötzlich eine Schar Berittener, die ihn als Gefangenen auf die Wartburg führten. Das ging auf einen Plan zurück, den Kurfürst Friedrich oder sein Bruder Johann noch in Worms gefaßt und Luther am Abend vor seiner Abreise mitgeteilt hatte. Man wollte Luther einerseits schützen, ihn aber andererseits auch daran hindern, den Kaiser und die Partei des Papstes noch mehr aufzubringen. Die Nachricht von seinem Verschwinden verbreitete sich mit Windeseile über ganz Deutschland, und man gab allgemein päpstlichen Agenten die Schuld, so daß Kardinal Alexander in Worms zu fürchten begann, der Unwille des Volkes könne ihn das Leben kosten.
Am 8. Mai wurde auf Befehl des Kaisers – der erst am 26. Mai unterzeichnete – von Alexander ein Edikt vorgelegt, das der päpstlichen Bulle Gesetzeskraft verlieh, Verbrennung sowie Druck- und Verkaufsverbot für Luthers Schriften befahl, jedermann untersagte, ihn oder seine Anhänger zu beherbergen, und sofortige Auslieferung an den Kaiser verlangte. Ulrich von Hutten schrieb, als er das Edikt gelesen hatte: »Ich fange an, mich meines Vaterlandes zu schämen.«
Auf der Wartburg legte Luther sein Mönchsgewand ab und führte als Junker Jörg das auf mittelalterlichen Burgen übliche

Leben. Er schrieb viel, vor allem an seinem Psalmenkommentar und seinen Predigten über die Evangelien und die Episteln und stand in regem Briefwechsel mit seinen Freunden in Wittenberg. Als er im Dezember hörte, daß Kardinal Albrecht von Mainz, der sich wieder in Geldnöten befand, einen neuen Ablaßverkauf angekündigt hatte, schrieb Luther ihm einen Brief – »aus meiner Wüste« –, in dem er mitteilte, er sei nicht tot und werde ihn öffentlich angreifen, sofern er nicht binnen 14 Tagen den angekündigten Verkauf absage. Der Kardinal antwortete ihm umgehend mit einem Entschuldigungsbrief und sagte den Verkauf ab. Im gleichen Monat stattete Luther Wittenberg heimlich einen Besuch ab.

Aus Gesprächen, die er dort mit Freunden über die Zukunft der »Neuen Theologie« führte, wurde ihm klar, daß er nur dann sicher mit der Unterstützung des Volkes rechnen könne, wenn die Heilige Schrift in der Muttersprache vorliege. So begann er nach seiner Rückkehr auf die Wartburg mit der Übersetzung des Neuen Testaments, wobei er sich auf Erasmus' Revision des griechischen Textes aus dem Jahr 1518 stützte. Nach drei Monaten war die Übersetzung im wesentlichen beendet. Daß sie sich allen vorangegangenen deutschen Übersetzungen gegenüber als überlegen erwies, war der Genauigkeit und Gründlichkeit zu verdanken, mit der Luther den Geist des Neuen Testaments eingefangen hatte. Seine Nähe zum Volk und die Glut, mit der er die Botschaft des Evangeliums empfand, wirkten zusammen und machten seine Übersetzung zu einem einzigartigen Zeugnis deutscher Sprachgewalt. Nach Beendigung dieser Arbeit entschied Luther, daß er sich lange genug vom Schauplatz des Geschehens ferngehalten habe und beschloß, nach Ostern wieder nach Wittenberg zurückzukehren.

Dort hatte inzwischen der freiere Geist um sich gegriffen. Schon im Oktober 1521 hatte Luther davon gehört, daß Priester heirateten, Mönche Nonnen ehelichten, Priester ohne vorangegangene Beichte oder Vorbereitung im Laiengewand das

Abendmahl feierten; Bilder wurden zerstört, und Studenten verließen die Universität, weil Stiftungen zurückgezogen wurden. Karlstadt, Melanchthon und die anderen Kollegen, die für ihn die Entwicklung hätten überwachen sollen, wurden von den Ereignissen mitgerissen und erwiesen sich als Führer nicht stark genug.
Um die Verwirrung zu vollenden, waren aus Zwickau zwei begeisterte Laien, ehemalige Gefährten Thomas Münzers, nach Wittenberg gekommen, die behaupteten, Propheten zu sein und in vielen Fragen unmittelbare Offenbarungen von Gott empfangen zu haben. Melanchthon hatte sich durch ihren Eifer einnehmen lassen und ihnen keinen Widerstand geleistet. So schien Luthers Gegenwart notwendig; im März kam er nach Wittenberg, befaßte sich in acht Predigten mit den »Propheten«, lehnte ihre Ansprüche ab und beseitigte alle doktrinären Unklarheiten, die durch sie entstanden waren. Die radikalen Eingriffe in die kirchlichen Bräuche, die Karlstadt zugelassen hatte, wurden abgemildert, und das Ergebnis war ein maßvoller Kompromiß mit der alten Liturgie.
Danach beschäftigte sich Luther mit Hilfe Melanchthons und anderer mehrere Jahre lang fast ausschließlich mit seiner Bibelübersetzung. Er verbesserte den Text des Neuen Testaments und setzte die Arbeit an dem umfangreicheren und schwierigeren Alten Testament fort. 1524 waren die historischen Schriften des Alten Testaments sowie Hiob, die Psalmen und die Salomon zugeschriebenen Bücher vollendet. Da andere Aufgaben dazwischentraten, wurde der Rest des Alten Testaments erst 1532 fertig und die Apokryphen sogar erst 1534.
Von 1523 an war Luther ständig damit beschäftigt, den Gottesdienst zu reformieren und umzugestalten. Gewöhnlich geschah das auf Ersuchen eines Priesters oder auch eines Bischofs, der bereits mit den lutherischen Ideen sympathisierte und nun weiterer Anleitung bedurfte, um die Reformen in seiner Kirche in die Tat umzusetzen. Luther ging grundsätzlich maßvoll vor; was am Gottesdienst in der alten Form nicht im Widerspruch

zum Wort Gottes stand, sollte beibehalten werden. Er legte großen Wert auf die Predigt und führte, um die Gemeinde stärker am Gottesdienst zu beteiligen, den Gemeindegesang ein. Das erste evangelische Gesangbuch erschien 1524, es enthielt acht Lieder, von denen vier von Luther stammten. Etwa gleichzeitig erschienen Singbücher für Chorgesang und für den Gebrauch in der Familie, in denen Luther fast drei Viertel aller Lieder verfaßt oder vertont hatte. 1527 schrieb er sein berühmtes Lied *Ein feste Burg ist unser Gott.*

Inzwischen drängte Papst Hadrian VI. (1522/23), ein Flame und der letzte nichtitalienische Papst, vergeblich darauf, daß das Edikt von Worms gegen Luther in Kraft gesetzt werde. Sein Nachfolger Clemens VII. (1523–1534), ein Medici, versuchte über den Kaiser sowie durch Briefe und Legaten die Einberufung von Reichstagen herbeizuführen, mußte aber feststellen, daß die deutschen Fürsten und insbesondere Friedrich der Weise entschlossen schienen, die deutsche Einheit in der Person Luthers zu schützen. Die lutherische Sache konnte aber noch viel größere Erfolge buchen. 1522 stand Luther im Briefwechsel mit führenden Hussiten in Böhmen. Seine Lehren wurden in Danzig, in Buda, in Königsberg, Wien, Uppsala, Riga, Löwen, Brüssel und Straßburg gepredigt, und 1523 gab es schon mehrere Märtyrer dieser »Neuen Theologie«. Ein weiterer Gewinn war die Tatsache, daß zahlreiche deutsche Fürsten und Städte, darunter Mecklenburg, Hessen, Brandenburg, Magdeburg, Hamburg, Königsberg und Straßburg Freunde oder Schüler Luthers für ihre Kanzeln oder Schulen anforderten.

Die Leistungen der lutherischen Reformation im Erziehungswesen waren kaum weniger bedeutsam und nachhaltig als ihre religiösen Auswirkungen. Luther war fest davon überzeugt, daß das deutsche Volk, sollte seine Bewegung erfolgreich sein, durch das geschriebene Wort erreicht werden müsse; gleichzeitig wußte er aber auch, daß das Erziehungswesen seiner Zeit dafür durchaus keine Voraussetzung bot. Er war deshalb

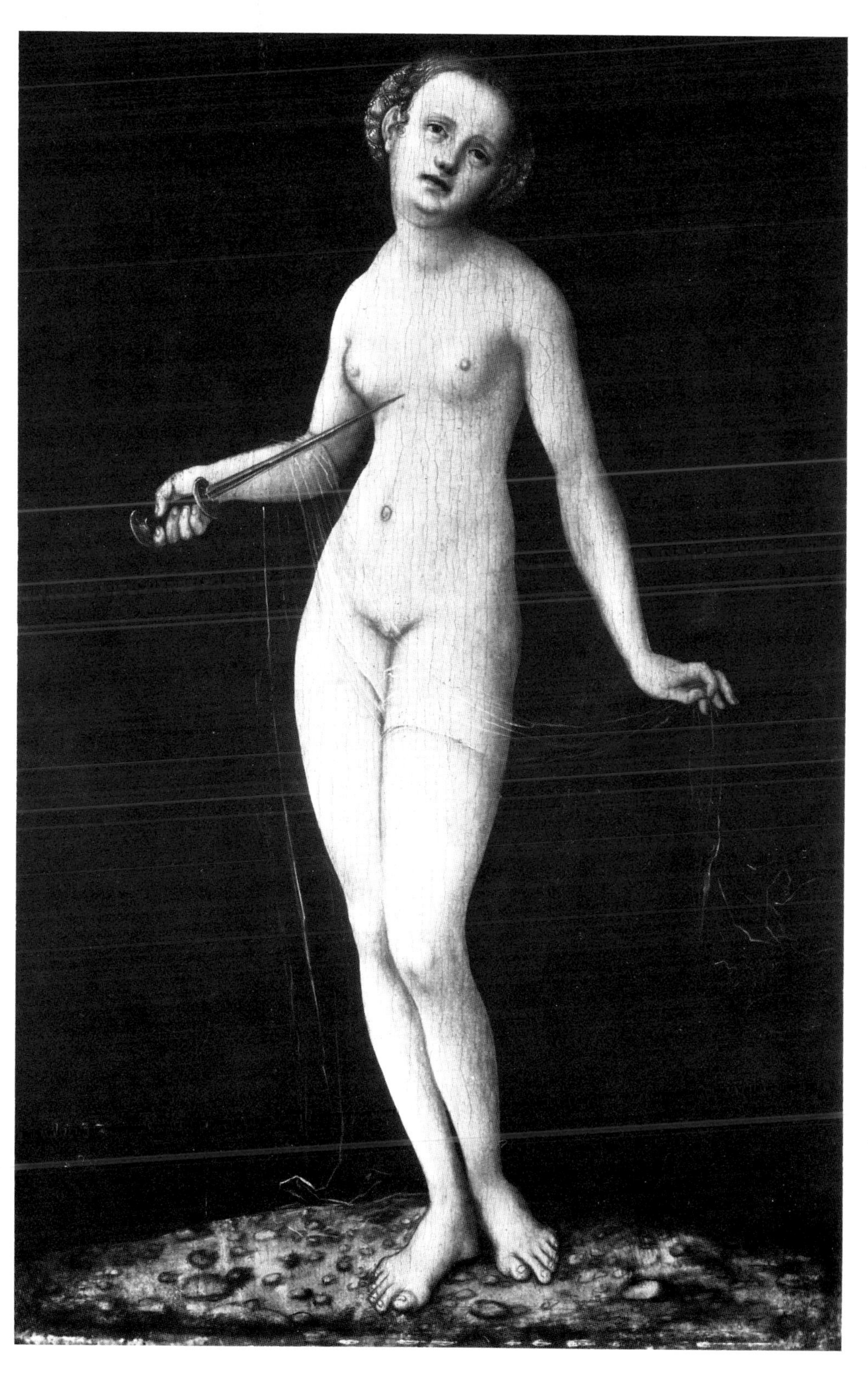

Lucas Cranach d. Ä.: »Lucretia«, 1532;
Wien, Gemäldegalerie der Akademie der bildenden Künste

Hans Holbein d. J.: »Bildnis des Erasmus von Rotterdam im Rund«, um 1531/32; Basel, Kunstmuseum.

von Anfang an gern bereit, jedem Rat und Unterstützung zukommen zu lassen, der sich um Verbesserung und Erweiterung des Schulwesens bemühte. Zu seinem Glück hatte er hier den Beistand eines jüngeren Kollegen, der ihm als Gelehrter überlegen und pädagogisch so begabt war, daß man ihm den Ehrentitel *Praeceptor Germaniae* zuerkannte. Philipp Melanchthon war Luthers rechte Hand und sollte als anerkannter Führer der deutschen Reformation sein Nachfolger werden.
Philipp Schwarzerd war der Sohn eines bekannten Waffenschmieds in Bretten, seine Mutter war eine Nichte des Humanisten Reuchlin. 1497 geboren, erlangte er schon als Siebzehnjähriger in Tübingen den Magistergrad und war damals bereits als brillanter Gräzist und Latinist bekannt. Vier Jahre später hatte er gelehrte Ausgaben von Terenz und Plutarch, eine lateinische Übersetzung des Aratos und eine griechische Grammatik veröffentlicht. Erasmus hatte die außerordentlichen Leistungen des jungen Gelehrten bereits öffentlich anerkannt, der mit 20 Jahren unter drei Universitäten wählen konnte. Er nahm den Ruf nach Wittenberg als Professor für Griechisch an. Seine Antrittsvorlesung vom 29. August 1518 *Über die Verbesserung der Studien der Jugend* gilt allgemein als ein Markstein in der Geschichte des deutschen Bildungswesens. Das Geheimnis der Erfolge, die der Lehrplan des deutschen Gymnasiums seit der Zeit Melanchthons verzeichnen konnte, lag in der glücklichen Verbindung zwischen dem humanistischen Bildungseifer und der christlich betonten Zielstrebigkeit des Studiums.
Im Sommer 1519 nahm Melanchthon an der Leipziger Disputation zwischen Karlstadt, Luther und Eck teil, bei der er den Wittenbergern durch Widerlegung und Korrektur der zungenfertigen und oft ungenauen Zitate Ecks wichtige Dienste leistete. Nach Abschluß der Disputation veröffentlichte er einen Bericht, der durch sorgfältige Darlegung der Kernpunkte und Argumente wesentlich dazu beitrug, daß die öffentliche Meinung nicht mehr in Eck den Gewinner sah. 1521 erschien die

erste Ausgabe seiner *Loci communes theologorum.* Obwohl es sich dabei mehr um die Äußerung seiner persönlichen Überzeugungen als um ein Lehrbuch handelte, diente das Werk doch der ganzen Reformpartei als halboffizielles Programm. Während Luthers Aufenthalt auf der Wartburg war Melanchthon in Wittenberg dessen Stellvertreter. Als jedoch die Zwickauer Propheten Probleme aufwarfen, mit denen er nicht fertig wurde, mußte er Luther zurückrufen. Dem Durcheinander eines öffentlichen Streites war seine zurückhaltende Gelehrtennatur nicht gewachsen. Er leistete sein Bestes in der Zurückgezogenheit des Studierzimmers, in der gelassenen Erörterung und in der behutsamen Formulierung von Glaubenssätzen. Seine *Epitome doctrinae christianae* war das Werk, das Philipp, den Landgrafen von Hessen, 1524 für die Sache Luthers gewann. Melanchthon stand Luther von dieser frühen Zeit an in vielen schwierigen Lagen treu zur Seite; die Geschichte der lutherischen Bewegung ist von etwa 1524 bis zu Luthers Tod tatsächlich die Geschichte Luthers und Melanchthons, und Luther war sich auch durchaus bewußt, was er an »Meister Philipp« hatte.

1522 hatte Luther die Zwickauer »Propheten« durch acht kraftvolle Predigten schnell zum Schweigen gebracht. Karlstadt, ein Freund und Kollege, war den »Propheten« nicht entgegengetreten und hatte sich selber für einen radikalen Kurs entschieden. 1523 verband er sich mit Thomas Münzer, einem noch entschiedeneren Mystiker und Revolutionär. Münzer war, nachdem er in Leipzig und Frankfurt studiert hatte, auf Luthers Empfehlung hin Pfarrer in Zwickau geworden. Als er 1521 wegen Aufwiegelung zur Gewalttätigkeit von dort vertrieben wurde, floh er nach Prag. Aus Böhmen vertrieben, kehrte er 1523 nach Deutschland zurück, wo er Pfarrer in Allstedt bei Eisleben wurde. Seine Bildung und Beredsamkeit verschafften ihm ein gewisses Ansehen. Doch als er den Kurfürsten dazu bewegen wollte, ein neues Reich der Frommen zu gründen, und erklärte, er habe 30 Trupps, um die Gottlosen niederzumachen, verwies ihn der Kurfürst aus Sachsen. Luther fühlte sich gedrängt, vor dem radikalen Vorgehen Karlstadts und Münzers zu warnen, und 1524 trennte sich auch Karlstadt von Münzer. Nun predigte Münzer, der sich selbst als den Wortführer der Unterdrückten ansah, ganz offen Rebellion gegen jede Autorität, sei sie geistlich oder weltlich, und verbreitete so seine Ideen von einer sozialen und religiösen Erhebung in Mittel- und Süddeutschland. In diesen Gebieten kam es zu Beginn des 16. Jahrhunderts auf dem Lande wie in den Städten häufig zu Unruhen, und gerade in den Jahren, als Münzer und Karlstadt die bestehende Ordnung aus religiösen Gründen angriffen, war ein Wiederaufflammen der Bauernaufstände zu befürchten. Der Bauernaufstand von 1525, in den Luther verwickelt war, ist deshalb eine Bewegung, in der sich zeitweise soziale mit religiösen Anliegen mischten.

Der Aufstand begann in Schwaben im Sommer 1524, nahm dann bis 1525 an Heftigkeit und Ungezügeltheit zu und verbreitete sich über ganz Süd- und Mitteldeutschland. Anfang 1525 gaben die Bauernführer in den *Zwölf Artikeln* ihr Programm bekannt, das uns heute verhältnismäßig gemäßigt erscheint. Daß sie sich darin immer wieder auf die Heilige Schrift als Grundlage ihrer Forderungen beriefen, ließ ihre Ansprüche in den Augen der Bevölkerung des übrigen Deutschland berechtigt erscheinen. Luther nahm zunächst im ganzen wohlwollend zu ihnen Stellung und tadelte die Fürsten und Bischöfe, weil sie die Bauern unterdrückten und das Gesetz Christi mißachteten; gleichzeitig mahnte er die Bauern zu Geduld und Ruhe. Doch als dann von Mord und Brand, Verheerung und von Profanierung der Kirchen und Klöster berichtet wurde, änderte Luther seine Meinung. Aufruhr und Gewalttätigkeit wollte er nicht dulden. Als Anfang 1525 ganz Deutschland vom Bürgerkrieg bedroht war, verfaßte Luther eilends eine Streitschrift *Gegen die mörderischen und räuberischen Rotten der Bauern*, die am 5. Mai erschien. Hier führte

er eine grobe Sprache und forderte den Adel auf, die Aufständischen zu »zerschmeissen, würgen und stechen«. Der Adel griff diesen Aufruf zur Gewalt nur zu gern auf, sammelte Truppen und stellte die unter dem Befehl Münzers stehenden Bauern und die beachtlichen Bürgerkontingente aus den kleineren Städten am 15. Mai 1525 bei Frankenhausen zu einer Schlacht. Die überlegene Ausrüstung und Disziplin der Adligen machte den Sieg leicht. Über 5000 Bauern und Bürger blieben tot auf dem Schlachtfeld, und 300 weitere wurden vor dem Rathaus enthauptet. Münzer wurde gefangen und am 27. Mai hingerichtet. Weitere Schlachten endeten ebenso. Man nimmt an, daß in den Bauernkriegen insgesamt über 100000 Menschen das Leben verloren haben – zum größten Teil Bauern, aber auch viele Mönche und Nonnen aus den zerstörten Klöstern und Angehörige des Adels, deren Burgen geplündert und geschleift wurden.
Daß Luther sich in diesem Kampf um eine Verbesserung der Lebensbedingungen so entschieden gegen die Bauern stellte, ist vielfach getadelt worden. Er selbst hat aber sein Verhalten nie bereut, sondern vielmehr als von Gott gewollt bezeichnet. Er muß die Alternative bedacht haben: Wenn die Bauern unter der Führung Münzers Sieger blieben, war es endgültig vorbei mit seiner maßvollen Reform. Lieber sollten jetzt ein paar Leben geopfert werden, als daß später die Seelen Tausender zugrunde gingen, weil man im rechten Augenblick nicht genügend Härte aufgebracht hatte. Melanchthon verteidigte Luthers Haltung mit Nachdruck, und es ist vielleicht schwerer, eine Erklärung dafür zu finden, daß ein so sanfter und friedliebender Mensch die Brutalität billigen konnte, mit der der Aufstand unterdrückt wurde, als zu entschuldigen, daß der temperamentvolle Luther sich gezwungen fühlte, seine Bewegung vor einer Katastrophe zu schützen, von der er sich bedroht sah.
Zehn Tage vor der Schlacht von Frankenhausen starb Kurfürst Friedrich. Er hatte Luther, dem er nie begegnet war, unter-

stützt und war doch stets ein frommer Katholik geblieben. Ohne seinen Schutz hätten die Reformatoren ihre Bewegung kaum aufbauen können. Sein Bruder und Nachfolger, Johann der Beständige (1525–1532), setzte die Politik der Unterstützung fort und bekannte sich offen als Anhänger der Reformation.

Das Jahr 1525 ist im Leben Luthers noch aus einem anderen Grunde bemerkenswert. Am 13. Juni heiratete er Katharina von Bora, eine ehemalige Nonne, für die er zuerst einen seiner Freunde als Ehemann ausersehen hatte. Es war ein glücklicher Bund; über ihr Familienleben mit den sechs Kindern – von denen zwei früh starben – liegen die Berichte vieler Freunde und Schüler vor, die gastliche Aufnahme fanden; weitere Quellen sind zahlreiche Briefe und die *Tischgespräche*.

Die soziale Revolution in Deutschland, die im Bauernkrieg am sichtbarsten zum Ausdruck kam, bewirkte eine immer schärfere Scheidung zwischen den Führern der römischen Partei und den Anhängern der Reformation. Die Berufung der Bauern auf die Schrift konnte zum Vorwand dafür dienen, daß man die Rebellen mit den Lutheranern in Verbindung brachte, und obwohl Luther die Gewalttätigkeiten der Bauernschaft verurteilte, waren die katholischen Fürsten nur zu gern bereit, Rebellion und Luthertum gleichzusetzen. So verbanden sie sich im Juli 1525 »zum Zwecke der gegenseitigen Verteidigung«. Die Fürsten, die auf der Seite Luthers standen, zeigten nicht soviel Eile, hatten sich aber bis zum Beginn des Reichstags von Speyer im Sommer 1526 auch über eine Zusammenarbeit verständigt.

Bei Eröffnung des Reichstags am 25. Juni führte Erzherzog Ferdinand, der jüngere Bruder Kaiser Karls, den Vorsitz. Der Bruch zwischen den deutschen Fürsten, die zu Luther hielten, dem Kurfürsten von Sachsen, dem Landgrafen Philipp von Hessen und einigen Reichsstädten einerseits, und dem Kaiser und allen denen, die der katholischen Sache treu blieben, andererseits, war nun offenkundig geworden. Der Kaiser hatte

Franz I. von Frankreich in der Schlacht bei Pavia geschlagen (24. Februar 1525) und sah sich nun, nachdem er ihn zu dem demütigenden Vertrag von Madrid (14. Januar 1526) gezwungen hatte, praktisch als Diktator Italiens. Papst Clemens VII. konnte keinen zweiten Herrscher neben sich auf der Halbinsel dulden und verbündete sich in der Heiligen Liga von Cognac mit Franz gegen den Kaiser. Als nun zu dem unglücklichen Streit zwischen den führenden katholischen Mächten – Reich und Papsttum – die Bedrohung der Christenheit und insbesondere des Reiches durch die Türken kam, die nach ihrem Sieg über ein christliches Heer bei Mohacs donauaufwärts vorrückten, sah sich Karl in die Defensive gedrängt und zu einem Abkommen mit den lutherisch gesinnten Fürsten genötigt, mit dem der Reichstag von Speyer verabschiedet wurde. Danach sollte ein allgemeines Konzil einberufen werden und jeder Fürst die Freiheit haben, so zu »leben, regieren und sich halten, wie er es gegen Gott und Kaiserliche Majestät hoffe und vertraue verantworten zu können«. Dieses zeitlich begrenzte Zugeständnis wurde von der Reformpartei voll ausgenutzt. Ohne den Tatsachen Gewalt anzutun, können wir in dieser Abmachung die erste Fixierung des Prinzips der landeskirchlichen Souveränität in Deutschland erblicken, die bei der Verbreitung des Luthertums eine so wichtige Rolle spielen sollte. Der Kaiser, der erbittert war, weil in Deutschland der Reichstag das Edikt von Worms nicht in Kraft setzte und in Italien der Papst zu seinem Feind Franz I. überging, schlug seinerseits mit dem berüchtigten Sacco di Roma zurück (6. bis 14. Mai 1527).

Der zweite Reichstag zu Speyer trat im März 1529 zusammen. Die katholische Partei hatte jetzt die Oberhand und widerrief die Zugeständnisse von 1526. Die an Zahl unterlegenen und unter sich uneinigen lutherischen Fürsten brachten beim Reichstag einen offiziellen Protest ein (19. April 1529), in dem sie die Beschlüsse der katholischen Majorität zurückwiesen. Dieser Protest, von dem sich die Bezeichnung »Protestant« herleitet, war an den Kaiser gerichtet, der sich in Italien aufhielt, sich jedoch weigerte, die Delegation zu empfangen. Luther und Melanchthon begrüßten den Mut der Unterzeichner dieses Protestes, lehnten aber einen bewaffneten Widerstand, wie ihn die meisten Fürsten vorbereiteten, entschieden ab.

Inzwischen waren Luther und Melanchthon voll und ganz damit beschäftigt, die kirchliche Organisation bis in alle Einzelheiten festzulegen und Anweisungen für die neue Gottesdienstordnung schriftlich niederzulegen. Melanchthon und Spalatin machten 1526 und 1527 mehrere Visitationsreisen und bereiteten mit Hilfe der dabei gewonnenen Erfahrungen »Visitationsartikel« vor, die später, von Luther durchgesehen und durch zwei Katechismen ergänzt, zur Grundlage für die Organisation und Instruktion der lutherischen Kirche wurden.

Seit 1519 war, gänzlich unabhängig von Luther und seinen Wittenberger Kollegen, in Zürich eine Reformbewegung wirksam geworden. Der führende Kopf der Schweizer Reformation war Huldrych Zwingli, der durch seine humanistische Ausbildung Erasmus nahestand, aber auch ein überzeugter Anhänger des Evangeliums war. Als diese Bewegung sich ausbreitete und auf benachbarte Schweizer und süddeutsche Städte übergriff, entschloß sich Philipp von Hessen, der scharfsichtigste Politiker unter den lutherischen Fürsten, die Schweizer und die lutherische Bewegung einander nahezubringen, da er befürchtete, die Protestanten würden wie auf dem zweiten Reichstag zu Speyer den Katholiken stets an Zahl unterlegen sein. Obwohl Luther und Melanchthon sich ablehnend verhielten, wurde eine Zusammenkunft vereinbart, die vom 30. September bis zum 5. Oktober im Schloß des Landgrafen in Marburg stattfand. Auf dem Marburger Religionsgespräch waren beide Seiten gut vertreten. 15 wichtige Artikel des christlichen Glaubens waren aufgezeichnet worden, und über 14 konnten Luther und Zwingli sich rasch einigen; sie bestätigten das durch ihre Unterschrift. Der 15. Artikel, der die Abendmahlslehre

betraf, schien jedoch einer völligen Übereinstimmung unüberwindliche Schwierigkeiten entgegenzusetzen. Hinsichtlich der Darbietung des Sakraments in beiderlei Gestalt (Brot und Wein) war man sich zwar einig, aber Luther bestand auf der leibhaftigen Gegenwart Christi im Sakrament, während Zwingli ebenso unerschütterlich daran festhielt, daß das Wort »ist« in der Konsekrationsformel »Das ist mein Leib« im Sinne von »bedeutet« zu verstehen sei. Das war ein grundlegender Unterschied, und trotz aller Bemühungen des Landgrafen war eine Einigung nicht zu erreichen. Dennoch hatte das Religionsgespräch in nahezu allen Punkten zu einer Verständigung geführt, und das sollte für die Zukunft nicht unwichtig sein.
Der nächste deutsche Reichstag trat am 20. Juli 1530 in Augsburg zusammen. Kaiser Karl war persönlich anwesend und hoffte, den religiösen Unruhen im Reich ein Ende machen zu können. Er mußte jedoch feststellen, daß die protestantischen Fürsten nicht gesonnen waren, sich von ihm leiten zu lassen. Luther, der in Reichsacht war, durfte nicht anwesend sein. Kurfürst Johann von Sachsen hatte ihn etwa 200 Kilometer von Augsburg entfernt auf der Feste Coburg untergebracht, wo er in ständiger Verbindung mit Melanchthon stand, der in Luthers Abwesenheit der führende protestantische Theologe war. Der sächsische Kanzler verlas im Namen der protestantischen Fürsten eine Darlegung ihres Glaubens, das sogenannte Augsburger Bekenntnis *(Confessio Fidei Augustana)*. Für die Formulierung war weitgehend Melanchthon verantwortlich, aber die Erklärung entsprach durchaus der Einstellung der Fürsten. Sie bestand aus zwei Teilen, erstens aus einer Darlegung der Überzeugungen der Unterzeichnenden und zweitens aus einer Aufzählung der Irrtümer der katholischen Kirche, die sie beklagten und ablehnten: erzwungener Zölibat, die Messe als Opfer, die Ohrenbeichte, klösterliche Einrichtungen, die Vermischung politischer und geistlicher Macht in den Händen der Bischöfe. Die Schweizer und die Straßburger legten eigene, jedoch weniger bedeutende Bekenntnisse vor.

Das lateinisch und deutsch abgefaßte Dokument wurde dem Kaiser vorgelegt. Er reichte es an seine Theologen weiter, und diese verfaßten eine Widerlegung, die der Kaiser sofort der *Confessio* überordnete. Melanchthon schrieb daraufhin eine *Apologia,* die siebenmal so lang war wie die *Confessio,* vom Kaiser aber nicht angenommen wurde. Karl hatte beschlossen, die protestantische Bewegung auf jeden Fall zu vernichten. Aber es war nicht einfach, Mittel und Wege zu finden, so mächtige und entschlossene Fürsten zum Gehorsam zu zwingen. Am 22. Dezember 1530 verließen sie Augsburg und versammelten sich in Schmalkalden im westlichen Kursachsen, um ihren Widerstand gegen die Drohungen des Kaisers, der sie mit Waffengewalt vernichten wollte, zu organisieren. Auf diese Weise kam es zum Schmalkaldischen Bund, dem zunächst nur sieben norddeutsche Fürsten – der Kurfürst von Sachsen, der Landgraf von Hessen, zwei Herzöge von Braunschweig-Lüneburg, der Fürst von Anhalt, die zwei Grafen von Mansfeld – sowie die Städte Magdeburg und Bremen angehörten. Allmählich stießen auch andere hinzu, und 1532 war der Bund so stark, daß Karl es nicht wagte, gegen ihn vorzugehen. Indem sie sich auf diese Weise politisch-konfessionell organisierten, übten die Fürsten praktisch die Doppelfunktion von Landesfürsten und Bischöfen aus und verstärkten damit die bereits bestehende Tendenz auf die Landeskirche hin. Die Protestanten allerdings zeigten sich dem Reich gegenüber loyaler als die Katholiken, indem sie Karl tatkräftig in seinem Feldzug gegen die Türken unterstützten, die Wien bedrohten. 1532 schloß sich der Papst wieder enger mit Franz I. zusammen, der mit Sultan Suleiman verbündet war, so daß Karl wieder in Schwierigkeiten geriet. In den folgenden drei Jahren konnten die Protestanten das gewonnene Terrain ausbauen, ohne eine Einmischung des Kaisers befürchten zu müssen. Der Schmalkaldische Bund übernahm die Führung in der deutschen Politik und erreichte mit Philipp von Hessen an der Spitze 1534 die Wiedereinsetzung Ulrichs als Herzog von Württemberg, der

dann auch umgehend sein großes Herzogtum dem Protestantismus zuführte. Als 1534 der Schwäbische Bund aufgelöst wurde, war der Schmalkaldische Bund in Deutschland die stärkste politische Gruppe. Die protestantischen Pfarrer in Oberdeutschland, denen der Erfolg des Bundes Mut gemacht hatte, waren nun daran interessiert, mit Luther zusammenzukommen und eine Formel zu finden, die zukünftige Konflikte vermeiden half. Fast ein Jahr lang dauerten die Diskussionen und Konferenzen, aufgrund deren Melanchthon schließlich die sogenannte Wittenberger Konkordie verfaßte (29. Mai 1536). Sie führte fast alle deutschen Protestanten zusammen. Bezüglich des Streitpunktes – der leibhaftigen Gegenwart – erlaubte die Formulierung beiden Seiten die Annahme, daß sie sich durchgesetzt hätten.
Das Verlangen der verschiedenen protestantischen Elemente nach Einigung verstärkte sich bei Laien und Geistlichen, als bekannt wurde, wie wohlwollend der neue Papst Paul III. (1534–1549) dem Drängen des Kaisers auf Einberufung eines allgemeinen Konzils gegenüberstand. Tatsächlich wurde ein solches Konzil für den 23. Mai 1537 nach Mantua einberufen, zu dem auch die Protestanten Vertreter entsenden sollten. Die protestantische Geistlichkeit jedoch, deren kirchliche Organisation und Lehre inzwischen ihre Form gefunden hatte, war der Meinung, daß ihr ein vom Papst beherrschtes Konzil nicht viel nützen werde. Kurfürst Johann Friedrich von Sachsen allerdings wollte für alle Fälle gerüstet sein und ließ sich von der theologischen Fakultät der Universität Wittenberg eine Erklärung ausarbeiten, die er vorlegen und verteidigen wollte, wenn sich die Gelegenheit ergäbe. Wie sich herausstellte, war Luther der alleinige Verfasser der Glaubenssätze (Januar 1537), die später nicht ganz zutreffend als »Schmalkaldische Artikel« bekannt wurden. Diese Erklärung in 21 Artikeln, die im Februar unter den Theologen und den Freunden des Kurfürsten zirkulierte, ist in ihrer protestantischen und papstfeindlichen Haltung kompromißloser als Melanchthons Augs-

burger Konfession; sie postuliert eine eigenständige und unabhängige sächsische Landeskirche mit eigener Theologie und Kirchenordnung. Der Kurfürst war damit sehr einverstanden, aber die Artikel wurden nicht von allen Wittenberger Theologen gutgeheißen und auch von den Fürsten nicht unterzeichnet. Statt dessen lehnten sie offiziell die Teilnahme an dem vom Papst einberufenen Konzil ab. Der Vorrang der Artikel vor der Augsburger Konfession und der *Apologia* wurde erst später anerkannt. Da ihre Entstehung in eine fortgeschrittene Phase der Reformation fällt, unterschieden sie klarer zwischen dem päpstlichen und dem evangelischen Standpunkt, als es Melanchthon 1530 möglich gewesen war. In der revidierten und ausgefeilten Form, die Luther ihnen 1538 gab, galten sie dann als offizielle Zusammenfassung der lutherischen Glaubenssätze und als reifste Frucht der Denkweise Luthers. Um 1538 schien es, als habe der Protestantismus endgültig seine Selbständigkeit erfochten. Er hatte ein hohes Maß an theologischer Einigkeit erreicht und besaß eine fähige politische Führung; seine Gegner konnten das weitere Wachstum nun nicht mehr aufhalten. Luther stand weniger im Vordergrund der Kämpfe als in den ersten 15 Jahren nach dem Anschlag der 95 Thesen. Jetzt gab es jüngere Männer, die von ihm geschult und durchaus imstande waren, ihm diese Last abzunehmen. Von etwa 1535 an verschlechterte sich sein Gesundheitszustand, so daß er gern lehrend und schreibend in Wittenberg blieb und dort ein theologisches Werk aufbaute, das er künftigen Generationen als Vermächtnis hinterlassen wollte. Er hätte gern sein Leben in Frieden beschlossen, doch das war ihm nicht beschieden. Er wurde in mehrere unglückselige Angelegenheiten hineingezogen, die der ganzen Bewegung viele Unannehmlichkeiten brachten.

Der beste politische Kopf der gesamten lutherischen Partei war Philipp, Landgraf von Hessen, der zudem in unerschütterlicher Treue zu Luther hielt. Er war aber auch ein Mensch, der seine Leidenschaften nur schwer bändigen konnte. Gegen seine Gemahlin, die Tochter des Herzogs Georg von Sachsen, mit der er seit seinem 19. Lebensjahr verheiratet war, empfand er eine zunehmende Abneigung, über die er sich mit gelegentlichen Liebesverhältnissen hinwegtröstete, bis er eine 17jährige Hofdame seiner Schwester zu seiner zweiten Gemahlin aussah. Die Mutter des Mädchens bestand darauf, daß Philipp für die Ehe die Billigung mehrerer Gelehrter und Theologen einholte. Philipp bat, nachdem seine Gemahlin eingewilligt hatte, Luther und Melanchthon um ihre Zustimmung, ohne ihnen aber in allen Einzelheiten die bereits getroffenen Vereinbarungen und Versprechungen zu eröffnen. Luther stimmte unter der Bedingung zu, daß die Ehe geheimgehalten werde, eine Entscheidung, die er damit rechtfertigte, daß Bigamie im Alten Testament gültig und im Neuen für Laien nicht ausdrücklich untersagt sei. Fraglos verhielten sich Philipp wie Luther in gleicher Weise unentschuldbar. Die Vermählung fand Anfang des Jahres 1540 in Gegenwart Luthers und Melanchthons statt, doch das Geheimnis kam bald an den Tag. Luther riet Philipp, die Sache einfach abzustreiten. Der häßliche Vorfall wirkte sich auf die Sache der Reformation katastrophal aus. Den Katholiken kam er sehr gelegen, und die Protestanten fühlten sich tief gedemütigt.

Der Kaiser hatte jetzt eine mächtige Waffe, um den Schmalkaldischen Bund zu treffen. Karl hätte aufgrund des Reichsrechtes Philipp für die eingegangene Bigamie mit Entzug von Land und Titel bestrafen können. Er zog es vor, ihn zu zwingen (1540), dem jungen Herzog von Cleve, dessen Gebiet an die Niederlande Karls grenzte, den Beitritt zum Schmalkaldischen Bund zu verwehren. Als der Kaiser 1453 den Herzog angriff und ihm einen Teil seines Landes wegnahm, mußte der durch Philipps Abfall geschwächte Bund tatenlos zusehen. Karl konnte die Hoffnung hegen, daß er durch eine Spaltung der Protestanten die Vorherrschaft in Deutschland auf diplomatischem Wege erreichen könne.

Dennoch war der Kaiser nicht in der Lage, seinen Vorteil so-

fort ganz auszunutzen. Ein vierter Krieg mit Franz I. von Frankreich (1542–1544) nahm einen für ihn ungünstigen Verlauf, und im Osten rief Ferdinand, Karls Bruder, um Hilfe gegen die Türken, die damals Österreich bedrohten. Doch mit Geduld und diplomatischem Geschick erreichte Karl im September 1544 im Vertrag von Crépy, daß Franz auf einige Gebietsansprüche verzichtete und sich mit ihm gegen die Türken und die deutschen protestantischen Fürsten vereinigte. Am Ende des Jahres hatte sich Karls Position wesentlich gebessert, während die Protestanten so sehr in Schwierigkeiten steckten, daß sie es für klug hielten, ihm ihre Hilfe gegen die Türken und ihren früheren Verbündeten Franz I. anzubieten. Doch jetzt komplizierte der Papst die Lage dadurch, daß er am 15. März 1545 das lange schon versprochene und immer wieder verschobene Konzil von Trient eröffnete. Damit war Karls Absicht, eine christliche Reform durch ein deutsches Konzil vor den für Mai in Worms angesetzten Reichstag zu bringen, zum Teil hinfällig geworden. Der Papst, der ein weiteres Zusammengehen Karls mit den deutschen Protestanten unbedingt verhindern wollte, stellte dem Kaiser 100000 Dukaten für den Krieg gegen die Türken zur Verfügung, er ließ im Juni weitere 100000 Dukaten und 12500 Soldaten folgen und gestand Karl das Recht zu, kirchlichen Landbesitz in Spanien bis zum Werte von 500000 Dukaten zu verkaufen. Nachdem sich Papst und Kaiser ausgesöhnt hatten, durften sich die Protestanten nicht länger der Hoffnung hingeben, sie könnten die beiden katholischen Mächte weiter gegeneinander ausspielen.
Die Einberufung des Konzils nach Trient bedeutete, daß dort die italienischen Bischöfe in der Überzahl sein würden und daß man mit jeder protestantischen Vertretung kurzen Prozeß machen werde. Die Protestanten lehnten deshalb das Konzil von Anfang an ab. In Deutschland herrschte ganz allgemein die Meinung vor, daß nur ein Krieg die Lage klären könne. Im Herbst und im Winter 1545/46 bereiteten sich beide Seiten diplomatisch und militärisch auf einen Zusammenstoß vor,

von dem sie wußten, daß er die Entscheidung bringen mußte. In dieser Zeitspanne mußten die Protestanten zwei harte Schläge hinnehmen. Am 18. Februar starb Luther in Eisleben, besorgt über die Entwicklung im protestantischen Lager, aber unerschüttert in seinem Glauben an die Lebenskraft der von ihm reformierten Kirche. Ferner ging Moritz, Herzog von Sachsen, obwohl er sich zu Luther bekannt hatte, ins Lager des Kaisers über, weil dieser ihm versprochen hatte, den Kurfürstentitel der ernestinischen Linie des Hauses zu entziehen und ihm als dem Haupt der albertinischen Linie zu übertragen.

Der Krieg, der nun folgte, war schnell vorüber. Die Protestanten, unter sich uneins und noch wie gelähmt von dem Abfall Moritz' und dessen Wendung gegen seinen Vetter Johann Friedrich, vermochten Karl keinen ausreichenden Widerstand zu leisten. Die protestantischen Städte in Süddeutschland zeigten sich einer kriegerischen Auseinandersetzung abgeneigt. Philipp von Hessen unternahm praktisch gar nichts. Kurfürst Johann Friedrich jedoch zeigte sich energischer als erwartet und schlug nicht nur Moritz' Truppen zurück, sondern besetzte auch Teile des Herzogtums Sachsen. Der Kaiser marschierte quer durch Deutschland und stellte die geschwächten Streitkräfte des Kurfürsten am 25. April 1547 bei Mühlberg an der Elbe, wo er einen raschen und entscheidenden Sieg errang. Nachdem der Schmalkaldische Bund zerschlagen war, sah sich Karl zum erstenmal wirklich als Herr in Deutschland, freilich weniger durch eigenes Verdienst als infolge der Entzweiung und Unfähigkeit der protestantischen Fürsten. Daß Karl nicht imstande war, seinen Sieg auszubauen, lag teils an den labilen Machtverhältnissen in Deutschland, teils an der Tatsache, daß auch die katholischen Fürsten über die Auswirkungen des kaiserlichen Sieges nicht ganz glücklich waren, in höherem Maße aber wohl bedingt dadurch, daß die der lutherischen Reformation eigenen Vorstellungen von der Selbständigkeit der Landesfürsten in Deutschland schon Fuß gefaßt hatten.

Die lutherischen Fürsten, ihr Bund und ihre politische Moral waren zerschlagen, und ihr Führer war tot. Doch die lutherische Bewegung war noch durchaus lebendig. Der Papst, den Karls Überlegenheit erschreckte und der befürchtete, der Kaiser könne sie auch auf das Konzil ausdehnen, verlegte dieses von Trient nach Bologna, wohingegen Karl verärgert den deutschen und spanischen Abgeordneten in Trient zu bleiben befahl. Er war infolgedessen den Protestanten gegenüber nicht allzu ungnädig gestimmt, als er am 1. September 1547 auf dem Reichstag zu Augsburg erschien. Auf seinen Vorschlag wurde eine religiöse und politische Kompromißlösung – das *Augsburger Interim* – formuliert, vom Reichstag angenommen und vom Kaiser als einstweiliges Reichsgesetz am 15. Mai 1548 verkündet. Als Kompromiß und Versuch, eine Art protestantischer Glaubenslehre mit der katholischen Praxis einigermaßen in Einklang zu bringen, konnte diese Lösung natürlich keine Seite befriedigen. Die protestantischen Führer – unter ihnen sogar Johann Friedrich, der damals Karls Gefangener war – weigerten sich, sie anzunehmen, und die Städte leisteten aktiven Widerstand, obwohl der Kaiser Zwangsmaßnahmen ergreifen und 400 lutherische Geistliche aus ihren Häusern treiben ließ, weil sie das *Interim* ablehnten. Kurfürst Moritz veranlaßte Melanchthon, der jetzt als Luthers Erbe und Nachfolger anerkannt war, das *Interim* so abzuändern, daß es für die reformierte Seite eher annehmbar wurde, und veröffentlichte es als *Leipziger Interim* (21. Dezember 1548).

Das *Augsburger Interim* verlor jedoch jede Bedeutung, hauptsächlich deshalb, weil Karl den Versuch machte, es mit Hilfe von spanischen Truppen durchzusetzen. Einen Zweck hatte es jedenfalls erreicht: Es hatte Deutschland Karl entfremdet. Nachdem seine Mittel erschöpft waren und seine spanischen Soldaten ohne Sold in großer Zahl desertierten, verzweifelte er nun wirklich allmählich daran, Deutschland jemals religiöse Einigkeit bringen zu können. Die Fürsten hatte er außerdem dadurch verärgert, daß er sie zwingen wollte, seinen Sohn Philipp als Kaiser anzuerkennen. Philipp und die Kurfürsten hatten nichts füreinander übrig, und als er Deutschland verließ, waren die Fürsten ebenso erleichtert wie er selber. Um das Maß des Unglücks für Karl zu erschöpfen, entschloß sich Moritz von Sachsen ausgerechnet zu diesem Zeitpunkt (1551), den Kaiser zu verlassen und sich an die Spitze der protestantischen Opposition zu stellen. Er verbündete sich im Vertrag von Chambord vom 15. Januar 1552 mit Heinrich II. von Frankreich, griff im März die kaiserlichen Truppen an und hätte fast den Kaiser in Innsbruck gefangengenommen. Am 2. August 1552 entsagte Karl im Frieden von Passau praktisch seiner Politik, die kaiserliche Gewalt in Deutschland durchzusetzen. Er ließ auch Philipp von Hessen frei, den zweiten der beiden protestantischen Fürsten, die er gefangenhielt, und erklärte sich damit einverstanden, daß in religiösen Angelegenheiten der Reichstag entscheiden solle.

Der Reichstag, der diese Entscheidung schließlich traf, tagte vom Februar bis zum September 1555 in Augsburg. Nach 30 Jahren der Auseinandersetzung wußten beide Parteien, was der Gegner wollte und – wenn nötig mit Waffengewalt – erreichen konnte und was für die Masse des deutschen Volkes annehmbar war. Das Landesfürstentum hatte sich durchgesetzt, jede Vorstellung von einer umfassenden einheitlichen Monarchie hatte sich als völlig illusorisch erwiesen. Hinsichtlich des Bekenntnisses wurde das Prinzip der Toleranz, freilich in sehr eingeschränktem Sinn, anerkannt. Ein Fürst hatte nur zwei Möglichkeiten: Er konnte für sein Gebiet entweder den römischen Katholizismus oder den lutherischen Glauben wählen. Diejenigen Untertanen, die sich mit seiner Wahl nicht abfinden wollten, konnten ungehindert emigrieren. Zwingli, Calvin, die Wiedertäufer oder sonstige Sekten wurden nicht anerkannt. Alle kirchlichen Ländereien, die sich vor dem Frieden von Passau im Jahr 1552 in lutherischer Hand befunden hatten, sollten lutherischer Besitz bleiben. Wenn nach diesem

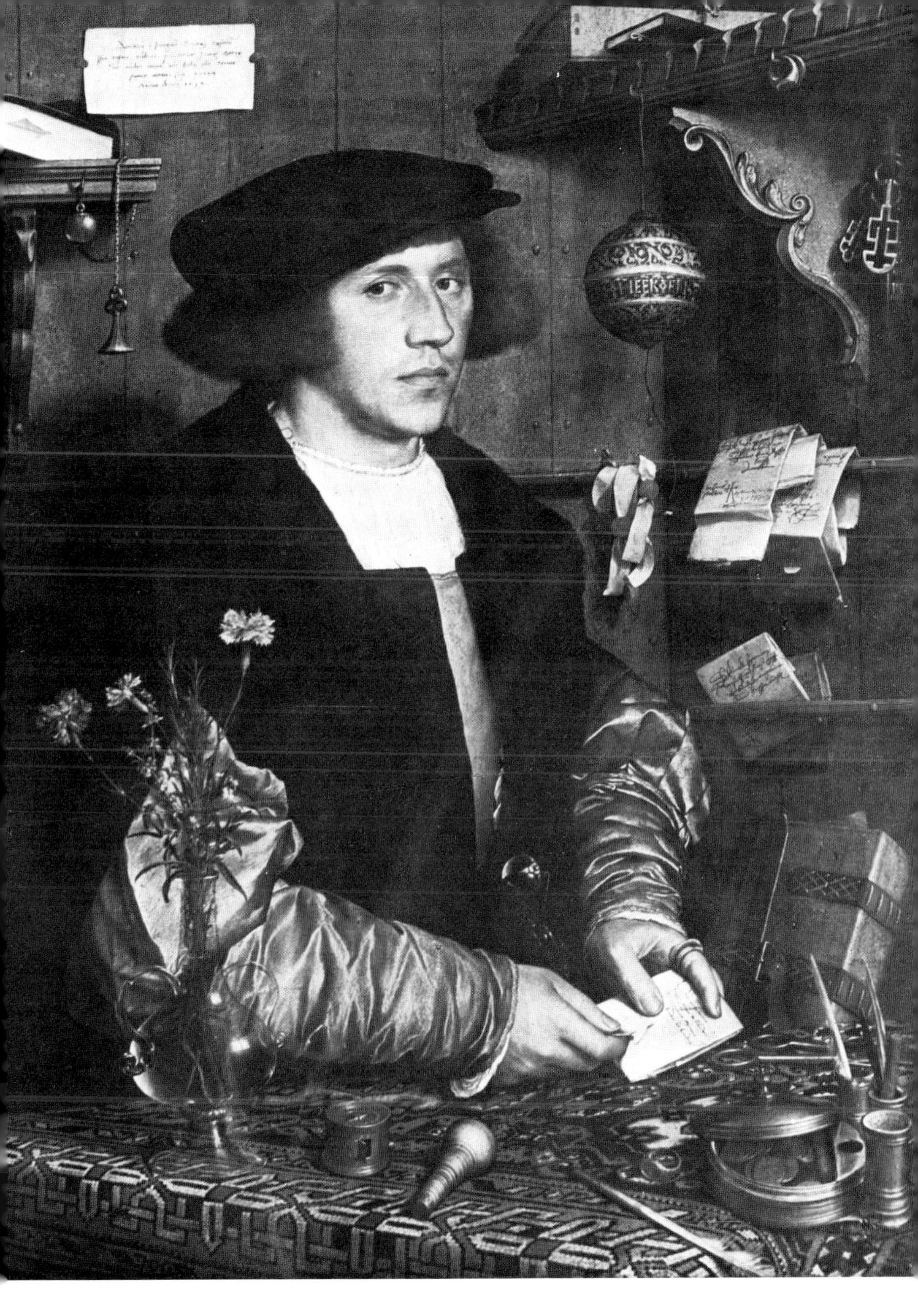

Hans Holbein d. J.: »Bildnis des Kaufmanns Georg Giesze«, 1532; Berlin, Staatliches Museum.

Hans Holbein d. J.: »Jane Seymour«, 1536;
Wien, Kunsthistorisches Museum.

Termin ein hoher Prälat, Erzbischof, Bischof oder der Abt eines begüterten Klosters lutherisch wurde, sollten die Ländereien, die sich in seiner Hand befunden hatten, bei der katholischen Kirche verbleiben. Dieser letzten Bestimmung, dem »Geistlichen Vorbehalt«, setzten die Lutheraner erbitterten Widerstand entgegen. In den Städten, wo man in der Tolerierung verschiedener Konfessionen bereits Erfahrungen gesammelt hatte, waren Katholiken und Lutheraner gewöhnt, einigermaßen friedlich miteinander auszukommen.

Es gab viel auszusetzen am Frieden von Augsburg, so zum Beispiel das Fehlen des Prinzips voller konfessioneller Toleranz oder die Anerkennung des Rechts der Calvinisten, Zwinglianer und anderer Bekenntnisse zur uneingeschränkten und unbehinderten Ausübung ihres Glaubens. Dennoch brachte der Friede dem Reich Ordnung, indem er den Religionskriegen ein Ende setzte. Gleichzeitig bedeutete er für Ferdinand, Karls Bruder, der diesem bald als Kaiser nachfolgen sollte, eine deutliche Warnung, nicht wie Karl den Versuch zu machen, die Fürsten in seine Abhängigkeit zu bringen. Daß die Kirche oder ein – wenn auch noch so mächtiger – weltlicher Herrscher Gewalt anwendeten, um Untertanen zum Wechsel ihrer Konfession zu zwingen, sollte nun bald der Vergangenheit angehören.

Seit dem Tode Luthers hatte Melanchthon die Führung in der lutherischen Bewegung übernommen. Der Kompromiß, zu dem er sich zur Zeit des *Augsburger* (1548) und des *Leipziger Interims* bereitgefunden hatte, war in der lutherischen Geistlichkeit vielfach auf Kritik gestoßen. In seinen Antworten ermahnte er die Brüder, sich nicht ungebührlich über *adiaphora* (gleichgültige Dinge) zu erregen, sondern das Hauptgewicht auf die wirklich wichtigen Lehren von der Gnade und der Erlösung durch den Glauben zu legen. Einer der entschiedensten und wortreichsten Gegner der Neigung Melanchthons zum Kompromiß war Matthias Flacius Illyricus, ein Südslawe, der sich zusammen mit einer Anzahl gleichgesinnter Gelehrter heftig gegen die Führung Melanchthons wandte. Er lehnte jede Unterwerfung der Kirche unter die Fürsten ab und wollte von keinerlei Kompromissen in der Lehre wissen. Auf seine Angriffe antwortete Melanchthon im Oktober 1549 in einem offenen Brief. Man hätte meinen sollen, daß seine sachliche und überzeugende Verteidigung ihm Ruhe verschafft hätte, doch die Verleumdungen und giftigen Angriffe gingen weiter, und so empfand Melanchthon seine Führerstellung mehr als eine Bürde denn als Ehre.

Die protestantischen Fürsten, die nach Trient eingeladen worden waren, spielten jetzt mit dem Gedanken, entweder selbst auf das Konzil zu gehen oder doch Vertreter zu entsenden. Als man Melanchthon fragte, riet er ab, bereitete jedoch eine neue Erklärung vor, die *Confessio Saxonica,* die die Artikel der Augsburger Konfession bekräftigte und einige bereits vom Konzil angenommene Erklärungen widerlegte. Eine Anzahl führender protestantischer Fürsten und deren Theologen unterzeichneten diese *Confessio,* was Melanchthon mit Recht als Bestätigung seiner Haltung gegenüber Matthias Flacius auffaßte.

1552 sollte Melanchthon noch einmal nach Trient gesandt werden, um die lutherische Sache zu vertreten; er war auch schon bis Nürnberg gekommen, kehrte jedoch nach Wittenberg zurück, weil andere, gleichfalls eingeladene Protestanten auf dem Konzil kein Gehör gefunden hatten. Das war der Zeitpunkt, zu dem Moritz von Sachsen, der sich nun endlich klarmachte, wie fest seine Untertanen zu ihrem lutherischen Glauben standen, vom Kaiser abfiel und den Vertrag von Passau erzwang, der die lutherischen Geistlichen von dem Druck befreite, unter dem viele aus Sachsen hatten fliehen müssen. Es schien, als könne Melanchthon endlich in den Frieden seiner Studierstube zurückkehren, aber nun stiftete Osiander, Professor in Königsberg und ebenfalls ein Lutheraner, neue Unruhe. Er vertrat eine von Luther abweichende Rechtfertigungslehre, und als Melanchthon es ablehnte, diese gutzuheißen,

griff er ihn und seine Bücher heftig an. Obwohl Osiander 1553 starb, wurde die Kontroverse von verschiedenen Seiten noch mehrere Jahre weitergeführt.
Als 1555 der Reichstag von Augsburg eröffnet wurde, fochten die Protestanten, die sich politisch durchgesetzt hatten, untereinander erbitterte Fehden aus über nahezu alle grundlegenden Lehrsätze des lutherischen Glaubens, wobei der Hauptstreitpunkt das Abendmahl und die Art der Gegenwart Christi in den Substanzen Brot und Wein waren. Melanchthon widersetzte sich den eifernden Buchstabengläubigen, die behaupteten, Christi Leib werde physisch mit Hilfe der Zähne, der Kehle und des Magens verzehrt, versuchte jedoch, sich aus einem Streit herauszuhalten, der seiner Meinung nach zu nichts führen konnte. Von Genf her drängte ihn Calvin zurückzuschlagen und äußerte sogar Zweifel an Melanchthons Mut. 1556 scheiterte ein Versuch, Melanchthon und Flacius auszusöhnen, daran, daß dieser Bedingungen stellte, die für Melanchthon demütigend gewesen wären. Flacius schwächte seine Position selbst durch seine allzu starre Haltung und den Eifer, mit dem er jeden schmähte, der sich nicht zu seinem extremen Luthertum bekennen wollte, so daß einige seiner Anhänger zu Melanchthon übergingen. Die protestantischen Fürsten waren sich darüber im klaren, daß diese offene Feindschaft ihrer Sache schadete, und veröffentlichten im März 1558 den sogenannten Frankfurter Ausgleich, eine Erklärung, die den lutherischen Glauben in so allgemeiner Formulierung umriß, daß – wie sie hofften – alle Lutheraner sich dazu bekennen konnten. Flacius und seine Partei lehnten den Ausgleich sofort ab, und die Kluft wurde nur noch tiefer. Dieser endlose Streit überschattete Melanchthons letzte Lebensjahre. Kurz vor seinem Tode traten die Jesuiten in Bayern in Erscheinung, die Lutheraner wie Reformierte gleichermaßen bedrohten. Melanchthon starb am 19. April 1559 und wurde an der Seite Luthers begraben. Mit seinem Tod begann für die deutsche Reformation eine Phase des Kompromisses und der Verschmelzung,

die ihren Gipfel in der Konkordienformel von 1577 und dem Konkordienbuch von 1580 erreichte. Anders gesehen war diese dritte Periode eine Zeit, in der das lutherische Denken bereits in Orthodoxie überging. Die ursprüngliche Leidenschaft und die mitreißende Überzeugung, die Luther und Melanchthon angetrieben hatten, waren bei ihren Nachfolgern schon merklich abgekühlt; an ihre Stelle waren Organisation und – in den Grenzen des Augsburger Religionsfriedens von 1555 – Sicherheit getreten. Sicherheit jedoch ist für jede Bewegung, die auf Gefühl oder Überzeugung aufbaut, ein zweifelhafter Gewinn. Das sollte sich auch in diesem Fall zeigen.

Bisher galt unsere Aufmerksamkeit dem Aufbruch, der Festigung und der Ausbreitung jener deutschen Bewegung, der ihr Begründer Martin Luther seinen Namen gegeben hat. Die 50 Jahre, in denen sich all das abspielte, gehören zu den ereignisreichsten der gesamten abendländischen Geschichte. Es war kaum zu erwarten, daß inmitten des stürmischen Geschehens irgend jemand – und am allerwenigsten der Anführer der Empörung – in der Lage wäre, ein ganz und gar in sich stimmiges Gedankengebäude zu errichten. Außerdem war Luther kein systematischer Denker. Er kannte seine Grenzen sehr genau. Wie so manches religiöse Genie erfühlte er die religiösen Wahrheiten zuerst und faßte sie nachträglich in Worte. Das ist nicht die Methode des Philosophen oder des systematischen Theologen.

Man könnte möglicherweise ein in formalem Sinne zusammenhängendes und ausgewogenes Lehrsystem aus Luthers umfangreichen Schriften ableiten. Dazu bedürfte es jedoch einer selektiven Methode, die der Wahrheit bis zu einem gewissen Grade Gewalt antun müßte, da gewisse Inkonsequenzen oder Wandlungen in Luthers Denken, die auf seine religiöse Entwicklung zurückzuführen sind, außer Betracht bleiben müßten. Es dauerte etwa 20 Jahre – von 1515 bis 1535 – bis Luther selbst ganz erfaßt hatte, wie sich seine Deutung des Evangeliums auswirken mußte, und während sich diese Entwicklung vollzog, sprach und schrieb er erstaunlich viel. Seine Schriften spiegeln wider, was er im Augenblick empfand oder wie er auf die Angriffe von vielen Seiten her reagierte. Polemik jedoch ist der Klarheit des Denkens oder einer stichhaltigen Formulierung immer abträglich. Ohne Zweifel verdankte die lutherische Bewegung ihr Dasein und ihre Kraft der Persönlichkeit Luthers, aber ihr geistiger Aufbau ist im wesentlichen das Verdienst Philipp Melanchthons. Wenn wir im folgenden den Versuch machen wollen, darzulegen, wie das Luthertum als Ganzes zu den wichtigen Streitfragen stand, müssen wir etwa zu gleichen Teilen auf Luther und auf Melanchthon zurückgreifen. Daß es nicht selten Meinungsverschiedenheiten zwischen beiden gab, erschwert diese Aufgabe. Gelegentlich handelte es sich dabei nur um Formulierungsfragen, aber manchmal lagen die Differenzen auch tiefer und wurden wohl auch nie ganz ausgeräumt.

Was die vier klassischen Disziplinen betrifft – Theologie, Soteriologie, Anthropologie, Ekklesiologie –, so stand das Luthertum in den drei ersten dem römischen Katholizismus nahe. Die Vaterschaft Gottes, die Trinität, die vollkommene Göttlichkeit und Menschlichkeit Christi, das versöhnende Amt des Heiligen Geistes – das alles gehörte zu den Grundlagen auch der Reformer. In der Anwendung der Heilslehre jedoch entfernte sich Luther von der römischen Kirche seiner Zeit.

Luther hatte aus eigenem Erleben die Überzeugung gewonnen, daß der Mensch unfähig sei, auch nur im geringsten Grade seine Erlösung selbst zu bewirken. »Werke« waren eitel, und menschliches Verdienst hielt er für wertlos. Die Sünde ist so tief im Menschen verwurzelt, daß nur die Unermeßlichkeit der von Gott geschenkten unverdienten Gnade den Menschen in den Augen Gottes rechtfertigen kann. Der Glaube bildet das Bindeglied zwischen Mensch und Gott, denn ohne diesen Glauben an Gottes Barmherzigkeit und die Erlösermacht Christi steht der Mensch außerhalb der Gnade Gottes. Aber wie kann der Mensch diesen für ihn so notwendigen Glauben erwerben?

Luther würde auf diese Frage anworten, wie er es in *De servo arbitrio* getan hat, daß nämlich der Mensch aus eigener Kraft diesen rettenden Glauben nicht erlangen kann. Es muß von Gott beschlossen sein, in einer Entscheidung, bei der der Sünder nicht im geringsten mitwirken kann. Alles liegt in Gottes Hand. Prädestination war für Luther eine notwendige Folge aus seiner Hauptlehre von der Erlösung allein durch den Glauben *(sola fide)*. Dieser für Luthers Denken so ausschlaggebende Punkt wird als das »materielle« Prinzip der Reformation bezeichnet und der Lehre der mittelalterlichen römischen Kirche gegenübergestellt, nach der die Erlösung auf Glauben und guten Werken beruht. Neben dieses »materielle« Prinzip stellt man das »formale« Prinzip der Reformation: die Autorität der Heiligen Schrift, die derjenigen des Papstes und der kirchlichen Überlieferung übergeordnet ist. Die mittelalterliche Kirche hatte nun keineswegs im Sinn, Dinge zu lehren, die im Widerspruch zur Heiligen Schrift standen, aber die Auslegung war eigens dafür vorgesehenen Stellen innerhalb der Kirche vorbehalten. Die Reformer sahen in der Bibel das lebendige Wort Gottes, durch das er zu den Gläubigen sprach. Luthers Übersetzungsarbeit entsprang der Auffassung, daß alle Christen in der Lage sein sollten, Gottes Stimme unmittelbar zu vernehmen. Luther nahm sich auch die Freiheit, die Bücher der Bibel danach zu beurteilen, in welcher Weise sie die Lehre darboten, die er für wahr hielt. So sah er zum Beispiel den Jakobusbrief als wertlos an, da er keinen Hauch des Evangeliums vermittle.

In seiner Lehre von der Kirche setzte Luther sich entschieden von der römischen Tradition ab. Das wurde ihm zum erstenmal im Verlauf der Disputation mit Dr. Eck (1519) klar, und schon damals mußte er zugeben, daß seine Vorstellungen vom Wesen und der Gemeinschaft der Kirche denen des Ketzers Johann Hus nahestanden. Die Kirche wurde für Luther die Gemeinde der Prädestinierten, die unsichtbare Kirche, eine geistige Gemeinschaft, die durch einen gemeinsamen Glauben und das Sakrament der Taufe verbunden war. Sie ist die »Gemeinschaft der Heiligen« im ursprünglichen Sinne des Glaubensbekenntnisses. Den Anspruch Roms auf die absolute Gewalt des Papstes lehnte Luther als eine Blasphemie, ja als Wahnsinn ab. Die sichtbare Kirche war keineswegs, wie viele Katholiken behaupteten, die Quelle der Gnade oder der einzige Weg zur Erlösung. Die Hierarchie war keineswegs von Gott eingesetzt, ja sie war nicht einmal notwendig. Luther und seine Freunde gingen so weit, daß sie es nicht nur ablehnten, in der Geistlichkeit eine exklusive Priesterschaft zu sehen, vielmehr behaupteten sie, alle Gläubigen besäßen priesterliche Rechte und Privilegien. Das »universale Priesteramt der Gläubigen« betonten Luther und Melanchthon ganz besonders. In und mittels der sichtbaren Kirche, die für Luther die Form einer geistigen Gemeinde (»Gemeinde« war ein Lieblingswort Luthers) annahm, wurde den Gläubigen die Offenbarung der vergebenden Liebe Gottes in Christus dargeboten. Die Kirche war also das unentbehrliche Werkzeug, dessen Gott sich bediente, um die Erlösung des Gläubigen zu bewirken.

Obwohl Luther sich selbst der im wesentlichen geistigen Natur der Kirche und ihres Auftrags durchaus bewußt war, ließ seine Vorstellung davon, wie eine solche geistige Gemeinde mit der weltlichen Obrigkeit zusammenarbeiten sollte, an Klarheit zu wünschen übrig. Zwar gelang es ihm, die deutsche Kirche aus ihrer Abhängigkeit von Rom zu befreien, aber nach 1525 verließ er sich bei der Neuerrichtung einer sichtbaren deutschen Kirche auf die Macht der deutschen Fürsten. Es steht dahin, ob es ein Gewinn war, wenn nun die Macht weltlicher Fürsten an die Stelle einer wenigstens nominell geistlichen und universalen Kurie trat. Fest steht jedenfalls, daß Luther die Kirche in Deutschland an die Macht der weltlichen Fürsten gebunden hat. Und ebenso ist es eine Tatsache, daß diese Fürsten sich selten in dogmatische und rein religiöse Angelegenheiten einmischten – in dieser Hinsicht hatte die Kirche mehr Freiheit als unter Rom. Dennoch zeigte sich die lutherische Kirche bis in die neueste Zeit, was die Lehre betrifft, konservativ und den Fürsten gegenüber untertänig.

Über kein Teilgebiet des katholischen Glaubens und der katholischen Praxis hat sich Luther so freimütig geäußert wie über die Lehre von den Sakramenten. Tetzels marktschreierische und derbe Predigten über die Ablässe von 1516 und 1517 hatten Luther zum erstenmal aus seiner Studierstube in die Öffentlichkeit getrieben. Da der Ablaß mit dem Sakrament der Buße in Verbindung stand, begann Luther seine Aufmerksamkeit der Sakramentenlehre und der Frage zuzuwenden, wie sie sich von der Heiligen Schrift und der historischen Entwicklung her begründen ließ. Das Ergebnis seiner Bemühungen war die Schrift *Über die babylonische Gefangenschaft der Kirche* vom August 1520. Er lehnte vier von den sieben orthodoxen Sakramenten ab, erkannte zwei als göttliche Einrichtungen an – die Taufe und das Heilige Abendmahl – und sah in einem dritten, der Buße, ein Sakrament, das eigentlich nur eine Zeremonie darstelle, die eine durch Buße bewirkte Rückkehr zu der bei der Taufe erworbenen Reinheit anzeige. Von dieser so früh schon verkündeten Stellungnahme ist er nie mehr abgewichen. Das Abendmahl rief deswegen häufige Diskussionen hervor, weil es im Dogma der römischen Kirche einen besonderen Platz einnimmt und weil das Meßwunder eine zentrale Rolle im Leben des Volkes spielt.

Wie allen Reformern lag auch Luther daran, jede Lehre und jeden Brauch der Kirche, die zu reformieren er unternommen hatte, zu überprüfen. Dabei beschäftigte ihn ganz besonders das Problem der Gegenwart von Fleisch und Blut Christi im Abendmahl. Das von Papst Innozenz III. 1215 einberufene Vierte Laterankonzil hatte entschieden, daß bei der Wiederholung der Worte *Hoc est corpus meum* durch den das Sakramen spendenden Priester auf unerklärliche Weise die Substanz des Brotes und des Weines in das Fleisch und Blut Christi verwandelt werde. Das ist seither die Lehre der Kirche geblieben. Man nahm infolgedessen an, daß die Substanz von

Brot und Wein nicht mehr vorhanden war, obwohl natürlich die Akzidenzien – Geschmack, Gewicht, Gestalt, Farbe, Aussehen und so weiter – erhalten blieben. Luther nahm die Gegenwart von Christi Fleisch und Blut an, bestand aber darauf, daß die Substanz von Brot und Wein ebenfalls erhalten bleibe. Er sah keinen entscheidenden logischen Widerspruch in der doppelten Gegenwart und verwendete das Bild von der Hitze im Eisen. Man bezeichnet das gern als Konsubstantiation. Luthers Erklärung bedeutet aber nur, daß die Art der Gegenwart des auferstandenen Christus sich von der Art der Gegenwart einer körperlichen Substanz wie Brot und Wein unterscheidet. Bekanntlich erhielt Luther beim Religionsgespräch von Marburg 1529 seinen Widerstand gegen Zwingli eisern aufrecht; für ihn, Luther, war Christus in Brot und Wein wahrhaftig *(vere)* gegenwärtig und wurde von den Kommunizierenden tatsächlich gegessen. Zehn Jahre später modifizierte Melanchthon die Formulierung der Augsburger Konfession (in der Ausgabe von 1540) dahingehend, daß mit Brot und Wein das Fleisch und Blut Christi für diejenigen, die das Abendmahl nehmen, wahrhaft »dargestellt« werde. Sowohl Zwingli als auch Calvin, die an der symbolischen Gegenwart Christi im Abendmahl festhielten, hätten diese Erklärung nahezu akzeptieren können. Luther wies die Abänderung Melanchthons nicht zurück, obwohl er lieber die ältere und strengere Erklärung – die tatsächliche Gegenwart – beibehalten hätte. Die endgültige offizielle protestantische Stellungnahme jedoch, wie sie in der Konkordienformel von 1577 festgehalten ist, greift wieder auf Luther zurück und lehnt Melanchthons Kompromiß ab. Die Fürsten, nicht die Theologen, erzwangen die Rückkehr zu Luthers »Konsubstantiation« gegen den Widerstand der gemäßigten Sakramentarier.

Als Reformator war Luther konservativ. Seine Abweichung vom Dogma der bestehenden Kirche war verhältnismäßig gering. Das altüberlieferte Glaubensbekenntnis nahm er ohne zu zögern an. Er nahm immer wieder für sich in Anspruch, die

Kirche zu der ursprünglichen Reinheit in Glauben und Übung zurückführen zu wollen. Seine Theologie enthielt wenig Originales, und selbst zu den Punkten, die er hervorhob, finden sich Parallelen bei seinen Vorgängern – bei Paulus, Augustinus und den Scholastikern. Neu und original, schöpferisch und revolutionär waren die Kraft und Energie, mit der er glaubte, was andere nur hingenommen, und zur Tat schritt, wo andere nur Feststellungen getroffen hatten. Dieser Schritt zur Tat kam dem Menschen eines neuen Zeitalters zugute, und er erfolgte, als die Zeit dafür reif war.

Luthers im Grunde konservative Haltung kommt nirgends deutlicher zum Ausdruck als in seiner Behandlung sozialer und wirtschaftlicher Fragen. Wir sahen ihn, nachdem er sowohl den Bauern als auch dem Adel Mäßigung und Zurückhaltung angeraten hatte, sich schließlich gegen die Bauern wenden und auf die Seite des Adels treten. Ähnlich entschied er sich auch für die bestehende Ordnung, wenn er gelegentlich über Wirtschaftsfragen schrieb. Sein Urteil war mehr von seinem bäuerlichen und klösterlichen Hintergrund her bestimmt als von einer wohldurchdachten Einschätzung der wirtschaftlichen Revolution, die sich vor seinen Augen vollzog. Den Fuggern sollte man die Kandare anlegen, meinte er. Zinsen sollten in den allermeisten Fällen verboten sein. Der ganze Bereich der unternehmerischen Initiative, des Gewinns und der Ansammlung von Kapital war eine Erfindung des Teufels und deshalb schlecht und eine Verführung zur Sünde. Er hielt ebenso leidenschaftlich wie Thomas von Aquin und das kanonische Recht an der Vorstellung vom »gerechten Preis« fest. Man hat nicht selten gesagt, der Protestantismus sei unauflöslich mit dem Aufkommen einer kapitalistischen Gesellschaft verbunden. Unter gewissen Aspekten liegt vielleicht etwas Wahres in dieser Behauptung. Aber für Luther und die lutherische Bewegung gilt sie ganz sicher nicht. Das kapitalistische Unternehmertum in den deutschen Städten war älter als Luther, und ein wirtschaftlicher Imperialismus unter nationalem Vorzeichen entstand zuerst in den streng katholischen Ländern Spanien und Portugal. Was die Ethik betrifft, so kann man Luther schwerlich gerade in dem Augenblick den Vorwurf machen, er habe sich weit vom besten katholischen und mittelalterlichen Denken entfernt, indem er die Autorität ablehnte, mit der die Kirche diese Ethik etabliert und propagiert hatte. Das kanonische Recht und die Autorität des Papstes seien gänzlich unnötig, behauptete Luther. Die Heilige Schrift und das eigene Gewissen genügten dem Gläubigen, um in allen zeitlichen Dingen den rechten Weg zu finden. Doch die Verhaltensregeln, die Luther in der Bibel entdeckte, standen den ethischen Forderungen eben dieses kanonischen Rechts, das er ablehnte, auffallend nahe.

13

Die Reformation außerhalb Deutschlands

Im folgenden wird sich zeigen, daß das Wort »Reformation« sehr verschiedene Bedeutung haben kann. Ganz allgemein müssen wir in jedem Land unterscheiden zwischen den nationalen Bemühungen um eine Reform der Kirche und denjenigen, die von außen hereingetragen werden. Die nationalen Bewegungen können auf die in dem betreffenden Land gegebenen Verhältnisse zurückgehen und sind möglicherweise auf einen verantwortungsbewußten einzelnen zurückzuführen oder auch von einer Gruppe oder Schule ausgegangen, die sich des Niedergangs des religiösen Denkens und Handelns bewußt geworden ist. Diese Bewegungen sind fast in jedem Fall älter als die lutherische Eruption, und sie sind im wesentlichen ziemlich unabhängig von irgendwelchen Vorgängen außerhalb des Landes. Ferner waren sie nahezu sämtlich orthodox und standen unter der Führung von Männern und Frauen, die ihrer Kirche treu bleiben wollten. Die Vorstellung von der Möglichkeit eines Bruches mit der bestehenden Institution entwickelte sich nur allmählich. In anderen Fällen können wir ganz deutlich verfolgen, wie und auf welchem Wege die reformatorischen Lehren ins Land gekommen sind. Unter diesen Bewegungen war natürlich die von Luther geführte die kraftvollste. Sie zog aus ganz Europa Studenten und Kleriker nach Wittenberg, und der Einfluß, den diese kühnen Geister nach ihrer Heimkehr im eigenen Land ausübten, war gewaltig.

Die Schweiz war ein Bundesstaat, der auf den »Ewigen Bund« zurückging, den die drei Waldorte Uri, Schwyz und Unterwalden schlossen, um sich gegen Kaiser Rudolf von Habsburg verteidigen zu können. Im Laufe der nächsten 150 Jahre traten zehn weitere Schweizer Orte der politisch recht erfolgreichen Eidgenossenschaft bei. Unter den verschiedenen Orten war Zürich, eine betriebsame Handwerker- und Handelsstadt, demokratisch organisiert, während das weiter westlich gelegene Bern nahezu aristokratisch war. Nächst Wittenberg war Zürich in der ersten Phase der Reformation das wichtigste Zentrum. Die Voraussetzung dafür schuf im wesentlichen die lockere politische Struktur der Schweiz, die es jedem Ort gestattete, in religiösen Angelegenheiten seinen eigenen Überzeugungen zu folgen. Der zweite maßgebliche Faktor lag in der Persönlichkeit und dem Werk Huldrych Zwinglis (1484 bis 1531), der in Zürich an der Spitze der Bewegung stand.

Huldrych Zwingli, der Führer der Schweizer Reformbewegung, wurde am 1. Januar 1484, sieben Wochen nach Martin Luther, in Wildhaus im Toggenburg, einem hochgelegenen Alpendorf im Kanton St. Gallen, geboren. Sein Vater war der Ammann des Dorfes. Ein Onkel, Dekan beim Kapitel von Weesen, dem nahegelegenen Bischofssitz, kümmerte sich um die Erziehung des Knaben und schickte ihn, als er zehn Jahre alt war, auf eine Lateinschule in Basel. Zwingli lernte ausgezeichnet und wurde nach vierjähriger gründlicher Vorbereitung 1498 auf ein Kolleg nach Bern geschickt, das der führende Schweizer Humanist Heinrich Wölfflin leitete. Nach zwei Jahren ging er von Bern an die Universität Wien, um 1502 nach Basel zurückzukehren und an der St.-Martins-Schule Latein zu lehren. Mit seiner Ausbildung noch nicht zufrieden, immatrikulierte er sich an der Universität, erwarb 1504 das Baccalaureat und 1506 den Magistergrad. Im selben Jahr erhielt er die Priesterweihe und wurde zum Pfarrer in Glarus bestellt, wo er seine freie Zeit darauf verwandte, Griechisch und Hebräisch zu lernen. In diesem Amt blieb er zehn Jahre. 1513 und 1515 begleitete er das Schweizer Kontingent auf kurzen Feldzügen in der Lombardei und nahm 1515 als Kaplan der Schweizer Truppen an der Schlacht von Marignano teil. In seinen Glarner Predigten wandte er sich so heftig gegen die Vermietung von Söldnern, daß er sich den Unwillen mehrerer einflußreicher Gemeindemitglieder zuzog, die damit Geschäfte gemacht hatten. Als seine Lage unhaltbar geworden war, nahm er einen Ruf nach dem nahen Einsiedeln an. Inzwischen hatte er schon begonnen, gewisse kirchliche Bräuche in Frage zu stellen. Insbesondere die Lektüre des Erasmus überzeugte ihn davon, daß die Quelle christlicher Wahrheit nicht die Kirche, sondern die Bibel sei. Seinem ganzen Wesen nach war er Erasmus sehr ähnlich; deshalb neigte er auch eher dazu, in der christlichen Lehre die hochstehende Moralphilosophie zu sehen als den verzehrenden Glauben an die Heilswirkung der unverdienten Gnade Gottes. Nach zweijährigem Aufenthalt in Einsiedeln wurde er zum Leutpriester am Großmünster in Zürich ernannt. Außerdem sollte er an der Münsterschule in Griechisch unterrichten. In seinen Predigten wandte er sich entschieden dagegen, daß junge Schweizer in fremden Heeren dienten, und wies immer wieder auf die Bibel als die Quelle christlichen Glaubens und Handelns hin.

Im Sommer 1518 kam ein Franziskaner aus Mailand, Bernhardin Samson, in die Schweiz, um im Auftrag des Papstes Ablässe zu verkaufen. Als er Anfang 1519 auch in Zürich auftrat, wandte sich Zwingli sofort tatkräftig gegen Samson. Die Stadtväter unterstützten ihn dabei, und sogar der Bischof von Konstanz, der selbst bereit gewesen wäre, Ablässe zu verkaufen, stellte sich auf Zwinglis Seite. Die römische Kurie, der noch der Schrecken über den Aufruhr in den Gliedern saß, den Tetzel in Deutschland hervorgerufen hatte, wollte in der Schweiz nicht dasselbe erleben und rief Samson zurück. Gegen Zwingli wurde nichts unternommen, da der Bischof auf dessen Seite stand. Unmittelbar danach wurde Zürich von einer Seuche heimgesucht, an der über 2500 Menschen starben. Auch Zwingli, der die Kranken und Sterbenden ohne Rücksicht auf seine eigene Gesundheit besuchte, erkrankte, erholte sich aber wieder. Diese Monate der äußersten Belastung und der Wiedergenesung waren für ihn eine Zeit innerer Einkehr. Allerdings kam es bei ihm nicht wie bei Luther zu einer plötzlichen Bekehrung, sondern die Entwicklung ging allmählich vor sich, ohne deshalb weniger eindeutig zu sein; in seinen Predigten wie in seinen Schriften zeigte sich insbesondere in den Jahren von 1519 bis 1522 eine zunehmende Vertiefung seiner Frömmigkeit, eine immer stärkere Hingabe. Seine Reformbestrebungen zielten auf Äußerlichkeiten – die Behandlung der Armen, das Fasten, die Sprache der Liturgie, die Priesterehe; und er war umsichtig genug, sich erst die Unterstützung des Großen Rats zu sichern, ehe er vor die Öffentlichkeit trat.

Ende des Jahres 1523 konnte Zwingli einen entscheidenden Schritt weitergehen. Er legte zur öffentlichen Diskussion vor dem Züricher Rat 67 Thesen vor, die eine bedeutend breitere Skala von Themen umfaßten als Luthers 95. Am Schluß der Zusammenkunft befahl ihm der Rat, wie bisher weiterzupredigen.

Bei einer zweiten öffentlichen Disputation vor über 900 Personen, unter denen sich über 300 Geistliche befanden, verteidigte Zwingli seine reformerische Einstellung gegenüber der Messe und den Bildern. Daraufhin ordnete der Rat der Stadt an, daß die Bürger durch einen Ausschuß, dem Zwingli und mehrere seiner Amtsbrüder angehörten, darüber belehrt werden sollten, was das Evangelium über Bilder und die Messe sage. Hier legte der Bischof von Konstanz Widerspruch ein, und die Schweizer Tagsatzung sprach ihr Bedauern darüber aus, daß Zürich so weit gegangen sei, sich scheinbar mit der Sache Luthers solidarisch zu erklären. Doch die Einwohnerschaft Zürichs beschloß, ihrer eigenen Führung zu folgen, und im Frühjahr 1524 sagte sich Zürich von der alten Gottesdienstordnung los. Kruzifixe, Reliquien, Altäre, Kerzen und Bilder wurden aus den Kirchen entfernt, kostbare Gemälde und Skulpturen zerstört. Es ging ordnungsgemäß vor sich, aber es war Zerstörung. Von Ostern 1525 an wurde das Abendmahl

im Münster nach Zwinglis neuer Liturgie gefeiert, und damit hatte die Reformation in Zürich Fuß gefaßt.
Die sozialen Unruhen in Deutschland, die im Bauernkrieg von 1525 ihren Gipfel erreichten, hatten auch auf die Schweiz ihre Auswirkung, aber die Forderungen der Schweizer Bauern waren gemäßigter als die der deutschen Bauern, und die Behörden waren fortschrittlicher, da sie nicht dem feudalen Adel angehörten. Für Zwingli jedoch wurden die Jahre 1523 bis 1526 durch Streitigkeiten mit den Radikalen im Lager der Reformierten erschwert. Die größten Sorgen machten ihm die Schweizer Wiedertäufer, eine Gruppe tiefreligiöser Menschen, die sich im Februar 1525 zu der losen Vereinigung der »Schweizer Brüder« zusammenschlossen. Die Frage der Kindertaufe war unter den Führern der Reformation in Deutschland wie in der Schweiz schon längere Zeit erörtert worden. Allmählich bildeten sich zwei Gruppen heraus: Die eine hielt die überlieferte Kindertaufe für richtig, während die andere der Meinung war, die Taufe dürfe nur vollzogen werden, wenn ein reifer Mensch sich von ihrer Notwendigkeit überzeugt habe. In Zürich brachte eine am 17. Januar 1525 durchgeführte öffentliche Disputation einen Beschluß des Stadtrats gegen die Wiedertäufer und im weiteren Verlauf der Ereignisse die Hinrichtung von sechs Führern dieser Bewegung. Zwingli scheint an dieser Verfolgung nicht führend beteiligt gewesen zu sein, trat ihr aber auch nicht öffentlich entgegen.
Inzwischen regte sich Widerstand gegen die Züricher Reformation bei den anderen Mitgliedern der Eidgenossenschaft. Das Thema Reform wurde 1524 und 1525 mehrfach vor die Tagsatzung gebracht, aber die meisten Orte fürchteten Neuerungen und die damit verbundenen Unruhen, bis es 1526 in Baden zu einer langen und gründlichen Disputation kam, in der Dr. Eck die Sache Roms vertrat, während Johannes Oecolampadius aus Basel und Berchtold Haller aus Bern für die Reformpartei sprachen. Die Hörerschaft entschied sich unter dem Eindruck der Beredsamkeit Ecks für Rom. Zwingli wurde

Lucas Cranach d. Ä.: »Dr. Johannes Cuspinian«; Winterthur, Sammlung Oskar Reinhart.

exkommuniziert, und alle Neuerungen wurden verboten. Doch wie im Jahr 1519 in Leipzig war auch dieser Sieg Ecks nur von kurzer Dauer. Mehrere Orte erklärten sich nach ruhiger Betrachtung der Lage reformbereit. Als erster Ort trat Bern nach einer erneuten Disputation dem neuen Glauben bei, obwohl es sich bisher überaus konservativ gezeigt und die Führerschaft Zürichs und Zwinglis nicht hatte anerkennen wollen.

Zweifellos übte der Beschluß Berns einen Einfluß auf Basel aus, aber noch entscheidender war die Tätigkeit des Predigers an der Kirche St. Martin und Professors der Theologie an der Universität, Johannes Oecolampadius (1482–1531). Als hervorragender Latinist, Gräzist und Hebraist schloß er enge Freundschaft mit Erasmus und Melanchthon. 1518 wurde er Prediger am Baseler Münster, ging jedoch 1519 nach Augsburg, wo er bis zu seiner Flucht wegen überspitzter reformerischer Predigten blieb. 1522 war er als Theologieprofessor wieder in Basel, wo er eine Lehre zwischen Luther und Zwingli vertrat. Da er besonnen vorging, gewann er eine beachtliche Gefolgschaft unter den Bürgern wie auch die Unterstützung des Rates bei den Änderungen, die er im Gottesdienst einführte. Beim Abendmahl machte er sich Zwinglis Auffassung einer symbolischen Deutung der Worte »Dies ist mein Leib« zu eigen und nahm am Marburger Religionsgespräch (1529) auf der Seite Zwinglis teil. In anderen Punkten stand er Calvin näher als Zwingli oder Luther. Berns Entscheidung vom Januar 1528, die Reform anzunehmen, führte zu Unruhen in Basel, die sich gegen die romfreundlichen Neigungen des Rates richteten, doch kam es nicht zu blutigen Kämpfen. Oecolampadius wurde zum Superintendenten der Stadtkirche und zum Hauptprediger am Münster ernannt. Zwei Jahre nach Einführung der protestantischen Gottesdienstordnung starb Oecolampadius, der nächst Zwingli der bedeutendste Schweizer Reformator war.

Im Februar 1529 hatte Basel die Reformation angenommen; Schaffhausen, St. Gallen, Mühlhausen und die Freien Ämter folgten bald nach. Mehrere Orte waren gespalten, darunter Appenzell und Glarus, wo Zwingli 1516 sein Predigeramt begonnen hatte. In Graubünden hatte man seit 1526 beide Richtungen toleriert. Nun wurden die Grenzen abgesteckt. Die protestantischen Orte unter der Führung Zürichs bildeten das – religiös und politisch akzentuierte – »Christliche Burgrecht«, zu dem sie auch Konstanz und Straßburg einluden, die beide der Eidgenossenschaft nicht angehörten. Als die katholischen Orte Luzern, Schwyz, Uri, Unterwalden und Zug mit Unterstützung Österreichs ein Verteidigungsbündnis schlossen, das sie »Christliche Vereinigung« nannten, schien ein Religionskrieg unvermeidlich. Bern riet zu Frieden und Aussöhnung, aber Zürich blieb bei seinem Anspruch auf das Gebiet der reichen Abtei St. Gallen. Obwohl Zürich zum Krieg bereit war, wurden Zwinglis Pläne, die dem »Burgrecht« bei energischem Vorgehen einen entscheidenden Sieg gesichert hätten, zugunsten von Verhandlungen aufgegeben. Der erste Landfriede von Kappel (25. Juni 1529) brachte kaum mehr als einen Waffenstillstand. Die Fünf katholischen Orte lösten ihr Bündnis mit Österreich und zahlten eine Kriegsentschädigung. Da die Freiheit der Predigt in den Fünf Orten nicht klar definiert war, blieb mit dem Vertrag der Anlaß zu späteren Unruhen gegeben. Zweieinhalb Monate später ging Zwingli mit seinen Freunden Oecolampadius aus Basel und Bucer und Hedio aus Straßburg nach Marburg, um sich mit Luther und Melanchthon zu besprechen. Man hoffte, mit den Wittenberger Reformatoren eine gemeinsame Erklärung herbeiführen zu können, die ein religiös-politisches Bündnis aller Protestanten gegen die Katholiken einleiten sollte. Zwingli, der in erster Linie politisch dachte, strebte allen Ernstes danach, die protestantischen Kräfte in ganz Europa zu vereinen, um der nachhaltigen Geschlossenheit des katholischen Lagers entgegenwirken zu können. Dieser Versuch, eine geeinte protestantische Front zu bilden, scheiterte an Luthers Weigerung, auch nur die geringste Konzession in einer Formulierungsfrage zu machen.

1530 hatte Zwinglis Reformation ihren Höhepunkt erreicht. In Zürich war er der führende Mann, und auch vielen süddeutschen Städten lag die demokratische Einstellung der Zwinglianer näher als Luthers Abhängigkeit von den Fürsten, die für die Städte die traditionellen Feinde waren. Zwingli konnte auf mehreren Schweizer Synoden die Ansätze zur Reformation in anderen Orten durch seine klaren Formulierungen zu Theorie und Praxis mitprägen. Doch 1531 ließ der Angriffsgeist der Züricher Reformation nach. Da die Fünf katholischen Orte ihren Widerstand gegen die Reform erneuerten und Hilfe bei Österreich und dem Kaiser suchten, kam es auf der Tagsatzung zu heftigen gegenseitigen Beschuldigungen der beiden Parteien, und als Bern eine Blockade der Orte vorschlug, um sie ohne Blutvergießen zum Nachgeben zu zwingen, griffen die Protestanten trotz Zwinglis Protest diesen Vorschlag auf.

Die Aushungerung von Männern, Frauen und Kindern, die nun folgte, war allerdings grausamer, als ein Krieg es hätte sein können. Zwingli trat aus Protest als Oberhaupt der Kirche in Zürich zurück, aber seine Demission wurde nicht angenommen. In ihrer Verzweiflung sammelten die Waldorte ihre Streitkräfte – 8000 Mann – und zogen gegen Zürich (9. Oktober 1531). Die Stadt war weder einig noch entschlossen und konnte nur 1200 Mann aufbieten. Zwingli zog mit dem kleinen Heer in die Schlacht, um ihm Mut zuzusprechen. Seine Waffen benutzte er nicht. Am Ende des Treffens am 11. Oktober lagen über 500 Züricher tot auf dem Schlachtfeld von Kappel – und Zwingli unter ihnen. Der Krieg war rasch vorüber, und der zweite Kappeler Landfriede (20. und 24. November 1531) besiegelte die Teilung der Schweiz in einen protestantischen und einen katholischen Teil. Nachdem nun deutlich geworden war, daß der Schweizer Protestantismus einen ganz anderen Weg einschlug als der lutherische und Zürich die Hoffnungen der süddeutschen Städte enttäuscht hatte, wandten diese sich dem Schmalkaldischen Bund zu. So ging die Führung des Schweizer Protestantismus von Zürich, das bei der Verteidigung des reformierten Glaubens versagt hatte, auf Bern über.

Obwohl Zwinglis Tod und die Niederlage der Züricher einen harten Schlag für die Schweizer Reformation bedeuteten, so führte das doch nicht zur Katastrophe. Die Lage war jetzt folgende: sieben Orte – Luzern, Uri, Schwyz, Unterwalden, Zug, Freiburg und Solothurn – blieben katholisch; die vier am dichtesten bevölkerten – Zürich, Bern, Basel und Schaffhausen – bekannten sich zum Protestantismus; fünf Orte – Glarus, Appenzell, Aargau, Thurgau und St. Gallen waren ungefähr zu gleichen Teilen katholisch und protestantisch, und in den Freien Ämtern überwogen um ein geringes die Katholiken.

In Zürich wurde Zwinglis Werk von seinem Schwiegersohn und Nachfolger als Leutpriester am Großmünster Heinrich Bullinger (1504–1575) fortgeführt, der nach seiner Schulzeit bei den Brüdern vom Gemeinsamen Leben in Köln studiert hatte und schon früh auf die Schriften Luthers und Melanchthons aufmerksam geworden war. Ihm schwebte die gegenseitige Unabhängigkeit von Kirche und Staat vor. In der Abendmahlslehre stand er Luther näher als Zwingli. Bullinger war einer der Hauptautoren der *Ersten Helvetischen Konfession* (1536), eines offiziellen Glaubensbekenntnisses der Schweizer Protestanten, das als Grundlage für die Diskussion auf dem allgemeinen Konzil dienen sollte, mit dem man damals rechnete. Ferner hoffte man, Luther werde es günstig beurteilen und daraufhin vor dem Konzil gemeinsame Sache mit den Schweizern machen. Luther lobte auch tatsächlich die christliche Haltung des Schriftsatzes, fand aber die Bemerkungen zum Abendmahl nicht präzis und kräftig genug.

Von dieser Zeit an wandte sich die Reformation in den östlichen, deutschsprachigen Teilen der Schweiz entschiedener vom Luthertum ab und schloß sich enger an die Reformation in Genf unter Farel, Calvin und Beza an. 1549 arbeiteten Bullinger und Calvin zusammen den *Consensus Tigurinus* aus, der bald auch von anderen Schweizer reformierten Kirchen anerkannt wurde. Er war ganz betont lutherfeindlich. Die *Zweite Helvetische Konfession* (1566) hatte Bullinger allein zum Verfasser. Sie war vollständiger als jedes reformierte Glaubensbekenntnis zuvor, klar in ihrer Ablehnung des katholischen Standpunkts, der vom Tridentiner Konzil neuerdings ausgearbeitet worden war, und maßvoll in den Abweichungen von den Lehren Luthers.

Nach Zürich, Bern und Basel war Straßburg die wichtigste Stadt in der Reformbewegung im süddeutschen Raum. Als freie Reichsstadt nahm sie 1523 die Lehren der Reformation ohne jede Störung von außen her an. Unter den protestantischen Führern, die zu verschiedenen Zeiten dort tätig waren, befanden sich Martin Bucer, Wolfgang Capito, Caspar Hedio, Matthias Zell und Jean Calvin. Der Straßburger Protestantismus war versöhnlich und im besten Sinne kompromißbereit. Luthers extreme Formulierungen wurden wohl angehört, aber nicht angenommen, und unablässig waren Straßburgs führende Männer bemüht, Wege zu finden, um die Reformatoren zusammenzuführen. Die Stadt war bekannt als Zufluchtsort für Protestanten, die ihres Glaubens wegen aus anderen Ländern, insbesondere aus Frankreich, vertrieben worden waren. Von 1538 bis 1541 wirkte Jean Calvin nach seiner Ausweisung aus Genf als Geistlicher unter etwa 500 solchen Flüchtlingen.

Es konnte nicht ausbleiben, daß die geistigen Strömungen, die in Frankreich und Deutschland die Gemüter bewegten, auch in den Niederlanden ihre Wellen schlugen. Dazu kam, daß die seit Jahrhunderten überlieferten örtlichen Privilegien, die bürgerlichen Freiheiten, Klerikerfeindlichkeit und der lebendige Mystizismus einer Beruhigung des politischen und religiösen Lebens entgegenstanden.

Die gebildeten Niederländer hatten längst schon die Schriften ihres Landsmannes Erasmus mit lebhaftem Interesse gelesen. Ihre Unzufriedenheit mit dem Zustand der Kirche hatte darin neue Nahrung gefunden. Wie stark er die Gemüter bewegte, geht daraus hervor, daß Aleander, der päpstliche Nuntius im

Reich, 1525 in einem Bericht an den Papst seiner Verwunderung darüber Ausdruck gab, daß die Kirche Erasmus am Leben lasse, da ja alles Übel im Reich auf ihn zurückzuführen sei. Die Theologen der Universität Löwen hatten Erasmus und seinen Anhängern offen den Krieg erklärt.

Luthers Schriften waren in den Niederlanden ebenfalls weit verbreitet. Manche seiner Aufrufe – etwa der *An den christlichen Adel deutscher Nation* – hatten allerdings für die Niederlande keine Bedeutung. Dagegen fanden seine Angriffe auf die Mißbräuche im Ablaßhandel, auf die hohen Geldforderungen der Kirche und den Mißbrauch kirchlicher Macht offene Ohren, eine Tatsache, die Aleander erschreckte und empörte. In den Jahren 1520 und 1521 wurden auf seinen Befehl in Löwen, Lüttich und Antwerpen wiederholt lutherische und »schädliche« Bücher verbrannt. Bald erließ Karl V. für seine Erblande strenge Edikte gegen die neue Lehre und führte 1522 die Inquisition in den Niederlanden ein. Wie es von einem spanischen Herrscher nicht anders zu erwarten war, betrachtete er die Inquisition als einen Arm der weltlichen Herrschaft; Franz von der Hulst, dem er sie übertrug, war ein grober und taktloser Hofjurist, der sich bald mit Geistlichkeit und Laienschaft überwarf. Heinrich von Zutphen, Prior der Augustiner in Antwerpen, der öffentlich lutherische Lehren gepredigt hatte, entging 1522 dem Tode nur dadurch, daß ihn eine nach Tausenden zählende Menge zorniger Bürger aus dem Gefängnis befreite. Die ersten Todesopfer der Inquisition ließen nicht lange auf sich warten: Es waren zwei Antwerpener Augustiner, Heinrich Voss und Johann Esch, die in Brüssel am 1. Juli 1523 öffentlich verbrannt wurden, weil sie sich zum lutherischen Glauben bekannt hatten; das Augustinerkloster in Antwerpen, aus dem sie kamen, wurde dem Boden gleichgemacht. Das war nur der Anfang, und es gelang Karl auf diese Weise eine Zeitlang, seine Erblande im Süden von Ketzerei freizuhalten. In den Nordprovinzen dagegen lebte die Reformbewegung weiter. Hier war der erste Märtyrer ein Laie, Willem Dirks, der die lutherischen Lehren über Buße, Zölibat der Geistlichkeit, Pilgerfahrten und das päpstliche Amt verbreitet hatte und am 10. Juli 1525 in Utrecht hingerichtet wurde. In Utrecht und in Groningen hatten das »vernünftige« Christentum des Erasmus und der religiös betonte Humanismus Johann Wessels von Gansfort bei der Geistlichkeit schon festen Fuß gefaßt, und so stieß Karl trotz der strengen und unbarmherzigen Maßnahmen der Inquisition auf Schwierigkeiten, als er diese Grundeinstellung zum Evangelium ändern wollte.

Noch in einem anderen wesentlichen Punkt wirkte der Einfluß Luthers mit dem des Erasmus zusammen. Beiden war sehr daran gelegen, die Bibel in der Hand des gemeinen Volkes zu wissen. 1522 waren in den Niederlanden sieben verschiedene Evangelienausgaben in holländischer Übersetzung im Umlauf. 1523 folgten weitere Bücher des Neuen Testaments, und gegen Ende des Jahres kam in Antwerpen eine holländische Fassung des lutherischen Neuen Testaments heraus, die schnell ausverkauft war. Eine zweite Ausgabe erschien 1524 wiederum in Antwerpen, eine dritte unmittelbar darauf in Amsterdam. Weitere Ausgaben folgten einander rasch (23 in 6 Jahren), und 1527 lagen drei Übersetzungen der ganzen Bibel vor, die sich teils auf Luthers deutsche Übersetzung, teils auf die Paraphasen des Erasmus, teils auch auf die Vulgata stützten. Viele Übersetzer und Verleger erlitten den Tod durch die Inquisition, doch schien die Unterdrückung die »Ketzerei« nur zu fördern.

Karl war nicht der einzige unversöhnliche Gegner des neuen Glaubens. Auch Karl Egmont, der Herzog von Geldern, und Philipp, der Herzog von Burgund, waren bemüht, in ihren Ländern jede Spur des Luthertums zu tilgen. In Friesland trat die Inquisition maßvoller auf, und viele junge Friesen, die in Wittenberg studierten, durften heimkehren und blieben unbehelligt. In den übrigen Landesteilen jedoch verging kein Jahr ohne zahlreiche Hinrichtungen. Aus den Prozeßakten geht hervor, daß sich etwa um 1532 die Lehren Luthers und die der Wiedertäufer bis zu einem gewissen Grade vermischt hatten und nicht immer klar zu unterscheiden waren. Die Inquisition sah sich einer erschreckenden Zunahme der beiden ketzerischen Richtungen gegenüber und wußte nicht, welche sie strenger verfolgen sollte. Keine der beiden Parteien besaß einen mitreißenden Führer wie etwa Luther in Deutschland oder Zwingli in der Schweiz es waren, dessen Beseitigung der Bewegung hätte ein Ende machen können. Die Blutzeugen kamen damals aus allen Volksschichten; vorwiegend waren es einfache Leute, die ihren Glauben an die Person und die Gnade Christi bezeugen wollten. Mit jeder Hinrichtung wuchs die Zahl der Anhänger des neuen Glaubens; in dieser Hinsicht weicht die Reformation in den Niederlanden von der Entwicklung in anderen Ländern ab.

Von 1532 bis 1540 schienen die Wiedertäufer unter den einfachen Leuten den stärksten Zulauf zu haben. Einer ihrer führenden Kräfte, Melchior Hofmann, ein schwäbischer Mystiker, der mit Luther im Briefwechsel gestanden hatte und in Lettland und Schleswig Prediger gewesen war, wurde allmählich immer radikaler und hatte, ehe er 1533 nach Straßburg zurückkehrte, in Friesland schon eine begeisterte Gefolgschaft. Nach seinem Weggang trat einer seiner Schüler – Jan Matthiisen, ein Bäcker aus Haarlem – an die Spitze der Bewegung; 1534 tauften er und seine Gefährten innerhalb einer kurzen Zeitspanne Tausende von Menschen. Daß Matthiisen energischer vorging als Hofmann, bewirkte eine Hochblüte des Wiedertäufertums in diesen Jahren.

1550 trat die Inquisition mit erneuter Strenge auf. Der Kaiser wollte nichts unversucht lassen, um dem alten Glauben zum Sieg zu verhelfen. Doch die »Ketzerei«, zu der neben dem Luthertum und der Bewegung der Wiedertäufer inzwischen auch schon der Calvinismus gehörte, ließ sich nicht mehr unterdrücken. Fünf Jahre später dankte Karl ab und übergab am 25. Oktober 1555 in Brüssel die Herrschaft seinem Sohn Philipp.

Die Bereitwilligkeit, mit der das deutsche Volk Luthers Lehre aufnahm, ging vor allem darauf zurück, daß die römische Kurie einen beträchtlichen Teil des deutschen Kirchenvermögens kontrollierte und enorme Forderungen an die deutsche Geistlichkeit stellte, die diese dann auf die Laienschaft abwälzte. Das ist der Kernpunkt in Luthers Schrift *An den christlichen Adel deutscher Nation*. In Frankreich gab es nichts dergleichen. Seit der Pragmatischen Sanktion von Bourges 1438 bis zum Jahr 1516 war die französische Kirche praktisch eine Nationalkirche, die die meisten wichtigen Ämter selbst vergab und über den größten Teil ihrer Einkünfte selbst verfügte. 1516 machte sich Franz I. nach seinem Sieg von Marignano über verbündete italienische und päpstliche Truppen aufgrund des Konkordats von Bologna zum Oberhaupt der französischen Kirche und entwand damit der französischen Geistlichkeit die Gewalt, die sie seit 1438 innegehabt hatte. Es ist verständlich, wenn unter diesen Umständen der Beginn der Reformation in Frankreich anders aussah als in Deutschland.
In den letzten Jahrzehnten des 15. Jahrhunderts war das Verlangen nach einer Reform in der französischen Kirche immer stärker geworden, wenn es auch weder so heftig auftrat wie in Deutschland noch so verbreitet war wie dort. Am deutlichsten war es am königlichen Hof unter den hochgebildeten Laien, einem Teil der Geistlichkeit und den Humanisten ausgeprägt. 1484 hatten die Generalstände in Tours die Kirchenreform gefordert. Damals war jedoch weder die Krone noch die Kirchenführung an einer Änderung der bestehenden Situation interessiert, und so wurden Zucht und Moral der Geistlichkeit nicht eigentlich unter die Sonde genommen. Man war sich allgemein klar darüber, daß die Frömmigkeit des Volkes im Verhältnis echter und lebendiger war als die der Mönchsorden und der Priesterschaft. Die Universität Paris, die traditionsgemäß in Frankreich den Ton angab und die Geistlichkeit ausbildete, befand sich in einer intellektuellen Flaute; die Gleichgültigkeit und Laschheit der gesamten französischen

Kirche hatte auch auf sie übergegriffen. Der Lehrplan beschränkte sich auf einen monotonen Scholastizismus, der weder anregend wirkte noch überhaupt neue Ideen duldete. Die Theologie bestand nur noch in der Einübung scholastischer Methoden. Der Nominalismus Ockhams beherrschte die Universität, und mochte er auch im 14. Jahrhundert originell und nützlich gewesen sein, so war er nun ganz und gar zum Schema geworden. Einige Ausbruchsversuche hatten nur geringen Erfolg gehabt, und erst als eine Gruppe italienischer Humanisten in Paris erschien, wurde die Stadt allmählich wieder ein Mittelpunkt geistigen Lebens. Zuerst kam 1456 Gregor Tifernates, um in Paris zu lehren, dann half ein französischer Gelehrter, Guillaume Fichet, der 1469 und 1470 in Italien gewesen war, eine Druckerpresse in der Sorbonne einzurichten. 1470 griff der Streit, der damals in Italien zwischen den Aristotelikern und den Platonikern ausgetragen wurde, auf die Universität Paris über. Die meisten Pariser Professoren konnten zwar nicht folgen, aber es blieb immerhin eine nützliche Übung und öffnete vielen die Augen für die weiten Horizonte der griechischen Philosophie und der italienischen Bildung. Auf Einladung Ludwigs XI. besuchte Kardinal Bessarion Frankreich. In den folgenden Jahren kamen zu kürzerem oder längerem Aufenthalt viele humanistische Gelehrte nach Paris – unter ihnen Filippo Beroaldo aus Bologna, Georg Hermonymos aus Sparta, Paolo Emilio aus Verona, Pico della Mirandola, Faustus Andrelinus aus Forlì – und schlossen sich gleichgesinnten Franzosen an, die sich bereits eifrig um die Ziele des Humanismus bemühten. Zu den führenden Männern dieses Kreises gehörten Robert Gaguin (gest. 1502) und Jacques Lefèvre d'Etaples (1450–1536). Mit Lefèvre treten wir in die Zeit der frühen französischen Reformen ein. Das gelehrte humanistische Vorspiel, aus dem die Bewegung später soviel Kraft schöpfte, trug eher italienische als französische Züge, die religiöse Richtung dagegen, die sich unter dem Einfluß des orthodoxen Mystizismus des späten

15. Jahrhunderts ergab, war entschieden und ausschließlich französischen Ursprungs.

Inzwischen waren die Forderungen, die die Generalstände 1484 in Tours gestellt hatten, nicht gänzlich unbeachtet geblieben. Einige wenige mutige Prälaten drangen auf eine Hebung der Moral und eine strengere Lebensführung der Geistlichkeit. Der bedeutendste unter ihnen war Olivier Maillard, Generalvikar des Franziskanerordens der Observanten und ein kraftvoller Prediger, der am Hofe Karls VIII. großen Einfluß hatte; ferner gehörte Johann Standonck dazu, Leiter des Collège de Montaigu, der aus der Schule der Brüder vom Gemeinsamen Leben in Gouda hervorgegangen war. Der vereinte Einfluß dieser Männer und ihrer Freunde sowie Anhänger in den Jahrzehnten um 1500 war vor allem in Paris, aber auch in der Provinz bei der Welt- und Ordenspriesterschaft beträchtlich. Es kündigte sich ganz allgemein eine Atmosphäre geistigen Erwachens an, und das Wort »Reform« war am Ende des Jahrhunderts schon fast zum volkstümlichen Schlagwort geworden. Widerstand leisteten nur die konservativen Priester und die Nutznießer des Klerus: die Adelsfamilien, die mit Geistlichen verwandt waren und reiche Pfründen sowie – entgegen dem Gesetz über Ämterhäufung – mehrere Abteien oder Bistümer in Besitz hatten. In diesen Jahren geistiger und religiöser Unruhe studierte Erasmus in Paris und lernte die Führer der älteren wie der jüngeren Humanistengeneration kennen. Sein *Enchiridion* mit dem Hinweis auf die alten, einfachen Ideale und die Erleuchtung des Geistes durch die Heilige Schrift könnte man als ein Manifest der französischen humanistischen Reform ansehen.

Nach dem Tod von Gaguin (1502) und Standonck (1504) nahm die Reformbewegung bald ein anderes Gesicht an. Ein typischer Vertreter der neuen Richtung ist Lefèvre d'Etaples. Sein Ruf als Gelehrter gründete sich auf seine zahlreichen Übersetzungen, Ausgaben und Kommentare der moralischen und philosophischen Schriften des Aristoteles wie auch des

Nikolaus von Kues und anderer später Mystiker. Eine neue Hinwendung zum Studium der Bibel erbrachte 1512 einen Kommentar zu den Paulusbriefen. Neu daran war, daß er sich schlicht auf den ursprünglichen Sinn der Bibel berief und die Spitzfindigkeiten der scholastischen Exegese vermied. Er bestritt die menschliche Freiheit nicht, wenn er auch der Gnade den Vorrang gab, und versuchte Gnade und freien Willen miteinander in Übereinstimmung zu bringen. Die Prädestination war für ihn kein vordringliches Thema. Den Verdiensten der Werke maß er wenig Gewicht bei, lehnte aber nicht ausdrücklich jede römische Lehre ab. Ohne Wallfahrten, Reliquienverehrung, Marien- und Heiligenkult zu verwerfen, unterzog er viele Heiligenleben einer strengen Kritik. Lefèvres Absicht war es zweifellos, eine Erneuerung der katholischen Kirche und ihre Rückkehr zum reinen Christentum herbeizuführen, aber der Nachdruck, den er auf den Vorrang der Heiligen Schrift legte, nahm die Lehren Luthers voraus, und seine erasmische Einstellung zur Überlieferung machten ihn den konservativen Theologen der Sorbonne sehr bald verdächtig.
Ein ehemaliger Schüler Lefèvres, Guillaume Briçonnet, Bischof von Meaux, hatte ihn zum Bibliothekar der alten Benediktinerabtei von St. Germain des Prés ernannt. Diese Stellung ermöglichte es ihm, sich über die jeweils neuesten Entwicklungen im Bereich der Religion auf dem Laufenden zu halten, setzte ihn aber zugleich auch dem Mißtrauen und den Angriffen der Scholastiker aus. 1518 wurde er vor der theologischen Fakultät der Ketzerei angeklagt; zwei Schriften, die er 1517 und 1518 über Maria Magdalena verfaßt hatte, wurden am 9. November 1521 verdammt. Noel Bédier, Syndikus der Fakultät und Ketzerjäger, wäre gegen Lefèvre vorgegangen, wenn nicht Franz I. und seine Schwester, Margarete von Navarra, sich für ihn eingesetzt hätten. Inzwischen wurden Luthers Schriften in Frankreich schon viel gelesen, und Lefèvre stand in Verbindung mit dem Mönch von Wittenberg. Da es Bédier auf seine Verurteilung abgesehen hatte, gebot ihm die

Klugheit, Paris zu verlassen. So suchte er Zuflucht bei Briçonnet und wurde 1523 zum Generalvikar der Diözese Meaux ernannt. Zwei Jahre später, als er sich während der Gefangenschaft des Königs in Spanien schutzlos fühlte, floh er nach Straßburg. An diesem Punkte trennen sich die Schicksale Briçonnets und Lefèvres für immer.

Briçonnet stammte aus einem wohlhabenden und einflußreichen Hause der Touraine. Zuerst Bischof von Lodève, dann Abt von St. Germain des Prés reiste er mehrere Male nach Italien und wurde, nachdem er 1516 zum Bischof von Meaux ernannt worden war, von Franz I. als Gesandter nach Rom geschickt. Die Sittenlosigkeit, der er dort begegnete, veranlaßte ihn, nach seiner Heimkehr den Versuch zu machen, seine Diözese zu reformieren. Er teilte sie in 32 Bezirke ein und ernannte für jeden einen Priester, der die Reform vorantreiben sollte. Unter diesen 32 Predigern hatten Lefèvre, Gérard Roussel – der Hofkaplan Margaretes von Navarra –, Michel d'Arande und Guillaume Farel den größten Erfolg. Briçonnets eigene Stellung war nicht ganz klar. Er wollte sich nicht dem Vorwurf der Ketzerei aussetzen, stellte sich aber gleichzeitig schützend vor diese Priester und Gelehrten – die sogenannte Gruppe von Meaux –, die alle zumindest Erasmianer waren, wenn sie nicht sogar Luthers Angriffe auf den Ablaßhandel und auf die Herrschaft Roms über die Kirche billigten. Doch als die Ketzerjäger an der Sorbonne ihre Bemühungen verstärkten, wurde es immer gefährlicher, sich offen einer Lehre anzuschließen, die möglicherweise als lutherisch bezeichnet werden konnte. Als Briçonnet erkannte, daß es gefährlich war, auch nur einer Begünstigung lutherischer Gedanken beschuldigt zu werden, erklärte er sich 1523 offen gegen das Luthertum und entzog, um dieser Geste Nachdruck zu verleihen, Farel und dessen Freunden das Recht, in seiner Diözese zu predigen. Auf einer Diözesansynode im Oktober 1523 verurteilte er alles Lutherische und befahl die Verbrennung der lutherischen Schriften. Die Sorbonne setzte ihre Angriffe fort und fand dabei Unterstützung bei den Franziskanern, die seit je Feinde Briçonnets waren. Nun wurde der Bischof vor das Pariser Parlament zitiert, um sich zur Anklage wegen Ketzerei zu äußern. Er verteidigte sich mit Erfolg und kehrte in seine Diözese zurück, um dort mit großer Umsicht seine Bemühungen um die Hebung der Moral und des religiösen Lebens fortzusetzen. Über die letzten Jahre seiner Amtstätigkeit wissen wir nichts. Die Reformbewegung, die sich in Meaux anfangs so kräftig entwickelt hatte, war vollständig unterbunden worden und mußte sich anderswo ein Betätigungsfeld suchen.

In diesem frühen Stadium der französischen Reformation spielte eine der geistvollsten und anziehendsten Frauen des 16. Jahrhunderts eine führende Rolle. Margarete, Herzogin von Alençon, die jüngere Schwester Franz' I., war am Hof ihres Vormunds, Ludwigs XII., erzogen worden, wo sie sich hervorragende Kenntnisse in Theologie, Philosophie und den alten sowie neuen Sprachen angeeignet hatte. 1509 wurde sie dem Herzog von Alençon vermählt; später zog ihr Bruder sie an seinen Hof, weil er ihr Urteil und ihre Gesellschaft schätzte. Sie versammelte Humanisten und Reformierte um sich und stand von Anfang an mit den meisten Reformatoren der Schweiz und Deutschlands im Briefwechsel. Lefèvre, Briçonnet, Farel und der Dichter Clément Marot waren ihre Freunde, und mehrfach konnte sie ihnen entweder selbst oder mit Hilfe ihres königlichen Bruders die Freiheit wiedergeben oder an ihrem Hof eine sichere Zukunft bieten. Zwei Jahre nach dem Tod des Herzogs von Alençon heiratete sie Heinrich d'Albret, den König von Navarra. Er teilte ihr Interesse an religiösen Reformen, und so wurde ihr Königreich ein Asyl für Protestanten, die man aus anderen Ländern vertrieben hatte oder die die Inquisition fürchten mußten. Die deutschen Protestanten sahen in ihr eine Hoffnung für ihre Sache in Frankreich. Franz I. hatte seiner Schwester bis 1533 bereitwillig Rückendeckung gewährt; von da an wandte er sich jedoch gegen die Reformbewegung und ging zur Partei ihrer Verfolger über. Margarete verließ daraufhin Paris und begab sich in ihre Hauptstadt Oléron. Abgesehen davon, daß sie einen umfangreichen Briefwechsel führte, war sie auch literarisch tätig. In ihren Schriften *Les Marguerites de la Marguerite* und *Le miroir de l'âme pécheresse* wie auch in ihren Versen wird deutlich, daß sie sich uneingeschränkt zu der evangelischen Lehre von der Erlösung durch den Glauben bekannte und daß sie viele katholische Bräuche – Ablaß, Beichte, Anrufung von Heiligen – entschieden ablehnte. Alle diese Werke wurden von den Vertretern der Sorbonne angegriffen; besonderen Anstoß nahmen sie an dem *Miroir*, weil in ihm weder das Fegefeuer noch die Heiligen erwähnt waren.

Franz I. verfolgte in seinen Beziehungen zu den Protestanten einen schwankenden Kurs, der davon abhing, wie weit er die Hilfe der protestantischen Fürsten in seinen Kriegen gegen Karl V. brauchte. In seinen Ländern wurden Lutheraner oder andere Protestanten bald gefördert und bald verbrannt. Die härteste Verfolgung setzte nach den »Anschlägen« vom 18. Oktober 1534 ein, die in ganz Paris verbreitet worden waren und in grober Sprache die katholische Messe angriffen. Diese pöbelhafte Aktion erregte allgemeine Empörung, und die Folge waren rücksichtslose Maßnahmen zur Ausrottung der Ketzerei in Frankreich, die zu zahlreichen Verhaftungen und einer Reihe von Todesurteilen führten. In diese Jahre fällt auch das erste Auftreten Calvins an der Sorbonne als Mitautor einer spektakulären Rektoratsrede, die nichts anderes war als eine verschlüsselte Verteidigung der Lehre von der Rechtfertigung durch den Glauben. Die Erregung war so groß, daß er es für geraten hielt, Paris unverzüglich zu verlassen. Ein Jahr und vier Monate später veröffentlichte er die erste Ausgabe seiner Franz I. gewidmeten Schrift *Institutio religionis christianae* und leitete damit den zweiten Abschnitt der Reformation ein.

In Italien und Spanien hatte die Reformbewegung nicht den-

selben Rückhalt im Volk wie in Deutschland, obwohl in Kirche und Gesellschaft sich hier wie dort die Voraussetzungen vielfach glichen und einige von den frühen Schriften Luthers verhältnismäßig zeitig nachgedruckt oder eingeführt worden waren. Wenn im Zusammenhang mit Italien und Spanien von »Reformation« die Rede ist, wird stets zu berücksichtigen sein, daß die Männer, die von der Notwendigkeit einer Kirchenreform durchdrungen waren, fast ausnahmslos Ideale mittelalterlicher klösterlicher Frömmigkeit und Reinheit im Auge hatten und nicht den leisesten Wunsch hegten, die Lehre oder die Bräuche der Kirche – Ablässe, Heiligenverehrung, Verstrickung der Kirche in weltliche Angelegenheiten – anzutasten. Diese Bestrebungen sind infolgedessen mit dem Fachausdruck »Reformation« nicht zutreffend bezeichnet, obwohl es sich um ehrliche Versuche einer Reform innerhalb der Kirche handelt.
In Italien gab es drei Schwerpunkte für die Aufnahme der lutherischen Lehre: Venedig, Neapel und die Fürstentümer im Nordwesten. Venedig wurde als bedeutendes Handelszentrum häufig von deutschen Kaufleuten besucht und war als Umschlagplatz für alle Ideen und Nachrichten von nördlich der Alpen denkbar günstig gelegen. Schon 1520 konnte man von den Hauptschriften Luthers mehrere in Padua und Venedig kaufen, wo der Patriarch von Venedig vergeblich bemüht war, der päpstlichen Bulle mit der Verdammung Luthers samt seinen Schriften Geltung zu verschaffen, weil der Rat der Zehn sich dem widersetzte. So fanden viele Exemplare von Luthers Schriften dort Eingang, und auch Melanchthons *Loci communes* wurden in italienischer Übersetzung als Werk des »Messer Ippofilo da Terra Santa« in Venedig und sogar in Rom viel verkauft. Desgleichen wurden in den folgenden Jahren die Schriften anderer Reformatoren unter fiktiven oder irreführenden Namen nachgedruckt. Käufer und Leser dieser ketzerischen Bücher waren meist Geistliche. 1530 wurde Caraffa, 1532 Aleander als Nuntius nach Venedig geschickt, beide mit

dem Auftrag, das um sich greifende Luthertum auszurotten, doch keinem gelang es, gegen die Toleranz der Venezianer aufzukommen. Viele Kleriker aller Ränge standen im Verdacht, ketzerischen Lehren anzuhängen, bei vielen wurden Bücher der Reformer gefunden, und nicht wenige wurden von der Kirche vor Gericht gestellt und gefangengesetzt. Trotzdem machte die Ketzerei Fortschritte, und Melanchthon, der die Reformbewegung in Venedig wohl überschätzte, nahm 1539 mit dem Rat der Zehn brieflich Verbindung auf, in der Hoffnung, eine engere Beziehung zu einem bedeutenden italienischen Staatswesen anknüpfen zu können. So führte auch Luther 1543 einen hoffnungsvollen Briefwechsel mit den Venezianern. Bald nach 1550 gelang es jedoch der Inquisition, die Reformbewegung in der Republik zu unterbinden.

Von 1528 an beginnt in Kreisen, die an der Reformbewegung interessiert sind, der Name Valdés aufzutauchen. Die in Spanien geborenen Zwillinge Alfonso und Juan Valdés verfügten am Hof des jungen Königs Karl über gute Beziehungen und hatten sowohl dort als auch am päpstlichen Hof zu Rom Vertrauensstellungen inne. Alfonso schrieb einen Dialog über den *sacco di Roma* und gab dem Papst die Schuld daran; die Schrift wurde als »ultralutherisch« angegriffen, entging aber erstaunlicherweise einer Verdammung durch die Inquisition. Anders als Alfonso, der in erster Linie politisch interessiert war und von da her die Korruption in der Kirche anprangerte, betonte Juan in mehreren Dialogen, in denen er sich dem katholischen Glauben gegenüber als loyal erwies, die Notwendigkeit von Reformen innerhalb der Kirche. Einer dieser Dialoge – *Über die christliche Lehre* –, der 1529 anonym in Spanien erschien, erinnerte im Ton stark an Erasmus. 1534 trat Juan in Neapel in den Dienst der geistreichen und schönen Julia Gonzaga. Als ihr geistlicher Berater schrieb er 1536 das *Christliche Alphabet*, eine Reihe von Dialogen über christliche Frömmigkeit im Geiste des *Enchiridion* von Erasmus. Ihr Kernpunkt war die Forderung, daß der wahre Gläubige vor

allen anderen Dingen Gott lieben müsse. Seine Schlußfolgerung, der einzelne Gläubige könne durch seine persönliche Frömmigkeit christliche Vollkommenheit erreichen, mußte den Klerus mißtrauisch machen. Ebenso verdächtig waren die Ansichten, die der Autor über die Beichte äußerte; danach erhalte der Sünder Vergebung nicht aufgrund seiner Beichte bei einem Priester, sondern allein wegen seines aufrichtigen Glaubens an Christus. Juan Valdés starb 1541 zu einem Zeitpunkt, als die Verfolgung der Protestanten und der Anhänger anderer evangelischer Lehren ihren Höhepunkt erreicht hatte.
Als Juan Valdés vom Schauplatz abtrat, war der Erneuerungsbewegung ein neuer Stern aufgegangen. Der sprachgewaltigste und mitreißendste Kanzelredner Italiens war damals der Kapuzinermönch Bernardino Ochino (1487 bis 1564), der wegen seiner geistigen und charakterlichen Qualitäten 1538 zum Generalvikar seines Ordens ernannt worden war. Er hielt sich oft in Rom auf, kam dabei mit dem Kreis um Juan Valdés in Berührung und fühlte sich von den Erasmischen Reformideen, zu denen sich diese ganze Gruppe so begeistert bekannte, stark angezogen. 1540 galt er bereits als einer der ihren und war weitgehend mit den Schriften Luthers und Melanchthons vertraut. In seinen Predigten behandelte er häufig die Rechtfertigung durch den Glauben, die Wertlosigkeit von Ablässen ohne echte Reue und – ganz folgerichtig – die Fehlbarkeit des Papstes. Schon bald wurde die Inquisition auf ihn aufmerksam, und als er 1542 nach Rom vorgeladen wurde, beschloß er, Italien zu verlassen. Wir begegnen ihm in Genf als Prediger der italienischen Emigranten, weiter in Augsburg, Zürich und Basel und dann 1547 bis 1553 in England als Gast Cranmers. Als Maria die Katholische den protestantischen Eduard VI. ablöste, kehrte Ochino nach Genf zurück. Wir finden ihn danach in Zürich, später in Polen und schließlich 1564, im Jahr seines Todes, in Mähren. Inzwischen war es der Inquisition gelungen, in Italien der Ketzerei Herr zu werden, und in fast jeder großen Stadt Europas fanden sich

Italiener, die um ihrer religiösen Überzeugung willen aus ihrer Heimat hatten fliehen müssen. Die Reformation im Sinne Luthers oder Zwinglis hatte in Italien nie soviel Rückhalt gefunden, daß sie der Inquisition hätte Trotz bieten können. Dazu hatte die Apenninenhalbinsel den Papst allzu lange schon als geistliches und weltliches Oberhaupt anerkannt. Zwar konnten gelegentliche Reformbestrebungen für kurze Zeit mit der Unterstützung durch gewisse Teile der Geistlichkeit, der Intelligenz und auch des Bürgertums rechnen, aber für eine ernsthafte Auflehnung gegen die Herrschaft der Kirche in Rom oder eine allgemeine Anerkennung abweichender Lehren, die aus einem nichtromanischen Land stammten, bestand keine Chance.
In Spanien stellte die Inquisition schon viele Jahre vor Beginn der protestantischen Reformation ein wohlorganisiertes und wirksames Korrektiv für Ketzerei dar. Ihr erstes Ziel war die Ausrottung des mohammedanischen Glaubens gewesen, danach ging es um die Bekehrung oder Vertreibung der Juden und erst später kam die Bekämpfung der Reformbewegungen dazu, die von der Mystik ausgingen oder mit Erasmus oder den protestantischen Reformatoren in Verbindung standen. Etwa um 1500 waren die beiden ersten Aufgaben erfüllt. Die dritte bot größere Schwierigkeiten, da die Mystiker und die »Erleuchteten« – sie nannten sich selbst *alumbrados* – gewöhnlich gute Katholiken waren. Jiménez de Císneros, ein Franziskaner, seit 1492 Beichtvater der Königin Isabella, Erzbischof von Toledo und Primas von Spanien (1495), von 1506 an Großinquisitor, 1508 zum Kardinal erhoben, zweimal Regent des Königtums, starb acht Tage nach dem Thesenanschlag Luthers in Wittenberg. Während der letzten 20 Jahre seines Lebens war er der wichtigste Mann in Spanien. Er war ein eifriger Reformer franziskanischer Richtung, ein begeisterter und geistvoller Gelehrter, ein hervorragender Verwaltungsmann und ein treuer Untertan seiner Könige. 1492 hatte ihn Königin Isabella gebeten, einen Plan zur Fortführung der

bereits begonnenen Reform der spanischen Kirche auszuarbeiten. Gegen starken Widerstand setzte er in den Mönchsorden und innerhalb der Weltgeistlichkeit einschneidende Reformen durch. Das Ergebnis seiner Bemühungen war, daß die Kirche in Spanien schon vor dem Beginn der protestantischen Reformation weniger reformbedürftig war als irgendwo sonst in Europa. Jiménez verfolgte über seine Anliegen in Glaubensdingen hinaus hohe kulturelle Ziele. Sein erstes großes Projekt war die Gründung einer neuen Universität in Alcalà de Henares, die 1508 ihre Pforten öffnete und als Lehre zunächst eine Art Kompromiß zwischen Humanismus und christlicher *devotio* bot. Jiménez holte sich als Professoren fähige Humanisten, vorzugsweise solche, die Griechisch und Hebräisch beherrschten, aber auch mehrere Latinisten, die an italienischen Humanistenzentren ausgebildet worden waren. Dieser Gruppe übertrug der Kardinal die nächste große Aufgabe, die ihm am Herzen lag: eine Ausgabe der Bibel in den Originalsprachen. Diese als *Complutenser Polyglottenbibel* – von Complutum, dem lateinischen Namen Alcalàs – bekannte Bibelausgabe wurde in Abschnitten vollendet. Der erste, das Neue Testament, wurde 1514 gedruckt, aber erst 1520 genehmigt und veröffentlicht. Erasmus, in Spanien bereits bekannt, hatte seine Ausgabe des griechischen Neuen Testaments forciert, um der Polyglottenbibel zuvorzukommen. Manche seiner Schriften wurden ins Spanische übertragen, und viele spanische Gelehrte waren stolz darauf, zu seinen Briefpartnern zu gehören. Die erste Übersetzung eines Werkes von Erasmus – des *Enchiridion* – erschien 1525 mit dem Imprimatur des Inquisitors. Einige Bettelmönche begannen Erasmus anzugreifen, und bald war eine heftige Auseinandersetzung zwischen seinen Anhängern, den *erasmistas* und seinen Gegnern, den *antierasmistas* im Gange. Mehrere Jahre hindurch waren die ersteren siegreich, aber seit 1534 konnte die Inquisition sich durchsetzen und schließlich die Bewegung ersticken.

Danach läßt sich das Schicksal der Protestanten in Spanien an den Lebensläufen der Brüder Enzinas ablesen. Francisco de Enzinas (etwa 1510–1552) kam aus einer reichen Familie in Burgos, studierte in Löwen und Paris und dann unter Melanchthon in Wittenberg, auf dessen Anregung hin er das Neue Testament ins Spanische übertrug. Er nahm es mit in die Niederlande, wo er es 1543 drucken und veröffentlichen ließ, um es Kaiser Karl zu widmen. Der Beichtvater des Kaisers hielt die Übersetzung für höchst gefährlich, und Enzinas wurde gefangengesetzt. Nach seiner Flucht lebte er in Wittenberg und anderen protestantischen Zentren. Sein älterer Bruder Jaime, der in Paris Theologie und Hebräisch studiert hatte, verfaßte einen protestantischen Katechismus in spanischer Sprache und wurde 1547 in Rom als Ketzer verbrannt.

Innerhalb Spaniens hatte die Inquisition den Verkauf und die Verbreitung lutherischer Bücher in beachtlichem Ausmaß verhindern können; wenn trotzdem reformatorische Ideen und Lehren auf der Pyrenäenhalbinsel Anhänger fanden, so wurden sie wie etwa die Protestantengemeinden in Sevilla und Valladolid von der Inquisition durch ein Autodafé zum Schweigen gebracht.

Etwa um das Jahr 1560 war sowohl der einheimische Protestantismus in Spanien, wie ihn die Brüder Valdés verkörperten, als auch der importierte, den die Brüder Enzinas vertraten, ausgerottet und erstickt. Wenn das Volk sich den Ideen widersetzte, die irgendwie unter den Begriff Ketzerei fielen, so ist das darauf zurückzuführen, daß die spanische Kirche schon frühzeitig mit Hilfe der Krone eine wirksame Reform erfahren hatte und daß die Spanier geneigt waren, den katholischen Glauben mit Patriotismus gleichzusetzen. Für sie bedeutete Ketzerei einen Angriff auf das geliebte Vaterland. So war die spanische Inquisition, die allgemein als Hüterin der Ehre des Königreichs galt, in ihren Schutzmaßnahmen für den Glauben des spanischen Volkes erfolgreicher als die Inquisition in jedem anderen Land Europas.

In Skandinavien war die Reformation politisch gefärbt.

Ihre Einführung in Schweden ist im wesentlichen das Werk von vier Männern: Gustav Wasa (1496–1560), den beiden Brüdern Olaus (1493–1552) und Laurentius (1499–1573) Petri sowie Lars Andersen (1470–1552). Gustav Wasa war nach seinem erfolgreichen Widerstand gegen die Dänenherrschaft, bei dem ihn vor allem die schwedische Bauernschaft unterstützte, 1521 von einer Versammlung von Adligen in Ostgotland zum Reichsverweser ernannt worden. Nach weiteren militärischen Erfolgen wurde er von einem schwedischen Reichstag in Strangnås am 4. Juni 1523 zum König gewählt; bei dieser Gelegenheit begegnete er den Brüdern Petri und erkannte, daß sie für die nationale Bewegung wichtig werden konnten. Olaus, der 1518 in Wittenberg den Magistergrad erworben hatte, war ein begeisterter Anhänger Luthers und Melanchthons. Seit er 1520 nach Schweden zurückgekehrt war, hatte er den Vorrang der Bibel vor der Kirche verkündet und sich in seinen Predigten gegen den Ablaß, den Zölibat der Priester und die weltliche Macht des Papstes gewandt. Ende 1521 ließ ihn Gustav Wasa an die Spitze der Kirche von Stockholm berufen und ernannte seinen Bruder Laurentius zum Theologieprofessor an der Universität von Uppsala. 1524 wurde Olaus zudem Sekretär der Stadt Stockholm und vermehrte damit seinen Einfluß beträchtlich. 1523 ernannte Wasa den höchst geachteten Prälaten Schwedens, Lars Andersen, zum Kanzler des Reichs. Da Andersen bereits für die neue Lehre gewonnen war, zeigte sich deutlich, wohin die Politik des Königs zielte. 1524 bedrängten die protestantischen Theologen, die sich auf die Schrift allein beriefen, in öffentlichen Debatten die katholischen Verteidiger des kanonischen Rechts und der alten Kirche, und 1526 erschien eine Übersetzung des Neuen Testaments ins Schwedische, die Petri im Auftrag des Königs besorgt hatte. Sie trug auf der letzten Seite das Wappen des Königs.

Von diesem Zeitpunkt an nahm der König öffentlich mehr und mehr Partei für den Protestantismus. Dabei stieß er – insbesondere in Fragen der Verfügungsgewalt über Kirchenbesitz – auf den Widerstand mehrerer katholischer Bischöfe. Um den Streit zu schlichten, berief er für Juni 1527 einen Reichstag nach Vesterås ein, der nach dramatischen Auseinandersetzungen mit dem sogenannten Rezeß von Vesterås endete. Dieser bewilligte dem König Einkünfte aus dem Grundbesitz der Kirche und Verfügungsgewalt über ihn, erkannte die »neue« Lehre als voll und ganz christlich an und verlangte, daß »das Wort Gottes in seiner Reinheit« verkündet werde.

Auf diese Weise brachte Gustav Wasa die schwedische Kirche unter die Herrschaft der Krone und war nun auch zu einer offiziellen Krönung bereit. 1528 setzte er sich im Dom von Uppsala die Krone selbst aufs Haupt, um damit die Unabhängigkeit von der Kirche darzutun. 1530 bekannte sich der König offiziell zum lutherischen Glauben, und 1531 berief er eine Versammlung der Geistlichkeit aus dem ganzen Königreich ein, die Laurentius Petri zum Erzbischof von Uppsala ernannte. Bald waren alle Bistümer mit Männern besetzt, die dem König genehm waren und der schwedischen Version der lutherischen Lehre und Praxis zuneigten.

Nachdem sich die schwedische Reformation bis dahin gemäßigt und ohne Blutvergießen auf das Luthertum zubewegt hatte, zeigten sich Ende der dreißiger Jahre auch dort die Auswirkungen der Ereignisse in anderen Ländern. Heinrich VIII. von England hatte 1531 den Titel »alleiniger Protektor ... und Oberhaupt der englischen Kirche und Geistlichkeit« angenommen, und aus Deutschland hörte Wasa, daß die Landesfürsten ihre Kirchen ohne Einmischung der Bischöfe regierten. Seinem alten Argwohn gegenüber den Bischöfen folgend, wandte er sich nun gegen Olaus und Laurentius Petri, ließ ihnen den Prozeß machen und sie aufgrund fadenscheiniger Beschuldigungen absetzen. In Zukunft wollte er die schwedische Kirche mit Hilfe eines Superintendenten regieren, der nur ihm allein verantwortlich sein sollte. Die letzten Jahre seiner Regierung waren verhältnismäßig ruhig, er herrschte ohne Willkür und fand sich stets in Übereinstimmung mit seinem Volk. Wenn Gustav Wasa ein aufrichtiges Interesse an der Reform der Kirche und der Hebung der Moral nicht abzusprechen ist, so blieb die Reformation in Schweden dank seiner Überzeugung, daß die Kirche die Dienerin des Staates sei, doch in erster Linie ein nationalpolitischer Vorgang.

In Schweden hatte man dem Dänen Christian II. Widerstand geleistet, weil er der fremde Unterdrücker war. In Norwegen und in Dänemark stieß er beim Adel und bei der Geistlichkeit aus ganz anderen Gründen auf Widerstand: Er hatte die Bauern und Bürger begünstigt, hatte in Kirchenangelegenheiten die Hierarchie kritisiert und schließlich Wittenberger gefördert, von denen einige auf seine Einladung hin nach Kopenhagen gekommen waren. Christian, der gebildet war und der humanistischen Bewegung aufgeschlossen gegenüberstand, unterhielt Verbindungen mit vielen abendländischen Gelehrten und förderte an der Universität Kopenhagen vor allem die Humanisten. Von 1517 an machte er kein Geheimnis mehr aus seiner Sympathie für das Wittenberger Programm. 1521 erließ Christian die *Landretten* (kirchliche Gesetze) und die *Byretten* (weltliche Gesetze), die die dänische Kirche dänischem Recht unterstellten, Appellationen an Rom verboten, die Priesterehe verlangten, den Geistlichen Residenzpflicht auferlegten und ihnen auf allen Stufen der Hierarchie moralisches Verhalten und eine gewisse Bildung zur Pflicht machten. Diese Gesetze hätten, wenn sie tatsächlich in Kraft getreten wären, die dänische Kirche reformiert und zur Staatskirche gemacht, ohne auf die Lehre Einfluß zu nehmen. Doch Christians Strenge und Ungeduld, seine hohen Steuern und die Erhebung der Sundzölle führten seinen Sturz herbei.

Nach der Flucht Christians II. 1523 in die Niederlande bestieg sein Onkel als Friedrich I. (1523–1533) mit Hilfe des Hochadels und der höheren Geistlichkeit den Thron. Diese Wahl war eine Reaktion auf die humanistischen und lutherischen Neigungen Christians II. Friedrich brauchte, konservativ und vorsichtig wie er war, mindestens zwei Jahre, bis ihm klar wurde, daß das dänische Volk die Führung der höheren Geistlichkeit ablehnte und der freieren Luft des lutherischen Glaubens zuneigte. Die Bauernschaft, die Christian II. unterstützt hatte, weil er sie vor ihren Unterdrückern, dem Adel, den Prälaten und den Mönchsorden, geschützt hatte, war bereit, jedem Gefolgschaft zu leisten, der ihre Lebensbedingungen erleichterte; deshalb fühlten sie sich auch von der lutherischen Lehre angesprochen, die Freiheit und Individualismus betonte. Die Verlobung der Tochter Friedrichs mit Albrecht, dem Herzog von Preußen, der kurz zuvor zum Protestantismus übergetreten war, wurde als Beweis dafür angesehen, daß Friedrich sich der neuen Lehre zugewandt habe. Im Dezember 1527 trat der dänische Reichsrat in Odense zusammen. Während die katholischen Bischöfe vom König verlangten, daß er für die Kirche eintrete, die Priesterehe verbiete und nicht länger die neue – lutherische – Lehre unterstütze, beharrte dieser darauf, daß die Seele des Menschen frei sei, daß die Ehe eine Privatangelegenheit darstelle und daß er die Verkündigung des Evangeliums auch weiterhin erlauben werde. Der Rezeß von Odense im Jahr 1527 brachte zwar keine offizielle Anerkennung der lutherischen Lehre durch den Reichsrat, glich aber im übrigen ganz deutlich dem Rezeß von Vesterås vom Juni 1527, der die Duldung der lutherischen Lehre in Schweden garantierte. Während der nächsten sechs Jahre fanden zunehmend Dänen, die in Wittenberg studiert hatten, und norddeutsche Lutheraner Stellungen als Lehrer oder Pfarrer in dänischen Städten. Die Universität von Kopenhagen glich ganz und gar einem Mittelpunkt des Protestantismus. Lutherische Bücher wurden veröffentlicht, es erschienen Andachtsbücher nach deutschen Texten Luthers oder Melanchthons und deutsche Gesangbücher in dänischer Übersetzung.

Der älteste Sohn und Erbe des Königs, Herzog Christian, der sich bereits offen zu Luther bekannte, förderte die Lehre und Kirchenordnung der Wittenberger Reformatoren in den beiden Herzogtümern Schleswig und Holstein. Während der alte König sich nie zu einer Unterdrückung der alten Lehre entschloß, vertrat Herzog Christian den neuen Glauben mit mehr Energie, so daß es in den von ihm regierten Provinzen gelegentlich zu Ausbrüchen von Gewalttätigkeit kam. Deshalb widersetzte sich ein Teil des Adels und die katholische Geistlichkeit seiner Nachfolge auf dem Thron. Letztlich gaben aber weder der Adel noch die kirchliche Hierarchie den Ausschlag, sondern das Volk, das den Protestantismus in Dänemark zum Sieg führte. Der Haß der Arbeiter und Bauern auf die reichen Mönchsorden war noch wirksamer als der Neid des Adels. Diese beiden Motive, Haß und Neid, führten zur allmählichen Aufhebung der meisten Klöster im Königreich.

1530 wurden etwa 25 führende lutherische Geistliche Dänemarks vor den Reichstag in Kopenhagen geladen. Ohne sich vorher mit den deutschen Fürsten zu Augsburg beraten zu haben, setzten sie ein Glaubensbekenntnis in 43 Artikeln auf, das zwar den Ständen nicht vorgelegt, aber im ganzen Land veröffentlicht und diskutiert wurde. Als dann 1532, im letzten Jahr der Regierung Friedrichs, das katholische Erzbistum von Lund neu besetzt wurde, versprach Torben Bide, der neue Bischof, dem König, er werde erlauben, daß »das wahre Wort Gottes« gepredigt werde. So gewann durch allmähliche Infiltration die lutherische Lehre von der Vorrangstellung der Heiligen Schrift freie Bahn.

Nach dem Tod Friedrichs I. im Jahr 1533 kam es zu heftigen, drei Jahre währenden Auseinandersetzungen um die Thronfolge zwischen den katholischen und lutherischen Gruppen im Reichsrat, bis schließlich Herzog Christian, der älteste Sohn des verstorbenen Königs, am 29. Juli 1536 als Sieger in Kopenhagen einziehen konnte. Die katholischen Bischöfe, die sich seiner Ernennung widersetzt hatten, wurden gefangengesetzt, und damit hörte das althergebrachte Episkopat praktisch auf zu bestehen. Das Volk stellte sich auf die Seite des Königs und stimmte bereitwillig seinen Vorschlägen zu, aufgrund deren die Zugehörigkeit Norwegens zum dänischen Reich geregelt und die Vorrangstellung der Krone vor den Bischöfen und der Kirche festgelegt wurde. Christian III., der tiefreligiös war und die Unruhe, die das Kirchenleben nun schon 15 Jahre lang störte, aufmerksam verfolgte, bat den Kurfürsten von Sachsen um seine Unterstützung. Dieser sandte einen Freund und Mitarbeiter Luthers, Johann Bugenhagen aus Pommern (1485 bis 1558), der unter Luther und Melanchthon Erfahrungen in der Reform und Verwaltung der Kirche gesammelt hatte. Bugenhagen ernannte sogleich sieben reformfreudige Geistliche zu Provinzialsuperintendenten. Sein zweiter Schritt bestand darin, daß er der Universität Kopenhagen, die inzwischen einen traurigen Abstieg erfahren hatte, durch die Berufung geeigneter Gelehrter frisches Blut zuführte. Der dritte und vielleicht wichtigste Schritt zur Konsolidierung der protestantischen Kirche in Dänemark war der Entwurf der Kirchenordnung von 1537. Die Quellen, auf die sie zurückging, waren die 43 Artikel von 1530 und mehrere Schriften Luthers und Melanchthons. Der Entwurf wurde Luther zur Begutachtung vorgelegt, vom König unterzeichnet und schließlich am 14. Juni 1539 vom Reichsrat in Odense angenommen. Mit geringen Abwandlungen ist diese Kirchenordnung bis heute die Verfassung der dänischen Kirche geblieben. Ein großer Teil der Geistlichkeit nahm die neue Ordnung an; wer sich weigerte, wurde nicht verfolgt. 1559 gab es nur noch zehn Klöster, die der katholischen Kirche unterstanden. Da sie keinen Nachwuchs mehr aufnehmen durften, war ihr Verschwinden nur eine Frage der Zeit. So wandelte sich innerhalb eines Zeitraums von 20 Jahren die Struktur des dänischen Kirchenwesens vom Katholizismus zu einem gemäßigten Luthertum. Es war eine nationale, von der Krone geförderte Bewegung, die vom gemeinen Volk getragen wurde und sich gegen den größten Teil des Adels und der Geistlichkeit richtete. Hierin unterscheidet sich diese Bewegung von den Vorgängen in Deutschland, und hieraus erklärt sich wohl auch zum Teil, warum die katholische Gegenreformation in Deutschland im Gegensatz zu Dänemark erfolgreich sein konnte. Die langsamere, gewaltlose Entwicklung und die von den dänischen Königen geförderte freie Diskussion erlaubten es der Öffentlichkeit, sich selbst eine Meinung zu bilden und sie auch zu äußern, während in Deutschland die Entscheidung des einzelnen dadurch, daß Luther sich auf die Fürsten stützte, einem Zwang unterworfen war, der leicht zu Rückschlägen führen konnte.

In Polen fand die protestantische Reformation eine besonders warme Aufnahme. Die Tatsache, daß sich die Kirche in Polen von jeher einer unleugbaren Selbständigkeit erfreute, ist nicht nur auf die räumliche Distanz zu Rom zurückzuführen, sondern auch darauf, daß die Kurie sich hütete, in irgendeiner Weise Druck auszuüben, um die Polen nicht etwa in die Arme der benachbarten orthodoxen Ostkirche zu treiben. Immer wieder hatten polnische Herrscher ungestraft römische Anweisungen ignoriert und dabei die Unterstützung der Geistlichkeit gefunden. Polen hatte schon der Hussitenbewegung in Böhmen in der ersten Hälfte des 15. Jahrhunderts wohlwollend gegenübergestanden, und auf dem Konstanzer Konzil war die polnische Delegation für Hus und die Böhmen eingetreten. Zahlreiche Polen fochten auf der Seite der Hussiten gegen die Kreuzheere Kaiser Sigismunds mit. Die hussitischen »Ketzereien« – Laienkelch, Liturgie und Predigt in der Landessprache sowie Priesterehe – faßten sowohl im gemeinen Volk als auch besonders beim Adel und dem polnischen Bürgertum Fuß, und das nicht nur im Süden entlang der böhmischen Grenze, sondern auch im Westen und Norden Polens längs der Ostseeküste. Wie neuere Forschungen ergeben haben, fanden die hussitischen Lehren sogar unter den deutschen Minderheiten in polnischen Handelszentren – etwa in Krakau, Warschau, Posen und Danzig – Anhänger.

Ein weiterer Faktor war die Blüte der Renaissance in Polen im späten 15. und frühen 16. Jahrhundert. Sie wurde insbesondere gefördert durch die Gemahlin König Sigismunds I. (des Alten, 1506–1548), eine Prinzessin aus dem Hause Sforza, die zahlreiche humanistisch geschulte Beamte und Freunde mitbrachte und zeit ihres Lebens enge Verbindung mit ihren gelehrten Freunden in Italien, in der Schweiz und in Frankreich hielt. Erasmus, der mit einer Anzahl polnischer Gelehrter im Briefwechsel stand, äußerte wiederholt sein Erstaunen über den hohen Stand der polnischen Kultur.

Ein dritter Faktor, der sich in Polen zugunsten der Reformation auswirkte, war der hohe Prozentsatz an Deutschen auf polnischem Boden, die mit ihren Freunden im Reich in enger Verbindung standen und die dortigen Ereignisse mit reger Aufmerksamkeit verfolgten.

Als vierter Faktor muß der niedrige Stand der Moral und Bildung des größten Teils der einheimischen Geistlichkeit angesehen werden. Da die höheren Kirchenämter in den Händen des Adels lagen, fehlte jegliches Interesse daran, diesem Mißstand bei der niedrigen Geistlichkeit abzuhelfen, und das gemeine Volk gab wie in Deutschland und andernorts seinem Mißfallen an den Dienern der Kirche öffentlich Ausdruck.

Die erste öffentliche Verkündigung der lutherischen Lehre erfolgte in Danzig. Der Dominikaner Jakob Knade, ein beliebter Prediger, hatte sich unmittelbar nach Bekanntwerden der 95 Thesen für Luther erklärt und damit im Sommer 1518 die Stadt in Aufruhr versetzt. Nachdem er auf Befehl des Bischofs gefangengesetzt war, herrschte einige Jahre Frieden; aber die Schriften Luthers fanden in beachtlichen Mengen Eingang in Danzig. Andere Handelsstädte folgten dem Beispiel Danzigs. Der beste Beweis dafür, daß Luthers Schriften in diesen Städten in Umlauf waren, ist das königliche Edikt vom Juli 1520, das ihre Einfuhr verbot. Zwei Jahre später nahm der Weltpriester Jakob Hegge eine gemäßigte Reform nach lutherischem Vorbild in Angriff, sah sich aber sofort einer radikalen Gruppe gegenüber, die bis zur extremen Ablehnung aller überlieferten Gebräuche gehen wollte. Die Folge war 1525 eine Revolution

im Stadtregiment und die Abschaffung der gesamten römischen Glaubensausübung und Rechtsprechung.
König Sigismund ergriff wirkungsvolle Maßnahmen zur Unterdrückung der Bewegung und ließ 15 Anführer des Aufstands enthaupten. Doch die rasche Wiederherstellung des Katholizismus erwies sich im wesentlichen als nur äußerlich. Unter der Oberfläche gewannen die Vorstellungen Luthers in aller Stille immer mehr an Boden. Es gab andere Städte, in denen deutsche Kaufleute lutherische Predigten hörten und Schriften des Reformers besaßen. Albrecht von Brandenburg, der Hochmeister des Deutschen Ordens, war nach einem Besuch in Nürnberg und Wittenberg 1522 für die Sache der Reform gewonnen. Luther riet ihm, die Gebiete des Ordens zu säkularisieren und in seinem Lande die Reformation zu verkünden. 1522 verwirklichte er diesen Vorschlag und nahm den Titel Herzog von Preußen an. Von nun an wurde Königsberg, Albrechts Hauptstadt, der Mittelpunkt für die Verbreitung reformatorischen Schrifttums in deutscher und polnischer Sprache, und viele polnische Studenten besuchten die Universität Königsberg, um bei lutherischen Professoren zu studieren. Auf diese Weise drangen die Lehren Luthers in alle Schichten des polnischen Volkes.
Ein typisches Beispiel für das Schicksal und das Format reformfreudiger Polen ist der Fall des Jan Łaski (Joannes a Lasco). Als Neffe des Erzbischofs von Gnesen und Primas von Polen war er für ein hohes Amt vorgesehen. Er wurde nach Bologna, Padua und Rom geschickt, um kanonisches Recht und die Humaniora zu studieren. Nach einem fünfjährigen Aufenthalt in Italien (1514–1519) bereiste er die Schweiz, Frankreich und Deutschland und kam dort überall mit den Spitzen der Kirche und Universität zusammen. Nach seiner Heimkehr erhielt er in Polen ein Kirchenamt und wurde Sekretär König Sigismunds. Auf einer Reise nach Frankreich und in die Schweiz begegnete er 1524 in Margarete von Navarra, Guillaume Briçonnet und Lefèvre d'Etaples überzeugten Vertretern eines

christlichen Humanismus, und als er nach Basel weiterreiste, geriet er dort in den Bann von Erasmus, der ihn den hohen Wert einer kritischen Gelehrsamkeit als Grundlage für die gesamte reformatorische Bewegung schätzen lehrte. Von 1526 bis 1539 war Łaski mit politischen und diplomatischen Aufgaben betraut, fühlte sich aber von der Entwicklung der Dinge in Polen so unbefriedigt, daß er beschloß, nach Wittenberg zu gehen und Melanchthon um Rat zu fragen. 1538 legte er sein Bischofsamt nieder und trat zum lutherischen Glauben über. Damit gab er zugleich auch die bisher geübte erasmische Zurückhaltung auf und schlug einen aktiven Kurs ein. Nach einem Zwischenspiel als Superintendent der protestantischen Kirche in Ostfriesland war er von 1548 an als Leiter, Berater, Organisator und Moderator wechselnd in England, Deutschland, Dänemark und Polen tätig – stets mit Aufgaben betraut, die er geschickt und überzeugend löste, bis er am Ende seines Lebens einsehen mußte, daß er sich getäuscht hatte und daß die Sache des wahren Evangeliums doch nicht siegreich war.

Der beste Beweis für die Ausbreitung des Protestantismus in Polen, dessen Entwicklungsgeschichte sich etwa mit der Lebenszeit Łaskis deckt, war die wiederholte Forderung der höheren Geistlichkeit und mehrerer Provinzialsynoden in den späten zwanziger und frühen dreißiger Jahren, der König möge wirksame Maßnahmen gegen die Verkünder der neuen Lehre ergreifen. Dagegen verlangte 1534 der Adel Großpolens, daß die Bibel in polnischer Sprache für den allgemeinen Gebrauch zugänglich gemacht werde. Im gleichen Jahr verbot Sigismund den Besuch ausländischer Universitäten, die auch nur im geringsten häretischer Neigungen verdächtig waren, und ordnete die Rückkehr aller Studenten an, die an solchen Universitäten studierten. Weitere Unterdrückungsmaßnahmen wurden auf späteren Synoden oder in mehreren königlichen Edikten verkündet, doch stieß ihre Durchführung auf immer größere Schwierigkeiten. Weder der Adel noch das Bürgertum ließ sich nun noch abschrecken, bis der Reichstag von Krakau 1543

Sigismunds Edikt von 1534 offiziell aufhob und allen polnischen Untertanen das Recht zusprach, an jeder ausländischen Universität zu studieren.
Etwa um diese Zeit fanden auch die Schriften Calvins in Polen Verbreitung. Wenn die Genfer Lehre mit soviel Zustimmung aufgenommen wurde, so lag dies daran, daß sie aus Frankreich und nicht aus Deutschland kam und außerdem weniger mit der Reichspolitik verflochten war als die lutherische Bewegung. Zudem richtete sie sich stärker an den Intellekt als Luthers Lehre. Eine Anzahl führender polnischer Familien und viele Angehörige der Universität zogen den Calvinismus vor. Die drei bedeutendsten Vertreter polnischer Geistigkeit im 16. Jahrhundert – der Dichter Mikołaj Rej, der politische Theoretiker Andrzej Frycz Modrzewski und der Lyriker und Essayist Jan Kochanowski standen stark unter dem Einfluß calvinistischer Vorstellungen. König Sigismund gab in den letzten Jahren seines Lebens den jahrelangen vergeblichen Kampf gegen die lutherische Lehre auf und unternahm von 1544 bis 1548 nichts mehr in dieser Richtung. Die Protestanten nutzten diese Frist, um zu befestigen, was sie errungen hatten. Als 1548 der junge Sigismund August, der angeblich Protestant war, den Thron bestieg, kam eine größere Gruppe Böhmischer Brüder, die Ferdinand I. vertrieben hatte, aus Böhmen nach Polen. Sie wurden von der Einwohnerschaft Posens so freundlich aufgenommen, daß der Bischof von Posen den König überredete, ihre Vertreibung anzuordnen. Daraufhin gingen sie nach Preußen, wo ihnen Herzog Albrecht bereitwillig eine Heimstatt bot. Ihre Frömmigkeit, ihr fester Glaube und ihr Gemeindegesang hinterließen trotz des kurzen Aufenthalts in Polen einen bleibenden Eindruck.
Je mehr Einzelpersönlichkeiten aus Geistlichkeit und Adel sich in den ersten Jahren der Regierung Sigismund Augusts zu reformierten Lehren bekannten, um so häufiger kam es seitens des aufgebrachten katholischen Klerus zur Verfolgung »abtrünniger« Priester und Adliger. Zwischen 1549 und 1552

nahm der Unwille über solche Prozesse, Gefangennahmen und Folterungen so weit zu, daß schließlich auf einem Reichstag der Kirche die Gerichtsbarkeit in zivilen oder politischen Angelegenheiten abgesprochen wurde. Danach durfte die Kirche eine Lehre zwar als ketzerisch bezeichnen, doch konnte diese Feststellung weder zivile noch politische Folgen haben; auch durfte die Kirche keine weltlichen Strafen verhängen. Mit diesem Dekret verankerte der König praktisch die Religionsfreiheit in Polen. Da die Kirche die Bestimmungen des Edikts zu umgehen suchte, wurde es in genauerer Formulierung durch andere Reichstage 1562, 1563 und 1565 wiederholt.

Inzwischen hatte der Protestantismus durch eine erste Formulierung eines Katechismus (1543), ein von Seklucjan verfaßtes Glaubensbekenntnis (1544) und die erste Übersetzung von Teilen des Neuen Testaments ins Polnische, ebenfalls durch Seklucjan, eine festere Grundlage gewonnen. Drei Jahre später lag das ganze Neue Testament auf polnisch im Druck vor. 1555 vereinigten sich die calvinischen Kirchen mit denjenigen Gruppen der Böhmischen Brüder, die der Austreibung entgangen oder aus Preußen zurückgekehrt waren. Der Reichstag von 1555 verlangte vom König praktisch das gleiche Programm religiöser Freiheit, das Karl V. den Lutheranern im Religionsfrieden von Augsburg hatte zugestehen müssen, mit dem einen Unterschied allerdings, daß die vollständige Loslösung von Rom zu den Bedingungen nicht gehörte. Trotzdem wurde deutlich, daß der Wunsch nach einer Nationalkirche ganz allgemein war. Auf protestantischer Seite führten Bemühungen, die Calvinisten und die Böhmischen Brüder zusammenzubringen, zu Teilerfolgen, und 1557 beschlossen diese beiden Gruppen, eine Vereinigung mit den Lutheranern anzustreben. Bis es zu einer regelrechten Verständigung kam, sollten zwar noch einige Jahre vergehen, aber man war doch immerhin schon zu einer gewissen Zusammenarbeit und zu der Erkenntnis gemeinsamer Ziele vorgestoßen. 1565 setzte sich nahezu die Hälfte beider Häuser des Reichstags aus erklärten Protestanten zusammen, die bei Abstimmungen hier und da auf Unterstützung durch katholische Adlige zählen konnten. 1570 trafen Lutheraner, Calvinisten und Böhmische Brüder ein Abkommen zu Sandomir – den sogenannten *Consensus Sandomirensis* –, das zwar keine Einigung in Fragen der Lehre bedeutete, aber doch ein Ausdruck ihres Willens war, politisch gemeinsam gegen katholischen Druck vorzugehen und dabei wechselseitig Toleranz und Verständnis walten zu lassen, denn seit 1565 etwa hatte die katholische Kirche dem Protestantismus gegenüber wieder an Boden gewonnen.

Die hussitische Tradition des Widerstands gegen Rom und einer demokratisch organisierten Nationalkirche hatte Böhmen bereits mehr als 100 Jahre lang der übrigen Christenheit gegenüber in die Isolation gedrängt, als Luther in Wittenberg an die Öffentlichkeit trat. Schon frühzeitig zählten die Utraquisten und die weniger zahlreichen Böhmischen Brüder zu den eifrigen Lesern seiner Schriften. Mit der Unität der Böhmischen Brüder kam Luther nach der Leipziger Disputation von 1519 in unmittelbare Berührung, und 1520 las er mit steigender Bewunderung die große Abhandlung über die Kirche *(De ecclesia)* von Hus. Im selben Jahr ließ er das Werk in Deutschland drucken und sagte öffentlich, es sei höchste Zeit, daß die Tschechen und die Deutschen die alte Feindschaft vergäßen und zusammen an der Verbreitung des Evangeliums arbeiteten. In den nächsten Jahren trat ein großer Teil der Deutschen in Böhmen zum Luthertum über; sowohl die Utraquisten als auch die Brüderunität dachten darüber nach, unter welchen Bedingungen sie mit Luther und seinen Anhängern zusammenarbeiten könnten. In der langen Geschichte der Auseinandersetzungen zwischen Tschechen und Deutschen bewirkte dieser gemeinsame Widerstand gegen die katholische Kirche eine Periode des Friedens und guten Einvernehmens.

Die Beziehungen zwischen Luther und der Brüderunität waren frei von jeder Eifersüchtelei, und beide Seiten meinten es mit der Annäherung durchaus ernst. Luther bewunderte den protestantischen Geist und den Glauben der Unität, während diese wiederum Luthers Mut und seine Versenkung in das Evangelium hochschätzten. Trotzdem ließ sich eine Übereinstimmung in der Frage der Sakramente und der Lehre von der Rechtfertigung durch den Glauben nicht erzielen, und 1524 wurde der Briefwechsel abgebrochen. 1532 ließ Johann Augusta, der Bischof der Brüderunität, ein neues Glaubensbekenntnis verfassen, das er an Luther schickte mit der Bitte um eine Stellungnahme. Luther kam der Bitte bereitwillig nach, und 1536 reiste Augusta nach Wittenberg, um eine Vereinigung der Unität mit der lutherischen Bewegung zu erörtern, die dann doch wieder an gewissen Meinungsverschiedenheiten scheiterte. Nach mehreren Monaten freundschaftlicher Gespräche beschlossen sie, ohne regelrechten Zusammenschluß jeder in seinem Land für das Wort zu wirken.

Luthers Beziehungen zu den Utraquisten, von denen er soviel erwartet hatte, erwiesen sich als noch weniger befriedigend, da die Utraquisten in sich gespalten waren; ein konservativer Flügel neigte dem Katholizismus zu, und die führenden Persönlichkeiten waren Erasmianer und ihrem Wesen nach jedem Fanatismus abgeneigt. Auf der anderen Seite stand eine Gruppe, die bestimmte lutherische Lehren zu übernehmen bereit war. Die strengeren Utraquisten waren national gesinnt und wachten eifersüchtig über ihre hussitische Tradition. Die Deutschen in Böhmen waren 1530 vorwiegend protestantisch, doch blieben einige einflußreiche Familien unter ihnen dem Katholizismus treu.

Unter diesen schwierigen Voraussetzungen mußte Ferdinand, der 1526 nach dem Tod Ludwigs II. den böhmischen Thron bestiegen hatte und ein treuer Sohn der alten Kirche war, sehr überlegt vorgehen. 1537 erklärte er, er wolle an den *Compactata* von 1436 festhalten, die nur zwei Glaubensrichtungen anerkannten: den rechtmäßigen Glauben Roms und den Utraquismus aus der Zeit von Hus. Das bedeutete, falls der König seinen Willen durchsetzen konnte, die Ausschaltung der Lutheraner und der Böhmischen Brüder, da beide erst nach den *Compactata* aufgetreten und in dem Dokument nicht erwähnt waren. Damit hatte Ferdinand seine Karten auf den Tisch gelegt, doch änderte sich dadurch kaum etwas, weil die überwältigende Mehrheit der Bevölkerung – wenn auch unter verschiedenen Vorzeichen – antikatholisch war.

Da die Bemühungen der Utraquisten und der Brüderunität, aus Wittenberg Unterstützung für ihren Protestantismus zu gewinnen, nicht zu greifbaren Erfolgen führten, begannen sich um 1538 führende Männer beider Gruppen anderweitig umzusehen. Von etwa 1540 an wurden die Straßburger Reformatoren und besonders Calvin in Böhmen populär. Calvins Lehre vom symbolischen Charakter des Abendmahls entsprach den Böhmen mehr als Luthers Beharren auf der leibhaftigen Gegenwart, und so kam es zu einer persönlichen Fühlungnahme zwischen Calvin und den Führern der Brüder.

Der Sieg über den Schmalkaldischen Bund bei Mühlberg im Jahr 1547 hatte Karls V. Position wesentlich verbessert. Ferdinand, der eben erst einen Aufstand des protestantischen böhmischen Adels unterdrückt hatte, machte sich das zunutze und wendete sich nun gegen die Brüder. 1548 verbot er den Predigern der Unität die Ausübung ihres Amts und zwang die vier stärksten Brüdergemeinden, das Land zu verlassen. Die Utraquisten mußte er ihrer größeren Zahl wegen, und weil sie durch die *Compactata* geschützt waren, vorsichtiger behandeln. 1561 konnte Ferdinand in Prag den Stuhl des Erzbischofs wieder besetzen, der seit 1421 vakant gewesen war. Der neue Erzbischof, Anton Prus, Hochmeister des Deutschherrenordens und vordem Bischof von Wien, erlangte mit Ferdinands Unterstützung 1564 von Papst Pius IV. das Zugeständnis, daß Katholiken in den Ländern Kaiser Ferdinands und Albrechts von Bayern das Sakrament in beiderlei Gestalt nehmen durften – eine Maßnahme, die dem Einfluß des Utraquismus auf das Volk entgegenwirken sollte. Als weitere

Waffe zur Bekämpfung des Utraquismus und der evangelischen Lehre hieß Ferdinand 1555 eine kleine Gruppe von Jesuiten in Prag willkommen, denen er seinen persönlichen Schutz gewährte.
Unter Ferdinands Nachfolger Maximilian II. (1564–1576) verbesserte sich die Lage der Protestanten nur geringfügig. Der neue Herrscher trat gegenüber dem Konsistorium der Utraquisten noch bestimmter auf und verweigerte den Brüdern eine schriftliche Bestätigung, die sie ausdrücklich in den Augsburger Religionsfrieden einbezog. 1575 einigten sich die verschiedenen protestantischen Gruppen schließlich auf ein gemeinsames böhmisches Glaubensbekenntnis *(Confessio Bohemica)*, das sie dem König auf dem Reichstag als Beweis der Stärke des böhmischen Protestantismus vorlegten. Es war ein Dokument, in dem sich Lutherisches mit Calvinischem und unverkennbar Hussitischem mischte. Dieses Bekenntnis bezeichnet wohl den Höhepunkt des Protestantismus in Böhmen; obgleich Maximilian die Forderung der Evangelischen ablehnte, in einer schriftlichen Erklärung offiziell zu bestätigen, daß dem Dokument die gleiche Gültigkeit zukomme wie der Augsburger Konfession, gab er doch ein mündliches Versprechen ab, es für Böhmen anzuerkennen. Es war ein Fehler der Protestanten, sich in ihrer Hoffnung auf Respektierung ihrer Confessio allzusehr auf diese Zusage zu verlassen.
In Ungarn war die Lage der Kirche im 15. Jahrhundert ähnlich wie in Deutschland. König Mathias hatte sich verschiedentlich bemüht, die Moral der Geistlichkeit zu heben, und es gab auch Versuche innerhalb der Kirche, die auf Reformen im Sinne des Humanismus abzielten. Im frühen 16. Jahrhundert kannte und schätzte man in gebildeten Kreisen Erasmus' Werk und Gesinnung, und Luthers Name sowie seine frühen Konflikte mit der römischen Kirche waren einigen wenigen Gelehrten und Fürsten schon 1520 bekannt. Für ein frühzeitiges Eindringen des Luthertums in Ungarn war die enge Verbindung, die Mathias Corvinus zum Westen hergestellt hatte, von

nicht geringer Bedeutung. Die Schriften Luthers wurden von den Deutschen in Transsylvanien eifrig gelesen und unter dem ungarischen Adel und im Bürgertum verbreitet. Die Türken, die seit der Schlacht bei Mohácz über einen beträchtlichen Teil des Landes herrschten, waren gern bereit, lutherische Schriften zuzulassen, da sie in der katholischen Kirche und den Habsburgern ihre Hauptfeinde sahen.

Als Matthias Devay (1500–1545), ein katholischer Priester, der in Krakau und Wittenberg ausgebildet war, zum Luthertum übertrat, gab er der Bewegung den Schwung und die Energie, die sie in ihrem Anfangsstadium brauchte. Zunächst stand er stark unter dem Einfluß Melanchthons, nahm dann aber während eines Aufenthalts in der Schweiz (1541) die calvinische Abendmahlslehre an und sagte sich auch in anderen Punkten von der Lehre Luthers los.

1543 wurde den Lutheranern freie Ausübung ihres Glaubens in Transsylvanien gestattet, und 1545 veröffentlichten fünf Städte in der Slowakei ihre *Confessio pentapolitana*, die die Augsburger Konfession zum Vorbild hatte. Um 1550 ließ sich bereits erkennen, daß die Deutschen die lutherische und die Magyaren die calvinische Lehre vorzogen. Der Katholizismus hatte seine Anhänger vorwiegend unter den Freunden des Hauses Habsburg, und für jeden Ungarn wurde es nahezu eine patriotische Pflicht, sich zu einer Form des Protestantismus zu bekennen.

Ein typisches Beispiel für die Verwirrung, zu der die Reformation in Ungarn vielfach führte, ist Franz David (etwa 1515–1579). Nachdem er zuerst katholischer Priester und dann protestantischer Superintendent gewesen war, wandte er sich dem Calvinismus zu; 1564 wurde er der Leiter der calvinistischen Gemeinde und Hofprediger des Königs von Ungarn, Johann Sigismund Zápolya. Das aus Italien und der Schweiz einströmende unitarische Gedankengut wirkte stark auf ihn ein, so daß er 1566 in öffentlichen Debatten an der Universität Klausenburg die Lehre von der Dreifaltigkeit angriff. 1569 gelang es ihm, Zápolya zur Anerkennung der unitarischen Lehre zu bewegen, und 1568 wurde er Bischof der Unitarier. Er behauptete, die Lehre von der Dreifaltigkeit sei eine Erfindung des 3. und 4. Jahrhunderts und lasse sich im Neuen Testament nirgends belegen. Auf Davids Einfluß ging es zurück, daß Zápolya bei drei verschiedenen Gelegenheiten – 1557, 1563 und 1568 – Religionsfreiheit für Ungarn dekretierte. Doch sein Erfolg hielt nicht vor. Nach dem Tode Sigismund Zápolyas (1571) entfernte sein Nachfolger Stephan Báthory, ein treuer Katholik, alle Unitarier vom Hof und unterdrückte ihre Schriften. Davids extreme Einstellung, die sich schon dem Judaismus näherte, wurde auch von anderen Unitariern abgelehnt. Er beendete sein Leben als Gefangener auf der königlichen Burg von Deva. David hatte sich zu allen vier anerkannten oder gesetzlichen Glaubensrichtungen bekannt und hatte in drei Fällen das Bischofsamt oder eine entsprechende Stellung innegehabt. Eine solche Laufbahn war nur dort möglich, wo Freiheit und Toleranz herrschten, und am Ende des 16. Jahrhunderts war Ungarn das Land, wo die vier Lehren – Katholizismus, Luthertum, Calvinismus und Unitarismus – gleichberechtigt nebeneinander bestehen konnten.

14

Englische Reformation und französischer Protestantismus

Die Rebellion gegen die katholische Kirche trat in den Ländern Europas in verschiedenen Formen auf, je nach den Gründen für den Widerstand oder auch für die Loyalität gegenüber der bestehenden kirchlichen Organisation. Für beides waren wiederum verschiedene Faktoren maßgebend: die räumliche Nähe Roms – in Italien; die religiöse Überzeugung oder die Loyalität des Herrscherhauses – in Spanien; das althergebrachte Selbständigkeitsstreben jedem fremden Herrschaftsanspruch gegenüber – in Böhmen; eine kraftvolle Einzelpersönlichkeit, die, wie es zumindest teilweise in Deutschland der Fall war, ganz allein eine religiöse Erhebung ins Leben rufen oder unterdrücken konnte. In England und in Frankreich, den zwei mächtigsten Ländern Europas, übten politische und soziale Mächte einen bedeutenden Einfluß auf eine Bewegung aus, die vorgeblich religiös und theologisch bestimmt war.

England und die Reformation

Die Anpassungsfähigkeit, die es England ermöglichte, das Gleichgewicht der Kräfte in Europa aufrechtzuerhalten, ist das Leitprinzip der englischen Politik von Heinrichs Zeiten bis zur Gegenwart geblieben. Sie war mehr als nur eine Politik; sie wurde zum nationalen Wesenszug. Sie kam im englischen Handel zum Ausdruck, in der Anpassung kontinentaler Institutionen in ihren verschiedenen Erscheinungsformen an die englischen Bedürfnisse, in der Entwicklung der eigenen Verfassung, in der englischen Literatur und Kunst und vor allem auch im religiösen und kirchlichen Leben des Landes, das von der englischen Reformation der Tudorzeit entscheidend mitbetroffen wurde.

Die englische Kirche unterschied sich am Vorabend der Reformation in ihrem Aufbau nicht wesentlich von der nach Rom orientierten Kirche in anderen Ländern. Nachdem im frühen 15. Jahrhundert die Bewegung Wyclifs und der Lollarden unterdrückt worden war, sprach der Heilige Stuhl unangefochten in allen Fragen des Dogmas das entscheidende Wort. Andererseits hatte die Krone seit Wilhelm dem Eroberer sich allmählich durch das unbestrittene Recht, Bischöfe zu ernennen, eine gewisse Kontrolle der englischen Kirche gesichert. Erschreckt und geschwächt durch die konziliare Bewegung und den zunehmenden Nationalismus in Europa, war das Papsttum nicht in der Lage, seine Position in England auszubauen. Jeder päpstliche Anspruch auf weltliche Oberhoheit in einem England, das den Peterspfennig verweigert hatte und stolz war auf jene Bestimmungen, die der Kirche jeden Eingriff in die Rechte der Krone (Prämunire-Statuten) und jede Pfründenvergabe (Provisorien-Statuten) verboten, wäre verächtlich abgetan worden. Diese Lage muß man sich klar vor Augen stellen, wenn man verstehen will, wieso es Heinrich VIII. gelingen konnte, verhältnismäßig mühelos einen Umsturz im Verhältnis zwischen Staat und Kirche herbeizuführen.

Der Papst mischte sich in die inneren Angelegenheiten der Kirche in England bedeutend weniger ein als in Deutschland. Trotzdem fanden die Reformer innerhalb der englischen Kirche ein weites Feld für ihre Angriffe. Die Laienschaft war im allgemeinen der Geistlichkeit ausgeliefert, die – nach den häufigen Beschwerden im Parlament zu urteilen – ihre kanonische Macht oft sehr willkürlich ausübte. Einwände gegen das Wohlleben und die Sittenlosigkeit der Geistlichkeit häuften sich zu sehr, als daß man sie hätte übersehen können. Die Zahl der Geistlichen war außerordentlich groß, und die Kirche übte einen bedeutenden wirtschaftlichen Einfluß aus, da mindestens ein Drittel des englischen Bodens und vielleicht ein Fünftel des gesamten Volksvermögens in ihrer Hand war. Außerdem unterstand die Geistlichkeit nicht der weltlichen Gerichtsbarkeit; wurde ein Geistlicher bei einem Verbrechen ergriffen, so wurde er einem Bischof übergeben, dessen Urteilsspruch ganz gewiß milder ausfiel als der eines königlichen Gerichtes. Dieses Privileg *(benefit of clergy)* erregte verständlicherweise den Zorn des Volkes, und die Verärgerung wuchs in dem Maß, in dem das Bürgertum an Ansehen und Bedeutung zunahm. Nachdem es finanziell selbständig geworden war, strebte es nun auch nach rechtlicher und sozialer Anerkennung.

Freilich bedeutete diese relative Unabhängigkeit von der Kirche und der gelegentliche Unwille über sie nicht etwa, daß die Engländer areligiös gewesen wären. Ausländer, die im frühen 16. Jahrhundert England besuchten, hoben die Frömmigkeit der einfachen Leute hervor. Der Kirchenbesuch war gut, und die Kapellen und Kirchen waren reich ausgestattet mit kirchlichem Gerät, das von der Anhänglichkeit und Freigebigkeit der Gemeindemitglieder zeugte. Wahrscheinlich war das keine stark geistig betonte Frömmigkeit; die religiöse Bildung der Laienschaft in England war damals ziemlich mangelhaft, was schon daraus hervorgeht, daß vor 1535 keine gedruckte Bibelübersetzung vorlag, während sich in Deutschland vor Luthers Neuem Testament von 1522 schon mindestens 17 gedruckte deutschsprachige Bibeln nachweisen lassen. Natürlich waren auch in England vor dem Beginn der Reformation schon religiöse Bücher veröffentlicht worden, aber es handelte sich dabei um Erbauungsliteratur, also Heiligenlegenden und Homiliensammlungen für Priester, die ihre Predigten nicht selber aufsetzen konnten oder wollten. Dennoch war alles in allem der Boden in England soweit bereitet, daß der Appell eines so beliebten Herrschers wie Heinrichs VIII. ein begeistertes Echo fand. Aus den zahlreichen Ketzerprozessen, die vor dem Beginn der Reformation stattfanden, läßt sich schließen, daß die Lehre Wyclifs ihre Spuren im gemeinen Volk hinterlassen hatte.

Die Hierarchie der englischen Kirche war weitgehend politisch bestimmt. Viele Bischöfe und Äbte hatten Universitätsausbildung und waren hochgelehrte Männer, aber ihre Beförderung hing doch nicht so sehr von ihrer Frömmigkeit und Bildung als vielmehr davon ab, ob sie der Krone nützlich werden konnten. Unter Heinrich VII. wurden einige wenige Adlige oder Verwandte des Königs in hohe Kirchenämter berufen, aber die Mehrzahl der Prälaten waren Freisassen oder Mitglieder des Landadels, die sich als Diplomaten oder Verwaltungsbeamte in verantwortungsvolle Vertrauensposten hochgearbeitet hatten. Die einträglichen Kirchenämter erhielten sie zum Lohn für ihre Dienste; auf diese Weise bezahlte die Krone ihre höchsten Staatsbeamten mit kirchlichen Pfründen. Da von diesen Würdenträgern anzunehmen war, daß sie auch weiterhin die Interessen des Fürsten vertreten würden, der sie ernannt hatte, konnte der König der Unterstützung durch die Mehrheit der maßgebenden Persönlichkeiten innerhalb der englischen Kirche sicher sein. Im Verlaufe der Reformation gab es wohl Ausnahmen, aber im allgemeinen war das Verhältnis zwischen der höheren Geistlichkeit und der Krone ein *quid pro quo*: geleistete Dienste fanden ihre Belohnung.

Die lutherische Revolte von 1517 blieb in England nicht unbemerkt. Manche Werke Luthers fanden weite Verbreitung und wurden vielerorts mit großer Begeisterung aufgenommen. Aus Deutschland, das intensiv mit England Handel trieb, und auch aus den Niederlanden, wo religiöser Radikalismus von altersher zu Hause war, drangen Nachrichten über den Kampf gegen die Kirche in Deutschland auch nach England. Paradoxerweise half der König selbst Luthers Lehre verbreiten und unterstrich die Bedeutung des Bruches mit Rom, indem er 1521 eine ausführliche Erwiderung auf Luthers Schrift *Von der babylonischen Gefangenschaft der Kirche* verfaßte und veröffentlichte, die in lateinischer und englischer Sprache weit verbreitet war und Heinrich als päpstliche Belohnung den Titel *Verteidiger des Glaubens* einbrachte. Luthers Antwort war so deutlich, daß Heinrich die Erwiderung Thomas More übertrug, der Luther an Derbheit des Ausdrucks nichts nachgab. John Fisher, der Bischof von Rochester, nahm auf der Seite der Orthodoxen mit Veröffentlichungen in Paris und Köln ebenfalls an der Auseinandersetzung teil. So kam es, daß ganz England auf die Bedeutung der strittigen Sätze aufmerksam wurde und noch jahrelang alle Punkte der lutherischen Lehre, die im Widerspruch zum orthodoxen Katholizismus standen, hitzig diskutierte.

Um diese Zeit begann in der religiösen Bewegung William Tyndale hervorzutreten, der aus Oxford nach Cambridge übergewechselt und dort mit einer Gruppe Gelehrter in Verbindung gekommen war, die sich mit den neuen Lehren beschäftigten. Da er in England nicht zum Zuge kam, ging er 1524 nach Deutschland, wo er in Wittenberg unter Zugrundelegung des Erasmustextes das Neue Testament ins Englische übersetzte.

Die Vorreden zu den einzelnen Büchern des Neuen Testaments sind im wesentlichen Übersetzungen derjenigen Luthers, so daß den englischen Lesern ein Evangelium lutherischer Prägung vorlag. Im Laufe des Jahres 1526 wurden in Köln und Worms etwa 6000 Exemplare gedruckt. Die Übersetzung schlug sofort ein. Tunstall, der Bischof von London und Lordsiegelbewahrer, verdammte Werk und Verfasser von der Kanzel herab. Die Bischöfe in ihrer Gesamtheit schlossen sich ihm an, kauften das Werk auf und verbrannten es. Wie immer in solchen Fällen verstärkte das die Nachfrage; unerlaubte Nachdrucke aus den Niederlanden wurden schneller verkauft, als die Bischöfe sie aufkaufen konnten. Die Berufung auf die Heilige Schrift nach dem Vorbild Luthers war vielleicht nicht eben hohe Theologie, aber sie wirkte. Selbst dem einfältigsten

Bauern konnte nicht entgehen, daß ein Widerspruch darin lag, wenn ein christlicher Bischof bei der Verbrennung der Bibel den Vorsitz führte. Weitere Werke Tyndals wurden ebenso streng verfolgt, und Kardinal Thomas Wolsey maß ihm so viel Bedeutung bei, daß er von den Niederlanden seine Auslieferung verlangte. Seine größte Wirkung als Wegbereiter der englischen Reformation übte er jedoch mit seiner Übersetzung des Neuen Testaments aus.

Die besonderen Bedingungen, die in dem politisch zerrissenen Deutschland herrschten und Luthers Denken prägten, galten in dem insularen und im wesentlichen geeinten England nicht im gleichen Maß. Dennoch gab es in England Kreise, in denen die lutherischen Lehren auf volles Verständnis stießen. Seit 1520 wurde die Kritik an der Kirche immer lauter, und das Volk erwärmte sich zunehmend für eine Reformbewegung. Andererseits wirkten die althergebrachte Autonomie der englischen Kirche, die räumliche Distanz Englands vom Kontinent mit seinen Unruhen sowie eine traditionelle Veranlagung der Engländer, ihre eigenen Lösungen zu finden, zusammen, um den Ansturm der lutherischen und kontinentalen Reformideen zu entschärfen. Es ist möglich, daß England wie Frankreich der katholischen Kirche treu geblieben wären, wenn nicht Heinrich VIII. seit etwa 1527 versucht hätte, seine Ehe mit der Witwe seines Bruders, Katharina von Aragonien, aufzulösen.

1527 schnitt Heinrich VIII. dieses Thema in einem Schreiben an Papst Clemens VII. an, in dem er um die Lösung der Ehe bat, weil sie im Widerspruch zur Bibel und dem kanonischen Recht stehe; denn Katharina sei die Frau seines Bruders gewesen und infolgedessen seine, Heinrichs, »Schwester«. Von den Kindern, die Katharina ihm geboren hatte, war nur eine Tochter, Maria, am Leben geblieben. Heinrich sah darin, daß ihm ein männlicher Erbe versagt blieb, eine Strafe des Himmels wegen seiner Ehe mit seiner »Schwester«. Es ist durchaus möglich, daß Heinrich tatsächlich von Gewissensbissen geplagt wurde, aber es gab noch andere und nicht weniger zwingende Gründe für einen Wunsch nach einer Lösung der Ehe. Das Haus der Tudors hatte erst eine kurze Geschichte, der ein Jahrhundert dynastischer Schwierigkeiten vorangegangen war, die in den blutigen Rosenkriegen gipfelten. Jeder Zweifel hinsichtlich der Thronfolge konnte ein Wiederaufleben der Bürgerkriege zur Folge haben. Heinrich war deshalb zu der Überzeugung gekommen, daß er einen männlichen Erben brauche, und zwar bald, damit er ihn noch ausreichend auf seine Pflichten vorbereiten könne.

Heinrichs Minister, Kardinal Wolsey, entwarf den Plan, der Heinrich zum Erfolg in Rom verhelfen sollte; aber seine Pläne gerieten in das Gestrüpp der europäischen Diplomatie und Machtpolitik. Nach der Plünderung Roms durch kaiserliche Truppen im Mai 1527 war Papst Clemens VII. nicht mehr Herr seiner Entschlüsse – schon gar nicht in einer so entscheidenden Angelegenheit. Karl V., der als Katharinas Neffe die Absicht Heinrichs natürlich nicht gutheißen konnte, hatte mit Italien praktisch auch den Papst in der Hand. Kardinal Wolsey brachte dann eine Wiederannäherung Englands an Frankreich zustande, und im April 1528, als die Franzosen eine Zeitlang in Italien erfolgreich waren, ernannte der Papst Wolsey und Kardinal Campeggio zu Legaten, die Heinrichs Klage in London anhören sollten. Campeggio hatte vom Papst die geheime Weisung, die Sache so lange wie möglich hinauszuziehen.

Für Heinrich hing juristisch alles davon ab, ob die Dispens Julius' II., durch die die Heirat seinerzeit möglich geworden war, als gültig angesehen wurde oder nicht. Noch ehe Campeggio sich in diesem Punkte hatte entscheiden müssen, vertagte er angesichts der neuerlichen Verständigung zwischen Karl V. und Clemens VII. plötzlich den Prozeß auf Oktober 1529, wo er in Rom fortgeführt und jedem englischen Einfluß entzogen werden sollte. Heinrich verlor dadurch seine letzte Chance, die Annullierung innerhalb der römischen Kirche zu erreichen. Durch seinen Gesandten in Rom hatte er bereits andeuten lassen, daß England unter Umständen dem Papsttum fernerhin seine Gefolgschaft versagen werde. Nach allem, was in den vorangegangenen zwölf Jahren in Deutschland vorgefallen war, das sich in weiten Teilen von Rom gelöst hatte, war eine solche Drohung, auch wenn sie noch nicht offen ausgesprochen wurde, sehr ernst zu nehmen.

Campeggios Berichte aus London an die Kurie zeigen sein Erstaunen darüber, daß am königlichen Hof ganz offen lutherische Schriften und Anschauungen kursierten und daß die englische Öffentlichkeit über die Vorgänge in Deutschland so gut informiert war. Er berichtete von Gesprächen, in denen vorgeschlagen worden war, daß die Krone den Besitz der Kirche übernehmen solle. Der König hatte ihm gegenüber sogar mit offensichtlicher Zustimmung lutherische Lehren vom Primat über die Kirche zitiert.

Bis zur Abreise des päpstlichen Legaten aus London hatte Heinrich sich als gehorsamen Sohn der Kirche gezeigt. Jetzt wurde er zu ihrem offenen und entschiedenen Feind. Der Friede von Cambrai (3. August 1529) zwischen Franz I., Karl V. und dem Papst führte zu dem Bündnis der Feinde Heinrichs und bedeutete, daß Wolseys Taktik, Frankreich und Spanien gegeneinander auszuspielen, versagt hatte. Infolgedessen mußte Heinrichs Scheidung von Katharina – falls sie sich überhaupt erreichen ließ – auf englischem Boden und mit englischen Mitteln erreicht werden. Als Urheber dieser Fehlpolitik mußte Wolsey fallen. Am 9. Oktober 1529 wurde er vor dem Oberhofgericht angeklagt, gegen die Prämunire-Statuten verstoßen zu haben, und seines Kanzleramts enthoben. Er starb ein Jahr später, während der Hochverratsprozeß gegen ihn noch lief. Wolsey hätte bei seinen eminenten Gaben für Englands Wohl Bedeutendes erreichen können, wäre es nicht sein Ziel gewesen, Heinrichs Scheidung durchzusetzen und einen männlichen Erben zu sichern. Trotz allem jedoch war die Konzentration der Macht in den Händen des Königs

weitgehend sein Werk, und sie wiederum stellte den eigentlichen Beitrag der Tudormonarchie zu Englands größter Zeit dar. England erhob sich in diesem Jahrhundert vornehmlich dank Wolseys Wirken zu einer Macht ersten Ranges.
Der nächste Schritt Heinrichs bei seinem Versuch, den Bestand des Hauses Tudor zu sichern, galt dem Bemühen, außerhalb der Kirche eine Bestätigung dafür zu finden, daß die Dispens, die ihm die Ehe mit Katharina ermöglicht hatte, der Rechtsgrundlage entbehrte. Einem Rate des jungen Theologieprofessors Thomas Cranmer folgend, holte er Gutachten der führenden Universitäten Europas ein. Oxford und Cambridge mußten sich auf die Seite des Königs stellen. Die Universität Paris wurde von Franz I., der sich wieder mit Karl V. entzweit hatte, gezwungen, ein für Heinrich günstiges Gutachten abzugeben. Einige italienische Akademien, die dem Papsttum kritisch gegenüberstanden, wurden durch Schmeichelei und Bestechung gewonnen. So in seinem Streben bestärkt, ließ Heinrich im Juli 1530 die Schriftstücke an den Papst senden, der die damit verbundenen Forderungen sowie die Drohung des Königs, er werde sich im Fall einer Ablehnung auf andere Weise zu helfen wissen, prompt zurückwies.
Als feststand, daß der Papst ihm seine Hilfe unter gar keinen Umständen gewähren würde, bediente sich Heinrich eines Instruments, das ohne weiteres zu seiner Verfügung stand. Im Oktober 1529, zwei Wochen nach Wolseys Sturz, wurde das Parlament einberufen, das in der englischen Geschichte unter dem Namen Reformationsparlament bekannt geworden ist. Es sollte sechs Jahre lang tagen und unter Heinrichs Führung und Druck die Loslösung Englands von Rom und die Errichtung der Kirche von England vollenden sowie den Absolutismus des Hauses Tudor legalisieren. Heinrich, dem jetzt Thomas Cromwell zur Seite stand, nahm wesentlichen Einfluß auf die Wahl der Mitglieder; das Parlament war weitgehend mit seinen Leuten besetzt, und mit dieser Rückendeckung konnte er nun die Kirche zur Raison bringen. 1531 erlegte er

der Provinzialsynode eine hohe Strafe (100000 Pfund) auf, weil die Geistlichkeit Wolsey als Legaten anerkannt und damit die Prämunire-Statuten verletzt habe. Zugleich erlangte er die Anerkennung des Titels »Oberhaupt« der Kirche von England.

Das Reformationsparlament war Heinrichs Absicht entsprechend antiklerikal eingestellt, und es fiel Cromwell nicht schwer, vom Unterhaus zu erreichen, daß es Beschwerden gegen die hohe Geistlichkeit erhob und den König bat, die Macht der Bischöfe zu beschneiden. Schwieriger war es schon, das Unterhaus zu Angriffen gegen die Vorrechte des Papsttums zu bewegen. In ganz Europa war es seit langem Brauch, daß alle neu eingesetzten Bischöfe oder höheren kirchlichen Würdenträger im ersten Jahr ihre gesamten Einkünfte der Kurie überließen. Diese sogenannten Annaten waren ein wichtiger Bestandteil der päpstlichen Finanzen. 1532 ging im Parlament ein Beschluß durch, nach dem nur fünf Prozent der Einkünfte aus dem ersten Jahr an den Papst abgeführt werden sollten. Der König wurde ersucht, die Angelegenheit mit den päpstlichen Stellen durchzusprechen, woraus zu schließen ist, daß zumindest zu diesem Zeitpunkt der Vorschlag noch als Verhandlungsobjekt betrachtet wurde. Als der Provinzialsynode dieses und ähnliche Gesetze zur Einschränkung der kirchlichen Vorrechte vorgelegt wurden, erwiderte sie: »Wir, Eure ergebensten Untertanen, dürfen die Ausübung unserer Pflichten und Aufgaben, die uns von Gott übertragen sind, nicht von Eurer gnädigen Zustimmung abhängig machen.« Heinrich, der mit der Unterwerfung der Synode im vorangegangenen Jahr nicht zufrieden war, stellte dem Parlament eine ganz einfache Frage: Machte sich die Geistlichkeit dadurch, daß sie dem Papst gehorchte, der englischen Krone gegenüber des Verrates schuldig? Bei solcher Fragestellung konnte es für einen Priester, der englischer Untertan bleiben wollte, nur eine einzige Antwort geben. Die mittelalterliche Anschauung von der Trennbarkeit der geistlichen und der weltlichen Macht hatte beiden ein

Nebeneinanderbestehen ermöglicht, ohne daß es zu ernsthaften Störungen kam. Heinrich verlangte jetzt, daß beide Mächte in einem einzigen *imperium* vereint sein sollten, dessen allgemein anerkanntes Haupt er war.

Im Herbst 1532 ereigneten sich Dinge, die die Entwicklung der englischen Reformation beschleunigen sollten. Anna Boleyn, die Heinrich bereits zur Nachfolgerin Katharinas ausersehen hatte, wurde zur Marquise von Pembroke erhoben. Sie hatte Heinrich widerstanden, bis er ihr die Ehe und den Titel einer Königin versprach, aber im Dezember 1532 wurde sie schwanger. Annas Kind konnte der ersehnte männliche Erbe sein, es war also nötig, ihm Legitimität zu sichern, und infolgedessen mußte innerhalb von sieben oder acht Monaten die Ehe mit Katharina gelöst und die Verbindung mit Anna feierlich vollzogen werden. Nun wird die Reihenfolge der Ereignisse von Bedeutung. Zuerst wurde im September 1532 Thomas Cranmer zum Erzbischof von Canterbury ernannt, wobei der Papst sich dazu überreden ließ, die notwendigen Bullen zu erlassen. Am 25. Januar fand die heimliche Vermählung Heinrichs mit Anna statt. Am 23. Mai erklärte Erzbischof Cramner nach einer Gerichtsverhandlung die Ehe Katharinas für von Anfang an null und nichtig, und am 1. Juni wurde Anna Boleyn in Westminster Abbey zur Königin von England gekrönt. Die künftige Königin Elisabeth wurde am 7. September geboren.

Inzwischen hatten das Parlament und die Provinzialsynode schnelle Arbeit geleistet, um den Bruch sauber zu vollziehen und den Primat des Königs unanfechtbar zu machen. Im Februar 1533 erließ das Parlament den *Act of Appeals*, der dem König »Vorrang, Würden, Privilegien und die Zuständigkeit« zusprach, »über alle Art Volks Recht zu sprechen und endgültige Entscheidungen zu treffen ... ohne Zwang oder Herausforderung fremden Fürsten und Potentaten gegenüber«. Das Gesetz legte eigens fest, daß in religiösen Angelegenheiten der Erzbischof die höchste Instanz sei, außer sie beträfen den König selbst; in diesem Fall liege die letzte Entscheidung bei

dem Oberhaus der Provinzialsynode. Damit war die Rechtsprechung Roms endgültig und vollständig abgelehnt. Wir wissen nicht, ob Heinrich in diesem Stadium eine unwiderrufliche Abspaltung von Rom im Sinne hatte, sicher ist aber, daß ihm dafür die gesetzliche Grundlage nunmehr gegeben war.
Die Annullierung der Ehe mit Katharina und die Krönung der Anna Boleyn waren offenkundige Verletzungen des kanonischen Rechts. Clemens VII. erklärte denn auch die Ehe Annas und Heinrichs für ungültig und exkommunizierte den König, suspendierte jedoch das Urteil bis zum September. Dieses Vorgehen leitete ein neues Stadium in der englischen Reformation ein, das bis 1540 dauern sollte. In der vorhergehenden Phase, von 1529 bis 1533, spielten Themen wie religiöse Reform und theologische Revolte kaum eine Rolle; die »Bewegung«, wenn man diese Bezeichnung überhaupt benutzen darf, kreiste um einen dynastischen und politischen Fall, und das Papsttum spielte nur insofern hinein, als es sich dem Wunsch des Königs nach einem männlichen Erben, der den Bestand der Tudordynastie sichern sollte, hindernd entgegenstellte. Probleme der Kirchenverwaltung und, in nicht geringerem Maße, der theologischen Formulierung traten erst in der zweiten Phase der englischen Reformation auf und fanden auch dann noch nicht soviel Interesse und Aufmerksamkeit wie in Deutschland, der Schweiz oder Frankreich.
Zu Beginn des Jahres 1534 ergriff das Parlament eine Reihe bedeutsamer Maßnahmen; es erließ erstens ein neues Annatengesetz, das jede Zahlung erster Einkünfte an Rom grundsätzlich untersagte, es übertrug zweitens in dem Gesetz gegen päpstliche Dispense die päpstliche Gewalt, Dispense zu erteilen, auf den Erzbischof von Canterbury und hob den Peterspfennig auf; es setzte drittens fest, daß Kritik am Bischof von Rom nicht mehr als Ketzerei galt, schuf viertens im Gesetz über die Unterordnung der Geistlichkeit für die Kontrolle des Königs über die Provinzialsynode und das kanonische Recht, die er faktisch seit 1532 ausübte, die rechtliche Grundlage und

sanktionierte fünftens im Gesetz über die Erbfolge endgültig die Auflösung der ersten und die Gültigkeit der zweiten Ehe Heinrichs. Eine Weigerung, diese Entscheidungen anzunehmen, galt als Verrat. Im November beschloß das Parlament die Suprematsakte, die Heinrich ausdrücklich zum »einzigen irdischen Oberhaupt der Kirche von England« erklärte. Ein weiteres Gesetz bezeichnete es als Verrat, die königliche Oberhoheit Heinrichs und seiner Erben zu leugnen.

Cromwell verstand es meisterhaft, das Parlament so zu leiten, daß die königliche Macht keine Schmälerung erfuhr. In den sechs Jahren seiner Tätigkeit verabschiedete dieses Parlament 32 Gesetze, die sich mittelbar oder unmittelbar mit der Herrschaft des Königs über die Kirche befaßten, und hinter jedem dieser Gesetze stand Cromwell. Seine Politik spiegelt in diesen Jahren getreulich die Wünsche seines Herrn wider.

Wie fest Heinrich entschlossen war, die Reformgesetze im Parlament durchzubringen, bezeugt der klassische Fall Thomas Mores. More (1478–1535), der führende Geist Tudorenglands, ein naher Freund Erasmus', Holbeins und der meisten christlichen Humanisten, Autor der *Utopia* (1516), wurde 1523 Speaker im Unterhaus und trat 1529 auf Heinrichs Wunsch die Nachfolge Wolseys als Lordkanzler an. Drei Jahre blieb er im Kanzleramt und übergab dann die Insignien an Cromwell (Mai 1532) nicht ohne eine gewisse Erleichterung. Trotz seiner vormals freundschaftlichen Beziehungen zum König konnte es More nicht mit seinem Gewissen vereinbaren, die Suprematsakte sowie denjenigen Teil des Thronfolgegesetzes anzuerkennen, der die Ehe Heinrichs mit Katharina als illegal erklärte. Er wurde deshalb 1534 des Hochverrats angeklagt und zum Tode verurteilt. Obwohl es im Parlament eine gewisse Opposition gegen die weitreichende Auslegung der königlichen Gewalt im Hochverratsgesetz gab, wurden More und John Fisher, dem Bischof von Rochester, einem ebenso hervorragenden wie hochgeachteten Mann, der Prozeß gemacht, der mit der Enthauptung beider endete.

Die Charaktergröße Mores mag der Grund dafür sein, daß meist übersehen wird, wie einfach der Fall im Grunde lag. More kämpfte für die Überzeugung, daß das Reich Gottes auf Erden unantastbar und übernational sei und daß der Christ deshalb in Glaubenssachen sich nicht vor einem weltlichen Herrscher beugen oder ihn als oberstes Haupt der Kirche anerkennen dürfe. Heinrich und Cromwell dagegen waren überzeugt, daß der weltliche Herrscher ganz allgemein und Heinrich VIII. im besonderen von Gott dazu ausersehen sei, das Volk von England ohne jede Ausnahme in geistlichen sowohl wie in weltlichen Dingen zu leiten. Nach mittelalterlichen Begriffen beanspruchte Heinrich die Kontrolle über beide Gewalten. Erzbischof Cranmer teilte diese Meinung. Hier stieß die mittelalterliche Auffassung von der Kirche mit dem neuen Säkularismus zusammen. Heinrichs Revolution wurde so schnell und so geschickt durchgeführt, daß keine Zeit blieb, in der sich Zweifel oder Vorsicht zu einem organisierten Widerstand hätten verfestigen können. Einzelne wie More oder Fisher vermochten sich natürlich nicht einem königlichen Willen gegenüber zu behaupten, der das Parlament und das Volk hinter sich hatte.

Nachdem der König seinen Sieg gesichert und gesetzlich verankert hatte, ging er daran, seine Herrschaft über die Kirche noch weiter auszubauen. Infolge seiner kostspieligen militärischen Unternehmungen auf dem Kontinent war die Staatskasse ständig leer. Er brauchte also in erster Linie Geld. Dadurch, daß Wolsey schon ein paar Klöster aufgehoben und die Einkünfte für nichtkirchliche Zwecke verwendet hatte, waren Präzedenzfälle für ein solches Vorgehen in größerem Maßstab geschaffen. Um ihm den Anschein des Rechts zu geben, setzte Cromwell 1535 eine Kommission zur Untersuchung klösterlicher Mißstände im Königreich ein. Daß es tatsächlich Mißstände, Skandale und weithin Sittenlosigkeit bei den Mönchsorden gab, beweisen schon Zeugnisse aus der Zeit vor dieser Kommission. Fest steht auch, daß eine Reihe von Klöstern spärlicher besetzt waren als sie es hätten sein sollen, und gleichzeitig höhere Einkünfte bezogen, als sich mit den Idealen des mönchischen Lebens vereinbaren ließ. Andererseits wußten die Mitglieder der Kommission ganz genau, was sie finden sollten, und fanden es selbst dann, wenn es gar nicht vorhanden war. Im Januar 1536 hatte Cromwell ihre Berichte in der Hand; im Februar beschloß das Parlament die Aufhebung aller Klöster, die Jahreseinkünfte unter 200 Pfund hatten. Ihren Besitz übernahm ein neuer königlicher Gerichtshof, um ihn für den König zu verwalten. Die enteigneten Mönche und Nonnen hatten die Wahl, in die größeren Klöster einzutreten oder weltlich zu werden. Viele wählten das letztere. Im folgenden Jahr wurden auch größere Klöster aufgelöst, und 1540 befand sich die letzte bedeutende Abtei, Waltham, in der Hand des Königs. Der Reichtum der nahezu 600 aufgelösten Klöster kam Anhängern des Königs zugute, und beträchtlichen Gewinn erzielte auch die königliche Schatzkammer, denn ein großer Teil des konfiszierten Besitzes wurde meistbietend versteigert. Die Auflösung ging allerdings nicht ohne Widerstand vor sich. 1536 kam es zu einer Reihe von Demonstrationen unter der Landbevölkerung im Norden Englands, die unter dem Namen *Pilgrimage of Grace* bekannt geworden ist. Gemeindepriester, ein Teil des Landadels und Freisassen nahmen daran teil; sie bekannten sich als königstreu, verlangten aber, daß die Aufhebungen ein Ende nähmen und keine neuen Steuern auferlegt würden. Die Führer waren keine Rebellen, sondern wollten dem König nur ihre Meinung zur Kenntnis bringen. Doch Heinrich duldete keinen Widerstand. Er ließ etwa 250 Aufrührer hinrichten, während die Auflösung der Klöster nur um so schneller weiterging.

Als auch Anna Boleyn Heinrich keinen Sohn schenkte, entschloß er sich zu einer dritten Heirat. Anna wurde vor Gericht gestellt, verurteilt und aufgrund nichtiger und unbewiesener Beschuldigungen hingerichtet. Die nächste Königin wurde Jane Seymour, eine Hofdame der Katharina von Aragonien. Am

12. Oktober 1537 gebar sie Heinrich einen Sohn, Eduard, starb aber unmittelbar danach. Nachdem nun ein Erbe vorhanden war, fehlte den späteren Ehen Heinrichs – mit Anna von Cleve, Katharina Howard und Katharina Parr – die Rechtfertigung der früheren Maßnahmen. Die weitgehend politisch und dynastisch bestimmten Aspekte der ersten Phase der Tudorreformation traten in der zweiten Phase hinter der rechtlichen Konsolidierung zurück. Und da nun der gesetzliche Rahmen des neuen Verhältnisses von Kirche und Staat abgesteckt war, bildete sich eine neue Atmosphäre heraus, in der die theoretischen Auswirkungen der vielen Verfassungsänderungen ausgiebig überprüft wurden.

Während der Jahre, in denen Heinrich sich mit dem Papsttum auseinandersetzte, hatten sich Verbindungen zwischen englischen Humanisten und Theologen und ihren Kollegen in Deutschland, der Schweiz und Frankreich ergeben, und als 1536 Englands Loslösung vom Papsttum endgültig vollzogen war, gab es sechs englische Bischöfe, die insofern als »Reformatoren« bezeichnet werden konnten, als sie dem Protestantismus auf dem Kontinent zuneigten. Im Oktober 1535 erschien mit Zustimmung Cromwells die Bibelübersetzung von Miles Coverdale. Sie gab Anlaß zu einer ausgiebigen Erörterung der Auffassung von der Bibel als Grundlage für Glauben und kirchliche Praxis. 1536 stellte die Provinzialsynode unter Führung der reformatorisch gesinnten Bischöfe die Zehn Glaubensartikel auf. Diese Artikel, die stark unter dem Einfluß Luthers standen, waren ein offenkundiger Versuch, die englische Kirche auf eine Zusammenarbeit mit den Lutheranern vorzubereiten. Von den sieben katholischen Sakramenten waren nur drei erwähnt (Taufe, Abendmahl, Buße); die Erklärung zur Realpräsenz war doppeldeutig und ließ sich als Transsubstantiation wie auch als Konsubstantiation im Sinne Luthers verstehen; Rechtfertigung durch den Glauben wurde bejaht, aber auf eine Weise, die auch für Katholiken annehmbar war. Es war ein Dokument der Kompromisse.

1538 besuchte eine Gruppe führender Lutheraner England, und bei dieser Gelegenheit wurde eine gewisse Übereinstimmung erzielt. Aber Heinrich war für eine politische oder konfessionelle Bindung an die Deutschen nie zu erwärmen gewesen, und seine kurze Ehe mit Anna von Cleve hatte dieser Einstellung auch nicht entgegenwirken können. Die Sechs Artikel von 1540, die vom Parlament mit dem Ziel einer religiösen Einung erarbeitet wurden und in ihrer endgültigen Form stark vom König beeinflußt sind, waren konservativ, ja sogar traditionsgebunden, und standen somit der katholischen Lehre näher als dem Protestantismus. Manche konzilianten Erklärungen der Zehn Artikel wurden sogar ausdrücklich abgelehnt. Heinrichs theologischer Standort während der letzten sieben Jahre seiner Regierung läßt sich nur schwer bestimmen. Er ließ mehrere Lutheraner verbrennen und erlaubte einigen Reformbischöfen, ihr Amt niederzulegen; dennoch schenkte er Cranmer, der durchaus ein Reformer war, auch weiterhin sein Vertrauen und beließ ihn in seiner Stellung als Erzbischof von Canterbury.

1540 verlor Cromwell seine Macht und wurde enthauptet. 1543 erschien das *King's Book* als Leitfaden für die englische Geistlichkeit. Es war konservativ, ja fast katholisch, enthielt aber einige lutherische Formulierungen und Vorstellungen, die Heinrich annehmbar gefunden hatte. 1544 durfte Cranmer der Provinzialsynode gewisse Reformen des Gottesdienstes vorschlagen, und noch 1546 erörterte Heinrich mit ihm weitere Reformen der Liturgie wie auch der Lehre. Bezeichnend war ferner, daß Heinrich die Erziehung Eduards, des Prinzen von Wales, in die Hände von Protestanten legte. Offenbar war der König in den Jahren seit 1535 allmählich doch zu dem Schluß gekommen, daß der Protestantismus keine Bedrohung für den Thron darstellte und daß die lutherische Richtung, die ihm mißfiel, nicht die einzige für England mögliche Form des Protestantismus war. Sein vordringlichstes Ziel war, eine religiöse Lösung zu finden, die eine nationale Einheit schaffen und dadurch auch die Stabilität der Krone fördern konnte. Um das zu erreichen, ging er ganz offen opportunistisch vor; hätte er länger gelebt, so wäre er sicher auch Vorschlägen zugänglich gewesen, die weitere Veränderungen in der Richtung auf den Protestantismus befürworteten. Ein gut Teil der Stärke Englands in den folgenden Jahrhunderten ist auf Heinrichs behutsamen Opportunismus zurückzuführen.

Ende Dezember, einen Monat vor seinem Tod am 28. Januar 1547, ernannte Heinrich einen Regentschaftsrat für seinen neunjährigen Sohn und Erben. Der Rat bestand aus 16 Adligen und hohen Beamten, die vorwiegend protestantisch waren. Bald nach Heinrichs Tod wählte der Rat Edward Seymour, einen Onkel des Prinzen von Wales, zum Protektor des Reichs und zum Vormund des Königs. Seymour nahm den Titel eines Herzogs von Somerset an und herrschte in England zweieinhalb Jahre als Lordprotektor. Er war maßvoll, wo Heinrich hart gewesen war, und zog Überredung vor, wo Heinrich Willfährigkeit erzwungen hätte. Somerset hob die Gesetze gegen Hochverrat und Ketzerei auf, die die Rechtsgrundlage für Heinrichs Absolutismus gewesen waren, und mußte zu seiner Überraschung feststellen, daß es im Parlament Auseinandersetzungen und Widerstand gab. Heinrichs rücksichtsloser Konservatismus hatte die Erörterung dogmatischer Probleme nur hinausgeschoben. Unter Somerset wurde das Parlament zum Schauplatz stürmischer Debatten und heftiger Streitigkeiten über Fragen der Liturgie, der Orden, des Rechts zu predigen, der Messe und des Abendmahls sowie der Beichte. 1548 wurde *The Order of the Communion* mit Gebeten in englischer Sprache zum allgemeinen Gebrauch der Gemeindepriester herausgegeben, und im Januar 1549 erließ das Parlament die erste Uniformitätsakte, nach der das *First Prayer Book* Eduards VI., im wesentlichen Cranmers Werk, eingeführt wurde. Dieses stieß bald auf Widerstand und rief in Devon und Cornwall Unruhen unter der Landbevölkerung hervor, die ihren gewohnten lateinischen Gottesdienst verlangte. Somerset wäre diesem Aufstand mit Vernunft begegnet, aber ohne sein Wissen schlugen andere Mitglieder des Rates ihn mit Waffengewalt nieder, und gerade Somersets maßvolles Wesen führte seinen Sturz herbei. Er hatte die Radikalen gegen sich, weil er dem Protestantismus nicht genügend entgegenkam, und die Katholiken und Konservativen griffen ihn an, weil er ihrer Meinung nach schon zu weit gegangen war. Im Oktober 1549 zettelte der Graf von Warwick eine Verschwörung gegen ihn an, mit dem Erfolg, daß Somerset in den Tower geschickt und 1552 hingerichtet wurde. An seiner Stelle leitete Warwick – als Herzog von Northumberland – bis zum Tod Eduards 1553 die Geschicke Englands. Er vertrat nach außenhin protestantische Ansichten, obwohl er insgeheim dem römischen Katholizismus zuneigte, und war in der Durchführung von Reformen energischer als Somerset.

Die Annäherung des englischen Protestantismus an die reformatorische Bewegung auf dem Kontinent wurde dadurch gefördert, daß eine Reihe ausländischer Reformatoren – unter ihnen Joannes a Lasco (Jan Łaski), Pietro Vermigli, Bernardino Ochino und Martin Bucer – nach England kamen. Auch das *First Prayer Book* wurde 1552 nach protestantischen Gesichtspunkten revidiert, und die zweite Uniformitätsakte sah diese revidierte Ausgabe zum allgemeinen Gebrauch in der englischen Kirche vor. Cranmer, der die Revision betrieb, war auch für den Inhalt der *Forty-two Articles of Religion* verantwortlich, die in der Übernahme der Rechtfertigung allein durch den Glauben und in der Ablehnung der tatsächlichen Anwesenheit Christi im Abendmahl entschieden protestantisch waren. Diese Artikel traten jedoch nie in Kraft, da sie erst 1553 veröffentlicht wurden, als Eduards Gesundheitszustand schon aussichtslos war und eine Krise um die Thronfolge bevorstand.

Nach dem Testament Heinrichs VIII. sollte Maria ihrem Halbbruder Eduard nachfolgen. Da Maria streng katholisch war, wollte Northumberland ihre Thronbesteigung verhindern. Er fand in Lady Jane Grey, einer Enkelin der jüngeren Schwester Heinrichs VIII. Maria, eine Gegenkandidatin und erreichte von dem sterbenden Eduard die Unterzeichnung eines Dekrets, das sie zur Nachfolgerin bestimmte. Doch das englische Rechtsgefühl widersetzte sich der Usurpation, Northumberlands Feinde sammelten sich um Maria, und schließlich waren der Tower und die Hinrichtung Northumberlands das Ende der Reformation Eduards.

Königin Maria, eine charakterstarke und energische Herrscherin, war dem katholischen Glauben leidenschaftlich ergeben. Fast die gesamte stark protestantisch ausgerichtete Gesetzgebung der vorangegangenen sechs Jahre wurde rasch aufgehoben, und den Führern des Reformflügels der englischen Kirche wie auch ganzen Gruppen legte man nahe, England zu verlassen. Tausende flohen und bildeten Gemeinden in Frankfurt, Basel, Straßburg und Genf. Unter Marias Herrschaft mußte sich das Parlament zu einer Restauration des römisch-katholischen Glaubens bereitfinden, weigerte sich aber doch gelegentlich auch, ihren Wünschen nachzukommen und machte deutlich, daß es nicht Wachs in den Händen des Monarchen sei. Als Marias Vermählung mit Philipp von Spanien zur Debatte stand, riet das Parlament der Königin von dieser Verbindung ab. Die Handlungsfreiheit, die Heinrich VIII. für England erreicht hatte, war jedem Engländer kostbar, und die Vorstellung, möglicherweise einen spanischen König zu bekommen, löste alles andere als Begeisterung aus.

Marias erste Maßnahmen waren maßvoll und tolerant. Sie gab sich zunächst damit zufrieden, daß das Parlament den Gottesdienst so wiederherstellte, wie er in den letzten Regierungsjahren ihres Vaters gewesen war. Als sie aber den Supremat des Papstes wieder an die Stelle der Lehre Heinrichs von der Oberhoheit des Königs über die Kirche setzen wollte, wurde das Parlament störrisch, und es lehnte ebenso ihre unpopuläre spanische Heirat ab, die 1554 stattfand.

Schließlich ließ das Parlament sich dazu überreden, fast alle nach 1529 erlassenen Gesetze Heinrichs zu widerrufen, nachdem der Papst durch seinen Legaten, den Kardinal Reginald Pole, versprochen hatte, die alten Besitzverhältnisse bei Kirchgütern und Kirchenämtern nicht wiederherstellen zu wollen. Das war der Höhepunkt der Popularität Marias. Die Neuordnung, die Heinrich vorgenommen hatte, war vom englischen Volk weithin gutgeheißen worden; sie stellte einen vernünftigen Kompromiß dar, der Fanatismus und Extremismus auf beiden Flügeln verhinderte. Maria scheint sich jedoch über die öffentliche Meinung nicht klargewesen zu sein. Nach Wiederherstellung des Zustands von 1529 gingen ihre Forderungen weiter, und damit geriet ihre Popularität sofort ins Wanken.

Dabei ergibt sich die interessante Beobachtung, daß bei dieser konservativen Gegenrevolution nur das Parlament wiederherstellen konnte, was das Parlament niedergerissen hatte. Dasselbe Parlament, das das Papsttum aus England vertrieben hate, öffnete ihm wieder den Zugang zur englischen Kirche, und eben dieses Parlament stellte auch die theologischen und finanziellen Bedingungen, unter denen es wieder an der kirchlichen Struktur des Landes teilhaben konnte. Im Grunde war es so, daß das englische Volk, das durch das Parlament sprach, seine eigene Kirche war und blieb, selbst wenn es den römischen Katholizismus wieder annahm.

Maria Tudor ist weithin bekannt geworden durch ihre Protestantenverfolgung. Erst im Februar 1555 begannen die Scheiterhaufen zu brennen; der Übergang von Toleranz zu Verfolgung war Marias eigener Entschluß. Die Opfer fanden sich in allen Ständen; die Anklage lautete durchgehend auf Ketzerei, die im wesentlichen wie im Mittelalter definiert wurde. Das Volk reagierte auf diese Verfolgung gut christlich gesinnter Engländer mit Zorn und Unwillen. Bis zum Herbst 1555 hatten die führenden protestantischen Bischöfe Latimer, Ridley und Hooper sowie Thomas Cranmer, der Erzbischof von Canterbury, den Scheiterhaufen bestiegen, was

Marias Unbeliebtheit noch steigerte. Dazu kamen weitere Maßnahmen, die sich unglücklich auswirkten. 1557 erklärte sie Frankreich den Krieg, um Philipp gegen Heinrich II. zu unterstützen, und verlor dabei im Januar 1558 Calais, eine Schlappe, die den englischen Stolz tief verwundete. Maria war aber auch nicht in der Lage, zufriedenstellende Beziehungen zu Papst Paul IV. herzustellen, dessen plötzliche Weigerung, Kardinal Pole, den Legaten seines Vorgängers, in seiner Funktion zu belassen, England von der päpstlichen Kurie isolierte. Das englische Volk als Ganzes hätte wahrscheinlich die Aufhebung der extremen Reformation Eduards hingenommen, aber als Maria rückgängig machen wollte, was ihr Vater aufgebaut hatte, ging sie zu weit. Am Ende ihrer Regierung wußte Maria, daß sie versagt hatte; sie starb verbittert und verzweifelt im November 1558.

Calvin und der französische Protestantismus

Die Bemühungen der ersten Generation der Reformatoren in Frankreich hatten auf den ersten Blick durchwegs nur recht geringe Erfolge gezeitigt. Um 1535 befanden sich die wenigen Vorkämpfer der Reformation auf der Flucht, im Gefängnis oder in Verstecken. König Franz I. hatte die Sympathie seiner Schwester Margarete den reformfreudigen Predigern und Humanisten gegenüber nicht geteilt und 1534 der ganzen Bewegung offen den Krieg erklärt. In dem Augenblick, in dem die Hoffnungen der Reformer ihren niedrigsten Stand erreicht hatten, bedeutete die Flucht Jean Calvins nach Genf, wo Franz ihm nichts anhaben konnte, die Wiedergeburt der französischen Reformbewegung auf fruchtbarerem Boden.
Calvin gilt allgemein als die Hauptfigur der zweiten Generation der Reformatoren auf dem Kontinent und vor allem als Führer der französischen Reformation. Er gehört nicht nur zeitlich der zweiten Generation an – er ist 1509, also 25 Jahre

nach Luther geboren –, sondern auch insofern, als er der reformatorischen Bewegung brachte, was ihr Luther, Melanchthon und Zwingli nicht zu geben vermocht hatten und was sie doch so notwendig brauchte: ein theologisches System. Wie wichtig es war, wird ganz deutlich werden, wenn wir im folgenden sehen, wie die katholische Kirche ihre überlieferte Theologie als Waffe im Kampf um die Rückgewinnung des Bodens einsetzte, den sie an den Protestantismus verloren hatte. Der Erfolg des Konzils von Trient und der gesamten katholischen Erneuerungsbewegung, der sogenannten Gegenreformation, beruhte weitgehend auf der Neufassung des patristischen und mittelalterlichen theologischen Lehrgebäudes. Sein gewichtigstes Hindernis fand dieser neubelebte Katholizismus in Calvins imponierendem theologischem System. Wenn je ein System oder eine Bewegung einen Menschen spiegelte, so war der Calvinismus das Abbild Jean Calvins.

Er war der vierte Sohn Gérard Caulvins, des päpstlichen Notars, Finanzbevollmächtigten und juristischen Sekretärs des Bischofs von Noyon in der Pikardie. Aus seiner frühen Jugend ist nur bekannt, daß er ein guter Schüler war und der Religion zuneigte. Als Zwölfjähriger erhielt er dank der Stellung seines Vaters eine Pfründe vom Domkapitel, die einem Stipendium gleichkam und für die Ausbildung zum Priester gedacht war. Calvins Lehrer erkannten bald, wie begabt er war, und so bezog er 1523 als Vierzehnjähriger die Universität in Paris. Er fand die Stadt in religiösem Aufruhr vor. Die von Guillaume Briçonnet, dem Bischof von Meaux, geführte Gruppe christlich humanistischer Reformer wurde schon seit einigen Jahren von den Konservativen der Sorbonne unter Führung Bediers angegriffen. Seit die Sorbonne im April 1521 Luthers lateinische Schriften verdammt hatte, war Briçonnet gezwungen gewesen, seine Förderung den Männern zu entziehen, die er selbst in seine Diözese gerufen hatte, um sie zu reformieren. Wir wissen wenig über Calvin während dieser Zeit, aber Luthers Name und die Reformidee jenseits der

Grenzen Frankreichs müssen ihm vertraut gewesen sein; vielleicht hatte er in dieser Zeit sogar Zugang zu Lutherschriften, denn einige davon wurden in Paris trotz des Verbots der Sorbonne unter Pseudonymen veröffentlicht und waren in den Buchhandlungen erhältlich.
1528 erwarb Calvin den Magistertitel, woran sich ein Theologiestudium und eine geistliche Laufbahn hätten anschließen können. Aber offenbar entschloß er sich auf Anraten seines Vaters für ein Jurastudium und ging deshalb 1528 an die Universität von Orléans, deren juristische Fakultät damals in Frankreich als die beste galt. Gleichzeitig war sie ein Mittelpunkt humanistischer Studien, ein Umstand, der den jungen Gelehrten bereits anzog. Er blieb 18 Monate in Orléans, ging dann nach Bourges, wo er bei Melchior Wolmar, einem deutschen Humanisten und Anhänger Luthers, Griechisch studierte.
1531, nach dem Tode seines Vaters, war Calvin in seinen Entschlüssen frei und konnte seine Laufbahn selbst bestimmen. Er kehrte aus Bourges nach Paris zurück, setzte sein Griechischstudium fort und nahm Hebräisch hinzu. Im Glauben, seine Berufung entdeckt zu haben, begann er das Studium der Humaniora im Geiste der neuen Bildung. Seine erste gelehrte Arbeit war ein Kommentar zu Senecas *De clementia,* den er auf eigene Kosten 1532 in Paris herausgab. Er macht sein Interesse an politischer Ethik im Lichte des christlichen Glaubens deutlich, ist aber in erster Linie doch die Arbeit eines Humanisten. Das Latein ist flüssig, und die ganze Schrift zeigt eine bemerkenswerte Kraft in Anordnung und Darbietung. Es war die letzte Arbeit dieser Lebensphase, denn noch vor 1534 hatte Calvin ein Erlebnis, das er als eine »plötzliche Bekehrung« bezeichnet, von dem wir aber im einzelnen nichts wissen.
Zu dieser Zeit war ein Freund Calvins, Nicolas Cop, Rektor der Universität von Paris. Seine offizielle Rektoratsrede, die er am 1. November 1533 hielt, wurde als eine Verteidigung Margaretes von Navarra gedeutet. Gleichzeitig stellte sie auch

einen Angriff auf die Obskuranten und die Widersacher der neuen Bestrebungen in der Kirche dar. Calvin, von dem man wußte, daß er diese Ansichten teilte, galt als Mitverfasser und wurde, als das Parlement Cop auf Betreiben der Sorbonne der Ketzerei bezichtigte, in diese Anklage einbezogen. Cop floh nach Basel und Calvin nach Noyon, doch der Aufruhr legte sich bald wieder, und Calvin kehrte auf kurze Zeit nach Paris zurück. Dann ging er nach Saintonge, wo ein Schulfreund eine reiche Bibliothek geerbt hatte. In diese Zeit fallen wohl die Vorarbeiten für die *Institutio.*

Im April 1534 begegnete Calvin zum erstenmal Lefèvre d'Etaples in Nérac, wo er ein langes Gespräch mit dem bejahrten Haupt der französischen reformatorisch gesinnten Humanisten führte. Offensichtlich waren die vorsichtigen Reformversuche, die Lefèvre aus der bestehenden Kirche heraus unternommen hatte, erfolglos geblieben. Sollte man nicht vielleicht unmittelbarer und kühner vorgehen? Die Wirkungslosigkeit der althergebrachten Wege, die die Kirche wies, hatte Calvin am eigenen Leib erfahren, und ringsum fand er die eigenen Zweifel bei vielen Freunden wieder. Er fühlte sich aufgerufen, eine Lösung zu finden.

Im Mai 1534 kehrte er nach Noyon zurück, gab seine Pfründen auf und löste dadurch jede offizielle Verbindung mit der römischen Kirche. Das folgende Jahr verbrachte er auf der Flucht und in Verstecken, in Angoulême unter dem Schutz Margaretes, in Poitiers, in Orléans und eine Weile auch in Paris. Überall war er – häufig unter dem Namen Charles d'Espéville – Führer und Inspirator kleiner Gruppen von ernsthaft bemühten Menschen der verschiedensten Schichten, die auf dem Wege zum Protestantismus waren. Die Bewegung hatte nichts mit Luther zu tun, sondern war durchaus einheimischen Ursprungs. Die Beziehungen, die Calvin in dieser Phase seines Lebens mit weithin verstreuten Gruppen und Persönlichkeiten anknüpfte, erklären zu einem guten Teil die spätere Ausbreitung der französischen Reformation.

Hans Holbein d. J.: »Heinrich VIII.«, 1540;
Rom, Galleria Nazionale, Palazzo Barberini.

Tizian: »Noli me tangere«, um 1510; London, National Gallery.

Am 18. Oktober 1534 ereignete sich jene Anschlagaffäre, die Franz I. veranlaßte, sich entschieden gegen die französischen Protestanten zu wenden. Er war empört über das rüde Vorgehen und ordnete sofortige Vergeltungsmaßnahmen an, wobei er fälschlich angab, er gehe gegen Wiedertäufer und Aufrührer vor. Von den Protestanten verließen diejenigen, die die Möglichkeit dazu hatten, Paris und Frankreich. Viele andere wurden gefangengenommen, gefoltert oder auf dem Scheiterhaufen verbrannt. Calvin gehörte zu denen, die sich rechtzeitig in Sicherheit bringen konnten. Er reiste unter falschem Namen über Straßburg nach Basel, wo er im Februar 1535 eintraf.
Daß Franz I. die Tatsachen so entstellte, bestärkte Calvin in seinem Entschluß, eine Abhandlung zu veröffentlichen, an der er schon seit einiger Zeit arbeitete und die als ein Abriß der neuen reformierten Lehre gedacht war. Sie sollte als Verteidigung und Rechtfertigung der ganzen Bewegung dienen. Diese *Apologia et instructio* erschien im März in Basel unter dem Titel *Christianae religionis institutio.* In späteren Auflagen wuchs sie auf nahezu das Fünffache ihres ursprünglichen Umfangs an, doch blieben Aufbau und Grundhaltung unverändert. Die erste Ausgabe enthielt einen Widmungsbrief an Franz I., in dem Calvin den König davon zu überzeugen suchte, daß die Protestanten, die er verfolgt hatte, nicht die christliche Lehre oder die Autorität des Königs stürzen wollten, sondern aufrichtige christliche Männer und Frauen seien, die sich bemühten, als loyale und gesetzestreue Untertanen eines gerechten Monarchen gemäß der Heiligen Schrift zu leben.
Als die *Institutio* erschien, hielt sich Calvin in Italien am Hof von Ferrara auf. Die Herzogin Renée, eine Tochter Ludwigs XII. und Cousine Franz' I., war dafür bekannt, daß sie evangelisch gesinnte Franzosen und Italiener freundlich aufnahm. Er wollte von dort nach Straßburg gehen, das er von einem früheren Besuch her als wohlgesinnt kannte. Da zwischen Karl V. und Franz I. wieder Krieg ausgebrochen war,

mußte Calvin den Umweg über Genf machen, wo ihn Guillaume Farel bedrängte, mit ihm gemeinsam die Reformation in Genf zu organisieren. Farels dringende Bitte, die von der Drohung begleitet war, daß Gott Calvin strafen werde, wenn er seinem Ruf nicht folge, erschreckte Calvin, wie er später sagte, so sehr, daß er seine Reise aufgab und den Posten eines Professors der Heiligen Schrift in der Genfer Kirche annahm. Damit brach eine neue Epoche in der Geschichte der Reformation an.
Guillaume Farel (1489–1565) war der Inbegriff eines aktiven Menschen. Als begeisterter Schüler Lefèvres mußte er 1523 Frankreich verlassen. In Basel hieß man ihn zuerst willkommen, wies ihn jedoch dann auf Erasmus' Veranlassung aus. Er schrieb eine Anzahl von Büchern über die Formen des reformierten Gottesdienstes und hatte als Prediger in Neuchâtel und mehreren kleineren Schweizer Städten großen Zulauf. 1532 kam er nach Genf und nahm leidenschaftlich und erfolgreich an den hitzigen politischen sowie religiösen Auseinandersetzungen teil. Es gab eine starke Opposition, und im Oktober 1532 wurde er auf 14 Monate aus der Stadt verbannt, wohin er bereits im Dezember 1533 zurückkehrte.
Obwohl er mehrere öffentliche Debatten siegreich bestand, hatte Farel doch Schwierigkeiten, Genf ganz und gar ins protestantische Lager überzuführen. Eben diese Schwierigkeiten und das Gefühl der eigenen Unzulänglichkeit waren der Grund dafür, daß er Calvin bedrängte, in Genf zu bleiben und ihn zu unterstützen. Er spürte, daß Calvins Fähigkeiten in der besonderen Lage Genfs nützlich werden konnten.
Genf hatte gerade eine Auseinandersetzung mit dem Herzog von Savoyen und dem Bischof von Genf um seine Selbständigkeit siegreich beendet. Die Stadt wurde von verschiedenen Räten regiert. Die breite Grundlage des Stadtregiments bildete seit 1409 der Allgemeine Rat der gesamten Bürgerschaft, dessen administrative Funktionen von einem Kleinen Rat mit 25 Mitgliedern ausgeübt wurden. Die auswärtigen Angelegen-

heiten, die für eine Handelsstadt wie Genf eine bedeutende Rolle spielten, waren einem 1457 gegründeten Rat der Fünfzig – nach 1502 Rat der Sechzig – übertragen. Nach Erlangung der Selbständigkeit wurde dann ein Rat der Zweihundert aufgestellt, der fast alle wichtigen Entscheidungen traf, um die es hier geht.

Calvins erste Stellung in Genf war nur die eines öffentlichen Lehrers und Bibeldozenten. Bald jedoch predigte er neben anderen führenden Männern der Reformgruppe und erhielt ein regelmäßiges, wenn auch unzulängliches Gehalt als »Professor der Heiligen Schriften«. Die Organisation der reformierten Gruppe und ihres Gottesdienstes war ein Problem, das Farel nicht hatte lösen können. Im Januar 1537 legte die Gemeinschaft der Geistlichen einen Plan für die Organisation der Kirche vor, der eine regelmäßige Feier des Abendmahls und auch das Recht des Ausschlusses – der Exkommunikation – durch die Obrigkeit vorsah. In jedem Bezirk der Stadt sollten Männer von aufrechtem Lebenswandel gewählt werden, die sich um die Moral ihrer Mitbürger kümmern sollten. Dieser Plan stammte wahrscheinlich von Calvin. Sein und Farels vordringlichstes Ziel war es, das Sakrament vor Profanierung durch die Teilnahme Unwürdiger zu bewahren, doch die Wiedereinführung von »Schnüfflern« war ein unglücklicher Rückfall in Methoden der Inquisition. Hinzu kam, daß auch vom protestantischen Ausland her Kritik an den Neuerungen laut wurde. Calvin und Farel konnten sich zwar von dem gegen sie vorgebrachten Vorwurf, die Lehre von der Trinität geleugnet zu haben, reinwaschen, aber die Angriffe hinterließen doch ihre Spuren und kamen ihren Feinden in Genf gelegen.

Diese Störungen verlangsamten die Reform, aber im Sommer 1537 arbeiteten Calvin und Farel wieder intensiv an ihrem Instruktions- und Organisationsprogramm. Ein Glaubensbekenntnis und ein Katechismus waren in Vorbereitung, und der Rat beschloß, daß mit Verbannung bestraft werden könne, wer den Eid auf diese beiden grundlegenden Dokumente verweigere. Diese extreme Maßnahme hatte stürmische Proteste und viele entschiedene Weigerungen zur Folge. Bei den jährlichen Wahlen im Februar 1538 hatte die Oppositionspartei gegen Calvin und Farel stark an Boden gewonnen. Als die Frage der Vereidigung auf Bekenntnis und Katechismus vor den Allgemeinen Rat kam, wurden die Prediger dahingehend belehrt, daß sie das Evangelium verkünden und sich von der Politik fernhalten sollten. Ferner wurde bestimmt, daß der Gottesdienst nach dem Berner Ritus durchgeführt werden sollte. Die Prediger sprachen dem Rat die Kompetenz in theologischen Angelegenheiten ab und weigerten sich am Ostersonntag 1538, die Abendmahlsfeier nach der in Bern gebräuchlichen Form vorzunehmen. Diesen Ungehorsam wollte sich der Rat nicht bieten lassen; er befahl Calvin und Farel, innerhalb von drei Tagen die Stadt zu verlassen. Beide gingen nach Basel und wurden dort freundlich aufgenommen. Farel folgte dann bald einem Ruf nach Neuchâtel, wo er schon Geistlicher gewesen war, ehe er nach Genf ging. Calvin hoffte, wieder zu seinen Studien zurückkehren zu können, aber sein Freund Bucer, der seit 1523 der geistliche Führer Straßburgs war, konnte ihn überreden, dorthin zu kommen. Im September 1538 wurde er Prediger einer Gemeinde von etwa 400 französischen Protestanten, die von Franz I. verbannt worden waren und sich im toleranten Straßburg niedergelassen hatten.

Die nächsten drei Jahre waren trotz seiner beschränkten Verhältnisse die glücklichsten in Calvins Leben. Abgesehen von seinen Predigerpflichten lehrte Calvin am Gymnasium und fand daneben noch Zeit, seine *Commentaires des Epîtres de St. Paul,* Handbücher für den Gottesdienst sowie Psalmensammlungen zu schreiben und herauszugeben und vor allem seine *Institutio* gründlich zu revidieren und zu erweitern. In diese Zeit fällt auch seine Heirat mit Idelette de Burc.

Calvin war schon zu sehr bekannt, als daß er sich lange als einfacher Lehrer und Prediger in Straßburg hätte verborgen

halten können. Er wurde aufgefordert, die Stadt bei verschiedenen Gesprächen zwischen Lutheranern und Katholiken zu vertreten, und lernte bei dieser Gelegenheit – 1539 in Frankfurt, 1540 in Hagenau und Worms sowie 1541 in Regensburg – die deutschen Reformatoren kennen. Ganz besonders fühlte er sich zu Melanchthon hingezogen, obwohl er der Ansicht war, daß die Deutschen sich den katholischen Vertretern gegenüber allzu kompromißbereit zeigten.
In der Zwischenzeit stand es in Genf nicht zum besten. Die Prediger, die an die Stelle Calvins und Farels getreten waren, erwiesen sich als ihren Vorgängern nicht ebenbürtig und waren nicht fähig, in ihren Gemeinden Frieden zu halten. Die Parteien in der Stadt stritten nach wie vor miteinander und scheuten gelegentlich auch vor Blutvergießen nicht zurück. Einige der heftigsten Widersacher Calvins mußten als Störenfriede weichen, und frühere Anhänger der Reformatoren betrieben die Zurückrufung Calvins und Farels. Calvin lehnte zunächst ab, ließ sich aber allmählich von Farel davon überzeugen, daß Genf ihn brauche und daß Genfs Stimme die Stimme Gottes sei. Als er im September 1541 zurückkehrte, wurde er vom Rat und der Bevölkerung herzlich aufgenommen.
Calvin selbst war nicht optimistisch. Er wußte, daß Widerstände und Unannehmlichkeiten nicht ausbleiben würden, obwohl man ihn so freundlich empfangen hatte. Am 30. November 1541 wurde sein Entwurf für eine Organisation der Kirche von Genf, den er zusammen mit einem Ausschuß des Rates ausgearbeitet hatte, in leicht veränderter Form vom Allgemeinen Rat verabschiedet und als Kirchenordnung veröffentlicht, die seither für alle calvinistischen Gemeinden verbindlich geblieben und von manchen politischen Organisationen übernommen worden ist. Seinem Wesen nach stellt er ein System gleichgeordneter und ineinandergreifender Instanzen dar, das den Anspruch erhebt, ganz und gar auf Christi Vorschriften für seine Kirche zu beruhen. Er weist vier Klassen von Amtsträgern auf: Pfarrer, Doktoren, Älteste und Diakone,

die jeweils ihre besonderen Aufgaben hatten. Die Pfarrer lehrten, predigten und spendeten die Sakramente; die Doktoren waren die Hüter der reinen Lehre, wie sie über die Jahrhunderte von der Quelle, nämlich Christus selber, weitergegeben worden war; die Ältesten sollten Bindeglied zwischen der Laienschaft und der Geistlichkeit sein und hatten über die kirchlich-sittliche Zucht zu wachen; und den Diakonen war die soziale Arbeit an Armen und Kranken übertragen. Die Pfarrer und die Ältesten bildeten zusammen das Konsistorium, das die letzte Befugnisinstanz innerhalb der Kirche war.
Damit, daß der Rat die Kirchenordnung angenommen hatte, war Calvin seiner Sorge noch nicht ledig. In den folgenden acht Jahren löste eine Schwierigkeit die andere ab. Seine alten Gegner waren noch immer entschlossen, seine Macht zu brechen, und sie gewannen immer dann an Boden, wenn aus dem einen oder anderen Grunde die öffentliche – und amtliche – Meinung geteilt war. In erster Linie ging es dabei um die Strenge, mit der das Konsistorium die Lebensführung der Genfer zu überwachen versuchte. Immer wieder vermerken die Akten Angriffe auf Calvins Strenge, und viele maßgebende Persönlichkeiten der Stadt wehrten sich nachdrücklich gegen die Einschränkungen, die ihnen im öffentlichen und privaten Leben auferlegt wurden. In der Opposition, unter den sogenannten Libertins, befanden sich sowohl hochgestellte Männer, denen es um das Prinzip ging, als auch Gesindel, dessen Lebenswandel eine genauere Überprüfung nicht vertrug. Calvin konnte in den meisten dieser Fälle Entscheidungen zugunsten seiner Auffassung herbeiführen und den Rat veranlassen, die Unzufriedenen zu bestrafen oder zum Schweigen zu bringen. Der Rat stand meist, wenn auch nicht einstimmig, auf seiten Calvins. Doch selbst wenn dieser im Rat keine Mehrheit fand, konnte von seiner Verbannung aus der Stadt kaum mehr die Rede sein. Er war inzwischen für ganz Europa zu einer so wichtigen Figur geworden, daß Genf es sich nicht leisten konnte, die Mißbilligung seiner Nachbarn auf sich zu lenken.

Ehe Calvin sich endgültig gegen seine Feinde durchsetzte, mußte er sich in vielen kritischen Situationen bewähren. Am bekanntesten sind die Zusammenstöße mit Sebastian Castellio und Michel Servetus. Die Auseinandersetzung mit Castellio dauerte viele Jahre. Geschulter Humanist und eingeschworen auf die Reformation, hatte sich Castellio in Genf als erfolgreicher Lehrer bewährt. Er begann eine Übersetzung des Neuen Testaments, die nach Calvins Meinung Fehler enthielt. Calvin widersetzte sich der Zulassung Castellios zum Priesteramt, weil jener die Kanonizität des Hohen Liedes und des Glaubensartikels »Niedergestiegen zur Hölle« verneinte. Für Calvin war die absolute Autorität der Bibel und ihre Herkunft aus göttlicher Eingebung Grundpfeiler der gesamten Reformbewegung – hier konnte er keine Zweifel gestatten. Castellio verließ 1544 Genf mit Empfehlungsschreiben Calvins, die sich auf seine Lehrtätigkeit bezogen, und ließ sich in Basel als Korrektor eines Druckers nieder, ohne jedoch seine gelehrten Arbeiten einzustellen. Seine bedeutendste Schrift war die Abhandlung über Ketzer (1554), in der er das Recht des Christen verteidigte, abweichende Meinungen zu vertreten.

Servetus war ein juristisch und medizinisch gebildeter Spanier, der durchaus eigenwillige Ansichten über die Bibel entwickelte. 1531 veröffentlichte er einen Angriff auf die orthodoxe Lehre von der Dreieinigkeit, die unter den protestantischen wie katholischen Theologen sensationell wirkte. Nachdem er in verschiedenen protestantischen Städten mit den Behörden in Konflikt geraten war, widmete er sich unter dem Namen Villeneuve eine Zeitlang der Medizin. In der Geschichte der Medizin erscheint er als Wegbereiter zur Entdeckung des Blutkreislaufs. 1544 finden wir ihn als Arzt des Erzbischofs von Vienne südlich von Lyon, von wo er unter seinem Pseudonym Villeneuve mehrfach an Calvin schrieb und ihn zu seiner Auffassung zu bekehren suchte. 1533 veröffentlichte er in der gleichen Absicht einen umfangreichen Band *Restitutio christianismi*, in dem er wiederum die Lehre von der Dreieinigkeit heftig angriff, die Erbsünde leugnete und sich gegen die Kindertaufe wandte. Einer Verurteilung wegen Ketzerei entzog er sich durch die Flucht nach Genf, wo er erneut gefangengesetzt und der Ketzerei angeklagt wurde. In einem langen, mit aller theologischen Spitzfindigkeit geführten Prozeß verteidigte er sich standhaft. Schließlich wurden die Kirchen von Basel, Bern, Schaffhausen und Zürich um ihre Meinung befragt; sie bezeichneten seine Ansichten als Ketzerei. Danach verurteilte der Rat Servetus im Oktober 1553 zum Tod durch Verbrennen. Calvin versuchte vergeblich, den gnädigeren Tod durch das Schwert zu erreichen, aber Servetus blieb seiner Überzeugung treu und lehnte trotz Farels Drängen einen Widerruf ab.

Die meisten Christen billigten diese Hinrichtung, denn die Lehre von der Dreieinigkeit leugnen, hieß an den Grundfesten des christlichen Glaubens rütteln. Dennoch wurden Stimmen gegen Calvin und die Rolle laut, die er bei der Verurteilung gespielt hatte. So hielt er es für notwendig, im Januar 1554 eine Verteidigung des Urteilsspruchs zu verfassen, die freilich nicht sehr überzeugend ausfiel. Der wirkungsvollste Angriff auf Calvin war Castellios unter einem Pseudonym veröffentlichte Abhandlung über Ketzer, die großes Aufsehen erregte. Die Schrift plädierte für Toleranz gegenüber abweichenden Meinungen in der Lehre, sofern sie auf ehrlicher Überzeugung beruhten. Nach Castellio war Calvin insoweit für die Hinrichtung des Servetus verantwortlich, als er sie nicht verhindert hatte. Selbst die wärmsten Fürsprecher Calvins geben zu, daß der Fall Servetus einen Flecken auf seinem Schild darstelle. In Genf freilich wirkte er sich günstig für Calvin aus, da seine Gegner für Servetus Partei ergriffen hatten und mit ihm in Mißkredit geraten waren.

1555 war ein entscheidendes Jahr. Die alteingesessenen Familien empörten sich über den Zuzug so vieler französischer Flüchtlinge, die Calvin in seiner Führerstellung unterstützten. So kam es im Einverständnis mit den Libertins zum Versuch, diesen Unwillen für eine Revolution auszumünzen und Calvin zu stürzen. Im Mai 1555 brachen Unruhen aus, die aber mühelos niedergeschlagen wurden. Die Anführer flohen nach Bern und wurden in absentia als Verräter zum Tode verurteilt. Diese Gleichsetzung von Libertins und sonstigen Gegnern Calvins mit Gesetzesbrechern und Unruhestiftern bedeutete eine endgültige Sanktionierung der Führerstellung Calvins.

Von 1555 bis zu Calvins Tod im Jahr 1564 galt Genf bei wohlgesinnten Beobachtern als eine heilige Stadt, in der vom Heiligen Geist inspirierte und von Gott geweihte Männer regierten. Die Ordnungen von 1541 wurden 1560 dahingehend geändert, daß sie das Konsistorium praktisch unabhängig vom Rat machten und die zivilen Behörden verpflichteten, die kirchliche Organisation zu unterstützen. Damit war also de facto eine Theokratie, oder besser, eine Autokratie der Geistlichen geschaffen. John Knox, der 1557 nach Genf kam, nannte die Stadt »die vollkommenste Schule Christi, die es seit der Zeit der Apostel auf Erden gegeben hat«. Allerdings hatten manche protestantischen Städte in der Schweiz eine weniger günstige Meinung. Bern, das mit Genf von alters her verbündet war, hatte mancherlei auszusetzen, und die Beziehungen zwischen den beiden Städten waren häufig gespannt.

Calvin maß ähnlich wie Melanchthon und Luther der Erziehung als einem Mittel zur Festigung und Lenkung der Reformbewegung große Bedeutung bei. So verbrachte er eigentlich sein ganzes Leben damit, seine Gemeindeglieder und alle diejenigen, die seine Kommentare lesen konnten, in den Grundsätzen des protestantischen Glaubens zu unterweisen. Die lutherische Bewegung hatte an einer Universität eingesetzt und sich wegen ihrer akademischen Führerschaft rasch und weit verbreitet. Genf, die führende protestantische Stadt der zweiten Generation, besaß zwar Schulen, aber keine Universität. Calvin entschloß sich, diesen Mangel zu beseitigen. Auf seinen Vorschlag hin und nach seinem Plan wurde 1559 ein Kolleg eröffnet, das sich bald zur Universität Genf ausweitete. Der erste Rektor war Theodor Beza aus Bern, weitere hervorragende Gelehrte aus Bern und Lausanne bildeten das Professorenkollegium. Als Calvin starb, studierten 1500 Studenten in Genf, von denen viele aus Italien, Frankreich, den Niederlanden, Deutschland, England und Schottland kamen.

Calvin veröffentlichte die endgültige Ausgabe seiner *Institutio* 1559. Seit der zweimal revidierten Ausgabe von 1543 hatte er an seiner Lehre nur wenig verändert. Dabei besteht kein Zweifel, daß Calvin Luther und Melanchthon, dessen *Loci communes* er genau kannte, viel zu verdanken hatte. Sein Verdienst lag darin, daß er der Gedankenwelt seiner Vorgänger ein System gab, und sein eigener Beitrag war der beharrliche Hinweis auf die unerbittlichen Forderungen der unumschränkten Majestät Gottes und die Betonung der völligen Unfähigkeit des Menschen, auf Gottes Beschlüsse einzuwirken oder die eigene Erlösung zu garantieren. Der Mensch kann Gott zwar erahnen, aber sein Wille liegt in Fesseln, da er das Erbe Adams und den Makel seines Sündenfalls trägt. Die Menschheit steht deshalb ganz allgemein unter einem Todesurteil, das nur Gott allein nach seiner Wahl aufheben kann. Durch einen unveränderlichen Beschluß, der seit Ewigkeit besteht, hat er die Erwählten bestimmt, die allein gerettet werden. Der einzelne kann das Geschenk des Glaubens nicht gewinnen, außer Gott verleiht es ihm, und ebensowenig kann Glaube im Herzen des Menschen entstehen. Ursache des Glaubens ist also die Erwähltheit. Das ist im wesentlichen Calvins Lehre von der Prädestination. Die anderen Reformatoren erkannten zwar die Prädestination im Prinzip an, neigten aber mehr dazu, andere Eigenschaften Gottes – etwa seine Barmherzigkeit, Liebe, Gerechtigkeit und Wahrheit – stärker hervorzuheben als seine Allmacht und Majestät. Schon zu Calvins Lebzeiten wurden auf protestantischer Seite kritische Stimmen laut, und manche Lücken in seiner Beweisführung sind nie befriedigend überbrückt worden. Wie konnte zum Beispiel Adam, wenn Gott ihn vollkommen und nach seinem Bilde geschaffen hatte, die verhängnisvolle Sünde begehen, die sich auf die ganze

Menschheit auswirkte? Oder wäre nicht, wenn wir Calvin beim Wort nehmen und Gott Allmacht und Allwissenheit zuerkennen, Gott als Urheber der Sünde anzusehen? Trotz dieser und anderer Einwände hat Calvins Glaubensgebäude einen ungeheuren Einfluß auf das zeitgenössische Europa ausgeübt, der noch heute nicht erloschen ist.

Von den sieben Sakramenten der katholischen Kirche erkannte Calvin nur zwei als durch die Bibel bezeugt an, nämlich die Taufe und das Abendmahl. In seiner Sakramentenlehre stand er zwischen Zwingli und Melanchthon. Er betonte den geistigen Gehalt des Abendmahls. Es hatte für ihn weder den Charakter einer bloßen Gedenkfeier wie für Zwingli, noch haftete dem Brot und dem Wein an sich eine besondere Heiligkeit an, wie in der römischen Lehre von der Transsubstantiation und in Luthers Lehre von der Verkörperung Christi im Abendmahl *(Impanation)*. Vielmehr war es ein geistiger Vorgang, bei dem der Empfänger die Substanz hinnahm, als wäre sie tatsächlich Christi Fleisch und Blut, und so sein Herz in mystischer Kommunion mit dem auferstandenen Christus vereinigte. Dadurch, daß diese Vereinigung im Geiste vor sich ging, verlor sie nichts von ihrer Wirklichkeit.

Kaum weniger bedeutsam als Calvins Theologie war seine Ethik, die offensichtlich der Theologie entsprang. Es ist vielfach darauf hingewiesen worden, daß die Lehre von der Prädestination zwangsläufig zum Libertinismus führen müsse, da es ja bei Vorausbestimmung zur Erlösung oder zur Verdammung doch keine Rolle spiele, wie man sich verhalte, und man deshalb sein Leben ebensogut genießen könne. Diese Gedankengänge lagen Calvin völlig fern. Nach ihm muß der Christ handeln, als wäre er erlöst. Das Königreich Gottes verlangt seine Dienste. Darum soll jeder Mensch Gott in seinem Beruf und durch seinen Beruf dienen, und zwar in der Welt. Das höchste Gut der Gesellschaft ist die Ehrfurcht vor Gott. Calvins Gedanken über Wesen und Ziel des sozialen Organismus paßten ausgezeichnet in den aufblühenden Industrialismus des

16. und 17. Jahrhunderts. Das Streben nach weltlichem Erfolg konnte, wenn es nur im rechten Geiste geschah, mit gutem Gewissen auf den Segen Gottes hoffen. Geld an sich war weder gut noch schlecht, und bei seiner Anhäufung kam es auf die Gesinnung dessen an, der sie vornahm. Die Jahre, die Calvin in Genf und Straßburg verbracht hatte, in Gemeinwesen also, die vom Handel lebten, hatten sicherlich sein Denken beeinflußt, wenn auch nicht so weit, daß er sozialen und wirtschaftlichen Gesichtspunkten vor theologischen und religiösen den Vorrang gegeben hätte.
Die Wurzeln des Protestantismus in Frankreich sind also nicht bei Luther und seiner Reformation zu suchen. In den Jahren der Unsicherheit unter Franz I. bedeutete der Erfolg des Luthertums in Deutschland zwar einen Ansporn für die französischen Protestanten, aber die Zwangsmaßnahmen des Königs hielten sie unter strenger Kontrolle. Während dieser Zeit konnte sich keine protestantische Gemeinde halten. Trotzdem entzog sich der französische Protestantismus seinem Zugriff und blieb am Leben. Die Gemeinde in Straßburg, die Calvin von 1538 bis 1541 seelsorgerisch betreute, und die wachsende Zahl der französischen Emigranten in Genf hatten eine größere Bedeutung, als ihre geringe zahlenmäßige Stärke ahnen ließ. Alle diese Flüchtlinge standen in Verbindung mit Freunden und Verwandten, die in Frankreich geblieben waren und dort eine Art Katakomben- oder Märtyrerkirche bildeten. Die offene Verfolgung durch Heinrich II. schien das Gegenteil von dem zu erreichen, was sie bezweckte. Im Edikt von Châteaubriant (1551) hatte der König äußerste Strenge walten lassen, und die *Chambre ardente,* die er einrichtete, sprach Hunderte von Todesurteilen aus. Dennoch wuchs der Protestantismus in Frankreich weiter und fand sogar Eingang in die königliche Familie. Eine Reaktion auf Heinrichs Strenge war unausbleiblich. Selbst das Parlament von Paris erhob Einspruch gegen die Inquisition, die Heinrich 1555 einführte, und königliche Richter gingen nur unter Zwang mit der gewünsch-

ten Schonungslosigkeit gegen die Protestanten vor. Calvin hielt ständig Fühlung mit dieser Entwicklung, und Genf war die Schule für zahlreiche Franzosen, die nach Frankreich zurückkehrten, um als Geistliche in neugebildeten Gemeinden zu wirken. Seit etwa 1556 bürgerte sich die Bezeichnung Hugenotten (wahrscheinlich von »Eidgenossen«) für die französischen Protestanten ein. 1559 trat die erste Synode protestantischer Kirchen Frankreichs in Paris zusammen. Nahezu 50 Kirchen waren durch Laien oder Geistliche oder auch durch beide zugleich vertreten. Ganz selbstverständlich legte diese Gruppe die Genfer Ordnung und den Katechismus ihrer Organisation und ihrem Gottesdienst zugrunde. Die Protestanten, die nun zu Calvinisten geworden waren, stellten plötzlich eine starke Macht in Frankreich dar.

Für die Geschichte der Freiheit spielt die Übertragung calvinischen Denkens und der Ideale seiner Theokratie auf andere Gebiete Europas und Amerikas eine bedeutsame Rolle. Selbst die erbittertsten Feinde Calvins, die die Strenge und Intoleranz seines Genfer Regiments ablehnen, können nicht leugnen, daß seine Anhänger in anderen Ländern im Kampf um politische und religiöse Freiheit an führender Stelle standen. Er hat bestimmte Einrichtungen geschaffen, die dem Volk die Möglichkeit geben sollten, seinen Willen zum Ausdruck zu bringen. Wenn er diesen Willen so zu formen hoffte, wie es sich für eine »Stadt Gottes« ziemte, so ändert das nichts an der Tatsache, daß die Strukturen gegeben waren, in deren Rahmen sich die Freiheit erreichen ließ. Die Zahl der Anhänger des Calvinismus steht wahrscheinlich in keinem Verhältnis zu dem Beitrag, den er zur Entwicklung der Demokratie in der westlichen Welt geleistet hat; wo man sich heute theoretisch mit dem Repräsentativsystem befaßt, stützt man sich vielfach auf die Formulierungen Jean Calvins.

15

Katholische Reform und Gegenreformation

Die Entstehung und Verbreitung der protestantischen Reformation war ein so erregender und für die katholische Glaubensgemeinschaft so folgenschwerer Vorgang, daß im allgemeinen Bewußtsein die Reformbestrebungen der Kirche oft in den Hintergrund treten. Man könnte tatsächlich den Eindruck gewinnen, als wären die Protestanten die einzigen gewesen, denen an einer strukturellen Reform der Kirche und einer Hebung der Moral der Geistlichkeit und Laienschaft gelegen war. Dabei bliebe aber die Tatsache außer acht, daß die gesamte konziliare Bewegung des 15. Jahrhunderts ausdrücklich das Ziel verfolgte, die Kirche »an Haupt und Gliedern«, vom Papst und der Kurie bis zum geringsten Gemeindepriester hin, zu reformieren. Die Absichten der konziliaren Bewegung fanden in ganz Europa zunächst einmal nahezu einmütige Zustimmung, denn daß die Kirche einer Reform bedurfte, wurde von niemandem bestritten. Da die Päpste von Avignon und das Schisma diesen Bemühungen im Wege standen, war man weithin der Meinung, daß nunmehr ganz Europa gemeinsam ans Werk gehen und Normen und Verfahren entwickeln müsse, mit denen sich eine in ihren Ergebnissen gesicherte Reform durchführen lasse. Ein bedeutsamer Schritt in dieser Richtung war das Dekret *Frequens* (1417) des Konzils von Konstanz mit seiner Forderung, daß alle zehn Jahre ein Generalkonzil einberufen werden sollte, um die Tätigkeit der Kurie und den Fortgang der beschlossenen Reformmaßnahmen zu überprüfen; auf dieses Dokument beriefen sich in den folgenden Jahrzehnten sowohl die Vorkämpfer der Reform als auch die Gegner des Papsttums. Das Papsttum andererseits war entschlossen, dieses Dekret zu annullieren und dadurch seine alleinige Zuständigkeit in Fragen der Lehre und der Moral wiederherzustellen. Die Bulle *Execrabilis* (1460) Pius' II. verdammte denn auch die Lehre von der Oberhoheit des Konzils und suchte zu verhindern, daß die Gegner des päpstlichen Supremats sich weiterhin auf *Frequens* beriefen. Seine Nachfolger, insbesondere Paul II., Sixtus IV., Innozenz VIII. und Julius II., verfolgten die gleiche Politik des Widerstands gegen ein Konzil, obwohl sie vielfach die Reform im Munde führten.

Bei diesem Widerstand gegen ein Generalkonzil, das sein Programm wohl von *Frequens* her entwickelt hätte, spielte eine nicht geringe Rolle die Tatsache, daß das Thema Reformkonzil zum Instrument politischer Erpressung geworden war. Ludwig XI. von Frankreich drohte in seinen zahlreichen Auseinandersetzungen mit Päpsten sehr häufig mit einem Konzil, und auch die Kaiser Friedrich II. und Maximilian I., die von einem Konzil keinen Nutzen haben konnten, stellten sich bei mehreren Gelegenheiten hinter diese Drohung Ludwigs. Der König von Böhmen, Georg von Podiebrad, ein Hussit und als solcher für die Kurie ein Verfluchter, verlangte in zwei Fällen – vor und nach seiner offiziellen Exkommunikation durch Pius II. im Jahre 1462 – ein Generalkonzil und führte mit anderen Fürsten des Reichs Verhandlungen über dessen Einberufung. Karl VIII. und Ludwig XII. von Frankreich operierten bei ihren italienischen Abenteuern beide mit der Androhung eines Konzils. Mit Hilfe dieses Druckmittels konnten sie – auch ohne die ernstliche Absicht, diese Drohung in die Tat umzusetzen – den Papst zur Billigung von Eroberungen oder zur Teilnahme an Bündnissen zwingen. In Italien waren sich die zahlreichen Fürsten und Despoten darüber klar, daß sie von einem Generalkonzil nichts zu erwarten hatten, auf dem möglicherweise peinliche Fragen bezüglich ihrer Legitimität und ihrer Rechtspflege zur Sprache kommen konnten. Trotzdem setzten sich sowohl Florenz (1478) als auch Venedig (1483 und 1509) für ein künftiges Konzil zur Reformierung des Papsttums ein. Allerdings wußten beide genau, daß ihre Schritte kein konkretes Ergebnis haben würden und daß sie nichts dabei wagten. Die katholischen Könige von Spanien, die sich in ihrem Bereich ihrer Gewalt über die Kirche sicher waren, schlossen sich im allgemeinen dieser Übung nicht an. Ganz abgesehen davon erfuhr die Kirche in Spanien gerade zur Zeit, da das Papsttum seinen Tiefstand erreicht hatte und am reformbedürftigsten war, ganz unabhängig von Rom eine gründliche und fruchtbare Reform unter Kardinal Jiménez.

Daß die Fürsten ein Konzil nach Art der Konzile von Konstanz oder Basel verlangten, obwohl sie an einer Reform nicht interessiert waren, hatte einen sehr einfachen Grund. In der Kirche bedurfte tatsächlich vieles einer Reform, in erster Linie das Papsttum und die Kurie, aber kaum weniger der niedere Klerus. Alle wußten, daß »etwas faul« war an der Institution, der sie angehörten, und alle waren sich darüber einig, daß es zunehmend schlimmer wurde. Die Humanisten, die Reformer in den Orden, die Mystiker und die vielen loyalen und rechtgläubigen Prediger, sie alle erklärten ihrer Zuhörerschaft, daß die Zustände unerträglich seien und geändert werden müßten. Das gemeine Volk hoffte, ein mächtiges, ehrlich bemühtes und gottesfürchtiges Konzil der gesamten Christenheit mit einem Auftrag von König, Bauernstand und frommer Geistlichkeit müsse und werde eine Rückkehr zu apostolischer Reinheit bringen. Die Fürsten kannten diese Stimmung im Volk und bedienten sich ihrer, um ihren offiziellen, wenn auch meist nicht ernst gemeinten Aufrufen zu einem Konzil gegen den Papst Nachdruck zu verleihen.

Das Verlangen nach einem Reformkonzil griff jedoch über das politische Spiel der Fürsten hinaus. Es war bereits die Rede davon, daß die Theorie von dem Supremat des Konzils im

Tizian: »Kaiser Karl V.«, 1548; München, Alte Pinakothek.

Tizian: »Das Konzil von Trient« (Ausschnitt); Paris, Louvre.

späten 14. Jahrhundert an der Universität Paris einen festen Rückhalt hatte. Das ganze 15. Jahrhundert hindurch setzte sich Paris dafür ein, die Nöte der Kirche durch eine konziliare Lösung zu beheben, und eine Reihe führender Universitäten Europas – darunter Wien, Krakau, Köln, Leipzig und Erfurt – schlossen sich nacheinander der angesehenen Sorbonne an. Die italienischen Universitäten dagegen befanden sich in einer schwierigen Lage. Ihre im allgemeinen legalistische Einstellung zur Kirche und der Kirchendisziplin hätte sie veranlassen müssen, für die repräsentative Autorität eines Konzils einzutreten, doch die Tatsache, daß sie sich im unmittelbaren Einflußbereich des Papstes befanden und gewöhnlich auf seine Gunst angewiesen waren, führte dazu, daß sie sich still verhielten. So blieben sie offiziell neutral, während einzelne Professoren in manchen Fällen die Einberufung eines Konzils zur Gesundung der Kirche offen befürworteten.

In der Zeit zwischen dem unrühmlichen Ende des Konzils von Basel im Jahr 1449 und dem Beginn der lutherischen Reformation wurden drei Konzile einberufen; zwei davon standen in unmittelbarer Gegnerschaft zum Papst, und das dritte berief Papst Julius II. selbst ein. Erzbischof Zamometič, ein hervorragender Gelehrter und Diplomat, hatte 1481 an Papst Sixtus IV. und dessen Neffen offen Kritik geübt und war daraufhin gefangengesetzt worden. Nach seiner Freilassung floh er nach Basel und verlangte von dort aus im April 1482 öffentlich die Einberufung eines Konzils, das den Papst daran hindern sollte, die Kirche zugrunde zu richten. Er forderte den Papst auf, vor diesem Konzil zu erscheinen und sich zu bestimmten Beschuldigungen zu äußern. Zamometič rechnete mit der Unterstützung der Fürsten im Norden, die selbst so unbedenklich mit einem Konzil gedroht hatten. Der Aufruf fand nur ein schwaches Echo, und die Stadt Basel setzte unter dem Eindruck des energischen und raschen Vorgehens des Papstes Zamometič schließlich trotz ihrer traditionellen Konzilfreundlichkeit gefangen. Der ganze Plan zerschlug sich; offensichtlich war die Zeit für so einschneidende Maßnahmen noch nicht reif.

Der zweite vorreformatorische Versuch, ein Reformkonzil einzuberufen, hatte mehr Erfolg. Julius II., der in erster Linie politisch und militärisch dachte, hatte sich viele Feinde gemacht, unter denen Frankreich und Ludwig XII. die bedeutendsten waren. Da Julius sich auf das Feld der internationalen Beziehungen begeben hatte, fühlte sich Ludwig seinerseits berechtigt, in den Bereich der Kirchenpolitik einzudringen. Julius hatte geschworen, die »barbarischen« Franzosen aus Italien zu vertreiben. Ludwigs Antwort bestand darin, daß er 1510 eine französische Nationalsynode einberief, die den Angriff des Königs auf den Papst legalisieren sollte. Innerhalb weniger Monate stellten sich neun Kardinäle auf die Seite Ludwigs und beschlossen, ein Konzil einzuberufen. Das Konzil sollte am 1. September 1511 in Pisa zusammentreten. Kaiser Maximilian hatte für Ludwig Partei ergriffen. Julius umging das Pisaner Konzil dadurch, daß er im Juli 1511 ein Konzil einberief, das am 19. April 1512 im Lateran in Rom zusammentreten sollte. Da das kanonische Recht dem Papst durchaus erlaubte, ein Konzil einzuberufen, und da zudem der Minderheit, die hinter dem Pisaner Konzil stand, mehrere juristische Fehler unterlaufen waren, zeigte sich bald, daß das Konzil in Pisa keine nennenswerte Unterstützung finden würde. Es begann trotzdem am 1. November 1511 zu tagen, war aber fast ausschließlich von Franzosen besucht. Papst Julius entkleidete die Kardinäle, die das Pisaner Konzil in die Wege geleitet hatten, ihrer Würde – ein Vorgehen, bei dem er sich in Übereinstimmung mit dem Kirchenrecht befand –, und das *conciliabulum* von Pisa – wie es später verächtlich genannt wurde –, das sich inzwischen unter den unmittelbaren Schutz Ludwigs nach Mailand begeben hatte, brach zusammen. Damit hatte sich gezeigt, daß ein Instrument der Kirche mit größerer Unterstützung in Europa nicht rechnen konnte, wenn es von einem weltlichen Fürsten zu politischen Zwecken eingesetzt wurde. Daß Julius als Gegenmaßnahme selbst ein Konzil einberufen hatte, wirkte beschwichtigend auf alle diejenigen, die hartnäckig auf Reform durch ein Generalkonzil bestanden, und allein die Hoffnung, daß dieses von Julius einberufene Konzil etwas gegen die Mißstände in der Kirche unternehmen werde, genügte schon, um die Krise wieder ein paar Jahre hinauszuschieben. Julius starb bald nach der ersten Sitzung des Konzils, das sich noch fünf Jahre hinschleppte, um schließlich – bezeichnenderweise gerade in dem Jahr, in dem Luther auf dem europäischen Schauplatz erschien – auseinanderzugehen, ohne daß irgend etwas erreicht worden wäre.

Das ganze 15. Jahrhundert hindurch hatten häufig Laien und Kleriker zu Reformen aufgerufen und Gruppen den Versuch gemacht, Mißbräuche zu beseitigen und die Reinheit sowie den Eifer des Urchristentums wiederherzustellen. Von den Mystikern und von Kardinal Nikolaus von Kues war bereits die Rede. Ihre Bemühungen blieben – besonders unter den einfachen Leuten – nicht ohne Erfolg. Die katholische Kirche fand Raum für diese Manifestationen religiösen Eifers und erlaubte, ja förderte oft sogar die Gründung geistlicher und weltlicher Bruderschaften und Orden. Daneben gab es dank der Initiative verantwortungsbewußter Männer und Frauen Reformversuche auf der Ebene von Orts- oder Diözesansynoden, einzelner Orden oder sogar auch einzelner Klöster. Die Energie, mit der schon vor der Zeit Luthers diese unabhängigen und orthodoxen Reformbestrebungen oft gegen den Willen der Kurie in Rom betrieben wurden, war außerordentlich eindrucksvoll.

In Frankreich protestierten 1484 die Generalstände offiziell gegen die korrupten Praktiken in der Verwaltung der französischen Kirche. Im folgenden Jahr verbreitete eine Provinzialsynode zu Sens ein Programm zur Abstellung von Mißbräuchen in den Klöstern und bei der Geistlichkeit. Johann Standonck, der energische und einflußreiche Leiter des Collège de Montaigu in Paris, wurde zum Mittelpunkt einer Gruppe

von Klerikern und Gelehrten, die eine Reform der französischen Kirche forderten. Nicht wenige hochgestellte Kleriker sahen hier einen Hoffnungsschimmer und unterstützten diese Initiative kräftig. Auf der französischen Nationalsynode in Tours 1493 wurde der Zustand der Religion in Frankreich in aller Offenheit und bis ins Detail zusammen mit Verbesserungsmaßnahmen behandelt. König Karl VIII. unterstützte die Reformbemühungen und überredete Papst Alexander VI. (1492–1503), helfend einzugreifen. Der Papst beschränkte sich auf einen einzigen Orden und bestimmte drei Äbte, die dessen französische Häuser visitieren sollten. Eine Wende schien sich anzukündigen; mehrere Bischöfe und selbst ganze Orden, insbesondere der von Cluny, bemühten sich ernsthaft und zum Teil nicht ohne Erfolg, in ihrem Bereich durchzugreifen. 1501 begann Kardinal d'Amboise als päpstlicher Legat und mit Unterstützung Ludwigs XII. eine strenge Reform der Bettelorden. Er begünstigte die strengere Richtung der Observanten, die im Volk ihres reinen Lebenswandels und ihrer Frömmigkeit wegen hohes Ansehen genossen, und konnte infolgedessen mit öffentlicher Billigung seiner Maßnahmen und mit Dauerhaftigkeit der Ergebnisse rechnen. Neun Jahre lang – bis zu seinem Tod im Jahr 1510 – war d'Amboise praktisch Diktator der Kirche in Frankreich, allerdings nicht ohne auf Widerstand bei der Ordensgeistlichkeit zu stoßen, der seine Reformbestrebungen galten; und schließlich überlebten die althergebrachten Rechte auf Vermögen, Landbesitz, Privilegien, Abgabefreiheit und Würden ihn doch. Diese Rechte in Frankreich und anderswo waren letztlich für das Scheitern des Lateranischen Konzils von 1517 ebenso verantwortlich wie das Widerstreben Leos X. (1513–1521), sich entschieden für eine Reform einzusetzen.
Ein weiterer Aspekt für die allgemeine Einstellung zur Religion ergibt sich aus dem bereits verschiedentlich erwähnten Interesse des gemeinen Mannes an religiöser Literatur. Hier eröffnete die neuerfundene Buchdruckerkunst bisher ungeahnte Möglichkeiten. Das 15. Jahrhundert war par excellence

die Periode der Verbreitung der griechischen und römischen Klassiker gewesen, wenn wahrscheinlich auch ebenso viele Exemplare von Predigten, der *Biblia pauperum*, der Vulgata und von Erbauungsschriften gedruckt und gekauft worden waren. Doch nach der Jahrhundertwende war es nun in allen europäischen Ländern die religiöse Literatur, die sich in den Vordergrund schob, und schon im Anfangsstadium der Reformation hatten sich Kanäle herausgebildet, über die der Ideenaustausch gleichgesinnter »Fortschrittlicher« von der Ostsee bis nach Sizilien vor sich ging. Es gab nun eine internationale Gesellschaft von Männern und Frauen, deren gemeinsames Ziel und Anliegen es war, ihr religiöses Wissen und ihre religiöse Erfahrung zu vertiefen und dadurch ihren gemeinsamen Glauben zu fördern.

Eine späte Frucht der Reformbewegung war die Neugründung einer Anzahl religiöser Orden oder Gruppen, die sich innerhalb des allgemeinen Programms besondere Aufgaben gestellt hatten. 1497 wurde in Genua von Hector Vernazza, einem gebildeten Laien, ein »Oratorium der göttlichen Liebe« gegründet, das anstelle mönchischer Weltflucht stille Andachtsübungen und karitative Betätigung an Armen, Waisen und Kranken forderte. Vernazza gründete bald auch eine ähnliche Gruppe in Rom, der mehrere künftige Kardinäle und ein künftiger Papst angehörten. Es ging ihm nicht darum, möglichst viele Mitglieder zu gewinnen, doch entsprach sein Unterfangen so sehr einem latenten Bedürfnis, daß fast gleichzeitig weitere Gruppen in Florenz, Brescia, Mailand und schließlich auch in Venedig entstanden. Hier trat ein junger Adliger aus Vicenza, Gaetano da Thiene, der Gruppe bei, der eine neue Organisation völlig besitzloser Kleriker, die jedoch nicht betteln durften, ins Leben rief. Aus ihr sollte sich später der Theatinerorden entwickeln. Alle diese Gründungen entstanden spontan und waren zunächst keineswegs als Gegengewicht gegen die protestantische Häresie gedacht. Dieser Gesichtspunkt taucht jedoch erst mit Ignatius von Loyola auf.

Etwa um dieselbe Zeit, in den Jahren unmittelbar nach 1520, beginnen die beiden geschilderten Strömungen in der katholischen Kirche – die politisch-ekklesiastischen Reformbemühungen der Fürsten und der Kurie einerseits, und die dem Gedankengut der Mystiker, der frommen Laienschaft und der Humanisten entspringenden Einzelbestrebungen andererseits – nebeneinander herzulaufen oder zusammenzufließen.
Luther hatte schon im November 1518 an ein Konzil appelliert. Kaiser Karl V., ein glühender Katholik, machte die Einberufung eines Konzils zur Grundbedingung seiner Unterstützung des Papsttums. 1523 verlangten die Reichsstädte ein »freies christliches« Konzil, das in Deutschland zusammentreten sollte. Es gab kein Land in Europa, in dem nicht kirchliche Würdenträger, ob sie nun gegen oder für die Kurie waren, die Notwendigkeit eines Konzils anerkannt hätten. Nach einigen Jahren solcher Bemühungen entschloß sich der Papst widerstrebend, dem allgemeinen Verlangen nachzugeben. Die Plünderung Roms durch kaiserliche Truppen im Jahr 1527 und das daraus sich ergebende Übergewicht Karls V. in Italien beschleunigten das Zugeständnis des unentschlossenen Papstes Clemens VII., sobald wie möglich ein Konzil einzuberufen. Doch immer wieder traten Verzögerungen ein, bis im Juni 1532 die katholischen Stände in Regensburg innerhalb eines Jahres die Einberufung eines Generalkonzils durch den Papst oder den Kaiser verlangten und als Alternative mit einem deutschen Konzil drohten, das die Kirchenreform durchführen und strittige Punkte zwischen den Katholiken und den Protestanten klären sollte. Da der Papst jedoch zu diesem Zeitpunkt gerade mit Franz I. von Frankreich verbündet war, der das Konzil als eine Forderung des Kaisers ständig sabotierte, blieben Verhandlungen mit dem Kaiser und den Deutschen fruchtlos. Weithin herrschte die Meinung, der Papst schrecke vor einem Konzil zurück, weil er befürchte, daß es sich gegen ihn richten werde. Clemens VII. starb 1534, und sofort lebte die Hoffnung auf ein Konzil wieder auf. Im Januar 1535

beschloß sein Nachfolger Paul III., ein Farnese, die Einberufung und sandte Legaten an die europäischen Höfe, um die Zustimmung der weltlichen Herrscher einzuholen. Franz zeigte sich ausweichend und widerstrebend, die protestantischen Fürsten weigerten sich, auf die Bedingungen des Papstes einzugehen, und nicht wenige katholische Fürsten und Prälaten erhoben Einwände gegen den Ort und das Programm des Konzils. Nur König Ferdinand I. antwortete positiv. Heinrich VIII. von England, der schon mit Rom gebrochen hatte, wurde gar nicht gefragt. Schließlich erzielten die Legaten nach unermüdlichen Verhandlungen eine Anzahl positiver Antworten, und so schrieb Paul am 2. Juni 1536 ein Generalkonzil aus, das am 23. Mai 1537 in Mantua zusammentreten sollte. Auf dem Programm standen Hebung der Sittlichkeit, Ausrottung der Ketzerei, Vorbereitung eines Kreuzzugs gegen die Ungläubigen und die Befriedung Europas. Zu der Zeit, als das Konzil zusammentreten sollte, fochten Karl V. und Franz I. bereits ihren dritten Krieg miteinander aus.

Inzwischen hatte der Papst, um sich über die Erfordernisse und Fortschritte der Reform ein Bild machen zu können, 1536 eine Kommission bestellt, die den ganzen Fragenkomplex untersuchen und ihm darüber berichten sollte. Diese Kommission setzte sich aus hohen Geistlichen zusammen, die als Befürworter einer Reform bekannt waren. Das Ergebnis ihrer Beratungen war das unerhört freimütige *Consilium de emendanda ecclesia,* das dem Papst im März 1537 vorgelegt wurde. Hierin wurde die Schuld an der mißlichen Lage der Kirche rundheraus den Päpsten gegeben, die durch Laschheit oder Habgier die Laster der Simonie und des Nepotismus gefördert, das geistliche Wohl der Gläubigen in empörender Weise vernachlässigt, die geistlichen Ämter mit ungeeigneten Männern besetzt und anscheinend die Theorie vertreten hätten, daß das Vermögen der Kirche ihr persönlicher Besitz sei. Die Empfehlungen des Ausschusses waren entsprechend drastisch. Die Ernennung zum Bischof sollte aufgrund von Verdienst und Eignung erfolgen und nicht, um Günstlingen oder Verwandten zu Einkünften zu verhelfen; Anwartschaften und Reservationen, durch die die besten Kandidaten ausgeschaltet werden könnten, sollten wegfallen; aber abgelegene Bistümer oder Pfründen sollten nicht mehr Kardinälen übertragen werden, die unmöglich in ihren Diözesen amtieren könnten; die Priesterweihe sollte nur Anwärtern erteilt werden, die sich entsprechend darauf vorbereitet hatten. Die Denkschrift erfuhr weite Verbreitung und wurde im katholichen Bereich teils gebilligt, teil kritisiert. Ihre Kritiker warfen ihr vor allem vor, daß sie unrealistisch sei und, wenn man ihr folge, das gesamte Verwaltungssystem des Papsttums zugrunde richten werde. Der Papst ließ das Schriftstück in seiner Gegenwart verlesen und diskutieren, überließ jedoch das Handeln dem bevorstehenden Konzil. Luther veröffentlichte eine deutsche Übersetzung des *Consiliums* mit sarkastischem Kommentar. 1538 verbot die Kurie die Veröffentlichung, doch erschienen innerhalb der nächsten 20 Jahre trotzdem 13 Auflagen.

Erhebliche Schwierigkeiten für das Zustandekommen des Konzils bereitete die Wahl des Ortes. Doch obwohl Paul III. gezwungen war, mit Rücksicht auf politische Einwände den Tagungsbeginn – ursprünglich der 1. November 1537 in Mantua, dann der 1. Mai 1538 in Vicenza – zu verschieben, gab er nicht auf. Schließlich berief er das Konzil auf den 1. November 1542 nach Trient ein. Der Ort war überaus glücklich gewählt. Trient lag gerade noch innerhalb der Grenzen des Reichs und war doch nach Bevölkerung und Tradition vorwiegend italienisch. Man konnte also weder wie bei Mantua oder Vicenza behaupten, daß es unter päpstlichem Einfluß stehe, noch wie bei Nürnberg oder einer anderen deutschen Stadt den Einfluß des Kaisers beanstanden. Um diese Zeit des vorgesehenen Konzilbeginns waren die Verhandlungen zwischen päpstlichen Gesandten und führenden Protestanten über das Thema einer Wiedervereinigung, die unter kaiserlichem Druck 1540 in Worms und 1541 in Regensburg aufgenommen worden waren, vollkommen festgefahren und gescheitert. Damit war die völlige Unvereinbarkeit der Überzeugungen der deutschen Protestanten mit der katholischen Lehre schmerzlich klar geworden. Von nun an glaubte niemand mehr, daß ein vom Papst einberufenes Konzil auch von Protestanten besucht werden würde.

Infolge erneuter kriegerischer Auseinandersetzungen zwischen Franz I. und Karl V. mußte der Beginn des Konzils wieder verschoben werden, bis durch den Friedensschluß von Crépy (18. September 1544) die politischen Voraussetzungen dafür geschaffen waren und Paul III. mit Zustimmung von Franz und Karl einen neuen Termin ansetzen konnte. Am 13. Dezember 1545 fand schließlich die offizielle Eröffnungssitzung statt.

Das Konzil von Trient *(Concilium Tridentinum)*, eine der wichtigsten Synoden in der Geschichte der Kirche, tagte genaugenommen 18 Jahre lang, von 1545 bis 1563. Es trat in drei Sitzungsperioden zusammen: die erste unter Papst Paul III. vom Dezember 1545 bis zum März 1549; die zweite unter Papst Julius III. vom Januar 1551 bis April 1552; die dritte unter Papst Pius IV. vom Januar 1562 bis zum Dezember 1563. Im Laufe dieser 18 Jahre nahm die Kirche unter dem Eindruck der Angriffe von protestantischer als auch von katholischer Seite eine endgültige Formulierung ihrer Lehre vor und verfolgte dabei eine konservativ scholastische Linie. Der Bruch zwischen Protestantismus und Katholizismus wurde als vollständig und unwiderruflich erkannt. Damit wandelte sich die katholische Reform zur Gegenreformation, und die Kirche ging aus der Verteidigung mit neuen Waffen, unter neuen Führern und in einem neuen Geist zum Angriff über.

Diese neue Haltung wurde jedoch nicht ohne innere Kämpfe, heftige Zänkereien und eine Einbuße an Ansehen erreicht. Von Anfang an trat klar zutage, daß mächtige und tiefverwurzelte Interessen sowie Verfahrensweisen, die noch aus der vorkonziliaren Periode stammten, bei den Entscheidungen des

Konzils versuchen würden, sich durchzusetzen. Der Kaiser, der stets auf die Unterstützung der deutschen Reichsstände angewiesen war, weil er sie entweder in den Türkenkriegen oder als Geldgeber brauchte, mußte oft den Anschein erwecken, als sei er ein Vorkämpfer für die protestantischen Interessen. Auf der anderen Seite unterstand die spanische Kirche seiner Gerichtsbarkeit, die aufgrund ihrer unbestrittenen Rechtgläubigkeit und ihrer hohen Moral den spanischen Abgeordneten auf dem Konzil ein Gewicht verlieh, das allein durch ihre Zahl nicht gerechtfertigt gewesen wäre. Da sie sich häufig in Opposition zum Papsttum befanden, fiel es Karl zu, sie vor päpstlichen Vergeltungsmaßnahmen zu schützen. Außerdem hatte er als Herr eines großen Teils von Italien Interessen, die oft in scharfem Gegensatz zu denen des Papsttums standen. So konnte es nicht ausbleiben, daß Karls Politik in dem Bemühen, so verschiedene Interessen miteinander in Einklang zu bringen, innere Konflikte verschleiern mußte. Sehr viel stärker jedoch fielen die Widersprüche ins Auge, die zwischen den überzeugten Befürwortern der Reform und den Verteidigern der Kurie bestanden. Die Stärke der letzteren lag in ihrer Zahl. In Italien gab es mehr und kleinere Bistümer als im übrigen Europa, und die Bischöfe waren gewöhnlich vom Wohlwollen des Papstes abhängig. Für sie war es leichter, das Konzil zu besuchen, als für einen französischen oder deutschen Bischof, der durch sein Hirtenamt viel stärker in Anspruch genommen war. Das ganze Konzil hindurch waren die italienischen Prälaten in der Überzahl. Allerdings war diese Mehrheit nie einmütig, da manche Bischöfe als Untertanen des Kaisers, andere als Angehörige der Reformpartei ihre Stimmen häufig gegen die Kurie abgaben. Dennoch stimmte ein großer Block der Italiener so, wie es die Kurie von ihnen erwartete.

Den Vorsitz beim Konzil sollten die päpstlichen Legaten führen, und volles Stimmrecht war auf die Ränge vom Bischof aufwärts und die Generaloberen der Orden beschränkt. Der Kaiser wünschte dringend, daß zuerst die Frage der Reform behandelt werden sollte. Damit, meinte er, werde man der Welt und vor allem den Deutschen beweisen, daß es dem Papsttum mit seiner Ankündigung von Reformplänen ernst sei. Die Partei der Kurie dagegen wünschte erst Formulierungen der Lehre zu erarbeiten, die die Kirche in die günstige Lage versetzen sollten, protestantische »Neuerungen« durch einfache Verweise auf eine gültige Theologie annehmen oder ablehnen zu können. Es kam zu einem Kompromiß. Das Konzil teilte seine Teilnehmer in drei Gruppen oder Kongregationen auf, die jeweils eine ihnen von einem Theologenausschuß zugewiesene Frage erörtern sollten. Die Formulierungen dieser Kongregationen sollten dann einer Generalkongregation vorgelegt werden, über deren endgültige Formulierung in einer Vollsitzung abgestimmt werden sollte. Gleichzeitig wurde beschlossen, Lehre und Reform nebeneinander zu behandeln. Die Folge der Aufteilung war jedoch, daß der Lehre mehr Aufmerksamkeit gewidmet wurde als der Reform.

Zuerst wurden die Quellen des Glaubens dahingehend definiert, daß Heilige Schrift und Überlieferung gleichgestellt wurden und von der Kirche *pari pietatis affectu et reverentia* (mit gleichmäßig frommer Hingabe und Ehrerbietung) hingenommen werden sollten. Diese Definition stand im genauen Widerspruch zu der protestantischen Grundlehre, daß der christliche Glaube ausschließlich auf der Heiligen Schrift ruhe und die Überlieferung nur dann gelten solle, wenn sie mit der Bibel übereinstimme. Ferner wies das Konzil die protestantischen Lehren über die Erbsünde und die Rechtfertigung durch den Glauben zurück. Es gab Konzilsmitglieder, die über die Rechtfertigung durch den Glauben so augustinisch dachten, daß sie sich fast lutherisch äußerten, wodurch die Debatten in den langen Sitzungen über dieses Thema oft sehr lebhaft wurden. Die Verdammung der Lehre Luthers von der Rechtfertigung allein durch den Glauben war vielleicht die bedeutsamste wie auch die am sorgfältigsten ausgearbeitete Entscheidung zur Lehre, die das Konzil überhaupt traf. Es hob hervor, daß für die Erlösung des Menschen die göttliche Gnade unerläßlich sei, betonte aber auch die Mitwirkung des freien Willens dabei und verdammte ausdrücklich Luthers Lehre von der Erlösung allein durch den Glauben. Im weiteren Verlauf der Sitzungsperiode wurde die Lehre von den sieben Sakramenten im wesentlichen in ihrer mittelalterlichen Form bestätigt; man hielt also an der objektiven Natur der Sakramente fest, was besagen will, daß sie nicht durch die Person des Priesters, sondern aus sich selbst und durch Christi Willen wirksam werden und damit im Gläubigen bewirken, was Christus und die Kirche versprochen haben.

Was Verwaltung und Reform anbetraf, so legte das Konzil den Bischöfen nahe, in ihren Diözesen für Reformen zu sorgen und Schulen zur Ausbildung der Geistlichen zu errichten. Es erkannte die Vulgata als den offiziellen Text der Heiligen Schrift an, erlegte den Bischöfen und sonstigen Prälaten die Pflicht auf, in ihren Diözesen zu predigen oder dafür zu sorgen, daß andere an ihrer Stelle predigten, und schrieb vor, daß die Ordensgeistlichen einer Erlaubnis des Bischofs bedürften, wenn sie in seiner Diözese predigen wollten. Das war kein schlechter Anfang für eine Reform, aber auch nicht mehr als das. Hinsichtlich der Lehre nahm das Konzil eine streng antiprotestantische Haltung ein; das reformerische Ergebnis bestand in milden Empfehlungen, deren Hauptzweck offenbar darin lag, die Macht der Bischöfe und der Kurie zu stärken.

Anfang 1547 hatte sich die Spannung zwischen dem Kaiser und Papst Paul III. so verstärkt, daß man auf dem Konzil zu fürchten begann, der Kaiser könnte seine Truppen nach Trient ziehen. Man nahm eine Seuche zum Vorwand für das Verlassen der Stadt und verlegte das Konzil nach Bologna. Karl, der mit dem Schmalkaldischen Bund im Krieg lag, war damit nicht einverstanden und befahl den 14 Prälaten, die ihm ergeben waren, in Trient zu bleiben. Doch die erste Sitzungsperiode des Konzils ging ihrem Ende zu. Nach seinem Sieg bei Mühlberg (24. April 1547) war der Kaiser Herr in Deutschland. Ohne seine Unterstützung oder zumindest seine Zustimmung hatte das Konzil seine Bedeutung verloren. Da er sich entschieden weigerte, die 14 Prälaten nach Bologna gehen zu lassen, war kein Kompromiß möglich.

Im September 1549 hatte Paul III. das Konzil von Bologna aufgelöst, und zwei Monate später starb der hochbetagte Papst. Nach einem langen Konklave mit 71 Abstimmungen folgte ihm der Kardinal Del Monte als Julius III. (1550–1555) auf dem päpstlichen Stuhl. Er ermahnte Karl V. und Heinrich II. von Frankreich zum Frieden und berief das Konzil neuerlich auf den 29. April 1551 nach Trient ein. Diese zweite Sitzungsperiode, die nur bis zum April 1552 dauerte, war schwach besucht. Bei der Eröffnungssitzung waren weniger als 20 stimmberechtigte Prälaten anwesend, unter denen sich kein französischer Bischof befand. Heinrich II. hatte eine feindliche Haltung gegenüber dem Konzil eingenommen. Die Ergebnisse, die das Konzil erzielte, blieben auf Dekrete über die Buße sowie das Abendmahl beschränkt, in denen die Lehre von der Transsubstantiation und das Meßopfer bestätigt wurden. An diesen Diskussionen und Formulierungen waren zwei Kleriker beteiligt, die eine neue Macht innerhalb der Kirche vertraten und auf die künftige Politik einwirken sollten: Diego Laynez und Alfonso Salmerón von der Gesellschaft Jesu. In diesen und anderen, weniger strittigen Dekreten wurden die protestantischen Auffassungen mit dem Kirchenbann belegt. Im April 1552 wurde das Konzil auf zwei Jahre ausgesetzt, aber die Angelegenheiten der Kirche waren so eng mit der internationalen Politik verflochten, daß aus den zwei Jahren zehn wurden. Es waren die Jahre, in denen der Kaiser in seinen Bemühungen, die Protestanten für den Katholizismus wiederzugewinnen, allmählich nachließ. Heinrich II. von Frankreich hatte sich entschlossen, die Ketzer gewaltsam zu unterdrücken, und hielt die endlosen Diskussionen in einem von der Kurie beherrschten *conventus* für zwecklos. Innerhalb der Kurie war inzwischen jede Hoffnung auf eine Aussöhnung geschwunden, so daß dieses Motiv für ein konziliares Vorgehen ausschied. Die zunehmende Wirksamkeit und der Ruf des neuen Ordens der Jesuiten gab vielen Mitgliedern der Kurie die Überzeugung, daß man die Protestanten am besten mit ihren eigenen Waffen bekämpfen könne: durch Predigen, Lehren, Bekehrung und durch Reformen in der Verwaltung und der Moral. Diese Aufgaben sollte der von Ignatius von Loyola gegründete Orden übernehmen.

Don Iñigo Lopez de Recalde kam 1491 als 13. Kind eines baskischen Edelmannes, Beltrán de Loyola, auf dem Familiensitz Loyola in der Provinz Guipúzcoa zur Welt. Seine Knabenjahre verbrachte er als Page am Hofe Ferdinands des Katholischen in einer Umgebung, in der die Erinnerung an jahrhundertelange christliche Kreuzzüge gegen die Ungläubigen mit ihrer Atmosphäre frommen Rittertums und kühner Abenteuerlust noch lebendig war. Später diente er einige Jahre mit zweien seiner Brüder im Heer des Lehnsherrn seiner Familie, des Herzogs von Najera; bei der Verteidigung der Zitadelle von Pamplona gegen die Franzosen wurde ihm 1521 das rechte Bein von einer Kanonenkugel zerschmettert, so daß es – nach mangelhafter ärztlicher Behandlung – lahm blieb. Da er seine Lieblingslektüre, den Ritterroman *Amadís de Gaula* nicht zur Hand hatte, blieb er während seiner Genesungszeit auf Heiligenviten und das *Leben Christi* von Ludolf von Sachsen angewiesen. Die Gestalten des heiligen Dominikus und des heiligen Franziskus begeisterten ihn ebenso, und sehr bald übertrug er seine militärische Erfahrung und Vorstellungskraft auf den neuen Stoff. Er sah in der Jungfrau Maria die Dame seines Herzens und betrachtete das christliche Leben als ein militärisches Unternehmen: Auf der einen Seite sah er die Heerscharen des Herrn, auf der anderen die Gefolgschaft des Teufels unter der Fahne Luzifers. Indem er das Rittertum so vergeistigte, fand er ein neues Betätigungsfeld für seine Energie und Hingabe.

Als er Anfang 1522 wieder reisefähig war, begab er sich ins

Dominikanerkloster Montserrat und legte dort ein Pilgergelübde ab, wobei er seine Rittertracht mit dem Bettlergewand vertauschte. Bald darauf zog er sich in das nahegelegene Kloster Manresa zurück, wo er nach strengen Bußübungen der Überlieferung zufolge eine Vision hatte, die ihm das gesamte Programm seiner *Societas* und den Plan der *Geistlichen Exerzitien* offenbarte. Fest steht, daß er in Manresa auf ein Werk eines früheren Abtes des Klosters García de Císneros – *Exercitatorio de la vida espiritual*, 1500 – und ähnliche Schriften niederländischer Mystiker stieß, die ihn zur Niederschrift der Grundlinien seiner eigenen Exerzitien anregten.

Nach zehn in Manresa verbrachten Monaten brach Loyola über Barcelona nach Jerusalem auf, wo er die Ungläubigen im eigenen Lager mit den geistigen Waffen eines christlichen Ritters bekämpfen wollte. Die Franziskaner als Hüter der heiligen Stätten begrüßten die Begeisterung Loyolas keineswegs, da sein Bekehrungseifer leicht den stets gefährdeten Frieden der Christen in Palästina stören konnte. Man forderte ihn auf, das Land zu verlassen, und so kehrte er im März 1524 nach Barcelona zurück.

Unterwegs war er sich darüber klar geworden, daß er sich eine gründliche Bildung aneignen mußte, wenn er seine Mission durchführen wollte. Nachdem er sich die nötigen Lateinkenntnisse erworben hatte, ging er zum Studium nach Alcalà. Inzwischen hatte er die *Geistlichen Exerzitien* revidiert und verkündete sie jedem, der zuhören wollte. Doch als er und die drei Schüler, die er auf diese Weise gewonnen hatte, mehrfach von der Inquisition als *alumbrados* oder *illuminati* verdächtigt und sogar gefangengesetzt worden waren, mußten sie sich entschließen, Spanien, wo ein Studium unmöglich war, zu verlassen und nach Paris zu gehen.

1528 trat Ignatius von Loyola in das berühmte Collège de Montaigu ein, das Jean Calvin erst wenige Monate vorher verlassen hatte. 1534 wurde er Magister artium und strebte das theologische Baccalaureat an. Als er 1535 Paris verließ, hatte er neun Schüler um sich, vier Franzosen und fünf Spanier, sämtlich Magister, die sich dem Studium der Theologie widmen wollten. Die bekanntesten unter ihnen waren Franz Xavier, Diego Laynez und Alfonso Salmerón. Seiner Gesundheit wegen kehrte Loyola 1535 nach Spanien zurück, von wo er nach Venedig gehen wollte, um dort seine Gefährten zu treffen und mit ihnen ins Heilige Land aufzubrechen.

Inzwischen hatte Loyola die *Geistlichen Exerzitien*, die das Programm seines späteren Ordens bilden sollten, zu seiner Zufriedenheit vollendet. Dieses Handbuch enthält Anleitungen für eine vierwöchige Gewissensprüfung und Selbstbesinnung. Die erste Woche, die *via purgativa*, sollte den Gläubigen dazu bringen, seine Sündhaftigkeit zu erkennen und sein Gewissen durch die Betrachtung der sündigen Natur des Menschen zu reinigen; die zweite Woche, der erste Teil der *via illuminativa*, ist dem Verstehen der Sendung des Erlösers und des Kampfes gegen Satan gewidmet, den man sich wie ein ritterliches Treffen vorzustellen hat; die dritte Woche setzte die *via illuminativa* mit einer Betrachtung der Leiden Christi am Kreuz und seines Todes fort; die vierte Woche, die *via unitiva*, vervollständigt die Meditation, indem sie den Gläubigen zur Überzeugung seines Einsseins mit Gott bringt und ihn zu einer völligen Hingabe seines Wollens und Denkens an Gott und Christus führt. Dieses Exerzitium wurde in verkürzter Form von mehreren Päpsten dem Klerus sowie der Laienschaft empfohlen. Seine aufrüttelnde und disziplinierende Wirkung hat bei der Erhaltung der Frömmigkeit in der Kirche eine große Rolle gespielt.

Da der Krieg die Überfahrt nach Palästina unmöglich machte, beschloß die Gruppe nach Rom zu gehen und sich den Segen des Papstes sowie Anweisungen für ihre weitere Tätigkeit zu holen. In Rom kam man ihnen mit Mißtrauen entgegen, doch Papst Paul III. wollte ihnen wohl. Im Verlauf ihres bisherigen Wirkens war ihnen immer klarer geworden, daß sie einer Organisation bedurften, und so arbeitete Loyola eine provi-

Christoph Amberger: »Christoph Fugger«, 1541;
München, Alte Pinakothek.

sorische Verfassung aus, die er dem Papst im September 1539 vorlegte. Zu den üblichen Mönchsgelübden trat noch ein besonderes Gehorsamsgelübde dem Papst gegenüber, mit dem die Verpflichtung verbunden war, jeden Auftrag zu übernehmen, den er ihnen – wo auch immer – erteilen würde, ohne irgendeine Entschädigung dafür zu erwarten. Mit der Bulle *Regimini militantis ecclesiae* vom 27. September 1540 bestätigte der Papst dieses Gelübde. Er machte die militärische Organisation des Ordens zur Bedingung, billigte die *Geistlichen Exerzitien* sowie den allgemeinen Organisationsplan und begrenzte die Mitgliederzahl auf 60 – eine Beschränkung, die er später wieder aufhob.

Die ersten Erfolge hatte der Jesuitenorden in Italien. Seine Mitglieder verstreuten sich in die verschiedenen Teile der Halbinsel, um dort zu predigen, zu lehren und gegen Ketzerei jeder Art vorzugehen, sich der Armen und Kranken anzunehmen, Schulen und nach wenigen Jahren auch Kollegien zu errichten. 1550 gründete Loyola in Rom das bedeutendste der frühen Kollegien, das *Collegium Romanum*, das schon nach kurzer Zeit über 100 Priester aussandte, die in der strengen Zucht des Ordens geschult waren. 1552 wurde in Rom auch das *Collegium Germanicum* gegründet, das die besondere Aufgabe hatte, Ordensmitglieder für die Rekatholisierung Deutschlands auszubilden. In Spanien war der in drei Provinzen mit acht Kollegien unterteilte Orden stark, obwohl er gegen Widerstände seitens der Dominikaner und der Inquisition, ja selbst seitens der Krone zu kämpfen hatte, denn diese widersetzte sich traditionsgemäß jeder päpstlichen Einmischung in die Angelegenheiten der spanischen Kirche, und die Jesuiten unterstanden ja unmittelbar dem Papst. Trotzdem gewann der Orden die Sympathie des Volkes und wirkte sich spürbar auch an den Universitäten aus. Portugal war entgegenkommender, und Xavier, der als Missionar in die portugiesischen Besitzungen in Indien ging, wurde am portugiesischen Hofe hoch geschätzt.

In Deutschland hatten die Abgesandten des Ordens zunächst einen sehr schweren Stand. Die Jahre der Unabhängigkeit von der Kurie hatten zusammen mit dem grundsätzlichen Mißtrauen gegen das Papsttum selbst bei loyalen Katholiken die Überzeugung reifen lassen, daß aus Rom kaum etwas Gutes kommen könne. Immerhin waren 1542 drei Gefährten Loyolas im Norden und Süden Deutschlands tätig. Bayern war ein besonders fruchtbarer Boden für ihre Bemühungen. Der Sieg des Katholizismus in Süddeutschland geht in erster Linie auf Petrus Canisius zurück. Er machte sich insbesondere um Katechismen verdient, mit denen sich der Katechismus Luthers wirkungsvoll bekämpfen ließ, und beriet später Ferdinand bei der Rekatholisierung seines Wiener Hofs und des österreichischen Adels. Ferdinand seinerseits unterstützte Canisius, indem er mehrere Kollegien und ein Seminar in Wien und Böhmen stiftete.
Vier der fähigsten Gefährten Loyolas – Laynez, Salmerón, Lejay und Canisius – nahmen an der zweiten Sitzungsperiode des Trienter Konzils (1551/52) teil. Wenngleich der Orden noch zu jung war, um mit bedeutenden Leistungen aufzutreten, so war es doch eine höchst wertvolle Erfahrung für die Ordensmitglieder, die Kirche in einer historisch so bedeutsamen Situation in Tätigkeit zu sehen.
Etwa um 1550 hatte Ignatius von Loyola die Regeln und die Gliederung des Ordens in einer endgültigen Verfassung niedergelegt, die noch heute gültig ist. Ein auf Lebenszeit gewählter General übt eine fast unumschränkte Gewalt aus. Es gibt drei Ränge von Mitgliedern: die Novizen, die nach einer kurzen Prüfzeit zwei Jahre lang im Probestand bleiben. Dann können sie entweder entlassen oder in den zweiten Rang der Scholastiker erhoben werden, in dem sie mindestens sieben Jahre verbleiben und ein gründliches Studium der Philosophie und Theologie absolvieren. Die nächste Stufe ist nur wenigen zugänglich: Die Mitglieder dieses Ranges, die geistlichen Koadjutoren, legen neben den üblichen Gelübden der Keuschheit,

Armut und des Gehorsams noch ein besonderes Gehorsamsgelübde gegenüber dem Papst ab. Damit entstand eine überaus disziplinierte, flexible und loyale Elitetruppe, deren Leistungsfähigkeit den Neid anderer und älterer Orden erregte und die oft auch der Schrecken der Protestanten war.

Als Loyola 1556 starb, zählte der Orden 1500 Mitglieder und hatte Provinzen in jedem Lande Europas sowie auch in Asien. Er verfügte über viele Kollegien und konnte beachtliche Leistungen auf theologischem, diplomatischem und missionarischem Gebiet aufweisen. Papst Paul IV., jener Caraffa, der in den frühen zwanziger Jahren dem »Oratorium der göttlichen Liebe« angehört hatte, wollte von Spanien und den Spaniern nichts wissen. Der seinem Ursprung nach spanische Orden hatte infolgedessen insbesondere bei der Wahl seines Nachfolgers für den Gründer gewisse Schwierigkeiten. Schließlich wurde im Juli 1558 Laynez noch so rechtzeitig zum Ordensgeneral gewählt, daß er als stimmberechtigtes Oberhaupt einer mönchischen Organisation an der dritten und letzten Sitzungsperiode des Konzils von Trient teilnehmen konnte.

Inzwischen hatten sich in der Welt wie auch in der personalen Zusammensetzung des Konzils große Veränderungen vollzogen. Kaiser Karl V. hatte die Krone niedergelegt und sich in das Kloster San Yuste zurückgezogen, wo er 1558 starb. Die Einheit des habsburgischen Herrschaftsbereichs war für immer zerstört. Ferdinand, König von Böhmen und Ungarn, erbte die Kaiserkrone, und sein Neffe Philipp II. herrschte über Spanien, die Niederlande und die überseeischen Besitzungen Spaniens. Onkel und Neffe waren in ihrem Verhältnis zum Konzil wie auch zu den Protestanten häufig verschiedener Meinung. Heinrich II., König von Frankreich, war 1559 nach zwölfjähriger Regierungszeit durch einen tragischen Unfall ums Leben gekommen; ihm folgte sein Sohn Franz II. auf dem Thron, der unter dem Einfluß seiner Mutter Katharina von Medici und der Brüder Guise stand. England, das unter der katholischen Maria Tudor zum alten Glauben hatte zurückkehren sollen, wurde jetzt von Elisabeth regiert, der die päpstliche Kurie tiefes Mißtrauen entgegenbrachte. Sie hatte sich mit Beratern umgeben, die offen mit den Protestanten sympathisierten. Frankreich und Spanien unterzeichneten nach einem jahrzehntelangen Krieg den Pyrenäenfrieden von 1559, so daß das Papsttum nicht mehr ohne weiteres die beiden Königreiche gegeneinander ausspielen und auf diese Weise das Gleichgewicht der Kräfte stören konnte.

Mit dem Namen Pauls IV. (1555–1559), eines der mächtigsten Päpste des Jahrhunderts, ist die Zunahme an Macht und Reichweite der römischen Inquisition unlöslich verbunden. Als Institution hatte die Inquisition schon viele hundert Jahre lang bestanden. Seit 1216 waren im besonderen die Dominikaner mit ihr betraut, und Könige und Kaiser hatten sie gefördert. In Spanien betrachteten die katholischen Könige sie als brauchbares Instrument bei ihren Bemühungen um eine Einigung des Landes gegenüber Mohammedanern und Juden, und so entwickelte sie sich dort zu einem höchst wirkungsvollen nationalen Zuchtmittel. Caraffa, der als päpstlicher Nuntius in Spanien beobachtet hatte, was die Inquisition leistete, organisierte sie in Italien bei seiner Rückkehr nach spanischem Vorbild. Auf sein Betreiben, dem sich auch Ignatius von Loyola anschloß, rief Papst Paul III. mit der Bulle *Licet ab initio* (1542) die römische Inquisition erneut ins Leben. Sechs Kardinäle, unter denen Caraffa als erster genannt war, sollten eine Kommission von Großinquisitoren bilden. Hochgestellte Persönlichkeiten waren die ersten Opfer. Bernardino Ochino, Generalvikar der Kapuziner, wurde der Ketzerei beschuldigt und floh 1542 nach Genf. Wer jemals freundschaftliche Beziehungen zu Juan Valdés in Neapel unterhalten hatte, wurde verdächtigt und schließlich gefangengesetzt. Furcht packte weite Kreise des italienischen Volkes und brachte das geistige Leben zum Erliegen. 1546 löste sich die Universität von Modena auf. Nachdem 1555 Caraffa als Paul IV. Papst geworden war, konnte die Inquisition noch ungehemmter wirken. Kardinal

Pole wurde verdächtigt und seines Amtes als Legat in England enthoben. Er war klug genug, nicht nach Rom zurückzukehren. Keine Opposition vermochte sich in Italien gegen die Tyrannei der Inquisition zu halten. Renée, die Herzogin von Ferrara, die der reformierten Lehre zuneigte, mußte das Land verlassen. Kardinal Morone wurde gefangengesetzt, und weitere Bischöfe und Prälaten nahm man in Haft. Andere, die der Ketzerei beschuldigt waren, wurden verbrannt.
Das Papsttum und Spanien waren in vielen Dingen uneins, aber von der Notwendigkeit einer strengen und allgewaltigen Inquisition, die Vollmacht hatte, hoch und niedrig, Klerus und Laienschaft ihrer Prüfung und Zucht zu unterwerfen, waren sie gleichermaßen überzeugt. Philipp II. war ihr entschiedener und aktiver Förderer. Er betrachtete sie als ein Instrument, mit dessen Hilfe die Gesellschaft vereinheitlicht werden konnte. Die Härte des Einsatzes wechselte von Papst zu Papst; unter Pius IV. (1559–1565) wurde sie maßvoll betrieben, während Pius V. (1566–1572), der selbst Großinquisitor gewesen war, sie mit aller Strenge handhaben ließ. »Die Inquisition besiegelte das Schicksal der Protestanten in Italien«, schreibt der bedeutende katholische Historiker Ludwig Pastor. Wäre das Vorgehen der Inquisition bei der Ausrottung der Häresie und der Häretiker aus der italienischen Gesellschaft nicht so wirkungsvoll und überzeugend gewesen, so wäre der Gegenreformation trotz der beträchtlichen Leistung des Konzils von Trient und der glänzenden Arbeit des Jesuitenordens wohl kaum ein Erfolg beschieden gewesen.
Die Welt hatte sich tatsächlich verändert, als Papst Pius IV. (1559–1565) das Konzil von Trient auf den 8. April 1561 einberief. Bei seinem neuerlichen Zusammentreffen befaßte sich das Konzil zuerst mit der Frage, ob es als neues Konzil oder als Fortsetzung der vorausgegangenen zwei Sitzungsperioden zu gelten habe. Man entschied sich für letzteres und betrachtete alle früheren Dekrete und Richtlinien einfach als einen Teil des gesamten konziliaren Programms. Eine heiß

umstrittene Frage war, ob die päpstlichen Legaten nur den Vorsitz führen oder Vollmacht haben, Anträge einzubringen und so das Konzil der Initiative zu berauben. Es war der alte Kampf zwischen Papst und Konzil im neuen Gewand. Das Papsttum blieb siegreich, und die Legaten behaupteten ihr Recht, dem Konzil Maßnahmen zur Billigung vorzuschlagen. Der von Papst Paul IV. 1559 aufgestellte *Index* verbotener Bücher wurde revidiert. Bezeichnenderweise erörterten die Teilnehmer jetzt, ob die Residenzpflicht für Bischöfe göttlichen Ursprungs sei oder nur eine Vorschrift der Kirche. Nach heftigen Debatten, und obwohl eine Majorität sich für den göttlichen Ursprung entschied, beschloß man, um einen offenen Bruch zu vermeiden, die Angelegenheit an den Papst zu verweisen. Wieder hatte die Partei der kurialen Zentralisierung gesiegt.

Ein weiterer Punkt, der zu Spaltungen unter den Teilnehmern führte, war die Frage, ob der Kelch bei der Messe auch der Laienschaft gegeben werden sollte. Die Teilnehmer aus dem Reich wußten genau, daß in Deutschland, Böhmen und Ungarn allgemein der Kelch verlangt wurde, und drangen auf ein Zugeständnis, doch den Parteigängern des Papstes und Spaniens gelang es mit zeitweiliger Unterstützung des französischen Königs, eine Entscheidung zu umgehen. Man einigte sich darauf, daß die Messe ein Opfer sei, Christi Darbietung seiner selbst als eines lebendigen Opfers beim letzten Abendmahl und am Kreuz.

Die letzten Sitzungen des Konzils verliefen stürmisch. Es kam zu heftigen und anhaltenden Konflikten zwischen den Kurialen und den Ultramontanen, das heißt, den Vertretern des Kaisers, der Franzosen und weiterer Nichtitaliener. Unter den Vertretern der Kurie zeichneten sich die Jesuiten Salmerón und Laynez als Redner aus, obwohl sie gelegentlich die päpstliche Oberhoheit zu stark betonten. Der Sieg des Papstes wurde schließlich durch Spaltung und Manipulation der Opposition erreicht, wobei auch die Erschöpfung der Teilnehmer eine

Rolle spielte. Übereinstimmung war in einigen wenigen für die Kirche wichtigen Fragen erzielt worden, so vor allem in den Bestimmungen zum Sakrament der Priesterweihe. Weiter wurden die für die Bischofsweihe erforderlichen Voraussetzungen genau umgrenzt und immerhin so hoch angesetzt, daß den schlimmsten Mißbräuchen päpstlicher Macht aus der vorreformatorischen Zeit ein Riegel vorgeschoben war, und außerdem wurde den Bischöfen die Überwachung der niederen Geistlichkeit zur Bedingung gemacht. Von besonderer Bedeutung für die Erneuerung lebendiger katholischer Frömmigkeit war die Vorschrift, in jeder Diözese Seminare einzurichten, die eine angemessene Ausbildung der Geistlichkeit gewährleisten sollten. Man war der Ansicht, daß eine gebildete Geistlichkeit die beste Waffe gegen den Protestantismus sei. Am 4. Dezember 1563 hielt dann das Konzil seine letzte Sitzung ab. Die offiziellen Konzilsakten wurden von 255 Prälaten unterzeichnet, von denen 189 Italiener waren.

Nach der Absicht Karls V., der sich sehr um das Zustandekommen des Konzils bemüht hatte, sollte es seine Grundlage für die Wiedervereinigung der Protestanten mit der Kirche schaffen. Sein Ergebnis war genau das Gegenteil. Die Stellung der katholischen Kirche war nun so fixiert, daß für die Protestanten eine Wiedervereinigung ganz unmöglich war, wenn sie nicht so gut wie alles aufgeben wollten, wofür sie gekämpft hatten. Andererseits schuf das Konzil in Trient dadurch, daß es die katholische Lehre formulierte, die Organisation der Kirche revidierte und die zentrale Autorität des Papstes in Fragen der Lehre und ihrer Ausübung bestätigte, Klarheit darüber, wo die Probleme lagen, derentwegen im nächsten Jahrhundert die Religionskriege – auf dem Schlachtfeld und in der Studierstube – zwischen Protestanten und Katholiken ausgefochten wurden. Das Konzil von Trient war ein Markstein nicht nur in der Geschichte der katholischen Kirche, sondern in der Geschichte der Idee Europas überhaupt.

Nachdem die katholische Kirche sich so ihrer überlieferten

Lehre vergewissert hatte, ging sie stolz und siegessicher zur Offensive gegen den Protestantismus und gegen Häresie jeder Spielart in allen den Ländern über, in denen sie die Vorherrschaft verloren hatte. Zwei mächtige Waffen standen ihr zur Verfügung: der Jesuitenorden und die römische Inquisition. In manchen Gebieten kamen ihr außerdem die Erneuerung katholischen Geistes aus einer mystischen Frömmigkeit und ein neuer Aufschwung in Kunst und Literatur zustatten. Unter diesen Umständen ist es erstaunlich, daß der in viele Sekten zerspaltene und so individualistisch gerichtete Protestantismus, der jede zentrale Kontrolle scheute, sich angesichts dieser eindrucksvollen Entfaltung von Energie und Disziplin überhaupt am Leben halten konnte.

Die Päpste der tridentinischen und nachtridentinischen Zeit waren größtenteils außerordentlich verdienstvolle und fähige Männer. Paul IV. hatte eine Reform der Kurie und der päpstlichen Staaten energisch in Angriff genommen und auch durchgeführt. Er schickte über 100 Bischöfe, die sich ohne triftigen Grund in Rom aufhielten, in ihre Diözesen zurück, nahm seine eigenen Neffen, die in Rom in skandalösem Luxus lebten, in strenge Zucht und setzte dem Pfründenhandel ein Ende, obwohl dadurch die päpstlichen Einkünfte stark zurückgingen. Pauls Nachfolger Pius IV. war weniger streng und zielbewußt und hätte unter anderen Umständen vielleicht zugelassen, daß die Kurie wieder in ihr lockeres Renaissanceleben zurückfiel. Doch der Geist der Reform war schon zu wirksam geworden, und so erhielt er unter der Leitung seines Neffen Carlo Borromeo, eines der großen Kardinäle des Jahrhunderts, die Inquisition aufrecht und förderte die Tätigkeit des Konzils. Nach seinem verhältnismäßig maßvollen Regiment schlug das Pendel unter seinem Nachfolger Pius V. (1566–1572), der als Kardinal Großinquisitor gewesen war, wieder nach der anderen Seite aus. Auf seine Veranlassung fanden in Rom eine Reihe von öffentlichen Autodafés statt, bei denen Renegaten hingerichtet wurden. Seine Reformbestrebungen waren von tiefer Überzeugung getragen, und bei der Ausrottung des Protestantismus in Italien leistete er der Kirche beträchtliche Dienste.

Gregor XIII. (1572–1585), der Nachfolger Pius' V., der unter drei vorangegangenen Päpsten reiche Erfahrungen in der kirchlichen Verwaltung und Diplomatie gesammelt hatte, setzte das Reformprogramm fort. Unter dem Einfluß Borromeos verlangte er von der Kurie und den Bischöfen eine strikte Befolgung der Trienter Dekrete, förderte die Gründung von Seminarien, die tüchtige Priester heranbilden sollten, und stiftete in Rom die Internatskollegien für Priester der verschiedenen Länder. Die berühmte *Universitas Gregoriana* in Rom war ebenfalls seine Gründung.

Gregors Nachfolger, der Franziskaner Sixtus V. (1585–1590), setzte die Tradition jener Päpste fort, in denen sich Energie und Verwaltungstalente mit tiefer persönlicher Frömmigkeit verbanden. Vielleicht hat er in den fünf Jahren seines Pontifikats zu viele Neuerungen eingeführt. Jedenfalls erweckt es den Eindruck einer fieberhaften Tätigkeit, der es teilweise an Besonnenheit fehlte. Um die Verminderung der Einkünfte auszugleichen, die seine Vorgänger durch ihre Strenge verursacht hatten, stellte Sixtus eine Preisliste für den Kauf päpstlicher Ämter und Ehrentitel auf. Ferner gab er der Finanzverwaltung der Kurie eine völlig neue Organisation und setzte die Zahl der Kardinäle mit 70 fest, wobei es fast 400 Jahre lang blieb. Die Männer, die er in das Kardinalskollegium berief, waren durchweg hochbefähigt und integer. Zu seinen Hauptanliegen gehörte die Veröffentlichung einer Vulgataausgabe, die aber so forciert wurde, daß sie noch zu seinen Lebzeiten scharf angegriffen wurde. Unter Clemens VIII. (1592–1605) wurden weder in der Verwaltung noch in der Fortführung der Reformtradition nennenswerte Fortschritte erzielt. Ein wichtiges Ereignis während seines Pontifikats war die Bekehrung Heinrichs IV. von Frankreich zum katholischen Glauben. Obwohl der Papst bei der Anerkennung dieser Konversion Vorsicht walten ließ, war ihm klar, daß er die Unterstützung Frankreichs brauchte, wenn er sein Ziel, das Papsttum aus der Abhängigkeit von Spanien zu lösen, erreichen wollte. Ein wesentliches Verdienst Clemens' ist die Herausgabe einer revidierten Fassung der Vulgata, die bis in die Gegenwart der maßgebende Bibeltext der Kirche geblieben ist.

Unter der Führung außergewöhnlich fähiger und entschlossener Päpste machte die Kirche in den Jahrzehnten nach dem Trienter Konzil große Fortschritte in ihren Bemühungen, verlorenes Gebiet zurückzugewinnen. Im Reich, wo seit etwa 1560 das Luthertum viel von seinem früheren Schwung eingebüßt hatte, erzielten die Sendboten der erneuerten Kirche ihre erstaunlichsten Erfolge in Bayern. Dem Beispiel Luthers folgend, bediente sich die Kirche geschickt einzelner Fürsten, von denen sie annehmen konnte, daß sie als Anhänger der Tradition Land und Leute wieder in den Schoß der Kirche zurückführen würden. Der Augsburger Religionsfrieden hatte durch den Grundsatz *cuius regio, eius religio* dieses Recht allen Fürsten gesichert. Die Protestanten hatten oft Gebrauch davon gemacht, aber nicht selten schlug es auch zum Vorteil der Katholiken aus. Dies traf besonders auf Bayern unter Herzog Albrecht V. (1550–1579) zu, der sich – von dem unermüdlichen Canisius beraten – konsequent der Ausbreitung des Protestantismus in seinem Gebiet widersetzte und entschlossen die katholische Reform unterstützte. 1556 wurde in Ingolstadt als Teil der dortigen Universität ein Jesuitenkolleg gegründet, und die Tätigkeit der Jesuiten verfehlte ihre Wirkung auf das Volk ebensowenig wie die Reform als Ganzes. Schon 1554 versicherte Albrecht, daß über 10000 seiner Untertanen freiwillig zur alten Kirche zurückgefunden hätten. 1563 übernahmen die Jesuiten unter dem Schutze des Bischofs von Augsburg, des Kardinals Otto Truchseß, die Universität von Dillingen.

Canisius, der ständig auf Reisen war, schien überall gleichzeitig zu weilen. Er gründete Kollegien nach jesuitischem Vorbild in Köln, Würzburg, Nimwegen, Wien und Innsbruck. Die wirksamste Waffe in der Hand der Katholiken war wohl der Katechismus, in dem Canisius den katholischen Glauben klar und bündig darbot. Erstmals 1555 in Wien erschienen, wurde er in Deutschland immer wieder neu aufgelegt und auch von anderen Ländern übernommen. Schätzungsweise gab es über 400 Ausgaben der ursprünglichen lateinischen Fassung und ebenso viele Übersetzungen. 1556 wurde Canisius zum Provinzial des Jesuitenordens für Oberdeutschland einschließlich Österreichs, Tirols, Böhmens und Bayerns ernannt. 1559 übertrug ihm Kardinal Truchseß das Amt des Dompredigers in Augsburg, das Canisius neben seinen Pflichten als Provinzial des Ordens und seinen häufigen Sondermissionen in anderen Teilen des Reichs oder in Rom bis 1566 bekleidete. Seine maßvolle und überzeugende Art zu predigen trug viel dazu bei, daß der Katholizismus in Augsburg wieder Fuß fassen konnte.

Die protestantischen Fürsten waren nicht fähig oder nicht willens, diesem konzentrisch geführten katholischen Angriff in geschlossener Front gegenüberzutreten. Nicht nur, daß sich Lutheraner, Zwinglianer und Calvinisten in Fragen der Lehre nicht einigen konnten, sie waren auch durch dynastische und territoriale Streitigkeiten entzweit, und die jesuitischen Berater der katholischen Fürsten verstanden diese Schwäche des Gegners außerordentlich geschickt zu nützen. In Sachsen, Schwaben, der Pfalz, Württemberg, Brandenburg und dem größten Teil Norddeutschlands machte die katholische Offensive keine oder nur unbeträchtliche Fortschritte, während sie in Österreich, in Bayern, längs des Niederrheins und in den drei geistlichen Kurfürstentümern Trier, Mainz und Köln beachtliche Erfolge erzielte. Kaiser Ferdinand I., der selbst ein gläubiger Katholik war, legte mehr Wert darauf, die Kirche zu reformieren und auf diese Weise die Protestanten zu sich herüberzuziehen, als den Forderungen des Papstes nachzukommen, mit dem er häufig heftig stritt. Sein Nachfolger Maxi-

milian II. (1564–1576) war den Protestanten freundlich gesinnt, blieb aber selbst dem alten Glauben treu. Sein Sohn Rudolf II. (1576–1612) wurde von Jesuiten erzogen und ließ sich sein ganzes Leben lang von ihnen leiten.
Böhmen, das zwar ein Teil des Reichs war, aber als solcher eine nahezu autonome Sonderstellung unter dem Kaiser einnahm, war Schauplatz einer ganz eigenen Entwicklung. Ferdinand herrschte seit 1526 über ein Königreich, das seit über 100 Jahren hussitisch, das heißt romfeindlich war. Die Stände sympathisierten mit dem Luthertum und später mit der Lehre Calvins. Seit etwa 1560 bis ins frühe 17. Jahrhundert konnte das protestantische oder protestantenfreundliche Element im böhmischen Landtag mit einer Mehrheit von 90 Prozent rechnen. Ferdinand mußte deshalb als König in religiösen Angelegenheiten sehr behutsam vorgehen. Sein Hof war katholisch, und er verheimlichte nicht, wo er selber stand, aber er hatte keine Möglichkeit, seine Untertanen zu einem Konfessionswechsel zu zwingen. Im Gegenteil mußte er der Laienschaft den Kelch und der Geistlichkeit die Ehe zugestehen, und er vertrat diese Zugeständnisse an seine böhmischen Untertanen auch in seinen Verhandlungen mit dem Papst. Andererseits tat er freilich alles, was er konnte, um den Katholizismus in seinem Lande zu stärken. Als 1555 Canisius mit mehreren Gefährten nach Prag kam, unterstützte ihn Ferdinand bei jeder nur möglichen Gelegenheit. Lange Zeit hindurch erzielten die Jesuiten unter der feindlich gesinnten Bevölkerung nur magere Ergebnisse. Es dauerte Jahre, bis sie einen einzigen Konvertiten machen konnten, und am Ende des Jahrhunderts hatte der Orden kaum ein Dutzend einheimische Mitglieder gewonnen. Seine beste Empfehlung war seine Unterrichtstätigkeit, und hussitische und lutheranische Familien schickten in beachtlicher Anzahl ihre Söhne in das Jesuitenkolleg. Was Konversionen betraf, so konnten sich günstige Ergebnisse erst in der zweiten Generation zeigen.
Die Wiedergewinnung Polens für den katholischen Glauben

ging in einer Weise vor sich, die auf den ersten Blick paradox erscheint. Der Protestantismus in seinen verschiedenen Formen hatte die katholische Kirche matt gesetzt. Die *szlachta* (der Adel) begrüßte die Unabhängigkeit, die er ihr brachte, und auch die Städte mit ihrer weitgehend deutschen Bevölkerung hatten sich erstaunlich schnell zu Luther und Calvin bekannt. König Sigismund I. (1506–1548) blieb katholisch, war aber nicht fähig oder nicht willens, gegen den Strom zu schwimmen. Um 1555 bestand der polnische Reichstag zu mehr als 50 Prozent aus Protestanten. Bald darauf kam es zu einem Umschlag, und am Ende des Jahrhunderts war der Protestantismus nur noch in Resten vorhanden. Dieser Wandel ist fast ausschließlich das Werk des Kardinals und Bischofs von Ermland, Stanislaus Hosius (1504–1579). Nachdem er in Italien kanonisches Recht studiert hatte, wurde er 1538 Sekretär des Königs, nahm 1543 die Weihen und erhielt 1549 das Bistum Kulm. Der neue König, Sigismund Stanislaus Augustus (1548–1572) neigte zuerst dem Protestantismus zu, wurde aber dann durch Martinengo, den päpstlichen Nuntius, für die katholische Sache gewonnen und wählte als Berater Hosius, den er in wichtigen diplomatischen Missionen zu Kaiser Karl V. und später zu Ferdinand I. sandte. Hosius erhielt 1551 das wichtige Bistum Ermland und stellte sich an die Spitze des Feldzugs gegen die Protestanten. Im selben Jahr leitete er die entscheidende katholische Synode von Petrikau, die sein Glaubensbekenntnis zur Grundlage ihrer Reformen und Bekehrungsbestrebungen machte.

1558 kam Canisius im Gefolge eines päpstlichen Nuntius nach Polen. In einem Religionsgespräch mit den Protestanten hatte Canisius Gelegenheit, die Lage in Polen zu studieren und die strategischen Maßnahmen zu entwerfen, die Polen der katholischen Kirche zurückgewinnen sollten. Kardinal Hosius hatte sich in Polen durch seine Aktivität während der letzten Sitzungsperiode des Konzils von Trient überaus großes Ansehen erworben und beschleunigte, nach Polen zurückgekehrt, das

Tempo seiner Kampagne gegen die Protestanten. Auf sein Betreiben befahl der König 1564 die Annahme der Trienter Beschlüsse. Canisius sandte Sigismund auf dessen Wunsch 1565 zehn Jesuiten, die in Płock, Wilna, Braunsberg und Posen Kollegien gründeten. Die Bemühungen der Protestanten, dem katholischen Vordringen durch den Consensus von Sandomir 1570 einen Riegel vorzuschieben, schlugen aus zwei Gründen fehl: Einmal herrschte keine Einigkeit unter ihnen, und zum zweiten hatten sich viele von ihnen den antitrinitarischen Lehren zugewandt, die damals in Polen von den Anhängern Lelio Sozzinis verbreitet wurden. Ein in sich uneiniger Glaube kann sich weder energisch verbreiten noch entschlossen verteidigen. Immerhin erzeugte die Spaltung eine Atmosphäre der Toleranz. So verkündete der polnische Reichstag von 1573 die Duldung der »Dissidenten«, doch davon profitierten am meisten die gut organisierten Katholiken, die zudem eine fähige Führung besaßen. Die in drei Hauptgruppen zerfallenen Protestanten vermochten keinen systematischen Widerstand zu leisten. Das Ergebnis war das eindeutige Übergewicht der Katholiken.

1573 wurde, da Sigismund II. keine Erben hinterlassen hatte, der letzte Jagiellone, Heinrich, Herzog von Anjou und Sohn der Katharina von Medici, zum König gewählt. Da Polens Nachbarn im Westen – Schlesien und Brandenburg – protestantisch waren, schien ein katholisches Bündnis wünschenswert. Der neue König traf erst im Februar 1574 in Krakau ein, verließ aber auf die Nachricht vom Tode seines Bruders Karl IX. hin die Stadt und sein Königreich bereits nach sechs Monaten, um sich in Paris den französischen Thron zu sichern. Die Polen waren tief gekränkt und gaben öffentlich dem päpstlichen Nuntius und den Führern der katholischen Partei die Schuld an dieser Demütigung ihres Volkes. Es kam zu einer neuen Wahl, deren Ergebnis die ganze Zwiespältigkeit der Situation deutlich machte: Stephan Bátory, Fürst von Transsylvanien, siegte über den habsburgischen Kandidaten. Der päpstliche

Nuntius verließ Warschau, ehe der neue König im Triumph einzog. Bátory war durchaus ein guter Katholik, aber der Katholizismus hatte durch sein Eintreten für den habsburgischen Thronbewerber beim Volk an Ansehen verloren. Die Jesuiten allerdings hatten es vermieden, sich in die Machenschaften des Nuntius verwickeln zu lassen, und Bátory verließ sich schließlich in Erziehungsangelegenheiten und in der Durchführung seiner außenpolitischen Pläne ganz auf sie. Sein großes Vorhaben war, im Verein mit Ungarn und dem westlichen Moskau die Türken zu vertreiben. Nur die Jesuiten wußten diesen großangelegten Plan zu würdigen. Für ihre Unterstützung erhielten sie bedeutende Privilegien und die Erlaubnis, in Krakau, Riga, Dorpat und Lublin noch weitere Kollegien zu errichten. Der König verhielt sich weiterhin tolerant, so daß Protestanten wie Katholiken ungestört ihrem Glauben anhängen konnten.

Erst unter seinem Nachfolger, Sigismund III. (1587–1632), errang der Katholizismus die Führung. Den Jesuiten unterstand das Erziehungswesen, darüber hinaus hatten sie einflußreiche Schlüsselstellungen bei Hof inne. Jetzt ernteten sie den Lohn dafür, daß sie so anhaltende und geduldige Arbeit in ihren Schulen geleistet hatten. Die Gerichts- und Verwaltungsbeamten wie überhaupt die maßgebenden Männer aller polnischen Lebensbereiche hatten Jesuitenschulen besucht. Zu Beginn des 17. Jahrhunderts gab es in Polen 17 blühende Jesuitenkollegien; die polnische Provinz des Jesuitenordens zählte 450 Mitglieder, und eine besonders ausgesuchte Gruppe von Jesuiten hatte ständig Dienst am königlichen Hof, für den Fall, daß der König irgendwelche Aufgaben durch sie erledigt wissen wollte. Die Gegenreformation hatte einen Sieg errungen, der ihr nie wieder streitig gemacht wurde.

In den Jahren nach 1520 faßte der lutherische Glaube auch in allen drei skandinavischen Ländern festen Fuß und wurde seither von Krone und Volk nahezu ohne Ausnahme anerkannt. Die ersten Wasakönige in Schweden waren treue Lutheraner. Nachdem Erik XIV. (1560–1568) von seinem Bruder Johann III. entthront worden war, herrschte dieser von 1568 bis 1592 mit seiner katholischen Gemahlin, der Tochter Sigismunds II. von Polen, die ihn in Glaubensfragen zu beeinflussen verstand. Zwischen 1574 und 1576 schickte ihm Kardinal Hosius mehrere überaus tüchtige Jesuiten, die den Auftrag hatten, dem König bei seinen Bemühungen, den protestantischen und den katholischen Glauben einander anzunähern, mit ihrem Rat zur Seite zu stehen. Sie bereisten das Land, hielten Vorträge, wobei sie sich als lutherische Theologen ausgaben, und bemühten sich, den lutherischen Katechismus durch den canisischen zu ersetzen. Auf ihren Rat ließ der König ein *Rotes Buch* propagieren, eine katholische Liturgie, die an die Stelle der damals üblichen lutherischen Liturgie treten sollte. Die schwedische Geistlichkeit erklärte sich 1577 unter Zwang bereit, das *Rote Buch* zu übernehmen, aber Papst Gregor XIII. forderte damals ein offeneres Vorgehen, und Johann, der sich nicht unter Druck setzen lassen wollte, brach die Verhandlungen ab. 1583 mußten die Jesuiten das Land verlassen.

Sigismund III. von Polen, der Sohn Johanns III., wurde nach dem Tode seines Vaters auch König von Schweden (1592 bis 1599). Als überzeugter Katholik wollte er sein nördliches Königreich in den Schoß der Kirche zurückführen. Die Schweden jedoch, denen dieses Ziel bekannt war, schworen 1593 in einer feierlichen Versammlung zu Uppsala unter dem Einfluß von Herzog Karl Wasa, dem Onkel Sigismunds, der Augsburger Konfession treu zu bleiben. Das *Rote Buch* wurde verboten. Die Geistlichkeit wählte einen ausgesprochenen Gegner der katholikenfreundlichen Politik zum Erzbischof von Uppsala. Sigismund III. mußte sich eidlich mit diesen antikatholischen Maßnahmen einverstanden erklären, doch mißtrauten die Schweden seinem Wort nicht ohne Grund. Die Spannung zwischen diesem lutherischen Volk und seinem katholischen König zog die Blicke ganz Europas auf sich. Spanien, England,

Frankreich und das Reich beobachteten aufmerksam, wie die Dinge in Schweden sich entwickelten. Herzog Karl, der die Volksmeinung verkörperte, blieb schließlich siegreich. Es kam zu einer Kraftprobe, bei der Sigismund unterlag (1599). Nach seiner Entthronung wurde Karl Regent und 1604 König. Schweden blieb mit Überzeugung lutherisch. Die Gegenreformation im Norden war damit ausgeschaltet.

In den spanischen Niederlanden deckt sich die frühe Geschichte der Gegenreformation mit den Bemühungen des Jesuitenordens um das Zugeständnis der Handlungsfreiheit seitens der kaiserlichen Autorität. Karl V. sah in den Jesuiten ganz richtig eine Truppe des Papsttums; da zwischen ihm und dem Papst selten Einigkeit herrschte, wurde der Orden, solange Karl Herr der Niederlande war, nie offiziell zugelassen. Trotzdem waren Lefèvre und Canisius – als gebürtiger Niederländer – in den burgundischen Besitzungen wie auch in Löwen tätig, wo sie eine Anzahl junger Studenten für den Orden gewannen. Die Weltgeistlichkeit in den Niederlanden war durchaus gegen die Jesuiten eingestellt, und Robert de Croy, der Bischof von Cambrai, verbot ihnen die Ausübung jeglicher geistlichen Tätigkeit in seiner Diözese. Dennoch machten sie beachtliche Fortschritte. Als Karl V. 1555 abdankte, benutzte Loyola diese Gelegenheit, um Ribadeneira nach Brüssel zu senden; er sollte dort bei Philipp II. erreichen, daß den Jesuiten in den Niederlanden mehr Bewegungsfreiheit zugestanden wurde. Philipp zögerte, diese Bitte zu erfüllen, da er wohl wußte, daß nicht nur die Geistlichkeit, sondern auch das Bürgertum gegen die Jesuiten war. Ein Jahr später (1556) gab er auf Drängen seiner Tante Maria, die ihr Amt als Regentin 1555 niedergelegt hatte, den Jesuiten eine bedingte Erlaubnis, in Flandern zu arbeiten. Margarete von Parma, Philipps Halbschwester, die er 1559 als Regentin in den Niederlanden zurückließ, war eine Verehrerin des Ordens und hatte sich einen Jesuiten zum Beichtvater genommen. 1560 gestattete sie dem Orden gegen den Einspruch der flandrischen und brabantischen Stände, Kollegien in Löwen und Antwerpen zu errichten. In beiden Städten fanden die Jesuiten Nachwuchs unter den Studenten, und beim Adel schienen die Jesuiten als Beichtväter sehr gesucht zu sein. Das gemeine Volk beobachtete diese Entwicklung mit Unwillen; noch 1578 kam es zu Massendemonstrationen und Austreibungen von Jesuiten aus ihren Häusern in Antwerpen, Douai, Maastricht, Brügge und anderen Städten. Es waren Jahre tiefgreifender Unruhe in den Niederlanden, und wenn diese Austreibungen zunächst auch im Zusammenhang mit den politischen und kriegerischen Geschehnissen standen, so bedurfte es doch im Grunde kaum eines Anstoßes von außen her, um die allgemeine Feindseligkeit den Jesuiten gegenüber zum Ausbruch zu bringen. Von etwa 1565 an ging die religiöse Komponente der Gegenreformation in den spanischen Niederlanden in dem Unabhängigkeitskampf unter, den Wilhelm der Schweiger führte. Daß die Südprovinzen sich 1579 entschlossen, katholisch zu bleiben, ist weitgehend auf das Wirken der Jesuiten in Flandern und Brabant zurückzuführen.

Die Reformbestrebungen in den ersten Jahrzehnten des 16. Jahrhunderts, die der Beseitigung von Mißständen in der französischen Kirche dienen sollten, hatten ihre eigene Tradition und waren nicht auf die protestantische Reformation zurückzuführen. Das Luthertum hatte, zum Teil weil es aus Deutschland kam, nur wenig Sympathie gefunden. Der Calvinismus, der später als rein französische Bewegung auftrat, wurde freundlicher aufgenommen und fand weite Verbreitung sowohl unter der Oberschicht als auch im Bürgertum und bei der Bauernschaft. In den späteren Jahren der Regierung Franz' I. wurde der Führung der Kirche in Frankreich klar, daß der Calvinismus unter der französischen Laienschaft erschreckend an Boden gewann. Mit Unterstützung des Königs ergriff man strenge Maßnahmen gegen alle »Ketzer«. Im September 1546 ertappten Soldaten in Meaux eine Gruppe von Calvinisten bei der Feier des Heiligen Abendmahls und brachten sie nach Paris, wo 14 von ihnen bei lebendigem Leibe verbrannt wurden. An anderen Orten kam es zu ähnlichen Verhaftungen und Bestrafungen. Heinrich II. und seine Berater waren fest davon überzeugt, daß derartige Ketzereien unbedingt unterdrückt werden müßten. Die vom König 1547 eingesetzte *Chambre ardente* wurde ihrem Namen gerecht und verurteilte in zwei Jahren 500 »Ketzer« zum Tod auf dem Scheiterhaufen. Dennoch vermochte dieses rigorose Vorgehen die Ausbreitung des Protestantismus nicht zu verhindern. Im Juni 1551 erließ Heinrich das Edikt von Châteaubriant, nach dem in Fällen von Ketzerei keine Berufung möglich war. Trotzdem breitete sich die calvinische Bewegung immer weiter aus.

Im Jahr 1555 hatte der Calvinismus in Frankreich vor allem deshalb besonders großen Zuwachs zu verzeichnen, weil junge Franzosen in ihrer Heimat aktiv wurden, nachdem sie ein Jahr oder länger in Genf unter der unmittelbaren Leitung Calvins gestanden hatten. Wenn auch manche von den Agenten des Königs ergriffen wurden, gelang es doch vielen, ihre Aufgabe zu erfüllen, und so kam es zu einem Netz von Gruppen, die miteinander in Verbindung standen und sich nun im Sinne der Organisation Calvins zu Kirchen und Synoden entwickelten; sie waren von Lothringen bis zur Bretagne und von Marseille bis an die niederländische Grenze über ganz Frankreich verstreut und hielten durchweg enge Verbindung mit Calvin. Die katholische Kirche war tief beunruhigt über die anhaltende Zunahme der Protestanten und übertrieb gewiß die Zahl der Anhänger. 1559 behauptete der Kardinal Guise, daß die Ketzer zwei Drittel des Königreichs ausmachten. Wenn auch die Lage nie derart ernst war, so stellten die Protestanten – die meistens Calvinisten waren – um 1560 doch wahrscheinlich eine überzeugte Minderheit von zehn Prozent dar.

1556 war Heinrich II. so weit, daß er die Sorgen der Kirche teilte. Kardinal Caraffa, der sich in diplomatischer Mission in Frankreich befand, erklärte dem König, der Papst wünsche durch Einführung der Inquisition in Frankreich bei der Ausrottung der Ketzerei zu helfen, und schilderte sehr beredt ihre Erfolge in Spanien und Italien. Damals war der König zu solchen Maßnahmen noch nicht bereit, ließ sich aber im Laufe des folgenden Jahres doch für eine Politik der strengen Unterdrückung gewinnen. Im Mai 1557 ernannte er drei französische Kardinäle zu Großinquisitoren. Drei Monate später erließ er das Edikt von Compiègne, mit dem er verfügte, daß alle Fälle von Ketzerei ohne Intervention ziviler Richter in die Gerichtsbarkeit der Bischöfe fallen sollten und für das Verbrechen, protestantische Ansichten zu vertreten, nur noch die Todesstrafe verhängt werden durfte. Nach Abschluß des Friedens von Câteau-Cambrésis mit Philipp II. von Spanien verschärfte sich dieser Kurs noch weiter. Heinrich II. verunglückte am 10. Juli 1559 tödlich auf einem Turnier. Kurz zuvor war die erste gesamtfranzösische Synode der reformierten Kirche, die am Ende dieses Jahres 72 organisierte calvinistische Gemeinden umfaßte, in Paris zusammengetreten. Die Katholiken im In- und Ausland empfanden es als einen harten Schlag, daß der König gerade in dem Augenblick sterben mußte, in dem die Ausrottung der Ketzerei und der Ketzer so entscheidende Fortschritte zu machen schien.

Es hat den Anschein, als habe die Gegenreformation in Frankreich nur aus königlichen Edikten und strengen Unterdrückungsmaßnahmen seitens der Regierung bestanden. In der Tat waren in Frankreich Politik und Religion eng miteinander verflochten, aber es waren doch auch noch andere Kräfte am Werk, die den katholischen Glauben verteidigten und auf die Beschwerden über die noch immer vorhandenen Mißstände der Kirche reagierten.

Die Gruppe der frühen Reformer in Meaux war von Franz I. verfolgt worden und hatte das Land verlassen müssen. Viele Jahre später kehrten ihre Ideen dann auf dem Umweg über Genf und Straßburg nach Frankreich zurück, um Heinrich II., den Nachfolger Franz' I., zu beunruhigen. Doch waren es nicht die einzigen Anzeichen einer religiösen Wiederbelebung.

Ignatius von Loyola hatte 1530 seine ersten Anhänger in Paris gefunden, und Paris lag ihm stets am Herzen. Sobald es ihm nach der Organisation seines Ordens möglich war, schickte er eine kleine Gruppe seiner Schüler – vorwiegend Spanier – nach Paris, die dort weiterarbeiten sollten. Als 1542 bei Beginn des vierten Krieges, den Franz gegen Karl führte, alle Spanier Frankreich verlassen mußten, wichen die Jesuiten nach den spanischen Niederlanden aus und bildeten in Löwen den Kern, aus dem später die belgische Provinz des Jesuitenordens entstand.

In Paris setzten die wenigen französischen und italienischen Jesuiten ihre Arbeit fort. Sie konnten dort mit Hilfe des Bischofs von Clermont, Guillaume du Prat, der sowohl in seiner Diözese wie auch auf dem Konzil von Trient ein eifriger Befürworter von Reformen war und dem die Arbeit des Ordens imponierte, ein Kolleg für die weltliche Jugend einrichten. Doch das Kolleg führte ein gefährdetes Dasein, da es an Geldmangel litt und ihm von der Universität und dem Bischof von Paris entgegengearbeitet wurde. Man hatte dem Orden zweierlei vorzuwerfen: erstens, daß er international war, und zweitens, daß seine Mitglieder dem Papsttum verschworen waren. In dem streng national gesinnten Frankreich jener Zeit waren das unverzeihliche Sünden.

Nachdem den Jesuiten verboten worden war, zu predigen oder die Beichte zu hören, begaben sie sich 1556 in die Auvergne unter den Schutz des Bischofs du Prat und gründeten dort das Collège de Billom mit einem Lehrstab von sieben Jesuiten und 500 Schülern. Nach wenigen Jahren war die Schülerzahl auf 1600 angewachsen. Ihre Erfolge als Missionare und Lehrer führten dazu, daß sich auch andere Orte Frankreichs an sie wandten, wenn es darum ging, gegen Unwissenheit und Häresie anzukämpfen. Inzwischen hatte sich der Orden in Paris Kardinal Guise zum Freund gemacht, der Heinrich II. zugunsten der Jesuiten beeinflußte. Doch der Widerstand der Konservativen und Nationalisten, das heißt der Sorbonne und des

Parlaments, hatte sich soweit verfestigt, daß im Dezember 1554 die Fakultät den Orden offiziell als »Störer des Friedens der Kirche« verdammte, der »Streit, Haß, Aufruhr und Spaltung unter dem Volke« verbreite und deshalb »eine Gefahr für den Glauben« sei. Auf der anderen Seite stellte sich der mächtige Prior der Benediktinerabtei von St. Germain des Prés entschieden hinter die Jesuiten und erlaubte ihnen, im Kloster zu predigen und zu lehren, so daß ihnen eine Existenzmöglichkeit erhalten blieb. Jahrelang verweigerte trotz königlicher Befehle und Schreiben der französischen Kardinäle, der Königinmutter Katharina von Medici und des Parlaments der Bischof von Paris dem Jesuitenorden jeden gesetzlichen Status. Da jedoch die Jesuiten hartnäckig blieben und die Kirche in einer Situation war, in der sie keine hilfreiche Hand zurückstoßen durfte, erlaubte der Bischof schließlich dem Orden zu arbeiten unter der Bedingung, daß er einen weniger anspruchsvollen Namen annahm und sich voll und ganz seiner Aufsicht unterstellte. Das Parlament war weniger konziliant und verlangte, daß die Jesuiten die Genehmigung des Generalkonzils einholten, das sich demnächst zu seiner dritten Sitzungsperiode in Trient versammeln sollte.

Unterdessen kam es am Hof zu einem Machtkampf zwischen der streng katholischen Familie Guise und einer gegnerischen Gruppe, die sich aus den Häusern Bourbon, Châtillon und Montmorency zusammensetzte. Nach der mißglückten Verschwörung von Amboise im März 1560 wandte sich die Königinmutter eine Zeitlang den Bourbonen zu, um ein Gegengewicht gegen die vorübergehende Vorherrschaft der Guisen zu finden, und schlug eine Konferenz vor, in der beide Seiten, die Protestanten und die Katholiken, gehört werden sollten und die, wie sie hoffte, zu einem vernünftigen und annehmbaren Arrangement führen würde. So kam es zu den Gesprächen von Poissy vom 9. September bis zum 14. Oktober 1561. Die Sache der Protestanten wurde beredt und eindrucksvoll von Theodore Beza vorgetragen, Calvins Stellvertreter, der eigens zu der Konferenz aus Genf geholt worden war. Sein Kontrahent war Kardinal Guise. Wie vorauszusehen, wich keine Seite auch nur um Haaresbreite von ihrem Standpunkt. Laynez, der jetzt General des Jesuitenordens und theologischer Berater des päpstlichen Legaten beim Konzil von Trient war, kam eigens aus Rom, um an dem Gespräch teilzunehmen. Seine Teilnahme beschränkte sich allerdings darauf, Katharina von Medici zu raten, sie möge alle solchen Kompromißversuche dem Konzil zu Trient überlassen, das bald wieder zusammentreten sollte. An diesem Punkte wurde klar, daß bei dem Konflikt drei Aspekte eine Rolle spielten: erstens ein traditioneller Gallikanismus, der tief im französischen Denken und der kirchlichen Praxis Frankreichs verwurzelt war; zweitens der französische Protestantismus, der das Verlangen des Bürgertums, großer Teile der Bauernschaft und mancher Geistlicher nach einer vollständigen Erneuerung der kirchlichen Organisation widerspiegelte, und drittens die Partei der Ultramontanen, die an der zentralen Autorität Roms als der besten Gewähr für ein fruchtbares religiöses Leben festhielt. Die Jesuiten waren die Vorhut der letzteren. Da die Ultramontanen unter den französischen Katholiken aber nur eine kleine Minderheit darstellten, ließ sich eine papstfreundliche Entscheidung, die von einer Majorität unterzeichnet worden wäre, nicht erreichen. Laynez wurde von den meisten Delegierten in Poissy mit nicht geringer Ungeduld angehört. Wenn wir uns klarmachen, daß die Beweggründe der maßgebenden Teilnehmer an dieser dreiseitigen Auseinandersetzung in persönlichem Ehrgeiz oder Familienambitionen zu suchen sind, verstehen wir besser, daß die nächsten 30 Jahre eine Zeit der Verwirrung waren und nur Schlachten ohne Siege und Friedensschlüsse ohne Frieden brachten.

Daß die Jesuiten in Paris nunmehr die Genehmigung erhielten, die ihnen so lange verweigert worden war, hatte verschiedene Gründe: Die katholische Partei konnte es sich nicht leisten, eine Unterstützung im Kampf gegen die Protestanten zurückzuweisen, das Gespräch von Poissy hatte sich als ein Fehlschlag erwiesen, und die Königinmutter sowie der Kanzler Michel de l'Hôpital fanden Gelegenheit, ihren Einfluß geltend zu machen. Am 15. Februar 1562 legalisierte man den Jesuitenorden widerstrebend unter dem Namen der Société de Collège de Clermont. Der Unterricht begann im Februar 1564. Die Leuchte des Kollegs war Juan Maldonado, ein brillanter Gelehrter aus Salamanca. Obwohl das Kolleg enormen Zulauf hatte, mußten sich die Jesuiten als Parteigänger des Papstes und Ausländer stets mit der Antipathie gegen alles Nichtfranzösische auseinandersetzen. Die Gegnerschaft führte schließlich zu einem Prozeß (März 1565), den die Universität gegen die Jesuiten anstrengte. Eine für den Orden ungünstige Entscheidung hatte Straßenschlachten und Proteste zur Folge und mußte schließlich widerrufen werden. Danach ließ man das Kolleg einigermaßen in Ruhe und erkannte die Jesuiten als Mitstreiter für die katholische Kirche an. Katharina von Medici, die Universität von Paris und die Guisen bedienten sich der Jesuiten in der Diplomatie, in Streitfällen und im Erziehungswesen, alles Aufgaben, für die sie dank ihrer Ausbildung und Disziplin hervorragend geeignet waren.

Wie bereits kurz erwähnt, war um 1560 in Spanien der Protestantismus infolge des scharfen Durchgreifens der spanischen Inquisition praktisch ausgerottet. Freilich hatte die Inquisition wie überall so auch in Spanien ihre negativen Auswirkungen; als konstruktive Einrichtung läßt sie sich nicht bezeichnen. Dennoch gab es auch positive Kräfte, die der tiefen spanischen Frömmigkeit zur Entfaltung verhalfen. Die Reformen des Kardinals Jiménez und Adrians von Utrecht bereiteten die Kirche auf das große Schauspiel religiöser Empfindsamkeit vor, das Spaniens *siglo de oro,* sein goldenes Zeitalter, kennzeichnete.

Der christliche Humanismus eines Erasmus hatte in Spanien viele Freunde. In den ersten Jahrzehnten des 16. Jahrhunderts verbreiteten seine Anhänger an den vielen spanischen Universitäten seine Ideen und seine Schriften mit großer Begeisterung. Auf der anderen Seite wurde er in manchen Kreisen wegen der liberalen Richtung seiner Theologie scharf getadelt. Die Inquisition verhielt sich ihm gegenüber zunächst abwartend, nahm aber seit etwa 1536 allmählich eine feindliche Haltung gegen ihn ein, und bald darauf wurden seine Schriften verboten.

Die spanische Seele neigt stark zur Mystik, und das 15. Jahrhundert bot dafür zahlreiche Ansatzpunkte. Auch bei Ignatius von Loyola spielt viel Mystik mit; die *Geistlichen Exerzitien* fordern zur Kontemplation auf, und ihr Ziel ist die Beherrschung der *via unitiva.* Die *alumbrados,* die »Erleuchteten«, waren eine typisch spanische Erscheinung, die in den Augen der Inquisition besonders deshalb als gefährlich galt, weil sie die mystische Seite im spanischen Wesen ansprach, das so sehr dazu neigte, sich jeder institutionellen Kontrolle zu entziehen.

Zwei aus der Zahl dieser hochempfindlichen Naturen können als exemplarisch für das Wesen der spanischen Religiosität in dieser Zeit gelten: die heilige Teresa de Jesus (1515–1582) und der heilige Johannes vom Kreuz (1542–1591). Teresa stammt aus Avila in Altkastilien. In ihrer Familie waren noch ritterliche Traditionen lebendig; schon als Kind war sie mit den alten Idealen der Kreuzritter, die gegen die Mauren zogen, vertraut. Von 1531 bis 1534 lebte sie in einem Augustinerkloster in Avila, um dann ebendort als Nonne in das Karmeliterkloster einzutreten. Gebet und Kontemplation füllten in den nächsten 17 Jahren ihr Leben aus. Ihre Lektüre bestand in den *Confessiones* Augustinus', den Briefen des heiligen Hieronymus, den Heiligenleben und den *Geistlichen Exerzitien* Loyolas – alles Schriften, die sie in ihrem Drang nach unmittelbarer Erkenntnis Gottes durch Gebet und Meditation bestärkten. Sie hatte Visionen, von denen sie Einzelheiten anschaulich in ihrem *Libro de su vida* schildert. Ihre Beichtväter, die ihr nach ihren Ekstasen und Visionen beistanden, waren zuerst Jesuiten, dann ein hervorragender franziskanischer Mystiker, Petrus von Alcántara. Einem visionären Auftrag gehorchend, gründete sie 1562 das Kloster St. Joseph in Avila, dem später ähnliche Gründungen in Kastilien folgten. Bei alledem blieb Teresa in ihrer Tätigkeit gerade von seiten der Kirche nicht unangefochten. Doch Philipp II. trat für sie ein, so daß es ihr gelang, in ihrem letzten Lebensjahr noch vier Klöster zu gründen. Ihr Leben war eine bemerkenswerte Mischung aus Aktivität und Kontemplation und darf als Beweis dafür gelten, daß Mystiker gewöhnlich überaus rührige und schöpferische Menschen sind. Einen tiefen Einblick in ihr Denken und Empfinden, ihre Visionen und Entzückungen, gewähren neben der Autobiographie auch ihre anderen Schriften, etwa *El camino de la perfección* oder *El castillo interior*. Teresa war weder der Renaissance noch der Reformation verpflichtet. Intellektualismus und Angriffsgeist der Protestanten waren ihr völlig fremd. Sie war reines Mittelalter und vereinte in sich tiefe Hingabe, Fröhlichkeit und gesunden Menschenverstand ohne Heuchelei oder Verlust an Würde.

Ihr jüngerer Freund Juan de Yepes oder Johannes vom Kreuz (1542–1591) war ihr sehr ähnlich. Auch er stammte aus Avila und war im Jesuitenkolleg von Medina del Campo erzogen. Als Einundzwanzigjähriger trat er dort in den Karmeliterorden ein und studierte anschließend in Salamanca. 1568 begegnete er Teresa zum erstenmal, ließ sich von ihr anregen und begann seinen Orden zu reformieren. 1571 gründete er in Alcalá de Henares ein Kolleg und predigte und lehrte von dort aus im Sinne dieser Reform. Der Orden jedoch wehrte sich dagegen, so daß Johannes fast ein Jahr im Gefängnis verbringen mußte, wo er Gedichte zu schreiben begann. Sie gehören mit zum Schönsten, was die spanische Literatur hervorgebracht hat, und stellen ihn in die erste Reihe der spanischen Mystikerdichtung. Dichter und Mensch treten ganz zurück hinter der intensiven Wirklichkeit der geistigen Welt, die sich hier enthüllt. Seine Prosa, die die Verse erläutert, ist weniger

bedeutend, aber ausdrucksstark, unmittelbar und kraftvoll.
Neben Ignatius von Loyola, der zweifellos bedeutendsten und einflußreichsten Einzelpersönlichkeit der katholischen Gegenreformation, verdienen zumindest drei weitere kirchliche Würdenträger erwähnt zu werden: der Kardinal Carlo Borromeo (1538–1584), der sich als Kirchenpolitiker und Mann der sozialen Tat auszeichnete, der Kardinal Cäsar Baronius (1538 bis 1609), der als »Vater der katholischen Kirchengeschichte« gilt, und Kardinal Robert Bellarmin (1542–1621), der sich als Kontroverstheologe und Verteidiger des Papsttums in der Auseinandersetzung mit den protestantischen Mächten einen Namen machte. Jeder auf seine Weise hervorragend und erfolgreich, trugen sie Beträchtliches dazu bei, daß die Kirche verlorenes Gelände zurückgewinnen oder ihre Lehre und Überlieferung verteidigen konnte.
So hatten am Ende des 16. Jahrhunderts die streitenden Parteien, Protestanten wie Katholiken, ihre festen Stellungen bezogen. In der ersten Hälfte des Jahrhunderts hätten die Protestanten beinahe ganz Europa überrannt. Die Reaktion der katholischen Kirche in der zweiten Hälfte des Jahrhunderts schlug ein fast ebenso schnelles Tempo an. Die treibenden Kräfte waren dabei das Tridentinum, der Jesuitenorden, die Inquisition und die mystisch-moralische Erneuerungsbewegung. Am Ende waren bestimmte Gebiete im nördlichen Europa für Rom unwiederbringlich verloren, während Südeuropa ebenso entschieden den Protestantismus abgelehnt hatte. Von geringen Abwandlungen abgesehen, blieb diese Verteilung in den folgenden Jahrhunderten unverändert.

16

Wirtschaftsrevolutionen und Staatstheorien

Die Zeit von etwa 1400 bis zum Beginn des 18. Jahrhunderts nennt man häufig das Zeitalter der Wirtschaftsrevolution, eine Zeit, in der Europa von einem vorwiegend landwirtschaftlichen und feudalistischen zu einem kapitalistischen Wirtschaftssystem überging. Für diese Datierung sprechen gute Gründe. Wenn man allerdings die Veränderungen der Produktions- und Verteilungsmethoden in den verschiedenen Gebieten Europas näher betrachtet, stellt sich heraus, daß diese Veränderungen auf so verschiedene Weise mit örtlichen Gegebenheiten oder mit Bewegungen und Ereignissen in anderen Teilen Europas zusammenhingen, daß es unmöglich ist, völlige Klarheit darüber zu erhalten, was in der wirtschaftlichen Entwicklung Ursache und was Wirkung war. Die Wirtschaft war damals nicht anders als heute aufs engste mit allen anderen menschlichen Unternehmungen verknüpft. Politik und internationale Beziehungen, Bevölkerungswachstum, Entdeckungen, Moderichtungen und Moralvorstellungen, Kirche und Gesellschaft, Kunst und Bildungswesen – sie alle übten ihre Wirkung auf Erzeugung und Verteilung der Güter, auf die Ausweitung von Krediten und die Anhäufung von Kapital aus und wurden ihrerseits von ihnen beeinflußt.

Kapitalismus war im Mittelalter nicht unbekannt. Die aufstrebenden Städte Italiens, vor allem Florenz, Genua, Venedig und Mailand, wiesen bereits im 12. und dann zunehmend im 13. und 14. Jahrhundert die Merkmale eines kommerziellen

Kapitalismus auf; schon damals führte die Anhäufung von Privatvermögen zu Marktbeherrschung, zu Kapitalanleihen und einträglichen Spekulationsgeschäften. Die Städte in den Niederlanden, die dank ihrer geographischen Lage an dem zunehmenden Handelsverkehr in Nordeuropa und längs der Nord- und Ostseeküsten partizipieren konnten, verstanden es fast ebensogut wie die italienischen Städte, Handel und Industrie so zu organisieren, daß sie aus der Produktion marktfähiger Güter – in der Hauptsache Textilien – sowie aus dem Handel mit anderen Waren, für die sich die Niederlande als günstiger Umschlagplatz anboten, Gewinn zogen. In gewissem Sinne waren die Niederländer sogar gezwungen, ein Handelsvolk zu werden, eben weil ihr Land klein war und seine Bewohner mangels vieler lebensnotwendiger Produkte nicht ernähren konnte. Unter dem Druck, ihre Einkünfte zu steigern, ergab sich für sie der Handel als einfachste und zugleich einträglichste Hilfsquelle. Im übrigen Europa war zu Beginn des 15. Jahrhunderts, wenn man von der Initiative der zur Hanse zusammengeschlossenen deutschen Städte absieht, von einem kommerziellen Kapitalismus wenig zu spüren. Noch war Europa überwiegend ein Agrargebiet. Örtliche und internationale Messen sorgten zwar für eine beachtliche Verbreitung der Handelsgüter und machten einige Handelsleute reich, aber sie waren keine ständige, ganzjährige und an Städte gebundene Einrichtung. In Europa tendierte die Entwicklung eindeutig zur Verstädterung. Die Stadt als Einheit der wettbewerbsfähigen Produktion und Verteilung war schon ebenso unaufhaltsam im Aufstieg begriffen, wie die Landwirtschaft zurückging.

Allerdings soll damit nicht gesagt sein, daß die mittelalterliche Agrarwirtschaft schon ganz ohne Bedeutung gewesen wäre. Politische Macht und gesellschaftliches Ansehen gründeten sich im Europa des 15. Jahrhunderts immer noch auf Landbesitz. Quelle der Einkünfte waren fast ausschließlich die Bauern, die auf der Basis von Pachtverträgen verschiedenster Art für den

Grundherrn arbeiteten, ein Verhältnis, das beide Vertragspartner im allgemeinen zufriedenstellte. Die Bedürfnisse des Feudalherrn, des Grundbesitzers, wurden durch die Arbeit der Bauern befriedigt, die ihrerseits seinen Schutz genossen, mit geordneten Rechtsverhältnissen und – in Zeiten der Not – mit zusätzlicher Fürsorge und Unterstützung rechnen konnten. Im 14. und 15. Jahrhundert entwickelten sich die Verhältnisse weiter zugunsten der Bauern. Während im Mittelalter der Bauer regelrecht an den Boden, das heißt, an den Grundbesitz eines bestimmten Herrn gebunden war, hatte sich gegen Endes des 15. Jahrhunderts die Bindung zwischen Herrn und Hörigem in vielen Teilen Europas – in Frankreich, England, Italien und gebietsweise auch in Deutschland – bereits gelockert oder war auf dem Wege dazu, und der freie Bauer hatte in steigendem Maße die Möglichkeit, den Ort zu wechseln und Pachtverträge über Land seiner eigenen Wahl abzuschließen. Die furchtbaren Pestepidemien um die Mitte des 14. Jahrhunderts, die einen Mangel an Arbeitskräften zur Folge hatten, erhöhten zwangsläufig das Tempo der Bauernbefreiung.

Die Entfaltung des modernen Kapitalismus

Das beachtliche Wachstum der Städte im 15. Jahrhundert spielt in der Entfaltung des modernen Kapitalismus eine wesentliche Rolle, doch blieb die wirtschaftliche Basis der Gesellschaft immer noch der Landbesitz, und daran sollte sich auch in den folgenden Jahrhunderten nichts ändern. Zahlenmäßig läßt sich die Stadtbevölkerung nur annähernd erfassen. Aber wenn es auch noch keine systematischen Volkszählungen gab, können die Annäherungswerte doch als Vergleichszahlen für die verschiedenen Städte und als Gradmesser für Aufstieg oder Niedergang verwendet werden. Um 1500 zählten nur wenige Städte 100 000 Einwohner: Venedig, Paris, London, Palermo und Florenz. Brügge, Gent und Mailand hatten zwischen 40 000 und 60 000 Einwohner, Löwen, Brüssel und Lüttich zwischen 20 000 und 30 000. In Deutschland lebten in Köln etwa 30 000 und in Lübeck, Straßburg, Danzig, Nürnberg und Ulm ungefähr 20 000 Menschen, während Augsburg und Erfurt nicht mehr als 18 000 Einwohner zählten. Ein Jahrhundert später lagen die Zahlen für die meisten dieser Städte bedeutend höher. Im Jahr 1600 hatte Paris 180 000 und London 250 000 Einwohner. Die Bevölkerung Venedigs dagegen betrug jetzt kaum mehr als 50 000, da es einen Teil des Orienthandels eingebüßt hatte. Eine beträchtliche Anzahl von Städten, die um 1500 noch Dörfer gewesen waren, hatten 100 Jahre später eine beachtliche Größe erreicht. Diese allgemeine Zunahme der Stadtbevölkerung ist unter zwei Aspekten zu sehen: erstens unter dem Aspekt der allgemeinen Bevölkerungszunahme in jedem Land, die während des 16. Jahrhunderts trotz Kriegen und anderen Katastrophen wahrscheinlich 30–40 Prozent betrug; zweitens unter dem Aspekt des Wachstums gerade der städtischen Zentren, das im Durchschnitt vermutlich mehr als 100 Prozent betrug. So ist anzunehmen, daß sich der Anteil der Bevölkerung, der in den Städten lebte, in diesem Jahrhundert zumindest verdoppelt, vielleicht sogar verdreifacht hat. Bestimmte Städte allerdings hatten infolge von Hungersnot oder der Verlagerung von Handelsschwerpunkten einen Bevölkerungsverlust zu verzeichnen. So verlor z. B. Ragusa in einem Jahr 20 000 Einwohner.

Der allgemeine Bevölkerungszuwachs führte notwendigerweise zu einer verstärkten Nachfrage nach Gütern aller Art. Ein sich erweiternder Markt bot zahlreiche Gewinnmöglichkeiten, und in der zweiten Hälfte des 15. Jahrhunderts gelangten viele Kaufleute Nordeuropas, die Unternehmungsgeist besaßen und Glück hatten, zu einigem Wohlstand. In ein paar Fällen kam es sogar zur Ansammlung bedeutender Vermögen. In Süddeutschland brachten die Familien Fugger, Welser, Tucher und Imhof ganze Industriezweige unter ihre Kontrolle und richteten überall im Reich und in den benachbarten Ländern ihre Faktoreien ein. In Frankreich machte sich Jacques Cœur einen Namen, der im 15. Jahrhundert durch Spekulation und Initiative zum reichsten Mann des Königreichs geworden war und im Inland wie im Ausland Bergwerke und eine ganze Flotte besaß, ehe der König ihn verbannte. Die Lebensführung dieser neuen Klasse von Bank- und Handelsleuten übertraf an Luxus und Eleganz sogar die Höfe der Könige; sie wurden tonangebend sowohl in der Kleidung als auch in der Ausstattung der Bürgerhäuser. Mit der Zunahme der Möglichkeiten zur Vermögensbildung und der allmählichen Ausdehnung der Geldwirtschaft wurde der Preisrevolution in der ersten Hälfte des 16. Jahrhunderts der Weg bereitet.

Die Entwicklung des Kapitalismus wurde auch durch politische Ereignisse des 15. Jahrhunderts begünstigt. In Frankreich hatte der Hundertjährige Krieg neben einer Erstarkung des Nationalbewußtseins die Schwächung des Adels zur Folge. Der Krieg war in der Hauptsache von den adligen Feudalherren geführt worden, die dabei schwere Blutopfer gebracht hatten, und die Kosten für den eigenen Lebensunterhalt wie für den ihrer Truppen waren so hoch, daß Grundbesitz und Feudalprivilegien gegen Bargeld verkauft beziehungsweise abgelöst werden mußten. Bares Geld war fast nur noch im Bürgertum vorhanden, das an Freiheit und Reichtum ständig zunahm, während der Adel allmählich verarmte. Ludwig XI., dessen große Leistung die Konsolidierung der französischen Königsmacht war, begünstigte das Bürgertum, förderte Handel und Industrie und verließ sich darauf, daß ihm Bankiers und Kaufleute in seinen ständigen Geldnöten die erheblichen Summen mit oder ohne Zinsberechnung vorstrecken würden, die er für seinen wachsenden Verwaltungsapparat, seine aufwendige Diplomatie und seine Kriege benötigte. Manchmal nahm er auch bei der Stadt Lyon, dem Bankzentrum Frankreichs, »Anleihen« auf, häufiger jedoch bei einem der florentinischen Bankhäuser, die in Frankreich tätig waren. In den letzten Jahren des 15. Jahrhunderts verdichtete sich der Geschäftsverkehr zwischen italienischen – hauptsächlich florentinischen – und französischen Bank- und Handelshäusern erheblich. Handel brachte Geld ins Land, und die Zunahme des im Umlauf befindlichen Geldes führte zu einem weiteren Anwachsen von spekulativen Geschäften und zu einem Ansteigen der Preise. Der kommerzielle Kapitalismus war – auf internationaler Basis – bereits eine Realität.

Als Agrarland stand Frankreich nach dem Ende des Hundertjährigen Krieges ähnlichen Schwierigkeiten gegenüber wie England, wo die Überführung von Gemeindeland in Privatbesitz durch Einfriedigung die Beziehungen zwischen den Großgrundbesitzern und der Bauernschaft trübte. In Frankreich, wo das System der Triage (Aufteilung des Gemeindelands in drei Teile) herrschte, beanspruchten und nahmen sich die Feudalherren manchmal sogar gewaltsam Land, das die Bauern als Weideland brauchten. Trotz eines königlichen Erlasses von 1576, der das Triage-System oder sogar den Verkauf solchen Gemeindelandes an die Feudalherren verbot, war dieses Verfahren bis weit in das 17. Jahrhundert hinein üblich. Dies hatte eine Verarmung des Bauernstandes zur Folge, die sich später so empfindlich auswirkte, daß die Regierung 1659 die Rückführung aller dieser Grundstücke in Gemeindebesitz beschloß.

Obgleich die Wirtschaft Frankreichs dank der Ertragsfähigkeit seines Bodens und der günstigen Wasserversorgung vorwiegend landwirtschaftlichen Charakter trug, machten Handel und Industrie doch entscheidende Fortschritte. Unter den tonangebenden Städten befanden sich mehrere internationale Umschlagplätze. In Paris, Lyon, Dijon und Orléans, wo Niederlassungen italienischer Bankhäuser mit großen Summen arbeiteten, spielten sich lebhafte Börsengeschäfte ab. Über zahlreiche französische Häfen – Bordeaux, Boulogne, Dieppe, Nantes und andere – wurden Exporte und Importe der verschiedensten Waren abgewickelt. Frankreich führte Getreide nach Spanien, England und Portugal, Weine und Obst nach

England, Flandern und in die Schweiz aus. Französische Leinwand war in England, Spanien, Norditalien und Nordafrika sehr begehrt. Der Überschuß an Salz ging nach England. Aber auch der Import war beträchtlich: Metalle, Lederwaren, Pelze, Schinken, Käse, Gewürze, Pferde und Fisch kamen aus Deutschland. Italien lieferte Leinen, Seide, Kristall, Edelsteine und Waffen: Güter, die italienische Kaufleute teilweise aus dem Orient bezogen hatten. Aus England erhielt Frankreich Gold, Silber, Blei, Zinn und ebenfalls Leder, Wolle und Fisch. Spanien war sogar zu Zeiten, in denen die beiden Länder miteinander im Krieg lagen, der Lieferant für Münzen, die aus dem Gold geprägt waren, das aus der Neuen Welt nach Spanien kam. Portugal lieferte Gewürze, Edelsteine, Duftstoffe und Arzneien. Die Aufzählung zeigt, daß Frankreich noch nicht so stark industrialisiert war wie seine Nachbarländer, aus denen es viele Fertigwaren beziehen mußte, um die Nachfrage im eigenen Land befriedigen zu können.

Was es an Industrie in Frankreich gab, lag in den Händen der traditionellen mittelalterlichen Zünfte, die sich aus den Meistern, Gesellen und Lehrlingen zusammensetzten. Diese Zünfte blieben weitgehend, was sie im Mittelalter gewesen waren: streng gegliederte und exklusive Gesellschaften. Franz I. bemühte sich – allerdings ohne nennenswerten Erfolg – die Macht der Meister dieser Zünfte zu beschneiden. Für die Arbeiter hatte er nicht viel übrig. 1539 unterdrückte ein königliches Edikt die Bruderschaften der Handwerker, die sich als Gegengewicht zur Macht der Meister herausgebildet hatten. Als im selben Jahr die Gesellen der zahlreichen Druckereien in Lyon über ein Jahr lang streikten, um höhere Löhne und bessere Lebensbedingungen zu erreichen, nahm der König für die Meister Partei und machte den Arbeitern keinerlei Zugeständnisse.

Die in Frankreich seit altersher übliche Schutzzollpolitik wurde noch das ganze 16. Jahrhundert hindurch beibehalten. Vor allem italienische Kaufleute und ihre Güter mußten sich starke

Einschränkungen gefallen lassen, die allerdings von den französischen Kaufleuten häufig umgangen wurden; man kümmerte sich wenig um die Herkunft der Ware und um Edikte aus Paris, wenn man nur etwas zu verkaufen hatte. Der Ausgriff in den Fernen Osten und in die Neue Welt, der in Spanien und Portugal und in geringerem Maße auch in England in vollem Gange war, regte unter Franz I. auch in Frankreich die Phantasie des Volkes an. Um 1530 waren französische Expeditionen, meist von einzelnen Kaufleuten oder unternehmungslustigen Adligen mit Handelsbeziehungen finanziert, von den Häfen an der Atlantik- oder Mittelmeerküste zu den Gewürzinseln und zum Indischen Ozean unterwegs. 1529 erreichten zwei große Schiffe Sumatra. 1530 gründete ein Kaufmann aus Dieppe »zum Wohle und Nutzen der Allgemeinheit« eine Gesellschaft für Gewürzhandel. Ähnliche Handelsgesellschaften und Unternehmungen folgten in ständig wachsender Zahl. Doch erst mit den Reisen von Jacques Cartier gewann die französische Forschungstätigkeit Bedeutung. Franz I. finanzierte 1534 Cartiers erste Expedition in die Neue Welt. Sie gelangte bis nach Neufundland, Labrador und zum St.-Lorenz-Golf. Auf einer zweiten Expedition fuhr Cartier den St.-Lorenz-Strom aufwärts bis zu den Lachine-Fällen. Er nahm das Land im Namen des Königs von Frankreich in Besitz und blieb dort bis zum folgenden Frühjahr. Ein weiterer kolonisatorischer Versuch scheiterte 1541 kläglich. Erst mit der Gründung von Quebec durch Champlain (1608) sollte Frankreich auf diesem Gebiete wieder erfolgreich sein. Offenbar war es dem französischen Handel nicht bestimmt, wie England oder Spanien von der Erschließung oder Kolonisierung des Westens zu profitieren.

Im eigenen Land hatte sich die Regierung viel auf die Autarkie Frankreichs zugute getan. Der Kanzler eröffnete 1484 die Generalstände mit einer Rede, in der er fragte: »Gibt es ein Land, das mit all den Reichtümern, deren der Mensch bedarf, besser versorgt ist?« 1557 brachte ein königliches Edikt die gleiche Überzeugung zum Ausdruck: »Die Bewohner des Königreichs Frankreich sind nicht auf Hilfe und Beistand des Auslands angewiesen, wenn es um lebensnotwendige Güter oder andere Dinge geht, die durch tägliche Gewohnheit unentbehrlich geworden sind.« Selbst wenn man annehmen will, daß Frankreich sich 1484 selbst versorgen konnte, so traf das doch um 1557 keinesfalls mehr zu. Die königliche Schatzkammer war leer, und Frankreich war genau wie Spanien bankrott. Franz I. und seine Nachfolger hatten, da sie weder Gold- noch Silberbergwerke besaßen, hohe Anleihen bei den Bankiers in Florenz und Antwerpen aufnehmen müssen, um die Kosten bestreiten zu können, die ihnen der Krieg gegen die Habsburger, eine aufwendige Diplomatie und eine luxuriöse Hofhaltung verursachten. Die französische Niederlage bei St. Quentin im Jahr 1559 erschöpfte die Staatskasse endgültig. Die Generalstände von 1560 mußten sich sagen lassen, daß die Krone mit etwa 40 Millionen Livre verschuldet war. In den nächsten Jahren wüteten in Frankreich Bürgerkriege und Religionskämpfe. Die Bauernschaft hatte unter den Verwüstungen des Krieges furchtbar zu leiden. Lyon verlor seine maßgebende Stellung als Bankzentrum; jahrelang herrschten in den Städten, die vor dem Krieg Ansätze zu einer industriellen Blüte gezeigt hatten, Hungersnot und Arbeitslosigkeit. Da die Landwirtschaft darniederlag, geriet der Adel zwangsläufig immer tiefer in Schulden, wenn er einen einigermaßen angemessenen Lebensstandard aufrechterhalten wollte. Zudem standen weite Gebiete des Reichs während dieser 30 Jahre längere Zeit nicht unter der Kontrolle des Königs, und Gesetz und Ordnung wurden mißachtet. Die Hugenotten erhielten das System der Finanzverwaltung nur zu ihrem eigenen Nutzen aufrecht. Die Spaltung Frankreichs wirkte sich nicht nur in politischer und religiöser Hinsicht, sondern auch in Wirtschaft und Verwaltung verheerend aus.

So wurde schließlich der Sieg Heinrichs IV. von den meisten Franzosen mit großer Erleichterung begrüßt. Endlich konnten sie wieder an die Arbeit gehen und die Schäden beseitigen, die drei Jahrzehnte chaotischer Wirren verursacht hatten. Heinrichs dringendste Aufgabe war es, das Finanz- und Rechnungswesen neu zu ordnen. Es war ein Glück für Frankreich, daß er in Sully einen Minister besaß, dem es in erster Linie um eine saubere Finanzgebarung und eine staatliche Wirtschaftspolitik ging. Er sah sich einem ständigen jährlichen Defizit von 36 Millionen Livre gegenüber. Nur durch äußerste Sparsamkeit, weitgehende Einschränkungen und enorme Sachkenntnis gelang es, Frankreich wieder zu sanieren. Es ist das Verdienst Heinrichs IV., die Notwendigkeit übermenschlicher Anstrengungen eingesehen und die Durchführung der außerordentlich harten Maßnahmen Sullys unterstützt zu haben. Er hinterließ seinem Nachfolger ein zahlungsfähiges Reich, dessen Staatsschuld von 350 auf 224 Millionen Livre zurückgegangen war. Die jährlichen Einkünfte des Königreichs hatten sich nahezu verdoppelt, und 1609 lag in der Staatskasse eine flüssige Reserve von 41 Millionen Livre. Heinrich gab sich nicht damit zufrieden, nur innenpolitisch sparsam zu wirtschaften. 1604 wurden Handelsverträge mit der Hanse, mit Schweden und Dänemark abgeschlossen. Im Ausland bestand eine ständige Nachfrage nach französischem Salz, Wein, Tuch und Papier. Das traditionelle politische Bündnis mit der Türkei kam dem französischen Levantehandel zugute, im Wettbewerb mit den holländischen und englischen Händlern bot es den französischen Kaufleuten im östlichen Mittelmeer einen günstigen Ausgangspunkt. Am Ende der Regierungszeit Heinrichs IV. hatte Frankreich die Positionen, die seine Wirtschaft während der Religionskriege verloren hatte, größtenteils wiedergewonnen und nahm unter den Handelsmächten der Welt eine maßgebende Stellung ein.

Die raschen wirtschaftlichen Erfolge Frankreichs unter Heinrich IV. wären ohne die Wirtschaftslehre und -praxis des Calvinismus kaum möglich gewesen. Schon um die Mitte des Jahrhunderts hatte das Verbot der katholischen Kirche, Geld gegen Zinsen zu verleihen, in der Praxis keine Bedeutung mehr, und der Calvinismus praktizierte nicht nur diesen Geldverleih, sondern ging noch weiter. Er verkündete die moralische Berechtigung individuellen Erwerbsstrebens und vertrat die Meinung, es sei rechtens, das Geld arbeiten zu lassen. Während das kanonische Recht von der Voraussetzung ausging, Geld sei eine tote Sache, sah die reformierte Lehre Geld als potentiell lebendig an und hielt es für sittlich vertretbar, wenn man es zum Zweck seiner Vermehrung einsetzte. Gewinn im Sinne des Kapitalismus war, sofern er ehrlich erworben wurde, ein Zeichen dafür, daß der Betreffende von seinen Gaben klug und geschickt Gebrauch gemacht hatte. Damit, daß diese Gesinnung sich während der zweiten Hälfte des Jahrhunderts in ganz Frankreich verbreitete, war eine zuverlässige Grundlage für den Wiederaufbau der Wirtschaft gegeben. Die Kaufmannsschicht konnte sich nun zu einer individualistischen Weltanschauung bekennen und sich zudem auf höchst achtbare religiöse Beweggründe berufen – Sicherungen, die ihnen das kanonische Recht der katholischen Kirche verweigert hatte. Der blühende Wohlstand, der das »Große Jahrhundert« Richelieus und Ludwigs XIV. heraufführen sollte, beruhte auf diesem Richtungswechsel in der Wirtschaftslehre, der sich trotz der Wirren der Religionskriege durchsetzte und während der allzu kurzen Regierungszeit Heinrichs IV. konsolidierte.

In Italien bestand im 16. Jahrhundert infolge der politischen und wirtschaftlichen Zersplitterung keine Aussicht auf eine Vereinheitlichung. Im Gegensatz zu anderen Teilen Europas, die bemerkenswerte Anzeichen wirtschaftlicher Expansion erkennen ließen, gab es hier nur die gemeinsame Erfahrung eines ständigen Rückgangs. Die Republik Venedig, die um 1500 in der Lagunenstadt selbst und ihren Gebieten auf dem Festland fast 200 000 Einwohner zählte, war sich ihres drohenden Abstiegs offenbar nicht bewußt. Ihre Niederlassungen in der Levante litten unter der Umleitung der Handelswege um Afrika und nach der Neuen Welt wie auch unter der wachsenden Macht des türkischen Reichs, das sie aus einigen Stützpunkten im östlichen Mittelmeer vertrieb. Als die Konkurrenz der westlichen Mächte – Frankreichs, der Niederlande und Englands – die venezianische Monopolstellung beschnitt, paßte sich die stolze Stadt den neuen Bedingungen nicht an. Trotzdem blieb Venedig ein wichtiges Zentrum für Finanzgeschäfte, und ehe das Jahrhundert zu Ende ging, hatte es in der Verbindung von Gewerbefleiß und Kunst ein neues Feld für seine Fähigkeiten gefunden. Holzschnitzereien, Kunstschmiedeerzeugnisse, Bronze- und Steinskulpturen, Kunsttischlerei, Gold- und Silberschmiedearbeiten, Intarsien, feine Lederwaren sowie weitere Luxusgüter und natürlich auch kostbare Druckereierzeugnisse wurden zu Spezialitäten Venedigs, die den Ruhm der Stadt das ganze 16. Jahrhundert hindurch und bis ins 17. hinein wachhielten. Genua hatte, nachdem es seiner früheren Vormachtstellung zur See in jahrhundertelangen Kämpfen mit Venedig verlustig gegangen war, trotz zeitweiliger Besetzung durch Frankreich unter Ludwig XI. und Ludwig XII. an seiner althergebrachten Unabhängigkeit festgehalten. Die Regierungsgewalt lag in den Händen des reichen Bürgertums und des Adels. Der *popolo minuto*, Arbeiter und Handwerker, hatte nie eine Rolle gespielt. Genua verlor seine Handelsniederlassungen in der Levante, und sein Überseehandel litt unter der Konkurrenz der französischen und portugiesischen Kaufleute. Dagegen konnten seine Bankhäuser bemerkenswerte Erfolge buchen: Karl V. wandte sich an das genuesische Bankhaus San Giorgio, um seine niederländischen Anleihen zurückzuzahlen. Abgesehen von solchen Transaktionen war die ergiebigste Einkommensquelle Genuas im 16. Jahrhundert die Vermietung seiner Flotte unter dem genialen Andrea Doria, der sich sowohl für Karl V. als auch für Franz I. erfolgreich schlug.

Florenz war am Ende des 15. Jahrhunderts unter dem gemäßigten Despotismus der Medici die reichste Landmacht Italiens gewesen. Nachdem 1498 Savonarolas Theokratie gescheitert war, kamen die Medici wieder an die Macht, und 1532 wurde ein Medici erblicher Herzog von Florenz. Mit dem Anbruch einer Zeit des Friedens und der Entspannung schienen die Tage glänzenden Unternehmungsgeistes vorüber zu sein. Die grundlegenden Gewerbezweige der Toskana jedoch – die Produktion von Wolle, Seide, Töpferware und Eisenwaren – florierten nach wie vor, bis sich gegen Ende des Jahrhunderts die Exklusivität der Zünfte nachteilig auszuwirken begann und die Industrie unaufhaltsam zurückging. In den päpstlichen Staaten konnte im 16. Jahrhundert von einer geregelten Wirtschaftspolitik keine Rede sein. Manche Städte, die wie etwa Bologna oder Faenza zum päpstlichen Gebiet gehörten, verfügten über eine existenzfähige Wirtschaft, die neben Kleinbetrieben auch kapitalistische Unternehmungen kannte. Rom selbst jedoch als päpstliches Verwaltungszentrum, dem die Pilgerspenden und jene enormen Summen zuflossen, die der Verkauf von Ablässen, Dispensen und Ämtern der päpstlichen Schatzkammer einbrachte, war wirtschaftlich unproduktiv und lebte, grob gesagt, als Schmarotzer von Industrie und Handel der übrigen christlichen Welt.

Das Königreich Neapel, das seit dem frühen 14. Jahrhundert unter spanischer Herrschaft stand, war ein Agrargebiet. Die Schafzucht nahm im Laufe des 16. Jahrhunderts stark zu und trat gebietsweise an die Stelle der Landwirtschaft. Der Adel nahm sich dieses Gewerbezweiges energischer an und zog aus den Gebühren, die er für den Wechsel des Weidelands erhob, höhere Gewinne, als sich aus der Bodenbestellung hätten erzielen lassen. Die Anzahl der Schafe im Königreich stieg im Laufe des Jahrhunderts von 600 000 auf fünf Millionen. Im gleichen Maße nahm die Erzeugung landwirtschaftlicher Güter ab. Die umherziehenden Schafherden verdarben die Ernten so gründlich, daß viele Bauern das Land verließen, um sich dem städtischen Proletariat anzuschließen. Einige wenige Städte standen mit ausländischen Kaufleuten in Handelsbeziehungen, und eine aufkeimende Seidenindustrie, die zeitweise von den spanischen Königen unterstützt wurde, schuf wohl einige Verdienstmöglichkeiten, konnte sich aber nicht positiv entwickeln. Mailand, seit den Zeiten der Römer ein betriebsames Industrie- und Handelszentrum, hatte unter einer Reihe italienischer und ausländischer Machthaber zu leiden gehabt. Doch trotz eines verschwenderischen Hofes und politischer Wirren standen Industrie und Bankgewerbe in Blüte. Das Land rings um Mailand, das wasserreich und fruchtbar war, sorgte für die Grundbedürfnisse der Bevölkerung. In vielen Spezialberufen, die mit starker Konkurrenz zu kämpfen hatten, galten mailändische Handwerker als die besten in der bekannten Welt. Gold- und Silberarbeiten, Glas, Seidenwaren und feine Brokate aus Mailand waren auf allen europäischen Märkten gefragt. Von Lissabon bis zu den Hansestädten an der Ostsee waren Niederlassungen der lombardischen Banken aktiv. Obwohl das Entstehen von Industrieschwerpunkten und Bankhäusern in Frankreich und Deutschland Mailands Wirtschaftsleben empfindlich störte, konnte sich die Stadt doch zumindest bis an das Ende des Jahrhunderts ihre Betriebsamkeit und ihren Wohlstand erhalten.

Im ganzen bietet Italien, wenn man von einigen rühmlichen Ausnahmen wie Florenz – der Toskana – und Mailand absieht, am Ende des 16. Jahrhunderts ein Bild des Niedergangs. Seine Zerrissenheit und die inneren Streitigkeiten, die Politik der Päpste, die das Land in Kriege verwickelte, das Übergewicht fremder Mächte, insbesondere Spaniens etwa in Neapel und Mailand, und – als vielleicht ausschlaggebende Tatsache – die Verlagerung des Schwerpunkts im europäischen Handel vom Mittelmeer auf den Atlantik verwiesen Italien auf eine untergeordnete Rolle in der Wirtschaft Gesamteuropas.

Spanien war wirtschaftlich gesehen ein Sonderfall. Die iberische Halbinsel hatte sich bis zur Eroberung Granadas 1492 eines allgemeinen Wohlstands erfreut und besaß eine verhältnismäßig gut ausgewogene Wirtschaft. Es gab Gewerbezweige, die auf handwerklichen Spezialkenntnissen beruhten. Cordoba produzierte Lederwaren, die in ganz Europa sehr begehrt waren, Toledo Metallarbeiten und Waffen aus einem Stahl, dessen Qualität berühmt war. Von der Mitte des 16. Jahrhunderts an wurde von Jaén nach Frankreich Seide ausgeführt, die sich neben französischen und italienischen Erzeugnissen durchaus sehen lassen konnte. Die spanischen Städte, die ein hochentwickeltes Handwerk besaßen und zahlreiche Arbeitsmöglichkeiten boten, erhielten vielfach Zuzug von Handwerkern aus Italien und Frankreich. Saragossa, Barcelona, Granada, Valencia und Cádiz waren rührige Industrie- und Handelszentren. Die spanische Landwirtschaft profitierte von dem angeborenen Geschick der spanischen Mauren für Bodenbearbeitung, dem bis zu ihrer Vertreibung 1492 die umfangreichen Exporte an Olivenöl, Wein, Früchten und Getreide zu verdanken waren. Um 1530 begann der Zufluß von Gold- und Silberbarren aus den spanischen Besitzungen in der Neuen Welt einen beträchtlichen Umfang anzunehmen. In diesem Jahrhundert betrug die jährliche Produktion von Silberbarren im Durchschnitt 300 Tonnen. Die unmittelbare Folge dieses Gold- und Silberimports war ein Preisanstieg innerhalb des Reiches; später floß das Gold und Silber meist ins Ausland ab. Es landete in Frankreich, in den Geldschränken der Bankiers von Antwerpen und London, oder es blieb in den Ländern hängen, die spanische Truppen besetzt hielten oder durchzogen. Innerhalb Spaniens jedenfalls stieg das allgemeine Preisniveau vom Anfang des 16. bis zum frühen 17. Jahrhundert um mehr als das Dreifache. Wirtschaftlich befand sich Spanien seit dem Beginn des Jahrhunderts, das heißt, seit das Edelmetall ins Land strömte, im Abstieg; je reichlicher das Gold zufloß, um so schneller verfiel die Wirtschaft. Dieser Niedergang hatte politische, finanzielle, bevölkerungsstatistische und schließlich auch moralische Gründe.

Für diese Entwicklung sind zwei Faktoren der spanischen Wirtschaftsgeschichte maßgebend. Der erste Faktor ist rein ökonomischer, der zweite teils sozialer, teils moralischer Natur.

Die Organisation der Schafzüchter, die *mesta,* war im Laufe des 15. und bis weit ins 17. Jahrhundert hinein so mächtig geworden, daß sie der Regierung in wirtschaftspolitischen Fragen Vorschriften machen konnte. Sie verschaffte sich Steuervergünstigungen und Konzessionen für die Nutzung weiter Landstriche ausschließlich durch ihre wandernden Schafherden. Die *cañada,* ein Landstrich, der in Nord-Süd-Richtung verläuft, wurde überhaupt nicht mehr bebaut; der nördliche Teil war den wandernden Schafherden als Sommerweide, der südliche als Winterweide vorbehalten. Bauern, deren Land an dieses Gebiet grenzte, waren nicht in der Lage, ihre gepflügten oder besäten Felder vor dem Durchzug der Herden zu schützen. Während des 16. Jahrhunderts wurden diese Konzessionen durch eine Reihe königlicher Dekrete noch erweitert. Als dann im weiteren Verlauf des Jahrhunderts landwirtschaftliche Produkte auch noch hoch besteuert wurden, sahen die Bauern keinen Ausweg mehr, und so setzte eine Landflucht ein. Damit erlitt die spanische Landwirtschaft einen kaum wieder gutzumachenden Schaden, der dazu führte, daß Nahrungsmittelimporte notwendig wurden. Die Bevölkerungszahl ging zurück, da viele Bauern in ihrer Verzweiflung nach Frankreich oder Italien zogen. Zu Beginn des 17. Jahrhunderts sahen viele ehemals fruchtbare Gebiete wie Ödland aus.

Der Zustrom von Gold und Silber nach Spanien konnte keinen grundlegenden Wandel schaffen. Ganz abgesehen davon, daß dem Staat infolge von Durchstechereien in den Einlaufhäfen empfindliche Verluste entstanden, erreichten die Kosten für eine üppige Hofhaltung, für eine kostspielige Außenpolitik und für den Unterhalt der Heere in Italien, den Niederlanden und im Reich eine Höhe, die durch gelegentliche Goldtransporte nicht mehr auszugleichen war.

Der zweite, soziale und moralische Faktor, der beim Niedergang Spaniens so entscheidend mitspielte, ergab sich zum Teil aus dem Erfolg der Reconquista. Die spanischen Adligen, die Hidalgos, waren stolz darauf, die ungläubigen Mauren vom geheiligten Boden Spaniens vertrieben zu haben, und erhoben nun Anspruch darauf, in Ruhe gelassen und für ihre Leistungen belohnt zu werden. Arbeiten und Handel treiben war Sache des dienenden Volkes. Diese Geringschätzung der Arbeit war tief im spanischen Charakter verwurzelt und nicht leicht auszurotten. Die Mauren hatten solche minderen Tätigkeiten ausgeführt, und Spanien war dabei gut gefahren. Nach ihrer Vertreibung fehlten diese Arbeitskräfte, zumal die Indolenz bis tief in die Handwerkerschicht hineinreichte und solche Ausmaße annahm, daß zur Zeit Philipps II. die Spanier ihren Arbeitseifer weitgehend eingebüßt hatten. Die Handwerker im Lande waren nun vielfach Franzosen und Italiener, die ein paar Jahre lang in Spanien blieben, um dort zu Geld zu kommen und dann wieder in ihre Heimat zurückzukehren, wobei sie Spanien ärmer hinter sich ließen, als es zuvor gewesen war.

Diese beiden Umstände zwangen die spanischen Herrscher zu extremen Maßnahmen bei der Erhöhung ihrer Einkünfte, aus denen sie ihre politischen und militärischen Unternehmungen bestreiten mußten. So verlangte etwa Karl V., der während seiner Regierungszeit meist im Reich weilte und mit Franz I., den deutschen Protestanten oder den Türken im Krieg lag, von seinem Sohn Philipp, dem Regenten in Spanien, erhebliche Summen. Philipp war gezwungen, sogar für Wagenräder und Fenster Steuern zu erheben und eine zehnprozentige Umsatzsteuer, die *alcabala,* für alle Handelstransaktionen einzuführen. Eine so hohe Umsatzsteuer mußte zwangsläufig den Handel schädigen und die Quellen des Staatseinkommens zum Versiegen bringen. Selbst die *mesta* mußte unter Philipp II. eine Herabsetzung der Anzahl ihrer Schafe von sieben auf zwei Millionen hinnehmen.

Die spanische Kolonisation in der Neuen Welt verschaffte nicht etwa spanischen Waren einen erweiterten Markt, sondern entzog dem Mutterland einen großen Teil seiner besten Kräfte. Was an kraftvoller Jugend noch im Lande war, diente vielfach in den Heeren, die in Flandern, am Rhein oder in Italien kämpften. Die Abwesenheit von Zehntausenden von Männern im besten Alter mußte sich auf die Geburtenziffer nachteilig auswirken. Ein weiteres dunkles Kapitel in diesem »Goldenen Zeitalter« war die Macht der spanischen Inquisition, die die Gedankenfreiheit erstickte, alle Bande zwischen den gebildeten Schichten Spaniens und dem übrigen Europa zerschnitt und einige der bedeutendsten Geister des Landes auf den Scheiterhaufen brachte oder vertrieb. Die Fesseln, die die Inquisition dem spanischen Geist aufzwang, wirkten sich für Spanien auf Jahrhunderte hinaus in einer geistigen Ohnmacht aus.

Im Reich entwickelte sich das Wirtschaftsleben in mehreren Richtungen. Der Verlauf der lutherischen Reformation untermauerte die Stellung der Fürsten, und der allmähliche Rückgang der kaiserlichen Macht gab ihnen Gelegenheit, die Städte, die sich in den vergangenen Jahrhunderten ein hohes Maß an Freiheit errungen hatten, fester in die Hand zu bekommen. Die Hansestädte hatten mit der Konkurrenz englischer und skandinavischer Kaufleute hart zu kämpfen, die den mächtigen Rückhalt ihrer Regierungen hinter sich wußten, und erfuhren vielfach durch Reibungen mit anderen Mitgliedsstädten eine weitere Schwächung. Dazu kam, daß die Heringsschwärme im 15. Jahrhundert aus der Ostsee in die Nordsee abwanderten, wodurch die Hanse einer ihrer reichsten Einnahmequellen beraubt wurde. Die süddeutschen Städte waren das ganze Spätmittelalter hindurch Umschlagplätze für Waren aus Venedig und den Hafenstädten an der Adria gewesen. Der *fondaco dei tedeschi*, das deutsche Warenlager in Venedig, über das die deutschen Kaufleute ihre Geschäfte in Venedig abwickelten, sicherte dem deutschen Markt noch bis weit ins 16. Jahrhundert hinein ein beträchtliches Handelsvolumen. Als jedoch der venezianische Handel zurückging, mußten auch deutsche Städte wie Ulm, Nürnberg, Regensburg und Wien beträchtliche Einbußen hinnehmen. Die großen Bankhäuser, vor allem die Fugger, Welser und Imhof, florierten weiterhin; doch beruhte

ihr Wohlstand auf internationalen Finanzgeschäften, die von örtlichen Industrien oder dem üblichen Handelsverkehr unabhängig waren. Augsburg, das zu Beginn des 16. Jahrhunderts wohl kaum mehr als 20 000 Einwohner zählte, war dank seiner für den Handelsverkehr mit dem Süden wie für Geschäfts- und Finanzbeziehungen zum Norden gleich günstigen Lage die reichste Stadt des Reichs. Sein Luxus und seine Prachtentfaltung waren in ganz Europa bekannt. Augsburg war nicht nur ein Handels- und Bankzentrum, es besaß auch eine beachtliche Textilindustrie, die aus Italien Baumwolle, aus Schweden Flachs importierte und Baumwolle und Leinen zu dem sogenannten Barchent verarbeitete. Der deutsche Bauer litt im 16. Jahrhundert vor allem unter dem allgemeinen Preisanstieg in ganz Europa und der wachsenden Macht der Landesfürsten. Das geltende römische Recht, das die Grundherren begünstigte, legte den Bauern schwere Lasten auf und machte sie de facto zu Leibeigenen.
Die heftigste Reaktion der Bauernschaft auf die Unterdrückung durch den Adel war der Bauernaufstand von 1525. Er wurde blutig niedergeschlagen, und die Lage der Bauern war danach schlimmer als zuvor. In Südwestdeutschland geriet der Bauernstand wieder in wahre Leibeigenschaft. Die Städte und ihre Gewerbezweige, die durch die Schwächung einer so umfangreichen Schicht in Mitleidenschaft gezogen wurden, verarmten rasch und waren daher auch nicht mehr in der Lage, Handel zu treiben; der Niedergang der Wirtschaft war allgemein.
In England war die Lage in gewissem Maße ähnlich wie in Frankreich. Die Pest hatte die Zahl der landwirtschaftlichen Arbeiter stark herabgesetzt, und an die Stelle des Ackerbaus trat die Schafzucht, die weniger Arbeitskräfte benötigte. Diese Umstellung wiederum führte schon im ersten Viertel des 15. Jahrhunderts dazu, daß der Adel ganze Landkomplexe einzufrieden begann, die als Weideland für die Herden dienen sollten. Für die Bauern bedeutete dies vielfach, daß sie weichen mußten, und ihre einzige Zufluchtsstätte blieben die

Städte. Dort belasteten sie den Arbeitsmarkt und fanden schließlich ihr Brot durch Handarbeit in Fabriken. Heinrich VIII. versuchte vergeblich, die Landflucht einzudämmen; Landeinfriedung und Schafzucht setzten sich weiterhin durch. Nachdem England 1453 aus Frankreich vertrieben worden war, löschte ein Bürgerkrieg zwischen den rivalisierenden Häusern Lancaster und York die alten Adelsfamilien fast gänzlich aus. Die Stadtbevölkerung war zum größten Teil vom Krieg unberührt geblieben, zeigte sich jedoch willens und bereit, aus der Vernichtung einer Klasse, die ihr Wachstum behindert hatte, Nutzen zu ziehen. Der erste Tudor-Herrscher, Heinrich VII. (1485–1509) war ein Wirtschaftsfachmann auf dem Königsthron. Seine Regierungszeit eröffnete eine neue Epoche englischer Wirtschaftspolitik. Er begünstigte Industrie und Handel und sah es als seine vordringliche Aufgabe an, Politik und Wirtschaft miteinander in Einklang zu bringen. Besonders deutlich wurde das an der Art und Weise, in der er die Wollindustrie begünstigte und den *Merchant Adventurers* politische Unterstützung gewährte. Seit dem 14. Jahrhundert war Englands Reichtum zum großen Teil der Wollindustrie zu verdanken, die schon seit der Regierungszeit Eduards III. (1327–1377) den besonderen Schutz der Krone genoß. Man zog flämische Weber und Färber ins Land, indem man ihnen Geleitbriefe und das Bürgerrecht versprach. Diese Schutzpolitik wurde von den verschiedenen englischen Herrschern bis hin zu Heinrich VII. verfolgt. Die englische Wollindustrie blühte und konnte die einheimische Nachfrage voll decken; Tuchexporte und die Ausfuhr von Rohwolle aus England jedoch wurden mit Zöllen belegt. 1437 wurden 56 000 Ballen feinen Tuchs exportiert, und kurz vor Heinrichs Regierungsantritt stieg diese Zahl auf 62 000 Ballen. Die Blüte der Wollindustrie führte ganz allgemein dazu, daß sich eine Art von industriellem Kapitalismus herausbildete. Viele Händler und Produzenten ließen von Webern und Tuchwalkern auf Webstühlen, die sie ihnen zur Verfügung stellten, Tuche herstellen, um sie dann auf in- oder ausländischen Märkten zu verkaufen. Heinrich VII. und nach ihm alle anderen Tudors erkannten die Bedeutung der Wollindustrie für England; sie begünstigten die Weber und Tuchhändler und verteidigten sie teils bei inneren Auseinandersetzungen teils gegen findige Kapitalisten, die einen gewinnträchtigen Gewerbezweig unter ihre Kontrolle zu bringen versuchten.

Seit der Mitte des 15. Jahrhunderts war das System der Handwerkszünfte mehr und mehr im Schwinden begriffen. Ursache dieser Entwicklung war vor allem der Übergang zum System der Heimarbeit, bei dem ein finanzstarker Kaufmann einzelnen Familien oder Handwerksmeistern das Rohmaterial zuteilte, das diese gegen Bezahlung je Stück zum Endprodukt verarbeiteten. Der Kaufmann brachte die Endprodukte dann über seine Handelsverbindungen auf den Markt. Heinrich VII. mißfiel die Exklusivität des Zunftsystems; er begünstigte die Heimarbeit und brachte schließlich die Zünfte unter königliche Kontrolle. Der Erlaß von 1504 bestimmte, daß die Zünfte ihre Zunftbücher hohen königlichen Beamten vorzulegen hätten. Andere einschränkende Verordnungen folgten, und bald unterstanden die Zünfte nahezu vollständig der Aufsicht durch die Regierung. Damit waren die Zünfte noch nicht verschwunden, doch das viel stärker kapitalistisch betonte System der Heimarbeit konnte auf diese Weise leichter Fuß fassen.

Von der Mitte des 15. Jahrhunderts an wurde die Konkurrenz zwischen englischen und flämischen Tuchen immer schärfer. Beide Seiten schränkten den Tuchexport aus dem anderen Land ein oder verboten ihn gänzlich. England zog im 16. Jahrhundert viele Spezialarbeiter aus Europa an. 1572 führte das Blutbad der Bartholomäusnacht viele protestantische Handwerker aus Frankreich nach England, die vor allem die Seidenfabrikation betrieben. Die Weberei nahm einen so starken Aufschwung, daß die Regierung entsprechende Vorschriften erlassen mußte. 1555 beschränkte der *Weavers' Act* die Ausübung dieses Gewerbes auf diejenigen, die bisher schon damit beschäftigt waren, und auf Städte, in denen schon in den vorhergehenden zehn Jahren Tuche hergestellt worden waren. Heinrich VII. übernahm persönlich die Aufsicht über den Außenhandel Englands einschließlich der Handelsverträge mit Frankreich, den Niederlanden und dem Reich. Mit den Niederlanden schloß er 1496 den *Intercursus magnus*, nach dem englische Tuche in den Niederlanden uneingeschränkt auf den Markt gebracht werden konnten. Weitere Übereinkünfte hoben in Burgund – mit Ausnahme von Flandern – die Zollschranken für englische Tuche auf und ermöglichten sogar eine Zeitlang den Engrosverkauf englischer Tuche in Flandern. Die hanseatischen Kaufleute mußten einige Sonderrechte in englischen Hafenstädten aufgeben, während englische Händler Zugang zu Märkten Skandinaviens, Norddeutschlands und des Ostseegebiets erhielten und damit zur Hebung des Vertrauens in die englische Handelsmacht und ihr Ansehen beitragen konnten. Heinrich unterstützte die Expeditionen der beiden Cabots in die Neue Welt und hoffte, damit Englands Handel auszuweiten; 1506 erhielt ein Kaufmannsverband in Bristol unter dem Namen *The Company Adventurers into the New Found Lands* seine Zustimmung und finanzielle Unterstützung. Heinrich verfügte, daß die Verwaltung des königlichen Schatzamtes nach wirtschaftlichen Gesichtspunkten zu erfolgen habe; er überprüfte mit größter Sorgfalt jede Ausgabe des Schatzamts und nutzte dabei jedes königliche Sonderrecht zur Verhängung von Geldbußen, zur Erhebung von Steuern oder zum Rückkauf von Kronland. Am Ende seiner Regierungszeit hinterließ er seinem Nachfolger eine gefüllte Staatskasse. Was Heinrich von Nutzen gewesen war, hatte sich in der Tat auch für England als nützlich erwiesen.

Die Wirtschaft eines Landes wird häufig an der Reinheit seines Hartgeldes gemessen. Geht man danach, so war die Regierung Heinrichs VII. erfolgreich. Im Jahr 1489 ließ er erstmals den Goldsovereign (im Wert von 20 Schilling) prägen und dazu eine Reihe von Silber- und Kupfermünzen, deren Gewicht und Metallgehalt genauestens überwacht wurde. Die Münzverschlechterung begann erst unter Heinrich VIII., als der Gold- und Silbergehalt um durchschnittlich 15 Prozent herabgesetzt wurde, ein Vorgang, der zum Ansteigen der Preise führte, als das mindere Geld die bessere Münze verdrängte. In den letzten drei Jahren seiner Regierungszeit zog Heinrich VIII. einen Gewinn von 363 000 Pfund aus dieser Münzverschlechterung. Trotzdem mußte er zur Finanzierung seiner Außenpolitik und der Rüstung Anleihen aufnehmen, für die Antwerpener Bankiers, in Kenntnis der prekären Situation des Königs, Zinssätze bis zu 14 Prozent und außerdem noch die Bürgschaft in London ansässiger italienischer Bankhäuser verlangten. Eduard VI., Maria die Katholische und Elisabeth I. gaben sich alle Mühe, den Münzen wieder jenen Feingehalt zu geben, den sie unter Heinrich VII. gehabt hatten.

Als weiterer Maßstab für das Wachstum der englischen Wirtschaft in diesem Jahrhundert könnten die Zollbescheinigungen des Londoner Hafens gelten, der unter den Häfen des Königreichs an führender Stelle stand. 1506 erbrachte er einen Ertrag von 12 000 Pfund, eine Summe, die sich bis 1581, gegen Ende der Regierungszeit Elisabeths, nahezu verdreifachte. Allerdings war die Bedeutung der übrigen englischen Häfen in derselben Zeit ein wenig zurückgegangen. Noch genauer läßt sich die Zunahme kapitalistischer Unternehmungen vielleicht an den Zahlen für den Tuchexport ablesen. Unter Heinrich VII. stieg er von jährlich 85 000 Ballen auf über 120 000 gegen Ende seiner Regierungszeit. Andererseits ging die Ausfuhr von Rohwolle von 1509 bis 1547 um 45 Prozent zurück, und da auf Tuchen ein niedriger, auf Wolle dagegen ein hoher Zoll lag, ergab sich daraus ein Rückgang der Gesamteinkünfte der Krone. Heinrich VIII. wußte zwar, daß zur Unterstützung des Handels gute diplomatische Beziehungen wichtig waren, verhielt sich aber in dieser Beziehung weniger zielbewußt und konsequent als sein Vater.

Die solide Grundlage, die Heinrich VII. für die heimische

Wollindustrie und die Ausdehnung des Außenhandels geschaffen hatte, bildete zugleich auch die unerläßliche Voraussetzung für Englands Größe in der Folgezeit. Englands Handel auf den Weltmeeren war während des 16. Jahrhunderts zeitweilig kaum mehr als Freibeuterei. Seeleute wie Sir John Hawkins und Sir Francis Drake befaßten sich mit dem einträglichen Geschäft des Sklavenhandels und brachten ungehemmt Schiffe auf, die in Ländern beheimatet waren, mit denen England keineswegs im Krieg lag. Die Prisen wurden nach England geschickt, und in den meisten Fällen empfing auch die königliche Schatzkammer ihren Anteil am Gewinn. Der Weg vom Sklavenhändler und Freibeuter zur Ritter- oder Admiralswürde war gar nicht selten. So verdankte England seine Vorherrschaft als Handelsmacht ebenso diesen Männern und ihren Taten wie seinen rechtschaffenen und umsichtigen Kaufleuten. Heinrich VIII. führte mit der Förderung von Handel und Gewerbe sowie mit der Verquickung politischer und wirtschaftlicher Interessen die Politik seines Vaters fort; dagegen zwang ihn seine expansive Außenpolitik, die konservative Währungspolitik seines Vaters aufzugeben. In einer Zeit, in der die Wirtschaft sich umstellte, war die Regierung natürlich sowohl in der Landwirtschaft als auch in den Städten auf Stabilität bedacht. In vielen Fällen schränkte die Gesetzgebung Heinrichs VIII. die Möglichkeiten kapitalistischer Expansion ein; gleichzeitig brachte sie die alten Handwerkerzünfte unter Regierungskontrolle. Die Ausgaben, die Heinrich VIII. auf sich zukommen sah, als er zur Zeit seines Bruches mit der Kirche die Verteidigung Englands gegen einen drohenden Krieg vorbereiten mußte, zwangen ihn und seine Minister, nach neuen Einnahmequellen zu suchen. Man fand sie in der Aufhebung der Klöster (1535–1538) und der Einziehung ihrer Ländereien und Besitztümer. Diese Maßnahme erhöhte zwar die königlichen Einkünfte um 30 000 Pfund, aber diese Summe erwies sich bald als zu gering, als daß sie die Lücke zwischen Einnahmen und Ausgaben hätte schließen können.

Die Regierungszeiten Eduards VI. und seiner Schwester Maria waren zu kurz, um die Wirtschaft Englands entscheidend verändern zu können. Beide Herrscher bemühten sich, im Finanzwesen und im Handel die Stabilität wiederherzustellen, die unter Heinrich VII. geherrscht hatte, und kamen – vor allem im Münzwesen – einer soliden Grundlage tatsächlich wieder näher. Manche der Münzen, die Heinrich VIII. hatte prägen lassen, wurden eingezogen und durch bessere ersetzt.
Trotzdem bedeuteten die Jahre unter Eduard VI. eine Phase wirtschaftlicher Unruhe. Die Preise waren hoch – eine Folge der Verschwendungssucht Heinrichs VIII. –, und was das Land an Nahrungsmitteln erzeugte, reichte nicht aus, um die wachsende Bevölkerung zu ernähren; die Folgen der Landeinfriedung begannen sich bemerkbar zu machen. 1549 gab es in Somerset und Norfolk Aufstände, die auf viele andere Grafschaften in den Midlands und in Südengland übergriffen; es ging um die Freigabe des umzäunten Landes. Der Lordprotektor Somerset verurteilte zwar öffentlich die Umwandlung von Bauernland in Weideland, erzielte damit jedoch keine Wirkung.
Immerhin sah es in Handel und Industrie günstig aus. Londons Reichtum nahm zu, und die Kaufleute häuften flüssiges Kapital in beträchtlicher Höhe an, was dazu führte, daß die Regierung keine Anleihen mehr im Ausland aufzunehmen brauchte. 1553 rüsteten Londoner Kaufleute eine aus drei Schiffen bestehende Expedition zur »Entdeckung der nördlichen Teile der Erde« aus. Eines der Schiffe erreichte Archangelsk, und 1555 erhielt die *Muscovy Company* in London das Monopol für den Rußlandhandel. Unter Elisabeth wurde diese Verbindung aufrechterhalten und auf dem Landweg bis nach Persien ausgedehnt. Importe aus Rußland – Öl, Talg, Felle, Pech, Hanf und Wachs – waren für England als Seemacht wertvoll. Die rücksichtslosen Geschäftsmethoden der *Merchant Adventurers* führten 1564 zu einem Bruch mit den Kaufleuten von Antwerpen, und die englische Gesellschaft konzentrierte ihre Be-

mühungen auf Deutschland, wo die Hansestädte eine schwere Konkurrenz darstellten. Der Konflikt mit Antwerpen, der erst 1585 bereinigt wurde, war einer der Gründe für den Rückgang des Handels in dieser Stadt. Zu den *Merchant Adventurers,* die durch die Politik des Königs gefördert wurden, kam noch eine *Eastland Company,* die – 1579 gegründet – in Skandinavien und in den Ostseegebieten ebenfalls der Hanse Konkurrenz machen sollte. Rohstoffe aus dem Norden wurden gegen englische Tuche eingehandelt. England war entschlossen, sich in den fernöstlichen Markt einzuschalten. Die *Muscovy Company* versuchte mindestens zweimal (1556 und 1580), den Pazifik auf der Nordostroute, nördlich von Rußland, zu erreichen, während andere Expeditionen die Nordwestpassage in Angriff nahmen. Frobisher unternahm von 1576 bis 1578 drei Expeditionen, gelangte jedoch nur bis zu der heutigen Frobisherstraße. Ein anderer Kapitän, John Davis, kam 1579 westlich von Grönland bis zum 73. Breitengrad, dem nördlichsten Punkt, der im 16. Jahrhundert erreicht wurde. Frobisher und Davis verfehlten beide die Hudsonstraße, die erst 30 Jahre später von Henry Hudson entdeckt wurde. Andere englische Kaufleute erschlossen den türkischen und levantinischen Markt. England hatte die Gewürze, die zum Würzen und Haltbarmachen von Nahrungsmitteln unentbehrlich waren, bisher über Portugal bezogen. Als 1580 Englands Feind Philipp II. Portugal mit Spanien vereinigte, mußte England seine Gewürze unmittelbar aus dem fernen Osten beziehen. 1581 wurde mit Unterstützung durch Königin Elisabeth eine Gesellschaft Londoner Kaufleute, die *Turkey Company,* für den Handel mit der Türkei gegründet; die Königin legte 40 000 Pfund ihres Privatvermögens in dieser Unternehmung an. 1583 erreichte eine Handelsexpedition Goa und teilte sich dort. Ein Teilnehmer der Reisegesellschaft zog weiter nach Burma und der malaiischen Halbinsel.

So großartig diese Unternehmungen waren, erschlossen sie der Industrie Englands doch noch keine ausreichenden Absatzmöglichkeiten. Der Markt auf dem Kontinent war durch Einschränkungen und starke Konkurrenz für die englischen Waren begrenzt. So eröffnete die Gründung von Kolonien in Amerika ungeahnte Möglichkeiten. 1587 erhielt Sir Humphrey Gilbert von Königin Elisabeth einen Freibrief für die Besiedlung Amerikas. Er entschloß sich zu dem Versuch, in Neufundland eine Kolonie zu gründen, doch im Jahr 1583 fand das Unternehmen ein tragisches Ende. Zwei weitere Versuche Sir Walter Raleighs, der 1585 und 1587, mit Freibriefen der Königin ausgestattet, die Küste Virginias besiedeln wollte, scheiterten ebenfalls. Möglicherweise war die Kolonisierung auch das Ziel der Reise um die Welt, die Sir Francis Drake (1577–1580) unternahm. Er könnte den Auftrag gehabt haben, an der kalifornischen Küste einen Stützpunkt für die Besiedlung des Landes zu errichten. Bis dahin hatten die Unternehmungen englischer Kaufleute, Kolonisatoren und Kapitäne keine kommerziellen Erfolge gebracht. 1591 jedoch kündigte eine Handelsexpedition nach Indien an, sie werde sich einer anderen Taktik bedienen: Sie wolle Handel treiben, ohne eine Kolonisierung des Landes anzustreben. Gegen Ende des Jahres 1599 erfolgte unter dem Schutz der Königin die Gründung der *East India Company*, und in den nächsten fünf Jahren segelten mit englischen Tuchen beladene Schiffe nach Sumatra und Java. Der Grundstein für Englands Vormachtstellung im Osten war gelegt.

Die nationalistische Wirtschaftspolitik des Hauses Tudor förderte viele neue Gewerbezweige, die in England nur deswegen heimisch werden konnten, weil niederländische und französische Handwerker und Unternehmer aus politischen, wirtschaftlichen oder religiösen Gründen ihre Heimatländer hatten verlassen müssen. Da es aber eine Zeit des Übergangs zur wirtschaftlichen und industriellen Integration war, mußte es notwendigerweise Perioden der Fehlanpassung, der Arbeitslosigkeit und der Not unter den Arbeitern geben. Das *Statute of Artificers* von 1563 war ein Versuch, die Mittellosen, die

Handwerkerberufe und das Volk ganz allgemein abzusichern, indem der Zugang zu den Gewerbezweigen geregelt und die Löhne festgesetzt wurden. Für die Unterstützung der Arbeitsunfähigen sorgte die Armengesetzgebung (1563–1601), die eine Beitragserhebung von der Kirche und zahlungskräftigen Bürgern vorsah.

Obwohl der Reichtum in England unter den Tudorherrschern sehr ungleichmäßig verteilt war, wirkte er sich doch auf die Gesellschaft höchst spürbar aus. Für alle Klassen – die Neureichen, die Aristokraten, den neuen Beamtenstand und die unvermeidlichen Mitläufer – wurde der neue Lebensstil wichtig; alle interessierten sich für neue Moden, neue Vorbilder, die neue Literatur; Spott und Satire fanden neue Zielscheiben. Es war eine lebensfrohe Zeit; das läßt sich deutlich aus ihren Bühnenstücken und ihrer Literatur ablesen, und Shakespeare ist am Ende der Epoche der typische und vollendete Repräsentant dieses Zeitalters.

Das von Natur aus reichste und unter dem Gesichtspunkt der Wirtschaft am besten organisierte Land Europas waren die Niederlande. Sie hatten vier Partner: Frankreich, zu dem wirtschaftliche Beziehungen bestanden, die noch aus der Zeit der Feudalherrschaft herrührten; Deutschland, wo der Handelsverkehr und die gesetzliche und verfassungsrechtliche Verankerung eines großen Teils des niederländischen Gebiets im Rahmen des Heiligen Römischen Reichs eine für den Handel günstige Ausgangsposition schufen; England, das mit seiner Wolle und seinem Transportgewerbe für die wirtschaftliche Gesundheit der Niederlande von maßgeblicher Bedeutung war, und schließlich in geringerem Grade die Hanse, die trotz eines gewissen Rückgangs in ihrem Ansehen und in ihrer wirtschaftlichen Machtstellung immer noch einen gewinnbringenden Seehandel mit Skandinavien, den Städten im Ostseegebiet und im nordöstlichen Deutschland trieb. Früher hatte Brügge unter den Städten in den Niederlanden die führende Stelle eingenommen. In der zweiten Hälfte des 15. Jahrhunderts jedoch begannen die Häfen der nahegelegenen Küstengebiete zu versanden, und die Schiffe, die im Zeitalter der Entdeckungen mit der Zunahme des Seehandels immer größer gebaut werden mußten, suchten sich leichter zugängliche Landeplätze. Nun übernahm Antwerpen an der Schelde bereitwillig die Aufgabe des führenden Umschlagplatzes der Niederlande. 1505 verlegten die Fugger ihre Faktoreien von Brügge nach Antwerpen, und 1545 folgten die Hansestädte ihrem Beispiel, so daß Antwerpen nunmehr zum Finanz- und Handelszentrum Nordeuropas wurde. Heinrich VIII. hatte einen ständigen Vertreter – Sir Thomas Gresham – dort, der die Finanzgeschäfte mit den Bankiers auf dem Festland abwickelte, und ebenso unterhielten alle großen deutschen und italienischen Bankhäuser ihre Hauptgeschäftsstellen in der aufblühenden Stadt. 1560 erreichte Antwerpen eine Einwohnerzahl von 200 000; es veranstaltete jährlich zwei große Welthandelsmessen, die von Kaufleuten und Vertretern aus allen Weltteilen – von Moskau bis nach Angola und zu den Gewürzinseln – besucht wurden, die hier ihre Geschäfte abwickelten. Täglich legten 100 oder noch mehr Schiffe an oder verließen den Hafen. Guicciardini, der florentinische Geschichtsschreiber, berichtet, daß jährlich für 1,5 Millionen Dukaten Gewürze und Zucker aus Portugal, für 3 Millionen Gold- und Seidenstickereien aus Italien, für 1,5 Millionen Weizen aus den Ostseegebieten, für 2,5 Millionen Weine aus Frankreich und Deutschland und für 12 Millionen Dukaten Waren aus England über Antwerpen eingeführt wurden.

Antwerpen war nicht nur Finanz- und Handelszentrum, es war auch die wichtigste Industriestadt der Niederlande geworden. Durch die Herstellung aller Arten von Tuch, von Wolle, Baumwolle, Samt und Satin, Teppichen, Glas- und Töpferwaren, durch Bergbau und Metallverarbeitung gelangten die kapitalistischen Unternehmer zu großem Reichtum. Gent, Lüttich und Brüssel profitierten von diesem Wohlstand. Der Arbeiterklasse allerdings ging es nicht so gut. Die alten

Zünfte waren nicht imstande, sich den Bedingungen dieses plötzlichen Aufschwungs und den schnellen Fortschritten der Industrie anzupassen und vermochten trotz häufiger Aufstände keinerlei Einheitsfront gegen die Ausbeutung derjenigen zu bilden, die für ihren Lebensunterhalt auf ihren Lohn angewiesen waren. 1566 erreichte die Stadt den Höhepunkt ihrer Blüte. Danach behinderten die drückende Herrschaft Philipps II. und die brutalen Maßnahmen des Herzogs von Alba den freien Handel und trieben viele Handwerker und Kaufleute aus dem Land; manche gingen nach England, andere zogen in die nördlichen Provinzen der Niederlande, die damals ihre Unabhängigkeit von Spanien gewannen. Die spanische Schreckensherrschaft im Jahr 1576 wirkte sich auf das Volk von Antwerpen verheerend aus. 7000 Einwohner fielen durch das Schwert, Plünderung und Brände verwandelten den belebtesten Teil der Stadt in ein Trümmerfeld. Nachdem sich die Wut der Spanier 1586 ein zweites Mal ausgetobt hatte, sank die Einwohnerzahl auf 85 000, und vier Jahre später waren es nur noch 55 000. 1598 verfügte Philipp II., daß der Amerika- und der Indienhandel nicht mehr über Antwerpen gehen durften. Jahrzehntelang war Antwerpen eine »Geisterstadt«, und im europäischen Handel verloren die südlichen Provinzen unter der Herrschaft Spaniens jegliche Bedeutung.

An die Stelle von Antwerpen und Gent traten nach der Befreiung vom spanischen Joch im Jahr 1581 als Handelszentren vor allem die nördlichen Provinzen. Im Norden hatte die Industrie nie eine überragende Rolle gespielt; sein Wohlstand beruhte auf der Landwirtschaft, auf Schiffahrt, Seehandel und Fischerei. Die Holländer galten als die besten Seeleute der Welt, und ihr Unternehmungsgeist und ihre Zuverlässigkeit zogen die Kauffahrteischiffe aus ganz Europa in ihre Häfen. Es hieß von den Holländern, daß »Norwegen ihr Wald, Preußen und Polen ihre Kornkammer, der Rhein, die Garonne und die Dordogne ihre Weingärten und Deutschland, Spanien und Irland ihre Schafpferche« seien. Zwischen 1585 und

1595 stieg die Einwohnerzahl Amsterdams, der größten holländischen Hafenstadt, infolge des Zuzugs von Kaufleuten, Handwerkern und protestantischen Bürgern aus Antwerpen um nahezu 100 Prozent, und 1620 schätzte man sie auf 105 000. Die Holländer dehnten ihre Unternehmungen bis in die südöstlichen Meere aus. 1602 wurde die Vereinigte Niederländisch-Ostindische Kompanie gegründet, die durch Zeichnung von Anteilen seitens der Generalstaaten, der Städte und privater Geschäftshäuser finanziert worden war. Damit war im ostindischen Raum ein Imperium geschaffen, das länger als drei Jahrhunderte bestehen sollte.

Die Holländer hielten an ihrer landwirtschaftlichen Tradition fest, verbesserten jedoch ihre Produktionsmethoden, gewannen dem Meer Tausende von Morgen Landes ab, hoben und vermehrten ihren Milchviehbestand und bauten die Käseerzeugung für den Inlandsbedarf sowie für den Export weiter aus. Verbesserungen in der Sozialfürsorge, Errichtung und Unterhaltung von Hospitälern, Armenhäusern und Schulen waren die sichtbaren Zeichen der wagemutigen und fortschrittlichen Gesinnung des ganzen Volkes. Als 1609 endlich der Friede mit Spanien geschlossen wurde, standen die Nordprovinzen an der Schwelle zu einem goldenen Zeitalter der Expansion und des Reichtums. Die Südprovinzen, die unter spanischer Herrschaft blieben, befanden sich in einem ständigen wirtschaftlichen Niedergang, der sich über viele Generationen hinziehen sollte.

Das Ansehen der Vereinigten Niederlande stieg noch mehr, als sie Zufluchtsstätte der Verfolgten anderer Länder wurden. Juden, Hugenotten und Protestanten, die vor der Inquisition aus Italien, Spanien, Österreich oder Frankreich flohen, durften sich unter der Fahne des Hauses Oranien sicher und wohlgelitten fühlen. In der Reihe derer, die in Holland Asyl suchten, finden sich viele Geistesgrößen des späten 16. und des 17. Jahrhunderts. Den Holländern brachte diese Politik der Liberalität und Toleranz sowohl wirtschaftlich wie geistig große Vorteile. Was die Verfolger einbüßten, war Hollands Gewinn.

Politisches Denken

In Zeiten politischer Wirren und Krisen hat es stets Änderungs- und Verbesserungsvorschläge oder aber den Ruf nach Rechtfertigung und Wiedereinsetzung der alten Ordnung gegeben. Das 16. Jahrhundert war für fast alle Länder des Kontinents eine Zeit ständiger politischer Unruhe und infolgedessen auch eine Zeit, in der die Menschen überall Lösungen für ganz bestimmte Probleme suchten. Das Verhältnis des einzelnen zum Staat, der Aufbau der Regierung, das Verhältnis des Staates zur Kirche, Gerechtigkeit und Rechtspflege im Staatswesen, Monarchie, Autokratie und Demokratie, Tyrannenmord und Rebellion – alle diese Themen wurden behandelt. Es gibt kaum ein grundlegendes politisches Problem in unserer heutigen Welt, das nicht im Laufe dieses bedeutsamen Jahrhunderts irgendwo ein Denker aufgegriffen hätte. Unter allen Ländern Europas war Italien in sich am meisten uneins. Nirgendwo auf dem Kontinent fand man so viele verschiedene Regierungsformen wie dort. Despotismus, Monarchie, Demokratie, Aristokratie, Theokratie, Anarchie – sie alle wurden im Italien dieses Jahrhunderts durchexerziert, und in manchem Stadtstaat oder Fürstentum innerhalb eines kurzen Zeitabschnitts sogar mehrere von ihnen nacheinander. Es war ein politisches Kaleidoskop, das sich jeder präzisen Beschreibung oder zuverlässigen Analyse entzieht. Und doch entwuchs diesem Wirrwarr von Experimenten, von Gewaltherrschaft, von Ablehnung und Billigung durch die Bevölkerung ein Beobachter, dessen realistische Denkweise einem ganzen Teilgebiet der Staatsphilosophie den Namen gegeben hat: Niccolò Machiavelli (1469–1527).
In zwei Werken – *Il Principe* und *Discorsi sopra la prima deca di Tito Livio* – legte Machiavelli die Ergebnisse seiner Beob-

achtung und Analyse italienischer und europäischer Staatskunst dar, als ob er sagen wollte: »Dies habe ich gesehen, und dies waren die Folgen.« Ihm ging es weniger um abstrakte Vorstellungen von Wahrheit und Recht als vielmehr um die naturgetreue Wiedergabe politischer oder militärischer Maßnahmen, die zu dauerhaften Erfolgen führten. Dabei trennte er scharf zwischen Ethik und Politik. Das hatte vor ihm in der gesamten römisch-katholischen Tradition noch niemand gewagt. In den *Discorsi* schöpfte er nicht aus eigener Erfahrung, sondern aus historischen Quellen. Machiavelli versuchte – nicht immer erfolgreich – geschichtliche Parallelen zu ziehen und Regeln für politische Verhaltensweisen aufzustellen. Bestimmten politischen Ordnungen gab er den Vorrang: So stellte er eine republikanische Staatsform über die Herrschaft eines einzelnen, ganz gleich, ob es sich dabei um das Mitglied einer legitimen Dynastie handelte oder um einen Fürsten, der durch seine persönliche *virtù* aufgestiegen war. Nie ging er jedoch soweit, ein System oder eine Theorie des Staates zu entwerfen, denn er war kein Staatsphilosoph und wollte auch keiner sein. Als glühender Patriot muß er die Hoffnung gehegt haben, Italien werde dereinst geeint sein, womöglich unter der Führung der Stadt Florenz oder eines mächtigen einzelnen, der so realistisch dächte und handelte wie der Fürst, von dem er nach dem Vorbild Cesare Borgias ein so lebendiges Porträt entwarf. In den *Discorsi* ging er von der Voraussetzung aus, daß die chaotischen Zustände, unter denen Italien beständig zu leiden hatte, zum großen Teil darauf zurückzuführen waren, daß die Herrscher und Mächte auf der Halbinsel sich hinsichtlich der Aufgaben des Staates nach vorgeprägten, meist religiösen Ideen oder aber nach unangemessenen Begriffen von Gut und Böse richteten. Sein Ziel war es, diese unrealistischen Vorstellungen zu beseitigen und politische Motive und Aktionen so darzustellen, wie sie wirklich waren. Das bedeutete eine umwälzende Veränderung des politischen Denkens, und wenn Machiavelli auch kein ausgefeiltes System anzubieten hatte, so eröffnete er doch eine neue Betrachtungsweise politischen Handelns. Seine Arbeiten hatten keine unmittelbare Wirkung und trugen ihm auch nicht die Gunst der Medici ein; *Il principe* und die *Discorsi* wurden erst 1531, vier Jahre nach seinem Tode, gedruckt. Bis etwa 1560 war von einem Einfluß seines Werkes auf die politische Literatur kaum etwas zu spüren. In der zweiten Hälfte des Jahrhunderts jedoch erfuhr er zunehmende Beachtung, und die Gedankengänge der *politiques* zur Zeit der französischen Religionskriege fanden in Machiavellis Realismus bedeutsame Unterstützung. Karl V. und sein Sohn Philipp II. zählten zu den Lesern des *Principe*. Katharina von Medici brachte ihn mit nach Frankreich, ihr Sohn, Heinrich III., ließ ihn sich vorlesen, und als Heinrich IV. ermordet wurde, trug er ein Exemplar des Werkes bei sich.

Lange bevor der Name Machiavelli zum Begriff wurde für Ränke, Rechtsverdrehung und gewollte Mißachtung des natürlichen Rechts und der Gerechtigkeit, waren in Europa neue Vorstellungen vom Staat und dem Individuum im Umlauf. Wenn auch keine so radikal war wie die Machiavellis, der einen zynischen Realismus zum Prinzip der Staatsführung erhob, sah sich doch die mittelalterliche Idee einer universalen Gesellschaft unter dem Mantel einer universalen Kirche nördlich der Alpen ebenso wie in Italien gegenüber der neuen Vorstellung einer Trennung von Kirche und Staat in die Defensive gedrängt.

Martin Luther war ebensowenig ein systematischer Theologe wie Machiavelli ein Staatswissenschaftler war. Die Revolution, die er in Fluß brachte, bezog sich in erster Linie auf die Religion und wirkte sich nur nebenher auf politischem Gebiet aus. Aber wenn politische Probleme auch nur in geringem Maße hineinspielten, so fanden sie doch einen starken Widerhall. Luthers früher Aufruf an den deutschen Adel (1520) war fast ein politisches Manifest. Er richtete sich gegen den Papst, war nationalistisch und kam dem Standesbewußtsein entgegen, war jedoch in keiner Weise systematisch. Luther wies den Herrschaftsanspruch der römischen Kurie in Deutschland zurück und wollte an die Stelle dieser zentralen Macht die Herrschaft der verschiedenen deutschen Landesfürsten setzen – unter der Oberhoheit des Kaisers. Als Luther aber etwa von 1521 an einsehen mußte, daß Karl V. fest entschlossen war, Deutschland der katholischen Kirche zu erhalten, mußte er seine Wunschvorstellungen neu überdenken und den Widerstand gegen ein Staatsoberhaupt gutheißen. 1523 erklärte er in seiner Schrift *Von weltlicher Obrigkeit,* daß die Kirche von den hier verächtlich behandelten weltlichen Fürsten unabhängig sei. Er verlangte jedoch von den nämlichen Fürsten, daß sie die Reform der Kirche durchsetzen und späterhin die Handlungsfreiheit der Kirche sicherstellen sollten. Für Luther war der Staat in erster Linie eine von Gott eingesetzte Instanz, die für Sicherheit und unbehindertes Wirken der Kirche zu sorgen hatte, ohne jedoch in Fragen der Lehre oder der Sakramente auch nur das geringste Mitspracherecht zu haben. 1526 schrieb er, daß das Schwert der weltlichen Macht nicht in Menschenhand, sondern in der Hand Gottes liege, und daß Gott die Kriege führe. Der weltlichen Obrigkeit sei der Mensch Gehorsam schuldig, wer sich gegen sie auflehne, verstoße gegen die Heilige Schrift. Die Situation, in der die Obrigkeit versuchte, der Kirche Zwang aufzuerlegen, brachte Luther in einen Zwiespalt, den er nie eindeutig löste. Seine Äußerungen zu diesem Thema aus verschiedenen Phasen seines Lebens sind zweifellos widersprüchlich. Tatsächlich hat sich Luther der Problematik einer Abgrenzung der weltlichen gegen die kirchliche Macht niemals wirklich gestellt; er zog es vor, die Entscheidung der Heiligen Schrift zu überlassen. Am Anfang seiner Laufbahn sprach er sich leidenschaftlich für Toleranz in religiösen Fragen aus; einmal forderte er sogar für die Wiedertäufer das Recht zu predigen. Nach 1531 jedoch gelangte er zu der Überzeugung, daß die protestantische Lehre mit Gewalt verteidigt werden müsse. Es ist unmöglich, Luther als einen konsequenten politischen Denker hinzustellen, aus dessen Schriften sich eine einheitliche oder wohlbegründete Konzeption von Staat und

Kirche, von den Pflichten der Fürsten und den Rechten der Untertanen ableiten ließe. Wenn auch Luther und seine Bewegung zweifellos ihre Auswirkung auf das deutsche Bild vom Staat hatten, so doch nicht im Sinn einer schlüssigen und klar formulierten politischen Doktrin.
Melanchthon, der für Luther als systematischer Theologe der deutschen Reformation so wertvoll war, entwickelte auf dem Gebiet politischer Theorien kaum präzisere Vorstellungen. Er betonte die Notwendigkeit des Gehorsams gegenüber der Obrigkeit, verurteilte die Auflehnung gegen den herrschenden Fürsten und sah es – vielleicht noch kompromißloser als Luther – als Pflicht des Fürsten an, die Religion zu schützen und zu verteidigen, allerdings nur dann, wenn die Kirche ihn dazu aufrief und wenn es sich mit den kirchlichen Interessen vereinbaren ließ. Von ihm stammte der Vorschlag, daß in Fragen der Lehre und der kirchlichen Verwaltung nicht die Obrigkeit entscheiden sollte, sondern ein Rat, der sich aus befähigten Laien und Klerikern zusammensetzte. Theoretisch ließ Melanchthon das Prinzip der von Gott verliehenen Macht der Fürsten gelten, erkannte jedoch gleichzeitig das Recht des Tyrannenmordes an, wenn es sich offenkundig um einen ungerechten Herrscher handelte. Dieser innere Widerspruch beleuchtete die Schwierigkeiten bei der Konzeption einer neuen Staatsidee nach Ablehnung jenes Universalismus, in dem sich Papsttum und Kaisertum zusammengefunden hatten.
Die Radikalen dieses Jahrhunderts neigten dazu, die Bedeutung des Staates geringzuschätzen. Während manche es vorzogen, ihn zu ignorieren, betrachteten andere ihn als ein Übel und sahen in der Obrigkeit einen Feind des göttlichen Gesetzes. Zwang jeder Art war für sie absolut böse. Unter den Wiedertäufern kam gelegentlich Kommunismus vor, doch hat man dessen Ausdehnung übertrieben. In Münster wurde 1534/35 unter militanter Führung und kriegsmäßigen Bedingungen eine Art Kommunismus zwangsweise eingeführt, aber dabei spielten doktrinäre Gesichtspunkte keine Rolle. Da die Wie-

dertäufer einer Herrschaft Gottes auf Erden entgegensahen, war bei den Kindern Gottes die Vorstellung einer gleichmäßigen Verteilung der Gaben Gottes mächtiger als der Drang nach Privatbesitz.
Im Vergleich mit den Widersprüchen und der Verworrenheit, die das politische Denken der frühen Reformation belasteten, waren die Vorstellungen Jean Calvins klar und übersichtlich. Ein ganzes Kapitel des IV. Buchs seiner *Institutio* ist der weltlichen Regierung gewidmet. Calvin erkennt die Trennung von Kirche und Staat als normal und sogar als notwendig an und verurteilt diejenigen – hier sind offensichtlich die Genfer Libertins gemeint –, die sich einbilden, die christliche Freiheit erlaube ihnen, ohne gesetzliche Einschränkungen zu leben: »Sie denken, es werde keine Sicherheit geben, solange nicht die ganze Welt eine neue Form angenommen hat und es weder Gerichte noch Gesetze, noch Obrigkeiten gibt, noch sonst irgend etwas, das, wie sie meinen, ihre Freiheit einschränken könnte.« Er vertritt die Ansicht, daß in dem Zustand, in dem sich die Menschheit gegenwärtig befindet, Gesetze, Gerichtshöfe und Obrigkeiten notwendig seien und es eine absolute Barbarei darstelle, an die Abschaffung des Staates zu denken. Calvin weist dem Staat nicht nur die Aufgabe zu, für Sitte und Ordnung unter den Bürgern zu sorgen, sondern auch »die wahre Religion, wie sie im göttlichen Gesetz enthalten ist«, zu schützen. Der Staat setzt sich aus drei Teilen zusammen: »der Obrigkeit, die den Vorsitz führt und Hüterin der Gesetze ist, den Gesetzen, nach denen jene regiert, und dem Volk, das von den Gesetzen gelenkt wird und der Obrigkeit gehorcht.« Die Pflichten der Obrigkeit erstrecken sich auf religiöse ebenso wie auf weltliche Anliegen, da ihr Amt auf göttlicher Bestimmung beruht. Das Volk schuldet ihr nicht nur Gehorsam, sondern soll ihre Mitglieder als »Diener und Botschafter Gottes« verehren. Die Verfechter der Theorie vom Gottesgnadentum der Könige konnten sich auf diesen Satz berufen. Calvin drängt gelegentlich auf Gehorsam gegenüber der gesetzmäßigen

Obrigkeit selbst dann, wenn das Härten mit sich bringt. Allerdings gibt es Ausnahmen: »Wir sind den Menschen untertan, die über uns herrschen, aber nur in Gott sind wir ihnen untertan.« Anordnungen, die dem Gesetz Gottes zuwiderlaufen, dürfen mißachtet werden, doch wird tätlicher Widerstand völlig ausgeschlossen. Die Obrigkeit ist Gott verantwortlich, und so führt Calvin aus der Geschichte der Kinder Israel zahlreiche Beispiele an, wo Gott auf seine Weise einen Herrscher beseitigt hat, der schlecht war oder dem göttlichen Gesetz nicht gehorchte.

Calvin war fast der einzige unter den Reformatoren, dem es gelang, seine politischen Theorien in die Tat umzusetzen. Der Genfer Staat nach 1555 war seinem Aufbau nach im Grunde nichts anderes als eine Theokratie im Sinne Calvins. Die Bürgerschaft stand unter einer zweifachen Herrschaft, derjenigen der Kirche und der des Staates. An der Spitze des kirchlichen Systems standen eine Gruppe von Priestern und Theologen sowie das Konsistorium, das sich aus den Priestern und zwölf Ältesten aus der Laienschaft zusammensetzte. In beiden Gruppen besaßen die Priester das Übergewicht. Die weltliche Regierung setzte sich theoretisch aus einer Reihe gleichberechtigter Räte zusammen, doch war das ganze System in der Praxis in hohem Maß aristokratisch. Die Bürgerschaft lebte in strenger puritanischer Zucht. Solange Calvin am Leben war, funktionierte das System trotz gelegentlicher Widerstände. Die überkommene Trennung von Kirche und Staat wurde Schritt für Schritt abgebaut, und der Genfer Staat geriet unter die Herrschaft des Klerus. Eine unmittelbare Folge dieser theokratischen Lösung des Kirche-Staat-Problems war Unduldsamkeit gegenüber Häresie, die als Verbrechen gegen den Staat angesehen wurde. Mittelbar jedoch führte die Starrheit der Genfer Zucht dazu, daß es dank den Erörterungen, die der Prozeß und die Hinrichtung Servets im Gefolge hatten, zu Abmilderungen kam. Als die Hugenotten in der nächsten Generation unter Katharina von Medici selbst verfolgt wurden, konnte sich ihre Neigung zur Toleranz nur noch verstärken. Das Blutbad der Bartholomäusnacht im August 1572 hatte eine Lawine von Flugschriften der Hugenotten gegen die Königspartei im Gefolge. Die Bedeutendsten unter den Publizisten aus der Schule Calvins waren Theodor Beza (1519–1605), François Hotman (1524–1590) und der Autor der Schrift *Vindiciae contra tyrannos*, wahrscheinlich Philippe Duplessis-Mornay (1548–1623). Bei aller Verschiedenheit stimmten die drei Autoren darin überein, daß sie Calvins Gesetzesgläubigkeit, seine Achtung vor der Autorität und seine Abneigung gegen Gewaltanwendung teilten. Beza spricht in seiner 1573 verfaßten Schrift *Du droit des magistrats sur leurs sujets* ziemlich unbestimmt von der Vorstellung eines Vertrags zwischen Herrscher und Volk. Er verläßt sich zwar wie Calvin darauf, daß Gott den Tyrannen strafen wird, beruft sich jedoch auf das Naturrecht und die Rechte der Christen gegenüber Usurpatoren und Tyrannen. Er verlangt, daß Widerstand nicht Sache des einzelnen sei, sondern von geeigneten Volksvertretern angeführt werde. Falls der Despot sich dieser Beschränkung seiner Macht zu entziehen versteht, hält Beza als einziger unter den Hugenotten den Tyrannenmord für erlaubt.

1573 erschien François Hotmans Schrift *Franco-Gallia.* Hotman, der ein patriotischer französischer Jurist war, bemühte sich um den Beweis, daß Frankreich niemals eine absolute Monarchie gewesen sei, sondern daß die höchste Staatsgewalt immer bei der Nationalversammlung gelegen habe. Damit war der König dem Volk verantwortlich und konnte, wenn er die Bedingungen des bei seiner Wahl abgeschlossenen Vertrags verletzte, abgesetzt werden. Diese Berufung auf die Verfassungsgeschichte, der die Gelehrsamkeit des Autors besonderes Gewicht verlieh, war für Republikaner und Hugenotten von großer Bedeutung.

Die Schrift *Vindiciae contra tyrannos*, 1579 erschienen, ist ein überzeugender und gut gezielter Angriff auf die absolute Monarchie. Die Erörterung kreist um vier Fragen, die eindeutige Antworten finden: Erstens, die Untertanen sind nicht verpflichtet, einem Herrscher zu gehorchen, dessen Anordnungen den Geboten Gottes zuwiderlaufen; zweitens, die Untertanen haben das Recht, einem Herrscher, der das Gesetz Gottes mißachtet oder seine Kirche verfolgt, Widerstand zu leisten. Diese Feststellung beruht auf der Annahme eines Vertrags zwischen Gott, dem Herrscher und dem Volk. Willkürliche Auflehnung wird verurteilt; einzig die dafür zuständigen führenden Klassen oder die Instrumente der Volksvertretung, die Generalstände, der Adel oder eine Wahlversammlung haben das Recht, einem despotischen Herrscher Widerstand zu leisten. Drittens, da das Volk vor dem König da war und dessen Wahl nur aufgrund sorgfältig festgesetzter Bedingungen gebilligt hat, jener dagegen uneingeschränkt und bedingungslos versprechen muß, gerecht und vertragsgemäß zu regieren, ist das Volk sofort seiner Gehorsamspflicht entbunden, wenn der Herrscher seine Versprechen bricht. Pflicht des Volkes ist es dann, mit Hilfe seiner Vertreter den König abzusetzen. Viertens sind die Herrscher verpflichtet, sich um die Politik ihrer Nachbarländer zu kümmern und einzugreifen, wenn dort Tyrannei herrscht oder Gottes Volk oder seine Kirche Verfolgung leiden. Offensichtlich ist hier an die politische Lage der Hugenotten unter Karl IX. und Katharina von Medici gedacht. Darüber hinaus sollte dieser vierte Punkt offenbar die Hilfe und Unterstützung rechtfertigen, die den Hugenotten von Elisabeth von England und einigen deutschen protestantischen Fürsten zuteil wurde. Der Sinn der ganzen Abhandlung war es, den Widerstand gegen einen Tyrannen oder einen Herrscher zu rechtfertigen, der seine Untertanen ihres Glaubens wegen verfolgte oder sie zur Abkehr von diesem Glauben zwingen wollte. Rebellion muß von den Vertretern des Volkes angeführt werden. Die Auflehnung des einzelnen ist unentschuldbar. Das war der Standpunkt, den die Hugenotten allgemein bezogen.

George Buchanan (1506–1582) war ein Freund und Mitarbeiter von John Knox, verbrachte jedoch seine Mannesjahre zum großen Teil in Frankreich und kann deshalb mit den hugenottischen Denkern Frankreichs behandelt werden. 1568 verfaßte er ein, allerdings erst 1579 veröffentlichtes Werk: *De iure regni apud Scotos,* mit dem er beweisen wollte, daß die Entthronung der Königin Maria von Schottland im Jahr zuvor rechtens und angebracht gewesen sei. Er vertrat darin den Standpunkt, Maria sei abgesetzt worden, weil sie eine Despotin und zur Herrscherin nicht geeignet gewesen sei. Die Aufgabe der Fürsten bestehe darin, über das Recht zu wachen, das vermittels der Volksvertreter vom Volke ausgeht. Wenn ein Herrscher das Recht zu seinen Gunsten beugt, so wird er zum Tyrannen. Buchanan geht hier weiter als Luther und Calvin mit ihren Theorien vom passiven Gehorsam. Er kommt zu dem Schluß, daß einem Tyrannen nicht nur Widerstand geleistet werden muß; er darf im äußersten Notfall auch – zu Recht – getötet werden.

Die Vorstellung, das Verhältnis zwischen einem Herrscher und seinem Volk habe den Charakter eines Vertrags, war in der zweiten Hälfte des 16. Jahrhunderts allgemein anerkannt. Sie wurde nicht nur von den protestantischen Publizisten vertreten; auch die Katholiken bedienten sich gern dieses Gedankens in ihren Fehden gegen Herrscher, die die Kirche nicht unterstützten. 1587 erklärte die Sorbonne, das französische Volk sei seiner Gehorsamspflicht gegenüber Heinrich III. ledig, weil dieser den Vertrag verletzt habe, indem er für die Hugenotten Partei ergriff, und Jean Bouchier, Prior der Sorbonne und führendes Mitglied der katholischen Liga, vertrat in einer gegen Heinrich III. gerichteten Schrift die Auffassung, daß Könige ebenso vom Volk auch wieder abgesetzt werden könnten, wie sie von ihm gewählt würden. Erbansprüche auf den Thron hielt er für nicht begründet. Andere katholische Autoren gingen, wie Knox auf der Seite der Protestanten, soweit, die Ermordung eines ketzerischen Herrschers zu billigen.

Diese Rechtsdogmatiker, die sich um den Nachweis bemühten, daß die Monarchen ihre Macht dank der Zustimmung der Untertanen empfingen, waren nicht die einzigen, die ihre Antworten auf politische Fragen so formulierten, wie sie ihren Wünschen entsprachen. Auf der Gegenseite gab es eine ähnliche Strömung. Die verhängnisvollen französischen Bürgerkriege von 1560 bis zur Zeit Heinrichs IV. (1590) führten hier und da zu der Überzeugung, die einzige Möglichkeit, im Königreich die Ordnung wiederherzustellen, bestehe in der Anerkennung des Königs als eines absoluten Herrschers, dem Gott als seinem Vertreter seinen Segen gegeben und Kraft verliehen habe. Für diese Verfechter der absoluten Herrschaft und des Gottesgnadentums der Könige bedeutete der Widerstand gegen den Gesalbten Gottes Rebellion gegen Gott selbst. Noch waren es nicht viele, die die Sicherheit der Nation im Absolutismus suchten, aber zur Zeit Heinrichs III. (1574–1589) war diese Strömung doch schon zu spüren. Ihre Anhänger standen vor allem im Lager der katholischen Liga.

Weit umfangreicher und auch repräsentativer war die Gruppe der *politiques.* Ihre Anzahl wuchs nach 1572, als das Blutbad der Bartholomäusnacht viele königstreue Franzosen zu der Überzeugung brachte, daß der selbstmörderische, zerstörerische Hader nur zum Untergang Frankreichs führen werde. Die schnelle Festigung der hugenottischen Macht nach dem Mißerfolg der Königlichen bei dem Versuch, im Jahr 1573 La Rochelle einzunehmen, zeigte deutlich, daß ein entscheidender Sieg über die Protestanten unmöglich war. Allmählich sah man in gegenseitiger Toleranz das einzige Mittel gegen die Nöte eines geteilten Frankreichs. In Michel de l'Hôpital (1507 bis 1573), seit 1560 Kanzler des Königreichs Frankreich, fand die Sache der Toleranz einen bedeutenden und hochherzigen Fürsprecher. Als geschulter Jurist und Humanist aus Neigung anerkannte de l'Hôpital den göttlichen Ursprung des Königtums und die Verpflichtung der Untertanen zum Gehorsam gegenüber einem König, der oberster Gesetzgeber ist und selbst über den Gesetzen steht. Rebellion war Unrecht und Tyrannenmord verabscheuungswürdig. Nur unter diesen Voraussetzungen konnten im Königreich Frieden und Ordnung herrschen. So weit stimmte de l'Hôpital mit vielen Verteidigern des Absolutismus überein. Vor der extremen Auslegung seiner Theorie jedoch scheute er seiner ganzen Veranlagung nach zurück, und so packte er in dem religiös gespaltenen Frankreich die drängendsten Probleme in der Weise an, daß er erklärte, ein Bürgerkrieg könne nur durch Toleranz seitens der Regierung vermieden werden. Aber nicht nur dadurch wurde er kraft seiner Stellung und seines Ansehens zum wirksamsten Fürsprecher toleranten Verhaltens. 1561 trat er expressis verbis für die Anerkennung zweier Kirchen in Frankreich ein und begründete das mit der einfachen Feststellung, die Hugenotten seien zu zahlreich, als daß man sie vernichten könne, ohne zugleich die Einheit des Königreichs zu zerstören. Sein Vorschlag war, Sekten und Parteiungen nicht mehr namentlich zu unterscheiden, sondern statt dessen wieder die Bezeichnung »Christen« anzuwenden. Eine Regierung, die die Einheitlichkeit des Glaubens erzwänge, würde jede Freiheit unterdrücken und das Reich hoffnungslos schwächen.

Die Gruppe der *politiques* war keine politische Organisation; sie bildeten das Sammelbecken für die Vertreter der Toleranz. Charakteristisch für ihre politische Konzeption war die Überzeugung, daß Frankreich mit zwei Religionen leben und sogar gedeihen könne. Die bis dahin übliche Meinung, daß ein Staat einen einheitlichen Glauben haben müsse, wenn er seine Funktion erfüllen und Fortschritte machen solle, erkannten sie als falsch. Der nächste Schritt war ein gewisses Mißtrauen der Beteuerung religiöser Überzeugungen gegenüber und wachsender Zweifel an der Aufrichtigkeit der Führer beider Parteien in den Religionskriegen. 1585 gab Heinrich von Navarra der Überzeugung eines großen Teils des französischen Volkes Ausdruck, als er erklärte: »Handelt er nach bestem Wissen und Gewissen, so darf ein guter Herrscher auch als Andersgläubiger von seinen Untertanen Gehorsam und Treue erwarten.« Jeder beliebige *politique* hätte das unterschreiben können, und in der Tat dauerte es auch nicht lange, bis sie sich fast ausnahmslos zu dieser Überzeugung bekannten.

Der eigenwilligste politische Denker Frankreichs in der zweiten Hälfte des Jahrhunderts war Jean Bodin (1530–1596). Er studierte die Rechte und war an der Universität Toulouse Professor der Jurisprudenz; 1561 zog er nach Paris und begann zu schreiben. 1566 verfaßte er das Werk *Methodus ad facilem historiarum cognitionem,* in dem er die Unterteilung der Geschichte, wie sie die Kirche im Mittelalter vorgenommen hatte, ablehnte und eine universale und sogar vergleichende Geschichtsbetrachtung aller Völker und Zeiten entwarf. Zwei Jahre später erklärte er in *Réponse aux paradoxes de M. de Malestroict* das Hochschnellen der Preise durch die Münzverschlechterung und den Zustrom ausländischen Geldes. Natürlich waren diese Tatsachen bekannt, doch hatte sie vor ihm noch niemand so überzeugend dargestellt. 1571 wurde er vom Herzog von Anjou, dem späteren Heinrich III., in Dienst genommen. Zur Zeit des Blutbades der Bartholomäusnacht wurde er als Hugenotte verfolgt, vermutlich weil man wußte, daß er für Toleranz eingetreten war. Er entkam aus Paris und tauchte erst Anfang 1573 dort wieder auf. 1596 starb er als Generalprokurator in Laon an der Pest. Sein bedeutendstes Werk *De la République* erschien 1576. Zweifellos hatten die Ereignisse der Bartholomäusnacht ihn dazu veranlaßt, sich über das Wesen des Staates und des Königtums klarzuwerden. Nach der Auffassung Bodins ist die Familie die Keimzelle der Gesellschaft und damit auch des Staates. Er beginnt seine Abhandlung mit der Definition: »Ein Staat ist eine Vereinigung von Familien und deren gemeinsamen Besitztümern, die von einer übergeordneten Macht und von der Vernunft regiert wird.« Da die Freiheit in der Familie begrenzt ist, gibt es auch in der Gesellschaft und im Staat keine unbegrenzte Freiheit. Alle freiwilligen Vereinigungen bedingen die Ausübung von

Autorität und Eingriffe in die persönliche Freiheit. Die Autorität muß bei einer einzigen Person, dem Herrscher liegen, wenn der Staat »gut geordnet« sein soll, da eine gute Regierung *(droit gouvernement)* selbstverständlich unumschränkte Macht *(puissance souveraine)* erfordert. Trotzdem liegt nach Bodin »die oberste Macht nicht in der Hand des Einzelnen oder der Wenigen (denen die höchste Gewalt verliehen ist), sondern beim Volk, zu dessen Besten sie ihre Macht erhalten haben«. Das Volk gibt seine Macht nicht auf, sondern betraut damit einen einzelnen oder eine Gruppe für eine begrenzte Zeit oder solange es ihm richtig erscheint. Es wird nie ganz deutlich, wie weit die Macht geht, von der Bodin spricht; sicher ist jedoch, daß sie im Naturrecht, im Nationalcharakter und in den alten Rechten der Krone des betreffenden Landes ihre Grenzen findet. Der Gedanke an eine Verfassung, die die Macht des Herrschers einschränkt, ist Bodin fremd. Als loyaler Franzose hielt er die Monarchie im allgemeinen für die beste Staats- und die französische Monarchie im besonderen für die ideale Regierungsform. Der Herrscher erhält sein Amt durch die Gnade Gottes und ist daher unverletzlich. Bodins Ideen sind in vielen Punkten unpräzis, ja sogar widersprüchlich. So haben seine beiden Behauptungen, daß der Herrscher vom Gehorsam gegenüber den Gesetzen entbunden sei *(legibus solutus)* und daß »nichts gutgeheißen werden sollte, was dem göttlichen Recht oder dem Naturrecht widerspricht«, sicherlich einige Verwirrung hervorgerufen, da, wie Althusius zeigt, jedes positive Recht nur ein in Worte gefaßtes Naturrecht ist. In anderen Punkten sind Bodins Ideen alles andere als neu. Trotzdem gebührt ihm das Verdienst, der erste gewesen zu sein, der den Begriff des Herrschertums klar herausgestellt hat. Montesquieus *Esprit des lois* ist ohne Bodins Auffassung von Staat und Herrschertum in der *République* kaum denkbar.

Die politische Entwicklung führte im 16. Jahrhundert fast überall in Europa zu politischen Erörterungen oder Auseinandersetzungen. Daß weder Luther noch Melanchthon systematische politische Denker waren, wurde bereits erwähnt; sie hatten von der Umwälzung, die sie heraufbeschworen hatten, zu wenig Abstand, als daß sie die Änderungen hätten analysieren können, die eingetreten waren. So sollte denn auch kein lutherischer Protestant zur Staatsphilosophie irgendwelche überzeugenden Beiträge liefern.

Der bedeutendste politische Denker dieser Zeit in Deutschland war Johannes Althusius (1557–1638). Er wuchs in Westfalen und Nassau in calvinistischer Umgebung auf, erhielt seine Ausbildung in Genf und war von 1586 bis 1604 Professor der Jurisprudenz an der Universität Herborn. 1604 wurde er als Syndikus nach Emden berufen, wo er bis zu seinem Tode blieb. 1603 veröffentlichte er seine *Politica methodice digesta*, die er später noch zweimal überarbeitete (1610 und 1614).

Nach Althusius liegen alle Rechte der Herrschergewalt beim Volk. Sie sind für die Existenz der Gesellschaft notwendig und können zwar durch eine Regierung angemessen gehandhabt werden, bleiben aber Eigentum des gesamten Volkes, das sich im Staat zusammengeschlossen hat. Althusius prägte den lateinischen Terminus *consociatio*, um den Zusammenschluß des Volkes zu einem Ganzen, einer Gemeinschaft oder einer Körperschaft zu umschreiben, die das Recht hat und willens ist, zusammenzuarbeiten und ihre Rechte einer Regierung zu einer fest umrissenen und begrenzten Ausübung zu übertragen. Unter dem Einfluß der Gedankenwelt Calvins stellte Althusius eine kirchliche Organisation von Ältestenräten und Synoden neben die weltliche Gliederung in Bauernstand, Bürgertum und Adel. Aus dem Zusammenschluß von Städten und Provinzen entsteht der Staat, der mit der höchsten Macht auf Erden ausgestattet ist, um die Erhaltung der Ordnung zu gewährleisten. Bodin hatte diesem Staat die unumschränkte Oberhoheit zuerkannt, Althusius dagegen unterstellte den Staat dem Willen Gottes. Tyrannei hat keine Existenzberechtigung. Ein Volk darf sich einem Tyrannen widersetzen, darf ihn absetzen und, wenn nötig, auch töten. Während in der

Vorstellung Bodins zwischen Volk und Herrscher ein Vertrag besteht, nach dem sich das Volk dem Gesetz des Fürsten unterwirft, gesteht Althusius der Regierung nicht einmal eine durch einen Vertrag begründete gleichberechtigte Stellung zu. Die Regierung ist vielmehr Dienerin des Volkes und waltet oder herrscht nur gemäß dessen Anordnung.
Die verfassungsrechtliche Entwicklung in Polen lief im 15. Jahrhundert darauf hinaus, daß die Rechte des Adels *(szlachta)* gestärkt und die Macht der Monarchie beschnitten wurden. Der polnische Adel war stolz auf seine Rechte und tat sich viel darauf zugute, daß der König vor der Wahl diese Privilegien erst bestätigen und unter Umständen erweitern mußte. Der Freiheitsdrang feierte Orgien, und in der Regierung herrschte das Chaos. Das war die Lage, die ein scharfblickender und hochherziger Beobachter vorfand: Andrzej Frycz Modrzewski, bekannt unter dem latinisierten Namen Modrevius (1503 bis 1590). Er studierte an der Universität Krakau, dann in Wittenberg, wo er mit Melanchthon eng befreundet war. Später trat er in die Dienste der Familie Łaski, und 1546 wurde er Sekretär des Thronerben Sigismund August, in dessen Umgebung er bis nach der Thronbesteigung im Jahr 1548 blieb. 1551 erschien in Krakau der erste Teil seines großen Werkes *De re publica emendanda.* Geplant waren vier Bücher. Das vierte Buch *Über die Kirche* übte an der bestehenden Institution so scharfe Kritik, daß es in Polen nicht veröffentlicht werden durfte. Das Gesamtwerk erschien 1554 in Basel, zunächst in lateinischer Sprache, später in deutscher Übersetzung: die erste staatsphilosophische Abhandlung, die in deutscher Sprache veröffentlicht wurde.
De re publica, das Werk eines christlichen Humanisten, das wesentlich von Melanchthon und Erasmus beeinflußt ist, sieht in moralischer Integrität das Fundament des Staates. Modrzewski billigte das polnische Wahlkönigtum und hielt an den Klassenunterschieden fest, verlangte aber auch, daß alle Menschen, vom Bauern bis zum Magnaten, vor dem Gesetz

gleich seien. Die Strafen für einen Bauern sollten die gleichen sein wie die für einen Edelmann, und der niedrigste Taglöhner sollte denselben Anspruch auf Gerechtigkeit haben wie der Aristokrat. In anderem Zusammenhang verwarf er die erbliche Leibeigenschaft, die die Bauern zur ewigen Ausweglosigkeit aus ihrer hoffnungslosen Lage verdammte. Um Gerechtigkeit für Leibeigene durchzusetzen, schlug er vor, königliche Zensoren zu bestellen, deren Aufgabe es sein sollte, der Bauernschaft vor dem Gesetz Gerechtigkeit zu verschaffen. Natürlich sahen die polnischen Adligen in solchen Vorschlägen einen gefährlichen Angriff auf ihren Stand und ihre Privilegien und verfolgten Modrzewski mit bitterem Haß. Wie alle Humanisten war auch er ein Pazifist und ließ Kriege nur zur Verteidigung des Vaterlands gelten. Steuern, die zur Finanzierung von Eroberungsfeldzügen dienen sollten, wollte er abgeschafft wissen und bedrohte damit eine wichtige Einnahmequelle des Adels. Im vierten Buch seines Werkes verlangte er eine großzügigere Auslegung der Kirchenlehre, als die Orthodoxen sie zuzugestehen bereit waren. Modrzewskis Lehre war in Wirklichkeit ein gemäßigter Protestantismus lutherischer Prägung mit Einschlägen, die auf Hus und Calvin wiesen. Er forderte Heiratserlaubnis für die Geistlichkeit, Abschaffung der Ämterhäufung, verlangte eine Liturgie in der Landessprache und Zugang zu hohen Kirchenämtern nach Fähigkeit und Bildung ohne Rücksicht auf Stand und Herkunft. Den Auftrag zur Niederschrift dieses Buches über die Kirche hatte ihm der König Sigismund Augustus erteilt, doch konnte ihn die Gunst des Königs nicht vor der Verfolgung durch den katholischen Klerus bewahren, und er wurde mehrere Male als Ketzer ins Gefängnis geworfen. In allen seinen Reformplänen setzte Modrzewski sein ganzes Vertrauen auf den Gelehrten, den Humanisten und Universitätslehrer, wobei er die Aufgabe des Lehrens fast noch höher stellte als das Priestertum. Seinen unermüdlichen Angriff auf die beiden mächtigsten Bewegkräfte im Leben Polens, die Kirche und den Adel, hätte er nur zu gern mit der Errichtung einer Republik gekrönt, die sich auf Bildung, Gleichheit und Vernunft gründete. Aber Polen, das schon in der Auflösung begriffen schien, war kaum das geeignete Objekt für ein solches Experiment.

Von dem Jesuiten Juan de Mariana (1536–1624), der in Spanien, Sizilien und Frankreich eine humanistische Ausbildung erhielt und durch seine *Historia de Espagña* bekannt wurde, stammt eine Abhandlung über das Königtum und die Erziehung eines Königs (1599), die er Philipp II. von Spanien widmete. Er sieht den Grund für die Entstehung der Gesellschaft in der Schwachheit des Menschen und seinem Sicherheitsbedürfnis. Die bestgeeignete Regierungsform ist die Monarchie und das Optimum ein erbliches Königtum, doch muß die Gesellschaft vor Tyrannei bewahrt werden. Das Volk behält sich bei der Übertragung der Macht auf einen Herrscher das Recht vor, die Gesetzgebung, die Besteuerung und die Thronfolge zu überwachen, das heißt, es hat das Recht, den König zu wählen und abzusetzen. Nach Mariana endet die Gewalt des Herrschers bei der Religion. Die höhere Geistlichkeit muß in ihrem Aufgabenbereich vollkommen autonom entscheiden dürfen. Der Herrscher ist letztlich drei Beschränkungen unterworfen: der Gewalt Gottes, den Forderungen der Ehre und Rechtschaffenheit, denen alle Menschen gehorchen müssen, und dem Urteil der Staatsbürger, das im positiven Recht und in der Tradition seinen Ausdruck findet. Unter den Jesuiten stand Mariana mit seiner Ablehnung einer absoluten Monarchie nahezu allein, und 1606 distanzierten sich denn auch die französischen Jesuiten ausdrücklich von seinem Werk.

Francisco Suarez (1548–1617), ein jüngerer Zeitgenosse Marianas und ebenfalls spanischer Jesuit, lehrte Philosophie und Theologie an den Universitäten von Rom, Alcalá und Coimbra. Er gilt als der bedeutendste Theologe des Jesuitenordens. Zu seinen zahlreichen Schriften gehört eine Abhandlung über die Gesetze und Gott als Gesetzgeber (1612), in der er 19 einschlägige Fragen kommentiert, die sich aus Thomas von Aquins Äußerungen über den Ursprung des Naturrechts und des göttlichen Rechts ergeben. Suarez erweitert den Komplex, so daß er auch das nationale und das internationale Recht erfaßt. Er hält zwar die Monarchie für die beste Regierungsform, doch soll der Monarch seine Macht aufgrund eines Vertrags mit seinen Untertanen ausüben. Das Volk ist die Quelle des Rechts, nach dem der Herrscher regiert. Aber »sobald der König rechtmäßig eingesetzt ist, hat er die unumschränkte Macht auf allen Gebieten, für die ihm diese Macht übertragen worden ist«. Die Frage, die das schon im Niedergang befindliche und von chronischen Geldnöten geplagte Spanien damals stark bewegte, ob nämlich der Herrscher das Recht habe, Steuern ohne die Zustimmung der Besteuerten zu erheben, beantwortete Suarez dahingehend, daß er dem Herrscher dieses Recht zusprach. Es ist begreiflich, daß Suarez mit seiner Billigung einer nahezu absoluten Monarchie in Spanien öffentlich mehr Beifall fand als Mariana mit seiner These vom Recht der Untertanen auf Widerstand. Der Jesuitenorden war mit Suarez' Lehren einverstanden und verbreitete sie überall mit besonderem Nachdruck.

Dem bewegten Ablauf der Geschichte im 16. Jahrhundert entsprach die Vielfalt neuartiger Staatstheorien, die eine Antwort auf die Ereignisse darstellten. Am Ende des Jahrhunderts hatten sich drei bedeutsame Begriffe herausgebildet: erstens die höchste Gewalt, zweitens der Staat und drittens die internationale Gemeinschaft. Die höchste Gewalt, die in der Einrichtung des Familienoberhauptes vorgebildet war und dann auf die größere Gesellschaftsgruppe übertragen wurde, mußte schließlich entweder einem Individuum oder einem hypothetischen Gebilde, dem Staat, zugeschrieben werden. Der Staat – oder die Republik – war im Lauf einer langen Entwicklung zu einer Verknüpfung von Pflichten und Rechten geworden, die von geographischer Lage, Sprache und Rasse bestimmt wurden. Der Zusammenklang von Fähigkeiten und Aufgaben, den der »Gesetzgeber« sorgfältig pflegte, führte zu Eintracht und Zufriedenheit. Mit dem Begriff der internationalen Gemeinschaft verband sich im 16. Jahrhundert noch keine feste Vorstellung. Die Herrschaft der Europäer über die Völker des Ostens und der Neuen Welt war noch zu jung, als daß man sich von Wechselbeziehungen zwischen mehreren, auf verschiedenen Stufen der sozialen und politischen Entwicklung befindlichen Völkern ein klares Bild hätte machen können. Die Idee des Universalismus, die die Kirche vertrat und die so viele Jahrhunderte hindurch lebendig geblieben war, verblaßte allmählich, und die Reichsidee, die einer Nation den Vorrang vor anderen zuwies, verwehrte es dem herrschenden Volk, andere Völker als seinesgleichen anzusehen. In den Schriften des Jesuiten Suarez und einiger anderer Gleichgesinnter dämmerte in diesem Jahrhundert die Idee des Internationalismus herauf, aber es sollte noch einige Jahrhunderte dauern, bis sie zu voller Blüte kam.

17

Der Späthumanismus

Die Geistesströmung, die wir als humanistische Renaissance bezeichnen, war in ihren Anfängen größtenteils italienischen Ursprungs. Wir haben ihr Anwachsen und ihre Verbreitung bis in den Beginn des 16. Jahrhunderts hinein verfolgt und gesehen, wie sie ihren reinsten Ausdruck in Erasmus von Rotterdam fand, einem Holländer, der in England, Frankreich, den Niederlanden, der Schweiz, Italien und Deutschland gleichermaßen zu Hause war. Der Humanismus hatte sich im ersten Viertel des 16. Jahrhunderts über ganz Europa verbreitet, seine Ideale wurden weithin anerkannt, seine Bannerträger allgemein geachtet. Obwohl sich die konservativen Anhänger der mittelalterlichen Scholastik an manchen Universitäten den neuen Studien immer noch entgegenstemmten, war dieser Widerstand doch schon spürbar im Schwinden begriffen. Der Humanismus als Aufruf, der klassischen Literatur in Form und Inhalt nachzueifern, und als Ausdruck des Vertrauens in die hohen Möglichkeiten des Menschen in seiner Lebensführung und seinen geistigen Bestrebungen war von dieser Zeit an unveräußerlicher Bestandteil unserer abendländischen Kultur. Die älteren Humanisten hatten lateinisch geschrieben; nicht das Kirchen- und Schullatein, sondern einen an den großen Autoren der römischen Antike geschulten Stil. Generationenlange Übung führte zu einer beachtlichen Nachbildung der klassischen Rhetorik, und das nächste Ziel war nun die Beherrschung des Griechischen. Um die Mitte des 15. Jahrhunderts waren die meisten italienischen Humanisten sowohl im Lateinischen als auch im Griechischen bewandert, und manche begannen Hebräisch zu lernen. Einige wenige unter diesen vielseitig gebildeten Gelehrten schrieben gelegentlich auch einmal Prosa oder Verse in ihrer Muttersprache, aber im allgemeinen vermißten die Humanisten in ihrer Landessprache die altüberlieferte Würde und Schönheit des Lateinischen und Griechischen.

Italien, die Heimat dieser Bewegung, hatte gelehrte Besucher von nördlich der Alpen gastfreundlich aufgenommen. Wenn diese dann nach Abschluß ihrer Reisen und Studien nach Hause zurückkehrten, nahmen sie mit, was Italien ihnen an Idealen und Wissen vermittelt hatte. So finden wir Deutsche, Franzosen und Engländer, die nach Jahren des Studierens und Umherstreifens in Italien, erfüllt von ihren humanistischen Kenntnissen, danach strebten, diese Schätze auch ihren Landsleuten weiterzugeben. Darüber hinaus begegnen wir bald vielen italienischen Gelehrten nördlich der Alpen, die von Monarchen, Adligen oder Städten eingeladen worden waren, als Lehrer, Erzieher oder Professoren zu wirken. Häufig wurde der Lehrstuhl für Griechisch an nördlichen Universitäten sogar mit einem Griechen besetzt. Andererseits war in Italien am Ende des 15. Jahrhunderts die Begeisterung für die klassische Bildung spürbar im Schwinden begriffen; die Qualität der wissenschaftlichen Leistungen ging um dieselbe Zeit zurück, in der für Frankreich das Zeitalter der humanistischen Bildung anbrach. In Italien machten Latein und Griechisch dem Italienischen Platz, und die Literatur holte sich ihre Themen immer häufiger aus der mittelalterlichen Legende. In Frankreich dagegen packte man schwierige Probleme der Altphilologie an und meisterte sie auch. Im Gegensatz zu den älteren italienischen Humanisten, die es meist vorzogen, lateinisch zu schreiben, und die Muttersprache geringschätzten, schrieben die führenden französischen Humanisten sowohl in lateinischer als auch in französischer Sprache. Es kam dieser zugute, daß

Hieronymus Bosch: »Weltgerichts-Triptychon« (Mitteltafel); Wien, Gemäldegalerie der Akademie der bildenden Künste.

klassisch geschulte Gelehrte sie handhabten, wodurch das literarische Schaffen französischer Schriftsteller insgesamt an Inhalt und Ausdruckskraft gewann. Vielleicht ist dieser bewußte Gebrauch beider Sprachen der Grund dafür, daß im 16. Jahrhundert die Führung in der traditionellen humanistischen Bildung von Italien an Frankreich überging. In der landessprachlichen Literatur läßt sich, wie wir sehen werden, nicht so leicht entscheiden, wem nach Qualität und Tiefe der Vorrang gebührt.

Die französische literarische Renaissance

Die Buchdruckerkunst, die für die rasche und billige Verbreitung von Büchern und Ideen so wichtig war, kam erst ziemlich spät (1471) und langsam nach Frankreich. Bei den wenigen Büchern, die zunächst gedruckt wurden, handelte es sich um Texte klassischer Autoren oder italienischer Humanisten. Die italienischen Feldzüge Karls VIII. und Ludwigs XII. hatten zwar gewisse italienische Einflüsse im Gefolge, aber vor 1500 war in Paris Griechisch nur von drei Gelehrten – gebürtigen Griechen – gelehrt worden, von denen keiner eine große Hörerschaft fand. 1507 erschien in Paris der erste in Frankreich gedruckte griechische Text. Im nächsten Jahr begann Hieronymus Aleander, ein Italiener, Griechisch und wohl auch Hebräisch an der Universität von Paris zu lehren, wo er bis 1517 blieb. Von etwa 1520 an war die Beliebtheit griechischer und römischer Autoren ständig im Wachsen. Eine der Zierden Frankreichs in der ersten Hälfte des Jahrhunderts war Guillaume Budé (1467–1540), ein wohlhabender Bürger, der als königlicher Sekretär und Diplomat tätig war und sich mit solchem Erfolg dem Studium der Altphilologie widmete, daß sein Ruf als Gelehrter nahezu den von Erasmus erreichte. 1515 erschien seine Schrift über das römische Münzwesen, *De asse*, das zu seinen Lebzeiten zehnmal aufgelegt wurde. Sein bedeutendstes Werk waren die *Commentarii linguae Graecae*, die 1529 erschienen. Seine *Annotationes* zu den Pandekten sollten die komplizierte juristische Terminologie in den griechischen und römischen Literaturen klären. 1530 gründete er auf Befehl Franz' I. die *Corporation des lecteurs royaux*, in der Latein, Griechisch und Hebräisch gelehrt werden sollten. Aus dieser Akademie entwickelte sich später das Collège de France. Budé ist ein gutes Beispiel dafür, daß die französischen Humanisten sich sowohl der lateinischen als auch der französischen Sprache bedienten. Bereits 1516 verfaßte er die erst 30 Jahre später veröffentlichte Schrift *De l'institution du prince*, in der er den Standpunkt vertritt, jeder Fürst müsse gründlich im Griechischen und Lateinischen beschlagen sein, wenn er im Umgang mit Menschen erfolgreich sein wolle.

Ein jüngerer Kollege, der Drucker und Gelehrte Robert Estienne (1503–1559), bekannt unter dem latinisierten Namen Stephanus, veröffentlichte 1532 und in erweiterter Form 1543 seinen *Thesaurus linguae Latinae* und begann im folgenden Jahr eine Anzahl griechischer Texte herauszugeben, die mit Recht berühmt sind wegen der Schönheit ihrer Typographie und der Genauigkeit der Texte. Estiennes Sohn Henry (1528 bis 1598) setzte die Familientradition fort und brachte neben vielen Einzelausgaben der lateinischen und griechischen Klassiker 1572 als Seitenstück zum Werk seines Vaters einen umfangreichen *Thesaurus linguae Graecae* heraus. Diese beiden Werke haben ihren bedeutenden wissenschaftlichen Wert bis heute behalten. Neben den bisher genannten Gelehrten wären noch anzuführen Julius Caesar Scaliger (1484–1558), ein naturalisierter Italiener, der Erasmus auf pöbelhafte Weise angriff, dabei aber ein fleißiger und fähiger klassischer Philologe war; Etienne Dolet (1509–1546), der nach einigen Studienjahren in Italien nach Frankreich zurückkehrte, um Kommentare zu Cicero zu verfassen, die seine Zeitgenossen hochschätzten. Auch er griff Erasmus an, wurde jedoch keiner Antwort gewürdigt. Dolet verfaßte und veröffentlichte unter anderem französische Übersetzungen mehrerer Schriften Ciceros, des Neuen Testaments und einiger Werke Platons. Er wurde 1546 als Ketzer verbrannt. Mit Budé und Dolet treten wir in einen Zeitabschnitt ein, in dem sich der französische Humanismus der französischen Sprache ebenso gewandt bedient wie der lateinischen und der griechischen. Der Einfluß der antiken Literatur sowohl auf die französische Sprache als auch auf den behandelten Stoff war allenthalben spürbar. Hier mögen auch die Wurzeln des Klassizismus im 17. Jahrhundert zu suchen sein. Nachdem sich gezeigt hatte, daß die Verwendung der Muttersprache Anklang fand, wagten auch andere Humanisten, gelegentlich unter der Förderung Franz' I., aus dem Griechischen oder Lateinischen ins Französische zu übersetzen, und so wurde nun die Muttersprache auch für Originaldichtungen in Versen und Prosa benutzt.

Die Wiederbelebung der französischen Literatur im 16. Jahrhundert übertraf in ihrer Breitenwirkung und in ihrem Tiefgang den Humanismus bei weitem. Viele von den Schriftstellern, die ausschließlich oder doch so gut wie stets in französischer Sprache schrieben, kannten und benutzten lateinische Vorbilder. Jean Lemaire de Belges (1473–1525) stammte aus dem Hennegau, verbrachte aber den größten Teil seines Lebens in oder bei Paris im Dienste des Königs oder fürstlicher Herren. Er war einer – und vielleicht der beste – der *Grands Rhétoriqueurs,* einer Dichterschule, deren Charakteristikum ein kunstvoller Formalismus mit übertriebener Hinwendung zu antiken Bildern, Alliteration und Onomatopöie war. Manche seiner Dichtungen sind noch durchaus dem Mittelalter verpflichtet und stehen in der Nachfolge von Dichtungen wie dem *Roman de la Rose.* Sein bedeutendstes Werk waren die *Illustrations de la Gaule et Singularités de Troye* (1512/13), das eine Verbindung zwischen dem *Roman de Troie* aus dem 12. Jahrhundert und der *Franciade* Ronsards herstellt. Lemaire führt hier – mit großem Aufwand an Gelehrsamkeit – den Ursprung Frankreichs auf das antike Troja zurück, wobei er

sich stark auf die antike Geschichtsschreibung und mythologische Literatur stützt. Man interessierte sich inzwischen ganz allgemein für das Altertum in nahezu jeder Erscheinungsform. Ein jüngerer Zeitgenosse Lemaires, Clément Marot (1497 bis 1544), war während seines bewegten Lebens *valet de chambre* bei Margarete von Navarra und dann bei ihrem Bruder Franz I., wurde der Ketzerei verdächtigt, floh an den Hof Renés nach Ferrara und starb in der Verbannung in Turin. Er übersetzte 50 Psalmen ins Französische, die Calvin in sein Gesangbuch aufnahm. Diese Beziehung zu Protestanten sprach bei Franz und der Sorbonne gegen ihn. Marot schrieb viel zur bloßen Unterhaltung – witzige Rondeaux, zahlreiche Epigramme, Grabinschriften und Gelegenheitsgedichte. Sein Stil war leicht und heiter, ohne jedoch Größe zu haben.
Es konnte nicht ausbleiben, daß die Kraft der französischen Sprache und des französischen Geistes die Grenzen einer formalen Gelehrsamkeit nach antikem Muster sprengte. Als Zeitgenossen der Budé, Estienne, Scaliger und Dolet verkörperten zwei Schriftsteller gewissermaßen die beiden Pole der französischen literarischen Renaissance: Rabelais, der gebildete naturalistische Humanist, und Calvin, der systematische Theologe und Meister präziser Formulierungen.
François Rabelais (um 1490–1553) sollte nach dem Wunsch seines Vaters Mönch werden. Er wechselte von den Franziskanern zu den Benediktinern über, wo er mehr Verständnis für seine philologischen Neigungen fand. Dennoch entschloß er sich zwei Jahre später, Weltgeistlicher zu werden und seine Bildung zu vervollständigen. 1530 studierte er in Montpellier Medizin und war von 1532 bis 1535 als Arzt in Lyon tätig, wo er sich einen bedeutenden Ruf erwarb und außerdem mehrere italienische, lateinische und griechische medizinische Abhandlungen übersetzte oder edierte. Der Drang zu schreiben und zu unterhalten war bei ihm ebenso stark wie seine medizinische Wißbegier, und so veröffentlichte er 1532 in Lyon *Les grandes et inestimables Chroniques du grand et*

énorme géant Gargantua. 1533 brachte er als Ergänzung den *Pantagruel* heraus. Der Erfolg dieses Werkes veranlaßte ihn, das Thema der beiden *Chroniques* zu überarbeiten und zu erweitern, so daß 1547 ein drittes und 1548 ein viertes Buch erschienen, doch blieb das Ganze unvollendet. 1534 reiste er als Leibarzt des Kardinals du Bellay nach Rom; 1536 war er zu den Benediktinern zurückgekehrt, und im Jahr darauf erwarb er den medizinischen Doktorgrad in Montpellier. Rastlos wie er war, hielt es ihn nie länger als ein Jahr in einer Stadt. Das vierte Buch von *Gargantua und Pantagruel* erschien überarbeitet und umgestaltet 1552, ein Jahr vor seinem Tod. Das fünfte Buch (von dem nicht feststeht, ob es wirklich von ihm stammt) erschien erst 1562. Das Ganze ist eine monumentale Burleske. Jede Handlung ist übertrieben, jedes Motiv lächerlich. Der Autor spottet mit souveränem Gelächter aller Konventionen einer klaren und wirklichkeitsgetreuen Anordnung und Erzählweise. Schufte sind liebenswert, Mönche unanständig, der Aufschneider ist vergnüglich, das Verrückte gerade recht. Das Thema des Buches war, neben einer satirischen Kritik an der Gesellschaft, das Motto der Abtei Thélème, in der sich ein großer Teil des ersten Buches abspielt: *fay ce que voudras.* Diese Reaktion auf den Zwang und die Ordnung des Mittelalters ist natürlich nicht neu. Sie findet sich vielfach in der französischsprachigen Literatur vom *Roman de la Rose* bis zu Villon, aber die Frische und die kräftige Vulgarität Rabelais' brachte ein neues Element in die allgemeine Stimmung seines Zeitalters.

1549, nur fünf Jahre nach dem Tod Marots, erschien eine revolutionäre Prosaabhandlung *Défense et illustration de la langue française* von Joachim du Bellay. Es war das Manifest einer Gruppe junger Dichter, die später unter dem Namen *Pléiade* berühmt werden sollte. Sie wollten die französische Dichtung nach griechischen und römischen Vorbildern reformieren und waren entschlossen, für Frankreich das zu leisten, was italienische Dichter und Gelehrte seit Petrarca für ihr

Land getan hatten. Du Bellay verkündete begeistert, die französische Sprache sei ebenso wie die griechische und die lateinische fähig, hohe Ideen auszudrücken; er tadelte es, daß so viele französische Schriftsteller sich ihrer edlen Sprache nur in frivolen Balladen und zur leichten Unterhaltung bedienten, und bestand darauf, daß die Sprache in ihrem Wortschatz und ihren Stilmitteln durch Phantasie und durch Nachahmung antiker und italienischer Vorbilder bereichert werden sollte.

Die Pléiade umfaßte im wesentlichen sieben Literaten, deren bedeutendste Du Bellay und Pierre Ronsard (1524–1585) waren. Ronsard hatte schon als Achtzehnjähriger Erfahrungen bei Hof und in der Diplomatie gesammelt und war mit dem späteren Heinrich II. eng befreundet. Aufgrund seiner frühen Neigung zu Sprachen und zur Literatur hatte er sich einer Gruppe junger Adliger angeschlossen, die sich für den Humanismus begeisterten. Seine ersten Arbeiten waren Übersetzungen aus dem Lateinischen, doch 1550 veröffentlichte er vier Bücher Oden, zu denen 1552 ein fünftes kam. Dann folgten Liebesgedichte *(Les Amours)*, Epigramme in der Nachfolge antiker Autoren, Eklogen und 1560–1564 die *Discours*, größtenteils politischen Inhalts, die ihn teils als Satiriker, teils als leidenschaftlichen Patrioten zeigten. 1572 veröffentlichte er vier Gesänge der *Franciade*, eines Epos, das die Krönung seines dichterischen Werkes sein sollte. Es führte die Geschichte Frankreichs auf Francus, den Sohn Hektors von Troja, zurück und schloß mit Karl Martell. Das Epos blieb unvollendet, und Ronsard schrieb bis zu seinem Tod im Jahr 1585 nur noch Elegien.

Ronsard schloß sich häufig allzu eng an Petrarca oder ein lateinisches Vorbild an, und oft verdunkelte sein Stil den gedanklichen Inhalt, anstatt ihn zu erhellen. Andererseits war die allgemeine Begeisterung für die Antike weitgehend sein Verdienst. In Leben und Werk vertrat Ronsard die Ansicht, daß Dichter für eine Kultur unerläßlich seien. Das Ansehen, das er zu Lebzeiten genoß, begann nach seinem Tode rasch zu sinken, um erst Anfang des 19. Jahrhunderts mit dem Aufkommen der Romantik wieder zuzunehmen. Nach der Jahrhundertwende ging der Einfluß der Pléiade zurück, doch läßt er sich noch bei Agrippa d'Aubigné (1572–1630) feststellen, einem hugenottischen Adligen, der in seinen *Tragiques* ein satirisches Epos auf seine Zeit schuf und eine *Histoire universelle* in Prosa verfaßte, eine reich belegte Darstellung der französischen Religionskriege, die sich durch ihre Objektivität auszeichnet, obwohl der Autor überzeugter Hugenotte war.

Von Calvins *Institution* in der französischen Fassung von 1541 hat man gesagt, sie sei »das erste wirklich in französischer Sprache geschriebene Buch«. Tatsache ist, daß Calvin einen neuen Wortschatz für Ideen und Begriffe geschaffen hat, die vorher nur in lateinischer Sprache ausgedrückt werden konnten. Sein Thema verlangte keine farbigen Umschreibungen, sondern Genauigkeit, Logik, klaren Aufbau und hohe Gelehrsamkeit – Qualitäten, die Calvin in hohem Maße besaß. Seine Kollegen und Schüler bedienten sich in ihren Schriften ebenfalls erfolgreich der Landessprache. Theodor Beza, Calvins Nachfolger in Genf, schrieb ein kraftvolles Latein und Französisch. Seine *Histoires des églises réformées de France* waren weit verbreitet und übten lange Zeit einen starken Einfluß auf die protestantische Geschichtsschreibung aus. Außerdem verfaßte er eine Reihe geistlicher Lieder. Während der Religionskriege erschienen auf beiden Seiten zahlreiche polemische Schriften in französischer Sprache, von denen hier die Abhandlung *De la vérité de la religion chrétienne* erwähnt sei, in der er das Christentum meisterlich gegen die *libertins* verteidigt. Auf katholischer Seite schrieb François de Sales (1567–1622), ein von Jesuiten erzogener Adliger aus Savoyen in seiner *Introduction à la vie dévote* (1608) und dem *Traité de l'amour de Dieu* (1616) ein klares und biegsames Französisch.

Der französische Humanismus gipfelte in Michel de Montaigne (1533–1592), dem Sohn eines reichen Kaufmanns aus Bordeaux, der der *noblesse de la robe* angehörte. Mit guten Lateinkenntnissen ausgerüstet, studierte er an der Universität Toulouse, wirkte mehrere Jahre als Steuerrat in Périgueux und als Parlamentsrat in Bordeaux und zog sich dann aus dem öffentlichen Leben zurück, um sich seinen Studien und schriftstellerischen Arbeiten zu widmen. 1581 wurde er zum Bürgermeister von Bordeaux gewählt; er hatte dieses Amt bis 1585 inne. In den Religionskriegen lehnte er es ab, sich einer der beiden Parteien anzuschließen und wurde infolgedessen von beiden angegriffen. Nach Beendigung seiner Amtszeit zog er sich wieder in die Studierstube zurück, um sein Lebenswerk, die *Essais,* zu überarbeiten. Die *Essais* behandeln viele und vielerlei Themen – Erziehung, Religion, das Recht, Wissenschaft und schöne Literatur, die Kunst des Lernens, Freundschaft, Gewissen und Erfahrung – sind aber im Grunde eine Selbstdarstellung. Montaigne geht in seinen Reflexionen ganz unsystematisch vor, bedient sich vieler Beispiele und Schilderungen aus der Geschichte, flicht Reiseerinnerungen, Überlegungen und Gespräche mit Freunden ein und schafft so einen lockeren Rahmen für seine Moralphilosophie. Ordnung und systematischer Aufbau waren nicht seine Stärke, und so wirkte sein spontaner und phantasievoller Stil auch ganz persönlich und intim. Obgleich er als guter Christ starb, stand er doch im Grunde dem Stoizismus näher als der christlichen Lehre, und sein durchgehender Skeptizismus läßt eher an Voltaire und Renan denken als an Calvin und Pascal.

Das Zeitalter Heinrichs IV. führte eine neue Generation von Schriftstellern herauf, die nach der Befreiung aus der Spannung der Religionskriege anderen Antrieben folgten und von anderen Voraussetzungen ausgingen. Wir sprechen bei ihnen nicht mehr von Renaissancemenschen. Dennoch hatte gerade diese Renaissancegeneration die Wege geebnet und die Sprache für die Neubelebung der klassischen Antike geschmeidig gemacht.

DAS LITERARISCHE SCHAFFEN im Italien des 16. Jahrhunderts stand an Kraft und Originalität dem der beiden vorangegangenen Jahrhunderte entschieden nach. Trotzdem war es eine Zeit ernsthaften Mühens, die nach dem goldenen Zeitalter des Florentiner Dreigestirns im ruhmreichen 15. Jahrhundert mit Recht als silbernes Zeitalter bezeichnet wird. Von Machiavelli, dessen literarische Tätigkeit in diese Zeit fällt, war schon die Rede. Hier sei nur erwähnt, daß sein Tod ungefähr mit dem *sacco di Roma* von 1527 und der nahezu vollständigen Unterwerfung der Halbinsel unter spanische Herrschaft zusammenfiel. Fürstentümer und Republiken blieben erhalten, aber die spanische Herrschaft erstickte alles Unabhängigkeitsdenken, und die geistigen Energien suchten sich andere Ventile. Dieser Umleitung der Kräfte und Interessen verdanken wir fast alle die Zeugnisse der Literatur, bildenden Kunst und Musik, die dem Jahrhundert Glanz verleihen. Früher war der Frieden in Italien das Ergebnis des Gleichgewichts der Kräfte gewesen, jetzt wurde er durch die Anwesenheit der spanischen Truppen erzwungen. Die Städte durften nicht mehr miteinander Krieg führen. Da ihnen dieses Ventil genommen war, wandten sich die Krieger, die Edelleute und die Höflinge intensiver dem Hofleben zu, das immer komplizierter, durch Protokoll und Etikette immer stärker eingeengt wurde und zunehmend der Manieriertheit und der Mode unterlag. Die zahlreichen italienischen Höfe entwickelten sich zu Zentren des geistigen und gesellschaftlichen Lebens, und im Laufe des Jahrhunderts wurde das Hofleben immer stilisierter und wirklichkeitsferner. Die Italiener, für die der Krieg nun kein Betätigungsfeld mehr sein konnte, entschädigten sich dadurch, daß sie über Kriege schrieben, die ins Reich der Sage eingegangen waren. Die Geschichten von König Artus und seinen Rittern, mittelalterliche Sagen von Karl dem Großen, Alexander dem Großen und den Kreuzzügen bildeten nun den gemeinsamen Schatz, aus dem

Dichter und Gelehrte ihre Stoffe zur Unterhaltung, Anregung und Erbauung wählten.

Am Hofe von Ferrara hinterließ Matteo Maria Boiardo (1441 bis 1494), ein hochgebildeter Humanist, bei seinem Tod ein unvollendetes Werk, den *Orlando Innamorato.* Es ist ein Epos aus dem Sagenkreis um Karl den Großen in höfisch-romantischem Stil, das mit einer Mischung aus solider klassischer Bildung und dem Ritterprunk der mittelalterlichen Sagenwelt verschwenderisch ausgeschmückt war. Trotz seiner stilistischen Mängel zeigte es, in welcher Richtung sich der literarische Geschmack Italiens bewegte. Der *Orlando Furioso,* den Ludovico Ariosto (1474–1533) in seiner Nachfolge schrieb, verdrängte es schließlich. Ariosto diente als Diplomat unter mehreren Herzögen von Este. Wie Boiardo begann auch er als Humanist zu schreiben, entschloß sich jedoch 1506, den Torso zu vollenden, den Boiardo mit seinem *Orlando Innamorato* hinterlassen hatte. Daraus entstand sein *Orlando Furioso,* der Boiardo übertraf, weil er noch stärker auf klassische Dichtungen wie auch auf die italienischen Fassungen der Arthursage zurückgriff und auf humanistischen Schliff bedacht war. Das Gedicht wurde bald in ganz Italien bekannt und beliebt.

Das beste Beispiel für den neuen Geschmack an guten Sitten und höfischem Verhalten ist *Il Cortegiano* von Baldassare Castiglione (1478–1529), der obendrein auch literarisch höchst bemerkenswert ist. Castiglione hatte seine Ausbildung als junger Edelmann an den Höfen der Sforza in Mailand und der Gonzaga in Mantua erfahren. 1508 trat er in den Dienst der Familie Montefeltro in Urbino, von wo er später nach Mantua und schließlich nach Rom ging. An allen diesen Höfen betrauten ihn die Fürsten mit diplomatischen Aufgaben; in Rom ernannte ihn Papst Clemens VII. zum Gesandten bei Karl V. in Madrid. Der Kaiser bewunderte ihn sehr und behandelte ihn als Ehrengast, täuschte ihn aber im diplomatischen Spiel, so daß er beim Papst in Ungnade fiel. Castiglione konnte diese Falschheit nicht verwinden und starb zwei Jahre später (1529).

Der *Cortegiano,* sein bedeutendstes Werk, entstand zwischen 1508 und 1516 und stellt den Versuch dar, das ideale Hofleben zu schildern, wie er es in Urbino vorfand. In Form eines Dialogs zwischen Edelleuten und Damen bei Hofe behandelt er die Eigenschaften des idealen Hofmannes, der von vornehmer Geburt sein sollte, körperlich gewandt, mehrerer Sprachen kundig, belesen sowie fähig und bereit, sich über Literatur und bildende Kunst zu unterhalten. Spezialistentum, auf welchem Gebiet auch immer, sei zu vermeiden; in erster Linie Edelmann, sollte er seinem Fürsten gegenüber loyal, in jeder Beziehung maßvoll und bescheiden sein und auf seinen Ruf achten. Von der Dame bei Hofe verlangte er Umsicht im Haushalt, Bildung und Anmut. Die Schrift übte eine starke Wirkung nicht nur in Italien, sondern durch Übersetzungen in viele Sprachen auch in anderen Ländern. Ihr Einfluß auf Haltung und Manieren in ganz Europa reichte bis ins 18. Jahrhundert hinein.

Das ganze Jahrhundert hindurch sind überaus deutliche Anklänge an Petrarcas Geist und Stil festzustellen. Bernardo Tasso (1493–1569) aus Bergamo verbrachte den größten Teil seines Lebens am Hofe von Salerno. 1531 verfaßte er seine *Amori,* einen Band Sonette im Stil Petrarcas. Dann versuchte er sich mit beachtlichem Erfolg in Oden nach horazischem Vorbild, von denen viele Verse unmittelbar aus den klassischen Mustern hätten stammen können. Sein anspruchsvollstes Werk war *Amadigi,* ein Epos in 100 Gesängen nach dem spanischen Ritterroman *Amadis de Gaula,* das 1542 begonnen und erst 1560 vollendet wurde. Wenn es auch mit Ariosts *Orlando Furioso* nicht zu vergleichen ist, zeigt es doch, wie stark in Italien das Interesse für die Wiederbelebung der glanzvollen Rittergesellschaft des Mittelalters war.

Bernardos Sohn Torquato (1544–1595) war seinem Vater weit überlegen. Mit 18 Jahren, als er noch an der Universität von Padua alte Sprachen studierte, veröffentlichte er den *Rinaldo,* einen Versroman in zwölf Gesängen, der wohl vielversprechend, aber noch keine große Dichtung war. Kardinal d'Este nahm ihn 1565 in Ferrara in seine persönlichen Dienste. Dort schrieb er neben anderen Werken *Aminta,* ein Hirtengedicht, das den Leser unterhalten und in Spannung versetzen sollte. Sein bedeutendstes Werk ist *Gerusalemme liberata,* das er 1575 beendete und in dem er die Eroberung der heiligen Stadt durch die Christen unter Gottfried von Bouillon im ersten Kreuzzug (1099) schildert. Hier verbinden sich Geschichte und Phantasie, mittelalterliche Ritterlichkeit und klassische Würde zu einem erstaunlichen und heroischen Ganzen. Außer diesen umfangreichen Werken hat Torquato Tasso über 2000 Gedichte geschrieben. Die letzten Jahre seines Lebens waren von Perioden des Wahnsinns und tiefer Depressionen überschattet. Als er schließlich von Clemens VIII. mit dem Dichterlorbeer gekrönt werden sollte, erkrankte und starb er. Das *Befreite Jerusalem* fand sofort nach seinem Erscheinen nicht nur in Italien, sondern auch in England, Frankreich und Spanien weite Verbreitung. 1579 war Tasso seines unbeherrschten Verhaltens wegen in Ferrara gefangengesetzt worden. Sein Nachfolger als Hofdichter wurde ein früherer Philosophieprofessor, der in den Dienst Herzog Alfonsos getreten war. Dieser gelehrte Diplomat und Dichter, Giovanni Battista Guarini (1538–1612) brach neun Jahre später ebenfalls mit dem Herzog und verbrachte den Rest seines Lebens an verschiedenen Höfen. Sein Hauptwerk ist *Il pastor fido,* ein Schäferstück mit einer komplizierten Handlung, das schließlich mit dem Sieg treuer Liebe endet. Das Werk ist kaum mehr als eine Nachahmung von Tassos *Aminta,* wurde aber Vorbild für zahlreiche Schäferdichtungen.

In der zweiten Hälfte des 16. Jahrhunderts trat ein Geschmackswandel ein, und in der höfischen Unterhaltung schoben sich zwei neue Kunstgattungen in den Vordergrund: die *opera in musica* und die *commedia dell' arte.* In Florenz fand sich um die Jahrhundertwende eine Gruppe von Musikern zusammen, die sogenannte *Camerata dei Bardi,* die sich darin versuchte, eine Schauspielhandlung in Musik zu setzen. Der erste Erfolg auf diesem Gebiet war *Dafne* (1594) von Ottavio Rinuccini (1562–1621), einem mäßig bekannten Dichter. Die Musik stammte von Peri, der, wie er sagte, den Versuch machen wollte, »eine sprechende Person in Gesang nachzuahmen«. Die Autoren und Schauspieler glaubten damit das griechische Drama nachzubilden. In diesen frühen Opern, für die man die Bezeichnung Melodrama fand, sangen die Hauptdarsteller ihre Rollen aus der Mythologie oder der Schäferwelt, während eingelegte Chöre von Schäfern und Nymphen Fabel und Handlung erklären und verdeutlichen sollten. In den folgenden Jahren wurden außer *Dafne* noch weitere Opern aufgeführt, und mit Claudio de Monteverdi (1567–1643), dessen erste *opera in musica*, der *Orfeo*, 1607 in Mantua aufgeführt wurde, erreichte die Gattung eine erstaunliche Popularität.

Eine ebenso beliebte, wenn auch weniger aristokratische Unterhaltung bot die *commedia dell'arte*, die sich, wie der Name sagt, aus Handwerkerspielen entwickelt hat. Dieser Schauspieltyp setzte sich in der zweiten Hälfte des 16. Jahrhunderts durch und hielt sich bis ins 18. Jahrhundert hinein. Er fand weit über die Grenzen Italiens hinaus Nachahmung. Das Spiel selbst ging verhältnismäßig einfach vor sich: Schauspieler, die bestimmte Typen verkörperten – die Dame, den Liebhaber, den Diener, den Arzt, den prahlerischen Offizier – und jeweils so kostümiert und maskiert waren, daß man sie sofort erkennen konnte, einigten sich auf eine Handlung und führten sie nach Weisungen eines Direktors improvisiert durch. Keine zwei Aufführungen glichen sich jemals völlig. Der Erfolg der *commedia* beruhte auf der Schlagfertigkeit der Schauspieler, dem gewöhnlich derben Humor und den Gags oder *luzzi* der Diener. Sehr häufig war es reine Possenreißerei.

Die höfische Literatur Italiens hatte im Laufe des 16. Jahrhunderts allmählich ihre klassisch-humanistische Aura und Einkleidung aufgegeben und spiegelte nun den Geschmack des Durchschnittspublikums. Langsam, aber sicher verlor die humanistische Renaissance die Herrschaft über den italienischen Geist. Nachahmungen Petrarcas und Boccaccios und ihrer klassischen Vorbilder machten der Kunst der Straße und des Marktes Platz. Abgesehen von der höfischen Dichtung entstanden in dieser Zeit zahlreiche wirkungsvolle Prosawerke. Machiavellis flüssige Prosa war das Beste, was Florenz am Anfang des Jahrhunderts hervorbrachte, und ein besseres oder lebendigeres und gewandteres Toskanisch ist kaum je geschrieben worden. Neben den bekannten Werken – *Il Principe, Discorsi sopra la prima deca di Tito Livio, Istorie fiorentine* – verfaßte er auch einige Gedichte, einen Dialog über die italienische Sprache und mehrere Prosakomödien. Eine von diesen – *La Mandragola* – ist eine politische Satire mit überaus geschickter Charakterzeichnung, in der die bürgerliche Ethik und der Zynismus der Priester an den Pranger gestellt werden. Machiavellis jüngerer Zeitgenosse, der Florentiner Francesco Guicciardini (1438–1540) war in erster Linie politischer Analytiker, Kommentator und Historiker. Seine *Ricordi Politici e Civili* sind eine Sammlung politischer Aphorismen, die aus eigenen Erfahrungen hervorgegangen sind. Sein bedeutendstes Werk, die Geschichte von Florenz von 1378 bis 1509 ist zweifellos die beste Darstellung des ruhmreichen Zeitalters der Medici, und seine Geschichte Italiens war nicht nur gut, sie war eine wahrhaft revolutionäre Leistung; zum erstenmal wird hier eine ernstzunehmende und konsequente Bemühung spürbar, die Geschichte der gesamten italienischen Halbinsel als Einheit darzustellen. Die Italiener waren gewöhnt, nur in lokalen Begriffen zu denken und sich etwa mit Florenz, Venedig, Mailand, Mantua oder Neapel zu befassen. Die Vorstellung von Italien als einer Gesamtheit war neu, und wenn auch andere sie bald aufgriffen, sollte es doch noch über 300 Jahre dauern, ehe sie Wirklichkeit wurde.

Zu den aufschlußreichsten Werken jener Zeit gehören Giorgio Vasaris *Vite de' piu eccelenti pittori, scultori e architetti,* die er – selbst ein erfolgreicher sowie fähiger Architekt und Ma-

ler – auf Anregung eines Freundes, des bekannten Geschichtsschreibers Paolo Giovio, schrieb. Das Werk erschien 1550 und ist unsere wertvollste Einzelquelle für die Werke und Techniken der 200 Künstler, die darin behandelt werden.
Die Autobiographie Benvenuto Cellinis (1500–1571), des Goldschmieds, Soldaten und Libertins, ist die unbekümmert und mit erfrischendem Selbstbewußtsein dargebotene Geschichte eines genialen bildenden Künstlers mit einer Erzählergabe, die der eines Boccaccio nichts nachgab. Seine *virtù*, seine Streitsucht, die Freude am künstlerischen Detail, seine Unerschrockenheit im Kampf und sein Glück bei den Frauen, ein naives Überlegenheitsgefühl allen anderen Künstlern gegenüber, die Unversöhnlichkeit, mit der er seinen Feinden begegnete – kein Zug fehlt in dieser lebensvollen Darstellung, die zudem in dem derben Italienisch des 16. Jahrhunderts geschrieben ist.
Hier sind noch vier italienische Prosaschriftsteller zu erwähnen, deren Bedeutung weit über die Halbinsel hinausreichte: Giordano Bruno (1548–1600), Paolo Sarpi (1552–1623), Tommaso Campanella (1568–1639) und Galileo Galilei (1564–1642).
Giordano Bruno trat als Fünfzehnjähriger in den Dominikanerorden ein, konnte aber der Klosterzucht keinen Geschmack abgewinnen und verließ 1576 den Orden wieder, nachdem er der Inquisition verdächtig geworden war. 15 Jahre lang führte er – lehrend und infolge seiner undogmatischen Auffassungen immer wieder auf der Flucht – ein unstetes Leben in Italien, Frankreich, Deutschland und England. Inzwischen waren mehrere seiner pantheistischen Schriften erschienen und seine Ansichten allgemein bekannt geworden. 1591 griff auf eine Anzeige hin die Inquisition in Venedig zu. Bruno wurde verhaftet und 1593 nach Rom gebracht, wo er nach siebenjähriger Haft 1600 als Ketzer verbrannt wurde. Besonders wichtig sind unter seinen zahlreichen Schriften *Gli eroici furori* und *Dell' infinito universo e mondi*. Kopernikus und Kepler hatten ihn mit ihren neuen astronomischen Er-

kenntnissen stark bewegt, und er verteidigte sie lebhaft während sie noch auf dem Index standen. Mit seiner Behauptung, es gebe außer dem Sonnensystem noch andere Welten, ging er über sie hinaus. Da die Kirche diese offene Herausforderung nicht hinnehmen konnte, war seine Bestrafung unabwendbar. Bruno schrieb ein eindringliches, leidenschaftliches und phantasiereiches Italienisch – es klang, als kämen seine Ideen so rasch und erregend über ihn, daß er sie nicht klar und systematisch vortragen konnte. Der Venezianer Paolo Sarpi betrieb als Mitglied des Servitenordens theologische, juristische und historische Studien und geriet mehrmals mit der Inquisition und der Kurie erheblich in Konflikt; dreimal stand er vor Gericht und dreimal wurde er freigesprochen. Seine bedeutende Leistung ist eine Geschichte des Konzils von Trient, die in den Jahren von 1610 bis 1618 entstand und 1619 in London veröffentlicht wurde. Er machte aus seiner Kritik an der Kurie und am Jesuitenorden kein Hehl, belegte aber seine Darstellung dokumentarisch und schilderte Anliegen und Akteure so klar und einfühlsam, daß das Werk bis heute als Musterbeispiel informativer Geschichtsschreibung gilt.

Tommaso Campanella trat schon als Knabe in den Dominikanerorden ein, erarbeitete sich jedoch durch vielseitige Lektüre ein philosophisches System, das mit dem der Kirche nicht übereinstimmte. Auch er fiel der Inquisition in die Hände und brachte einen großen Teil seines Lebens in ihren Gefängnissen zu. Von seinen literarischen Arbeiten ist vieles verloren gegangen, doch was von seinen italienischen Gedichten erhalten geblieben ist, läßt erkennen, daß er ein hochempfindsamer Lyriker mit starkem denkerischem Einschlag war. Sein bekanntestes Werk ist die *Città del sole,* eine 1602 im Gefängnis verfaßte soziale und religiöse Utopie, in der er einen sozialistischen Zukunftsstaat unter der Leitung von Priesterphilosophen beschreibt. Der Einfluß Platons und Mores ist unverkennbar.

Galileo Galilei, der eine neue Epoche in der Geschichte der Wissenschaft einleitete, war zugleich ein Meister italienischer

Prosa. Seine Universitätsstudien begann er 1581 in Pisa mit Medizin, um bald zu Mathematik und Physik überzugehen, ohne dabei die zeitgenössische Literatur zu vernachlässigen. Zu seinen ersten Schriften gehört ein kritischer Essay über Tassos *Gerusalemme liberata.* Mit 28 Jahren wurde er Professor der Mathematik an der Universität Padua. Seine Forschungen in Physik und Astronomie, die sich auf die Berechnungen Tycho Brahes und Keplers stützten, bestätigten und verbesserten die Vorstellungen des Kopernikus. 1632 veröffentlichte Galilei, da er sich verpflichtet fühlte, seine Entdeckungen außer den Fachkollegen auch einem breiteren Publikum mitzuteilen, seinen *Dialogo sopre i due massimi sistemi del mondo, Tolemaico e Copernicano.* Der Dialog war damals eine gebräuchliche literarische Form, die Galilei meisterlich beherrschte. Hier nun trägt ein Gesprächspartner, Simplicio, die überlieferte ptolemäische Vorstellung vom Universum unter Heranziehung der von Aristoteles übernommenen scholastischen Argumente vor, während ein zweiter, Salviati, Galileis eigene Ansicht vertritt. Der dritte Partner, Sagredo, verkörpert den gesunden Menschenverstand und bildet das Zünglein an der Waage in dem Streit. Zum Schluß bleiben natürlich die neuen Ideen Salviati-Galileis siegreich. Bald nach der Veröffentlichung wurde Galilei vor die Inquisition zitiert und gezwungen, seine »Irrlehre« zu widerrufen und sich von seiner öffentlichen Tätigkeit zurückzuziehen. 1638 erblindete er, veröffentlichte jedoch 1639 in Holland in italienischer Sprache seine *Discorsi e dimostrazioni matematiche intorno a due nuove scienze,* eine volkstümliche Darstellung seiner umwälzenden Theorien über Mechanik, Bewegung, Trägheit und Schwerkraft. Er verstand es ausgezeichnet, sich allgemeinverständlich auszudrücken und furchtlos zu polemisieren. Sieht man von den Gipfelleistungen des klassischen Humanismus ab, so gehört er dank seiner Darstellungsgabe als Vermittler revolutionärer Ideen und Entdeckungen an die breite Masse des Volkes zu den besten Schriftstellern in italienischer Sprache.

1283 fiel Sizilien nach der blutigen sizilianischen Vesper dem Hause Aragon zu und stand von da an wirtschaftlich und militärisch in enger Verbindung mit Spanien. Der Rest des alten Königreichs beider Sizilien, Neapel, blieb im Besitz der Anjou. 1443 jedoch zog Alfons V., der Großmütige von Aragon als Eroberer in Neapel ein, und von nun an sollten Spanien und Süditalien bis ins 19. Jahrhundert hinein eng verbunden bleiben. In beiden Richtungen kam es zu einem freizügigen Austausch von Menschen und Ideen, so daß man ebensogut von einem Einfluß Spaniens auf Italien wie vom Einfluß Italiens auf Spanien sprechen kann. Als Italien zur Zeit Alfons' V. auf dem Gipfel des humanistischen Quattrocento stand, war es nur natürlich, daß die Begeisterung für die neue Gelehrsamkeit auch auf Spanien übergriff, das sich noch tief im Mittelalter befand. Obwohl das spanische Geistesleben um die Mitte des 15. Jahrhunderts noch nicht voll erwacht war, nahm man doch die italienischen Bücher und Gelehrten bereitwillig auf, so daß die spanischen Universitäten bald zu Schwerpunkten der humanistischen Bewegung wurden, während man an den Adelshöfen in Gedicht und Schauspiel italienischen Vorbildern folgte. So kam es, daß die Schriftsteller zweierlei Vorlagen hatten: die antiken und die italienischen Autoren. Zweifellos trug diese doppelte Anregung viel dazu bei, daß die spanischen Formen dichterischer Aussage insbesondere in der Lyrik einen so hohen Grad an Vollkommenheit erreichten. Gelegentlich war allerdings auch entschiedener Widerstand gegen die Übernahme des italienischen Stils und der italienischen Thematik in der Lyrik zu spüren, da man fürchtete, daß die einheimische Dichtkunst dadurch zu kurz käme. Der Widerstand an sich wirkte sich günstig aus, da er eine Verschmelzung der besten Elemente beider Richtungen nur fördern konnte. Unter anderen verfaßte der spanisch schreibende Portugiese Jorge de Montemayor (1520–1561) ausgezeichnete

Gedichte in beiden Stilarten. Seine *Diana,* ein Schäferroman, stellte ein seltsames Mosaik aus Schäfern und Schäferinnen, Damen und Herren der Hofgesellschaft und Figuren aus der antiken Sagenwelt in Prosa und Vers dar. Der Roman war im 16. und 17. Jahrhundert außerordentlich beliebt, und noch Shakespeare hat für *Two Gentlemen of Verona* Teile daraus entnommen. Nach unseren Begriffen war es eine Art Fluchtliteratur, die dem Leser Erholung von den Grausamkeiten des Krieges und der Unsicherheit des Kolonistendaseins gewährte. Eine einheimisch spanische Gedichtform war die Romanze. Sie war kurz, volkstümlich, gewöhnlich anonym, hatte verschiedene Formen und Inhalte und wurde fast ausschließlich mündlich überliefert; erst später – im frühen 16. Jahrhundert – erfolgte unter der Bezeichnung *romancero* eine Zusammenfassung in Gruppen.

Das »Goldene Zeitalter« Spaniens war reich an Prosadenkmälern. Der Roman trat in mehreren Formen auf: als Schäferroman wie in der *Diana* Montemayors, als Ritterroman nach dem Vorbild des *Amadis de Gaula* und häufig als dessen Fortsetzung bezeichnet, und als Schelmenroman. Letzterer, der sich um Leben und Abenteuer des *pícaro* (des Schelmen), seines Herrn und seiner Kumpanen aufbaute, war eine spezifisch spanische Form. Der erste Roman dieses Typs erschien 1550 anonym als vorgebliche Autobiographie: *Vida de Lazarillo de Tormes y de sus fortunas y adversidas.* Der *pícaro* war insofern nicht einfach nur ein beliebiger Schelm oder Abenteurer, als er den Niedergang des höfischen und städtischen Lebens in Spanien um die Mitte des Jahrhunderts symbolisierte. Es gab Tausende seinesgleichen, abenteuerliche Existenzen, die von Betrügerei, Schwindel und Diebstahl lebten und sich den Stolz oder das Mißgeschick von Höflingen oder Bürgern zunutze machten. Daß diese Art Roman so populär werden konnte, zeigt, wie tief die ethischen Werte um diese Zeit gesunken waren.

Die zweite Hälfte des Jahrhunderts war für verschiedene

literarische Gattungen eine fruchtbare Zeit. Die epische Dichtung nahm einen erstaunlichen Aufschwung. Der Stolz auf das riesige Reich, die Überzeugung, daß Spanien von Gott dazu bestimmt sei, der ganzen Welt den Glauben zu bringen, der Ehrgeiz, die literarische Leistung Italiens, die Spanien inzwischen absorbiert hatte, einzuholen oder zu übertreffen – das alles wirkte zusammen und sicherte dieser Gattung ihr Publikum. Das berühmteste aus der großen Zahl der Epen, die teils religiöse Themen behandelten, teils reine Abenteuerdichtung waren, ist die *Araucana* von Alfonso de Ercilla y Zúñiga (1533–1594). Hier wird die Eroberung Chiles durch die Spanier geschildert. Trotz mancher Abschweifungen und romanhafter Züge handelt es sich um eine höchst lebendige und phantasiereiche historische Darstellung. Was das Gebiet der religiös inspirierten Dichtung betrifft, so ist diese Periode wohl als die fruchtbarste in der Geschichte Spaniens zu bezeichnen. Die Mystik war längst schon in Spanien heimisch geworden, und die Verbindung mit Süditalien und Sizilien seit dem 13. Jahrhundert konnte diese einheimische Mystik nur verstärken und ihren Einflußbereich erweitern. Auf Ignatius Loyola hatte das *Abecedario espiritual* des Francisco de Osuña tiefen Eindruck gemacht; viele andere Geistliche schrieben ebenso wirkungsvoll über Gebet, Meditation und die Vereinigung mit Gott. Teresa de Jesus (1515–1582) berichtete in ihrer zwischen 1562 und 1566 entstandenen Autobiographie über ihre seelischen Erlebnisse und schilderte in anderen Schriften die mystische Ekstase der Seele, die danach strebt, in Gott aufzugehen. Ihre flüssige, leidenschaftliche und eigenwillige kastilische Schreibweise ist wegen ihrer Klarheit und Kraft berühmt.

Ein großer spanischer Autor – Lope de Vega (1562–1635) – entzieht sich im Grunde jeder Einordnung. Alles, was er schrieb, war bedeutend: seine Lyrik, seine Schäfergedichte, die religiösen oder historischen Epen, die Romane, die Dramen und unter diesen besonders die *Comedia espagnola*, seine reifste

Leistung. Sein Schicksal war so reich facettiert wie sein Talent. Schon in der Jugend ein Wunderknabe, Soldat der Großen Armada, Sekretär, Mitglied mehrerer Mönchsorden und geweihter Priester, zweimal verheiratet, oft verliebt, in Prozesse verwickelt, sieben Jahre wegen Verleumdung gefangengesetzt, zählt Lope de Vega zu den Wundern der Literatur. Der größte Teil seiner Werke ist verschollen, doch was bleibt, ist noch immer eine ungeheure Fülle: fast 470 Dramen in über 30 Bänden. Seinen eigenen Angaben nach hat er 1500 Dramen geschrieben. Sein bestes Prosawerk war *La Dorotea*, ein Roman in Form eines Dramas. Seine übrigen Werke füllen 21 Bände, und ein erstaunlich hoher Prozentsatz davon ist schlechthin genial. Lope de Vega bildete den Gipfel einer hundertjährigen Entwicklung des spanischen Dramas.

Ein etwas älterer Zeitgenosse Lope de Vegas sollte außerhalb seiner Heimat zu hohem Ansehen kommen, nicht wegen der Fülle und Vielseitigkeit seines Schaffens, sondern aufgrund eines einzigen Werkes. Miguel de Cervantes Saavedra (1547 bis 1616) war nahezu ein Autodidakt. Schon früh drängte es ihn zum Verseschreiben, ohne daß ihm Bedeutendes gelang. Dann lebte er am Hof eines italienischen Kardinals, wo der Geist der italienischen Renaissance ihn tief beeindruckte. Als Soldat in der Flotte Don Juans d'Austria verlor er in der Schlacht von Lepanto die linke Hand, so daß er sich später nicht ohne Stolz als *el manco de Lepanto* (Invalide von Lepanto) bezeichnete. Bei der Rückkehr nach Spanien wurde sein Schiff gekapert, und er selbst brachte fünf Jahre als Gefangener mohammedanischer Piraten in Algerien zu, ehe er ausgelöst wurde und heimkehren konnte. Danach geriet er mehrfach in finanzielle Bedrängnis, stand zweimal wegen Unterschlagung vor Gericht und konnte sich in keiner verantwortlichen Stellung halten. Er schrieb einige unbedeutende Sachen – Lyrik, Schäferromane, Erzählungen und einige Dramen –, die er auch gelegentlich veröffentlichen konnte, bis er 1604 sein großes Werk, *El Ingenioso Hidalgo Don Quijote de la Mancha*, begann. Der erste Teil wurde 1605 veröffentlicht und hatte sofort Erfolg, aus dem Cervantes allerdings wenig Nutzen zog. 1613 erschienen die *Novelas ejemplares*, eine Sammlung von zwölf Erzählungen, und zwei Jahre später, kurz vor seinem Tod, der zweite Teil des Don Quijote, mit dem er eine der Meisterleistungen abendländischer Prosaliteratur vollendete. Man hat vieles in das Werk hineingeheimnist, aber man sollte es wohl besser als die köstliche Erzählung eines aufrechten und loyalen Spaniers ansehen, der von ganzem Herzen an die Reinheit des Ritterideals glaubte und dennoch dem Mann auf der Straße naheblieb. Wahrscheinlich ist es falsch, bewußte Gesellschaftskritik aus dem Buch herauslesen zu wollen. Die beiden Hauptfiguren, Don Quijote und Sancho Pansa, ergänzen sich glänzend. Gemeinsam verkörpern sie Spanien – der ritterliche Schwärmer und der derbe Bauer, der Idealist und der Realist, der Phantast und der Zyniker. Durch und durch spanisch, romantisch, träumerisch, ja exzentrisch, ist das Werk dennoch ganz und gar human und allgemeingültig.

Zum Schluß sei noch der große portugiesische Epiker Luís de Camões (1524–1580) erwähnt. In der lateinischen Literatur bewandert und mit den italienischen Autoren von Petrarca bis Ariosto vertraut, verbrachte er einige Zeit am Hof von Lissabon, wurde dann Soldat und diente mehrere Jahre ohne besonderen Rang in Indien. Als er 1570 nach Lissabon zurückkehrte, brachte er das Manuskript seines Epos *Os Lusiades* mit, das bei seinem Erscheinen zwei Jahre später eine ziemlich kühle Aufnahme fand. Camões starb 1580 kurz bevor Portugal von Philipp II. zu Spanien geschlagen wurde. Die Dichtung verherrlicht den Aufbau des portugiesischen Weltreichs. Der erste Gesang beginnt mit der Reise Vasco da Gamas nach Indien, der zehnte schließt mit der Rückkehr da Gamas in sein geliebtes Lissabon. Camões offenbart als Zeitgenosse dieser stolzen Tat seinen glühenden Patriotismus in jeder Zeile und bietet insofern ein ausgezeichnetes Beispiel für die in der Renaissance häufige Vermischung von klassischer Form mit dem starken Nationalgefühl des Zeitalters der Entdeckungen und großen Reichsideen.

Deutschland – Literarischer Stillstand

Das 14. und 15. Jahrhundert, die hohe Zeit schöpferischer Kraft in Italien, waren in Deutschland verhältnismäßig eintönig und ereignisarm. Der Geschmack der Deutschen schien an der plumpen Dichtung eines überreifen feudalen Zeitalters Genüge zu finden. Am Ende des Jahrhunderts jedoch drang der frische und belebende Luftzug des italienischen Humanismus über die Alpen, und viele deutsche Studenten und Gelehrte besuchten italienische Bildungszentren, um dort an der Quelle zu schöpfen. Als sie dann nach Deutschland zurückkehrten, kamen ihnen der alte Minnesang und die ritterliche Lyrik überholt, ja lächerlich vor. Das aufstrebende Bürgertum war bereit, die neue Bildung zu unterstützen, und begrüßte es, wenn seine Söhne sich der Wissenschaft zuwandten. Geschmack und Stil wurden nun nicht mehr von Kirche und Hof diktiert – jetzt übernahmen Bürger und Rathaus die Herrschaft. An die Stelle der biblischen Szenen, die auf den Stufen des Doms oder der Gemeindekirche dramatisch dargestellt wurden, trat jetzt ein weltlicher Karneval auf dem Marktplatz und in den Straßen der Städte, der nur noch rein äußerlich an seinen religiösen Ursprung gemahnte. In dieser säkularisierten und klerusfeindlichen Atmosphäre entstand ein Werk, das man als Deutschlands ersten echten Beitrag zur Weltliteratur bezeichnet hat: Sebastian Brants *Narrenschiff*. Brant (1457 bis 1521) hatte eine humanistische Ausbildung genossen und als junger Mann lateinische Verse verfaßt. Das *Narrenschiff* erschien 1494 in Basel. Es bestand aus einer Sammlung grob gereimter satirischer Verse über nahezu jedes Handwerk, jedes Gewerbe, jeden Beruf und jeden Stand. Brant war ein Moralist, der scharfe Urteile aussprach, aber auch kein Heilmittel gegen die Übel seiner Zeit kannte. Er zeigte seine Gelehrsamkeit, indem er aus römischen Autoren zitierte, doch hatte das alles mit dem Geist des Humanismus eigentlich nichts zu tun. Nachfolge und Fortführung fand sein Werk bei Thomas Murner (1475–1536), einem Franziskaner, in dessen Predigten und Satiren nach Art des *Narrenschiffs,* nur daß sie giftiger und gefeilter waren. Nachdrücklicher als Brant forderte er eine Reform der Kirche und warf der Geistlichkeit ihre Laster und ihre Trägheit vor, ohne doch an einen Bruch mit der bestehenden Kirche zu denken. 1522 griff er Luther in einer seiner schärfsten Satiren an: *Von dem großen lutherischen Narren.* Der »Narr« war die Reformation, der Murner in seinem Gedicht ein lächerliches Ende bescherte.

Der bedeutendste unter allen diesen Humanisten, Erasmus, war Holländer, schrieb aber nichts in seiner Muttersprache. Trotzdem übte er einen ungeheuren Einfluß auf die deutsche Literatur aus. Kleinere Geister, die in lateinischer und deutscher Sprache schrieben, griffen auf ihn zurück und münzten seine Ideen über Erziehung, Religion und die Reformation in allgemeinverständlicher Form aus.

Die überragende Gestalt in der deutschen Literatur des Jahrhunderts war Luther selbst. Seine Bibelübersetzung – 1522 das Neue und 1534 das Alte Testament – war wahrscheinlich das wichtigste Ereignis in der Geschichte der deutschen Sprache überhaupt. Sie schenkte dem deutschen Volk eine Sprache, die über den zahlreichen Dialekten stand. Luther richtete seine Aufmerksamkeit dabei auf die Sprache des gemeinen Mannes, in der eine Lebenskraft sprühte, wie sie keine Gelehrtensprache aufweisen konnte. Seine Lieder, sein Katechismus und seine Predigten trugen dazu bei, daß die sächsische Hofsprache und die Sprache des einfachen Mannes in den künftigen Jahrhunderten die Sprache der deutschen Literatur wurde.

Die Anhänger des Humanismus waren begeisterte Fürsprecher des Lateinischen in der Literatur und ließen mit Unterstützung des bildungsbeflissenen Bürgertums die antike Komödie wiedererstehen. Man bediente sich ihrer weithin in den Schulen, wo das Theaterspielen in lateinischer Sprache zur Förderung der Lateinkenntnisse eingesetzt wurde. Auf diese Weise kamen Stücke von Terenz und Plautus, teils gekürzt, teils vollständig, zur Aufführung. Später wurden dann auch eigene Stücke in Anlehnung an antike Vorbilder verfaßt und dargeboten. Der deutsche Humanismus trug also seine Früchte und blieb nicht ohne Einfluß, brachte jedoch keine große Literatur hervor. Da die meisten Humanisten auf die Landessprache geringschätzig herabsahen, verwehrten sie sich bis zu einem gewissen Grade selbst den Zugang zum Denken und Tun des einfachen Volkes. So kann es eigentlich nicht überraschen, daß der führende Dramatiker des Jahrhunderts, Hans Sachs (1494–1576), der bei Goethe »unser lieber Meister« heißt, ein Schuhmacher in Nürnberg war. Gutherzig, gescheit, ehrenhaft und schrullig, brachte er in seinen Stücken die ewigen Wahrheiten menschlichen Alltags zum Ausdruck. 1523 nannte er Luther in einem Gedicht »die Wittenbergisch Nachtigall«, doch scheint ihm kaum bewußt geworden zu sein, daß er als Zeitgenosse der Reformation Zeuge eines welterschütternden Vorgangs war. Es war ihm nicht gegeben zu erkennen, daß die Welt nach Luther nie wieder die gleiche sein konnte wie vorher; daran ändert auch die Tatsache nichts, daß er in der Kunst des Erzählens und Moralisierens einem Boccaccio ebenbürtig war. Sachs war ungeheuer produktiv und schrieb in seinem langen Leben 4275 Meisterlieder, 1773 Spruchgedichte und 200 Dramen. Seine Kunst war naiv und von der Renaissance nicht berührt; neue Formen oder Themen sind bei ihm nicht zu finden. Obwohl er der größte Meistersinger des 16. Jahrhunderts war, blieb er dennoch seiner Weltanschauung und seinem geistigen Horizont nach ein Mensch des Mittelalters. Wenn man auch die Wurzeln des Prosaromans vielleicht schon in der volkstümlichen Literatur des späteren Mittelalters suchen muß, so nahm er seinen eigentlichen Aufstieg doch erst in diesem Jahrhundert. Die mittelalterlichen Ritterromane wurden allmählich unmodern, doch bestand immer noch eine starke Nachfrage nach Abenteuergeschichten. In Übereinstimmung mit der veränderten gesellschaftlichen Situation, die durch den Aufstieg des Bürgertums gekennzeichnet war, liebte man jetzt Erzählungen, in denen der arme Bauer oder Handwerksgeselle durch Sparsamkeit, Klugheit und Redlichkeit sein Glück macht und die Tochter eines Edelmanns heiratet. Jörg Wickram (etwa 1510 bis 1560), ein Elsässer, schrieb zwischen 1540 und 1560 eine Reihe solcher Geschichten. Er hatte eine besondere Gabe, die Wandlungen zu erkennen, die sich in der zeitgenössischen Gesellschaft vollzogen, und das Denken und Trachten der aufsteigenden Mittelschicht getreu wiederzugeben. 1555 brachte er *Das Rollwagenbüchlein* heraus, eine Sammlung von Anekdoten, die zum großen Teil humoristisch, teilweise auch ein wenig gewagt waren. Als Satiriker wirkte auch Johann Fischart (etwa 1550–1590), ein vielleicht weniger boshafter, dafür aber wortreicherer Straßburger, der Italien, Frankreich und England bereist und in Basel Jura studiert hatte. Als leidenschaftlicher Parteigänger der Reformation begann er 1570 die Katholiken anzugreifen. Er war ein begabter Autor, der glatte und wohlklingende Verse und eine brillante Prosa schrieb, Eines seiner bedeutendsten Werke war eine Bearbeitung des Rabelaisschen *Gargantua und Pantagruel*. Nur ein geborener Satiriker konnte die lächerlichen Ungeheuerlichkeiten des französischen Originals ins Deutsche übertragen. Die Bearbeitung ist viel umfangreicher als das französische Original. Fischart übersetzte auch den *Amadis von Gaula* aus dem Französischen sowie eine Schrift von Jean Bodin, die *Demonomania*. Im Hinblick auf sein erstaunliches Talent überrascht es, daß er selbst nicht produktiver war. Der Niedergang des deutschen Geistes hatte schon begonnen; vielleicht zeigte sich hier eine Erschöpfung nach der Anspannung der Religionsstreitigkeiten in der ersten Hälfte des Jahrhunderts.

Das letzte literarisch bedeutsame Ereignis dieses unruhigen

Jahrhunderts war 1587 das Erscheinen des Volksbuches mit dem Titel *Historia von D. Johann Fausten, dem weitbeschreyten Zauberer unnd Schwartzkünstler.* Schon in den ersten Jahrzehnten des Jahrhunderts war die Geschichte von dem Wittenberger Gelehrten in Umlauf, der seine Seele für 24 Jahre der Macht und des sinnlichen Genusses dem Teufel verkauft hatte. Der anonyme Autor, wahrscheinlich ein lutherischer Geistlicher, zeichnete Faust als einen Empörer gegen Gott, der den Pakt mit dem Teufel deshalb schließt, weil er mehr erkennen und erfahren will, als Gott ihm bestimmt hat, und der zum Schluß seine gerechte Strafe empfängt. Die Erzählweise ist kunstlos, und nirgends erhellt ein Lichtstrahl der zeitgenössischen Wissenschaft den finsteren Aberglauben. Mephistopheles, der Teufel, ist nach unseren Begriffen alles andere als ein Verführer. Trotzdem hat diese Erzählung auf die Einbildungskraft des deutschen Volkes eine tiefe Wirkung ausgeübt. Der Engländer Marlowe hat die Fabel einige Jahre später ausgebaut und verfeinert, aber es blieb Goethe und dem 18. Jahrhundert vorbehalten, das Thema voll auszuschöpfen. Nach dem *Dr. Faustus* erschien in Deutschland eine ganze Generation hindurch kaum etwas Wertvolles. Es war eine unfruchtbare und phantasielose Zeit, und erst nach dem Aderlaß des Dreißigjährigen Krieges sollte es wieder aufwärts gehen. Rückblickend müssen wir feststellen, daß diese Zeit für die Literatur in Deutschland, von Luther und seinem Werk abgesehen, eine Periode des Mittelmaßes und des Abstiegs war. Die humanistische Renaissance, die den geistigen Führern Italiens soviel bedeutete und auch in Frankreich Schöpferkraft und Initiative wachrief, fand in Deutschland kaum ein Echo. Wahrscheinlich haben Kraft und Schwung der lutherischen Reformation in den frühen Jahrzehnten des Jahrhunderts allzuviel Energie und Aufmerksamkeit gerade zu einer Zeit absorbiert, in der unter anderen Umständen die humanistische Bewegung das Denken und Streben der Deutschen in literarische und künstlerische Bahnen gelenkt hätte. Als nach dem

Augsburger Frieden im Jahr 1555 die religiösen Auseinandersetzungen ein Ende gefunden hatten, war der Humanismus auch anderswo in Europa schon keine lebendige Bewegung mehr, und andere Antriebe zur Größe – Nationalgefühl etwa – konnten in dem religiös gespaltenen und politisch zerstückelten Deutschland nicht zum Tragen kommen.

England – Die Tudorrenaissance

Die Anziehungskraft der neuen Bildung war in England erst spät wirksam geworden. Während des Hundertjährigen Krieges waren die Verbindungen mit Italien spärlich, und die Rosenkriege gaben denjenigen Engländern, die sich für gelehrte Dinge interessierten, wenig Gelegenheit zu geruhsamen Reisen oder Studien. Trotzdem finden wir 1499 Erasmus in England in Gesellschaft von Männern, deren Kenntnisse im Lateinischen und Griechischen seine Bewunderung erregten. Die enge Gemeinschaft mit Thomas More, John Colet, William Grocyn, William Lyly, Thomas Linacre, John Fisher und deren Kreis behielt er bis ans Ende seines Lebens in freundlicher Erinnerung. Die Verbindungen, die auf diese Weise zustande gekommen waren, weiteten sich in den folgenden Jahrzehnten aus; Bücher und Gelehrte vom Kontinent fanden in England begeisterte Aufnahme, während viele englische Gelehrte Bildungszentren in Italien, Deutschland, den Niederlanden und Frankreich aufsuchten. Es entstand eine Art übernationaler Gilde humanistisch gesinnter Gelehrter, deren gemeinsames Ziel die Förderung der neuen Bildung und die Verbreitung der klassischen Ideale mit Hilfe der antiken Sprachen wie auch durch Übersetzungen in die Landessprachen war. Solange Erasmus lebte, war er das anerkannte Haupt dieser Gruppe, wenn auch die führenden Gelehrten Englands bei ihren Kollegen kaum weniger galten. Die Aura der freien Forschung, die der neuen Gelehrsamkeit eigen war, übte auf

die frühen Stadien der englischen Reformation eine außerordentliche Wirkung aus. In dem Parlament, das sich dem Verlangen Heinrichs VIII. nach dem Supremat über die Kirche in England fügte, saßen Männer, die Predigten und Vorlesungen Colets, Fischers, Grocyns, Tyndales oder Richard Crokes gehört und alles von Erasmus gelesen hatten, was sie sich hatten beschaffen können. Das ehrwürdige Alter, auf das sich die Autorität der mittelalterlichen Kirche berufen konnte, verfehlte seinen Eindruck bei Männern, die auf unvoreingenommene Forschung und freie Diskussion begierig waren.
Im ersten Stadium der Übernahme des humanistischen Geistes in England ging es darum, das Lateinische und Griechische in jener Vollendung zu beherrschen, die für Italien und Frankreich inzwischen selbstverständlich war. Das war bald erreicht. Um 1530 gab es viele Gelehrte, die der griechischen Sprache durchaus mächtig waren, und um 1560 brauchte England in bezug auf Qualität und Verbreitung des Griechischstudiums den Vergleich mit dem Festland nicht mehr zu scheuen. In diesen Jahren reiste eine große Anzahl von Engländern auf den Kontinent und insbesondere nach Italien, wo sie mit italienischen Gelehrten Freundschaft schlossen und sich die Ideale und Neigungen der voll erblühten Renaissance zu eigen machten. Viele von den italienischen, lateinischen oder griechischen Büchern, die sie mit nach Hause brachten, wurden ins Englische übersetzt. Der kultivierte Engländer der zweiten Hälfte des 16. Jahrhunderts war durchaus vertraut mit den Themen und Motiven der italienischen Renaissanceliteratur und hatte wahrscheinlich in seiner Bibliothek – in der Originalsprache oder in Übersetzung – die Werke Petrarcas, Boccaccios, Castigliones, Ariostos oder Boiardos stehen. Übersetzungen lateinischer und griechischer Autoren wurden in England vor 1600 dutzendweise gedruckt. Alle bedeutenden Schriftsteller der englischen Renaissance im elisabethanischen Zeitalter griffen ausgiebig auf antike Quellen zurück. Thomas Wyatt (1503–1542), Christopher Marlowe (1564–1593), Edmund

Spenser (1552–1599) und Sir Philipp Sidney (1554–1586) – um nur einige Namen zu nennen – blieben zwar unverkennbar englisch, schöpften aber in Form und Inhalt ihrer Schriften aus der klassischen Tradition. Der bedeutendste von allen, William Shakespeare (1564–1616), wurzelte – ohne eine regelrechte Ausbildung erfahren zu haben – so tief im klassischen Erbe, daß über die Hälfte seiner Werke entweder antike Themen behandeln oder im Italien oder Griechenland der Renaissancezeit spielen, so etwa *Der Kaufmann von Venedig, Zwei Herren aus Verona, Julius Caesar, Timon von Athen, Romeo und Julia.* Ihm gelang es wohl am besten von allen englischen Autoren, diese klassische und humanistische Tradition auf einen kräftigen englischen Stamm zu pfropfen und damit ein Werk von europäischer Bedeutung zu schaffen.

Doch darüber hinaus sind noch weitere Zweige des englischen Geisteslebens im 16. Jahrhundert zu nennen. Die Übersetzung der Bibel ins Englische und das *Book of Common Prayer* sind Ereignisse, deren Einfluß auf den englischen Geist und die englische Sprache gewiß hoch angesetzt werden muß. Die Übersetzungen Wyclifs (etwa 1380–1388) waren nur einem begrenzten Kreis bekannt. William Tyndale (1484–1536), der in Oxford klassische Sprachen studiert und sich den Ideen der Reformation verschrieben hatte, mußte nach Deutschland gehen, um dort 1525 seine Übersetzung des Neuen Testaments drucken zu lassen. Die Exemplare, die er nach England sandte, erregten das Mißfallen der Kirche, und als er sich offen gegen die Scheidung Heinrichs VIII. aussprach, wurde er 1536 auf den Scheiterhaufen geschickt. Seine Übersetzung hatte hohe literarische Qualität, und Miles Coverdale (1488–1568) stützte sich bei seiner Übertragung weitgehend auf sie. Sogar die Theologen von Westminster, die 1611 auf Befehl König Jakobs I. die ganze Bibel aus dem hebräischen und griechischen Urtext übertrugen, übernahmen viel aus dem Text Tyndales. Die Tatsache, daß der Gebrauch der Bibel so sprunghaft anstieg, und die vielen Ausgaben, die im Laufe des Jahr-

hunderts im Druck erschienen, übten eine deutlich erkennbare, einschneidende Wirkung auf die Sprache des gemeinen Volkes aus. Das *Book of Common Prayer* von Thomas Cranmer (1487–1556), das in allen Gottesdiensten benutzt wurde, blieb in seinem Einfluß auf einen gehobenen Prosastil kaum hinter der Bibel zurück. Cranmers englische Prosa ist selten erreicht und nie übertroffen worden.
England steht unter den Ländern Europas insofern wohl einzig da, als die drei Quellen literarischer Anregung – die klassisch-antike, die italienisch-humanistische und die einheimisch-englische – gleichmäßig stark einwirkten. Die Kraft des elisabethanischen Zeitalters läßt sich weitgehend aus der Verschiedenartigkeit ihrer Quellen und aus der Begeisterung erklären, mit der diese drei verschiedenen Überlieferungen aufgenommen und verarbeitet wurden.

Polen – Ein goldenes Zeitalter

Polens Aufgeschlossenheit für die Gedankenwelt des Abendlands ist durch seine Nähe zum Osten nie beeinträchtigt worden. Die Polen haben sich im Gegenteil immer als Verteidiger der abendländischen Kultur gegen den Druck an ihrer Ostgrenze gefühlt, den Mongolen, Moskowiter, Türken oder ein nach Westen drängendes Rußland auf sie ausübten. Das 16. Jahrhundert machte in dieser Beziehung keine Ausnahme; es war literarisch außerordentlich fruchtbar, zeigte sich in hohem Maße von der italienischen Renaissance beeinflußt und gilt als das sogenannte goldene Zeitalter in der Kulturgeschichte Polens. Im vorangegangenen Jahrhundert waren viele junge Polen als Reisende und Studenten nach Italien gegangen und hatten neben ihren klassischen Schriften und Büchern auch ihre Begeisterung für die neue Gelehrsamkeit mit nach Hause gebracht. Da viele von ihnen in einflußreiche Hof- und Kirchenämter gelangten, war dafür gesorgt, daß sich ihre

Vorstellungen und Neigungen auch unter ihren Freunden und Kollegen verbreiteten. Zumindest in einem bemerkenswerten Fall floß der Strom in umgekehrter Richtung. Filippo Buonaccorsi aus Rom wurde von dem einflußreichen Gregor von Sanok, dem späteren Erzbischof von Lemberg, nach Polen eingeladen. Wenige Jahre danach wurde Buonaccorsi Erzieher der Söhne König Kazimierz' IV. Jagiełło. Er lebte von 1470 bis 1496 in Polen, trat in jeder Form für den Humanismus ein, gründete in Krakau eine Vereinigung gleichgesinnter Gelehrter, die *Societas Vistulana*, und brachte die neuen Studien durch seinen rückhaltlosen Einsatz zu hohem Ansehen bei der Elite des Königreichs. So war der Boden für eine fruchtbare Tätigkeit im 16. Jahrhundert gut vorbereitet.

Der Hof Sigismunds I. (1506–1548) bot für die Aufnahme der Renaissanceideale gute Voraussetzungen, da der am kultivierten ungarischen Hof erzogene König ein Freund der Künste und Wissenschaften war. Seine zweite Frau, Bona Sforza, die Schwester des Herzogs von Mailand, war selbst auch gebildet und hatte eine Anzahl namhafter italienischer Humanisten aus Italien mitgebracht. Der Vizekanzler des Königreichs war Piotr Tomicki, der Bischof von Krakau. Unter seinem Schutz wurde die Jagiellonische Universität in Krakau zu einem Mittelpunkt der klassischen Sprachen und Literatur, des römischen Rechts und der schönen Künste. Die zahlreichen Schriftsteller – ob sie nun lateinisch oder polnisch schrieben – waren in den römischen und zum Teil auch in den griechischen Klassikern wohl bewandert, und da viele von ihnen dazu noch mit der neueren französischen und italienischen Literatur vertraut waren, herrschte eine durchaus kosmopolitische Atmosphäre am Hofe, der darin vielleicht manchen Hof im Westen übertraf.

Hier seien vier Namen herausgegriffen: Mikołaj Rej (1505 bis 1569), Jan Kochanowski (1530–1584), Andrzej Frycz Modrzewski (Modrevius; 1529–1589) und Piotr Skarga (1536 bis 1612). Rej schrieb Verse und Prosa und wählte seine Themen

Hieronymus Bosch: »Heuwagen-Triptychon« (Mittelteil);
Madrid, Museo del Prado.

Pieter Bruegel d. Ä.: »Der Turmbau von Babel (Ausschnitt), 1563; Wien, Kunsthistorisches Museum.

aus dem Alltagsleben, wobei er sein bäuerliches Milieu bevorzugte. Seine Verse waren etwas schwerfällig, die Prosa jedoch kraftvoll und für diese Zeit flüssig und biegsam.
Im Gegensatz zu Rej war Jan Kochanowski ein gründlich geschulter Humanist, der zudem vier Jahre in Padua studiert hatte und weit in Frankreich herumgekommen war. Er begann mit lateinischen Versen, kam jedoch zu der Überzeugung, daß er seine Wirkung beträchtlich steigern könne, wenn er – unter gebührender Berücksichtigung der klassischen Vorbilder und der bedeutenden Werke der französischen sowie der italienischen Schule – in der Landessprache schriebe. Mehrere Jahre war Kochanowski als königlicher Sekretär bei Hofe tätig; in dieser Zeit entstand eine Sammlung von Geschichten und Anekdoten, die den *Facetiae* des Poggio Bracciolini nahestand. Viele seiner Lieder über das Landleben hatten die Horazischen Oden zum Vorbild, manche sind Übersetzungen, andere sind Liebeslieder oder Gelegenheitsgedichte religiösen oder patriotischen Inhalts. Das populärste Werk Kochanowskis war seine Psalterübertragung *Psałterz Dawidow* (1579), bei der es sich eher um eine Paraphrase als um eine Übersetzung handelt. Er spürte die hohe Poesie der Psalmen, und seine Umsetzung des Vulgatatextes in lebendiges Polnisch war eine geniale Leistung. Die *Treny*, nach dem Tod seiner geliebten Tochter entstanden, zeigen eine erschütternde Tiefe menschlichen Leids und ein hohes Maß an künstlerischer Vollkommenheit. Sein Katholizismus war unerschütterlich; die Auseinandersetzung mit dem Protestantismus, die Polen bis in die letzten Jahre des Jahrhunderts hinein spaltete, hat sich in seinen Schriften nicht niedergeschlagen.
Modrzewski war ein Humanist, den sein Interesse an Rechtsfragen zur Kritik an der polnischen Gesetzgebung veranlaßte, weil sie dem Adel gegenüber der Bauernschaft eine bevorzugte Stellung einräumte. Er schrieb nur in lateinischer Sprache, aber sein bedeutendstes Werk *De re publica emendanda* wurde 1577 vor seinem Tod ins Polnische übersetzt und im Bürgertum viel

gelesen. Lange vor Grotius schlug er vor, Kriege durch internationale Schiedssprüche zu verhindern und riet sogar zu einer übernationalen Streitmacht, die kriegerische Nationen in Schach halten könne. Sein soziales Bewußtsein sprach die liberalen Elemente in der Bevölkerung an, aber die Hierarchie wandte sich scharf gegen seine Idee einer polnischen Nationalkirche.

Piotr Skarga ist als wortgewaltiger Prediger der polnischen Gegenreformation bekannt. Trotz seiner Universitätsbildung hatte er weder für den Humanismus noch für den Protestantismus etwas übrig. Er ging im Gegenteil nach Rom, trat 1568 dem Jesuitenorden bei und gehörte nach seiner Rückkehr zu den Führern der Rekatholisierung Polens. 1579 wurde er Rektor der Jesuitenuniversität in Wilna und für die folgenden 20 Jahre Hofkaplan König Sigismunds III. Seine Predigten waren stark gefühlsbetont, ja fanatisch, und wenn es möglich gewesen wäre, hätte er die gesamte Bevölkerung zum Katholizismus gezwungen, ohne freilich das strenge Vorgehen der Inquisition zu unterstützen. Das Toleranzedikt von 1573 griff er an, wie das von einem religiösen Eiferer des 16. Jahrhunderts nicht anders zu erwarten war. Literarisch lag seine größte Bedeutung in seinen Predigten, doch schrieb er auch Heiligenleben und andere volkstümliche religiöse Werke. Seine Predigten üben heftige Kritik an der polnischen Eitelkeit und Gesetzlosigkeit und müssen zum Teil dem polnischen Adel recht peinlich gewesen sein.

Böhmen – Hussitentum und Humanismus

In Böhmen lassen sich im 16. Jahrhundert zwei Hauptquellen literarischer Überlieferung feststellen: die hussitisch-utraquistische Frömmigkeit und das weltlich-humanistische Gedankengut. Um 1460 entstand als Reaktion auf die blasse Religiosität der gemäßigten Utraquisten eine von Petr Chelčický und seinem Nachfolger Gregor dem Schneider inspirierte Bewegung, die sich als »Unität der Böhmischen Brüder« bezeichnete. Asketisch, evangelisch und pazifistisch wie sie war, erregte diese Gruppe sehr bald Mißtrauen und wurde zunächst von den Utraquisten und dann von den Jagiellonen und Habsburgern verfolgt. Gregor hat einen Bericht über diese Jahre der Prüfung in tschechischer Sprache hinterlassen, den die Brüder fast so verehrten wie die Urchristen die Briefe des Apostels Paulus. Auf den Tod Gregors im Jahr 1474 folgten einige Jahre der Uneinigkeit in der Unität, bis ein gewisser Bruder Lukas von Prag (1460–1528) schließlich Herr der Lage wurde. Er schrieb ausschließlich in tschechischer Sprache und behandelte eine Reihe religiöser und theologischer Fragen, wobei er die Lehren Luthers, Zwinglis und der katholischen Apologeten angriff und selbst Chelčický kritisierte. Für ihn war die Unität die moderne Version der Kirche der Urchristen. Er war ihr bedeutendster Theologe, und wahrscheinlich ist die Stärke, die sie später schweren Angriffen gegenüber bewies, sein Verdienst. Ein späterer Bischof der Unität, Jan Blahoslav (1523–1571), war fast ebenso fruchtbar wie Lukas und für eine wißbegierige Nachwelt noch ergiebiger. Als geschulter Humanist war er im Lateinischen und Griechischen bewandert, kannte Österreich, Deutschland und die Schweiz und war mit vielen Gelehrten außerhalb Böhmens persönlich bekannt. Die Erfahrungen, die er im Ausland gemacht hatte, verstärkten seinen Nationalismus und seine Liebe zur Muttersprache. Er schrieb zahlreiche Gesangbuchlieder für die Gottesdienste der Unität, eine tschechische Grammatik und neben vielen anderen Werken, von denen manche verlorengegangen sind, ein Buch über den Ursprung der Unität. Außerdem übersetzte er das Neue Testament ins Tschechische und ging dabei auf den griechischen Originaltext und die maßgebenden Kommentare zurück.

Zu den bedeutendsten tschechischen Sprachdenkmälern gehört die Kralitzer Bibel. Bald nach dem Tode Blahoslavs begann eine Gruppe von Gelehrten innerhalb der Unität eine Übersetzung der gesamten Bibel ins Tschechische. Blahoslavs Übersetzung des Neuen Testaments wurde fast völlig übernommen. Hingegen mußte das Alte Testament auf vergleichbarem Niveau erst noch übersetzt werden. Die Gemeinschaftsarbeit wurde 1579 begonnen, und 1594 erschien die gesamte Bibel in Kralitz in Mähren. Diese Bibel ist bis heute für die tschechischen und slowakischen Protestanten maßgebend und stellt, wie ein führender tschechischer Literaturhistoriker es ausgedrückt hat, »die Krönung der Entwicklung der tschechischen Sprache zu einer Einheit dar«.

An einem anderen führenden Kopf der Böhmischen Brüder, Václav Budovec von Budov (1547–1621), wird der Wandel deutlich, der sich gegen Ende des Jahrhunderts innerhalb der Führerschicht der Unität abzeichnete. Nach zahlreichen Reisen in Deutschland, den Niederlanden, Frankreich, Italien und England nahm er 1577 an der kaiserlichen diplomatischen Mission nach Konstantinopel teil. Es war im wesentlichen sein Verdienst, daß Rudolf II. den Majestätsbrief von 1609 unterschrieb, in dem er den Brüdern Religionsfreiheit zugestand. Er spielte eine hervorragende Rolle bei den Ereignissen, die zur Böhmischen Revolte von 1618 führten. Als Verteidiger der böhmischen Sache wurde er nach der Niederlage am Weißen Berg im November 1620 von Ferdinand II. am 21. Juni 1621 in Prag hingerichtet. In Budovec, einem Mann von hoher Kultur und imponierender Würde, verband sich die religiöse Leidenschaft der Unität mit dem Nationalgefühl der hussitischen Tradition.

Der bedeutendste und freilich auch am schwersten zu deutende Vertreter der Unität sollte erst noch kommen. Jan Amos Komenský, der unter dem Namen Comenius bekannt ist (1592–1670), war der letzte Bischof der Unität. Als Erzieher, Philosoph, Humanist und religiöser Geist nimmt er für ganz Europa eine hervorragende Stellung ein. Er studierte, bereiste Deutschland und die Niederlande, kehrte 1616 nach Mähren zurück und heiratete, verlor aber bald darauf Frau und Kinder

durch die Pest. Sein Frühwerk *Labyrint světa a ráj srdce* (Labyrinth der Welt und Paradies des Herzens) erinnert sehr an *Pilgrim's Progress* und galt bei den Mitgliedern der Unität, die 1627 aus Böhmen hatten fliehen müssen, nahezu als ein heiliges Buch. Comenius schloß sich einer Gruppe in Lissa, Westpolen, an, fand aber bis zu seinem Ende eigentlich keine Ruhe mehr; er ging in die Niederlande, nach England, wo er als Reformator des Schulwesens tätig war, und hielt sich in Preußen und Ungarn auf. Weithin bekannt wurde er durch seine *Pansophiae diatopsis,* den utopischen Versuch, die gesamte Wissenschaft und Bildung unter der Ägide einer Akademie der gebildetsten Männer aller Länder zusammenzuführen, die sich in einer Einheitssprache verständigen sollten. Sein bleibender Beitrag jedoch lag in seiner von humanem Geist getragenen Technik des Elementarunterrichts.
Auch der weltliche Humanismus hatte in Böhmen seine hervorragenden Vertreter. In seinem Anfangsstadium galt die Landessprache noch als zweitklassig. Bohuslav Hasištein von Lobkowicz (1460–1512) studierte in Bologna und Ferrara und nahm das Gedankengut des italienischen Humanismus mit allen seinen Einschränkungen in sich auf. Nachdem sich seine Hoffnung auf das Bistum Olmütz nicht erfüllt hatte, kehrte er auf seinen Erbsitz und zu seinen Briefen und Büchern zurück. Er stand auf seiten der katholischen Kirche und hatte sich am Ende seines Lebens viele Humanistenfreunde entfremdet, die zum größten Teil gegen die katholische Kirche eingestellt waren. Da er ausschließlich in lateinischer Sprache schrieb, war sein Einfluß auf die Entwicklung der tschechischen Kultur nur gering. Zu seinem Kreis gehörte ein weiterer humanistisch geschulter Gelehrter, Viktorin Kornel von Všehrd (1460–1520), der ihm als Latinist nicht nachstand und an Einfluß und Charakter überlegen war. Všehrd bediente sich später ganz bewußt der Landessprache und übersetzte klassische und patristische Autoren aus dem Griechischen und Lateinischen ins Tschechische. Sein bedeutendstes Werk ist ein Ergebnis

seiner fünfjährigen Tätigkeit als Vizesyndikus der Landestafeln in Prag: die *Neun Bücher der Rechte, Gerichte und Tafeln des böhmischen Landes.* Sie sind eine Fundgrube für das böhmische Straf- und Verwaltungsrecht in einem für die konstitutionelle Entwicklung des Landes kritischen Stadium. Während der habsburgischen Herrschaft beriefen sich die böhmischen Stände häufig auf dieses Werk, wenn sie ihre Rechte vor den Eingriffen des Herrscherhauses schützen wollten.

Im Laufe der ersten Hälfte des Jahrhunderts gewann die neue Bildung immer mehr an Beliebtheit. Es wurden nicht nur die Werke zahlreicher klassischer Autoren ins Tschechische übertragen – auch Schriften der Renaissancehumanisten erschienen in der Landessprache. Erasmus war besonders beliebt; sein *Enkomion morias* wurde 1513 übersetzt, das *Enchiridion militis christiani* 1519, und eine Reihe tschechischer Humanisten stand mit ihm in lebhaftem Briefwechsel. Da das Übersetzen dazu zwang, Begriffe und Nuancen der sehr viel differenzierteren klassischen Gedankenwelt in der Muttersprache auszudrücken, wirkte es sich sehr fruchtbar und bereichernd auf die tschechische Sprache aus.

In der zweiten Hälfte des Jahrhunderts hat Böhmen mehrere Publizisten aufzuweisen, die europäisches Niveau durchaus erreichen und deren Leistungen beachtlich sind. Adam Daniel Veleslavín (1546–1599) und sein Sohn Adam Samuel Veleslavín (1592–1628) waren Drucker und Lexikographen. Der Vater brachte viersprachige Lexika (Tschechisch, Lateinisch, Griechisch und Deutsch), *Silva quadrilinguis* und *Nomenclator quadrilinguis* heraus, eine Büchergattung, die für die Entwicklung einer Sprache besonders im Hinblick auf Präzision und Normierung von entscheidender Bedeutung ist. Der Sohn setzte die verlegerische Tätigkeit seines Vaters bis zu seiner Verbannung im Jahr 1621 fort und brachte 1613 eine tschechische Bibel heraus.

An lyrischer und dramatischer Dichtung entstand in dieser Zeit nichts Bemerkenswertes; man beschränkte sich auf Übernahme oder Nachahmung lateinischer und italienischer Texte. Dagegen hatten Geschichtsschreiber und Chronisten das ganze Jahrhundert hindurch ihre große Zeit. In und um Böhmen ereigneten sich große Dinge, und der Geschichtssinn des Volkes war sich ihrer Bedeutung durchaus bewußt. Die Lehre von Hus war an sich schon ein Appell an die Geschichte, und seine Nachfolger, die Utraquisten als auch die Böhmischen Brüder, führten diese Tradition fort. Bartoš Pisář (Bartholomeus der Schreiber; 1470–1535) schrieb eine *Chronik von Prag* über die Jahre 1524 bis 1534. Er war ein kleiner Geschäftsmann ohne Universitätsbildung und durchaus bürgerlich und moralistisch eingestellt. Infolge seiner peinlichen Genauigkeit sind seine Angaben im allgemeinen verläßlich.

Eine sehr wichtige historische Quelle, die freilich ebenso viele Irrtümer wie Wahrheiten enthält, ist die *Tschechische Chronik* von Hajek von Libočan (um 1500–1553). Hajek war ein katholischer Priester, dessen Ferdinand I. gewidmete Chronik so ziemlich die einzige Darstellung der Geschichte Böhmens war, die die Habsburger bis zum Ende des 18. Jahrhunderts zuließen. Lange galt er als der tschechische Livius, aber die historische Forschung hat ihm Unzuverlässigkeit und sogar bewußte Fälschung nachgewiesen. Einer der Führer der Unität, Karl der Ältere von Žerotín (1564–1636), Adelsmarschall von Mähren, war ein Gelehrter von beachtlichem Rang. Nach Reisen und Studien im Ausland hatte er 1591 eine Zeitlang als Soldat unter Heinrich IV. von Frankreich gedient. Er führte einen ausgedehnten Briefwechsel, ist aber hauptsächlich durch seine *Apologia* bekannt, in der er sich mit großer Beredsamkeit seinen Freunden gegenüber verteidigt, die ihn angriffen, weil er sich aus dem aktiven politischen Leben zurückgezogen hatte. Die Schrift gilt in ihrer ciceronianischen Glätte und eleganten Überzeugungskraft als ein Musterbeispiel klassischer tschechischer Prosa.

Am Ende des Jahrhunderts hatte die tschechische Sprache in sich aufgenommen, was die humanistische und die lateinische

Bildung ihr geben konnten. Die hussitische Religiosität der Böhmischen Brüderunität und die stärker weltlich orientierte humanistische Tradition hatten ihr Niveau gefunden und sich gemeinsam zu einem literarischen und kulturellen Medium entwickelt, das dem vielgeplagten und in sich uneinigen Volksgeist Ausdruck gab. Die Last der habsburgischen Herrschaft nach der Schlacht am Weißen Berg sollte zunächst all das zurückdrängen und ersticken, was sich aus der Vereinigung der beiden Strömungen hätte entwickeln können – ein Zustand, der volle 300 Jahre andauerte.

Ungarn – Humanismus und Protestantismus

In keinem Land Europas läßt sich die Vermischung der religiösen und der weltlichen Bildung besser verfolgen als im Ungarn des 16. Jahrhunderts. Die humanistische Tradition war im frühen 14. Jahrhundert unmittelbar aus Italien eingeführt und im späten 15. von König Mathias Corvinus besonders gefördert worden. Kurze Zeit, nachdem die lutherische Bewegung im Reich Fuß gefaßt hatte, war sie auch in Ungarn sowohl unter der deutschen als auch unter der magyarischen Bevölkerung weithin bekannt. In diesem Augenblick jedoch kam ein dritter Faktor hinzu, der das ungarische Denken und seine literarische Ausprägung schwer überschattete. Die Tragödie der ungarischen Niederlage gegen die Türken in der Schlacht von Mohacs im Jahr 1526, der Tod des Königs auf dem Schlachtfeld, die Einnahme der Hauptstadt Buda durch die Türken und die Dreiteilung des Königreichs – das alles wirkte zusammen und traf den ungarischen Geist so schwer, daß seitdem alle seine Äußerungen von tiefer Melancholie gefärbt sind. In gewisser Weise profitierte die ungarische Prosa von der Reformation. Transsylvanien, das nominell dem Sultan unterstand, erfreute sich weitgehender Selbständigkeit, und so führten die Auseinandersetzungen zwischen Lutheranern oder

Calvinisten einerseits und römischen Katholiken andererseits zu lebhafter schriftstellerischer Tätigkeit. Da die Protestanten sich unablässig auf die Heilige Schrift beriefen, wurde das Verlangen nach der Bibel auf Ungarisch immer stärker. Im späten 15. Jahrhundert war wohl eine Übersetzung des Neuen Testaments entstanden, doch hatte sie keine weite Verbreitung gefunden. Als der Buchdruck im 16. Jahrhundert die Verbreitung vereinfachte, machten sich mehrere Gelehrte an die Übersetzung von Teilen der Heiligen Schrift, bis schließlich 1590 Gaspar Karolyi, ein protestantischer Geistlicher, die gesamte Bibel übersetzte. Sie wurde für die ungarische Prosa ebenso maßgebend wie Luthers Übersetzung für die deutsche und ist seither in Hunderten von Auflagen erschienen. Die Katholiken, die Karolyis Text nicht anerkennen wollten, brachten bald eine eigene Übersetzung zustande. Wie in allen Ländern, in denen die Reformation Wurzeln schlug, erlebte der Kirchengesang in der Landessprache eine neue Blüte und befruchtete auch die religiöse Lyrik. Wenn auch vieles davon anonym ist, wurden doch eine Reihe Lyriker im Lande bekannt. Sebastian Tinodi (gest. 1559) war kaum mehr als ein wandernder Spielmann, hinterließ der Nachwelt aber in einer Zeit des Krieges, der Niederlagen und der Bedrückung doch verläßliche Berichte über viele tragische Ereignisse jenes Abschnitts und wurde zum Sänger heldenhafter Vaterlandsliebe. Der literarische Hintergrund der ungarischen Kultur spiegelt sich in anderen Dichtungen Tinodis, denen er biblische Themen oder solche aus der klassischen Mythologie zugrunde legt.

Ein jüngerer Zeitgenosse Tinodis, Valentin Balassa (1551 bis 1594), war ihm an Talent weit überlegen und gilt als einer der bedeutendsten ungarischen Lyriker. Seine Verse atmen echtes religiöses Empfinden; neu für die ungarische Dichtung war sein stark ausgeprägtes Gefühl für die Schönheiten der Natur, dem er in anmutigen Versen Ausdruck gab. Die anhaltenden Kämpfe der Ungarn gegen den türkischen Bedrücker brachten eine Vielzahl von Heldenerzählungen in Versform hervor. Daneben

gab es solche, die in der Nachfolge von Boccaccios *Dekameron* oder anderen Vorbildern der Renaissance standen. Ein gebildeter Fremder, der Nordungarn oder Transsylvanien um das Ende des 16. Jahrhunderts besuchte, hätte dort kaum ein anderes literarisches Klima vorgefunden als fast überall in Deutschland oder Böhmen. Die althergebrachte Beziehung zur Adria und zu Italien war bei den Ungarn nicht vergessen.
Die umwälzenden Vorgänge in der Politik, Religion und Wirtschaft des 16. Jahrhunderts fanden einen raschen Niederschlag in der Literatur der Zeit. Es gab vielerlei Ursachen, aus denen die Menschen zum Schreiben kamen: Begeisterung für die neuen Ideen, Haß gegen ihre Feinde, Hoffnung auf den künftigen Sieg ihres Glaubens; manche wollten auch nur unterhalten, unterrichten, sich die Gunst eines Gönners erwerben oder, wie etwa Montaigne, sich selbst und durch sich selbst ihre Mitmenschen besser verstehen. Überblicken wir das Gesamtbild, so sehen wir, daß abgesehen von den genannten Motiven die nationale Überlieferung und die humanistische Renaissance wie zwei Ströme zusammenflossen. Die Renaissance brachte dem Menschen des 16. Jahrhunderts zweierlei: die erprobte und vervollkommnete Form des klassischen Altertums und eine Fülle von Themen und Stoffen. Einheimische Motive und Überlieferungen brauchten nur in dieses Gewand gekleidet oder den klassischen Themen angepaßt zu werden, um sofort von neuem Leben erfüllt zu sein. Die Übertragung der klassischen Form auf nationale Stoffe setzte lediglich die Kenntnis des Lateinischen und Griechischen voraus, und die ließ sich verhältnismäßig leicht erwerben. Der Gebildete des 16. Jahrhunderts, ob Spanier, Pole oder Deutscher, las zwar die klassischen Autoren in der Originalsprache, schrieb aber immer häufiger in seiner Muttersprache. Was er schrieb, gehörte teilweise der Überlieferung seines Volkes an und war seine eigene Schöpfung, teilweise stammte es aus der Antike oder der Renaissance und war entlehnt. Welchen Grad der Vollkommenheit der Schreibende erreichte, hing von seiner Aufnahmefähig-

keit sowie davon ab, wie treu er den Ideen und Idealen seines eigenen Volkes blieb. Diese Verbindung, die nur schwer zu erreichen und festzuhalten ist, läßt sich im 16. Jahrhundert häufig finden. Torquato Tasso, Calvin, Rabelais, Montaigne, Modrzewski, Thomas More und die Genies Cervantes und Shakespeare sind die glänzendsten Beispiele dafür. Hier hat das 16. Jahrhundert schöpferische Leistungen aufzuweisen, wie sie die Geschichte des Abendlands sonst nicht kennt.

18

Naturwissenschaften, Bildungswesen und Kunst

DIE GELEHRTEN des 15. Jahrhunderts bemühten sich in erster Linie um die Wiederentdeckung des Geistes und der Welt der Antike. Die Aufgabe, die Manuskripte von Werken lateinischer und griechischer Autoren aufzuspüren und abzuschreiben, ließ ihnen kaum noch Raum für andere Interessen. Durch die Entdeckung der Drucktechnik mit beweglichen Lettern kurz nach 1450 wurde zwar die rein mechanische Arbeit des Abschreibens überflüssig, doch das Interesse an der klassischen Antike blieb bestehen, und die Druckerpresse machte nun die Texte der antiken Autoren leichter zugänglich. Nachdem die Werke der großen griechischen Naturwissenschaftler vorlagen, konnten die Renaissancegelehrten ihren Wissensdrang stillen, der sich auf die Naturerscheinungen ringsum und auf die Gedanken richtete, die sich die großen Denker der Vergangenheit darüber gemacht hatten. 1469 erschienen in Venedig die *Naturalis historia* des Plinius und die *Pflanzenkunde* (*Περὶ φυτικῶν ἱστοριῶν*) des Theophrast, 1472 die Schriften über den Landbau *De re rustica* von Columella, 1486 in Rom *De aquis urbis Romae* des Frontinus und 1499, wiederum in Venedig, eine lateinische Übersetzung des Dioskurides. Von den Werken Euklids erschien erstmals 1482 eine Ausgabe in lateinischer Übersetzung in Venedig, der im Laufe des 16. Jahrhunderts noch manche andere folgen sollte. 1496 wurde in Venedig ein lateinischer Auszug aus Ptolemaios' *Almagest* veröffentlicht, 1495/96 eine Gesamtausgabe von Aristoteles und Theophrasts

Ursachen der Pflanzen und 1499 das Sammelwerk *Antike Astronomen.* Eine erste Ausgabe der medizinischen Schriften Galens in lateinischer Übersetzung erschien 1490 in Venedig, eine zweite 1541 und weitere im Verlaufe des 16. Jahrhunderts an anderen Orten; der griechische Originaltext wurde 1525 ebenfalls in Venedig veröffentlicht. Ebendort erschien auch im Jahr 1516 eine lateinische Übersetzung von Strabons *Erdkunde.* Die Werke des Hippokrates wurden 1525 in lateinischer Übersetzung in Rom und 1526 im griechischen Urtext in Venedig gedruckt; in Basel erschienen 1544 die physikalisch-mathematischen Schriften des Archimedes. Diese und viele andere naturwissenschaftlichen Werke der klassischen Antike standen den Gelehrten des späten 15. und beginnenden 16. Jahrhunderts zur Verfügung. Es war zwar aufschlußreich und wohl auch anregend zu wissen, was die Alten über die Naturerscheinungen gesagt hatten, doch damit wurden keineswegs alle naturwissenschaftlichen Fragen beantwortet. Wollte man in der Wissenschaft weiterkommen, so bedurfte es des Experiments, das jetzt durch die Fortschritte der Technik erleichtert wurde. Hier lagen die Aufgaben, die sich in zunehmendem Maße dem 16. Jahrhundert und der Folgezeit stellten.

Die Naturwissenschaften

Die stürmischen Ereignisse der frühen Reformation und die kriegerischen Auseinandersetzungen zwischen den Häusern Habsburg und Valois mögen dafür verantwortlich sein, daß in den Jahren zwischen 1450 und 1540 auf dem Gebiet der naturwissenschaftlichen Forschung kaum Fortschritte zu verzeichnen sind. Die Wirren dieser Zeit hielten die Menschen in Atem. Dazu kommt, daß die Autorität, die die antiken Schriftsteller über das Denken der Menschen der Renaissancezeit ausübten, noch keineswegs gebrochen war. Ihre Lehren galten als sakrosankt und wurden nicht angezweifelt. Man stürzte sich gierig und kritiklos auf ihre Werke und vertiefte sich in sie: Der Mensch der Renaissancezeit wies in dieser Autoritätsgläubigkeit noch durchaus mittelalterliche Züge auf. An die Stelle der Kirche und des Aristoteles waren nun die antiken Autoren getreten; Zweifel an der Gültigkeit ihrer Schlüsse waren undenkbar. Es dauerte über 100 Jahre, bis die westliche Welt begriffen hatte, daß ihr gesamtes physikalisches Weltbild auf neuer Grundlage durchdacht werden müsse.

Die Periode, die auf diesen Abschnitt der Renaissance von 1460 bis zur Mitte des 16. Jahrhunderts folgte, sollte auf dem Gebiet der Naturwissenschaft unendlich viel fruchtbarer sein. Sie brachte eine Reihe genialer Männer hervor. Zwar standen die meisten Fortschritte im Widerspruch zu den altüberlieferten Lehren, wie sie in der Kirche und kaum weniger in den Bildungsanstalten verwurzelt waren, doch konnten sie dadurch nicht verhindert werden; die Kirche und die herkömmlichen Auffassungen mußten sich beugen. Im folgenden sollen nur jene Gebiete der Naturwissenschaft behandelt werden, die tiefgreifende Wandlungen in Theorie und Methode aufweisen – in erster Linie also Astronomie, Physik, Mathematik, Biologie und Medizin.

In der Geschichte der abendländischen Kultur ist das Jahr 1543 von besonderer Bedeutung; damals erschienen zwei revolutionäre Bücher: *De revolutionibus orbium coelestium VI* von Kopernikus und *De humani corporis fabrica* von Vesalius. Kopernikus erschloß dem Menschen die unendliche Vielfalt der Himmelsordnung, während Vesalius ihm die Wunder des eigenen Körpers vorführte.

Nikolaus Kopernikus (1473–1543) wurde als Sohn eines polnischen Vaters und einer deutschen Mutter in Thorn geboren. An der Universität Krakau widmete sich Kopernikus der Astronomie, die damals aus einer Mischung aristotelischer Lehren mit astrologischem Hokuspokus bestand. 1496 kehrte er nach Thorn zurück, um von dort aus auf Geheiß seines Onkels, der Bischof war, nach Bologna zu gehen, wo er sich auf eine kirchliche Laufbahn vorbereiten sollte. Während er in Bologna Kirchenrecht studierte, ohne seine astronomischen Interessen zu vernachlässigen, verschaffte ihm sein Onkel eine Pfründe, die es ihm erlaubte, seine Studien in Italien fortzusetzen. Das Jahr 1500 verbrachte er in Rom und ging dann nach Padua, wo er Medizin studierte. Nach seiner Rückkehr im Jahr 1506 lebte er zunächst in Heidelberg und später in Frauenburg. Hier teilte er seine Zeit zwischen den Pflichten als Domherr und seinen astronomischen Studien, machte auch seine Entdeckungen und entwickelte seine Theorien. Seine Instrumente glichen im wesentlichen denen, die 1600 Jahre zuvor Ptolemaios zur Verfügung gestanden hatten; von wirklicher Genauigkeit konnte nicht die Rede sein. Er war zwar in der Lage, die Mittagshöhe der Sonne und die Höhe von Körpern im Himmel zu messen, doch mehr war kaum möglich. Seine größte Leistung bestand darin, daß er aufgrund eigener Beobachtungen die Frage nach dem Mittelpunkt unseres Planetensystems neu durchdachte. Seit der Zeit des Ptolemaios von Alexandria im 2. Jahrhundert v. Chr. galt es als selbstverständlich, daß sich Sonne und Planeten um die Erde drehten. Kopernikus kam zu der Überzeugung, daß diese These nicht zu halten sei, da sich bei der Annahme eines geozentrischen Systems zu viele Widersprüche ergaben. Die Unregelmäßigkeiten in den Umlaufbahnen der fünf Planeten neben Sonne und Mond machten die Hilfskonstruktionen zahlreicher voneinander unabhängiger transparenter Sphären notwendig, in denen man sich die Bewegung der Planeten dachte. Kopernikus schien es unlogisch, zusätzliche Sphären heranzuziehen. Er kam zu der Überzeugung, daß die Sonne und nicht die Erde Mittelpunkt unseres Planetensystems sei. Setzte man dies voraus, so ließen sich die exzentrischen Bahnen der Planeten einschließlich der Erde verstehen und genau berechnen. 30 Jahre lang schrieb er an seinem Buch über diese Entdeckung. Eine erste kurze Abhandlung erschien 1530, doch das Hauptwerk war erst unmittelbar vor seinem Tod, also 13 Jahre später, vollendet. Ein Exemplar der endgültigen Fassung, die in Nürnberg gedruckt wurde, gab man ihm auf seinem Totenbett in die Hand. So gewaltig und revolutionär das Werk auch war, es enthielt doch noch manche mittelalterlichen Züge. Kopernikus übernahm viel von Aristoteles und dessen arabischen Kommentatoren, und ein Großteil seiner Zahlenangaben stammte von dort und war ungenau. Doch die Theorie war allein sein Verdienst; ihr Reiz lag in der Einfachheit, die im Gegensatz zu der komplizierten Vielzahl von Sphären stand, wie sie das ptolemäische Weltbild vorsah. Es sollte noch ein ganzes Jahrhundert vergehen, bevor seine Theorien vollständig belegt waren. Der ersten Ausgabe seines Werkes ging das Vorwort eines lutherischen Geistlichen voran, dem das Manuskript in die Hände gefallen war; dieser stellte die neue Theorie als bloßen Gegenvorschlag zum anerkannten ptolemäischen System hin. Deshalb wurde anfangs auch weniger Widerspruch laut, als man hätte erwarten sollen. Ungenauigkeiten und Unrichtigkeiten, die sich nicht hatten vermeiden lassen, verhinderten, daß Kopernikus' Werk von den Wissenschaftlern ohne weiteres akzeptiert wurde. Der dänische Astronom Tycho Brahe (1546–1601) veröffentlichte 1598 nach jahrelangen Forschungen und Beobachtungen die Beschreibung seiner kunstvollen astronomischen Instrumente; ein weiteres Werk, das die Position von 777 Fixsternen – später auf 1000 erhöht – verzeichnete, wurde nach Tychos Tod von Johannes Kepler veröffentlicht. Während sich Tycho Brahe Sonne und Mond um die Erde kreisend dachte, schloß Kepler einen merkwürdigen Kompromiß zwischen Ptolemaios und Kopernikus, indem er annahm, daß die fünf Planeten um die Sonne kreisten. Die Daten, die Tycho Brahe so sorgfältig gesammelt hatte, sollten Kepler und Galilei zugute kommen, als sie das heliozentrische Weltbild des Kopernikus bestätigten und in Einzelheiten berichtigten. Wie sorgfältig er beobachtet und gerechnet hatte, läßt sich daran ermessen, daß er sich bei der Berechnung des Sonnenjahres nur um eine Sekunde irrte.

Pieter Bruegel d. Ä.: »Der Triumph des Todes« (Ausschnitt); Madrid, Museo del Prado.

Bartholomäus Spranger: »Allegorie auf Kaiser Rudolph II.«, 1592;
Wien, Kunsthistorisches Museum.

Als Tycho Brahe Dänemark verließ, um sich in Deutschland und kurzfristig auch in Prag niederzulassen, begleitete ihn ein junger Assistent, der Württemberger Johannes Kepler (1571 bis 1630), der ursprünglich evangelischer Pfarrer hatte werden wollen. Von Brahe lernte er präzise und ausdauernde Beobachtung und wurde später dessen Nachfolger als kaiserlicher Mathematiker. Er trat für Kopernikus ein und gab der Poltheorie eine neue, auf wissenschaftlicher Beobachtung beruhende Grundlage. Sein Werk läßt sich in seinen drei berühmten Gesetzen zusammenfassen, von denen er zwei im Jahr 1609 in der *Astronomia nova* der Öffentlichkeit vorlegte. Erstens: Die Bahn des Planeten ist eine Ellipse, deren einer Brennpunkt die Sonne ist. Zweitens: Die Planeten bewegen sich nicht in gleicher Geschwindigkeit, aber der Radiusvektor, d. h. die Verbindungslinie Sonne-Planet, überstreicht in gleichen Zeiten gleiche Flächen. Das dritte Gesetz – die Quadrate der Umlaufszeiten der Planeten verhalten sich wie die Kuben ihrer mittleren Entfernung von der Sonne – wurde zehn Jahre später (1619) in den *Harmonices mundi* veröffentlicht. Diese Gesetze beruhen auf den langjährigen Beobachtungen Tycho Brahes, die Kepler durch seine eigenen vervollständigte. Die Gesetze der Mechanik, die eine Erklärung dafür hätten liefern können, warum sich die Planeten in Ellipsen- und nicht in Kreisbahn bewegen, waren Kepler noch nicht bekannt.

Kepler beschäftigte sich auch mit den Problemen der Optik; in seiner *Dioptrice* behandelte er die Brechung und stellte die erste richtige Theorie über das Phänomen des Sehens auf. Seine bedeutendste Leistung bestand in der Anwendung von Hypothesen auf Beobachtungen sowie in dem fortwährenden Bemühen, mathematische Beziehungen zwischen Theorie, Realität und den Ergebnissen seiner Beobachtung herzustellen.

Keplers Zeitgenosse, der Florentiner Galileo Galilei, verband die Fähigkeiten eines genialen Mechanikers mit denen eines Mathematikers und Philosophen. Bereits vor 1596 hatte er sich der kopernikanischen Theorie vom heliozentrischen Weltbild angeschlossen und korrespondierte eifrig mit Kepler, als dieser in Prag weilte. Anfänglich galt sein Interesse den Gebieten der Mechanik und Dynamik, und schon früh in seiner akademischen Laufbahn konnte er manche der physikalischen Gesetze des Aristoteles als unhaltbar beweisen, so besonders die des freien Falls. Mit seinen kritischen Untersuchungen von Beschleunigung und Verlangsamung, von Geschossen und ihren Flugbahnen und von der Zusammensetzung der Kräfte bereitete Galilei der modernen Dynamik den Boden. Die endgültige Formulierung dieser Gesetze sollte jedoch Isaac Newton vorbehalten bleiben. Immerhin erarbeitete Galilei die Grundlagen und oft auch eine nahezu genaue Berechnung der Zusammenhänge zwischen Kraft, Bewegung und Trägheit. 1609 konstruierte er ein Fernrohr mit dreißigfacher Vergrößerung, mit dessen Hilfe ihm die Entdeckung einer Reihe von Sternen – darunter der vier großen Jupitermonde – gelang, die für das bloße Auge unsichtbar gewesen waren. Weiter baute er ein primitives Mikroskop, mit dem er die Anatomie der Insekten untersuchte. 1616 verlangte die Inquisition von ihm den Widerruf seiner Lehre, die Erde kreise um die Sonne als das unbewegliche Zentrum des Planetensystems. Gleichzeitig wurde *De revolutionibus orbium coelestium* von Kopernikus verboten, »bis es korrigiert sei«. Galilei leistete keinen offenen Widerstand, es gab genügend andere Themen, die ihn fesselten. Dennoch ließ er sich nicht gänzlich zum Schweigen bringen; 1623 erschien sein *Il Saggiatore*, eine Schrift, in der er darlegte, daß sich die Natur in allen ihren Manifestationen nur mit Hilfe von Messungen verstehen lasse. 1630 vollendete er nach jahrelanger angestrengter Arbeit seinen großen *Dialogo sopre i due massimi sistemi del mondo, Tolemaico e Copernicano*. Das Hauptgewicht lag auf der Behauptung, daß die Vorgänge in der Natur, d. h. im physikalischen Universum, nach dem Prinzip der Gleichartigkeit verstanden werden müßten: Ähnliche Ursachen rufen ähnliche Wirkungen hervor. Als das Buch zwei Jahre später veröffentlicht wurde, empfand man es als kräftige

Verteidigung der kopernikanischen Theorie. Es wurde sofort verboten, und der Verfasser wurde von der Inquisition nach Rom zitiert. Er widerrief; doch da die ganze Welt wußte, daß dieser Widerruf erzwungen war, blieb er wirkungslos. 1638 erschien in Amsterdam sein entscheidendes Werk, die *Discorsi e dimostrazioni matematiche intorno a due nuove scienze.* In ihm faßte Galilei seine wichtigsten Erkenntnisse aus der Dynamik zusammen und schloß alle Entdeckungen mit ein, die dem Ingenieur oder dem Physiker von Nutzen sein konnten. Die Inquisition konnte zwar die Verbreitung von Galileis Lehren in Italien verhindern, doch wurden seine Entdeckungen überall sonst unvoreingenommen anerkannt und brachten ihm verdienten Ruhm. Seine Vorstellung vom Universum als einer Maschine, die festen Gesetzen gehorcht und nur durch Beobachtung und mathematische Berechnung begriffen werden kann, sollte nicht nur die Astronomie und Physik, sondern die gesamte Naturwissenschaft beeinflussen.

In der Biologie und Medizin traf Galileis Einfluß auf eine bereits bestehende Tradition sorgfältiger Beobachtung und Beschreibung. Die Kräuterbücher des Mittelalters lassen schon eine sehr sorgfältige Beobachtung erkennen, und auch die frühen gedruckten Pflanzenbücher machten da keine Ausnahme. Konrad von Megenbergs *Buch der Natur* (Erstdruck 1475) vermittelte dem Leser mit Hilfe von Holzschnitten neben den Beschreibungen ein lebendiges Bild von Tieren und Pflanzen. Otto Brunfels (gest. 1534), ebenfalls ein Deutscher, veröffentlichte 1530 ein Pflanzenbuch mit Illustrationen, die von einem Schüler Albrecht Dürers stammten. Hieronymus Bock aus Straßburg (gest. 1554) gab 1539 ein illustriertes Werk einheimischer Pflanzen heraus, das wissenschaftliche Bestrebungen erkennen läßt. Man verzichtete auf jeden Versuch, die deutsche mit der griechischen Flora zu vergleichen, was ohnehin nur hätte verwirren können. Drei Jahre später veröffentlichte der Tübinger Professor und praktische Arzt Leonhard Fuchs (gest. 1566) in Basel einen alphabetisch angeordneten und mit 515 Holzschnitten versehenen Pflanzenkatalog. Zwar trug er nichts zur wissenschaftlichen Klassifizierung bei, doch seine Illustrationen waren genauer und wirklichkeitsgetreuer als die seiner Vorgänger. Das waren die Väter der deskriptiven Botanik; ihre zahlreichen Schüler behandelten in den folgenden Jahrzehnten alle Zweige der Biologie. Eigene Beobachtung war an die Stelle der Autoritätsgläubigkeit getreten, und die Entwicklung ist hier die gleiche, wie sie sich in Astronomie, Physik und Mechanik von Kopernikus bis Galilei erkennen läßt.

Der schärfste Beobachter auf dem Gebiet der Biologie war der Flame Andreas Vesalius (1514–1564); die präzisen Details seiner anatomischen Illustrationen bezeichnen den Beginn einer neuen Epoche nicht nur in der Erforschung der menschlichen Anatomie, sondern in der gesamten deskriptiven Biologie überhaupt. Seit dem 13. Jahrhundert war an der Universität Salerno das Sezieren menschlicher Leichen gesetzlich gestattet; es durfte als öffentliche Übung alle fünf Jahre einmal stattfinden. 1308 erhielt die medizinische Fakultät der Universität Padua die Erlaubnis, jedes Jahr eine Leiche zu sezieren. Auf diese Weise konnte die Kenntnis der menschlichen Anatomie natürlich nur recht langsame Fortschritte machen. Zur Zeit Leonardo da Vincis wurden die einschlägigen Bestimmungen noch weiter gelockert; Leonardo selbst sezierte über 30 menschliche Leichen, wobei er teils künstlerische, teils wissenschaftliche Zwecke verfolgte. Allerdings wurden seine Notizbücher, in denen die Zeichnungen und Beschreibungen enthalten waren, erst 1898 veröffentlicht, so daß sie keinen Einfluß auf die Wissenschaft des 16. Jahrhunderts ausüben konnten. Wohl gab es in den Jahren zwischen Leonardo da Vinci und Vesalius eine Reihe fähiger und gewissenhafter Anatomen, doch war Vesalius allen seinen Vorgängern weit überlegen. Er beschäftigte sich schon früh mit anatomischen Studien, und als er mit 18 Jahren seine Heimat verließ, um in Paris zu studieren, war ihm bereits alles, was man bis dahin auf diesem Gebiet wußte, ver-

traut. Nach drei Jahren kehrte er nach Flandern zurück und arbeitete dort eine Zeitlang als Militärarzt. Dann bezog er die Universität Padua, die damals die berühmteste medizinische Fakultät Europas besaß. Bald erkannte man seine Fähigkeiten und übertrug ihm den Lehrstuhl für Anatomie. Er arbeitete nach neuen Methoden; während man früher die Lehren Galens vorgetragen hatte, unterrichtete Vesalius am Objekt – an der Leiche, die er selbst vor den Augen der Studenten mit Geschick sezierte und nicht irgendeinem unbeholfenen Bader überließ. Im Alter von 23 Jahren begann er mit der Niederschrift seines großen Werkes *De humani corporis fabrica,* in dem er 200 Irrtümer Galens berichtigen konnte; nach fünf Jahren war es vollendet. Mit ihm legte er für alle Zeiten das Studium des Aufbaus der menschlichen Anatomie fest, das eine Grundlage für das Studium des menschlichen Organismus bildet. Das Werk fand geteilte Aufnahme; man beschuldigte ihn des Plagiats und warf ihm vor, er leugne das Dogma, daß Eva aus Adams Rippe entstanden sei, da er auf beiden Seiten des männlichen Körpers die gleiche Anzahl von Rippen gefunden hatte. Selbst sein ehemaliger Lehrer Sylvius verteidigte Galen und griff Vesalius heftig an. Dieser gab daraufhin seine Lehrtätigkeit auf und wurde Hofarzt Karls V. und Philipps II. Im Jahr 1563 starb er auf der Rückreise von einer Wallfahrt nach Jerusalem. Vesalius' Bedeutung beruht auf der Exaktheit seiner Darstellung und auf seiner Methode, durchweg das zu beschreiben, was er selbst sah, und nicht das, was Galen Jahrhunderte vor ihm gesehen hatte. Diese grundsätzliche Unvoreingenommenheit machte ihn zum wahren Wissenschaftler.
Vesalius hatte Nachfolger, doch war ihm keiner ebenbürtig. Sein Schüler Gabriele Fallopio (1523–1562) übernahm seine Stelle in Padua. Ihm gelangen einige Verbesserungen an der Lehre des Vesalius im Bereiche des Nerven- und des urogenitalen Systems. Gerolamo Fabrizio (1539–1619), besser bekannt als Hieronymus Fabricius, machte nicht nur bedeutende Entdeckungen über die Funktionen der Venen, die er in seinem

Buch über die Venenklappen (1603) niederlegte, sondern gilt auch als Begründer der Embryologie.

Die nächste bedeutende Gestalt in der Geschichte der Medizin und Biologie ist der Engländer William Harvey (1578–1657). Er hatte in Cambridge sein Studium der klassischen Sprachen abgeschlossen, als er 1597 nach Padua ging, um dort fünf Jahre lang bei Fabricius zu studieren. Anschließend kehrte er nach England zurück, wo er Vorlesungen hielt und Leibarzt Jakobs I. wurde. 1628 erschien in Frankfurt sein großes Werk *De motu cordis et sanguinis*, an dem er mindestens 16 Jahre gearbeitet hatte, da er alle seine Schlüsse mehrfach überprüfte. Dieses Buch ergänzte *De humani corporis fabrica* von Vesalius; während dieser deskriptiv vorging und den Aufbau des Körpers ins Auge faßte, interessierten Harvey die Körperfunktionen. Der eine war Anatom, der andere Physiologe. Harveys Forschungen richteten sich auf die Beziehung zwischen Herz und Blutkreislauf; er untersuchte den Fluß des Blutes in Venen und Arterien. Dabei entdeckte er, daß aus der linken Herzkammer in einer halben Stunde mehr als die Gesamtmenge des im menschlichen Körper vorhandenen Blutes herausgepumpt wird – das Blut mußte also ins Herz zurückkehren. Seine Erklärung der Blutzirkulation durch Zusammenziehen des Herzmuskels unterscheidet sich stark von der Kreislauftheorie, die Michel Servetus aufgestellt hatte. Dieser hatte die Zirkulation des Blutes durch die Lungen von der rechten nach der linken Seite des Herzens – den sogenannten kleinen Blutkreislauf – beschrieben. Zwar sollten mit fortschreitender Wissenschaft und Technik noch einige Punkte genauer geklärt werden, doch die Grundfrage nach der Funktion des Herzens und dem Kreislauf des Blutes war damit gelöst. Die moderne Medizin und Chirurgie wären ohne die bahnbrechenden Arbeiten von Vesalius und Harvey nicht denkbar.

Die Chemie blieb weit hinter den verwandten Wissenschaften der Physik, Astronomie und Physiologie zurück. Zum Teil lag das daran, daß man Flüssigkeiten und Gase noch nicht exakt

genug messen konnte, um erfolgreiche Experimente durchzuführen. Der Schweizer Philippus Aureolus Paracelsus Theophrastus Bombastus von Hohenheim (um 1493–1541), allgemein bekannt unter dem Namen Paracelsus, griff zwar erbarmungslos geläufige chemische Lehrsätze des Galen und Avicenna an, doch seine eigenen Behauptungen waren häufig nicht weniger bedenklich. Er war in seinen Theorien der mittelalterlichen Alchimie und Astrologie weithin ebenso verpflichtet wie diejenigen, die er kritisierte. Doch forderte er genaue Beobachtung der Naturvorgänge und entdeckte wohl den Äther, ohne sich allerdings seiner Verwendungsmöglichkeiten bewußt zu werden. Einer seiner Schüler, van Helmont (1577–1644), der verschiedenen, bisher unbenannten Substanzen den Namen »Gas« verlieh, reduzierte die vier bekannten Elemente – Erde, Luft, Feuer und Wasser – auf einen einzigen Grundstoff, das Wasser, war sich aber nicht darüber im klaren, wie diese Reduktion tatsächlich vor sich ging. Andere beschäftigten sich mit der Chemie als einem Nebenzweig der Medizin; man nannte sie dementsprechend Iatrochemiker oder medizinische Chemiker. Dennoch konnte erst das nächste Jahrhundert Fortschritte in der Behandlung von Gasen und Flüssigkeiten verzeichnen und erfolgreich mit ihnen experimentieren.
Die Mathematik zeigte in der Zeit der Renaissance und Reformation nicht die gleiche revolutionäre und dramatische Entwicklung wie die Astronomie und Physik. Dennoch tat auch sie in den knapp 200 Jahren zwischen der Erfindung der Buchdruckerkunst (um 1450) und der Veröffentlichung von Descartes' *La Géometrie* im Jahr 1637 einen entscheidenden Schritt vorwärts. Die Arithmetik erlebte die Einführung der Dezimalbrüche. In der Algebra, die bisher unter den Hindernissen eines unzureichenden Symbolsystems gelitten hatte, einigte man sich auf neue Symbole für bekannte sowie unbekannte Größen und für Rechenvorgänge. Die Zeichen x, $\div$, $+$, $=$, ( ), $\sqrt{}$ vereinfachten das Rechnen; man konnte nun auch mit negativen und imaginären Wurzeln arbeiten. Bisher

hatte man die verschiedenen Zweige der Mathematik für praktische Zwecke gebraucht, für Rechenvorgänge im Geschäftsleben, für die verschiedensten Bauberechnungen, für die Berechnung des Kalenders und natürlich für die Astronomie. Nachdem nun verbesserte Zeichen und Symbole ihre Möglichkeiten erweitert hatten, bot die Mathematik auch für die Philosophen einigen Anreiz. Diese erhöhte abstrakte Qualität hatte natürlich auch ihre Auswirkungen auf die Substanz der Wissenschaft. So begann die Trigonometrie – bisher die Domäne des Ingenieurs, des Astronomen und des Kartographen – ihre Anwendungsmöglichkeiten auszudehnen und ihren eigenen Reiz zu entfalten. 1614 veröffentlichte der Schotte John Napier eine Schrift über Logarithmen, die Multiplikation und Division zu Addition und Subtraktion vereinfachten. Bald brachten auch andere Wissenschaftler Logarithmentafeln auf den Markt. Alle Nationen hatten ihre hervorragenden Mathematiker: Michael Stifel, ein Deutscher, verbesserte die Zeichenschrift der Algebra; Niccolò Tartaglia löste kubische Gleichungen und andere mathematische Rätsel; Ludovico Ferrari, ebenfalls ein Italiener, löste Gleichungen vierten Grades; François Viète, ein französischer Anwalt, verfaßte das erste Werk über algebraische Buchstabenbezeichnung und lieferte Beiträge zur Lösung kubischer Gleichungen; René Descartes schließlich, ein hervorragender französischer Philosoph und Erzieher, schrieb bereits im Alter von 16 Jahren eine epochemachende Abhandlung über die Kegelschnitte. Was diese Männer und ihre zahlreichen Fachgenossen und Schüler erarbeiteten, bildete die Grundlage, von der aus sich technische und theoretische Probleme aller übrigen Wissenschaftszweige während des nächsten großen Jahrhunderts der Naturwissenschaften lösen ließen.

Obwohl es im 16. Jahrhundert keineswegs auf jedem Gebiet der Wissenschaft zu revolutionären Entdeckungen kam, bahnte sich doch während dieser Zeit eine entschiedene Abwendung von vorgegebenen Lehrmeinungen an; die Autoritätsgläubigkeit, wie man sie vom Mittelalter und den Männern der humanistischen Renaissance übernommen hatte, war im Schwinden begriffen. Das Mittelalter beugte sich der Autorität der Kirche, die Humanisten der Renaissance verließen sich auf die antiken Autoren als letzte Instanz. Das 16. Jahrhundert streifte diese Fesseln ab und bereitete so den Boden für die Entdecker und Erfinder, die nun, in ihren Beobachtungen, Experimenten und Einsichten durch keine Einschränkungen mehr behindert, ein neues Bild von Universum und Atom schufen.

Das Bildungswesen

Das Erziehungssystem im Europa des beginnenden 16. Jahrhunderts unterscheidet sich kaum von dem des frühen 15. Jahrhunderts. Die mittelalterliche Universität, die sich mit Aristoteles, dem Trivium und dem Quadrivium befaßte, war in den mehr als 300 Jahren seit der Gründung von Paris, Oxford und Bologna zur festen Form geworden und hatte in dieser Zeit kaum eine wesentliche Änderung erfahren. Man wird sich darin erinnern, daß die führenden Köpfe unter den Humanisten von Petrarca bis Erasmus sich in der Regel geweigert hatten, Lehrstühle anzunehmen, da sie sich damit einem System hätten unterwerfen müssen, das sie mißbilligten. So stießen denn auch die Humanisten, die die Universitätslaufbahn einschlugen, gewöhnlich auf Widerstände seitens ihrer konservativen Kollegen und gerieten gelegentlich in Konflikt mit der Inquisition. Dabei lagen den Humanisten Erziehungsfragen durchweg so sehr am Herzen, daß sie sich um eine Reform des gesamten Systems bemühten. Sie sahen ihre Sendung in der Verbreitung der neuen Bildung und verfaßten eine ganze Reihe von Büchern über die Erziehung von Knaben und Mädchen.

Aufgeklärtere Fürsten ließen sich häufig von bekannten humanistischen Gelehrten Handbücher für die Erziehung ihrer

Thronfolger und Kinder schreiben oder nahmen sogar einen solchen Gelehrten als Erzieher ihrer Kinder in Dienst. Pietro Paolo Vergerio schrieb im Jahr 1404 für Ubertino Carrara, den Sohn des Herren von Padua, die Abhandlung *De ingenuis moribus*, die den humanistischen Studienplan vorwegnahm und sich lange großer Beliebtheit erfreute. Wenige Jahre später übertrug Niccolò d'Este von Ferrara Guarino da Verona die Erziehung seines Sohnes Leonello. Aeneas Silvius Piccolomini, der spätere Papst Pius II., verfaßte die Schrift *De liberorum educatione*, die ebenfalls weite Verbreitung fand und starken Widerhall hatte. Gianfrancesco Gonzaga, der Herr von Mantua, beauftragte den hervorragenden humanistischen Pädagogen Vittorino da Feltre mit der Erziehung seiner drei Söhne. Eine Generation später übernahm Erasmus die Ausbildung des natürlichen Sohnes von Jakob V. von Schottland und schrieb einige Werke über die Erziehungstheorie. Seine Schrift *Institutio principis christiani* (1516), die für den jungen Karl I. von Spanien bestimmt war, gibt einen gedankenreichen Überblick über die Methoden, mit deren Hilfe man einem jungen Herrscher, solange er noch in einem bildungsfähigen Alter ist, den wünschenswerten Geist vermitteln kann. Im selben Jahr schrieb Guillaume Budé, der führende französische Humanist, ein Werk über Prinzenerziehung für den jungen Franz I. von Frankreich. Vier Jahre später erhielt Erasmus das Angebot, die Ausbildung von Karls jüngerem Bruder Ferdinand zu übernehmen. Zeigte man in Universitätskreisen den Humanisten auch die kalte Schulter, so erkannte man ihre Fähigkeiten an den Fürstenhöfen doch sehr wohl.

Für alle diese humanistischen Gelehrten stellten Cicero oder Quintilian das Ideal des kultivierten Mannes dar. Ziel der Ausbildung waren umfassende Sprachkenntnisse des Griechischen und Lateinischen sowie die Fähigkeit, diese Sprachen geschliffen und elegant anzuwenden. Kenntnisse in christlicher Ethik waren erwünscht, in den meisten Fällen unbedingt verlangt. Die humanistische Ausbildung, zu der auch eine angemessene körperliche Schulung gehörte, galt als unabdingbare Voraussetzung für das tiefere Verständnis aller höheren Ziele in Leben und Wissenschaft. Das war in keiner Hinsicht eine demokratische Erziehung; sie war vielmehr auf diejenigen zugeschnitten, die sich gute Privatlehrer leisten konnten, und diese waren selten und teuer. Das Bürgertum konnte sich einen solchen Luxus im allgemeinen nicht leisten. Jedoch die Stimmen, die eine zeitgemäße Erziehung forderten, mehrten sich. Die Universitäten, zum größten Teil noch dem überholten scholastischen Lehrplan verpflichtet, vermochten diese Forderungen nicht zu erfüllen. So war es in erster Linie der Mangel an einem organischen Bildungswesen, der um die Wende des 15. zum 16. Jahrhundert zu den neuen, freizügigen Theorien und Experimenten auf diesem Gebiet führte.

Einen bemerkenswerten und überaus wirksamen Beitrag zur Verbesserung und Belebung der Erziehung lieferten die Schulen der Brüder vom Gemeinsamen Leben. Während es zunächst nur darum ging, die Frömmigkeit unter der Laienschaft zu fördern, begann diese aufgeschlossene und von Traditionen unbelastete Gruppe bald ein Schulsystem zu entwickeln, das acht sorgfältig auf das Alter der Schüler abgestimmte Jahresklassen vorsah. Ihr Erfolg in den Niederlanden führte dazu, daß die Brüder aufgefordert wurden, auch im niederrheinischen Gebiet Schulen zu errichten, und daß einzelne ihrer Lehrer von weither Berufungen als Leiter städtischer Lateinschulen erhielten. Alexander Hegius, von 1465 bis 1498 Leiter der Schule der Brüder in Deventer, erweiterte den Lehrplan um die Fächer Griechisch und Latein, wobei dieses nach der humanistischen Methode gelehrt wurde. Erasmus, der bei Hegius in die Schule gegangen war, verdankte der Ausbildung, die er bei den Brüdern erfahren hatte, außerordentlich viel. Zu den Schülern von Deventer gehörten bis ins 16. Jahrhundert hinein nahezu alle bedeutenden norddeutschen Pädagogen, und auch die Reformation Luthers ist ohne die erzieherische Vorarbeit der Brüder vom Gemeinsamen Leben kaum denkbar.

Luthers Reformation war an sich schon ein weiterer Anstoß, das System der Schulen und Universitäten neu zu überprüfen. Die Opposition der Universitäten veranlaßte Luther schon frühzeitig, seine Lehre dem Volk nahezubringen; er wußte aber auch, daß der Reformation kein Erfolg beschieden sein würde, wenn das Volk nicht lesen und schreiben konnte. Seine Botschaft war ganz wesentlich ein Hinweis auf das geschriebene Wort, und der Erfolg seiner Bemühungen und Erklärungen hing davon ab, ob die Massen lesen und verstehen konnten, was er und seine Anhänger ihren Gegnern erwiderten, die sich zur Verbreitung ihrer Lehren gleichfalls der Druckerpresse bedienten. 1524 gab Luther einen offenen Brief an die Bürgermeister und Ratsherren aller deutschen Städte heraus, in dem er das Thema öffentliche Schulen behandelte. Zeit seines Lebens trat er für Volksbildung ein. Es war sein Wunsch, daß die neue Kirche in dieser Beziehung dieselben Aufgaben erfülle wie die alte, jedoch auf bessere Art und in breiterem Rahmen, für Knaben wie auch für Mädchen. Durch öffentliche Gelder finanziert, sollten diese Schulen Sprachen, Geschichte, Musik und andere Wissenszweige lehren. Er verwarf das aristokratische, selektive Verfahren der Humanisten; in diesem Punkte dachte er durchaus anders als Erasmus. Luther hielt nicht viel von einer künstlich gezüchteten Elite.

Sein Freund und Stellvertreter Philipp Melanchthon war in höherem Maß als Luther Theoretiker. Während Luther allgemeine Prinzipien und weitgespannte Ziele verkündete, konnte Melanchthon ein ausgefeiltes Erziehungssystem aufstellen, das einer bestimmten Situation entsprach, und geeignete Lehrbücher verfassen, die die bestmöglichen Resultate sichern sollten. Er reorganisierte zahlreiche städtische Schulen, regte die Gründung weiterer an und erwarb sich für seine vierzigjährige intensive Erziehungsarbeit den Titel *Praeceptor Germaniae.* Wie von einem geschulten Humanisten nicht anders zu erwarten, stellte für ihn lateinische Grammatik das Hauptfach dar. Seine Betonung des Lateinischen, das sogar vor dem

Deutschen Vorrang hatte, widersprach bis zu einem gewissen Grade Luthers Hauptwunsch, daß die breite Masse die Muttersprache lesen und frei gebrauchen lerne. In der Tat begann denn auch Melanchthons Lateinlehrplan schon bald nach seinem Tode zu erstarren, während Luthers Betonung der Muttersprache und des Nationalbewußtseins zu einem Ausbildungsgang geführt hat, der bis zum heutigen Tage beweglich geblieben ist und sich den jeweiligen Zeitgegebenheiten sowie der sozialen Entwicklung anpassen kann.

Nach Melanchthon hat dessen jüngerer Freund Johannes Sturm (1507–1589) im deutschsprachigen Raum den stärksten Einfluß auf Schule und Erziehung ausgeübt. Er reorganisierte das Gymnasium von Straßburg und leitete es 40 Jahre lang. Sturm hatte die Schule der Brüder vom Gemeinsamen Leben in Lüttich besucht und später in Paris und Löwen studiert. Für ihn als christlichen Humanisten hatte die Lehrtätigkeit drei Zielpunkte: »Frömmigkeit, Wissen und die Kunst, sich auszudrücken.« Merkmal seines Schulsystems war die Einrichtung von 10 Jahresklassen, in die die Schüler vom 6. bis zum 17. Lebensjahr eingestuft wurden. Später schloß er daran eine weitere fünfjährige Ausbildung auf einer Oberstufe an, aus der sich schließlich die Straßburger Universität entwickeln sollte. Sturms System wurde von den benachbarten Städten nachgeahmt und übte noch lange Zeit starken Einfluß auf das Bildungswesen in Süd- und Westdeutschland aus.

Nicht weit von Straßburg beschäftigte man sich noch intensiver mit Erziehungsproblemen. Der Reformator Jean Calvin, der von der Wissenschaft herkam, war sich vollkommen darüber im klaren, daß der Erfolg seiner Reformation ganz wesentlich von der Lehrtätigkeit abhing. Selbst war er ein geborener Didaktiker und Systematiker, und so kann sein theologisches Hauptwerk *Christianae religionis institutio* als höchst brauchbares Lehrbuch für christliche Ethik gelten. Nach einem Besuch an Sturms Schule in Straßburg gründete er 1559 mit Unterstützung der Stadtväter von Genf die Akademie, die später

zur Universität von Genf wurde. Die Anhänger Calvins beschäftigten sich von Anfang an intensiv mit Erziehungsfragen; sie sahen ihre Aufgabe im Aufbau eines einheitlichen zweisprachigen Schulsystems (Latein und Französisch), das demokratisch und liberal sein sollte. Wo immer sich der Calvinismus ausbreitete, entstanden gleichzeitig Schulen, und die Zahl derer, die lesen und schreiben konnten, war unter seinen Anhängern besonders hoch. In den Niederlanden und in England, bei den Hugenotten in Frankreich und besonders auch in Schottland übernahm man das Genfer Bildungsideal. Ein Jahr, nachdem Schottland sich von Rom gelöst hatte, erschien John Knox' *The Book of Discipline*. Knox, der zehn Jahre in Genf verbracht hatte, skizzierte hier ein nationales Erziehungssystem, das von Kirche und Staat getragen wurde.
England war, ganz abgesehen von den beiden großen Universitäten in Oxford und Cambridge, mit Volks- und höheren Schulen verhältnismäßig gut versorgt, bevor die Tudors an die Macht kamen. Bereits vor den Rosenkriegen gab es eine beträchtliche Anzahl von Lateinschulen, die durch Stiftungen erhalten wurden. Den Tudors lag das Erziehungswesen besonders am Herzen; so gibt es seit Heinrich VII. bis zur Zeit Elisabeths zahlreiche Berichte über die Gründung neuer Schulen und über die zum Teil recht großzügige Versorgung von Lehrern und Stipendiaten im Königreich. Aber nicht nur die Mitglieder des Königshauses nahmen sich des Bildungswesens an, auch unter Prälaten und Adligen gehörte diese Förderung zum guten Ton. In den meisten Schulen verfolgte der Lehrplan humanistische Ziele; man unterrichtete anhand von Livius, Terenz, Ovid, Cato, Cicero, Sallust und Horaz und zog außerdem einige Standardwerke des Mittelalters und ausgewählte Schriften italienischer Humanisten heran. Heinrich VIII., einer der gebildetsten englischen Könige, ließ sich Schulen in seinem Königreich besonders angelegen sein. Kardinal Wolseys Bemühungen um eine Förderung des Erziehungswesens fanden seine volle Zustimmung. Wenn auch der Auflösung der Klöster

in den Jahren 1536 und 1539 einige Schulen zum Opfer gefallen waren, so entstanden doch andererseits zahlreiche neue Lateinschulen; das Kirchenvermögen, das bei der Auflösung an die Krone fiel, ermöglichte eine großzügigere Subventionierung des Schulwesens.

Der Schulleiter, der sowohl in der griechischen als auch in der lateinischen Sprache beschlagen sein mußte, und seine Assistenten, die gewöhnlich nur Latein konnten, waren oft Laien. Merkmal der älteren Schulen war ihre Bindung an Kirche oder Dom; ihre Leiter, die gleichzeitig Domherren oder Priester waren, unterstanden der Gerichtsbarkeit des Domkapitels. Die Neugründungen Wolseys und Heinrichs VIII. riefen einen neuen Schultypus ins Leben, und nach 1520 entstand eine Reihe von neuen, freien Schulen ohne spezifische Bindung an die Kirche. Manche wurden von Privatleuten gegründet, andere von Gilden oder von städtischen Körperschaften. Infolgedessen kam schätzungsweise auf je 5500 Einwohner eine Lateinschule – ein Prozentsatz, der bis zum Ende des 19. Jahrhunderts noch nicht wieder erreicht war.

Die Universitäten Oxford und Cambridge hatten beide unter den Wirren der Rosenkriege gelitten, doch gegen Ende des Jahrhunderts standen sie wieder in voller Blüte, und die geistige Atmosphäre war, wie Erasmus nach seinem Besuch Englands im Jahre 1499 berichtete, lebendig und anregend. In Oxford lehrte man bereits seit einigen Jahren Griechisch, und in Cambridge förderte John Fisher, Bischof von Rochester und Kanzler der Universität, die neuen Studien. Cambridge hatte größere Fortschritte zu verzeichnen als Oxford, das noch unter den Folgen seiner Begünstigung der ketzerischen Lollarden litt. Heinrich VIII. und seine Großmutter, Lady Margaret Beaufort, waren sowohl Oxford als auch Cambridge wohlgesinnt, und Kardinal Wolsey, der stets bestrebt war, die Gelehrsamkeit zu fördern, erwies sich beiden Universitäten gegenüber als freigebiger Gönner. Es war die Zeit, da in Oxford und Cambridge die bekanntesten Colleges gegründet wurden. Der

Chantries Act vom Jahr 1548, demzufolge die Gelder aus den abgeschafften Seelenmessen der Krone zur Verwendung für Schulzwecke zufließen sollten, hatte im Grunde nicht den erwünschten Erfolg. Über die Gelder war bereits anderweitig verfügt, so daß zahlreiche Elementarschulen schließen mußten. Zwar versuchte Königin Elisabeth später, diese Schulen wieder in Gang zu bringen, mußte jedoch zu diesem Zweck auf die Unterstützung reicher Laien zurückgreifen, die zur Gründung und zum Unterhalt der in der Nähe ihrer Familiensitze gelegenen Schulen herangezogen wurden.

Der politische Druck, der die Reformation so häufig begleitete, wie auch das Bedürfnis der Tudors, ihre Politik gegenüber der römischen Kirche von der Gelehrtenschaft gebilligt zu sehen, konnte leicht dazu führen, daß die Universitäten allzusehr ins Fahrwasser der Krone gerieten. Zwar brachte das den Universitäten manche Vorteile, wie zum Beispiel königliche Unterstützung und reiche Dotationen, doch schränkte es andererseits ihre Unabhängigkeit bedenklich ein. Wenn das unter Eduard VI. auch noch nicht spürbar wurde, so brachten doch unter Maria der Verlust an Unabhängigkeit und die Visitationen, die eine vollkommene Rückkehr zur katholischen Lehre und Praxis gewährleisten sollten, Demütigungen mit sich, denen viele Gelehrte dadurch auswichen, daß sie ins Exil gingen. Königin Elisabeth verlangte von den Collegemitgliedern Billigung und Anerkennung der Suprematsakte, und wiederum mußten viele fliehen, weil sie den Gehorsam verweigerten. Zu Beginn der Regierungszeit Elisabeths ließ das geistige Niveau an den Universitäten sehr zu wünschen übrig. Doch es konnte nicht ausbleiben, daß die Konsolidierung und der Wirklichkeitssinn, die die elisabethanische Ära kennzeichneten, auch den Schwerpunkten des geistigen Lebens zugute kamen. Die Zahl der Studenten nahm ständig zu, fähige Gelehrte wurden auf wohldotierte Lehrstühle berufen und neue Satzungen für die Universitätsverwaltung beschlossen, die zwar gelegentlich im Lehrkörper auf Widerstand stießen, jedoch die Billigung der Königin fanden. Der Bestand der Bibliotheken vermehrte sich, und die neuen Colleges fügten sich bald ins Universitätsleben ein. Natürlich gab es auch Schattenseiten; so kam es zu schweren Zusammenstößen zwischen Puritanern und den romfreundlichen Anhängern der Königin Maria, und infolge der strengen Durchführung des *Act of Conformity* von 1580 waren viele hervorragende Gelehrte und Schullehrer zum Nachteil des Bildungswesens gezwungen, ihre Tätigkeit aufzugeben.

Während der ersten Regierungsjahre Elisabeths gehörte Roger Ascham (1516–1568) zu den hervorragendsten Gelehrten. Wegen seiner glänzenden Latein- und Griechischkenntnisse zum offiziellen Universitätsredner von Cambridge bestellt, schlug er die diplomatische Laufbahn ein und wirkte zuerst als Sekretär des englischen Botschafters am Hofe Kaiser Karls V. Später wurde er lateinischer Sekretär von Eduard VI., Maria und Elisabeth I. Bei Adligen und Kirchenmännern stand er in hohem Ansehen. Der Earl of Leicester, ein Günstling Elisabeths und Gönner der Wissenschaften, verließ sich ebenso auf seinen Rat und Beistand wie Elisabeths Minister Lord Burghley.

Wie Ascham durch seine Korrespondenz und sein persönliches Eintreten die humanistische Gelehrsamkeit förderte, so schuf er mit seinem Buch *The schoolmaster*, das 1570 zwei Jahre nach seinem Tod erschien, ein Manifest des humanistischen Erziehungswesens in England. Neben allgemeinen Vorschlägen für die Heranbildung einer gut geschulten Jugend entwickelte er in einem lebendig und flüssig geschriebenen Englisch die »Doppelübersetzungsmethode«, die das Erlernen der lateinischen und griechischen Sprache erleichtern sollte. Nachdem der Lehrer die allgemeine Situation, ungebräuchliche Worte und schwierige Gedankengänge erläutert hat, soll der Schüler den lateinischen Text in ein ausgefeiltes Englisch übersetzen; sobald er die Aufgabe zufriedenstellend gelöst hat, wird das Englische wieder ins Lateinische zurückübersetzt. So lernt der

Schüler seine Muttersprache beherrschen und erweitert gleichzeitig seine Lateinkenntnisse. Zeit seines Lebens war Ascham stolz darauf, wie gut Elisabeth unter seiner Anleitung Latein und Griechisch gelernt hatte. Dr. Samuel Johnson sagte 200 Jahre später vom *Schoolmaster*, er enthalte die besten Ratschläge, die je für das Sprachenstudium gegeben worden seien. Zu den hervorragendsten Schulmännern der elisabethanischen Zeit gehört Richard Mulcaster (1530–1611). 25 Jahre lang war er Leiter der *Merchant Taylor's School* in London, danach stand er 12 Jahre lang der *St. Paul's School* vor, die einst John Colet geleitet hatte. 1581 legte er in seinen *Positions* und ein Jahr später in *First part of the elementaries* dar, wie er sich den Elementarunterricht vorstellte. Seine Hauptforderung bestand darin, jedermann in England, ob reich oder arm, müsse bis zum Alter von 12 Jahren gründlich in Lesen, Schreiben, Musik und Zeichnen ausgebildet werden. Der Lateinunterricht sollte erst vom 12. Lebensjahr an auf der Lateinschule beginnen, und zwar nur für diejenigen, die sich – ganz gleich, aus welchen Verhältnissen sie kamen – als begabt erwiesen hatten. Außerdem verlangte Mulcaster eine eigene Lehrerbildung, da er festgestellt hatte, daß viele Lehrer nicht imstande waren, ihre Kenntnisse an die Schüler weiterzugeben. Englands Interesse an Erziehungsfragen überdauerte die elisabethanische Ära, und so bildete sich Schritt für Schritt eine englische Schultradition heraus. Francis Bacon (1561–1626) trug in seinen Briefen und in seinem *Advancement of Learning* Wesentliches zu diesem Thema bei; ihm war klar, daß England von den Jesuiten und den französischen Erziehungsmethoden manches lernen konnte.

Wie in den Jahrhunderten zuvor gab auch im 16. Jahrhundert die Universität Paris in Bildungsfragen den Ton an. Als Erasmus in Paris studierte, war der Lehrplan noch ganz mittelalterlich, doch der Humanismus und die französische Reformation meldeten sich bereits zu Wort. Schon seit der Mitte des 15. Jahrhunderts betrieb man in Paris humanistische Stu-

dien, auch wenn sie noch wenig von sich reden machten und nur spärlich Anhänger fanden. Die reformatorische Bewegung in Frankreich, deren Exponenten die Gruppe in Meaux und Margarete von Navarra waren, beschleunigte die Abkehr von der Scholastik, die an der Sorbonne immer noch maßgebend war. Diese Bestrebungen vereinigten sich im Jahr 1530 im Collège de France, das Franz I. als eine von der Universität Paris unabhängige Akademie begründete. Die Sorbonne lehnte diese Gründung ab, weil die sechs Professoren am Collège – drei für Hebräisch, zwei für Griechisch und einer für Mathematik – nicht in der Lage seien, theologische Dispute zu führen. Vier Jahre später kam ein Lehrstuhl für Latein hinzu. Am Collège herrschte die Überzeugung, daß gründliche Kenntnisse der alten Sprachen und der antiken Literatur die beste Voraussetzung für einen hohen Bildungsstand im Lande seien. Damit besaß der klassische Humanismus eine offizielle Basis, und da er vom König gefördert wurde, konnte er ein Gegengewicht zu der starren mittelalterlichen Haltung der Universität bilden. Dieser Antagonismus sollte länger als 100 Jahre anhalten, bis sich die Regierung mit Richelieus Gründung der *Académie Française* im Jahr 1634 endgültig für die säkularisierte Wissenschaft und die Pflege der Landessprache entschied.
Drei Männer waren es, die während dieses Jahrhunderts die Erziehung der Jugend vor allen anderen beeinflußten: François Rabelais (1490–1553), Petrus Ramus (Pierre de la Ramée, 1515–1572) und Michel de Montaigne (1533–1592). Rabelais äußert sich in mehreren Kapiteln seines *Gargantua und Pantagruel* auch über pädagogische Fragen. Bei der Schilderung von Gargantuas Erziehung entwirft er einen Lehrplan, der so anspruchsvoll und stoffreich ist, daß dem Schüler kaum Zeit zum Schlafen bleibt. Jede Mahlzeit wird von belehrenden Vorlesungen begleitet, keine Tätigkeit bleibt ohne bildende Nutzanwendung, und selbst Sport und Spiel sollen erzieherisch wirken. Das war der »perfekte« Humanismus; der Verdacht liegt nahe, daß Rabelais seine Anleitungen nicht ganz ohne

Ironie gab. Da das Werk weite Verbreitung fand, dürften seine pädagogischen Anregungen für den Lehrplan der Schulen in Frankreich nicht ohne Wirkung geblieben sein.
Ramus war ein Revolutionär auf dem Gebiet des Erziehungswesens. Er absolvierte die Universität von Paris, deren Geist und Lehre er entschieden ablehnte. Kritik war bei den Professoren unerwünscht, und seine Magisterthese, die auf der Behauptung aufbaute, daß »alles, was Aristoteles sagte, falsch ist«, entsetzte seine Examinatoren. Ramus wandte sich gegen die kritiklose Autoritätsgläubigkeit und klagte über die Hindernisse, die der freien Forschung in den Weg gelegt würden. Seine ersten beiden Bücher, die *Dialecticae partitiones* und die *Animadversiones in dialecticam Aristotelis*, beide 1543 erschienen, wurden durch ein königliches Dekret verboten. Unter Heinrich II., Nachfolger von Franz I., stand Ramus wieder in Gunst und erhielt einen Lehrstuhl für Rhetorik und Philosophie am Collège de France. Von hier aus predigte er seine Reformen des Trivium und Quadrivium; er schrieb lateinische und griechische Grammatiken, die die Beherrschung dieser Sprachen erleichtern sollten. Ebenso wandte er sich der Mathematik und Physik zu, übersetzte Werke des Archimedes und Proklos aus dem Griechischen und schrieb Mathematiklehrbücher in lateinischer und französischer Sprache. Bald wurde man auf sein diplomatisches Geschick und seine Beredsamkeit aufmerksam, und so beauftragte ihn die Universität 1561, als die Religionskriege ausbrachen, damit, dem König ihre Klagen vorzutragen. Kurz danach trat er zum protestantischen Glauben über, und im Jahr 1562 legte er dem König und der Königin einen Vorschlag für die Reformierung der Universität von Paris vor. Dieser Vorschlag lief darauf hinaus, daß anstelle der zahllosen *magistri artium*, die zwar das Recht, nicht aber die Fähigkeit hatten zu lehren, nur noch eine beschränkte Anzahl vom König ernannter Professoren zugelassen werden sollten. Das rief natürlich den entschiedenen Widerspruch seiner Gegner hervor, zu denen nun auch die Jesuiten zählten.

Da Ramus in erster Linie Ruhe suchte, um arbeiten zu können, ließ er sich 1568 vom König beurlauben. Er ging in die Schweiz und nach Deutschland, wo er überall aufmerksame Zuhörer für seine Bildungsreformpläne fand, gelegentlich aber auch auf erbitterten Widerstand stieß. Im Jahr 1570 kehrte er nach Paris zurück, wo er nach zwei Jahren weiterer Lehrtätigkeit im August 1572 dem Hugenottenmassaker der Bartholomäusnacht zum Opfer fiel. Ramus' Verdienst liegt nicht in irgendwelchen Neuerungen – obwohl seine Betonung der Mathematik durchaus neu und vorausschauend war –, sondern darin, daß er Einfachheit, Natürlichkeit und ein vernünftiges System forderte. Er kämpfte gegen die erstarrten Vorurteile der Scholastik und war bestrebt, das Lernen interessant und nutzbringend zu gestalten.

Auch Michel de Montaigne gebührt ein wichtiger Platz in der Geschichte des Erziehungswesens. Als welterfahrenem Praktiker lag ihm daran, die Jugend seines Standes, d. h. des Bürgertums, auf die Aufgaben vorbereitet zu sehen, die sie einst erwarten würden. Diesen Zweck schien ihm weder der herkömmliche humanistische noch der scholastische Lehrplan zu erfüllen, nach dem an den kirchlichen Schulen immer noch unterrichtet wurde. In seinem Essay *De l'institution des enfants* vertritt er den Standpunkt, die Kinder müßten unter Betonung der Praxis aus dem »Buch der Welt« unterrichtet werden. Für Montaigne galten vor allem Praxis, Vernunft und Einsicht. Bei der Erziehung des jungen Menschen zum guten Bürger in einer vernünftigen Gesellschaft verlangte er in erster Linie die Schulung seiner Urteilsfähigkeit, seines Unabhängigkeitsgefühls, seiner Individualität und seines Gerechtigkeitssinnes.

Juan Luis Vivés (1492–1540) stammte aus Spanien, ging jedoch schon mit 17 Jahren nach Paris und verbrachte auch den Rest seines Lebens im Ausland. Eine Zeitlang protegierte ihn Königin Katharina von Aragon in England, meist jedoch hielt er sich in den Niederlanden, in Brügge und Löwen, auf. Mit Erasmus befreundet, griff er in vielen Punkten dessen humanistische Ideale auf und führte sie fort. Wie Erasmus genoß auch er bald internationales Ansehen. Er unterzog die gebräuchlichen Erziehungsmethoden und -theorien, die ihm korrupt erschienen, einer strengen Kritik: der Griechisch- und Lateinunterricht sei schlecht, die Logik werde mißbraucht, die Naturwissenschaften ignoriere man überhaupt, und das Recht werde nach überholten Methoden und unter falschen sowie verderbten Gesichtspunkten gelehrt. Sein besonderes Interesse galt der Psychologie des Lernens, und was er an neuartigen Erkenntnissen auf diesem Gebiet gewann, verwertete er bei seinem Studium der Erziehungsprobleme. Er trat dafür ein, daß auch die Mädchen unterrichtet würden, und stellte einen Lehrplan für sie auf, der sich kaum von dem für Knaben unterschied. Seine Anforderungen an den Lehrer waren so hoch, daß sie nur schwer erfüllbar schienen. Das Ergebnis solcher Schulen wäre eine Bildungselite gewesen; noch dachte man nicht ernsthaft an ein demokratisches oder allgemeines Erziehungswesen.

Neben Vivés, dem humanistischen Pädagogen, war Ignatius von Loyola der zweite große Erzieher, den Spanien hervorbrachte. Sein Orden gründete mehr Schulen und Kollegien und übte einen stärkeren Einfluß auf die Jugend aus als sonst eine Gruppe dieser Zeit. Als Papst Paul III. 1540 den Orden anerkannte, sprach er in seiner Bulle davon, daß man dort »Knaben und ungebildeten Menschen *(personas rudes)* diejenigen Wahrheiten« beibrächte, »die zur Bildung des Christen notwendig sind«. Angeregt vom Erfolg der protestantischen Erziehungsarbeit, gewannen Ignatius und seine Mitarbeiter die Überzeugung, daß der höheren Ausbildung mehr Wert beizumessen sei als dem Elementarunterricht. Diese Auffassung bestimmte auch in Zukunft das Erziehungsprogramm der Jesuiten. Noch bevor Loyola 1556 starb, waren bereits über 100 Kollegien und höhere Bildungsanstalten entstanden, und um die Jahrhundertwende war ihre Zahl auf fast 200 angewachsen. 40 Jahre später gab es 372 Jesuitenkollegien und Universitäten.

Das System der Jesuiten wurde allmählich zum offiziellen Erziehungsprogramm der katholischen Kirche. Das Tridentiner Konzil, das – vornehmlich auf Betreiben des Jesuiten Diego Laynez – die Einführung der Diözesanseminarien verfügte, erzielte mit dieser Maßnahme zur Hebung des Bildungsstandes innerhalb der Geistlichkeit wohl den entscheidenden Erfolg bei der Neubelebung der Kirche.

Die Bildungspolitik und die Erziehungsmethoden der Jesuiten gewannen erst allmählich Gestalt. Die Ordensregeln vom Jahr 1540 enthalten bereits detaillierte Vorschriften in bezug auf die Erziehungsarbeit; hier klingen Prinzipien an, die noch viele Jahre später die Jesuitenschulen bestimmen sollten. Laynez, Loyolas Nachfolger als Ordensgeneral, war ein äußerst fähiger Erziehungspolitiker; daß er an dem bewährten Rezept – der Fortschrittlichkeit und dem Experiment – festhielt, kam dem System der Jesuitenkollegien sehr zugute. Letztes Ergebnis dieses Programms ist das unter dem Titel *Ratio studiorum* bekannte Schriftstück. Im Jahr 1584 ernannte der fünfte Ordensgeneral Aquaviva einen internationalen Ausschuß von sechs Jesuitenpatres, der innerhalb von zwei Jahren eine Reihe von Vorschlägen erarbeitete, die von den im Lehrfach tätigen Ordensmitgliedern diskutiert werden sollten. Fünf Jahre später erschien eine zweite, revidierte Ausgabe und 1599 die endgültige Fassung als Ergebnis der Diskussion und der Erfahrungen des gesamten Ordens. In dieser Form blieb die *Ratio* die offizielle Grundlage der Bildungspolitik des Ordens, bis dieser im Jahr 1773 aufgehoben wurde.

Die *Ratio* stellte ein im Grunde konservatives Programm der höheren Bildung dar. Man legte mehr Wert auf völlige Beherrschung eines Gegenstands als auf Breite des Wissens. Es sollten nur wenige, eng miteinander zusammenhängende Fächer gelehrt werden, und vom Schüler wurde die gleiche Gründlichkeit verlangt, die ihm seine Lehrer beispielhaft vor Augen führten. Oberstes Ziel war Schulung des Geistes, nicht so sehr die Aneignung aller möglichen Tatsachen. Gründliches

Verstehen und Beweglichkeit in Auffassung und Interesse waren wichtiger als praktische Fähigkeiten. Der Unterricht wurde in ciceronianischem Latein durchgeführt – auch Griechisch wurde in lateinischer Sprache gelehrt. Eine neue Unterrichtsmethode der Jesuiten bildete die *praelectio,* eine Abwandlung der Vorlesungstechnik mittelalterlicher Professoren. Dabei wurde der lateinische Text, der zu behandeln war, der Klasse vorgelesen, schwierige oder dunkle Stellen wurden kurz erläutert, dann schritt man zur Interpretation des Textes, ebenfalls in lateinischer Sprache, und erst dann wurde das Ganze in die Muttersprache übersetzt. Zum Schluß kam die *eruditio,* eine Art historischen, geopolitischen oder ethischen Kommentars zu den wichtigsten Stellen des Textes.

Für das gesamte Unterrichtswesen der Jesuiten war kennzeichnend, daß weder Lehrer noch Schüler die Möglichkeit hatten, sich an neuen Gegenständen oder neuen Unterrichtsmethoden zu versuchen. Hierin lag ein guter Teil seiner Durchschlagskraft. Die einheitliche Ausbildung schuf eine Truppe, die sich dank ihrer Schulung in den vorgezeichneten Bahnen als außerordentlich lenkbar erwies. Auf der anderen Seite hatte diese Einheitlichkeit ihre Nachteile; es mangelte an Flexibilität und Initiative. Das Erstarken des wissenschaftlichen Geistes im 17. Jahrhundert stellte Forderungen an das Erziehungswesen in Europa, denen die Jesuiten nicht nachkommen konnten oder wollten. Mochte ihr Unterricht noch so gut sein, die Tatsache, daß sie sich der Zeit anzupassen versäumten, war einer der Gründe, die zur Aufhebung des Ordens im Jahr 1773 führten. Gleichzeitig ist allerdings zu sagen, daß auch das protestantische Erziehungswesen sowohl an den Grundschulen als auch an den höheren Schulen mit der kraftvollen Entwicklung der europäischen Kultur nicht Schritt halten konnte.

In keiner der zahlreichen Formen, in denen Kunst sich manifestiert, kommt es je zu einem Stillstand. Wir haben bereits gesehen, wie sich die Neubelebung gelehrten Wissens in der Plastik, der Architektur und der Malerei des 15. Jahrhunderts widerspiegelte und in den Werken vielseitig begabter Künstler – vor allem Leonardo da Vincis und Michelangelos – seine eindrucksvollste Ausprägung erfuhr. Nach Florenz nahm um die Wende des 15. zum 16. Jahrhundert Rom allmählich den führenden Platz im Kunstschaffen ein. Die Päpste der späten Renaissance waren nahezu alle begeisterte und urteilsfähige Mäzene und zogen zahlreiche hervorragende Künstler in die heilige Stadt, die schon unter Sixtus IV. (1471–1484) auf dem Gebiet der Kunst eine Zeitlang tonangebend gewesen war. 1505 ließen sich unter Julius II. (1503–1513) Michelangelo und Bramante in Rom nieder, 1508 verlegte Raffael seine Werkstatt nach Rom, und im selben Jahr folgten die Maler Signorelli, Pinturicchio und Sodoma dem Ruf des Papstes. Bald waren sie alle für den Papst tätig und zogen andere, weniger bedeutende Künstler nach.

Innerhalb weniger Jahrzehnte, die man allgemein als die Hochrenaissance bezeichnet, gewann Rom ein neues Gesicht, das es weitgehend den Bestrebungen der päpstlichen Kurie zu verdanken hatte. Kardinäle bauten Paläste und ließen sie reich ausschmücken; Päpste sorgten dafür, daß die Zeugnisse von Roms Vergangenheit wieder in Stand gesetzt wurden. Bankiers und reiche Kaufleute wetteiferten mit dem hohen Klerus in der Pracht ihrer Häuser und der Förderung der Künste; sie gaben Fresken, Porträts, Statuen, öffentliche Brunnen und Grabmäler in Auftrag. Der Glanz des antiken Roms erwachte in der Stadt der Päpste zu neuem Leben. Pracht, Schönheit und naturgetreue Wiedergabe waren die Stilprinzipien der Zeit. Sie stammten noch aus dem Quattrocento, doch die Exaktheit, der christlich-gläubige Ernst und

die nachwirkende strenge Ethik, die die Künstler um die Mitte des 15. Jahrhunderts noch gebändigt hatten, galten nicht mehr in gleichem Maße. Man gelangte jetzt zu einem gelösteren Naturalismus, der von klassischen Modellen und Idealvorstellungen her inspiriert war; diesen Schritt gilt es zu bedenken, wenn im folgenden die weitere Entwicklung, die man seit neuerem als Manierismus bezeichnet, behandelt wird. Wir werden sehen, daß selbst die zahlreichen religiösen Themen freier, gefühlvoller und oft auch eigenwilliger dargestellt werden.
Für die Künstler der Hochrenaissance hatte körperliche Schönheit einen besonderen Reiz. An die Stelle der mittelalterlichen Ablehnung alles Sinnlichen und der klassischen Kühle trat jetzt die Auffassung, daß sich körperliche Schönheit und hoher geistiger Rang in ein und derselben Person verbinden könnten. So kam es, daß sowohl in der Plastik als auch in der Malerei die Propheten, die Evangelisten, Apostel und Heiligen plötzlich als schöne, majestätische Gestalten erscheinen, die entsprechend reich gekleidet sind. Die Verwandtschaft dieser Auffassung in der bildenden Kunst mit der Idealvorstellung des weltgewandten, sicheren, gelassenen und in der äußeren Erscheinung eindrucksvollen Hofmanns Castigliones liegt auf der Hand. Dessen *Cortegiano* entstand bekanntlich zwischen 1508 und 1516, gerade in der Zeit, die als Hochrenaissance bezeichnet wird. Wie in der Malerei und Plastik fand dieser Geist auch in der Architektur seinen Ausdruck. Im Jahr 1499 kam Donato Bramante (1444–1514), der lange Jahre mit großem Erfolg als Maler und Architekt in Florenz und Mailand tätig gewesen war, nach Rom und erhielt dort bald mehr Aufträge, als er ausführen konnte. Der Tempietto, mit dessen Bau er 1502 begann, ist ein Beispiel dieses neuen künstlerischen Stilprinzips; der kleine Rundtempel mit dorischen Säulen, Säulengebälk, Tambour und einer Kuppel, wurde an der Stelle errichtet, wo angeblich Petrus gekreuzigt worden war, und versinnbildlicht mit seiner makellosen, streng antiken, auf jedes dekorative Beiwerk verzichtenden Einfachheit die gänz-

liche Verweltlichung des Papsttums. 1506 beauftragte Papst Julius II. Bramante mit dem Entwurf und Neubau der Peterskirche. Der Papst bestimmte den Grundriß in Form eines griechischen Kreuzes mit vier Apsiden, der eine kühne Abkehr von der üblichen langgestreckten lateinischen Kreuzform bedeutete, doch die Durchführung im Detail und die großartige Gestaltung des Raums und der Proportionen waren Bramantes Werk. Die Änderungen späterer Architekten, zu denen Michelangelo gehörte, ließen Bramantes Konzeption im wesentlichen bestehen.

Die Hochrenaissance, die die klassische Antike als vorbildlich anerkannt und sich zu eigen gemacht hatte, fand mit dem dritten Jahrzehnt des Jahrhunderts ihr Ende. Das auslösende Moment für ihren Niedergang war wohl der *sacco di Roma* im Jahr 1527. Wenn selbst die Stadt der Caesaren und die »Hauptstadt der Welt« vor der Wut und Barbarei der kaiserlichen Soldateska nicht sicher war, wo konnte es dann noch Sicherheit geben? Dieser Schlag gegen die Kirche, der zu der Katastrophe der Reformation und dem Abfall Deutschlands von der Kurie noch hinzukam, mußte sich auch auf die Kunst auswirken. Die Harmonie, die Ruhe und die Ausgewogenheit des Klassizismus waren unwiederbringlich dahin. Wer sich auf diesen Geist noch berief, konnte keine eindeutige Antwort mehr erwarten. Die Künstler, die von Natur aus auf Unruhe und Unsicherheit außerordentlich empfindlich reagieren, suchten von neuem, festen Boden unter den Füßen zu gewinnen. Man begann zu experimentieren, sich mehr an Vorbilder anzulehnen oder sie nachzuahmen und ließ Individualität und Persönlichkeit stärker zu Worte kommen. Das äußerte sich in üppigen Dekorationen, in bewegteren Formen, in einer freizügigeren Vermischung oder Variation klassischer Ordnungen, im ungebundenen Spiel mit Traditionen; man suchte seine Befriedigung in der Originalität und bemühte sich fieberhaft um neue Stilmittel, die die Kunst vor Chaos und Untergang bewahren konnten. Das war Manierismus. Im Grunde war er gesund; es genügt nicht, in ihm nur den Übergang zwischen Klassizismus und dem Barock des 17. Jahrhunderts zu sehen – er bedeutet viel mehr. Man kämpfte darum, die Kunst zu retten und die Kluft zu überbrücken, die sich zwischen Form und Inhalt, zwischen der Wahrheit und ihrer Übermittlung, zwischen Religion und Leben aufgetan hatte.

Es paßt ins Bild, daß sich dies eben während der Zeit abspielte, als die katholische Kirche – auf dem Weg zur Wiedergenesung – unter den Trümmern zusammensuchte, was noch zu retten war. Als sie dann gegen Ende des Jahrhunderts ihre alte Selbstsicherheit und – dank der Gegenreformation – ihre Einheit wiedergewonnen hatte, setzte sich ein neuer, kraftvoller, ja schwärmerischer Geist in Architektur und Dekoration durch. Der Barockstil, der in seiner sprudelnden Frische alle Gebiete des Lebens – Wissenschaft, Politik, Mode und bildende Kunst – erfaßte, war Ausdruck einer Gesellschaft, die ihrer selbst und ihrer Zukunft sicher war. Auch ihm wohnte eine Harmonie inne, die nun aber nicht mehr der Vergangenheit entlehnt war wie die der Renaissance; vielmehr war sie aus Not und Leid, aus Katastrophen, aus dem Willen zu Widerstand und neuem Leben erwachsen – sie war die eigenste Schöpfung des Barocks, auf die er mit Recht stolz sein durfte.

Die Höfe Europas nahmen im allgemeinen den Manierismus bereitwillig an; die Hofmaler ahmten die Spätwerke Michelangelos nach, der in seinem *Jüngsten Gericht* (1534–1541) und ebenso in den Deckenfresken der Sixtinischen Kapelle der Disharmonie als Ausfluß der Verwirrung und Unsicherheit dieser Generation Ausdruck gab. Der Manierismus war nicht nur in Rom zu Haus, er verbreitete sich über ganz Italien und fand selbst am französischen Hof Eingang. Michelangelo hatte viele Nachahmer, doch der Venezianer Tintoretto (1512–1594) war mehr – er war sein künstlerischer Erbe und der charakteristische Maler der Gegenreformation. Als Themen seiner Bilder wählte er die tragischen und dramatischen Szenen aus der biblischen und der Heiligengeschichte; sie reichen von der Versuchung Adams im Paradies bis zum bethlehemitischen Kindermord. Er behandelte seine Themen frei und lebendig und war der erste, der das *chiaroscuro* (Helldunkel) anwandte, um durch verschiedene Halbtöne, durch starkes Licht oder geheimnisvolles Dunkel Stimmungen wie Hoffnung, Verzweiflung oder Erleuchtung wiederzugeben. Alle venezianischen Maler, insbesondere seine Zeitgenossen Tizian und Veronese, waren große Koloristen, doch Tintoretto fügte der Farbe noch Stimmung und gebändigte Kraft hinzu, die seinen Werken über das rein Dekorative hinaus Leidenschaft und Tiefe verliehen.

Während Bramante, Michelangelo, Raffael und deren Schüler die Architektur Mittelitaliens bis in die zweite Hälfte des Jahrhunderts hinein beherrschten, vertritt der Vizentiner Andrea Palladio (1518–1580) die Spielart des Renaissanceklassizismus, die sich etwa von 1550 an in Norditalien durchsetzte. Er hatte die römische Architektur eingehend studiert, und sein Buch *Architettura*, 1575 erschienen, zeigt deutlich, wie sehr er Vitruvs *De architectura* verpflichtet war. Palladio bevorzugte breite, ausgewogene Fassaden, weit geschwungene Kolonnaden und Säulenhallen und monumentale Treppenanlagen. Er baute in erster Linie öffentliche Gebäude und – als neues Objekt für die Kunst des Architekten – geräumige Landhäuser für Edelleute. Sein Einfluß, der auf der weiten Verbreitung seines Buches beruhte, läßt sich noch an englischen Bauten des 17. Jahrhunderts feststellen und drang von dort sogar bis nach Amerika.

Spanien hatte während seines goldenen Zeitalters eine bemerkenswerte künstlerische Produktivität zu verzeichnen. Eine Zeitlang herrschte in der Bauornamentik der reiche, phantasievolle, fast groteske Platereskenstil (*platero*, Silberschmied), doch hielt er sich kaum länger als 50 Jahre. Die Reaktion auf diesen Überschwang führte zu einem kalten, strengen Klassizismus, der jedoch auch nicht lange vorhielt. Die eingewurzelte spanische Vorliebe für Farbe und Ornament verlangte schon zu Beginn des nächsten Jahrhunderts nach reicherer Dekoration und nach anmutigeren Linien. So kam es, daß der Barock des 17. Jahrhunderts in Spanien und in seinen überseeischen Besitzungen rasch Eingang fand.

Seinen ureigensten Beitrag lieferte Spanien in der Malerei mit dem Werk des Kreters Domenico Theotocopuli (1545–1614), genannt El Greco. In Rom und später als Schüler Tizians in Venedig verfiel er der Leidenschaft für Farbe und Spannung, wie sie für Michelangelo und die Manieristen charakteristisch war. Bald nach seiner Ankunft in Spanien gab ihm Philipp II. Gemälde für den Escorial in Auftrag; dann ließ er sich in Toledo nieder. Sein gesamtes Werk ist stark gefühlsbetont; kräftige Farben, überlängte Proportionen, die höchst spannungsreich wirken, unvermittelte Übergänge von hell zu dunkel, unruhige Bewegung – all das vereinigt sich zur bildhaften Wiedergabe katholisch-gläubiger Gefühlsgeladenheit.

Nördlich der Alpen – in Frankreich, den Niederlanden und Deutschland – mangelte es nicht an eigenständigen Antrieben, doch blieb der Einfluß Italiens hier deutlich spürbar. Auf keinem Gebiet der Kunst brachte es Frankreich in diesem Jahrhundert zu einer bedeutenden Schule. In der Architektur folgte man italienischen Meistern und Vorbildern. Die Künstler, die Ludwig XII. und Franz I. aus Italien mitgebracht hatten, genossen hohes Ansehen, und die meisten Bauten wurden von ihnen ausgeführt und ausgestattet. Die Schlösser und öffentlichen Gebäude, die unter den Valois errichtet wurden, zeigten fast durchgehend eine modernisierte französische Gotik, die mit italienischen Renaissanceornamenten ausgeschmückt war. Die anderen Künste machten im 16. Jahrhundert nur geringe Fortschritte. Nur in der Porträtmalerei zeigte sich eine eigenständige Kraft. Jean Clouet (gest. 1539) und sein Sohn François (gest. 1572), ihrer Herkunft nach Flamen, waren nacheinander Hofmaler bei Franz I. und Heinrich II. Ihre Porträts zeigen sorgfältige Detailbehandlung und eine fast fotografisch getreue Präzision der Linie. Ronsard nannte François Clouet wohl mit Recht »die Ehre unseres Frankreichs«, doch erreichten weder François noch Jean die großen Leistungen der zeitgenössischen Meister Italiens.

Die Kunst der Niederlande durchlief mehrere, recht verschiedene Stadien. Im frühen 15. Jahrhundert hatte sie französische und italienische Einflüsse aufgenommen; viele flämische Künstler waren nach Italien gezogen, um dann nach ihrer Rückkehr die italienischen Vorbilder nachzuahmen. Gegen Ende des Jahrhunderts jedoch verzichtete man weitgehend auf fremde Anregungen, und eine einheimische Schule begann sich herauszubilden. Engelbrechtsen (gest. 1533) und Lucas van Leyden (1493–1533), die offensichtlich noch unter italienischem Einfluß arbeiteten, schufen Gemälde und Stiche, die mit der Wiedergabe von Szenen aus dem niederländischen Alltagsleben ein ganz neues Gebiet erschließen. In den nördlichen Provinzen setzte sich allmählich der deutsche Einfluß durch, während der Süden sich in Malerei und Plastik eher Frankreich anschloß, das damals italienischen Vorbildern folgte.

Hieronymus Bosch (1450–1510) und Quentin Massys (1460 bis 1510) waren beide psychologische Realisten, die über eine virtuose Technik verfügten. Boschs höllische Schreckensszenen mit ihren häßlichen, kriechenden Kreaturen sollten die scheußlichen Entartungen zeigen, deren der menschliche Geist fähig ist. Massys' Werk kann seine italienischen Vorbilder nicht verleugnen; zwar geht es auch ihm um psychologische Analyse, doch ist bei ihm das Ergebnis weniger grausam und dramatisch als bei Bosch.

Der ausgeprägte Individualismus und psychologische Naturalismus dieser Künstler führt unmittelbar zu dem Werk Pieter Bruegels des Älteren (1525–1569). Für Bruegel bildete die Landschaft den Hintergrund seiner Bilder, die er mit Menschen bei der Arbeit, beim Spiel und bei der Rast füllte. Seiner scharfen Beobachtung entging nicht das geringste Detail; dennoch verstand er es, das Bild zu einer natürlichen Einheit zusammenzuschließen. Er war nicht boshaft, wie oftmals Bosch; seine Liebe galt dem Heimatboden und den kleinen Alltäglichkeiten des Lebens. Er sah im Ablauf der Jahreszeiten, in Aussaat und Ernte, in Hochzeitsfesten und häuslichen Arbeiten den Sinn des Lebens, der für ihn in der Hinnahme der von einem gütigen Gott gestifteten Ordnung bestand. Seine Lebenszeit fällt mit dem Beginn der Kämpfe gegen die Spanier zusammen, und in seinem *Bethlehemitischen Kindermord,* in dem spanische Soldaten erbarmungslos die Bewohner – Frauen und Kinder – eines kleinen verschneiten flämischen Dorfes umbringen, tritt der Haß der Flamen gegen die Fremdherrschaft offen zutage. Bruegel kannte nur ein Thema: die Natur in ihrer unverhüllten Wahrheit und den Menschen in seinem Lebenskampf.

Das ganze 15. Jahrhundert hindurch hatte sich der Einfluß der reifen und kraftvollen niederländischen Kunst rheinaufwärts ausgebreitet. In beiden Richtungen ging ein reger Austausch an Ideen und Künstlern vor sich. So wissen wir von vielen schwäbischen, westfälischen oder pfälzischen Künstlern, die sich zeitweilig – manche sogar jahrelang – in den Niederlanden aufgehalten haben; umgekehrt fanden viele Künstler und Handwerker aus Flandern und den Niederlanden Arbeit in den Städten Nordwest-, Mittel- und Süddeutschlands. Der Einfluß flämischer und holländischer Stilmittel auf die deutschen Schulen läßt sich das ganze 16. bis tief ins 17. Jahrhundert hinein verfolgen. Die Bauornamentik des Heidelberger Schlosses, des sinnfälligsten Beispiels deutscher Monumentalarchitektur im 16. Jahrhundert, war das Werk eines flämischen Künstlers. Es gibt kaum einen Kunstbereich, in dem Deutschland seinem Nachbarn im Westen nicht verpflichtet war – so in der Malerei, in der Porträtkunst, in der Ausschmückung von Kirchen und Wohnhäusern, im Kupferstich, in der Holz- und Steinplastik, auf dem Gebiet der Buchillustration, in der Gold- und Silberschmiedekunst, in der Gobelinweberei und in einer Vielzahl weniger bedeutender Künste und Handwerkszweige. Köln, das im späten Mittelalter ein Schwerpunkt der Gotik gewesen war, trat im späten 15. Jahrhundert seine Führerstellung an die schwäbische Schule ab. Ulm und Augsburg wurden nun die Zentren der süddeutschen Kunst. Martin Schongauer (gest. 1488), ein bedeutender Maler, der unter flämischem Einfluß stand, gab dem Kupferstich bemerkenswerte neue Anstöße. Nach seinem Tod war Ulm noch für eine Generation Vorort der schwäbischen Kunst, bis der wachsende Ruhm von Hans Holbein dem Älteren (1460–1524) Augsburg in den Vordergrund rückte. Die Themen seiner Gemälde waren immer noch vornehmlich religiöser Art. Aufgeschlossenheit für das Schöne, meisterliche Detailarbeit, eindringliche Charakterisierung, warme Farben und ein gelungenes *chiaroscuro* kennzeichnen seine Malerei.

Obwohl sich starke flämische und holländische Einflüsse auf allen Gebieten der deutschen Kunst feststellen lassen, bildeten sie doch nur eine der Quellen, aus denen die Kunst des 16. Jahrhunderts ihre Anregungen bezog. Die einheimische gotische Tradition hatte sich ihre Kraft bewahrt und bestimmte in vielen Teilen Deutschlands noch immer das Kunstschaffen. Im Süden jedoch, besonders im Bereich der Handels- und Reisestraßen, wandte man sich eifrig der italienischen »Manier« zu. Das bedeutendste Beispiel deutscher Plastik aus dieser Zeit ist das Grabmal Kaiser Maximilians in Innsbruck. Von den 28 Bronzestatuen, die den Sarkophag des Kaisers umgeben, stammen die besten von der Hand Peter Vischers (gest. 1529), dessen umfangreiches Werk tiefgreifend vom italienischen Naturalismus beeinflußt war.

Ihren höchsten Gipfel erreichte die deutsche Renaissancekunst im Werk Albrecht Dürers und Hans Holbeins des Jüngeren, des Sohnes von Hans Holbein dem Älteren. Dürer (1471 bis 1528) hatte bei seinem Vater, einem tüchtigen, aber nicht überragenden Goldschmied ungarischer Herkunft, die Feinheiten der Goldschmiedekunst erlernt. Mit 15 Jahren trat er bei Michael Wolgemut, einem bekannten Nürnberger Maler, in die Lehre. Darauf folgten Wanderjahre in Deutschland und Reisen nach Holland und Italien. Der Aufenthalt in Italien hinterließ ihm einen tiefen Eindruck; wenn es heißt, der Beginn der nördlichen Renaissance sei mit Dürers Rückkehr aus Italien zu datieren, so ist das kaum übertrieben. Bis zu seinem Tode blieb Nürnberg seine Heimat, wo Kaiser, Adlige, Kleriker und reiche Bürger ihn förderten. Seine bedeutendsten Leistungen liegen auf dem Gebiet des Kupferstichs und der Porträtmalerei. In beiden Techniken durchlief er verschiedene Phasen, in denen immer wieder freie Phantasie und Realismus abwechselten. Zu seinen bekanntesten Kupferstichen zählen der *Heilige Hieronymus* und die *Melancholie* vom Jahr 1514, die ihn auf der Höhe seines Einfallsreichtums zeigen. Von Natur aus tief religiös, nahm er an den Ereignissen um Luthers Reformation lebhaften Anteil. Viele seiner Themen holte er sich aus der Bibel und aus dem Leben der Heiligen, so etwa die *Große Passion*, die *Apokalypse* – eine Serie von 15 Holzschnitten –, die Holzschnittfolge des *Marienlebens*. Seine reifsten Werke entstanden bezeichnenderweise im Anschluß an seine zweite Reise nach Antwerpen im Jahr 1520, wo die französischen und italienischen Künstler, die sich damals in Flandern aufhielten, einen tiefen Eindruck auf ihn gemacht haben. Obwohl er die Techniken der Ölmalerei, des Holzschnitts und des Kupferstichs mit gleicher Meisterschaft beherrschte, erreichte er in dieser Phase – bis zu seinem Tod im Jahr 1528 – in dem in Kupfer gestochenen Porträt eine Vollendung, wie sie nach ihm nie wieder erzielt worden ist. Im Unterschied zu vielen anderen Künstlern bemühte sich Dürer, seine Theorien über die Kunst schriftlich niederzulegen; er verfaßte eine Reihe von Spezialstudien über die menschlichen Proportionen, über Geometrie und über die Befestigung von Städten und Burgen. Hans Holbein der Jüngere (1497–1543) wurde in Augsburg geboren, hielt sich aber die längste Zeit seines Lebens im Ausland auf: in der Schweiz, in Frankreich und in England. Seine frühesten Werke entstanden in Basel. Er malte mit Vorliebe religiöse und historische Porträts, die sich durch gelungene Komposition, Realismus, klare Linienführung und Detailzeichnung hervorhoben; unter dem Einfluß der italienischen Koloristen eignete er sich mit der Zeit ein meisterhaftes *chiaroscuro* und delikate Farbnuancierungen an. 1523 entstanden drei Porträts des Erasmus von Rotterdam. Holbeins bedeutendstes Werk aus dieser Periode ist der *Totentanz*, eine Holzschnittfolge, in der der Tod als der große Unterbrecher menschlichen Lebens und Hoffens dargestellt wird. Nach einem ersten Aufenthalt in England (1526–1528), dem das Porträt von Thomas More zu verdanken ist, ließ er sich 1532 endgültig dort nieder. Und nun entstanden die zahlreichen Porträts, Miniaturen und Zeichnungen von Heinrich VIII. und den Herren und Damen seines Hofes, die sich in seine Werkstatt drängten. In seiner Porträtkunst hat Holbein Leonardo da Vinci und dem französischen Porträtisten Jean Clouet viel zu verdanken, doch war er ihnen in der eindringlichen Darstellung des Charakters wohl noch überlegen. 1542 begann er mit der Ausführung großer Fresken in London, starb aber 1543 an der Pest, bevor er die Fresken vollenden konnte.

Deutschland brachte nach Dürer und Hans Holbein d. J. noch zahlreiche begabte Künstler hervor, aber keiner unter den Malern der folgenden Generation konnte sich an Genialität, an Eindringlichkeit und an Gefühlsstärke mit ihnen messen. Gegen Ende des Jahrhunderts setzte sich in allen Kunstgattungen – in der Architektur, der Malerei und Plastik wie auch im Kunsthandwerk – der Barock durch; nun traten Schwere und Gewichtigkeit an die Stelle von Feinheit und Einfachheit, und die unmittelbare Aussage mußte der gezierten Pose weichen.

Polen stand Einflüssen von allein Seiten offen. Im späten 15. Jahrhundert griff man bei der Gestaltung von arkadengeschmückten Innenhöfen und der Anlage von Fassaden an Schlössern und öffentlichen Gebäuden bereits Lösungen der italienischen Renaissance auf. In der Malerei und bei der Ausschmückung von Kirchen werden um die Jahrhundertwende französische, flämische und deutsche Einflüsse deutlich. In Krakau, einem Handels- und Kulturzentrum, entwickelte sich eine eigenständige Schule in Architektur und Malerei. Die Themen waren in erster Linie Szenen und Gestalten aus der Bibel. Am ungezwungensten wurden die Ideen der Renaissance in der Architektur verarbeitet. Das königliche Schloß auf dem Wawel in Krakau könnte ebensogut wie die Tuchhalle auf dem Krakauer Marktplatz oder das Rathaus von Posen im 16. Jahrhundert in Italien entstanden sein. Die Könige Sigismund I. der Alte (1506–1548) und sein Sohn Sigismund II. August (1548–1572) zogen beide italienische Künstler heran; ihnen vor allem war es zu danken, daß sich die fremden Anregungen durchsetzen konnten.

Für Böhmen bedeutete das 16. Jahrhundert eine Zeit, in der italienische Einflüsse überaus stark waren. Zahlreiche Architekten und Bildhauer kamen nach Prag und in andere wichtige böhmische Städte, um dort Kirchen, Kapellen, Stadtpaläste für die Adligen und öffentliche Gebäude zu errichten. Ferdinand I. von Habsburg, der 1526 König wurde, setzte alles daran, der böhmischen Gotik ein Ende zu machen; er war sehr baufreudig und zog neben deutschen und böhmischen Architekten auch eine große Anzahl italienischer Baumeister und Künstler heran, die seine Bauten im neuen Stil entwerfen und ausschmücken sollten. Das Belvedere im königlichen Garten auf dem Hradschin und die mit Arkaden geschmückten Schlösser in Leitomischl und Opočno sind wohl die besten Beispiele für diese neue Richtung.

Italien blieb für die verschiedenen Kunstgattungen auch während des 16. Jahrhunderts immer noch Quelle der Anregung zu Experimenten und technischen Neuerungen. In Italien selbst hatte es nie eine Zeit der Gotik gegeben; in den Ländern Nordeuropas jedoch, die jahrhundertelang vom Geist der Gotik geleitet worden waren, prägten die Ideen der italienischen Renaissance, die humanistischen Vorstellungen und die Freude an Linie und Kurve, an Farbe und Schatten zutiefst jede künstlerische Äußerung. Der Künstler wurde nun wahrhaft zur Stimme seiner Zeit und seiner Zeitgenossen. Die Herrschaft einer asketischen Frömmigkeit, wie sie eine allumfassende Kirche ausgeübt hatte, war ins Wanken geraten; nun brachen sich Sinnenfreude und die Kraft des Individuums Bahn. Es war die Geburtsstunde der modernen Welt.

Bibliographie

Die vorliegenden Literaturhinweise gelten als eine Auswahlbibliographie und wurden für die deutschsprachige Ausgabe neu bearbeitet und ergänzt von Frau R. Nickel

Quellen und Nachschlagewerke

F. Schnabel, *Deutschlands geschichtliche Quellen und Darstellungen in der Neuzeit*, I. Teil: *Das Zeitalter der Reformation 1500–1550*, Leipzig/Berlin 1931 [mehr nicht erschienen]; F. C. Dahlmann und G. Waitz, *Quellenkunde der deutschen Geschichte*, 2 Bde., 9. Aufl., Leipzig 1931/32, 10. Aufl., hg. v. H. Heimpel und H. Geuss, Bd. 1 ff., Stuttgart 1969 ff.; K. Schottenloher, *Bibliographie zur deutschen Geschichte im Zeitalter der Glaubensspaltung 1517–1585*, 6 Bde., Leipzig 1933–1940, 2. unveränderte Aufl. Stuttgart 1956; Bd. 7: *Das Schriftum von 1938–1960*, bearb. von M. Thürauf, Stuttgart 1966; H. Rössler und G. Franz (Hrsg.), *Biographisches Wörterbuch zur deutschen Geschichte*, München 1952; B. Gebhardt (Hrsg.), *Handbuch der deutschen Geschichte*, 8. Aufl. Stuttgart 1955, hg. v. H. Grundmann, Bd. 1: *Frühzeit und Mittelalter*, Stuttgart 1954, 8. Nachdruck 1965; Bd. 2: *Von der Reformation bis zum Ende des Absolutismus. 16.–18. Jahrhundert*, Stuttgart 1955, 7. Nachdruck 1967 [Neuauflage in Vorbereitung]; H. Rössler und G. Franz (Hrsg.), *Sachwörterbuch zur deutschen Geschichte*, München 1958; G. Krüger (Hrsg.), *Handbuch der Kirchengeschichte für Studierende*, II. Teil: *Das Mittelalter*, bearbeitet v. G. Ficker und H. Hermelink, Tübingen 1912; III. Teil: *Reformation und Gegenreformation*, bearb. von H. Hermelink, Tübingen 1911; *Propyläen-Weltgeschichte*, hg. v. A. Heuß und G. Mann, Bd. 6: *Weltkulturen. Renaissance in Europa*, Berlin 1964; *Die neue Propyläen-Weltgeschichte*, hg. v. W. Andreas, Bd. 3: *Das Zeitalter der Entdeckungen, der Renaissance und der Glaubenskämpfe*, Berlin 1941; W. Platzhoff, *Geschichte des europäischen Staatensystems 1559–1660*, 1928, Nachdruck München 1967; *The Cambridge Medieval History*, hg. v. H. M. Gwatkin u. a., Bd. 7: *Decline of Empire and Papacy*, Cambridge 1932; Bd. 8: *The Close of the Middle Ages* [mit ausführlicher

Bibliographie], Cambridge 1936, 1959, beide nachgedruckt 1964; *The Cambridge Modern History,* hg. v. A. W. Ward u. a., Bd. 1: *The Renaissance,* Cambridge 1902; Bd. 2: *The Reformation,* Cambridge 1903; *The New Cambridge Modern History,* hg. v. G. N. Clark u. a., Bd. 1: *The Renaissance 1493–1520,* hg. v. G. R. Potter, London 1957, Nachdruck 1967; Bd. 2: *The Reformation 1520–1599,* hg. v. G. R. Elton, London 1958, Nachdruck 1965; *Nouvelle Clio. L'histoire et ses problèmes,* Bd. 30: J. Delumeau, *Naissance et affirmation de la réforme,* Paris 1965; Bd. 31: L. Lapeyre, *Les monarchies européennes du XVIe siècle. Les relations internationales,* Paris 1967; Bd. 32: F. Mauro, *Le XVIe siècle européen. Aspects économiques,* Paris 1966 [Quellen- und Literaturangaben]; *Dictionary of the Renaissance,* hg. v. F. M. Schweitzer und E. H. Wedeck, New York 1967; H. Hauser, *Les sources de l'histoire de France. Le XVIe siècle,* 4 Bde., Paris 1906–1915; E. Préclin und V.-L. Tapié, *Le XVIe siècle,* Paris 1934; *Bibliographie Internationale de l'Humanisme et de la Renaissance,* 1. Aufl. 1965 ff.; F. Dickmann (Bearb.), *Renaissance, Glaubenskämpfe, Absolutismus,* München 1966 [Quellensammlung].

Renaissance

E. Cassirer, *Individuum und Kosmos in der Philosophie der Renaissance,* Leipzig 1927; E. Walser, *Gesammelte Studien zur Geistesgeschichte der Renaissance,* Basel 1932; C. Barbagallo, *L'età della rinascenza e della riforma,* Turin 1936; E. P. Cheyney, *The Dawn of a New Era, 1250–1453,* New York/London 1936; F. Chabod, *Il rinascimento,* Mailand 1946; W. K. Ferguson, *The Renaissance in Historical Thought* (in *Five Centuries of Interpretation,* Boston 1948; mit Bibliographie); J. Calmette, *L'élaboration du monde moderne,* Paris 1949; G. Ritter, *Die Neugestaltung Europas im 16. Jahrhundert. Die kirchlichen und staatlichen Wandlungen im Zeitalter der Reformation und der Glaubenskämpfe,* Berlin 1950 [Neuauflage des Beitrags für die *Neue Propyläen-Weltgeschichte,* hg. v. W. Andreas, Bd. 3, Berlin 1941]; Taschenausgabe mit ergänzten Literaturangaben: Berlin 1967 = Ullstein Nr. 3842/42a; J. W. Allen, *A History of Political Thought in the Sixteenth Century,* 3. Aufl. London 1951; P. Mesnard: *L'essor de la philosophie politique au XVIe siècle,* Paris 1936, 2. Aufl. 1951 [mit ausführlicher Bibliographie]; J. Huizinga, *Das Problem der Renaissance. Renaissance und Realismus,* Tübingen 1953; W. Durant, *Die Renaissance,* Bern/München 1955; H. Haussherr, *Wirtschaftsgeschichte der Neuzeit. Vom Ende des 14. bis zur Höhe des 19. Jahrhunderts,* Weimar, 2. Aufl. 1955; *A History of Technology,* hg. v. Ch. Singer u. a., Bd. 3: *From the Renaissance to the Industrial Revolution, c. 1500 to c. 1750,* Oxford 1957; H. Rössler, *Europa im Zeitalter von Renaissance, Reformation und Gegenreformation 1450–1650,* München 1956; M. Valency, *In Praise of Love. An Introduction to the Love-Poetry of the Renaissance,* New York 1958; G. Weise, *L'ideale eroico del Rinascimento e le sue pre-*

messe umanistiche, Neapel 1961; O. B. Hardison, jr., *The Enduring Monument. A Study of the Idea of Praise in Renaissance Literary Theory and Practice,* Chapel Hill 1962; K. Burdach, *Reformation, Renaissance und Humanismus. Zwei Abhandlungen über die Grundlage unserer Bildung und Sprachkunst,* 3. Aufl. Darmstadt 1963; *The Dawn of Modern Civilization. Studies in Renaissance, Reformation and Other Topics Represented to Honor Albert Hyma,* hg. v. K. A. Strand, Ann Arbor/Michigan 1964; J. A. Mazzeo, *Renaissance and Seventeenth-Century Studies,* New York 1964; *From the Renaissance to the Counter-Reformation. Essays in Honor of Garrett Mattingly,* hrsg. und eingeleitet v. Ch. H. Carter, New York 1965; J. Jurginis, *Renesansas ir humanizmas lietuvoje,* Wilna 1965; J. A. Mazzeo, *Renaissance and Revolution. The Remaking of European Thought,* New York 1965; G. Weise, *L'ideale eroico del Rinascimento. Diffusione europea e tramanto,* Neapel 1965; E. Chamberlain, *Everyday Life in Renaissance Times,* London/New York 1966; E. Hassinger, *Das Werden des neuzeitlichen Europa 1300–1600,* Braunschweig 1959, 2. Aufl. 1966 [mit ausführlicher Bibliographie]; W. Stechow, *Northern Renaissance Art, 1400–1600,* Englewood Cliffs 1966; K. Brandi, *Renaissance. Zwei Beiträge,* Darmstadt 1967 [Nachdruck zweier Aufsätze = *Libelli,* Bd. CLXXVI.]; J. Delumeau, *La civilisation de la Renaissance,* Paris 1967; R. R. Ergang, *The Renaissance,* Princeton/New Jersey 1967.

Humanismus

H. Wölfflin, *Renaissance und Barock,* Leipzig, 4. Aufl., 1926; H. Plischke, *Die Völker Europas und das Zeitalter der Entdeckungen,* 2. Aufl. Göttingen 1943; W. Ruegg, *Cicero und der Humanismus. Formale Untersuchungen über Petrarca und Erasmus,* Zürich 1946; R. Newald, *Erasmus Roterodamus,* Freiburg 1947; J. Saintoyant, *La colonisation européenne du XVe au XIXe siècle.* Bd. 1: *La formation des empires coloniaux (XVe–XVIIe s.),* Paris 1947; M. M. Phillips, *Erasmus and the Northern Renaissance,* London 1949; F. Lütge, *Das 14. und 15. Jahrhundert in der Sozial- und Wirtschaftsgeschichte* (in *Jbb. für Nationalökonomie und Statistik,* 162, 1950); M. Bataillon, *Études sur le Portugal au temps d'humanisme*, Coimbra 1952; M. P. Gilmore, *The World of Humanism,* New York 1952; J. Morán Samaniego, *El humanismo espanol desde Juan II de Castillo hasta los Reyes Católicos,* Cuenca 1953; P. Renucci, *L'aventure de l'humanisme européen au moyen-âge,* Paris 1953; J. Huizinga, *Europäischer Humanismus: Erasmus,* Hamburg 1958 (*rde,* 78); J. Huizinga, *Herbst des Mittelalters,* 7. Aufl. Stuttgart 1953; W. Kaegi, *Humanistische Kontinuität im konfessionellen Zeitalter. Ein Vortrag,* Basel 1954; H. Weinstock, *Die Tragödie des Humanismus,* Heidelberg, 2. Aufl. 1954, 5. Aufl. 1967; T. Kardos, *A magyarorszagi humanizmus kora,* Budapest 1955; G. B. Picotti, *Ricerche umanistiche,* Florenz 1955; I. W. Blayney, *The Age of Luther. The Spirit of Renaissance–Humanismus and the Reformation,* New

York 1957; A. Renaudet, *Humanismus et renaissance. Dante, Pétrarque, Standonck, Erasme, Lefèvre, d'etapels, Marguerite de Navarre, Rabelais, Guichardin, Giordano Bruno,* Genf 1958; F. Heer, *Die dritte Kraft. Der Europäische Humanismus zwischen den Fronten des konfessionellen Zeitalters,* Frankfurt 1959, Nachdruck 1960; G. Kisch, *Erasmus und die Jurisprudenz seiner Zeit. Studien zum humanistischen Rechtsdenken,* Basel 1960; R. P. Adams, *The Better Partof Valor, More, Erasmus, Colet, and Vives on Humanism, War and Peace, 1496–1535,* Seattle 1962; R. Montano, *Saggi di cultura umanistica,* Neapel 1962; K. Burdach, *Reformation, Renaissance, Humanismus. Zwei Abhandlungen über die Grundlage moderner Bildung und Sprachkunst,* 3. Aufl. Darmstadt 1963; E. Callot, *Doctrines et figures humanistes,* Paris 1963; A. Chastel und R. Klein, *L'âge de l'humanisme. L'Europe de la Renaissance,* Brüssel 1963 (dt.: *Die Welt des Humanismus, Europa 1480–1530,* München 1963); Gomes da Silva Espinosa, *Humanismo e direito em Portugal no século XVI,* Lissabon 1964; G. Toffanin, *Storia dell'umanesimo,* Bd. 1, Bologna 1965 ff.; E. Winter, *Frühhumanismus. Seine Entwicklung in Böhmen und dessen europäische Bedeutung für die Kirchenreformbestrebungen im 14. Jahrhundert,* Berlin 1964; G. Duby, *Die Grundlegung eines neuen Humanismus, 1280–1440,* Genf 1966; F. Heer, *Offner Humanismus,* Bern/München 1966; A. Cioranescu, *Colón, humanista. Estudios de humanismo atlántico,* Madrid 1967; P. Iroaie, *Umanesimo romeno,* Trapani 1967; A. Buck, *Die humanistische Tradition in der Romania,* Bad Homburg 1968; S. Dresden, *Humanismus und Renaissance,* München 1968; Walser Ernst, *Gesammelte Studien zur Geistesgeschichte der Renaissance,* Basel 1932; R. Sabbadini, *Storia del Ciceronianismo e di altri questioni letterarie nell ètà della rinascenza,* Turin 1885; G. Toffanin, *Storia dell ùmanesimo,* Neapel 1934, dt.: *Geschichte des Humanismus,* Amsterdam 1941.

Reformation und Gegenreformation

L. v. Ranke, *Deutsche Geschichte im Zeitalter der Reformation,* hg. v. P. Joachimsen, 6 Bde., München 1925/26; J. Lortz, *Die Reformation in Deutschland,* 2 Bde., Freiburg im Breisgau 1939/40, 3. Aufl. 1949, 4. Aufl. 1962, 5. Aufl. 1967/68; K. Brandi, *Deutsche Geschichte im Zeitalter der Reformation und der Gegenreformation,* Leipzig 1927, 3. Aufl. 1941, Nachdruck München 1960; P. Joachimsen, *Die Reformation als Epoche der deutschen Geschichte,* hg. v. O. Schottenloher, München 1951, vollständiges Manuskript des Beitrags für die *Propyläen-Weltgeschichte,* hg. v. W. Goetz, Bd. 5, Berlin 1930; H. J. Grimm, *The Reformation Era 1500–1650,* New York 1954, Paperback-Ausgabe 1965 (räsonierende Bibliographie); R. Stadelmann, *Das Zeitalter der Reformation,* 2. Aufl. Darmstadt 1954; E. Hassinger, *Religiöse Toleranz im 16. Jahrhundert. Motive, Argumente, Forum der Verwirklichung,* Basel/Stuttgart 1964 = *Vorträge der Aeneas-Stiftung an der Universität Basel;* VI; E. Bloch, *Thomas Münzer als Theologe der*

Revolution, 1921, 2. Aufl. 1962, ergänzte Ausgabe Frankfurt am Main 1969; J. Lortz und E. Iserloh, *Kleine Reformationsgeschichte,* Freiburg im Breisgau 1969; R. Stupperich, *Geschichte der Reformation,* München 1967; S. Skalweit, *Reich und Reformation,* Berlin 1967; K. Brandi, *Kaiser Karl V. Werden und Schicksal einer Persönlichkeit und eines Weltreiches,* 2 Bde., 1937–1941, Bd. 1: 7. Aufl. München 1964; Bd. 2: 2. Aufl. München 1967; F. Lau, *Luther,* Berlin 1959 [Quellen- und Literaturangaben]; R. Stupperich, *Melanchthon,* Berlin 1960 [Forschungsüberblick, Quellen- und Literaturverzeichnis]; F. Schmidt-Clausing, *Zwingli,* Berlin 1965 [Quellen- und Literaturhinweise]; P. Rassow, *Karl V. Der letzte Kaiser des Mittelalters,* 1957, 2. Aufl. Göttingen 1963 [Literaturhinweise]; J. Staedtke, *Johannes Calvin. Erkenntnis und Gestaltung,* Göttingen 1969 [Literaturhinweise]; J. Lecler, *Histoire de la tolérance au siècle de la réforme,* 2 Bde., Paris 1955, deutsch: *Geschichte der Religionsfreiheit im Zeitalter der Reformation,* 2 Bde., Stuttgart 1965 [ausführliches Quellen- und Literaturverzeichnis]; V. H. H. Green, *Renaissance and Reformation. A Survey of European History between 1450 and 1660,* 1952, 2. Aufl. London 1964, Nachdruck 1965; F. Dickmann, *Der Westfälische Frieden,* 1959, 2. Aufl. Münster 1965; G. Ritter, *Die Weltwirkungen der Reformation,* 1941, 3. Aufl. München 1969; H. Schöffler, *Wirkungen der Reformation. Religionssoziologische Folgerungen für England und Deutschland,* Frankfurt am Main 1960; G. Schramm, *Der polnische Adel und die Reformation 1548–1607,* Wiesbaden 1965; W. Hubatsch (Hrsg.), *Wirkungen der deutschen Reformation bis 1555,* Darmstadt 1967; K. Holl, *Gesammelte Aufsätze zur Kirchengeschichte,* 3 Bde., Tübingen 1928, Bd. 1: 6. Aufl. 1932; B. Moeller, *Reichsstadt und Reformation,* Gütersloh 1962; P. Rassow und F. Schalk (Hrsg.), *Karl V. Der Kaiser und seine Zeit,* Köln/Graz 1960 [Colloquium anläßlich des 400. Todestags]; G. Schreiber, *Das Weltkonzil von Trient,* 2 Bde., Freiburg im Breisgau 1951; H. Jedin, *Geschichte des Konzils von Trient,* Bde. 1 ff., Freiburg im Breisgau 1949 ff.; E. W. Zeeden, *Das Zeitalter der Gegenreformation,* Freiburg im Breisgau 1967 [Literaturverzeichnis]; M. Ritter, *Deutsche Geschichte im Zeitalter der Gegenreformation und des Dreißigjährigen Krieges (1555–1648),* 3 Bde., 1889 bis 1908, Nachdruck Darmstadt 1962.

Kunst

E. Panofsky, *Renaissance and Renascences in Western Art,* Stockholm 1960; ders., *Studies in Iconology. Humanistic Themes in the Art of the Renaissance,* New York 1962; F. Baumgart, *Renaissance und Kunst des Manierismus,* Köln 1963; H. Bauer, *Kunst und Utopie. Studien über das Kunst- und Staatsdenken in der Renaissance,* Berlin 1965; O. Benesch, *The Art of the Renaissance in Northern Europe. Its Relation to the Contemporary Spiritual and Intellectual Movements,* London 1965 (rev.); A. Hauser, *Manierism: The Crisis of the Renaissance and the Origin of Modern Art,*

2 Bde., London/New York 1965; H. Busch und B. Lohse, *Baukunst der Renaissance in Europa. Von der Spätgotik zum Manierismus,* Frankfurt am Main 1966 (Einleitung v. H. Weigert); E. H. J. Combrich, *Norm and Form. Studies in the Art of Renaissance,* London 1966; J. Pope-Hennessy, *The Portrait in the Renaissance,* London/New York 1966; E. Hubala, *Renaissance und Barock. Ein Umschau-Bildsachbuch,* hg. v. H. Busch, Frankfurt am Main 1968; R. E. Wolf und R. Millen, *Geburt der Neuzeit,* Baden-Baden 1968; J. Burckhardt, *Die Kultur der Renaissance in Italien;* Basel 1860 u. ö.; H. Wölfflin, *Die Kunst der Renaissance in Italien und das deutsche Formgefühl,* München 1931; W. Paatz, *Die Kunst der Renaissance in Italien,* Stuttgart 1953; engl.: *The Architecture of the Italian Renaissance,* London 1963; H. Wölfflin, *Renaissance und Barock. Eine Untersuchung über Wesen und Entstehung des Barockstils in Italien,* Basel/ Stuttgart 1965; A. Chastel, *Die Ausdrucksformen der Künste in der Zeit von 1460–1500,* München 1966; R. Oertel, *Die Frühzeit der italienischen Malerei,* 2. Aufl. [verm.]. Stuttgart 1966; E. Panofsky, *»Idea«. Ein Beitrag zur Begriffsgeschichte der älteren Kunsttheorie,* Leipzig/Berlin 1924, Neuaufl. 1961; M. Dvorak, *Geschichte der italienischen Kunst im Zeitalter der Renaissance,* 2 Bde., München 1927/28; H. Sedlmayr, *Zur Revision der Renaissance* in: ders., *Epochen und Werke,* Bd. 1, Wien/München 1959; S. J. Freedberg, *Painting of the High Renaissance in Rome and Florence,* Cambridge 1961; A. Haseloff, *Begriff und Wesen der Renaissancekunst* in *Mitteilungen des Kunsthistorischen Instituts in Florenz, III,* 1931; W. Paatz, *Renaissance oder Renovatio? Ein Problem der Begriffsbildung in der Kunstgeschichte des Mittelalters* in *Beiträge zur Kunst des Mittelalters,* Berlin 1950; H. Kauffmann, *Italienische Frührenaissance,* Köln/Opladen 1957; A. v. Salis, *Antike und Renaissance,* Erlenbach/Zürich 1947; R. Wittkower, *Architectural Principles in the Age of Humanism,* London 1949; deutsch: *Grundlagen der Architektur im Zeitalter des Humanismus,* München 1968.

Musik

Ch. van den Borren, *Les musiciens belges en Angleterre à l'époque de la renaissance,* Brüssel 1913; H. Besseler, *Die Musik des Mittelalters und der Renaissance,* Potsdam 1931; G. Reese, *Music in the Renaissance,* New York 1954; *The Age of Humanism, 1540–1630,* hg. v. G. Abraham, London/ Oxford 1968.

Italien

K. Brandi, *Die Renaissance in Florenz und Rom. Acht Vorträge,* 5. Aufl. Leipzig 1921; R. A. Taylor, *Aspects of the Italian Renaissance,* London 1923; Nachdruck Port Washington/New York 1968 (Einleitung v. G. Murray); W. K. Ferguson, *The Crisis of the Early Italian Renaissance*, 2 Bde., Princeton/N. J. 1955; B. L. Ollman, *Studies in the Italian Renaissance*, Rom 1955; D. Hay, *Geschichte Italiens in der Renaissance*, Stuttgart 1962 (*Urban-Bücher*, 62); E. Garin, *Scienza e vita civile nel Rinascimento italiano*, Bari 1965; *Italian Renaissance Studies*, hg. v. E. F. Jacob, London 1966; *Rinascimento europeo e Rinascimento veneziano*, hg. v. V. Branca, Florenz 1967; V. Cronin: *The Florentine Renaissance*, London 1967; L. Murray, *The High Renaissance*, New York/Washington 1967; A. Doren, *Italienische Wirtschaftsgeschichte*, Bd. 1, Jena 1934; L. Salvatorelli, *L'Italia comunale del secolo XI alla metà del secolo XIV*, Mailand 1940; N. Valeri, *L'Italia nell'età dei Principati dal 1343 al 1516*, Verona 1950; F. Chabod, Artikel *Rinascimento* in *Enciclopedia Italiana*, Bd. 29, Rom 1949; ders., *Il Rinascimento*, Mailand 1947; W. Dilthey, *Weltanschauung und Analyse des Menschen seit Renaissance und Reformation*, Abschnitt I: *Auffassung und Analyse des Menschen im 15. und 16. Jahrhundert* in: ders., *Gesammelte Schriften*, Bd. 2, 1913, 6. Aufl. Stuttgart/Göttingen 1960.

E. Saitta, *Il pensiero italiano nell'umanesimo*, 3 Bde., Bologna 1949–1951; E. Garin, *L'umanesimo italiano. Filosofia e vita civile nel Rinascimento*, Bari 1958, 2. Aufl. 1965; R. M. Ruggieri, *L'umanesimo cavalleresco italiano da Dante al Pulci*, Rom 1962; R. Weiss, *The Spread of Italian Humanism*, London 1964; H. Baron, *The Crisis of the Early Italian Renaissance. Civic Humanism and Republican Liberty in an Age of Classicism and Tyranny*, Princeton/N. J. 1966; E. Garin, *Italian Humanism: Philosophy and Civic Life in the Renaissance*, New York/Oxford 1966; F. Tateo, *Tradizione e realtà nell'umanesimo italiano*, Bari 1967.

H. Baron, *Humanistic and Political Literature in Florence and Venice at the Beginning of the Quattrocento*, Cambridge 1955; P. O. Kristeller, *Essays on Renaissance Thought and Letters*, Rom 1956; M. Th. Herrick, *Italian Comedy in the Renaissance*, Urbana 1960; B. Hathaway, *The Age of Criticism: The Late Renaissance in Italy*, Ithaca/New York 1962; M. Th. Herrick, *Italian Tragedy in the Renaissance*, Urbana 1965; J. B. Fletcher, *Literature of the Italian Renaissance*, Port Washington/New York 1964.

Frankreich

B. Weinberg, *Critical Prefaces of the French Renaissance*, Evanston/Ill. 1950; R. Mousnier, *Le XVIe et XVIIe siècles. Le progrès de la civilisation européenne et le déclin de l'Orient (1492–1715)*, Paris 1954; H. Hauser, *Les débuts de l'âge moderne*, 4. Aufl. Paris 1956; F. Boyer, *XVIe siècle français. La renaissance*, Lausanne 1961; F. Simone, *Il rinascimento francese. Studi e ricerche*, Turin 1961; *The French Renaissance and Its Heritage. Essays Presented to A. M. Boase*, hg. v. D. R. Haggis, London 1968.

F. Simone, *La coszienza della rinascita negli umanisti francesi*, Rom 1949; M. François, *Cinquante ans d'histoire de L'Humanisme et de la Renais-*

sance en France 1903–1953 in François Rabelais 1553–1953, Genf 1953; A. Renaudet, *Préréforme et Humanisme à Paris pendant les premières guerres d'Italie,* 2. Aufl. Melun 1953; J. Bohatec, *Budé und Calvin. Studien zur Gedankenwelt des französischen Frühhumanismus,* Graz 1956; R. Lefèvre, *L'humanisme de Descartes,* Paris 1957.
A. Lefranc, *Grands écrivains français de la Renaissance. Le roman d'amour de Clément Marot. Le Platonisme et la littérature en France. Marguerite de Navarre. Le tiers livre du Pantagruel et la querelle des femmes. Jean Calvin. La pléiade au collège de France,* Paris 1914; R. Lebègue, *La tragédie française de la Renaissance.* 2. Aufl. Brüssel 1954; G. Cogen, *Études d'histoire du théâtre en France au moyen-âge et à la renaissance,* 7. Aufl. Paris 1956; H. Nais, *Les animaux dans la poésie française de la Renaissance. Science, symbolique, poésie,* Paris 1961; J. Plattard, *La renaissance des lettres en France de Louis XII à Henri IV,* Paris 1967.
W. H. Ward, *The Architecture of the Renaissance in France. A History of the Evolution of the Arts of Building, Decoration and Garden Design Under Classical Influence from 1495 to 1830.* 2 Bde., London 1911.

England

K. Kluxen, *Geschichte Englands von den Anfängen bis zur Gegenwart,* Stuttgart 1968 [mit Literaturhinweisen]; P. Meissner, *England im Zeitalter von Humanismus, Renaissance und Reformation,* Heidelberg 1952; J. R. Hale, *England and the Italian Renaissance. The Growth of Interest in Its History and Art,* London 1954; D. Bush, *The Renaissance and English Humanism,* Nachdruck Toronto 1962.
W. F. Schirmer, *Der englische Frühhumanismus. Ein Beitrag zur englischen Literaturgeschichte des 15. Jahrhunderts,* Leipzig/London 1931; M. M. Mahood, *Poetry and Humanism,* London 1950; F. Caspari, *Humanism and the Social Order in Tudor England,* Chicago 1954; R. Weiss, *Humanism in England during the Fifteenth Century,* 2. Aufl. Oxford 1957; J. K. McConica, *English Humanists and Reformation Politics Under Henry VIII and Edward VI,* Oxford 1965.
R. Ture, *Elizabethan and Metaphysical Imagery. Renaissance Poetic and Twentieth-Century Critics,* Chicago 1947; G. W. O'Brien, *Renaissance Poetics and the Problem of Power,* Chicago 1956; H. A. Mason, *Humanism and Poetry in the Early Tudor Periods,* London 1959; *Studies in English Renaissance Literature,* hg. v. W. F. McNeir, Baton Rouge 1962.
E. W. Taylor, *Nature and Art in Renaissance Literature,* New York/London 1964; J. B. Black, *The Reign of Elizabeth 1558–1603,* 1936, 2. Aufl. Oxford 1959, Nachdruck 1963: *The Oxford History of England,* Bd. 8; J. D. Mackie, *The Earlier Tudors 1485–1558,* Oxford 1952, Nachdruck 1962: *The Oxford History of England,* Bd. 7.

Deutschland

H. Rupprich, *Humanismus und Renaissance in den deutschen Städten und an den Universitäten,* Leipzig 1935; G. Ritter, *Erasmus und der deutsche Humanistenkreis am Oberrhein,* Freiburg im Breisgau 1937; H. Prang, *Der Humanismus. Sein Wesen und Wandel in Deutschland,* Bamberg 1947; D. M. v. Abbé, *Drama in Renaissance Germany and Switzerland,* Victoria 1961; R. Newald, *Probleme und Gestalten des deutschen Humanismus. Studien,* hg. v. H.-G. Roloff, Berlin 1963; H. v. Srbik, *Geist und Geschichte vom deutschen Humanismus bis zur Gegenwart,* Bd. 1, 2. Aufl. München 1964; W. E. Peuckert, *Die große Wende,* 2 Bde., Darmstadt 1966.

Holland

P. N. M. Bot, *Humanisme en onderwijs en Nederland,* Utrecht/Antwerpen 1955; *Entretiens d'Arras 17–20 juin 1954. La Renaissance dans les provinces du Nord (Picardie, Artois, Flandres, Brabant, Hainaut),* hg. v. F. Lesure, Paris 1956.

Osteuropa

Humanizm i Reformacja w Polsce. Wybór źródeł dla ćwiczeń universyteckich, hg. v. J. Chrzanowski und St. Kot, Lemberg 1927; S. Lempicki, *Renesans i humanizm w Polsce. Materiały do studiów,* Warschau 1952; K. Budzyk, *Z dziejów renesansu w Polsce,* Breslau 1953; J. Levański, *Studia nad dramatem polskiego Odrodzenia,* Breslau 1956; *La Renaissance en Pologne et ses liaisons internationales,* Warschau 1961; *Renaissance und Humanismus in Mittel- und Osteuropa. Eine Sammlung von Materialien,* hg. v. J. Irmscher, Berlin 1962; *La Renaissance et la Réformation en Pologne et en Hongrie,* hg. v. Gy Szekely und E. Fügedi, Budapest 1963 (deutsche und französische Beiträge, Zusammenfassung in russischer und englischer Sprache). *Humanizmus a renesansia na Slovensku v 15–16 storočí,* hg. v. L. Holotik und A. Vantuch, Preßburg 1967.

Zeittafel

1353	Boccaccio, *Decamerone*
1356	*Goldene Bulle* Kaiser Karls IV. Schlacht von Poitiers
1358	Bauernaufstand in Frankreich *(Jacquerie)*
1360	Friede zu Brétigny
1367	Papst Urban V. geht nach Rom
1370	Papst Urban V. kehrt nach Avignon zurück. Tod Kazimierz' des Großen von Polen
1374	Tod Petrarcas. Beginn der Opposition John Wyclifs gegen das Papsttum
1377	Papst Gregor XI. kehrt von Avignon nach Rom zurück
1378	Urban VI. Papst in Rom. Die französischen Kardinäle wählen Robert von Genf als Clemens VII. zum Papst Beginn des Schismas. Revolution in Florenz unter Ciompi
1381	Großer Bauernaufstand in England
1386	Jadwiga von Polen heiratet Jagiełło von Litauen
1397	Kalmarische Union
1399	Absetzung Richards II. von England durch das Parlament
1409	Konzil von Pisa: Wahl eines dritten Papstes, Alexanders V.
1410	Schlacht bei Tannenberg
1414	Eröffnung des Konzils zu Konstanz (Kostnitz)
1415	Johann Hus wird verbrannt. Absetzung Papst Johanns XXIII. Schlacht von Agincourt
1420	Vertrag von Troyes. Thomas a Kempis, *De imitatione Christi*
1431–1449	Konzil zu Basel
1434	In Florenz kommt Cosimo de Medici an die Macht
1438	Pragmatische Sanktion von Bourges. Unionsdekret mit der Ostkirche. Konzil zu Ferrara-Florenz
1447	Nikolaus V. wird Papst
1450	Gründung der Vatikanischen Bibliothek
1453	Fall von Konstantinopel. Ende des oströmischen Reichs
1455	42-Zeilen-Bibel: erstes größeres Buch, das mit den von Gutenberg erfundenen beweglichen Metalltypen gedruckt wurde
1458	Enea Silvio Piccolomini zum Papst (Pius II.) gewählt. Mathias I.

	Corvinus wird König von Ungarn. Georg Podiebrad, König von Böhmen
1461	Ludwig XI. wird König von Frankreich
1464	Gründung der Platonischen Akademie in Florenz
1466	Geburt des Erasmus von Rotterdam
1467	Karl der Kühne wird Herzog von Burgund
1469	Lorenzo de Medici (il Magnifico) in Florenz an der Macht. Isabella von Kastilien heiratet Ferdinand II. von Aragon
1477	Karl der Kühne stirbt in Nancy
1478	Beginn der Inquisition in Kastilien
1482	Torquemada wird Großinquisitor der spanischen Inquisition
1483	Geburt Martin Luthers. Tod Ludwigs XI. von Frankreich und Thronbesteigung Karls VIII.
1485	Heinrich VII. aus dem Hause Tudor wird König von England
1485–1489	Grocyn, Linacre und Latimer gehen nach Italien
1486	Bartolomeo Dias umsegelt das Kap der Guten Hoffnung
1491	Savonarola wird Dominikanerprior von San Marco in Florenz
1492	Tod Lorenzos de' Medici. Wahl Alexanders VI. (Borgia) zum Papst. Granada fällt an Isabella von Kastilien und Ferdinand II. von Aragon. Kolumbus entdeckt Amerika
1493	Schiedsspruch Papst Alexanders VI. im Streit der spanischen und portugiesischen Ansprüche auf Amerika. Wahl Maximilians I. zum deutschen Kaiser
1494	Karl VIII. von Frankreich fällt in Italien ein, um die Ansprüche des Hauses Anjou auf Neapel geltend zu machen. Pietro de' Medici wird aus Florenz vertrieben. Vertrag von Tordesillas
1495	Bildung der Heiligen Liga gegen Karl VIII. von Frankreich
1496	Die Franzosen werden aus Neapel vertrieben. John Cabot erreicht Labrador und Neufundland
1497	Vasco da Gama findet den Seeweg nach Indien. Leonardo da Vinci, *Das letzte Abendmahl*
1498	Ludwig XII. wird König von Frankreich (Sonnenkönig). Savonarola wird gestürzt und auf dem Scheiterhaufen verbrannt. Erasmus von Rotterdam in England
1500	Ludwig XII. von Frankreich besetzt Mailand
1502	Cesare Borgia auf der Höhe der Macht in Norditalien. Erasmus von Rotterdam, *Enchiridion militis christiani*
1503	Sturz Cesare Borgias
1505	Martin Luther tritt in das Kloster der Augustiner-Eremiten zu Erfurt ein
1507	Ximénez wird Großinquisitor in Spanien
1508	Liga von Cambrai gegen Venedig
1509	Tod Heinrichs VII. von England und Thronbesteigung Heinrichs VIII. Geburt Johann Calvins. Michelangelo arbeitet an der Sixtinischen Kapelle

1511	»Heilige Liga zur Befreiung Italiens« gegen Frankreich
1512	Wiederherstellung der Macht der Medici in Florenz
1513	Machiavelli, *Il principe*
1514	Auf Anordnung des spanischen Großinquisitors Ximénez erfolgt in Alcalá die Drucklegung (jedoch keine Veröffentlichung) des Neuen Testaments in griechischer Sprache
1515	Tod Ludwigs XII. von Frankreich und Thronbesteigung Franz I. Rückeroberung Mailands durch Frankreich. Schlacht von Marignano
1516	Tod Ferdinands II. von Aragon und Thronbesteigung Karls V. Erasmus von Rotterdam gibt das Neue Testament in der griechischen Urfassung mit eigener lateinischer Übersetzung heraus und widmet es Papst Leo X. Thomas Morus, *Utopia.* Konkordat von Bologna
1517	Veröffentlichung der 95 Thesen Martin Luthers an der Schloßkirche zu Wittenberg. Beginn der Reformation
1518	Beginn der Reformation in der Schweiz: Ulrich Zwingli in Zürich
1519	Tod Maximilians I. und Wahl Karls V. zum deutschen Kaiser
1519–1520	Erste Erdumsegelung durch Ferñao de Magalhães
1521	Reichstag zu Worms. Exkommunikation Martin Luthers. Die Türken erobern Belgrad
1522	Die Türken besetzen Rhodos
1523	Gustav Wasa wird König von Schweden
1524	Ausbruch des Bauernkriegs in Süddeutschland
1525	Schlacht von Pavia. Franz I. von Frankreich wird besiegt und gefangengenommen
1526	Frieden zu Madrid. Erster Reichstag zu Speyer. Ignatius von Loyola, *Exercitia spiritualia.* Türkenschlacht bei Mohács. Ferdinand von Österreich wird König von Böhmen und Ungarn
1528	Baldassare Castiglione, *Il Cortegiano*
1529	Zweiter Reichstag zu Speyer. Erste türkische Belagerung Wiens bleibt erfolglos
1530	Reichstag zu Augsburg. Augsburgische Konfession *(Confessio Augustana)*
1531	Heinrich VIII. von England erzwingt sich vom Klerus die Anerkennung als kirchliches Oberhaupt. Ulrich Zwingli fällt in der Schlacht bei Kappel
1534	Ignatius von Loyola gründet den Jesuitenorden. Anerkennung der anglikanischen Staatskirche durch das englische Parlament (Suprematsakte)
1536	Jean Calvin, *Institutio religionis christianae.* Auflösung und Verkauf der Klöster in England
1538	Calvin muß Genf verlassen
1540	Paul III. bestätigt durch päpstliche Bulle den Jesuitenorden

1543	Nikolaus Kopernikus, *De revolutionibus orbium coelestium.* Andreas Vesalius, *De humani corporis fabrica*
1545	Eröffnung des Konzils von Trient. Verbreitung des Calvinismus in Polen
1546	Tod Martin Luthers. Schmalkaldischer Krieg
1547	Schlacht bei Mühlberg an der Elbe. Sieg Kaiser Karls V. über die Protestanten. Tod Heinrichs VIII. von England und Thronbesteigung Edwards VI. Tod Franz' I. von Frankreich und Thronbesteigung Heinrichs II.
1548	Reichstag zu Augsburg. Kaiser Karl V. diktiert das sogenannte *Augsburger Interim*
1549	Einführung einer anglikanischen Liturgie mit dem *Common Prayer Book*
1552	Vertrag von Chambord; Heinrich II. von Frankreich verbündet sich mit Moritz von Sachsen gegen den deutschen Kaiser Karl V. *Zweites Common Prayer Book.* Passauer Vertrag
1553	Michael Servet wird in Genf auf Betreiben Calvins als Gotteslästerer verbrannt. Maria die Katholische aus dem Hause Tudor wird Königin von England
1554	Maria die Katholische vermählt sich mit Philipp II. von Spanien
1555	Augsburger Religions- und Landfriede
1556	Kaiser Karl V. dankt ab; sein Bruder Ferdinand wird deutscher Kaiser. Tod des Ignatius von Loyola. Jesuiten in Prag
1558	Calais fällt an Frankreich. Tod Marias der Katholischen und Thronbesteigung Elisabeths II.
1559	Tod Heinrichs II. von Frankreich. Friede von Câteau und Cambrésis zwischen Frankreich und Spanien. John Knox kehrt nach Schottland zurück. Erste Nationalsynode in Paris. Die Hugenotten wandeln sich zur politischen Partei
1560	Aufstand von Amboise. Franz II. und Karl IX. regieren beide unter der Regentschaft Katharinas von Medici
1562	Beginn der Hugenottenkriege in Frankreich
1563	*The Thirty-Nine Articles:* Glaubensbekenntnis der anglikanischen Staatskirche. Ende des Konzils zu Trient
1564	Calvins und Michelangelos Tod
1565	Beginn der Inquisition in den Niederlanden
1567	Beginn des Freiheitskampfes der Niederlande gegen die Spanier. Errichtung einer Militärdiktatur durch Herzog Alba. Blutjustiz zu Brüssel
1568	Hinrichtung der Grafen Egmont und Hoorn. Gründung der Jesuitenschule zu Douai
1569	Vereinigung Polens und Litauens in der Union von Lublin
1571	Seeschlacht bei Lepanto. Stefan Bathory Wojewode von Siebenbürgen

1572	Bartholomäusnacht oder Pariser Bluthochzeit. Heinrich von Valois wird zum polnischen König gewählt
1573	Herzog von Alba wird aus den Niederlanden abberufen
1574	Heinrich von Valois verzichtet auf die polnische Krone zugunsten der französischen (Heinrich III.)
1575	Stefan Bathory wird zum polnischen König gewählt. *Confessio Bohemica*
1576	Rudolf II. deutscher Kaiser. Genter Pazifikation. Jean Bodin, *De la république*
1579	Vertrag von Arras: Die katholischen Südprovinzen der Niederlande fallen an Spanien. Union zu Utrecht
1580	Die Jesuiten Campion und Parsons gehen nach England
1583	Prinz Wilhelm von Oranien wird Statthalter von Holland und Zeeland
1584	Ermordung Wilhelms von Oranien in Delft
1585	Krieg der »drei Heinriche« um Paris
1586	Tod Stefan Bathorys
1587	Hinrichtung Maria Stuarts. Francis Drake überfällt den Hafen von Cádiz
1588	Vernichtung der spanischen Armada durch die Engländer
1589	Siegreiche Schlacht Heinrich IV. von Bourbon bei Arques. Tod Katharinas von Medici
1592	Papst Clemens VIII. veröffentlicht die revidierte Ausgabe der *Vulgata* von Sixtus V. Militärischer Erfolg Moritz' von Nassau-Oranien
1593	Heinrich IV. von Frankreich tritt zum katholischen Glauben über
1598	Tod Philipps II. Edikt von Nantes

Abbildungsverzeichnis

Quellennachweis der Farbabbildungen:

Petrarca (nach S. 32). Foto: Scala. — Boccaccio (nach S. 112). Foto: Scala. — Donatello: »David« (nach S. 192). Foto: Scala. — Donatello: »David« (nach S. 256). Foto: Scala. — Michelangelo: »Das Jüngste Gericht« (nach S. 336). Foto: Scala. — Lucas Cranach: »Dr. Johannes Cuspinian« (nach S. 416). Foto: Lutz Braun, Albaching. — Chr. Amberger: »Christoph Fugger« (nach S. 512). Foto: Lutz Braun, Albaching. — H. Bosch: »Weltgerichts-Triptychon« (nach S. 592). Foto: Ernst Meyer, Wien.

Quellennachweis der Schwarzweiß Abbildungen:

Dürer: »Selbstbildnis« (nach S. 48). Foto: Archiv Kindlers Malerei Lexikon. — Dürer: »Die babylonische Buhlerin« (vor S. 49). Foto: Archiv Kindlers Malerei Lexikon. — Leonardo: »Abwehrvorrichtung« (nach S. 64). Foto: Archiv Kindlers Malerei Lexikon. — Kopernikus (vor S. 65). Foto: Staatl. Graphische Sammlung, München. — Raffael: »Der Kardinal« (nach S. 160). Foto: Scala. — Raffael: »Triumph der Galatea« (vor S. 161). Foto: Oscar Savio, Capua. — Raffael: »Verklärung Christi« (nach S. 176). Foto: Vatican-Museum. — Beccafumi: »Die Heilige Familie« (vor S. 177). Foto: Gabinetto Fotografico der Uffizien, Florenz. — Beccafumi: »Moses zertrümmert die Gesetzestafeln« (nach S. 272). Foto: Kunsth. Museum, Wien. — L. Cranach: »Kurfürst Friedrich« (vor S. 273). Foto: A. C. I., Brüssel. — L. Cranach: »Dr. Johannes Scheyring« (nach S. 288). Foto: A. C. I., Brüssel. — L. Cranach (Werkstatt): »Bildnis Melanchthons« (vor S. 289). Foto: Bildarchiv Marburg. — L. Cranach: »Lucretia« (nach S. 384). Foto: Bildarchiv Marburg. — H. Holbein: »Erasmus von Rotterdam« (vor S. 385). Foto: Basel, Kunstmuseum. — H. Holbein: »Kaufmann Giesze« (nach S. 400). Foto: Basel, Kunstmuseum. — H. Holbein: »Jane Seymour« (vor S. 401). Foto: Kunsth. Museum, Wien. — H. Holbein: »Heinrich VIII.« (nach S. 480). Foto: Rom, Gabinetto Fotografico Nazionale. — Tizian: »Noli me tangere« (vor S. 481). Foto: London, National Gallery. — Tizian: »Kaiser Karl V.« (nach S. 496). Foto: Bayr. Staatsgemäldesammlungen, München. — Tizian: »Das Konzil von Trient« (vor S. 497). Foto: Giraudon, Paris. — Hieronymus Bosch: »Heuwagen-Triptychon« (nach S. 624). Foto: Lutz Braun, Albaching. — P. Bruegel: »Der Turmbau von Babel« (vor S. 625). Foto: Erwin Meyer, Wien. — P. Bruegel: »Triumph des Todes« (nach S. 640). Foto: Scala. — B. Spranger: »Allegorie auf Rudolph II.« (vor S. 641). Foto: Kunsth. Museum, Wien.

7-1-2,5-10-7

pyläen-Weltgeschichte

»Kaiser Karl IV. erkannte nur zu gut, wie tief der Separatismus im Aufbau Deutschlands angelegt war. Nichtsdestoweniger hatte er die Richtung gewiesen, die Deutschland einschlagen konnte und mußte, wenn je eine praktikable Einheit erreicht werden sollte. Wie die Dinge um die Mitte des 14. Jahrhunderts lagen, hätte kein Herrscher die Tendenz zur Zerstückelung vollständig umkehren können, die schon vor fünfhundert Jahren unter den Nachfolgern Karls des Großen eingesetzt hatte. Dadurch jedoch, daß Karl Deutschland vor der Bevormundung durch den Papst und von der Last kostspieliger Verpflichtungen in Italien befreite, erlöste er tatsächlich das Land von Bürden, die sich als untragbar erwiesen hatten, und begünstigte damit das Werden einer nationalen Einheit.« (Vgl. S. 56 f.)